Curso de
Direitos Humanos

Sidney Guerra

Curso de Direitos Humanos

8ª edição
2023

saraiva jur

saraiva EDUCAÇÃO | **saraiva** jur

Av. Paulista, 901, Edifício CYK, 4º andar
Bela Vista – São Paulo – SP – CEP 01310-100

SAC | sac.sets@saraivaeducacao.com.br

Diretoria executiva	Flávia Alves Bravin
Diretoria editorial	Ana Paula Santos Matos
Gerência de produção e projetos	Fernando Penteado
Gerência editorial	Thais Cassoli Reato Cézar
Novos projetos	Aline Darcy Flôr de Souza Dalila Costa de Oliveira
Edição	Jeferson Costa da Silva (coord.) Iris Ferrão
Design e produção	Daniele Debora de Souza (coord.) Rosana Peroni Fazolari Camilla Felix Cianelli Chaves Claudirene de Moura Santos Silva Deborah Mattos Lais Soriano Tiago Dela Rosa
Planejamento e projetos	Cintia Aparecida dos Santos Daniela Maria Chaves Carvalho Emily Larissa Ferreira da Silva Kelli Priscila Pinto
Diagramação	Rafael Cancio Padovan
Revisão	Celia Regina Souza de Araujo
Capa	Tiago Dela Rosa
Adaptação de capa	Lais Soriano
Produção gráfica	Marli Rampim
Impressão e acabamento	Sergio Luiz Pereira Lopes Vox Gráfica

DADOS INTERNACIONAIS DE CATALOGAÇÃO NA PUBLICAÇÃO (CIP)
DE ACORDO COM ISBD
VAGNER RODOLFO DA SILVA - CRB-8/9410

G934c	Guerra, Sidney Curso de Direitos Humanos / Sidney Guerra. - 8. ed. - São Paulo : SaraivaJur, 2023. 712 p. ISBN: 978-65-5362-848-9 (impresso) 1. Direito. 2. Direitos humanos. I. Título.
2022-2859	CDD 341.4 CDU 341.4

Índices para catálogo sistemático:
1. Direitos humanos   341.4
2. Direitos humanos   341.4

Data de fechamento da edição: 24-10-2022

Dúvidas? Acesse www.saraivaeducacao.com.br

Nenhuma parte desta publicação poderá ser reproduzida por qualquer meio ou forma sem a prévia autorização da Saraiva Educação. A violação dos direitos autorais é crime estabelecido na Lei n. 9.610/98 e punido pelo art. 184 do Código Penal.

CÓD. OBRA	16475	CL	608050	CAE	815860

"O Senhor é meu pastor: nada me faltará."
Salmo 23

"Senhor,
Fazei de mim um instrumento de vossa paz!
Onde houver ódio, *que eu leve o amor;*
onde houver ofensa, *que eu leve o perdão;*
onde houver discórdia, *que eu leve a união;*
onde houver dúvidas, *que eu leve a fé.*
Onde houver erro, *que eu leve a verdade;*
Onde houver desespero, *que eu leve a esperança.*
Onde houver tristeza, *que eu leve a alegria;*
onde houver trevas, *que eu leve a luz.*
Ó Mestre,
fazei que eu procure mais
consolar *que ser consolado,*
compreender *que ser compreendido,*
amar *que ser amado.*
Pois é dando que se recebe,
perdoando que se é perdoado.
E é morrendo que se vive para a vida eterna!"

Oração de São Francisco de Assis

Para os meus pilares:
Thiago, Bárbara, Caio e Denise, com amor.

SOBRE O AUTOR

SIDNEY GUERRA é Pós-Doutor pelo Centro de Estudos Sociais (CES) da Universidade de Coimbra, Pós-Doutor em Direito pela Universidade Presbiteriana Mackenzie – SP e Pós-Doutor em Cultura pelo Programa Avançado de Cultura Contemporânea da Universidade Federal do Rio de Janeiro (PACC/UFRJ). *Visiting researcher* e professor – na Stetson University Flórida – EUA. É Doutor, e Mestre em Direito (UGF), além de possuir vários cursos de especialização e extensão no Brasil e no exterior, tais como: Academia de Direito Internacional (Haia – Holanda); Comitê Jurídico Interamericano (Organização dos Estados Americanos); Universidade de Coimbra; Escola Superior de Guerra; Comitê Internacional da Cruz Vermelha; Universidade de Salamanca; Universidade de Havana etc. Realiza Doutorado em Relações Internacionais na Universidade Católica de Córdoba (UCC).

É Professor Titular da Faculdade Nacional de Direito da Universidade Federal do Rio de Janeiro (FND/UFRJ), tendo sido aprovado em primeiro lugar em concurso público e indicado para ocupar a vaga por todos os cinco membros que faziam a composição da banca. Aprovado e classificado em primeiro lugar, no ano de 2019, para o Concurso de Professor do Programa de Pós-Graduação em Direito (PPGD – Doutorado e Mestrado em Direitos Humanos) da Universidade Federal da Paraíba. Professor Titular da Universidade do Grande Rio (UNIGRANRIO), onde também foi Coordenador Geral do Curso de Direito. Professor Permanente do Programa de Pós-Graduação em Direito (Doutorado e Mestrado) da Universidade Federal do Rio de Janeiro e do Programa de Pós-Graduação em Direito (Mestrado) da Universidade Cândido Mendes. Professor Visitante do Programa de Pós-Graduação em Direito Internacional (Doutorado e Mestrado) da Universidade do Estado do Rio de Janeiro (UERJ) além de ser Professor convidado em várias universidades no exterior. Foi Coordenador do Projeto de Cooperação Acadêmica (PROCAD/CAPES) e também de vários projetos de pesquisa com fomento: CNPq, CAPES, MJ/PNUD, FUNADESP, Fundação Dom Cintra e FAPERJ, com destaque para o edital "Cientista do Estado do Rio de Janeiro". Integrou e integra diversas bancas de concursos públicos no Brasil.

Advogado no Rio de Janeiro, e também formado em Administração de Empresas, tem pautado sua atuação profissional no campo do Direito Público. É ainda consultor jurídico e parecerista. Exerceu funções de assessoria e consultoria na Administração Pública Direta, tendo sido Diretor Jurídico e Procurador junto à Secretaria Municipal de Meio Ambiente no Município de Magé e Secretário Municipal de Administração de Duque de Caxias – RJ (2013-2016), ocasião em que colaborou decisivamente para colocar o Município no primeiro lugar do Ranking Nacional de Transparência Pública para combate à corrupção, conferido pelo Ministério Público Federal, sendo na oportunidade escolhido o melhor Secretário do país.

Ministrou conferências, palestras e cursos em quase todo o Brasil, bem como em vários países, a exemplo de Argentina, Áustria, Bolívia, Chile, Colômbia, Cuba, Equador, Espanha, Estados Unidos da América, França, Inglaterra, Itália, México, Paraguai, Peru, Porto Rico (Estado livre associado), Portugal, República Dominicana, Sérvia, Romênia e Uruguai.

É membro da Inter-american Bar Association, da Sociedade Brasileira de Direito Internacional, da Academia Duque-caxiense de Letras e Artes, da Academia Brasileira de Direito Internacional, do Conselho Nacional de Pós-Graduação e Pesquisa em Direito, da International Studies Association, dentre outras. Vice-Presidente da Comissão de Educação da Ordem dos Advogados do Brasil (Rio de Janeiro – período 2019/2020). Editor da *Inter – Revista de Direito Internacional e Direitos Humanos* da UFRJ. Coordenador do Grupo de Pesquisa em Direito Internacional da UFRJ e do Laboratório de Pesquisas Avançadas em Direito Internacional e Ambiental (LEPADIA). Coordenador do Observatório de Direitos Humanos e Direitos Fundamentais (UCAM) e do Grupo de Pesquisa Direitos Humanos, Cidadania e Estado (UNIGRANRIO). Integra o Conselho Editorial de diversas editoras e revistas jurídicas. É ainda autor de livros, além de ter muitos artigos publicados em revistas especializadas, livros em coautoria, periódicos e anais. Detentor de várias comendas e honrarias, destacando-se: Medalha Tiradentes, Medalha Duque de Caxias e Medalha Paulo Freire.

OBRAS DO AUTOR

Livros

- *Curso de direito internacional público*. 14. ed. São Paulo: Saraiva, 2022.
- *Curso de direito ambiental*. 4. ed. Curitiba: Instituto Memória, 2022.

- Organizador e Coautor de *Direitos humanos: uma abordagem interdisciplinar*. Curitiba: Instituto Memória, 2022. v. VI.
- Organizador e Coautor de *O direito e os desafios do século XXI*. Curitiba: Instituto Memória, 2022.
- Organizador e Coautor de *O meio ambiente nos sistemas internacionais de direitos humanos e questões emergentes*. Belo Horizonte: Arraes, 2022.
- *Curso de direitos humanos*. 7. ed. São Paulo: Saraiva, 2022.
- *Curso de direito internacional público*. 13. ed. São Paulo: Saraiva, 2021.
- *Direito internacional das catástrofes*. Curitiba: Instituto Memória, 2021.
- Organizador e Coautor de *Direitos humanos: uma abordagem interdisciplinar*. Curitiba: Instituto Memória, 2021. v. V.
- Organizador e Coautor de *Direito internacional ambiental. Interfaces entre o meio ambiente e os direitos humanos nos sistemas regionais de proteção*. Curitiba: Instituto Memória, 2021.
- Organizador e Coautor de *Cenários de catástrofes na sociedade global e o direito internacional das catástrofes*. Curitiba: Instituto Memória, 2021.
- Organizador e Coautor de *Política nacional do meio ambiente. 40 anos da Lei 6.938/1981*. Curitiba: Instituto Memória, 2021.
- *O sistema interamericano dos direitos humanos e o controle de convencionalidade*. 3. ed. Curitiba: Instituto Memória, 2020.
- Organizador e Coautor de *Diálogos interdisciplinares em direitos humanos: violência, sociedade e desenvolvimento*. Belo Horizonte: Arraes, 2020.
- *Curso de direitos humanos*. 6. ed. São Paulo: Saraiva, 2020.
- *Direito internacional dos direitos humanos*. 3. ed. Rio de Janeiro: Lumen Juris, 2020.
- *Direito das organizações internacionais*. 2. ed. Curitiba: Instituto Memória, 2020.
- Organizador e Coautor de *Novos olhares sobre as migrações internacionais: enfrentamentos locais, regionais e globais*. Curitiba: Instituto Memória, 2020.
- Organizador e Coautor de *Grandes julgamentos do Supremo Tribunal Federal e o direito internacional*. Curitiba: Instituto Memória, 2020.
- Organizador e Coautor de *Direito no contexto global*. Rio de Janeiro: Prembroke Collins, 2020.
- *Curso de direito internacional público*. 12. ed. São Paulo: Saraiva, 2019.

- *Estado e direitos humanos em tempos de crise*. 2.ed. Curitiba: Instituto Memória, 2019.
- *O sistema interamericano de proteção dos direitos humanos e o controle de convencionalidade*. 2. ed. Curitiba: Instituto Memória, 2019.
- Organizador e Coautor de *Comentários à Convenção Americana sobre Direitos Humanos*. Curitiba: Instituto Memória, 2019.
- Organizador e Coautor de *Direito e educação no Brasil: as encruzilhadas de um novo caminho*. Curitiba: Instituto Memória, 2019.
- Coautor de *Reflexões jurídicas sobre as tragédias de Mariana e Brumadinho*. Curitiba: Instituto Memória, 2019
- *Estado e direitos humanos em tempos de crise*. Curitiba: Instituto Memória, 2018.
- Coautor de *Humanismo e as novas perspectivas do direito*. Rio de Janeiro: Ágora 21, 2018.
- Organizador e Coautor de *30 anos da Constituição da República Federativa do Brasil*. Curitiba: Instituto Memória, 2018.
- Organizador e Coautor de *Fluxos migratórios mistos para as Américas*. Curitiba: Instituto Memória, 2018.
- Organizador e Coautor de *Discussões atuais do direito constitucional brasileiro*. Curitiba: Instituto Memória, 2018.
- Coautor de *Curso de direito constitucional*. Florianopolis: Tirant lo Blanch, 2018.
- Organizador e Coautor de *70 anos da Declaração Universal dos Direitos Humanos*. Curitiba: Instituto Memória, 2018.
- Coautor de *Direitos humanos na contemporaneidade*. Curitiba: Instituto Memória, 2018.
- Coautor de *Lei de Introdução às Normas do Direito Brasileiro – Anotada*. São Paulo: Quartier Latin, 2018.
- Coautor de *Memoria del 56º Congreso Internacional de Americanistas*. Volumen XVI – Migraciones. Salamanca: USAL, 2018.
- Coautor de *Memoria del 56º Congreso Internacional de Americanistas*. Salamanca: Ediciones Universidad de Salamanca, 2018.
- Coautor de *Reformas institucionais de austeridade, democracia e relações de trabalho*. São Paulo: LTR, 2018.
- Coautor de *Diálogos de agenda internacional: una perspectiva federal*. Córdoba: Editorial CEIC, 2018.
- Coautor de *Controle de convencionalidade – temas aprofundados*. Salvador: Editora JusPodivm, 2018.

- Coautor de *70º Aniversario de la Declaración Universal de Derechos Humanos: La Protección Internacional de los Derechos Humanos en cuestión*. Valência: Tirant lo Blanch, 2018.
- Coautor de *Comentários ao Código de Processo Civil*. 2. ed. São Paulo: Saraiva, 2017.
- Coautor de *Crise dos poderes da República: Judiciário, Legislativo e Executivo*. São Paulo: Revista dos Tribunais, 2017.
- Coautor de *Direito internacional*. Florianopolis: Conpedi, 2017.
- *Direitos humanos sob a perspectiva global*. Curitiba: Instituto Memória, 2017.
- *Curso de direito internacional público*. 11. ed. São Paulo: Saraiva, 2017.
- *Direitos humanos: curso elementar*. 5. ed. São Paulo: Saraiva, 2017.
- Coautor de *Os novos horizontes do constitucionalismo global*. Braga: Instituto Politécnico do Cavado e do Ave, 2017.
- Coautor de *Jurisdição constitucional e liberdades públicas*. Belo Horizonte: Fórum, 2017.
- Coautor de *Los desafios jurídicos a la gobernanza global: una perspectiva para los próximos siglos*. Brasília: Advocacia-Geral da União, 2017.
- Organizador e Coautor de *Direito público contemporâneo*. Curitiba: Instituto Memória Editora, 2017.
- *Supersalários na Administração Pública Municipal: o leading case de Duque de Caxias*. Belo Horizonte: Arraes, 2016.
- Coautor de *Comentários ao Código de Processo Civil*. São Paulo: Saraiva, 2016.
- Coautor de *Derecho ambiental para una economía verde*. Valencia: Tirant lo Blanch, 2016.
- *Direito internacional dos direitos humanos*. 2. ed. São Paulo: Saraiva, 2015.
- *Poder de polícia ambiental: fiscalização e sanção nas esferas administrativa e judicial*. Belo Horizonte: Arraes, 2015.
- Coautor de *Direito do mar: desafios e perspectivas*. Belo Horizonte: Arraes, 2015.
- Coautor de *Direito internacional em expansão*. Belo Horizonte: Arraes, 2014. v. III.
- Coautor de *A ONU e as questões internacionais contemporâneas*. Rio de Janeiro: Freitas Bastos, 2014.

- Coautor de *Derecho internacional de los derechos humanos: manifestaciones, violaciones y respuestas actuales*. Córdoba: EDUCC, 2014.
- Coautor de *Direitos humanos, meio ambiente e segurança*. Curitiba: Juruá, 2014.
- *Curso de direito ambiental*. 2. ed. São Paulo: Atlas, 2014.
- Coautor de *Direito internacional*. Florianópolis: FUNJAB, 2013.
- Coautor de *Acesso à justiça, direitos humanos & mediação*. Curitiba: Multideia, 2013.
- *Direitos humanos na ordem jurídica internacional e reflexos na ordem constitucional brasileira*. 2. ed. São Paulo: Atlas, 2014.
- *O sistema interamericano de proteção dos direitos humanos e o controle de convencionalidade*. São Paulo: Atlas, 2013.
- Coautor de *Intervenção estatal ambiental: licenciamento e compensação ambiental de acordo com a Lei Complementar n. 140/2011*. São Paulo: Atlas, 2012.
- *Direitos humanos e cidadania*. São Paulo: Atlas, 2012.
- *Resíduos sólidos: comentários à Lei 12.305/2010*. Rio de Janeiro: Forense, 2012.
- Coautor de *Sustainable water management in the tropics and subtropics – and case studies in Brazil*. Jaguarão: UFP, 2012. v. IV.
- *Direito internacional dos direitos humanos*. São Paulo: Saraiva, 2011.
- *Estado, cidadania e direitos humanos*. Rio de Janeiro: Lumen Juris, 2011.
- *Organizações internacionais*. Rio de Janeiro: Lumen Juris, 2011.
- Coautor de *Direito dos tratados: comentários à Convenção de Viena sobre o Direito dos Tratados de 1969*. Belo Horizonte: Arraes, 2011.
- Coautor de *Direito internacional contemporâneo*. Curitiba: Juruá, 2011.
- Coautor de *Guantánamo y el imperio del derecho en el contexto internacional*. 2. ed. Monterrey: UDEM, 2011.
- Coautor de *Democracia e desenvolvimento sustentável na América do Sul*. Curitiba: Juruá, 2011.
- *Direito ambiental*. 4. ed. Rio de Janeiro: Lumen Juris, 2010.
- Coautor de *Guantánamo y el imperio del derecho en el contexto internacional*. Bogotá: DIKE, 2010.
- Coautor de *Dimensões jurídicas da personalidade na ordem constitucional brasileira*. Florianópolis: Conceito editorial, 2010.

- Coautor de *Justiça, processo e direitos humanos*. Rio de Janeiro: Lumen Juris, 2010.
- Coautor de *Guantánamo y el imperio del derecho en el contexto internacional*. Córdoba: Editorial de la Universidad Católica de Córdoba, 2010.
- Organizador e coautor de *Perspectivas constitucionais contemporâneas*. Rio de Janeiro: Lumen Juris, 2010.
- Coautor de *Sustentabilidade, desenvolvimento e democracia*. Ijuí: Unijuí, 2010.
- Coautor de *Justiça, processo e direitos humanos*. Rio de Janeiro: Lumen Juris, 2010.
- Organizador e coautor de *Direito internacional ambiental e do petróleo*. Rio de Janeiro: Lumen Juris, 2009.
- Coautor de *Curso de direito ambiental*. Belo Horizonte: Fórum, 2009.
- Coautor de *Democracia e educação em direitos humanos numa época de insegurança*. Brasília: Secretaria Especial dos Direitos Humanos da Presidência da República, 2009.
- Coautor de *Direito internacional: homenagem a Adherbal Meira Mattos*. São Paulo: Quartier Latin, 2009.
- Coautor de *Ensaios sobre justiça, processo e direitos humanos II*. Petrópolis: UCP, 2009.
- Organizador e coautor de *Reflexões sobre direitos humanos e violência: governo e governança*. Rio de Janeiro: Freitas Bastos, 2008.
- Organizador e coautor de *Direito internacional humanitário e a proteção internacional do indivíduo*. Porto Alegre: Sergio Antonio Fabris Editor, 2008.
- Organizador e coautor de *Tratado de direito internacional*. Rio de Janeiro: Freitas Bastos, 2008.
- Organizador e coautor de *Direito das minorias e grupos vulneráveis*. Ijuí: Unijuí, 2008.
- Organizador e coautor de *Cidadania e segurança pública – Cartilha*. Rio de Janeiro: Freitas Bastos, 2008.
- Organizador e coautor de *Direitos humanos: uma abordagem interdisciplinar*. Rio de Janeiro: Freitas Bastos, 2008. v. IV.
- *A participação popular na segurança pública*. Rio de Janeiro: Freitas Bastos, 2008.

- Coautor de *Curso de direito internacional privado*. 2. ed. Rio de Janeiro: Freitas Bastos, 2008.
- Coautor de *Novas perspectivas do direito internacional contemporâneo*. Rio de Janeiro: Renovar, 2008.
- Coautor de *Direito no século XXI: em homenagem ao Professor Werter Faria*. Curitiba: Juruá, 2008.
- Coautor de *Estudos de direito internacional*. Curitiba: Juruá, 2008. v. 14.
- *Hermenêutica, ponderação e colisão de direitos fundamentais*. Rio de Janeiro: Lumen Juris, 2007.
- Organizador e coautor de *Direitos humanos e violência: governo e governança (Cartilha de Direitos Humanos)*. Rio de Janeiro: Freitas Bastos, 2007.
- Organizador e coautor de *Direitos humanos: uma abordagem interdisciplinar*. Rio de Janeiro: Freitas Bastos, 2007. v. 3.
- Organizador e coautor de *Temas emergentes de direitos humanos*. Campos dos Goytacazes: Editora Faculdade de Direito de Campos, 2007. v. 2.
- Coautor de *Direito internacional: seus tribunais e meios de solução de conflitos*. Curitiba: Juruá, 2007.
- Coautor de *Responsabilidade social nas relações laborais*. São Paulo: LTr, 2007.
- Coautor de *Estudos de direito internacional*. Curitiba: Juruá, 2007. v. 11.
- *Direito internacional ambiental*. Rio de Janeiro: Freitas Bastos, 2006.
- *Tratados e convenções internacionais*. Rio de Janeiro: Freitas Bastos, 2006.
- Organizador e coautor de *Direitos humanos: uma abordagem interdisciplinar*. Rio de Janeiro: Freitas Bastos, 2006. v. 2.
- Organizador e coautor de *Temas emergentes de direitos humanos*. Campos dos Goytacazes: FDC, 2006.
- *Globalização: desafios e implicações para o direito internacional contemporâneo*. Ijuí: Unijuí, 2006.
- Coautor de *Direitos humanos e direito internacional*. Curitiba: Juruá, 2006.
- Coautor de *Estudo de direitos humanos: ensaios interdisciplinares*. Rio de Janeiro: Lumen Juris, 2006.

- Coautor de *Temas de direito ambiental*. Campos dos Goytacazes: FDC, 2006.
- Coautor de *Estudos de direito internacional*. Curitiba: Juruá, 2006. v. 8.
- Coautor de *Direito ambiental*. Rio de Janeiro: Freitas Bastos, 2005.
- Coautor de *Direito internacional contemporâneo e as novas disciplinarizações*. Curitiba: Juruá, 2005.
- Coautor de *Estudos de direito internacional*. Curitiba: Juruá, 2005. v. 5.
- Coautor de *Reflexões sobre os 60 anos da ONU*. Ijuí: Unijuí, 2005.
- Organizador e coautor de *Soberania: antigos e novos paradigmas*. Rio de Janeiro: Freitas Bastos, 2004.
- *Direito internacional público*. Rio de Janeiro: Freitas Bastos, 2004.
- *A liberdade de imprensa e o direito à imagem*. 2. ed. Rio de Janeiro: Renovar, 2004.
- *O direito à privacidade na internet: uma discussão da esfera privada no mundo globalizado*. Rio de Janeiro: América Jurídica, 2004.
- Coautor de *Estudos de direito internacional*. Curitiba: Juruá, 2004. v. 2.
- Organizador e coautor de *Direitos humanos: uma abordagem interdisciplinar*. Rio de Janeiro: América Jurídica, 2003.
- *Direito constitucional aplicado à função legislativa*. Rio de Janeiro: América Jurídica, 2002.
- *Legislação de direito ambiental*. Rio de Janeiro: América Jurídica, 2002.
- *Legislação de direito administrativo*. Rio de Janeiro: América Jurídica, 2001.
- Coautor de *Internet e direito. Reflexões doutrinárias*. Rio de Janeiro: Lumen Juris, 2001.
- *A liberdade de imprensa e o direito à imagem*. Rio de Janeiro: Renovar, 1999.

Artigos publicados

- O direito internacional humanitário: breves antecedentes históricos e sua relevância para a proteção dos direitos humanos. *Revista de direito da UNIGRANRIO*, v. 12, p. 1-24, 2022.
- Human rights violations perpetrated by state agents in military occupations: analysis of the incursion of international human rights law to the normative territory of the armed conflicts. *Revista Opinião Jurídica*. v. 19, n. 32, p. 32-57, 2021.

- La pandémie de la Covid-19 en tant que catastrophie mondiale: crise des droits de l'homme et application du principe de solidarité. *Revista Jurídica – Unicuritiba*, v. 2, p. 409-441, 2021.
- As mudanças climáticas como catástrofe global e o refugiado ambiental. *Revista Estudos Institucionais*, v. 7, p. 537-559, 2021.
- A Lei 13.445, de 24 de maio de 2017: uma abordagem à luz do princípio da dignidade da pessoa humana e da não indiferença. *Revista do Curso de Direito da Universidade Cândido Mendes*, v. 1, p. 62-83, 2021.
- Da proteção ao meio ambiente em metrópoles árabes. *Revista de Direito da Unigranrio*. v.1, n. 11, p. 1-29, 2021.
- As mudanças climáticas na sociedade global de risco: desafios para o direito internacional das catástrofes. *Revista de Direito da Unigranrio*. v.1, n. 11, p. 1-27, 2021.
- Brief study on the evolution of international law. *Revista Jurídica – Unicuritiba*, v. 2, p. 136-154, 2020.
- L'évolution de la définition des crimes internationaux: une comparaison entre le statut de Rome, le droit français et le droit brésilien. *Revue Internationale de Droit Comparé*, v. 1, p. 89-104, 2020.
- A questão dos direitos humanos na segurança pública. *Ícone* (Recife. *Online*), v. 5, p. 1-18, 2020.
- Sustentabilidade e responsabilidade social. *Revista Expressão: Cultura Unibrasil*, v. 9, p. 122-126, 2020.
- A advocacia de Estado e o controle da Administração Pública. *Direito e Justiça: reflexões sociojurídicas*, v. 20, p. 1-17, 2020.
- Breve estudo sobre condenações que envolveram a República Federativa do Brasil na Corte Interamericana de Direitos Humanos. *Revista de Direito da Unigranrio*, v. 10, p. 1-12, 2020.
- A ofensa à ordem pública brasileira no processo arbitral e o caso Abengoa x Ometto. *Revista de Direito da Unigranrio*, v. 10, p. 1-25, 2020.
- Direitos sociais x orçamento público: possibilidades e limites. *Governet. Boletim do Orçamento e Finanças*, v. 181, p. 423-433, 2020.
- A catástrofe global a partir da pandemia do coronavírus: algumas reflexões com base no direito internacional. *Revista Direito Mackenzie*, v. 14, p. 18-26, 2020.

- Metrópoles árabes e proteção do meio ambiente. Críticas à luz do direito internacional dos direitos humanos e do sistema jurídico islâmico. *Jus Navigandi (Online)*, v. 9, p. 1-15, 2020.
- O dever do Estado de investigar e punir as violações aos direitos humanos praticadas durante a ditadura: algumas discussões sobre justiça de transição no Brasil. *Revista de Direito da Unigranrio*, v. 10, p. 1-25, 2020.
- Relations between human rights and public policy: a multi-case study of the impact of the recommendations of the inter-american commission on human rights. *Direito em debate*, v. 29, p. 205-221, 2020.
- Proteção internacional do meio ambiente marinho: a contribuição do tribunal internacional sobre o direito do mar. *Cadernos de dereito actual*, v. 14, p. 46-60, 2020.
- La protección de la dignité humaine comme point de convergence entre pa constitutionnalisation et l'internationalisation du droit. *Revista de Direitos e Garantias Fundamentais*, v. 21, p. 119-140, 2020.
- A República Federativa do Brasil na Comissão Interamericana de Direitos Humanos. Um estudo sobre os casos que envolveram o Estado nos últimos 10 anos e seus desdobramentos para a ordem jurídica nacional. *Revista da Faculdade de Direito da Universidade Federal de Uberlândia*, v. 48.2, p. 193-214, 2020.
- Misericórdia resgata a justiça no processo de ressocialização do recuperando Apac. Instrumento para uso do direito na sua função promocional da dignidade da pessoa humana. *Revista Quaestio Iuris*, v. 13, p. 1870-1894, 2020.
- International law and the principle of nonindifference in times of global pandemic of Covid 19: possibilities and challenges. *Revista Jurídica – Unicuritiba*, v. 5, p. 390-411, 2020.
- Asylum in the Inter-American system. *Revista Jurídica – Unicuritiba*, v. 4, 2019.
- Guerra total e a ordem jurídica internacional. *Revista Direito em Debate*, v. 28, 2019.
- Novos rumos do direito educacional, ensino jurídico e OAB. *Revista de Direito da Unigranrio*, v. 9, 2019.

- Implementing Principle 10 of the 1992 Rio Declaration: a comparative study of the Aarhus Convention 1998 and the Escazú Agreement 2018. *Revista Jurídica – Unicuritiba*, v. 2, 2019.
- Refúgio à luz do direito internacional e algumas impressões do que ocorre na União Europeia. Anais do XXVIII Encontro Nacional do CONPEDI, Goiânia, 2019.
- O direito internacional dos refugiados e a eficácia acerca do sistema brasileiro de concessão de refúgio. *Revista de Direito da Unigranrio*, v. 9, 2019.
- A construção histórica dos conceitos de crime contra a humanidade e do genocídio. *Inter: Revista de Direito Internacional e Direitos Humanos da UFRJ*, v. 1, 2019.
- Direito à reparação e crimes ditatoriais: a importância das leis 9.140/1995 e 10.559/2002 para adoção de mecanismos de justiça transicional no Brasil. *Revista Eletrônica do Tribunal Regional do Trabalho da 9ª Região*, v. 8, 2019.
- A proteção do meio ambiente na Constituição de 1988: Do seu reconhecimento como direito fundamental à sua mitigação? O desafio do Congresso Nacional imposto à autoridade do Supremo Tribunal Federal: o caso das vaquejadas. *Direito em debate*. v. 27, 2018.
- O direito fundamental à boa administração e a legalidade dos atos administrativos municipais. *Revista de Direito da Unigranrio*. v. 8, 2018.
- Políticas públicas de combate ao uso de crack em cenários abertos no Brasil. *Cadernos de dereito actual (online)*. v. 8, 2018.
- O instituto jurídico do refúgio no Brasil: análise do caso dos haitianos. *Revista de Direito da Unigranrio*. v. 8, 2018.
- O direito de ação como instrumento de tutela dos direitos humanos. *Direito e justiça: reflexões sociojurídicas*. v. 18, 2018.
- Os refugiados ambientais. *Cadernos de dereito actual (online)*. v. 10, 2018.
- Refugiados ambientais: existe proteção jurídica na América do Sul? *XXVII Encontro Nacional do Conpedi*, Salvador, 2018.
- O direito internacional e a tutela da universalidade dos direitos humanos e do multiculturalismo. *XXVII Encontro Nacional do Conpedi*, Salvador, 2018.

- Dos crimes contra a humanidade e do genocídio: do direito internacional ao direito nacional brasileiro e francês. Um estudo comparativo. *XXVII Congresso Nacional do Conpedi*, Porto Alegre, 2018.
- O dever do Estado de investigar e punir as violações aos direitos humanos praticadas durante a ditadura: algumas discussões sobre justiça de transição no Brasil. *XXVII Congresso Nacional do Conpedi*, Porto Alegre, 2018.
- Controle de convencionalidade e o tratamento dado aos crimes ditatoriais no Brasil: reflexões acerca do posicionamento do Supremo Tribunal Federal e do entendimento da Corte Interamericana de Direitos Humanos (OEA). *Revista de Direito da Unigranrio*. v. 8, 2018.
- A corrupção na administração pública como elemento violador de direitos fundamentais. *Cadernos de dereito actual (online)*. v. 10, 2018.
- Refugiados ambientais no Brasil: uma abordagem a partir do caso do Haiti. *Nomos (Fortaleza)*. v. 38, 2018.
- Moradores de rua na cidade do Rio de Janeiro: um problema a ser enfrentado pelo Poder Público para efetivação do direito à moradia. *Revista de Direito da Unigranrio*. v. 8, 2018.
- O Supremo Tribunal Federal e o controle de convencionalidade: um estudo em comemoração aos 30 anos da Constituição de 1988. *Revista Jurídica – Unicuritiba*. v. 4, 2018.
- A nova lei de migração no Brasil: avanços e melhorias no campo dos direitos humanos. *Direito da cidade*. v. 9, 2017.
- A cláusula de abertura do artigo 5º da Constituição brasileira e o meio ambiente como direito fundamental. *Ius gentium*. v. 8, 2017
- Alguns aspectos sobre a situação jurídica do não nacional no Brasil: da lei do estrangeiro à nova lei de migração. *Revista Direito em Debate*. v. 26, 2017.
- As condições degradantes dos detentos nos presídios do Brasil e o RE 580.252: uma análise à luz dos direitos humanos. *Revista de Criminologias e Políticas Criminais*. v. 3, 2017.
- Do direito internacional clássico para um direito internacional cosmopolita: uma possibilidade a partir da proteção dos direitos humanos. *VII Encontro Internacional do Conpedi*, Braga/PT, 2017.

- A Lei 13.445, de 24 de maio de 2017: uma abordagem à luz do princípio da dignidade da pessoa humana e da não indiferença. *XXVI Congresso Nacional do Conpedi*, São Luís, 2017.
- Catástrofes naturais e a emergência do Direito Internacional das Catástrofes. *Cadernos de dereito actual (online)*. v. 8, 2017.
- Controle de Convencionalidade. *Revista Jurídica – Unicuritiba*. v. 46, 2017.
- Direitos humanos e políticas públicas de combate à pobreza no contexto da globalização. *Cadernos de dereito actual (online)*. v. 7, 2017.
- O controle de convencionalidade no Superior Tribunal de Justiça brasileiro. *Revista electrónica cordobesa de derecho internacional público*. v. 1, 2017.
- O instituto jurídico do refúgio à luz do direito internacional e alguns desdobramentos na União Europeia. *Revista jurídica – Unicuritiba*. v. 2, 2017.
- O instituto jurídico do refúgio à luz dos Direitos humanos. *Ius Gentium*, v. 7, 2016.
- Políticas de austeridade: A Secretaria Municipal de Administração de Duque de Caxias no controle de despesas e fomento de ações econômicas. *Gigapp Estudios Working Papers*, v. 2015, p. 1, 2015.
- A competência ambiental à luz da Lei Complementar n. 140 de 08 de dezembro de 2011. *Revista Jurídica – Unicuritiba*, v. 4, p. 155-175, 2015.
- Ética na Administração Pública municipal: uma experiência à frente da Secretaria Municipal de Duque de Caxias. *Legis Augustus*, v. 5, p. 1-18, 2014.
- Ética en la Administración Pública Municipal. *Gigapp Estudios Working Papers*, v. 2014, p. 1-27, 2014.
- Ética na Administração Pública Municipal: uma experiência à frente da Secretaria Municipal de Duque de Caxias. *Legis Augustus*, v. 5, 2014.
- Mercosul: do ideal bolivariano para a realidade atual (e quem sabe futura). *Revista de la Secretaría del Tribunal Permanente de Revisión*, v. 1, 2013.
- Eficácia das multas aplicadas em razão dos atos de fiscalização e exercício do poder de polícia ambiental. *Série Pensando o Direito*, v. 49, p. 1-327, 2013.

- Crise ecológica na sociedade de risco. *Direito da Cidade*, v. 5, n. 2, p. 77-105, 2013.
- Meio ambiente e atividade de polícia: o poder de polícia ambiental à luz da Lei Complementar n. 140/2011, artigo publicado nos *Anais do XXI Encontro Nacional do Conpedi*, Uberlândia, 2012.
- O licenciamento ambiental de acordo com a Lei Complementar n. 140/2011, artigo publicado na *Revista de Direito Ambiental*, v. 65, São Paulo: RT, 2012.
- Sustentabilidade na sociedade de risco global, artigo publicado na *Revista Eletrônica do Curso de Direito do UBM*, v. 2, 2012.
- A importância da Corte Interamericana de Direitos Humanos para a proteção do indivíduo no continente americano, artigo publicado nos *Anais do XXI Encontro Nacional do Conpedi*, Uberlândia, 2012.
- Responsabilidade socioambiental e direito: explorando conectividades e as perspectivas a partir da política nacional de resíduos sólidos, artigo publicado na *Revista de Direito da Unigranrio*, v. 4, 2011.
- Amazônia Azul: o "novo território" brasileiro, artigo publicado na *Revista Eletrônica do Curso de Direito do UBM*, v. 1, 2011.
- O direito internacional humanitário: eficácia da subsunção das normas do DIH no âmbito dos conflitos armados, artigo publicado na *Revista de Direito da Unigranrio*, v. 4, 2011.
- A responsabilidade internacional do Estado e a Corte Interamericana de Direitos Humanos, artigo publicado na *Revista de Direito Brasileira*, 2011.
- A tutela constitucional do meio ambiente cultural, artigo publicado na *Revista de Direito da Unigranrio*, v. 4, 2011.
- A crise da água na sociedade de risco, artigo publicado no *Almanaque Unigranrio de Pesquisa*, Duque de Caxias, 2011.
- Para a construção de uma nova ordem internacional ambiental. A Organização Internacional do Meio Ambiente, artigo publicado nos *Anais do IX Congresso Brasileiro de Direito Internacional*, Brasília, 2011.
- Meio ambiente, risco e os resíduos sólidos, artigo publicado nos *Anais do XX Congresso Nacional do Conpedi*, Vitória, 2011.

- O diálogo da teoria da justiça de J. Rawls com neoliberais e comunitaristas, artigo publicado na *Revista de Direito da Unigranrio*, v. 3, 2010.
- Para uma nova governança global em matéria ambiental: a Organização Internacional do meio ambiente, artigo publicado na *Revista de Direito da Unigranrio*, v. 3, 2010.
- O sistema americano de proteção dos direitos humanos, artigo publicado na *Revista de Direito da Unigranrio*, v. 3, 2010.
- Guantánamo: a institucionalização do desrespeito à pessoa humana, artigo publicado na *Revista Electrónica Iberoamericana*, v. 4, Madrid, 2010.
- O direito internacional e a tutela dos direitos humanos e do meio ambiente como grandes temas da globalidade, artigo publicado nos *Anais do XIX Encontro Nacional do Conpedi*, Fortaleza, 2010.
- Para efetiva proteção do meio ambiente no plano internacional: a criação do tribunal internacional do meio ambiente, artigo publicado nos *Anais do XIX Encontro Nacional do Conpedi*, Fortaleza, 2010.
- A proteção internacional do meio ambiente e dos direitos humanos, artigo publicado no *Almanaque Unigranrio de Pesquisa*, v. IV, Duque de Caxias, 2010.
- A Organização Internacional do Meio Ambiente: para a construção de uma nova ordem internacional ambiental, artigo publicado nos *Anais do VIII Congresso Brasileiro de Direito Internacional*, Foz do Iguaçu, 2010.
- A tutela constitucional do meio ambiente no Brasil: do *slogan* a industrialização suja é melhor que a pobreza limpa até o reconhecimento como direito fundamental, artigo publicado nos *Anais do XIX Congresso Nacional do Conpedi*, Florianópolis, 2010.
- O sistema americano de proteção dos direitos humanos e alguns desdobramentos para a ordem jurídica brasileira, artigo publicado nos *Anais do III Seminário Internacional de Derechos Humanos, Violencia y Pobreza*, Montevideo, 2010.
- A eficácia dos direitos econômicos, sociais e culturais como fator de inclusão social no contexto da globalização, artigo publicado nos *Anais do II Congresso Internacional do Núcleo de Estudos das Américas*, Rio de Janeiro, 2010.

- Da Comissão ao Conselho de Direitos Humanos: uma mudança mais que institucional?, artigo publicado na *Revista de Direito da Unigranrio*, v. 2, 2009.
- Os desafios à integração regional no âmbito do Mercosul, artigo publicado na *Revista de Direito da Unigranrio*, v. 3, 2009.
- A crise ambiental na sociedade de risco, artigo publicado na *Lex Humana*, v. 1, 2009.
- O refugiado à luz do direito internacional ambiental, artigo publicado na *Ius Gentium* (Facinter), v. 6, 2009.
- A proteção internacional dos direitos humanos no continente americano, artigo publicado no *Almanaque Unigranrio de Pesquisa*, Duque de Caxias, 2009.
- Desenvolvimento sustentável x crise ambiental. Breves reflexões sobre o direito internacional ambiental na sociedade de risco global, artigo publicado na *Revista Direito e Ambiente*, v. 1, 2009.
- A incorporação dos tratados internacionais de direitos humanos na ordem jurídica brasileira, artigo publicado na *Revista Jurídica Virtual*, Presidência da República, v. 10, 2008.
- Cidadania e democracia no Brasil: projetos a serem alcançados, artigo publicado na *Revista de Ciências Sociais* (UGF), v. 1, 2008.
- A "não indiferença" no direito internacional, artigo publicado na *Revista Cadernos da Escola de Direito e Relações Internacionais da UniBrasil*, v. 9, 2008.
- Privacidade na Internet, artigo publicado no jornal *Carta Forense*, São Paulo, p. 1-1, 3 nov. 2008.
- A dignidade da pessoa humana na Constituição brasileira: breves anotações, artigo publicado na *Letras e Artes em Revista*, Duque de Caxias, 2008.
- Cidadania e democracia no Brasil, artigo publicado na *Revista de Direito da Unigranrio*, v. 1, 2008.
- Os tratados de direitos humanos no Brasil após a Emenda Constitucional n. 45/2004, artigo publicado nos *Anais do XVII Encontro Preparatório para o Congresso Nacional do Conpedi*, Salvador, 2008.
- A participação popular no desenvolvimento de políticas públicas de segurança como estratégia de controle da violência, da criminalidade e da sensação de insegurança no Estado do Rio de Janeiro, artigo publicado nos *Anais do Congresso Nacional de Segurança Pública*, Maceió, 2008.

- O direito internacional e a figura do refugiado ambiental: reflexões a partir da ilha de Tuvalu, artigo publicado nos *Anais do XVII Congresso Nacional do Conpedi,* Brasília, 2008.
- A incorporação dos tratados internacionais de direitos humanos na ordem jurídica brasileira, artigo publicado nos *Anais do XVII Congresso Nacional do Conpedi,* Brasília, 2008.
- Direito internacional ambiental: breve reflexão, artigo publicado na *Revista Direitos Fundamentais & Democracia* (UniBrasil), v. 2, 2007.
- Construção da cidadania e da democracia no Brasil: tarefas inacabadas, artigo publicado nos *Anais do XVI Encontro Preparatório para o Conpedi,* Campos dos Goytacazes, 2007.
- Os dois grandes temas da globalidade: a proteção internacional dos direitos humanos e do meio ambiente, artigo publicado nos *Anais do V Congresso Brasileiro de Direito Internacional,* Curitiba, 2007.
- A proteção internacional da pessoa humana e a consolidação do direito internacional dos direitos humanos, artigo publicado nos *Anais do XVI Congresso Nacional do Conpedi,* Belo Horizonte, 2007.
- Direito fundamental à privacidade, artigo publicado no *Almanaque Unigranrio de Pesquisa,* Duque de Caxias, 2007.
- Interpretação das normas constitucionais de direitos fundamentais, artigo publicado no *Âmbito Jurídico,* v. 5, 2006.
- A Internet e os desafios para o direito internacional, artigo publicado na *Revista da Faculdade de Direito de Campos,* 2006.
- Globalização, informação e direito fundamental à privacidade, artigo publicado na *Revista Z Cultural do Programa Avançado de Cultura Contemporânea,* 2006.
- O Brasil e a integração regional: para a criação de uma comunidade sul-americana das nações, artigo publicado na *Revista da Faculdade de Direito de Campos,* v. 8, 2006.
- O princípio da dignidade da pessoa humana e o mínimo existencial, artigo publicado na *Revista da Faculdade de Direito de Campos,* v. 9, 2006.
- Proteção do Estado, artigo publicado no jornal *O Dia,* Rio de Janeiro, p. 8, 4 ago. 2006.
- Guerra e paz. Limites e desafios do direito internacional, artigo publicado no jornal *Ponto de Vista,* Coord. de Comunicação da UFRJ, 27 jul. 2006.

- Desenvolvimento sustentável na sociedade de risco global: breves reflexões sobre o direito internacional ambiental, artigo publicado nos *Anais do XV Congresso Nacional do Conpedi,* Manaus, 2006.
- O direito internacional ambiental na contemporaneidade, artigo publicado nos *Anais do IV Congresso Brasileiro de Direito Internacional,* Curitiba, 2006.
- Direito fundamental à intimidade, vida privada, honra e imagem, artigo publicado nos *Anais do XV Encontro Preparatório para o Congresso Nacional,* Recife, 2006.
- Dignidade da pessoa humana no mundo globalizado, artigo publicado nos *Anais do 3º Seminário Internacional de Direitos Humanos,* João Pessoa, 2006.
- Cidadania e direitos humanos: uma construção necessária para efetivação dos direitos sociais no Brasil, artigo publicado nos *Anais do I Seminário Internacional Direitos Humanos, violência e pobreza,* Rio de Janeiro, 2006.
- Breves considerações sobre os limites da liberdade de imprensa, artigo publicado na *Revista da Faculdade de Direito de Campos,* v. 6, 2005.
- Hermenêutica dos direitos fundamentais, artigo publicado na *Revista da Faculdade de Direito de Campos,* v. 7, 2005.
- União deve intervir na segurança do Rio, artigo publicado no jornal *O Dia,* Rio de Janeiro, 22 abr. 2005.
- Direitos humanos e globalização, artigo publicado nos *Anais do XIV Congresso Nacional do Conpedi,* Fortaleza, 2005.
- O direito internacional do desenvolvimento e o direito internacional ambiental, artigo publicado nos *Anais do EIDAS,* Florianópolis, 2005.
- Para a proteção internacional da pessoa humana e o direito internacional dos direitos humanos, artigo publicado nos *Anais do III Congresso Brasileiro de Direito Internacional,* Curitiba, 2005.
- A quarta onda globalizante e os desafios para o direito internacional, artigo publicado na *Revista da Faculdade de Direito de Campos,* v. 5, 2004.
- O direito à informação em matéria ambiental, artigo publicado na *Revista Direito e Justiça,* Unijuí, v. 1, 2004.
- A Amazônia em risco?, artigo publicado no jornal *A Gazeta de Vitória,* Vitória, 26 ago. 2004.

- A proteção internacional do meio ambiente, artigo publicado nos *Anais do II Congresso Brasileiro de Direito Internacional,* Curitiba, 2004.
- Direitos humanos e direitos fundamentais, artigo publicado na *Revista Ibero-Americana de Direito Público,* v. 9, Rio de Janeiro, 2003.
- Direitos fundamentais, direitos humanos ou liberdades públicas?, artigo publicado na *Revista Ibero-Americana de Direito Público,* v. 6, Rio de Janeiro, 2002.
- Breves considerações sobre o direito fundamental à privacidade, artigo publicado na *Revista Ibero-Americana de Direito Público,* v. 7, Rio de Janeiro, 2002.
- O direito à informação como ferramenta de proteção ao meio ambiente no Mercosul, artigo publicado na *Revista Ibero-Americana de Direito Público,* v. 5, n. 5, 2001.
- A concepção de justiça no pensamento de Rawls, artigo publicado na *Revista de Ciências Sociais* (UGF), v. 5, 2001.
- Os direitos humanos numa perspectiva do direito internacional, artigo publicado na *Revista Jurídica Unigranrio,* v. 3, 2001.
- As liberdades civis e as garantias constitucionais individuais, artigo publicado na *Revista Augustus,* v. 3, n. 3, 2001.
- As liberdades públicas e o poder de polícia, artigo publicado na *Revista Interamericana de Derecho Internacional,* v. 1, Puerto Rico, FIA, 2000.
- O direito de asilo, artigo publicado na *Revista de Direito do Centro Superior de Ensino de Valença,* v. 3, 2000.
- Considerações sobre o Tribunal Penal Internacional, artigo publicado na *Revista Jurídica Unigranrio,* v. 2, 2000.
- Acesso à justiça, artigo publicado na *Revista Jurídica SUAM,* v. 2, 1999.
- Embate de direitos, artigo publicado na *Revista de Ciências Sociais da Universidade Gama Filho,* v. 4, 1999.
- O crime, a criminalidade e o criminoso, artigo publicado na *Revista Jurídica Unigranrio,* v. 1, 1999.
- A informação como ferramenta de proteção ao meio ambiente, artigo publicado no jornal *Folha da Cidade,* Rio de Janeiro, 1999.
- A barbárie no nordeste do Brasil, artigo publicado no jornal *Folha da Cidade,* Rio de Janeiro, 1998.

- A pena de morte no Brasil, artigo publicado no jornal *Folha da Cidade*, Rio de Janeiro, 1998.
- As liberdades públicas, artigo publicado no jornal *Folha da Cidade*, Rio de Janeiro, 1998.
- Direito alternativo, artigo publicado no jornal *O Globo*, Rio de Janeiro, 1998.
- Globalização: horror econômico ou progresso e bem-estar?, artigo publicado no jornal *Folha da Cidade*, Rio de Janeiro, 1998.
- O acesso à justiça, artigo publicado no jornal *Folha da Cidade*, Rio de Janeiro, 1998.
- O sistema penal e a desigualdade social, artigo publicado no jornal *Folha da Cidade*, Rio de Janeiro, 1998.
- Poder de polícia ou poder da Polícia?, artigo publicado no *jornal Folha da Cidade,* Rio de Janeiro, 1998.
- Relembrar é viver, artigo publicado no jornal *Folha da Cidade*, Rio de Janeiro, 1998.
- A Polícia Militar e as baionetas, artigo publicado no *Jornal dos Esportes*, Rio de Janeiro, 1997.
- A crise das Polícias Militares, artigo publicado no jornal *Folha da Cidade*, Rio de Janeiro, 1997.
- Contratos de adesão, artigo publicado no *Jornal do Consumidor*, Rio de Janeiro, 1997.

PREFÁCIO

Com profunda alegria, tenho a honra em prefaciar a primorosa obra do Professor Sidney Guerra, agora em sua 8ª edição. Pós-Doutor pela Universidade de Coimbra e Professor Titular na Universidade Federal do Rio de Janeiro, Sidney Guerra tem se destacado pela elevada qualidade de sua contribuição à cultura jurídica, notadamente no campo dos direitos humanos.

Estruturado em dez capítulos*, o livro adota como ponto de partida a análise dos aspectos históricos e filosóficos dos direitos humanos, compreendendo o seu conceito, antecedentes históricos, diversas dimensões e o fundamento ético da dignidade humana, somado ao diálogo da filosofia política e direitos humanos, tendo como referencial teórico Rawls, Nozick e Walzer.

No segundo e terceiro capítulos, o foco concentra-se no sistema internacional de proteção dos direitos humanos e sistemas regionais. Já no quarto capítulo, a obra desenvolve a análise do sistema interamericano de proteção dos direitos humanos, com ênfase na Comissão Interamericana, na Corte Interamericana de Direitos Humanos, bem como no controle de convencionalidade.

À luz da proteção multinível dos direitos humanos, às esferas global e regional, acrescenta-se a proteção dos direitos humanos na ordem jurídica brasileira, com destaque à dignidade da pessoa humana como núcleo fundamentador da ordem constitucional brasileira – temática enfocada pelo capítulo sexto.

No capítulo sétimo, a obra transita para a relevante temática dos direitos humanos dos grupos vulneráveis, a merecer especial proteção, consideradas as perspectivas de gênero, étnica-racial, idade, diversidade sexual, dentre outras.

---

* O prefácio sofreu alguns ajustes para explicitar a renumeração dos capítulos da edição atual. Também foi contemplado o capítulo de número V que versa sobre Justiça de transição e o dever do Estado de investigar e punir violações de direitos humanos.

A obra abrange ainda, no capítulo oitavo, um exame dos temas emergentes dos direitos humanos, com destaque ao universalismo e relativismo cultural; soberania e direitos humanos; globalização e direitos humanos; educação em direitos humanos; meio ambiente e direitos humanos; e cidadania e direitos humanos.

Finalmente, no capítulo dez, o foco atém-se à complexa temática da segurança pública e direitos humanos, enquanto o capítulo décimo dedica-se ao estudo da nova Lei de Migração no Brasil.

A ética dos direitos humanos é a ética que vê no outro um ser merecedor de igual consideração e profundo respeito, dotado do direito de desenvolver as potencialidades humanas, de forma livre, autônoma e plena. É a ética orientada pela afirmação da dignidade e pela prevenção ao sofrimento humano. Os direitos humanos constituem uma plataforma emancipatória inspirada no princípio da esperança, na capacidade criativa e transformadora de realidades.

Esta obra tem o mérito de lançar um fascinante convite: fortalecer a cultura de proteção e promoção dos direitos humanos, radicada na emergência de um novo paradigma jurídico, que abraça os direitos humanos em sua complexidade, dinamicidade e caráter multidimensional, sob a perspectiva emancipatória da dignidade humana.

Vislumbra Hannah Arendt a vida como um milagre, o ser humano como, ao mesmo tempo, um início e um iniciador, acenando que é possível modificar pacientemente o deserto com as faculdades da paixão e do agir. Afinal, se todos vamos morrer, nascemos para começar (*"if all human must die; each is born to begin"*). E neste (re)começar, lembrando Habermas, os direitos humanos simbolizam uma *"utopia realista"* na busca da construção de uma sociedade mais justa.

Flávia Piovesan

NOTA À 8ª EDIÇÃO

Vivemos tempos difíceis e sombrios...!

Infelizmente, ao acessar a internet, jornais (escritos e televisivos), participar de congressos, grupos de discussões e outros canais para troca de informações, é possível constatar que a situação que envolve os Direitos Humanos no Brasil não é boa.

Todavia, a despeito da percepção que envolve o senso comum, é importante que se promova a verificação de estudos e relatórios de organizações e centros prestigiados, a exemplo do que se apresenta agora. A *Human Rights Watch* publicou o Relatório Mundial de 2022, que apresenta as tendências de direitos humanos em todo o mundo. No referido relatório, promove análise dos principais aspectos em relação a matéria por países.

Em relação ao Brasil, há diversas menções a ataques à democracia, a liberdade de expressão e a independência do judiciário. Também aponta problemas em relação a observância das recomendações científicas para prevenir a disseminação da Covid-19; letalidade policial; assassinato de pessoas negras; desmatamento de áreas verdes; queimadas na Amazônia; ataques aos povos indígenas e defensores dos direitos humanos (recomenda-se a leitura em https://www.hrw.org/pt/world-report/2022).

De fato, são tempos nebulosos... onde a violação sistemática dos direitos humanos acontece aqui e em todo o mundo..., suscitando a criação de verdadeiros cenários de catástrofes... Daí a importância de se estudar, divulgar, propagar os direitos inerentes à pessoa humana. Ações de promoção e de proteção são imprescindíveis e devem repercutir em todos os cantos do planeta.

Nesta esteira, o *Curso de Direitos Humanos*, publicado pela Editora Saraiva, chega à sua 8ª edição, devidamente revisada, ampliada e com matérias novas, que diferem das anteriores, a exemplo *do meio ambiente nos sistemas regionais de proteção dos direitos humanos.*

Oxalá que a escuridão seja substituída pela luz; a morte pela vida; o ódio pelo amor; a ruptura pela reconstrução... Mais uma vez agradeço aos meus familiares e todas as pessoas que me impulsionam a continuar na busca do conhecimento e na propagação do mesmo (alunos e alunas, professores e professoras, investigadores e investigadoras dos grupos de pesquisa, amigos e amigas). Os comentários e críticas que visam aprimorar a obra são bem-vindos e espero poder continuar a desfrutar da leitura de vocês.

Santo Domingo (RD), 27 de julho de 2022.

Prof. Dr. Sidney Guerra

NOTA À 7ª EDIÇÃO

O *Curso de Direitos Humanos* chega à sua 7ª edição. Para mim, motivo de grande alegria e júbilo e devo, desde logo, agradecer a Deus por todas as oportunidades e a todas as pessoas que acompanham meu trabalho e, particularmente, adotam este livro como sendo obrigatório nas reflexões de Direitos Humanos no Brasil, seja nos cursos de graduação, como também nos cursos de pós-graduação *lato* e *strictu sensu*.

Apesar da felicidade que me toca, por ter alcançado esta importante marca em um país que ainda negligencia na leitura e compra de livros jurídicos, devo dizer que os resultados em matéria de Direitos Humanos não são dignos de comemoração. Ao contrário, a pandemia da Covid-19 serviu para aumentar a desigualdade social estrutural e sistêmica no Brasil.

Neste sentido, o Informe 2020/21 da Anistia Internacional – "O estado dos Direitos Humanos no Mundo" enfatiza que "cerca de 27 milhões de pessoas passaram a viver na extrema pobreza, com menos de R$ 246 ao mês. De acordo com a entidade, o governo Bolsonaro e sua retórica autoritária aumentaram o risco para a defesa de direitos humanos no Brasil e reduziram o espaço cívico". Segundo a Anistia Internacional, o governo federal não garantiu o acesso da população aos serviços de saúde. Também não garantiu proteção social aos mais prejudicados pela pandemia. O impacto foi ainda maior nas comunidades mais empobrecidas e historicamente discriminadas (negros, povos indígenas, comunidades quilombolas, populações tradicionais, moradores de favelas e periferias, mulheres, LGBTQIA+, migrantes e refugiados, pessoas em situação de rua e em privação de liberdade, pessoas idosas, trabalhadores informais), aponta o informe.

Fato também observado em relação às pessoas idosas, cujas denúncias de violência representavam, em 2019, 30% do total de denúncias de violações de direitos humanos recebidas pelo canal telefônico Disque 100, disponibilizado pelo governo federal, o que somava em torno de 48,5 mil registros. Em 2018, o serviço recebeu 37,4 mil denúncias de crimes contra a pessoa idosa. No fim do ano passado, com o isolamento social imposto pela pandemia de Covid-19, o número observado em 2019 aumentou 53%, passando para 77,18 mil denúncias. No primeiro semestre de 2021, o Disque 100 já registra mais de 33,6 mil casos de violações de direitos humanos contra a pessoa idosa, no Brasil, de acordo com a Agência Brasil.

Na mesma linha, infelizmente, a Comissão Interamericana de Direitos Humanos, no estudo intitulado "situação dos direitos humanos no Brasil", constata que "o Estado segue apresentando um cenário de extrema desigualdade social baseada na discriminação estrutural contra afrodescendentes e comunidades tradicionais quilombolas, indígenas, camponeses e trabalhadores rurais, pessoas que vivem na pobreza ou em situação de rua, mulheres e LGBTQIA+. Na análise da CIDH, a concentração de renda e a discriminação baseada na raça, origem social, em estereótipos de sexo, gênero, orientação sexual e idade resultaram na exclusão histórica desses grupos, que permanecem em situação de extrema vulnerabilidade".

Enfatizo, mais uma vez, que a compreensão e o estudo sobre esta matéria tornam-se cada vez mais urgentes e necessários para que sejam desenvolvidas ações de promoção e de proteção em favor da pessoa humana.

Para esta edição tratei de realizar as atualizações com as complementações necessárias e inseri algumas outras matérias, como, por exemplo, mudanças climáticas; Covid-19 e a crise de direitos humanos no Brasil; a timidez do STF em relação ao controle de convencionalidade e ainda o capítulo sobre Justiça de transição.

Por fim, não poderia deixar de registrar uma grande coincidência (ou curiosidade) ao findar a 7ª edição do *Curso*, pois tal fato serviu, de certo modo, para impulsionar meus estudos voltados aos Direitos Humanos. Eu estava em sala de aula lecionando Direito Internacional Público, para a turma de 10º período/manhã, na sala do Tribunal do Júri – Unigranrio, que era a única que possuía TV instalada (recordo que os poucos celulares existentes não apresentavam as ferramentas existentes nos dias atuais). O encontro transcorria de maneira tranquila e normal, como sempre, até que um aluno entrou em sala com a notícia bombástica: "As torres gêmeas foram atacadas por grupos terroristas". A aula foi interrompida e a TV foi ligada. Incrédulos e atônitos, acompanhamos (eu e meus alunos) a tragédia do 11 de setembro. Passados 20 anos deste triste episódio, temos ainda muito a aprender e fazer em prol da humanidade...

Rio de Janeiro, 11 de setembro de 2021.

Sidney Guerra

NOTA À 1ª EDIÇÃO

Direitos humanos – curso elementar é fruto de pesquisas realizadas ao longo de vários anos e não pretende ser uma obra pronta e acabada, mas em construção. Isso porque os direitos humanos, como o leitor terá a oportunidade de observar ao longo deste estudo, modificam-se ao longo dos anos. Eles, portanto, não são estáticos, e sim dinâmicos, por atenderem às mudanças que se apresentam na própria sociedade no alcance da plenitude da dignidade humana.

O estudo dos direitos humanos é complexo por alcançar várias áreas do conhecimento. Além disso, diversos enfoques podem ser tratados, por exemplo, o antropológico, o histórico, o sociológico, o filosófico, o jurídico (interno e internacional) etc. É bem verdade que existem muitos livros publicados no Brasil que tratam dos direitos humanos, observando os aspectos anteriormente citados. Todavia, s.m.j., o estudo da disciplina como apresentado neste momento ainda não havia sido realizado.

Impende assinalar, desde logo, que nos Cursos Jurídicos do Brasil a disciplina *Direitos Humanos* tem sido contemplada como obrigatória na grande maioria das Universidades brasileiras e, em alguns casos, como optativa. Ademais, o ENADE (Exame Nacional de Desempenho de Estudantes), que avalia o rendimento dos alunos da Graduação, ingressantes e concluintes, em relação aos conteúdos programáticos dos cursos em que estão matriculados, aborda muitos pontos tratados neste livro.

Ao longo dos anos tive o privilégio de conviver com pessoas interessantes e interessadas nos estudos e na difusão dos direitos humanos. O período mais profícuo na minha carreira no que se refere aos estudos dos direitos humanos, até o momento, ocorreu entre os anos de 2004 e 2010, quando integrava o Programa de Mestrado de uma Instituição de Ensino Superior no Estado do Rio de Janeiro e coordenava o Grupo de Pesquisas em Direitos Humanos atrelado ao referido Programa. Por óbvio, seria impossível nominar e lembrar de todas as pessoas com quem convivi, mas me recordo com grande alegria (correndo o risco de deixar de mencionar alguns) dos mais efusivos (digamos assim) e participativos, a quem presto as mais sinceras homenagens e guardo em lugar de destaque na memória: Prof. Dr. Leonardo Greco (meu eterno professor) e meus queridos ex-alunos, hoje professores: Érica Peixoto, Luzinara Morgan, Suelen Agun, Giuliano Tatagiba, Alessandra Flório, Jorge Assis e Raimundo Brandão.

Por fim, o agradecimento especial para Deus e para minha mãe do céu, N. Sra. Aparecida, por tudo. Aos meus familiares, principalmente minha mulher, Denise, e meus filhos, Caio Cesar e Bárbara Dina, pelo amor, carinho, paciência, comprometimento, enfim, pela família que somos. Também minha mãe, Dina, e Juarez, pela convivência, amizade, comprometimento e amor. Aos amigos, professores e alunos, pelo incentivo, críticas e comentários.

Budapeste, julho de 2012.

Sidney Guerra

SUMÁRIO

Prefácio XXXIII

Nota à 8ª edição XXXV

Nota à 7ª edição XXXVII

Nota à 1ª edição XXXIX

Capítulo I
Aspectos históricos e filosóficos dos direitos humanos

1. O que são direitos humanos? 1
2. Breves antecedentes históricos sobre a proteção dos direitos humanos 11
3. Os direitos humanos e suas dimensões 25
4. A dignidade da pessoa humana 34
5. A filosofia política e os direitos humanos............................. 44
    5.1 A teoria da justiça de Rawls 47
    5.2 Crítica neoliberal à teoria da justiça de Rawls: as ideias de Nozick 52
    5.3 Crítica comunitarista à teoria da justiça de Rawls: as ideias de Walzer 57
    5.4 À guisa de conclusão 62

CAPÍTULO II
Os direitos humanos no sistema internacional

1. Considerações gerais 65
2. A criação da Organização das Nações Unidas e a proteção dos direitos humanos 69

3. A fase legislativa da proteção internacional dos direitos humanos no sistema onusiano 76
4. A fase de proteção 85
5. Entraves, possibilidades e desafios 103
6. Os tribunais internacionais de direitos humanos 110

Capítulo III
Os sistemas regionais de proteção dos direitos humanos

1. Considerações gerais 123
2. O sistema europeu 125
   2.1 Aspectos gerais 125
   2.2 Da Convenção Europeia para a Proteção dos Direitos Humanos e das Liberdades Fundamentais à Carta de Direitos Fundamentais da União Europeia 127
   2.3 As instituições de garantia e controle: a Comissão e o Tribunal 138
3. O sistema africano 145
   3.1 Aspectos gerais 145
   3.2 A Carta Africana sobre Direitos Humanos e Direitos dos Povos 150
   3.3 As instituições de garantia e controle: a Comissão e a Corte ... 152
   3.4 Mecanismos de garantia e controle 159
4. O sistema árabe 161
5. A proteção do meio ambiente nos sistemas regionais de direitos humanos 167

CAPÍTULO IV
Os direitos humanos no sistema interamericano

1. O sistema interamericano de proteção dos direitos humanos ... 177
2. A Comissão Interamericana de Direitos Humanos 185
3. A Corte Interamericana de Direitos Humanos 199
4. O controle de convencionalidade 217
5. O sistema interamericano e o STF: a timidez quanto ao controle de convencionalidade 232

CAPÍTULO V

Justiça de transição e o dever do Estado de investigar e punir violações de direitos humanos

1. Introdução 239
2. O caso Gomes Lund e outros *versus* Brasil (Guerrilha do Araguaia): condenação do Estado na Corte Interamericana de Direitos Humanos 241
3. Controvérsias sobre a responsabilização criminal de agentes do Estado por violações aos direitos humanos 247
4. A Corte Interamericana, o STF e a lei de anistia 255

CAPÍTULO VI

Os direitos humanos na ordem jurídica brasileira

1. A dignidade da pessoa humana como núcleo fundamentador da ordem constitucional brasileira 259
    1.1 Dignidade da pessoa humana e o mínimo existencial 266
2. Os direitos da pessoa humana na ordem jurídica interna: direitos formal e materialmente fundamentais 272
3. Direitos fundamentais: regras ou princípios? 286
4. A interpretação dos direitos fundamentais 293
5. Características dos direitos fundamentais 299
6. O direito de ação como direito fundamental na nova ordem jurídica processual brasileira 302

CAPÍTULO VII

Direitos humanos das minorias e grupos vulneráveis

1. Considerações gerais 309
2. Mulher 310
3. Discriminação racial 322
4. Criança 333
5. Pessoas idosas 349
6. Povos indígenas 355
7. Refugiados 368

7.1	Breves antecedentes históricos	370
7.2	O conceito de refugiado à luz do direito internacional	374
7.3	O refugiado na ordem jurídica brasileira	381
8.	LGBTQIA+	388
9.	Pessoas com deficiência	401

CAPÍTULO VIII
Temas emergentes dos direitos humanos

1.	Universalismo x relativismo	411
1.1	Os discursos do universalismo e do multiculturalismo são opostos?	425
1.2	Multiculturalismo: um elemento heterogêneo do universalismo dos direitos humanos	428
2.	Soberania e direitos humanos	432
3.	Globalização e direitos humanos	441
4.	Educação em direitos humanos	456
5.	Meio ambiente e direitos humanos	463
5.1.	As mudanças climáticas	480
6.	Água e direitos humanos	495
6.1	A água como direito humano	504
7.	Cidadania e direitos humanos	513
7.1	O princípio da cidadania	525
8.	COVID-19 e a crise de Direitos Humanos no Brasil	530
8.1.	Migrantes, refugiados e solicitantes de refúgio	532
8.2.	Povos indígenas	534
8.3.	Pessoas em situação de pobreza	536

CAPÍTULO IX
Segurança pública e direitos humanos

1.	Considerações gerais: segurança, o fundamento da modernidade	541
2.	A desconstrução do modelo	555
3.	Algumas ideias para o termo "segurança"	571
4.	Direito fundamental à segurança pública	577

5. Os direitos humanos e a segurança pública no Brasil 584
6. Segurança pública e direitos humanos: considerações finais 596

Capítulo X
A Lei de Migração Brasileira

1. Considerações gerais 601
2. Nacionalidade, estrangeiro e o migrante 603
3. A lei de migração brasileira 611
4. Desconstruindo os mitos da Lei de Migração 620
5. A admissão e a retirada compulsória do migrante 623
6. O princípio da não indiferença e o que se espera a partir da lei migratória brasileira 630

Referências 637

CAPÍTULO I

ASPECTOS HISTÓRICOS E FILOSÓFICOS DOS DIREITOS HUMANOS

1. O QUE SÃO DIREITOS HUMANOS?

Este capítulo se propõe a apresentar algumas considerações sobre aspectos históricos e filosóficos dos direitos humanos. Todavia, por questão metodológica, optou-se por enfrentar uma preliminar, qual seja, a tentativa de conceituar o que são direitos humanos. Isso porque a abordagem do tema deve levar em consideração, como ponto de partida, o questionamento sobre o que são, afinal, direitos humanos[1].

Indubitavelmente, a expressão "direitos humanos" chega ao século XXI com grande força e vitalidade, sendo largamente utilizada em manifestações da sociedade civil, na política, para pleitear direitos, enfim, nas mais distintas reivindicações. Por outro lado, em razão do uso excessivo e por vezes indiscriminado desta expressão, ela acaba por incorrer em certa vagueza e imprecisão. Como assevera Rey Pérez, "el término derechos humanos resulta problemático al menos por dos motivos: porque tiene diversas significaciones y porque además existen distintas palabras que quieren expresar su concepto"[2].

---

1 SANCHIS, Luis Prieto. *Justicia constitucional y derechos fundamentales*. Madrid: Trota, 2003, p. 140 apresenta uma ideia de natureza liberal ao colocar da seguinte forma: "Los derechos del hombre son los derechos de todas las generaciones de los hombres, y nadie puede monopolizarlos. Lo que merece continuar, continuará por su propio mérito, y en ello reside su seguridad, y no en condición alguna con la que se pretenda revestirlo".

2 PÉREZ, José Luiz Rey. *El discurso de los derechos: una introducción a los derechos humanos*. Madrid: Universidad Comillas, 2011, p. 19.

De fato, a utilização de uma multiplicidade de expressões para identificar direitos humanos causa certa confusão e incerteza quanto ao conteúdo, daí a necessidade de procurar delimitar o seu alcance e sentido para evitar inconvenientes[3].

Algumas expressões geralmente são empregadas para fazer menção a tais direitos[4]: "direitos fundamentais", "direitos naturais"[5], "direitos do homem", "direitos individuais", "direitos humanos fundamentais", "liberdades públicas"[6], entre outras[7].

Na doutrina[8] algumas advertências chamam a atenção para a ausência de consenso quanto à terminologia mais adequada para referir-se aos direitos

---

3   Também SANTAGATI, Claudio Jesús. *Manual de derechos humanos*. 2. ed. Buenos Aires: Ediciones Jurídicas, 2009, p. 50: "Existe una enorme ambiguedad conceptual acerca de los Derechos Humanos, el cual se traduce, y es a la vez consecuencia, de su ambiguedad terminológica. A pesar de que no deja de tener inconvenientes el uso de la expresión Derechos Humanos, de que en sí mismo sea una expresión tautológica y de que incluso desde una perspectiva técnico jurídica no sea el término más adecuado es la expresión preferible entre todos los existentes".

4   No mesmo sentido, PÉREZ, José Luiz Rey, op. cit., p. 19: "derechos naturales, derechos públicos subjetivos, libertades públicas, derechos fundamentales, derechos morales, derechos del ciudadano (...) Todas estas expresiones no son casuales. Provienen de un determinado contexto histórico y en algunos casos su uso denota una determinada toma de postura en cuanto al fundamento de los derechos humanos".

5   Idem, p. 20: "Con esta expresión se quiere decir que el ser humano tiene unos derechos por el simple hecho de ser persona que se derivan de su naturaleza. Estos derechos se poseen con carácter previo a su reconocimiento por parte del Estado, es decir, se tienen al margen de que el Derecho positivo los reconozca. Se coresponde a una visión iusnaturalista del Derecho".

6   Ibidem, p. 23: "Esta expresión se utilizaba históricamente para referirse a los derechos corporativos de los gremios o de los habitantes de las ciudades. Más tarde, con la llegada de la Modernidad, su uso se extiende a los derechos individuales. Sin embargo, hoy es una expresión incompleta que hace referencia únicamente a algunos derechos humanos, quedando fuera los derechos de participación y los de prestación".

7   No mesmo sentido, CAMPOS, Germán J. Bidart, op. cit., p. 156: "Es bueno recapitular nociones y elaborar el listado de denominaciones históricas que han recibido los derechos humanos. La serie, no taxativa, que han recibido podría ser esta: derechos del hombre; derechos de la persona humana; derechos humanos; derechos individuales; derechos subjetivos; derechos públicos subjetivos; derechos fundamentales; derechos naturales; derechos innatos; libertades públicas; derechos constitucionales".

8   FERRAJOLI, Luigi. *Los fundamentos de los derechos fundamentales*. 2. ed. Madrid: Trota, 2005, p. 287: "Gran parte de los problemas y divergencias que, con frecuencia, surgen a propósito de los derechos fundamentales, y que han surgido también con

humanos e aos direitos fundamentais[9], revelando pontos de vista favoráveis e contrários ao emprego desses ou daqueles termos[10]. A própria Constituição brasileira de 1988 recorre a expressões semanticamente diversificadas para fazer alusão a tais direitos: direitos humanos (art. 4º, II); direitos e garantias fundamentais (Título II e art. 5º, § 1º); direitos e liberdades constitucionais (art. 5º, LXXI); direitos e garantias individuais (art. 60, § 4º, IV)[11].

Assim, o que se pretende é tecer considerações acerca das terminologias *direitos fundamentais*, *direitos humanos* e *liberdades públicas*[12], comumente

---

ocasión de nuestro debate, depende de la diversidad de enfoques – teóricos o filosóficos, descriptivos o prescriptivos – y de las disciplinas (jurídicas, éticas, sociológicas o historiográficas) que se ocupan de ellos. De ahí la variedad de significados asociados a la expresión derechos fundamentales (o humanos, públicos, constitucionales, personalísimos, morales o de ciudadanía, según los léxicos de las distintas disciplinas) los cuales, muchas veces, se refieren a elementos distintos y heterogéneos entre si, como los valores o fines ético-políticos que se persiguen con ellos, los concretos intereses o necesidades tutelados, de hecho o de derecho, a través de ellos, el rango constitucional o en todo caso privilegiado de sus fuentes o el carácter universal, ya de los principios que los derechos fundamentales expresan o de sujetos a los que se atribuyen o de aquellos que los reivindican o comparen su validez".

9   O uso das expressões "direitos humanos" e "direitos fundamentais" ganhará destaque em razão da abordagem a ser apresentada nos capítulos seguintes deste livro.

10   A título de exemplo, *vide*, além das obras acima citadas, a obra de LUÑO, Antonio-Enrique Pérez. *Los derechos fundamentales*. 7. ed. Madrid: Tecnos, 1998, p. 43 e s. SARLET, Ingo Wolfgang. *A eficácia dos direitos fundamentais*. 2. ed. rev. e atual. Porto Alegre: Livraria do Advogado, 2001, p. 31 e s.

11   MARTÍN-RETORTILLO, Lorenzo Baquer; OTTO Y PARDO, Ignacio de. *Derechos fundamentales y Constitución*. Madrid: Civitas, 1988, p. 47 e s., chama a atenção para a situação na Constituição espanhola de 1978, cuja forma de apresentação, nesse sentido, assemelha-se à Constituição brasileira vigente.

12   MARTINEZ, Gregorio Peces-Barba, op. cit., p. 19-29, faz um aporte sobre as expressões, podendo ser assim resumidas: "El término derechos humanos es sin duda uno de lós más usados en la cultura jurídica y política actual por su función reguladora de la legitimidad de los sistemas políticos y de los ordenamientos jurídicos, y por la convicción de muchos seres humanos de que constituyen una garantía para su dignidad y un cauce para su libertad y su igualdad, la comprensión adecuada de los derechos es una tarea teórica de grande alcance práctico. (...) Libertades públicas es una dimensión positivista, probablemente como reacción frente a la ambiguedad del término derechos del hombre, situado en la tradición revolucionaria de 1789 con una clara impronta iusnaturalista. Se pretende identificar, con unos derechos, reconocidos en el sistema jurídico, eficaces y protegidos por los jueces. Frente al espíritu sin fuerza, las libertades públicas expresan un espíritu, una moralidad apoyada por la fuerza del Derecho positivo. (...) Cuando hablamos de derechos fundamentales estamos refiriéndo-

empregadas nos estudos de várias disciplinas (Direito Constitucional, Direito Internacional, Direitos Humanos etc.) ora como sinônimas, ora com sentidos completamente diversos[13]. Os estudos de Ricardo Lobo Torres corroboram essa afirmação: "Os direitos fundamentais ou direitos humanos, direitos civis, direitos da liberdade, direitos individuais, liberdades públicas, formas diferentes de expressar a mesma realidade"[14].

Para Alberto Nogueira, o emprego dessas expressões como sinônimas é incorreto e elas possuem unicamente um núcleo comum, que é a liberdade: "As expressões Direitos do Homem, Direitos Fundamentais e Liberdades Públicas têm sido, equivocadamente, usadas indistintamente como sinônimos. Em verdade, guardam, entre si, de rigor, apenas um núcleo comum, a liberdade"[15]. Referido autor aponta várias conexões ou ângulos de abor-

---

nos, al mismo tiempo, a una pretensión moral justificada y a su recepción en el Derecho positivo. La justificación de la pretensión moral en que consisten los derechos se produce sobre rasgos importantes derivados de la Idea de dignidad humana, necesarios para el desarrollo integral del ser humano".

[13] No que tange aos doutrinadores estrangeiros, é ilustrativo o posicionamento de BÉCET, Jean Marie; COLARD, Daniel. *Les conditions d'existence des libertés*. Paris: La Documentation Française, 1985: "On peut être étonné de l'utilisation de deux notions, apparemment dissemblables, dans les titres des ouvrages consacrés aux libertés publiques. Bien que ces ouvrages aient sensiblement le même contenu, la plupart des auteurs (G. Burdeaux, Cl.-A. Colliard, J. Mourgeon, J. Robert, S. Roche...) intitulent leur manuel 'Libertés publiques' tandis que quelques autres (Y. Madiot, J. Rivero, J. M. Bécet et D. Colard) emploient l'expression 'Droits de l'homme'. 'Ces concepts peuvent ne pas recouvrir la même réalité. La liberté se résout toujours en un pouvoir d'agir ou de ne pas agir; elle est 'publique' dans le fait de ne pas être soumise à des impératifs juridiques fixés par l'Etat. Le terme 'droit' a un sens plus large: il absorbe le précédent, car il peut s'appliquer à toutes les facultés de faire, le déborde en tant que pouvoir d'exiger quelque chose de l'Etat ou, par son intermédiaire, de personnes privées; le 'droit' présente un aspect positif que ne connait pas la liberté. Les deux notions apparaissent même hétérogènes par nature: exercice individuel d'une faculté 'naturelle' hors du champ d'intervention de l'Etat, d'une part, revendication collective pour acquérir, par l'action de l'Etat, la sécurité matérielle, d'autre part. Alors, comme le reconnait Jacques Robert: 'On peut se demander si l'expression 'libertés publiques' elle-même convient. A la rigueur, l'expression peut être retenue pour ceux des droits dont l'exercice n'exige de la part de l'Etat qu'une abstention. Mais s'agissant des droits qui s'analysent comme des pouvoir d'exiger de l'Etat certaines prestations positives, l'expression est totalement inadéquate".

[14] TORRES, Ricardo Lobo. *Teoria dos direitos fundamentais*. Rio de Janeiro: Renovar, 1999, p. 254.

[15] NOGUEIRA, Alberto. *A reconstrução dos direitos humanos da tributação*. Rio de Janeiro: Renovar, 1997, p. 11.

dagem relacionados ao estudo desse tema, citando vários estudiosos que demonstram a questão. Verifica-se, por exemplo, o posicionamento de Blanca Martínez[16] que reserva a fórmula "direitos humanos" para aqueles positivados em nível internacional (exigências básicas relacionadas à igualdade, liberdade da pessoa, que não haviam alcançado um estatuto jurídico positivo) e "direitos fundamentais" para os direitos humanos positivados internamente, isto é, garantidos pelos ordenamentos jurídico-positivos estatais[17].

Celso Bastos[18] afirma que liberdades públicas, direitos humanos ou individuais são as prerrogativas do indivíduo em face do Estado. Esse autor destaca que as liberdades públicas serão componentes mínimos do Estado Constitucional ou do Estado de Direito: "O exercício dos seus poderes soberanos não vai ao ponto de ignorar que há limites para a sua atividade além dos quais se invade a esfera jurídica do cidadão. Há como que uma repartição da tutela que a ordem jurídica oferece: de um lado ela guarnece o Estado com instrumentos necessários à sua ação, e de outro protege uma área de interesses do indivíduo contra qualquer intromissão ou aparato oficial"[19].

De fato, o conceito de liberdades públicas é muito controvertido e existem várias teorias para tentar explicá-las. Como ensina José Afonso da Silva, "trata-se de uma concepção de liberdade no sentido negativo, porque se opõe, nega, à autoridade. Outra teoria, no entanto, procura dar-lhe sentido positivo: é livre quem participa da autoridade ou do poder. Ambas têm o defeito de definir a liberdade em função da autoridade. Liberdade opõe-se a autoritarismo, à deformação da autoridade; não, porém, à autoridade legítima"[20].

---

16 FUSTER, Blanca Martínez de Vallejo apud NOGUEIRA, Alberto, op. cit., p. 12.
17 NOGUEIRA, Alberto, op. cit., p. 14 destaca nesta passagem a lição de Dominique Turpin: "Muitas vezes consideradas como sinônimos, as noções de direitos do homem e de liberdades públicas não se superpõem totalmente. A primeira é mais antiga, mais ampla, mais ambiciosa, mais imprecisa, porque mais filosófica ou política (ela está hoje em dia na moda, constituindo-se para muitos um sacerdócio e para alguns uma sinecura). A segunda é mais recente (seu ensino autônomo data apenas de 1954 e 1962), mais modesta, mas também mais jurídica, logo mais precisa (e, por consequência, sem dúvida mais protetora)".
18 BASTOS, Celso Ribeiro. *Curso de teoria do Estado e ciência política*. São Paulo: Saraiva, 1995, p. 139.
19 Idem, p. 13.
20 SILVA, José Afonso da. *Curso de direito constitucional positivo*. 11. ed. São Paulo: Malheiros, 1996, p. 226.

Já na visão de Ada Pellegrini Grinover, "Todas as liberdades são públicas, porque a obrigação de respeitá-las é imposta pelo Estado e pressupõe sua intervenção. O que torna pública uma liberdade (qualquer que seja o seu objeto) é a intervenção do poder, através da consagração do direito positivo; estabelecendo, assegurando, regulamentando as liberdades, o Estado as transforma em poderes de autodeterminação, consagrados pelo direito positivo"[21].

Carlos Alberto Bittar leciona: "Autores há que intentam estabelecer distinção entre esses conceitos, mas sempre apontando a extrema dificuldade de sistematização, que a complexidade do tema e a sua estruturação ainda recente oferecem. Assim têm sido apresentadas diversas conceituações em que os escritores examinam a questão sob aspectos vários, adotando cada um, em seu contexto, diferentes direitos"[22]. Sustenta ainda que, principalmente na França, a expressão "direitos do homem" possui significado diferente das liberdades públicas: "As liberdades públicas distanciam-se dos direitos do homem, com respeito ao plano, pois, conforme se expôs, os direitos inatos ou direitos naturais situam-se acima do direito positivo e em sua base. São direitos inerentes ao homem, que o Estado deve respeitar e, através do direito positivo, reconhecer e proteger. Mas esses direitos persistem, mesmo não contemplados pela legislação, em face da noção transcendente da natureza humana. Já por liberdades públicas se entendem os direitos reconhecidos e ordenados pelo legislador: portanto, aqueles que, com o reconhecimento do Estado, passam do direito natural para o plano positivo"[23].

Ada Pellegrini Grinover também procura estabelecer a distinção entre os direitos do homem e as liberdades públicas, uma vez que possuem conceitos situados em planos distintos: "O plano é diverso, porque os direitos do homem indicam conceito jusnaturalista, enquanto as liberdades públicas representam um reconhecimento dos direitos do homem, através do direito positivo. Os direitos do homem constituem conceito que prescinde do reconhecimento e proteção do direito positivo, existindo ainda que a legislação não os estabeleça nem os assegure. As liberdades públicas, bem pelo

---

21 GRINOVER, Ada Pellegrini. *Liberdades públicas e processo penal*. 2. ed. São Paulo: Revista dos Tribunais, 1982, p. 7.
22 BITTAR, Carlos Alberto. *Os direitos da personalidade*. Rio de Janeiro: Forense Universitária, 1995, p. 22.
23 Idem, p. 24.

contrário, são direitos do homem que o Estado, através de sua consagração, transferiu do direito natural ao direito positivo. (...) Também diverso é o conteúdo das liberdades públicas e dos direitos do homem: a partir do século XVIII, os direitos do homem passaram por uma evolução que fez com que as liberdades em sentido estrito (negativas) fossem paulatinamente se ampliando, para também abrangerem direitos e prestações positivas. Tais direitos não constituem liberdades *stricto sensu*. Assim sendo, nem todos os direitos do homem, ainda que reconhecidos pelo direito positivo, são suscetíveis de fundamentar uma liberdade pública *stricto sensu*"[24].

Na verdade, verifica-se uma grande dificuldade em estabelecer a distinção entre direitos do homem, direitos fundamentais e liberdades públicas[25]. Percebe-se que a terminologia é aplicada indistintamente, variando de um país para outro. No Brasil, seguindo a tendência francesa, adota-se com muita frequência a expressão "liberdades públicas"[26], atribuindo-lhe, porém, o significado que engloba a generalidade dos direitos fundamentais[27].

Paulo Bonavides adverte que a expressão "liberdades públicas" pode ser associada aos "direitos fundamentais", e dentre estes o que a doutrina chama de direitos da liberdade: "Os direitos de primeira geração ou direitos da liberdade têm por titular o indivíduo, são oponíveis ao Estado, traduzem-

---

24 GRINOVER, Ada Pellegrini, op. cit., p. 7.
25 Em igual raciocínio, SILVA, José Afonso da, op. cit., p. 174: "a ampliação e transformação dos direitos fundamentais do homem no envolver histórico dificulta definir-lhes um conceito sintético e preciso. Aumenta essa dificuldade a circunstância de se empregarem várias expressões para designá-los, tais como: direitos naturais, direitos humanos, direitos do homem, direitos individuais, direitos públicos subjetivos, liberdades fundamentais, liberdades públicas e direitos fundamentais do homem".
26 FERREIRA FILHO, Manoel Gonçalves. *Direitos humanos fundamentais*. São Paulo: Saraiva, 1999, p. 15. A respeito dessa expressão, lecionou o seguinte: "A expressão liberdades públicas passou a ser preferida, no meio jurídico – pois no político jamais o foi – quando o jusnaturalismo cedeu lugar ao positivismo. Tais liberdades seriam prerrogativas reconhecidas e protegidas pela ordem constitucional. Entretanto, se a expressão serve para designar os direitos declarados em 1789 e noutras declarações de espírito exclusivamente liberal; ela é pouco adequada num mundo que reconhece entre as referidas 'prerrogativas' direitos no plano econômico e social que vão bem mais longe do que meras liberdades. Por força de inércia, todavia, ainda modernamente ela é empregada no sentido de direitos fundamentais".
27 Nesse sentido, FERREIRA, Pinto. *Comentários à Constituição brasileira*. São Paulo: Saraiva, 1989, p. 60: "Os direitos fundamentais assegurados nas constituições formam as chamadas liberdades públicas, que limitam o poder dos entes estatais".

-se como faculdades ou atributos da pessoa e ostentam uma subjetividade que é o seu traço mais característico; enfim são direitos da resistência ou de oposição perante o Estado"[28].

Direitos fundamentais[29] são aqueles aplicados diretamente, e gozam de proteção especial nas Constituições dos Estados de Direito. São provenientes do amadurecimento da própria sociedade[30].

O termo "direito fundamental" surge na França, no século XVIII, e decorre de um grande processo de natureza política e cultural, consoante Pérez Luño: "El término 'derechos fundamentales' aparece en Francia hacia 1770 en el movimiento político y cultural que condujo a la Declaración de los Derechos del Hombre y del Ciudadano de 1789. La expresión ha alcanzado luego especial relieve en Alemania, donde bajo el título de los Grundrecte se ha articulado el sistema de relaciones entre el individuo y el Estado, en cuanto fundamento de todo el orden jurídico-político. Este es su sentido en la Grundgesetz de Bonn de 1949. De ahí que gran parte de la doctrina entienda que los derechos fundamentales son aquellos derechos humanos positivados en las constituciones estatales"[31].

Para tanto, o citado autor propôs o seguinte conceito: "Un conjunto de facultades y instituciones que, en cada momento histórico, concretan las exigencias de la dignidad, la libertad y la igualdad humanas, las cuales deben ser reconocidas positivamente por los ordenamientos jurídicos a nivel nacional e internacional"[32].

José Afonso da Silva entende que a expressão mais adequada seria "direitos fundamentais do homem", pois "além de referir-se a princípios que

---

28 BONAVIDES, Paulo. *Curso de direito constitucional*. 11. ed. São Paulo: Malheiros, 2001, p. 517.
29 Para FREIRE, Antonio Manuel Peña. *La garantía en el Estado constitucional de derecho*. Madrid: Editorial Trotta, 1997, p. 109: "la principal y más fuerte expresión de la centralidad de la persona en el derecho, no carecen de importancia los intentos de explicación del fenómeno en los que están presentes elementos de carácter objetivo con la pretensión de superar la naturaleza individual de los derechos".
30 Nesse sentido, MORAES, Alexandre de. *Direitos humanos fundamentais*. São Paulo: Atlas, 1997, p. 19: "Os direitos humanos fundamentais, em sua concepção atualmente conhecida, surgiram como produto da fusão de várias fontes, desde tradições arraigadas nas diversas civilizações, até a conjugação dos pensamentos filosófico-jurídicos, das ideias surgidas com o cristianismo e com o direito natural".
31 LUÑO, Antonio E. Pérez. *Derechos humanos, Estado de derecho y Constitución*. 5. ed. Madrid: Tecnos, 1995, p. 30-31.
32 Idem, p. 48.

resumem a concepção do mundo e informam a ideologia política de cada ordenamento jurídico, é reservada para designar, no nível do direito positivo, aquelas prerrogativas e instituições que ele concretiza em garantias de uma convivência digna, livre e igual de todas as pessoas. No qualitativo fundamentais acha-se a indicação de que se trata de situações jurídicas sem as quais a pessoa humana não se realiza, não convive e, às vezes, nem mesmo sobrevive; fundamentais do homem no sentido de que a todos, por igual, devem ser, não apenas formalmente reconhecidos, mas concreta e materialmente efetivados. Do homem, não como o macho da espécie, mas no sentido de pessoa humana. Direitos fundamentais do homem significa direitos fundamentais da pessoa humana ou direitos humanos fundamentais. É com esse conteúdo que a expressão direitos fundamentais encabeça o Título II da Constituição, que se completa, como direitos fundamentais da pessoa humana, expressamente no art. 17"[33].

Assinale-se então a necessidade de proteger esses direitos, já que individualizam a pessoa em si, como projeção na própria sociedade em que vive. Tais direitos destinam-se a preservar as pessoas em suas interações no mundo social. Quando expressamente consignados na Constituição, como no caso brasileiro, tais direitos realizam a missão de defender as pessoas diante do poder do Estado, e aí se tem exatamente a concepção desses direitos constituindo os direitos fundamentais.

Geralmente, a terminologia "direitos humanos"[34] é empregada para denominar os direitos positivados nas declarações e convenções internacionais, como também as exigências básicas relacionadas com a dignidade, a liberdade e a igualdade de pessoa que não alcançaram um estatuto jurídico positivo.

Segundo Antonio-Enrique Pérez Luño, os direitos humanos formam um conjunto de faculdades e instituições que, em cada momento histórico, concretizam as exigências da dignidade, da liberdade, da igualdade humanas, as quais devem ser reconhecidas positivamente pelos ordenamentos jurídicos em nível nacional e internacional. Portanto, possuem ao mesmo tempo caráter descritivo (direitos e liberdades reconhecidos nas declarações

---

33 SILVA, José Afonso da, op. cit., p. 176.
34 ROCHE, Jean; POUILLE, André. *Libertés publiques*. 12. ed. Paris: Dalloz, 1997, p. 5: "Les droits de l'homme sont un ensemble de droits qui conditionnent à la fois la liberté de l'homme, la dignité et l'épanouissement de la personalité en tendant vers un ideal sans cesse inassouvi".

e convenções internacionais) e prescritivo (alcançam as exigências mais vinculadas ao sistema de necessidades humanas e que, devendo ser objeto de positivação, ainda assim não foram consubstanciados)[35].

Os direitos humanos também se diferenciam, por sua vez, da ideia de direitos naturais[36] e não devem ser referidos como expressões correlatas. A pendência que geralmente acarreta a confusão conceitual gira em torno dos fundamentos dos direitos humanos. A busca de um fundamento absoluto de validade empreendida pelos adeptos do jusnaturalismo é uma tarefa laboriosa, nem sempre possível de ser direcionada a um final. Ainda que admitida sua viabilidade, questiona-se a validade desse empreendimento[37].

Na visão de Norberto Bobbio, a busca do fundamento absoluto é infundada, porque as tentativas de conceituar "direitos do homem" revelaram-se tautológicas, na medida em que fazem alusão apenas ao estatuto almejado, sem mencionar seu conteúdo; mesmo quando tratam do conteúdo, fazem-no com termos avaliativos cuja interpretação é diversificada, sujeitos à ideologia do intérprete[38]. Mais um ponto obscuro na busca de um fundamento absoluto é o apelo a valores últimos nem sempre justificáveis e até mesmo antinômicos, exigindo uma concessão mútua para serem realizados[39].

Um terceiro fator prejudicial à noção de fundamento absoluto é que os direitos dos homens compõem uma classe sujeita a modificações, isto é, são historicamente relativos e formam uma categoria heterogênea, incluindo pretensões diversas e até mesmo incompatíveis, o que torna insustentável a ideia de terem por base o mesmo fundamento absoluto[40].

Segundo Norberto Bobbio, os direitos do homem não atingiram níveis mais elevados de eficácia enquanto a argumentação girou em torno de um fundamento absoluto irresistível. Para ele, a questão do fundamento absoluto dos direitos do homem perdeu parte de sua relevância porque, apesar da crise do fundamento, foi possível construir a Declaração Universal dos

---

35 LUÑO, Antonio-Enrique Pérez, op. cit., p. 46-47.
36 Sobre os direitos naturais, MARTÍNEZ, Gregorio Peces-Barba, op. cit., p. 22 afirma: "El uso del término derechos naturales se identifica con una posición iusnaturalista, incluso situada en momentos históricos anteriores, y supone una terminología anticuada y en relativo desuso".
37 BOBBIO, Norberto, op. cit., p. 15.
38 Idem.
39 Idem.
40 Ibidem, p. 16.

Direitos do Homem, documento que conta com uma legitimidade praticamente mundial, apesar de não haver consenso quanto ao que poderia ser considerado o fundamento absoluto de tais direitos. Dessa forma, a questão central em relação aos direitos do homem, em sua opinião, passou a ser a busca pela eficácia. Simplesmente mostrar que são desejáveis não equacionou o problema da sua realização. Mais do que encontrar o fundamento absoluto dos direitos humanos, passou a ser relevante procurar os vários fundamentos possíveis em cada caso concreto, unidos ao estudo dos problemas inerentes a sua eficácia[41]. Portanto, muito embora alguns direitos humanos de fato sejam inerentes à condição humana e com apelo à universalidade, não é possível desvinculá-los da sua dimensão temporal e espacial, sendo imprópria a afirmação de que os direitos humanos equivalem aos direitos naturais, aos direitos do homem ou aos direitos fundamentais.

Levando em consideração os aspectos relativos ao tempo e ao espaço é que se costuma adotar as expressões "direitos humanos" para estudo consagrado no plano internacional ou universal e "direitos fundamentais" no plano interno ou estatal. De toda sorte, os direitos da pessoa humana (consagrados no plano internacional e interno) têm por escopo resguardar a dignidade e condições de vida minimamente adequadas do indivíduo, bem como proibir excessos que porventura sejam cometidos por parte do Estado ou de particulares. Apresentadas algumas ideias sobre o que são os direitos humanos, serão expendidas considerações sobre seus aspectos históricos e filosóficos.

2. BREVES ANTECEDENTES HISTÓRICOS SOBRE A PROTEÇÃO DOS DIREITOS HUMANOS

Este tópico apresenta breve notícia histórica sobre a proteção dos direitos humanos, evidenciando que foram criadas e estendidas progressivamente aos povos as instituições jurídicas de defesa da dignidade humana contra a violência, o aviltamento, a exploração e a miséria. Comparato apresenta a evolução dos direitos humanos em seus vários momentos, partindo da Antiguidade, passando pelas Idades Média e Moderna, até chegar à Era Contemporânea, traçando conclusões sobre a "Vida ou Morte da Civilização Mundial"[42].

---

41 Ibidem, p. 23-24.
42 COMPARATO, Fábio Konder. *A afirmação histórica dos direitos humanos*. São Paulo: Saraiva, 1999 não descuidou de enumerar as fases que afirmaram os direitos huma-

Seguindo essa linha de raciocínio, este estudo se inicia pelo marco teórico da origem dos direitos individuais da pessoa humana no antigo Egito e na Mesopotâmia, onde já eram previstos alguns mecanismos para a proteção individual em relação ao Estado[43]. O Egito foi a primeira civilização a desenvolver um sistema jurídico praticamente individualista; os mesopotâmios redigiram textos jurídicos que podiam ser chamados de códigos, formulando regras de direito.

O direito egípcio baseava-se largamente em decisões judiciárias, contratos, testamentos etc. Embora não tivessem produzido livros de direito, tampouco compilações de leis, os egípcios deixaram várias "Instruções" e "Sabedorias", que contêm os elementos da teoria jurídica tendentes a assegurar o direito das pessoas e dos bens[44].

Apesar da precariedade das fontes do direito egípcio (o mais antigo que se conhece é o Papiro de Berlim, da IV Dinastia), já se falava em tribunais, onde os juízes eram dignitários locais e julgavam em nome do Faraó, orientados por um funcionário do Estado, que dirigia o julgamento. O tribunal só podia começar o julgamento com a presença desse funcionário.

Gilissen afirma que os períodos do direito individualista, no Egito antigo, foram marcados por um Estado jurídico próximo ao que os romanos conheceram nos séculos II e III da nossa Era, ou seja, pela presença de um indivíduo isolado em face do poder, sem grupos ou hierarquias intermediárias, com liberdade para dispor de sua pessoa e de seus bens:

> "O direito da época que vai da III à V dinastia constitui o primeiro sistema jurídico desenvolvido da história da humanidade. (...) Todos os habitantes são iguais perante o direito: nem nobreza, nem escravos privados, mas os prisioneiros de guerra são utilizados pelo Estado nas obras públicas e nas minas, em situação semelhante à da escravatura"[45].

---

nos, com início na Antiguidade, passando pela Magna Carta de 1215, a Lei de *Habeas Corpus* de 1679, a Declaração de Direitos (*Bill of Rights*) de 1689, a Declaração de Independência dos EUA e as Declarações de Direitos Norte-Americanas, as Declarações de Direitos da Revolução Francesa, a Constituição francesa de 1848, a Declaração Universal dos Direitos Humanos de 1948, as convenções internacionais etc.

43 Nesse sentido, GILISSEN, John. *Introdução histórica ao direito*. Lisboa: Fundação Calouste Gulbenkian, 1995, p. 51: "Os mais antigos documentos escritos de natureza jurídica aparecem nos finais do 4º ou começos do 5º milênio, isto é, cerca do ano 3000 da nossa era, por um lado o Egito, por outro a Mesopotâmia".

44 Idem, p. 53.

45 Ibidem, p. 54.

Foi no período chamado do *Direito Cuneiforme*[46] que começaram a surgir os "códigos", a exemplo do Código de Hamurábi (1690 a.C.), que talvez tenha sido a primeira codificação a consagrar um rol dos direitos comuns a todos os homens, como a vida, a propriedade, a honra, a dignidade, a família, prevendo a supremacia das leis em relação aos seus governantes. Apesar de ser o mais famoso, não é o código mais antigo, funcionando como uma coletânea de julgados ou de hipóteses acompanhadas de decisões[47].

No mesmo sentido, Klingen[48] assevera que os povos da Antiguidade foram descobrindo com suas próprias luzes e razão a lei que o ser humano tem gravada em sua natureza, organizando-a de diversas maneiras em códigos ou referências, nos quais descobrimos os primeiros esforços em favor do homem, desde a racionalidade natural. Aponta o Código de Hamurábi e o Código de Manu como formas jurídicas elementares que nem sempre produzem os efeitos que a consciência jurídica atual exige, mas que são as primeiras expressões de defesa da dignidade e dos direitos da pessoa humana.

Outro aspecto que deve ser levado em consideração, até chegar à Grécia e a Roma, foi a influência filosófico-religiosa da pessoa humana, que pode ser sentida com a propagação das ideias de Buda, basicamente sobre a igualdade de todos os homens (500 a.C.)[49].

---

46   Conjunto dos direitos da maior parte dos povos do Próximo Oriente da Antiguidade que se serviram de um processo de escrita, parcialmente ideográfico, em forma de cunha ou de prego.
47   GUSMÃO, Paulo Dourado de. *Introdução ao estudo do direito*. Rio de Janeiro: Forense, 1998, p. 280: "O código não é o mais antigo do mundo (...), pois na tabuinha de Istambul (...) encontra-se um mais antigo, o Código de Ur-Namu. (...) é uma coletânea de julgados. (...) Os artigos apresentam um caso concreto acompanhado de uma solução jurídica".
48   KLINGEN, Germán Doig. *Direitos humanos e ensinamento social*. São Paulo: Loyola, 1994, p. 38.
49   Nesse diapasão, COMPARATO, Fábio Konder, op. cit., p. 8: "No centro do período axial, entre 600 e 480 a.C., coexistiram, sem se comunicarem entre si, cinco dos maiores doutrinadores de todos os tempos: Zaratustra na Pérsia, Buda na Índia, Confúcio na China, Pitágoras na Grécia e o Dêutero-Isaías em Israel. Todos eles, cada um a seu modo, foram autores de visões do mundo, a partir das quais estabeleceu-se a grande linha divisória histórica: as explicações mitológicas anteriores são abandonadas, e o curso posterior da História não constitui senão um longo desdobramento das ideias e princípios expostos durante esse período".

Posteriormente, já de forma mais coordenada, porém movida por uma concepção muito mais diversa da atual, surgiram na Grécia estudos sobre a igualdade e a liberdade do homem[50].

O sistema jurídico vigente na Grécia antiga é uma das principais fontes históricas dos direitos da Europa ocidental. Embora não tenham sido grandes juristas, os gregos se apresentaram como grandes filósofos e pensadores políticos.

As leis gregas, a partir do século VI a.C., mais precisamente as de Atenas, diferenciavam-se das demais leis da Antiguidade por serem democraticamente estabelecidas. Não eram decretadas pelos governantes, mas estabelecidas livremente pelo povo na Assembleia; resultavam da vontade popular[51].

Os sofistas trouxeram as indagações a respeito das leis humanas para o campo da vontade do homem. Consequentemente, passou-se a analisar o mundo das normas de conduta como ele se apresenta.

Entretanto, a concepção filosófica grega não concebeu um sistema de garantias dos indivíduos contra o Estado ou governantes, porque a violação da personalidade do cidadão merecia a reprovação da "pólis", por força de um julgamento ético e político, e não juridicamente institucionalizado; o direito derivaria de uma noção mais ou menos vaga de justiça que estaria difusa na consciência coletiva.

Enquanto os gregos pensavam de forma filosófica, os romanos pensavam de forma jurídica. Foram estes os grandes juristas da Antiguidade, reconhecendo a possibilidade de divergência entre o justo e o lícito. Conceberam três estratos de ordem jurídica: o direito natural, racional e perpétuo; o *jus gentium*, posteriormente identificado como elemento comum aos diversos direitos positivos; e o direito civil, reservado aos cidadãos como regulador das relações individuais. A superioridade e racionalidade do *jus naturale*, que não admitia, por exemplo, a escravidão, não tinha a força de retirar a validade do *jus gentium,* que a admitia. A preocupação romana, contudo, correspondia ao relacionamento interindividual, alcançando o processo romano alto grau de evolução. Em suas três fases (a das ações da lei, o período formulário e o da *cognitio extra ordinem*), foi aprimorando a

---

50 MORAES, Alexandre de. *Direitos humanos fundamentais.* São Paulo: Atlas, 1997, p. 25.
51 GUSMÃO, Paulo Dourado de, op. cit., p. 284.

aplicação do direito, mas em nenhum momento o mecanismo judicial se estruturou no sentido de garantir a pessoa contra a vontade do imperador[52].

Outro marco importante no período acima indicado foi a Lei das XII Tábuas, que pode ser considerada a origem dos textos escritos consagradores da liberdade, da propriedade e da proteção aos direitos do cidadão.

Já sob a égide do Cristianismo, por meio da concepção de que "o homem foi criado à imagem de Deus", deflagrou-se a compreensão dos direitos da pessoa humana na organização política, estabelecendo-se um vínculo entre o indivíduo e a divindade e superando a concepção do Estado como única unidade perfeita, de forma que o homem cidadão foi substituído pelo homem pessoa.

A primeira das grandes Escolas cristãs, a Patrística, da qual Santo Agostinho é o maior representante, concebeu o Estado terreno como imperfeito e somente justificado como transição para o Estado divino, a *Civitas Dei*. Essa Escola incorporou à doutrina cristã vários elementos das culturas grega e romana, tendo centrado no homem e na questão de seu destino pessoal sua grande preocupação. O enfoque antropológico é expressivo, e revela grande importância na valorização da dignidade humana[53].

A segunda grande Escola, a Escolástica, com Santo Tomás de Aquino, afastou-se da concepção pessimista da realidade humana, buscando no homem a natureza associativa e a potencialidade da constituição de um Estado justo e aceitável. Daí prever três categorias de leis: a *lex aeterna*, decorrente da própria razão divina, perceptível através de suas manifestações; a *lex naturalis*, consistente nas regras determinadas pela participação da criatura racional na lei eterna; e a *lex humana*, firmada na aplicação da *lex naturalis* em casos concretos. O Estado como produto natural necessário é uma imagem do reino divino, mas deve ser respeitado inclusive quando a *lex humana* violar a *lex naturalis*. A insubmissão só será possível se aquela violar a *lex aeterna*.

De fato, o estudo de Santo Tomás de Aquino sofreu a influência do pensamento de Aristóteles, que elaborou uma síntese do pensamento cristão sobre a pessoa humana. O pensamento de Aquino está centrado no próprio

---

52 GRECO FILHO, Vicente. *Tutela constitucional das liberdades*. São Paulo: Saraiva, 1989, p. 25.
53 ALVES, Cleber Francisco. *O princípio constitucional da dignidade da pessoa humana: o enfoque da doutrina social da igreja*. Rio de Janeiro: Renovar, 2001, p. 21.

conceito de pessoa, portanto "a dignidade do homem advém do fato de ele ser imagem de Deus".

Por esse motivo, decorre da filosofia tomista que a pessoa é um fim em si mesmo, nunca um meio. As coisas são meios e estão ordenadas às pessoas, a seu serviço; porém, as pessoas, ainda que se ordenem, de certo modo, umas às outras, nunca estão entre si numa relação de meio e fim. Pelo contrário, merecem respeito absoluto e não devem ser instrumentalizadas nunca. São criaturas imediatas de Deus, imagens suas, consistindo nisso sua nobreza e suas características[54].

Na Antiguidade greco-romana, o homem – enquanto indivíduo, natureza e dignidade – está oculto. O Cristianismo revela o homem. Este é basicamente o seu caráter revolucionário. Há dois valores dentro do Cristianismo para a evolução dos direitos da pessoa humana: a dignidade da pessoa e a fraternidade universal. É da sua expansão para a verdade sem fim, valor absoluto, que emana a dimensão religiosa do homem[55].

Outro aspecto importante da doutrina cristã é o de que todo poder emana de Deus, nele devendo ser estabelecidos seus limites ou formas de atuação; mas, se valorizou a pessoa humana, não instrumentalizou o mecanismo concreto de sua proteção.

Sem embargo, como assevera Alves, o tema da dignidade humana encontra no pensamento e na doutrina cristã um marco fundamental, um verdadeiro "divisor de águas", porque a contribuição para o desenvolvimento de um efetivo humanismo se apresenta desde a Idade Antiga até se manifestar de forma contundente no contexto contemporâneo, com a edição de inúmeros documentos pontifícios a partir da Encíclica *Rerum Novarum*, de Leão XIII, datada de 1891[56].

No que tange à fase denominada proto-história dos direitos humanos, como sustenta Comparato[57], teve início na Baixa Idade Média, mais exatamente na passagem do século XII ao século XIII. Não se trata ainda de uma afirmação de direitos inerentes à própria condição humana, mas sim o início do movimento para a instituição de limites ao poder dos governantes,

---

54 Idem, p. 23.
55 CONCEIÇÃO, Selma Regina de Souza Aragão. *Direitos humanos: do mundo antigo ao Brasil*. Rio de Janeiro: Forense, 1990, p. 19.
56 ALVES, Cleber Francisco, op. cit., p. 15.
57 COMPARATO, Fábio Konder, op. cit., p. 33.

o que representou uma grande novidade histórica. Foi o primeiro passo em direção ao acolhimento generalizado da ideia de que havia direitos comuns a todos os indivíduos, qualquer que fosse o estamento social (clero, nobreza ou povo).

A Magna Carta foi outro marco decisivo entre o sistema de arbítrio real e a nova era das garantias individuais. É preciso, porém, analisá-la no que se refere a seu conteúdo como documento histórico[58], condicionado às circunstâncias da época, e como documento consagrador de um princípio modernamente acatado como indispensável pela civilização ocidental[59].

A Magna Carta constitui uma convenção firmada entre o monarca e os barões feudais pela qual se lhes reconheciam certos foros, isto é, privilégios especiais. Os contratos de senhorio eram convenções pelas quais se atribuíam poderes a certos vassalos; não se tratou da delegação de poderes reais, mas sim do reconhecimento de que a soberania do monarca passava a ser substancialmente limitada por franquias ou privilégios estamentais que beneficiavam todos os integrantes das ordens privilegiadas. A Magna Carta deixou implícito pela primeira vez na história política medieval que o rei se achava vinculado pelas próprias leis que editava[60].

A ideia de direitos individuais ainda não se formara no sentido de hoje, de direitos iguais para todos e que a todos podem ser contrapostos. A Carta Magna valeu, por uma felicidade de redação, para que as pessoas lessem o texto como fixador de princípios mais gerais, de obediência à legalidade, da existência de direitos da comunidade que o próprio rei devia respeitar. Des-

---

58   COMPARATO, Fábio Konder, op. cit., p. 60, acentua: "A sociedade medieval europeia era composta, basicamente, de três estamentos (*status, Stande, états*), isto é, de grupos sociais dotados de um estatuto jurídico próprio, ligado à condição pessoal de seus integrantes. Eram eles a nobreza, o clero e o povo. Os dois primeiros possuíam privilégios hereditários, e o terceiro tinha como única vantagem o *status libertatis*, isto é, o fato de que os seus componentes não se confundiam com a multidão dos servos de todo o gênero. (...) Na época em que foi escrito esse texto, uma clara tendência modificadora dessa tripartição estamental, já se iniciara, com a perda da autoridade régia, consequente ao enfraquecimento do poder imperial. (...) É no contexto dessa evolução histórica que deve ser apreciada a importância da Magna Carta".
59   GRECO FILHO, Vicente, op. cit., p. 29, assim descreveu: os barões obrigaram João Sem-Terra, em 1215, a firmar a carta, as modernas ideias de liberdade nem sequer tinham sido formadas. "Liberdades" significavam privilégios para os barões, tais como o de não pagar ao rei taxas extraordinárias sem votação prévia deles próprios, o de escolher os próprios oficiais ou o de manter uma corte de justiça.
60   COMPARATO, Fábio Konder, op. cit., p. 64.

tacam-se entre outras garantias a previsão do devido processo legal; o livre acesso à justiça; a liberdade de locomoção; a liberdade da Igreja da Inglaterra; restrições tributárias e proporcionalidade entre delito e sanção.

Quanto ao contratualismo, essa concepção teve por fim estabelecer reação contra o poder papal, mas, posteriormente, serviu de fundamento para a compreensão de que, se o Estado deriva da vontade contratual dos homens, estes também, por sua vontade, poderão reconstruí-lo em novas bases, com a garantia de liberdade contra o próprio Estado[61].

Após esse período, que foi denominado Idade Média, o Velho Continente conheceu uma verdadeira "crise de consciência", ressurgindo um grande sentimento de liberdade. O campo estava preparado para o advento da Reforma, cujo princípio fundamental foi a liberdade de consciência, de Rousseau, do Enciclopedismo e da Revolução Francesa.

Em face desses acontecimentos, decorrentes do processo de maturação da sociedade e do desenvolvimento social e histórico, outras declarações apareceram, como a Petição de Direitos, de 1629; a Lei de *Habeas Corpus,* de 1679, e o *Bill of Rights,* de 1689.

A Petição de Direitos surgiu por meio da reunião do Parlamento, ratificando as liberdades consagradas em 1215 na Magna Carta. Previa que nenhum homem livre ficasse na prisão ou detido ilegalmente; ninguém seria chamado a responder ou prestar juramento, ou a executar algum serviço, ou encarcerado, ou de qualquer forma molestado ou inquietado, por causa de tributos ou da recusa em pagá-los.

O *Habeas Corpus Act,* de 1679, estabelecia que, por meio de reclamação ou requerimento escrito de algum indivíduo ou a favor de algum indivíduo detido ou acusado da prática de um crime, o lorde-chanceler ou, em tempo de férias, algum juiz dos tribunais superiores poderia conceder o *Habeas Corpus,* consolidando a ideia de que essa garantia judicial, criada para pro-

---

61   Idem, p. 65: "Assim, se a Magna Carta contribuiu, num primeiro momento, para reforçar o regime feudal, ela já trazia em si o germe de sua definitiva destruição, a longo prazo. O sentido inovador do documento consistiu, justamente, no fato de a declaração régia reconhecer que os direitos próprios dos dois estamentos livres – a nobreza e o clero – existiam independentemente do consentimento do monarca, e não podiam, por conseguinte, ser modificados por ele. Aí está a pedra angular para a construção da democracia moderna: o poder dos governantes passa a ser limitado, não apenas por normas superiores, fundadas no costume ou na religião, mas também por direitos subjetivos dos governados".

teger a liberdade de locomoção, seria a matriz de todos os outros instrumentos criados posteriormente para assegurar os direitos fundamentais.

Já o *Bill of Rights*, promulgado exatamente um século antes da Revolução Francesa, pôs fim, desde o seu surgimento, na Europa renascentista, ao regime de monarquia absoluta, no qual todo poder emana do rei e em seu nome é exercido. A partir daí, os poderes de legislar e de criar tributos não se encontram mais nas mãos do monarca, haja vista que ingressam nas competências do Parlamento[62].

O *Bill of Rights* garantia a liberdade pessoal, a propriedade privada, a segurança pessoal, o direito de petição, a proibição de penas cruéis, entre outras, estabelecendo uma nova forma de organização do Estado, cuja função precípua é a proteção dos direitos da pessoa humana[63].

Em 1701, o Ato de Parlamento (*Act of Seattlement*) reafirmou o princípio da legalidade e da responsabilização política dos agentes públicos.

Já no ano de 1776, a Declaração de Independência Norte-Americana inaugurou uma nova etapa para a proteção do indivíduo, pois se trata do primeiro documento a afirmar princípios democráticos na história política moderna[64]. O texto é importante porque apresenta o povo como o grande

---

62 Ibidem, p. 78.
63 Nesse sentido, a manifestação de QUINTANA, Fernando. Os direitos humanos na Inglaterra: conservadorismo e liberalismo clássico. In: GUERRA, Sidney (Coord.). *Direitos humanos: uma abordagem interdisciplinar*. Rio de Janeiro: Freitas Bastos, 2006, v. 2, p. 1: "O célebre texto do *Bill of Rights* de 1689 estipula que os lordes espirituais e temporais, bem como os cidadãos comuns, reunidos em assembleia livremente representativa, vêm a declarar perante as novas Majestades (Guilherme e Maria) seus "incontestáveis antigos direitos e liberdades do povo deste reino. Dentre esses importa, sobretudo, destacar os de propriedade, à segurança e a liberdade. Tais direitos, no campo ideológico, são suscetíveis de duas interpretações. Em primeiro lugar, aquela proveniente da ideologia conservadora, apoiada na tradição; em segundo lugar, aquela oriunda da ideologia liberal clássica, que tira sua fonte *ius*-filosófica no *ius*-naturalismo e/ou *ius*-racionalismo, ambas levando a visões conflitantes dos direitos humanos".
64 QUINTANA, Fernando. Declaração de independência de 1776 dos Estados Unidos da América: o republicanismo. In: GUERRA, Sidney. *Direitos humanos: uma abordagem interdisciplinar*. Rio de Janeiro: Freitas Bastos, 2007, v. 3, p. 1: "O 'direito à liberdade' e à 'procura da felicidade': é nesses termos que aparecem enunciados os principais ideais na Declaração de independência dos EUA de 1776 – destinados a servir de guia à nova nação. Tais direitos humanos podendo ser objeto de interpretações divergentes quando analisados à luz dos escritos dos *founding fathers* norte-americanos. A primeira, 'individualista'; a segunda, mais ligada a valores 'cívicos'. Na análise dessas duas vertentes da ideologia republicana, a figura do responsável pela

responsável e detentor do poder político supremo. Valendo mais uma vez de Comparato, "os governos são instituídos entre os homens para garantir seus direitos naturais, de tal forma que seus poderes legítimos derivam do consentimento dos governados, e toda vez que alguma Forma de Governo torna-se destrutiva (dos fins naturais da vida em sociedade), é Direito do Povo alterá-la ou aboli-la, e instituir uma nova Forma de Governo"[65].

Com efeito, a riqueza do texto norte-americano[66] encontra-se nesse ponto, ou seja, foi o primeiro documento de natureza política a reconhecer a soberania popular, a existência de direitos que se aplicam a todas as pessoas, sem que haja distinção de sexo, cor ou qualquer outra manifestação social. Na Declaração de Direitos de Virgínia, a Seção I já proclamava o direito à vida, à liberdade e à propriedade. Outros direitos fundamentais

---

redação desse documento, Thomas Jefferson (1748-1826), merecerá lugar de destaque, uma vez que ele compartilha aspectos de ambas. Como sustenta a historiografia contemporânea: ele é não apenas um 'campeão das liberdades individuais', mas também um 'exemplo de civismo'".

65 COMPARATO, Fábio Konder, op. cit., p. 89.
66 QUINTANA, Fernando, op. cit., in: GUERRA, Sidney. *Direitos humanos: uma abordagem interdisciplinar*. Rio de Janeiro: Freitas Bastos, 2007, v. 3, p. 2-3, leciona: "Em *Da revolução* Arendt sustenta que nos EUA a revolução aparece intimamente associada ao conceito de 'liberdade' nas duas dimensões clássicas da palavra: a liberdade privada (individual) e a pública (cívica). Para a autora, o termo revolução podendo-se aplicar, apenas, àqueles eventos que têm por finalidade a obtenção da liberdade nestas duas acepções, e que para ela só conseguiu se encarnar com êxito num determinado país: os EUA. Ou seja, ao momento dos Fundadores enfrentarem a questão da independência – a *liberatio* da metrópole, e a criação de um novo governo – a *foundation* da república. Ou, segundo outros historiadores: quando perguntaram o motivo da luta (pela independência), a maioria do exército respondia, até ali, que era em defesa de seu país e de suas legítimas liberdades enquanto ingleses nascidos livres. Mas, logo do rompimento com a Inglaterra um futuro 'cheio de coisas boas e grandiosas' ia acontecer. Como destaca 'um cidadão livre' no *New England Chronicle*: quanto mais entrarmos no campo da independência, nossa perspectiva irá se expandir e brilhar, e uma República total logo completará a nossa felicidade. Adotando como referência os dois principais eventos revolucionários que marcam o século XVIII, Arendt afirma que a Revolução no Novo Mundo (EUA) não foi igual que no Velho Mundo (França). A primeira foi em nome da 'liberdade'; enquanto que a segunda em nome da 'necessidade' – contra os dois flagelos que sacudiam a França, a tirania política e a questão social (a miséria). Esta rápida comparação nos leva a um comentário, mais pormenorizado, acerca do que a autora entende pelo termo revolução. Ou, em linguagem arendtiana, como se opera a emergência da liberdade – nos tempos modernos".

também foram expressamente previstos: o princípio da legalidade, o *due process of law*, o princípio do juiz natural, a liberdade de imprensa e religiosa.

Logo depois, apresentou-se com grande destaque a Declaração dos Direitos do Homem e do Cidadão, de 1789, que denota grande relevância por representar "o atestado de óbito do *Ancien Régime*", constituído pela monarquia absoluta e pelos privilégios feudais, traduzindo-se como primeiro elemento constitucional do novo regime político[67].

A Revolução Francesa, inspirada nos ideários de *liberdade, igualdade e fraternidade,* serviu para desencadear um novo sentimento entre as pessoas que não o haviam experimentado até então[68]. Sobre esse momento político de grande repercussão para os direitos humanos, Comparato assinala: "A

---

67 QUINTANA, Fernando. A declaração dos direitos do homem e do cidadão de 1789 e de 1793 da França: liberalismo e democratismo. In: GUERRA, Sidney (Coord.). *Direitos humanos: uma abordagem interdisciplinar.* Rio de Janeiro: Freitas Bastos, 2008, v. 4, p. 1: "A declaração dos direitos do homem e do cidadão de 1789 estabelece que os representantes do povo francês reconhecem os direitos naturais, inalienáveis e sagrados do homem. Determina, ainda, que a finalidade da associação política é a preservação desses direitos, dentre os quais o direito à liberdade, no sentido de não fazer aquilo que prejudica outro e, de expressar livremente pensamentos, opiniões, etc. Estipula, todavia, a igualdade de todos os cidadãos diante da lei; assim como que a soberania reside na nação; e, também, a separação dos poderes, etc.".

68 Atentem para os comentários de QUINTANA, Fernando (2008), op. cit., p. 3 e 4: "Segundo Hannah Arendt, a Revolução Francesa não se realizou em nome da liberdade (EUA), mas, sim, da *necessidade* e, isso contra os dois flagelos que sacudiam o país na época: a questão política – o absolutismo; e, a questão social – a miséria. No mesmo sentido, um arguto observador do fenômeno revolucionário na Modernidade, Alexis de Tocqueville, destaca em *O antigo regime e a revolução* que a Revolução Francesa foi essencialmente uma revolução social e política, ela foi movida por duas paixões: a igualdade e a liberdade. Assim, o grande dilema que tiveram que enfrentar os revolucionários franceses era o de vencer esses males – em liberdade. Tal equação, entretanto, não teria sido bem-sucedida, uma vez que, na opinião da autora, a liberdade capitulou diante da necessidade. Ou seja, a liberação – total – contra esses dois flagelos, a *guerra de revolução,* prevaleceu diante do grande objetivo que todo fenômeno revolucionário que se preze como tal deve realizar: a conquista da liberdade. Uma das razões pela qual a Revolução Francesa não conseguiu a liberdade radica no fato de ter desenvolvido uma política liberticida através da qual revolucionários radicais, estimulados pela compaixão da miséria e pelo desejo desenfreado de tomar as rédeas dos acontecimentos, transformam a questão social em questão política. Tal situação trazendo como consequência a incapacidade de se criar instituições políticas livres e estáveis compatíveis com o exercício da liberdade (EUA). A resolução da questão social, a miséria, na opinião de Arendt, sendo um problema insolúvel: um empecilho na consecução da liberdade".

Revolução Francesa desencadeou a supressão das desigualdades entre indivíduos e grupos sociais, como a humanidade jamais experimentara até então. Na tríade famosa, foi sem dúvida a igualdade que representou o ponto central do movimento revolucionário. A liberdade, para os homens de 1789, consistia justamente na supressão de todas as peias sociais ligadas à existência de estamentos ou corporações de ofícios. E a fraternidade, como virtude cívica, seria o resultado necessário da abolição de todos os privilégios"[69].

Foi assim que a consagração normativa dos direitos fundamentais da pessoa humana coube à França, quando, em 26 de agosto de 1789, a Assembleia Nacional promulgou a Declaração dos Direitos do Homem e do Cidadão, prevendo, por exemplo, o princípio da igualdade, da liberdade, da legalidade, a presunção de inocência, a livre manifestação de pensamento[70].

Sem embargo, as declarações de direitos norte-americanas e a francesa representam a emancipação histórica[71] do indivíduo perante os grupos

---

69   COMPARATO, Fábio Konder, op. cit., p. 118.
70   QUINTANA, Fernando, op. cit., p. 4, afirma que: "A revolução no sentido moderno da palavra implica criação de algo novo (século XVIII). Tal ideia, a de dar início a algo desconhecido e indeterminado, pode ser ilustrada num dos momentos mais marcantes da Revolução na França: a *prise da Bastille*! A esse respeito, destaca ainda a autora (citando Victorine de Chastenay): a palavra *revolução* foi consagrada nesse dia e ela supunha uma ordem inteiramente nova, uma refusão completa, uma criação total que acelera o movimento das coisas e não deixa subsistir nenhum ponto de apoio, etc. Porém, além dessa ambição fundadora, a Revolução foi incapaz de conhecer um destino promissor: firme, durável. Seu sucesso, afirmam outros estudiosos, porque ela abriu um futuro indefinido, uma nova esperança, capaz de sobreviver a todas as experiências. Sua derrota, acrescentam, porque viveu da ilusão de uma ruptura, de um povo que procura romper com seu passado e que no entanto o curso da história encarregou-se de desmentir".
71   Idem, p. 5: "A Revolução de 1789 é tida também como um evento inscrito na necessidade histórica, isto é, num movimento irreversível, inexorável, fora de controle humano. Tal característica, segundo Arendt, podendo ser datada: é a noite de 14 de julho, em Paris, quando Luís XVI recebe a notícia da queda da Bastilha e a derrota de seus soldados diante do ataque popular. O rei exclama: é uma revolta e o conselheiro responde, não, *Sir*, é uma revolução. Tal resposta não significando outra coisa que algo irrevogável estava em curso. Por detrás dessas palavras devemos ver e entender que é a multidão que segue sua marcha, que invade as ruas de Paris unindo-se, de maneira *irresistível* pela simples força do número. Essa multidão aparecendo pela primeira vez à luz do dia, era de fato a multidão dos pobres e oprimidos, escondidos na noite e na vergonha durante séculos. À revolução como movimento inexorável/irresistível inserido numa lei da História, é destacada por autores de extração ideológica diversa. Assim, o conservador Joseph de Maistre, em *Considérations sur la France*, quando afirma que o

sociais aos quais ele sempre se submeteu: a família, o estamento, o clã, as organizações religiosas etc.[72].

A Revolução Francesa e a Independência Americana, através de declarações formais de direito, consagraram a experiência inglesa da Magna Carta de 1215. A partir daí, evidencia-se que, das declarações formais de direitos, passou-se a sua incorporação nos textos constitucionais, inicialmente como preâmbulo e, às vezes, como capítulo autônomo.

As declarações de direitos têm força na medida em que os textos constitucionais erigem seus ditames como princípios informadores e de validade de toda a ordem jurídica nacional, e valem na medida em que essa mesma ordem jurídica está preparada para torná-las efetivas.

Somadas aos pontos acima indicados, pode-se identificar algumas ações significativas ainda no século XIX e seus desdobramentos no século XX, no processo de internacionalização dos direitos humanos, que se estende até os dias atuais, como, por exemplo, nas três vertentes da proteção internacional da pessoa humana: o direito internacional humanitário, o direito internacional dos direitos humanos e o direito internacional dos refugiados[73].

Indubitavelmente que a matéria ganha fôlego com a criação de um sistema de proteção internacional dos direitos humanos que acaba por produzir desdobramentos na ordem interna dos Estados nacionais[74].

---

traço mais marcante da revolução está no fato de que pela primeira vez na história todas as leis da previsão e prudência humanas ficaram suspensas. O que há de mais surpreendente, acrescenta, é a força arrasadora da revolução que dobra todos os obstáculos. E arremata: aqueles que estabeleceram a república o fizeram sem querer e sem saber o que faziam; eles foram conduzidos pelos fatos. E, também Jean Jaurès, que, desde uma concepção evolucionista e materialista da história (século XIX), destaca em *História socialista* como traço marcante da Revolução o fato de ela ter sido o resultado 'inevitável' do triunfo da burguesia. E, ainda, autores liberais, como Tocqueville, que, ademais de assinalar o caráter 'irresistível' da Revolução, ressalta o importante papel transformador da mesma: ela aboliu as instituições políticas que durante séculos dominaram a maioria dos povos europeus por uma ordem social e política que tinha por base a igualdade de condições. A verdade é que a Revolução destruiu tudo o que na antiga sociedade derivava das instituições aristocráticas e feudais, tudo o que a elas se ligava de uma ou outra maneira, tudo que delas trazia uma marca por menor que fosse".

72   COMPARATO, Fábio Konder, op. cit., p. 41.
73   Nesse sentido, GUERRA, Sidney. *Direito internacional dos direitos humanos*. 3. ed. Rio de Janeiro: Lumen Juris, 2020.
74   A propósito, como tenho demonstrado em vários estudos, tais como: GUERRA,

Atualmente não há povo que negue uma Carta de Direitos e seu respectivo mecanismo de efetivação, o que, todavia, ainda não significa a garantia de justiça concreta, porquanto esses direitos podem variar ao sabor do pensamento político ou filosófico informador de determinado Estado[75].

De toda sorte, a despeito de tantas diferenças, seja de ordem biológica ou cultural, o mais importante e belo conto da História é a evolução dos Direitos Humanos: "O que se conta é a parte mais bela e importante de toda a História: a revelação de que todos os seres humanos, apesar das inúmeras diferenças biológicas e culturais que os distinguem entre si, merecem igual respeito, como únicos entes no mundo capazes de amar, descobrir a verdade e criar a beleza. É o reconhecimento universal de que, em razão dessa radical igualdade, ninguém – nenhum indivíduo, gênero, etnia, classe social, grupo religioso ou nação – pode afirmar-se superior aos demais"[76].

Se nos dias de hoje se pode afirmar que nenhum indivíduo se sobrepõe aos demais, verifica-se que esse caminho foi bastante longo e que foram criadas paulatinamente as instituições jurídicas de defesa da dignidade humana contra a violência, o aviltamento, a exploração e a miséria. A dignidade humana, acentua Bidart Campos[77], apresenta-se como valor básico

---

Sidney. *Direitos humanos na ordem jurídica internacional e reflexos na ordem constitucional brasileira*. Rio de Janeiro: Lumen Juris, 2008; GUERRA, Sidney. *Direito internacional dos direitos humanos*. 3. ed. Rio de Janeiro: Lumen Juris, 2020; GUERRA, Sidney. Curso de direito internacional público. 14. ed. São Paulo: Saraiva, 2022 etc.

75 Ainda sobre o processo histórico de evolução dos direitos humanos, PECES-BARBA, Gregorio. *Curso de derechos fundamentales*. Madrid: Eudema, 1991 apresenta quatro fases: "a) Proceso de positivación, en el que se da el paso de las discusiones filosóficas al ordenamiento jurídico, del derecho natural al derecho positivo; b) Proceso de generalización, en la que se extiende el reconocimiento y protección de los derechos de una clase a todos los miembros de una comunidad como consecuencia de la lucha por la igualdad real; c) Proceso de internacionalización, que consiste en dotar a los derechos naturales de una validez jurídica universal, que abarque a toda la comunidad internacional. Fase en que estaríamos inmersos en la actualidad; d) Proceso de especificación, en el cual se atienden las situaciones concretas de las personas para atribuir determinados derechos a cada situación, como los derechos de los niños, mujeres, ancianos, inmigrantes, o pueblos indígenas, entre otros".

76 COMPARATO, Fábio Konder, op. cit., p. 1.

77 CAMPOS, Germán J. Bidart. *Teoría general de los derechos humanos*. Buenos Aires: Astrea, 2006, p. 73: "Los derechos humanos parten de un nivel por debajo del cual carecen de sentido: la condición de persona jurídica, o sea, desde el reconocimiento de que en el ser humano hay una dignidad que debe ser respetada en todo caso, cualquie-

que fundamenta os direitos humanos e tende a explicitar e satisfazer as necessidades da pessoa humana na esfera moral. Antes, porém, de serem expendidos comentários acerca da dignidade da pessoa humana, serão apresentadas as ondas dimensionais sobre os direitos humanos por conterem, de certa forma, também uma discussão de natureza histórica[78].

3. OS DIREITOS HUMANOS E SUAS DIMENSÕES

Os direitos humanos são consagrados nas declarações de direitos concebidos no âmbito da sociedade internacional, reconhecidos por Estados soberanos, que produzem efeitos no plano doméstico em conformidade com a própria ordem jurídica interna de cada Estado[79].

Atualmente existe um rol significativo de direitos humanos[80] reconhecidos no plano internacional e interno dos Estados, inerentes aos direitos civis, políticos, sociais, econômicos, culturais, de meio ambiente, da paz etc. Tem-se discutido muito a forma e o momento em que os direitos humanos foram concebidos, tendo sido consagrada pela doutrina e pela jurisprudência (doméstica e internacional) a apresentação dos direitos humanos em ondas geracionais ou por dimensões[81].

Partindo da análise do modelo inglês (que servirá para demonstrar inicialmente as dimensões dos direitos humanos), verifica-se que os direitos

---

ra que sea el ordenamiento jurídico, político, económico y social, y cualesquiera que sean los valores prevalentes en la colectividad histórica. La persona humana se concibe así como un ser de eminente dignidad caracterizado por su razón y por su libertad".
78 TRAVIESO, Juan Antonio. *Derechos humanos y derecho internacional*. 2. ed. Buenos Aires: Heliasta, 1996, p. 20: "la concepción de los derechos del hombre es una concepción histórica, dinámica, que implica el progresivo reconocimiento, respecto y tutela jurídicas del hombre considerado en su integridad como individuo y persona irrepetible".
79 MARTINEZ, Gregorio Peces-Barba. *Lecciones de derechos fundamentales*. Madrid: Dykinson, 2004, p. 19, adverte que "el término derechos humanos es sin duda uno de los más usados en la cultura jurídica y política actual, tanto por los científicos y los filósofos que se ocupan del hombre, del Estado y del Derecho, como por los ciudadanos".
80 O problema terminológico que se apresenta em relação aos estudos dos direitos humanos será contemplado logo a seguir.
81 No mesmo sentido, CAMPOS, Germán J. Bidart, op. cit., p. 191: "Las generaciones de derechos representan otros tantos tramos sucesivamente recorridos durante el curso histórico de los derechos humanos y de las valoraciones y representaciones colectivas, que han ido permitiendo formularnos como debidos a la persona humana".

se firmaram a partir de três momentos distintos, no decorrer de três séculos: os direitos civis, que podem ser expressos pela igualdade perante a lei e pelos direitos do homem, no século XVIII; os direitos políticos ganharam amplitude no século XIX, em decorrência da ampliação do direito de voto no sentido do sufrágio universal; os direitos sociais, no século XX, pela criação do Estado de Bem-Estar (*Welfare State*). Dessa forma, evidencia-se que os direitos civis foram consagrados durante o século XVIII, ao passo que o período de formação dos direitos políticos foi o século XIX e o advento dos direitos sociais ocorreu no século XX.

Confrontando o sistema moderno com a inexistência do estabelecimento de diferenças entre os direitos no período feudal, num estudo comparativo entre a Idade Média e o Estado Liberal, verifica-se que no feudalismo os três direitos estavam fundidos num só, uma vez que os direitos e deveres[82] específicos eram estritamente locais.

Os elementos que compõem os direitos humanos não se desenvolveram na mesma época. Pelo contrário, tiveram seu desenvolvimento e apogeu em contextos históricos distintos, como verificado no tópico anterior. Os períodos de destaque de cada direito (civis, políticos e sociais) ficam nítidos na busca de caminhos distintos e autônomos desses elementos, mas não significa dizer que caminharam totalmente independentes. Tanto os direitos civis quanto os políticos e os sociais tiveram momentos de ligação. Pode-se até mesmo afirmar que os elementos políticos e os sociais contribuíram – por haver interligação em alguns momentos entre eles – para a formação da cidadania do Estado Democrático de Direito no século XX, já que os ingleses, pelo direito ao voto, tiveram a possibilidade de intervir no governo inglês, com a eleição de candidatos que representariam os desejos do povo, implementando uma legislação social.

---

82   BOBBIO, Norberto. *Teoria geral da política: a filosofia política e as lições dos clássicos*. Rio de Janeiro: Elsevier, 2000, p. 477: "Como uma metáfora usual, pode-se afirmar que o direito e o dever são como as duas faces de uma moeda. (...) Para que se pudesse acontecer a passagem do código de deveres para o código de direitos, foi preciso que a moeda se invertesse: que o problema começasse a ser observado não mais apenas do ponto de vista da sociedade, mas também do ponto de vista do indivíduo. Foi preciso uma verdadeira revolução. A grande guinada teve início no Ocidente a partir da concepção cristã da vida. A doutrina moderna do direito natural, que floresceu no século XVII e XVIII, de Hobbes a Kant, bem diversa da doutrina do direito natural dos antigos, e que culmina no kantiano 'sê uma pessoa e respeita os outros como pessoas', pode ser considerada por muitos aspectos como uma secularização da ética cristã".

Embora o crescimento dos direitos humanos tenha ocorrido em meio ao desenvolvimento capitalista, caracterizado por desigualdades, fundamenta-se na ideia de igualdade básica, já que constitui um *status*[83] concedido àqueles que são membros integrais de uma comunidade.

Sendo inerente ao desenvolvimento do ser humano, a contradição entre a igualdade genérica de todos os componentes de uma sociedade, de modo a serem atingidos os direitos da pessoa humana, e em contrapartida as desigualdades sociais decorrentes do mercado (o que poderia parecer um paradoxo) torna-se compreensível, já que constituiu um agente legitimador das desigualdades do mundo capitalista.

Os direitos civis, políticos e sociais não foram garantidos por uma única instituição, sendo a dos Tribunais de Justiça a relativa aos direitos civis, com papel decisivo na promoção e no registro do novo direito conquistado. Já os direitos políticos tinham como instituições garantidoras os Parlamentos e as Câmaras locais, e os direitos sociais encontravam o sistema educacional, os serviços sociais em geral, dependentes das políticas praticadas pelo Poder Executivo, no sentido de sua efetivação.

De fato, os direitos humanos são apresentados, por grande parte da doutrina[84], por gerações ou dimensões. Essa abordagem é interessante para demonstrar como se desenvolveram os direitos humanos e a necessidade de serem todos observados (não apenas os direitos civis e políticos) para o reconhecimento da dignidade humana.

Karel Vasak, em palestra realizada no Instituto Internacional de Direitos do Homem, em Estrasburgo, no ano de 1979, propôs uma classificação baseada nas fases de reconhecimento dos direitos humanos, dividida em três gerações, conforme a marca predominante dos eventos históricos e das aspi-

---

83 Na sociedade feudal, o *status* era diferenciador social na estratificação de classes, não havendo igualdade de direitos entre os componentes daquela sociedade. Já nos Estados Democráticos de Direito, atualmente, o *status* de cidadania é visto como aquele que os concidadãos devem possuir, por uma igualdade mínima viável para que os direitos civis, políticos e sociais estejam presentes.

84 Nesse sentido, *vide* BOBBIO, Norberto. *A era dos direitos*. Rio de Janeiro: Campus, 1992; SAMPAIO, José Adércio Leite. *Direitos fundamentais*. Belo Horizonte: Del Rey, 2004; SARLET, Ingo. *A eficácia dos direitos fundamentais*. 4. ed. Porto Alegre: Livraria do Advogado, 2004. MARSHALL, T. H. *Classe social, "status" e cidadania*. Rio de Janeiro: Zahar, 1967; BONAVIDES, Paulo. *Curso de direito constitucional*. 14. ed. São Paulo: Malheiros, 2004; GUERRA, Sidney. *Curso de direito internacional público*. 14. ed. São Paulo: Saraiva, 2022.

rações axiológicas que a elas deram identidade: a primeira, surgida com as revoluções burguesas dos séculos XVII e XVIII, valorizava a liberdade; a segunda, decorrente dos movimentos sociais democratas da Revolução Russa, dava ênfase à igualdade; a terceira geração se nutriu das duras experiências sofridas pela Humanidade durante a Segunda Guerra Mundial e da onda de descolonização que a seguiu, refletindo os valores da fraternidade.

A partir do estudo desenvolvido por Vasak, referida classificação ganha força, encampada pela doutrina e pela jurisprudência para a identificação dos direitos humanos por gerações ou dimensões.

Com base nessa formulação podem ser apresentados os direitos humanos de primeira, segunda e terceira gerações. Deve-se advertir, entretanto, que tal classificação vem sendo complementada por alguns[85], com os direitos de quarta e até de quinta geração.

Por outro lado, parte da doutrina rechaça veementemente a classificação ora abordada, como faz Cançado Trindade: "Um exemplo de mal-entendido que gradualmente se vem dissipando, diz respeito à fantasia das chamadas 'gerações de direitos', a qual corresponde a uma visão atomizada ou fragmentada destes últimos no tempo. A noção simplista das chamadas 'gerações de direitos', histórica e juridicamente infundada, tem prestado um desserviço ao pensamento mais lúcido a inspirar a evolução do Direito Internacional dos Direitos Humanos. Distintamente do que a infeliz invocação da imagem analógica da 'sucessão geracional' pareceria supor, os direitos humanos não se 'sucedem' ou 'substituem' uns aos outros, mas antes se expandem, se acumulam e fortalecem, interagindo os direitos individuais e sociais. O que testemunhamos é o fenômeno não de uma sucessão, mas antes da expansão, cumulação e fortalecimento dos direitos humanos consagrados, a revelar a natureza complementar de todos os direitos humanos. Contra as tentações dos poderosos de fragmentar os direitos humanos em categorias, ou projetá-los em 'gerações', postergando sob pretextos diversos a realização de alguns destes (os direitos econômicos, sociais e culturais) para um amanhã indefinido, se insurge o Direito Internacional dos Direitos Humanos, afirmando a unidade fundamental de concepção e a indivisibilidade de todos os direitos humanos"[86].

---

85 Nesse sentido, SAMPAIO, José Adércio Leite, op. cit., p. 298 e 302.
86 TRINDADE, Antônio Augusto Cançado. *Tratado de direito internacional dos direitos humanos*. Porto Alegre: Sergio Antonio Fabris Editor, 1997, p. 24.

Certamente que os direitos humanos não se "sucedem" ou "substituem" uns aos outros, mas se expandem, se acumulam e se fortalecem. A classificação geracional apresentada serve para demonstrar como os direitos humanos foram conquistados, identificando o correspondente marco histórico, sendo, por isso mesmo, um ótimo modelo didático[87] para efeito de compreensão do estudo dos direitos humanos na órbita jurídica internacional e doméstica[88].

Nesse sentido, partindo da formulação de Vasak, podem-se identificar os direitos de primeira geração como os direitos de liberdade, os de segunda

---

[87] PÉREZ, José Luiz Rey, op. cit., p. 122, apresenta alguns argumentos favoráveis para utilizar essa classificação: "a) El concepto de generación tiene una naturaleza puramente instrumental y no exactamente descriptiva, ya que facilita su análisis y no obstaculiza su comprensión como un todo, ni delimita rígidamente su contenido. Y esto es así porque las generaciones de derechos no entraran un proceso meramente cronológico y lineal más bien dialéctico dado que, a lo largo de la historia, se producen constantes avances, retocesos y contradiciones. b) Hablar de generaciones de derechos no les resta fuerza ni capacidad transformadora. Supone reconocer que, en un momento de la historia, las circunstancias cambian y surgen nuevas necesidades a las que los derechos han de dar respuestas. c) El concepto de generación tiene utilidad, ya que nos permite explicar la historia de los derechos de una forma sintética y conceptual, atendiendo a la doble naturaleza de los derechos, por un lado, el valor moral que un grupo de derechos comparten, y por otro, cómo éstos se reconocen en instrumentos jurídico-positivos. d) Que los derechos incluidos en una generación, presentan conflictos no niega que no compartan su base en un mismo valor moral. Las cuestión es que aplicados a un caso concreto, los derechos puedan entrar en contradicción, siendo entonces necesario un juicio de ponderación para ver qué derecho tiene más peso o importancia, no en general, porque en general son igualmente relevantes, sino en caso particular".

[88] Em sentido contrário ao de Cançado Trindade e na mesma direção do nosso apresenta-se o magistério de SARLET, Ingo, op. cit., p. 53: "Em que pese o dissídio na esfera terminológica, verifica-se a crescente convergência de opiniões no que concerne à ideia que norteia a concepção das dimensões dos direitos fundamentais, no sentido de que estes, tendo tido sua trajetória existencial inaugurada com o reconhecimento formal das primeiras Constituições escritas dos clássicos direitos de matriz liberal burguesa, se encontram em constante processo de transformação, culminando com a recepção, nos catálogos constitucionais e na seara do Direito Internacional, de múltiplas e diferentes posições jurídicas, cujo conteúdo é tão variável quanto as transformações ocorridas na realidade social, política, cultural e econômica ao longo dos tempos. Assim sendo, a teoria dimensional dos direitos fundamentais não aponta, tão somente, para o caráter cumulativo do processo evolutivo e para a natureza complementar de todos os direitos fundamentais, mas afirma, para além disso, sua unidade e indivisibilidade no contexto do direito constitucional interno e, de modo especial, na esfera do moderno Direito Internacional dos Direitos Humanos".

geração como os direitos de igualdade e os de terceira geração como os de fraternidade[89].

Evidencia-se que os direitos de primeira geração[90] ou de base liberal se fundam numa separação entre Estado e sociedade que permeia o contratualismo dos séculos XVIII e XIX[91].

O Estado desempenha um papel de "polícia administrativa" por meio do Poder Executivo, e de controle, prevenção e repressão de ameaça ou lesão pelo Judiciário. Contudo, deve-se ressaltar que o papel do Estado na defesa dos direitos de primeira geração[92] se manifesta tanto em seu tradicional papel passivo (abstenção de violar os direitos humanos, ou seja, as famosas prestações negativas)[93] quanto no papel ativo, pois há se de exigir ações do Estado para garantia da segurança pública, administração da justiça etc.[94]

---

89   CAMPOS, Germán J. Bidart, op. cit., p. 189 e 190, também acentua na mesma direção: "Si la primera generación de derechos fué la de los clásicos derechos civiles que expresan a la libertad negativa, la segunda es la de los derechos sociales y económicos. (...) La tercera generación rodea más intensamente de un contorno supraindividual o colectivo (el medio ambiente)".
90   Sobre esse ponto, SARLET, Ingo, op. cit., p. 54, preleciona: "(...) de marcado cunho individualista, surgindo e afirmando-se como direitos de defesa, demarcando uma zona de não intervenção do Estado e uma esfera de autonomia individual em face de seu poder. São, por este motivo, apresentados como direitos de cunho negativo, uma vez que dirigidos a uma abstenção, e não a uma conduta positiva por parte dos poderes públicos, sendo, neste sentido, 'direitos de resistência ou de oposição perante o Estado'".
91   Na mesma direção, FAVOREU, Louis et al. Droit des libertés fondamentales. 4. ed. Paris: Dalloz, 2007, p. 47: "La première génération, celle de la Déclaration Française de 1789 ou du Bill of Rigths américain, correspond, dans cette typologie, aux droits et libertés les plus fondamentaux".
92   BONAVIDES, Paulo, op. cit., p. 563: "Os direitos de primeira geração ou direitos de liberdade têm por titular o indivíduo, são oponíveis ao Estado, traduzem-se como faculdades ou atributos da pessoa e ostentam uma subjetividade que é seu traço mais característico".
93   FAVOREU, Louis, op. cit., p. 48: "Une autre caractéristique distinctive de ces droits est de consister en des libertés, des facultés d'agir déterminant une sphère d'autonomie individuelle et supposant, en conséquence, l'abstencion de la puissance publique dans les domaines qu'elles protègent, le rôle des pouvoirs publics (au premier rang desquels les autorités représentatives et délibérantes) se bornant à en assurer la garantie et à protéger la liberté en général".
94   RAMOS, André de Carvalho. Teoria geral dos direitos humanos na ordem internacional. Rio de Janeiro: Renovar, 2005, p. 84.

Dividem-se em direitos civis e direitos políticos. Os civis são aqueles que, mediante garantias mínimas de integridade física e moral, bem assim de correção procedimental nas relações judicantes entre os indivíduos e o Estado, asseguram uma esfera de autonomia individual de modo a possibilitar o desenvolvimento da personalidade de cada um. São direitos titulados pelos indivíduos e exercidos, em sua grande maioria, individualmente, embora alguns somente possibilitem o exercício coletivo (liberdade de associação). O Estado tem o dever de abstenção ou de não impedimento e de prestação, devendo criar instrumentos de tutela como a polícia, o Judiciário e a organização do processo.

No que tange aos direitos políticos, que encontram seu núcleo no direito de votar e ser votado, a seu lado se reúnem outras prerrogativas decorrentes daquele *status,* como o direito de postular um emprego público, de ser jurado ou testemunha, de prestar o serviço militar e até de ser contribuinte.

Os direitos de segunda geração[95] correspondem aos direitos sociais, econômicos e culturais que resultam da superação do individualismo possessivo decorrente das transformações econômicas e sociais ocorridas no final do século XIX e início do século XX[96], especialmente pela crise das relações sociais decorrentes dos modos liberais de produção, acelerada pelas novas formas trazidas pela Revolução Industrial[97].

---

95 Como acentua FAVOREU, Louis, op. cit., p. 48, os direitos de segunda geração: "sont reconnus à tous, mais le plus souvent en tant que membres de catégories déterminées par des critères en rapport avec le système de production on en fonction d'une situation sociale. (...) ces droits supposent non une abstention, mais une intervention de la puissance publique propre non seulement à les garantir, mais aussi à assurer leur mise en oeuvre effective para la création de regimes juridiques ou d'institutions leur donnant une portée concrète".

96 BONAVIDES, Paulo, op. cit., p. 564, acentua: "(...) introduzidos no constitucionalismo das distintas formas de Estado social, depois que germinaram por obra da ideologia e da reflexão antiliberal do século XX. Nasceram abraçados ao princípio da igualdade, do qual não se podem separar, pois equivaleria a desmembrá-lo da razão de ser que os ampara e estimula".

97 Na mesma direção, SARLET, Ingo, op. cit., p. 55: "O impacto da industrialização e os graves problemas sociais e econômicos que acompanharam as doutrinas socialistas e a constatação de que a consagração formal de liberdade e igualdade não gerava a garantia do seu efetivo gozo acabaram, já no decorrer do século XIX, gerando amplos movimentos reivindicatórios e o reconhecimento progressivo de direitos, atribuindo ao Estado comportamento ativo na realização da justiça social. (...) caracterizam-se, ainda hoje, por outorgarem ao indivíduo direitos a prestações sociais estatais, como

Assim, os direitos sociais seriam aqueles necessários à participação plena na vida da sociedade, incluindo o direito à educação, a instituir e manter a família, à proteção à maternidade e à infância, ao lazer e à saúde etc. Os direitos econômicos destinam-se a garantir um padrão mínimo de vida e segurança material, de modo que cada pessoa desenvolva suas potencialidades. Os direitos culturais dizem respeito ao resgate, estímulo e preservação das formas de reprodução cultural das comunidades, bem como à participação de todos nas riquezas espirituais comunitárias.

Quanto aos direitos de terceira geração[98], também denominados direitos dos povos, direitos de solidariedade ou direitos de fraternidade[99], surgem como resposta à dominação cultural e como reação ao alarmante grau de exploração não mais da classe trabalhadora dos países industrializados, mas das nações em desenvolvimento e por aquelas já desenvolvidas, bem como pelos quadros de injustiça e opressão no próprio ambiente interno dessas e de outras nações revelados mais agudamente pelas revoluções de descolonização ocorridas após a Segunda Guerra Mundial. Atuam ainda como afirmação contemporânea de interesses que desconhecem limitações de fronteiras, classe ou posição social e se definem como direitos globais ou de toda a Humanidade. Fala-se também do direito à paz, à autodeterminação dos povos e ao meio ambiente equilibrado[100].

---

assistência social, saúde, educação, trabalho etc., revelando uma transição das liberdades formais abstratas para as liberdades materiais concretas".

98   Sobre esses direitos, BONAVIDES, Paulo, op. cit., p. 569, enfatiza que são "dotados de altíssimo teor de humanismo e universalidade e tendem a cristalizar-se enquanto direitos que não se destinam especificamente à proteção dos interesses de um indivíduo, de um grupo ou de um determinado Estado. Têm primeiro por destinatário o gênero humano mesmo, num momento expressivo de sua afirmação como valor supremo em termos de existencialidade concreta".

99   Em interessante abordagem, SARLET, Ingo, op. cit., p. 58, afirma que os direitos de terceira dimensão "podem ser considerados uma resposta ao fenômeno denominado de 'poluição das liberdades', que caracteriza o processo de erosão e degradação sofrido pelos direitos e liberdades fundamentais, principalmente em face do uso de novas tecnologias".

100   FAVOREU, Louis, op. cit., p. 49: "Les droits de la troisième génération, invocables par tout homme, sont opposables à la puissance publique. Toutefois, la question de savoir si c'est l'humanité ou chaque individu qui s'en trouve titulaire (en son nom propre, ou au nom et pour le bien de tous), et celle de la puissance publique concernée, étatique ou supra-étatique, demeurent discutées".

Hodiernamente, alguns autores[101] têm defendido a ideia relativa aos direitos de quarta e quinta geração. No que tange aos de quarta geração[102], correspondem ao direito à democracia, à informação e ao pluralismo[103]. A democracia positivada enquanto direito de quarta geração há de ser direta, materialmente possível graças aos avanços da tecnologia de informação, e sustentável graças à informação correta e às aberturas pluralistas do sistema. Não se pode conceber a participação da sociedade civil sem que esta esteja devidamente informada dos problemas que acometem o local em que está inserida. Como assinalado em outra oportunidade[104], informação é sinônimo de poder, tendo em vista que passou a ocupar papel de destaque na sociedade, na medida em que seu alcance se torna infinitamente maior com os meios de comunicação.

---

101   Nesse sentido, SAMPAIO, José Adércio Leite, op. cit., p. 298-303.

102   BONAVIDES, Paulo, op. cit., p. 572, assevera que "os direitos de quarta geração não somente culminam a objetividade dos direitos das duas gerações antecedentes como absorvem – sem, todavia, removê-la – a subjetividade dos direitos individuais, a saber, os direitos da primeira geração. Tais direitos sobrevivem, e não apenas sobrevivem, senão que ficam opulentados em sua dimensão principal, objetiva e axiológica, podendo, doravante, irradiar-se com a mais subida eficácia normativa a todos os direitos da sociedade e do ordenamento jurídico".

103   Na mesma direção, FAVOREU, Louis, op. cit., p. 49: "Certains auteurs, devant l'expansion et l'emprise grandissante des nouvelles technologies de l'information et des modes de communication de plus en plus compréhensifs, ont même avancé l'idée de droits de l'homme de la quatrième génération".

104   GUERRA, Sidney. *O direito à privacidade na Internet: uma discussão da esfera privada no mundo globalizado*. Rio de Janeiro: América Jurídica, 2004, p. 1 e 2: "A informação, inicialmente adstrita a um grupo limitado de pessoas, passava a desempenhar um papel de destaque na sociedade, à medida que seu alcance se tornava infinitamente maior com os meios de comunicação. Com a evolução da sociedade e dos meios de comunicação de massa (passando pelos jornais escritos, pelo rádio, pela televisão, até que se chegasse à internet), verifica-se que aqueles que detêm a informação passam a ter grande poder. Com a informação pode-se alterar pontos de vista, opiniões, comportamentos, eleger ou destituir presidentes, produzir uma imagem positiva ou negativa (...) enfim a informação é capaz de provocar inúmeras alterações na vida das pessoas, seja num clube, numa igreja, numa cidade, num País e até no mundo. Na medida em que chegam a seu destinatário final as informações cumprem seu papel de aproximar pessoas e estabelecer um canal de comunicação entre elas. Assim, toda a população é 'bombardeada' hoje por uma multiplicidade de informações que são passadas pelas 'pessoas, em geral, e, sobretudo, pelos diversos meios de comunicação. Nesse universo, destaca-se a internet pela rapidez com que processa as informações para atingir um número inestimável de pessoas, em poucos segundos e em nível mundial, fazendo com que ficção se torne realidade".

Quanto aos direitos de quinta geração, Sampaio[105] os apresenta como direitos ainda a serem desenvolvidos e articulados, mas que tratam do cuidado, compaixão e amor por todas as formas de vida, reconhecendo que a segurança humana não pode ser plenamente realizada se não começarmos a ver o indivíduo como parte do cosmo e carente de sentimentos de amor e cuidado, todas definidas como prévias condições de "segurança ontológica". Correspondem à identidade individual, ao patrimônio genético e à proteção contra o abuso das técnicas de clonagem.

Sem embargo, é inegável que os direitos humanos obtiveram enorme crescimento nos últimos anos, mas, como alertou Bobbio no simpósio promovido pelo Instituto Internacional de Filosofia sobre o Fundamento dos Direitos Humanos, "o problema grave de nosso tempo, com relação aos direitos do homem, não era mais o de fundamentá-los, e sim o de protegê-los"[106].

Neste milênio, um dos grandes desafios que se apresentam corresponde à necessidade de compreender, de forma consistente, o alcance da dignidade da pessoa humana, uma vez que o risco de sua violação aumentou sobremaneira com o progresso, com os meios de telecomunicações, enfim, com a globalização econômica.

4. A DIGNIDADE DA PESSOA HUMANA

A dignidade da pessoa humana encontra alicerces no pensamento cristão, segundo o qual, criada à imagem e semelhança de Deus, a pessoa é dotada de atributos próprios e intrínsecos, que a tornam especial e detentora de dignidade.

A mensagem de Jesus Cristo e seus seguidores marcou a História em vários sentidos, entre eles o fato de ter dado ao homem, obra-prima da criação de Deus, um valor individual e único.

Essa contribuição doutrinária inspira até os dias de hoje os passos da Igreja Católica, podendo ser apontados vários contornos da noção da dignidade humana perante a doutrina social da Igreja:

> "a) A pessoa humana é dotada de uma dignidade excelsa e sublime por ter sido criada à imagem e semelhança do próprio Deus, conforme ensinamentos das Sagradas Escrituras. Por isso cabe ao homem o primado sobre

---

105 SAMPAIO, José Adércio Leite, op. cit., p. 302.
106 BOBBIO, Norberto. *A era dos direitos*. Rio de Janeiro: Campus, 1992, p. 25.

as demais criaturas, sendo que entre os seres humanos, por maiores que sejam as diferenças pessoais, subsiste uma igualdade essencial de natureza/dignidade, que faz de cada homem um fim em si mesmo, sendo indevido tratar o semelhante como mero objeto, como mera mercadoria ou como força de trabalho; ele deve ser tratado como 'irmão';

b) essa ideia foi reforçada e manifestou-se concretamente no fato histórico da encarnação de Jesus Cristo, o filho de Deus – em cuja pessoa se unem a natureza divina e a natureza humana –, que se apresenta como paradigma a ser seguido pelo homem, para realizar de modo pleno sua condição de imagem e semelhança do Criador: exalta-se, sobremaneira, a dignidade humana;

c) diante do grande quadro de aviltamento da dignidade da pessoa humana vivenciado na sociedade industrial moderna do final do século XIX – e que prossegue ainda neste século –, a Igreja Católica vem pronunciando-se oficialmente, na voz de seus Pastores, sobre a necessidade de respeito à dignidade da pessoa humana, e aos direitos que lhe são inerentes, direitos esses considerados invioláveis, anteriores e superiores a qualquer deliberação ou pacto respaldado apenas na vontade humana, individual ou coletivo;

d) dentre os direitos e princípios que decorrem da excelsa dignidade humana, enunciam-se: direito à vida, à integridade física e psíquica; direito aos bens materiais necessários para levar uma vida verdadeiramente humana; prioridade do trabalho e do trabalhador sobre o lucro e sobre o capital; direito de propriedade privada sobre o fruto do trabalho, como instrumento favorecedor da liberdade e autonomia individual e familiar, como condição de que tais bens sejam usados para maior proveito social e comunitário; direito de associação para fins pacíficos, com vistas à defesa e efetivação dos seus legítimos interesses; direito de participação efetiva na vida comunitária, econômica, política e cultural; direito de professar sua religião, de acordo com os ditames da própria consciência; direito de constituir família; direito à educação etc.;

e) no que se refere ao campo econômico, especificamente, consideramos que ele não pode ser norteado apenas por uma busca desenfreada do lucro e do incremento da produção de bens materiais, numa ótica consumista e individualista. A promoção do bem integral do homem, incluídas suas dimensões emocionais, psíquicas e espirituais, deve ser perseguida continuamente, fazendo-se das empresas verdadeiras comunidades de pessoas humanas, onde seja assegurado um certo nível de participação dos trabalhadores na gestão e na partilha dos resultados;

f) apesar de crescer cada dia mais a consciência da necessidade de respeito e promoção da dignidade da pessoa humana, inúmeros são os atentados que lhe são opostos, conforme extenso rol enumerado no documento

Gaudium et Spes. É preciso, pois, lutar incessantemente para que a dignidade da pessoa humana seja efetivamente respeitada por todos. Essas ideias fundamentais no humanismo cristão – especialmente pelos efeitos que despertam na consciência dos indivíduos que pretendem pautar sua vida numa dimensão respaldada na fé – podem se revelar de grande valia e utilidade para a interpretação e aplicação das normas e preceitos jurídicos"[107].

A dignidade da pessoa humana sempre mereceu destaque no pensamento da Igreja Católica, como se depreende nesta passagem: "Historicamente a palavra pessoa traça a linha de demarcação entre a cultura pagã e a cultura cristã. Até o advento do cristianismo não existia nem em grego nem em latim uma palavra para exprimir o conceito de pessoa, porque na cultura clássica tal conceito não existia: essa não reconhecia valor absoluto ao indivíduo enquanto tal e fazia depender o seu valor essencialmente do grupo, do patrimônio familiar e da raça"[108].

O amor ao próximo e a compaixão pela dor, angústia e miséria do outro, seja ele quem for, também tiveram papel importante, despertando na sociedade o sentimento de fraternidade e solidariedade e consagrando a ideia de igualdade entre os homens[109].

Outro marco importante na construção e afirmação do valor da pessoa humana, fruto do pensamento iluminista, teve seu auge no século XVIII. Observava-se na Europa um grande desenvolvimento científico e cultural, transpondo imaginariamente o período de escuridão até então vivenciado. Iniciava-se o Século das Luzes. Os iluministas teceram diversas críticas ao absolutismo francês, propondo uma sociedade baseada no liberalismo econômico e político. Os direitos individuais do homem, principalmente os referentes à sua liberdade e à limitação do poder público, passam a ser indispensáveis para o desenvolvimento da dignidade humana nesse período. Diderot deixa clara sua oposição às doutrinas que justificavam as monarquias absolutistas: "Nenhum homem recebeu da natureza o direito de comandar os outros. A liberdade é um presente do céu, e cada indivíduo da mesma espécie tem o direito de gozar dela logo que goze da razão (...)"[110].

---

107 ALVES, Cleber Francisco, op. cit., p. 63-65.
108 MOURA, Laércio Dias de. *A dignidade da pessoa e os direitos humanos*. Rio de Janeiro: PUC, 2002, p. 77.
109 BARCELLOS, Ana Paula de. *A eficácia jurídica dos princípios constitucionais: o princípio da dignidade da pessoa humana*. Rio de Janeiro: Renovar, 2002, p. 105.
110 MELLO, Leonel Itaussu A.; COSTA, Luis César Amad. *História moderna e contemporânea*. São Paulo: Scipione, 1993, p. 81.

Montesquieu, em *O espírito das leis*, desenvolveu a teoria da separação dos Poderes, segundo a qual cada um destes deveria agir de forma a limitar a força dos outros dois, estabelecendo-se um relacionamento harmônico e equilibrado. A dignidade, então, estava fortemente ligada à ideia de liberdade, de esfera própria do indivíduo na qual o Estado não poderia interferir.

Enfim, os seres humanos, dotados de razão, tornaram-se o centro das ideias da época, afirmando sua posição como sujeitos de direitos que devem ser preservados pelo Estado, principalmente com relação às liberdades individuais. Sarmento expõe bem a contribuição desse período: "A construção do Estado Moderno teve como pressuposto a ideia da dignidade humana. Até princípios estruturais, como a separação dos poderes e a federação, criados pelas primeiras constituições liberais, são concebidos em termos instrumentais, colimando, em última instância, a proteção da pessoa humana em face do Estado"[111].

Nesse momento se observa a preocupação com a garantia de direitos do indivíduo em face do Estado, conservando-se uma área de autonomia individual na qual o Estado não poderia intervir, rompendo com a ideia de poder ilimitado do soberano, característica das monarquias absolutistas. Seriam "direitos de cunho negativo, uma vez que dirigidos a uma abstenção, e não a uma conduta positiva por parte dos poderes públicos"[112].

Com o passar do tempo, as fraquezas do Estado Liberal tornaram-se latentes e facilmente identificáveis. A industrialização gerou um quadro crítico de miséria humana e de superexploração da mão de obra, demonstrando que os ideários burgueses haviam contribuído para a formação de um capitalismo selvagem e comprometido com a dignidade humana. A abstenção do Estado em relação ao controle das atividades econômicas, a liberdade absoluta de comércio e de produção, a obediência às leis naturais da economia, a liberdade de contrato, a livre-concorrência, o respeito à propriedade privada, entre outros valores, analisados como imprescindíveis na proteção da liberdade, começavam a ser revistos.

Somente a garantia de liberdades não era suficiente para proporcionar e promover a dignidade da pessoa humana; era necessário investir no bem-

---

111 SARMENTO, Daniel. *A ponderação de interesses na Constituição Federal*. Rio de Janeiro: Lumen Juris, 2003, p. 62.
112 SARLET, Ingo Wolfgang. *A eficácia dos direitos fundamentais*. 2. ed. Porto Alegre: Livraria do Advogado, 2001, p. 50.

-estar do indivíduo. Ou seja, o Estado não deveria apenas se abster, mas também promover a dignidade através de prestações positivas ligadas à saúde, educação, trabalho etc. Nascia o Estado Social (*Welfare State*). No entanto, essas conquistas referentes à dignidade humana enfrentaram, no século XX, as trágicas consequências para a Humanidade advindas da eclosão de grandes conflitos mundiais[113].

Sem embargo, o reconhecimento e a proteção da dignidade da pessoa pelo direito resultam justamente da evolução do pensamento humano a respeito do significado desse ser humano, e a compreensão do que é ser pessoa e de quais valores são inerentes a ela acaba por influenciar ou mesmo determinar o modo pelo qual o direito reconhece e protege tal dignidade[114].

Konder Comparato assinala que a dignidade da pessoa humana[115] não consiste apenas no fato de ser ela, diferentemente das coisas, um ser considerado e tratado como fim em si mesmo e nunca como meio para a consecução de determinado resultado. Ela resulta também do fato de que, pela sua vontade racional, somente a pessoa vive em condições de autonomia, isto é, um ser capaz de guiar-se pelas leis que ele próprio edita. Daí decorre, como assinalou o filósofo, que todo homem tem dignidade, e não um preço, como as coisas[116].

---

113 A propósito, vale destacar o estudo de BOBBIO, Norberto. *Teoria geral da política: a filosofia política e as lições dos clássicos*. Rio de Janeiro: Elsevier, 2000, p. 481, que assinala o avanço da doutrina dos direitos humanos e da valorização da dignidade da pessoa humana desde o pensamento político dos séculos XVII e XVIII, e preleciona: "na história da progressiva afirmação dos direitos do homem foram percorridas muitas etapas. A primeira, de grande importância, que transformou uma aspiração ideal secular em um verdadeiro e próprio direito, em um direito público subjetivo, ainda que no restrito âmbito de uma Nação, foi a sua constitucionalização através das Declarações de Direitos inseridos nas primeiras constituições liberais e depois, pouco a pouco, nas constituições liberais e democráticas que vieram à luz nos dois sucessivos séculos. (...) A segunda etapa foi a sua progressiva extensão (...) e a terceira etapa é aquela da sua universalização".
114 SARLET, Ingo W. *Dimensões da dignidade*. Porto Alegre: Livraria do Advogado, 2005, p. 14.
115 PÉREZ, José Luiz Rey, op. cit., p. 37: "Por debajo de la libertad, igualdad, seguridad y solidariedad podemos encontrar una razón moral última: la dignidad. Estos valores no serían más que exigencias derivadas de la idea misma de dignidad humana, que subyace así a todos los derechos. Luego, para cada derecho en particular, encontraremos diferentes fundamentaciones éticas que se pueden concretar en los diversos valores enunciados".
116 COMPARATO, Fábio Konder, op. cit., p. 20.

Hannah Arendt, em sua *A condição humana*, aponta três atividades humanas fundamentais: labor, trabalho e ação: "O labor é a atividade que corresponde ao processo biológico do corpo humano, cujo crescimento espontâneo, metabolismo e eventual declínio têm a ver com as necessidades vitais produzidas e introduzidas pelo labor no processo da vida. O trabalho é a atividade correspondente ao artificialismo da existência humana. O trabalho produz um mundo artificial de coisas, nitidamente diferente de qualquer ambiente natural. A ação corresponde à condição humana da pluralidade, ao fato de que homens, e não o Homem, vivem na terra e habitam o mundo"[117].

Sarlet[118] propôs uma conceituação jurídica para a dignidade da pessoa humana que, além de reunir a perspectiva ontológica e instrumental, destacou-lhe a faceta intersubjetiva quanto à dimensão negativa (defensiva) e à positiva (prestacional):

> "Temos por dignidade da pessoa humana a qualidade intrínseca e distintiva de cada ser humano que o faz merecedor do mesmo respeito e consideração por parte do Estado e da comunidade, implicando, neste sentido, um complexo de direitos e deveres fundamentais que assegurem a pessoa tanto contra todo e qualquer ato de cunho degradante e desumano, como venham a lhe garantir as condições existenciais mínimas para uma vida saudável, além de propiciar e promover sua participação ativa corresponsável nos destinos da própria existência e da vida em comunhão dos demais seres humanos".

Lobo Torres[119] acentua que o direito à alimentação, à saúde e à educação, embora não sejam originariamente fundamentais, adquirem o *status* daqueles no que concerne à parcela mínima sem a qual a pessoa não sobrevive.

Gouvêa[120], corroborando o entendimento de Lobo Torres, também aponta para a necessidade de garantia de direitos sociais mínimos para o

---

117 ARENDT, Hannah. *A condição humana*. 10. ed. Rio de Janeiro: Forense Universitária, 2005, p. 15.
118 SARLET, Ingo Wolfgang. *Dignidade da pessoa humana e direitos fundamentais*. Porto Alegre: Livraria do Advogado, 2001, p. 60.
119 TORRES, Ricardo Lobo. *Os direitos humanos e a tributação*. Rio de Janeiro: Renovar, 1995, p. 133.
120 GOUVÊA, Marcos Maselli. *O controle judicial das omissões administrativas*. Rio de Janeiro: Forense, 2003, p. 10.

desenvolvimento da vida digna, sem os quais os direitos da liberdade permaneceriam em mero esquema formal.

Robert Alexy[121] admite que a norma da dignidade da pessoa humana pode ser percebida como princípio, devendo gerenciar todo ordenamento, e como regra, tratando da questão das condições mínimas de existência, e, nesse sentido, com caráter absoluto.

Para Barroso[122], "dignidade da pessoa humana" é uma locução tão vaga, tão metafísica, que, embora carregue em si forte carga espiritual, não tem qualquer valia jurídica. Passar fome, dormir ao relento, não conseguir emprego são, por certo, situações ofensivas à dignidade humana.

De fato, a dignidade da pessoa humana ganha destaque, não obstante seja um conceito de contornos vagos e imprecisos, caracterizado pela ambiguidade e porosidade, assim como pela natureza necessariamente polissêmica[123]. Tal relevância pode ser facilmente compreendida à luz dos avanços tecnológicos e científicos da humanidade[124].

A valorização da dignidade da pessoa humana ganha importância tanto no âmbito do direito interno dos Estados (com a previsão legislativa consagrada nas Constituições substanciais e/ou formais na categoria de

---

121 ALEXY, Robert. *Teoría de los derechos fundamentales*. Madrid: Centro de Estudios Constitucionales, 1997, p. 108.

122 BARROSO, Luís Roberto. *O direito constitucional e a efetividade de suas normas*. Rio de Janeiro: Renovar, 2000, p. 296.

123 SARLET, Ingo. *Dimensões da dignidade: ensaios de filosofia do direito e direito constitucional*. Porto Alegre: Livraria do Advogado, 2005, p. 16, complementa a ideia: "Uma das principais dificuldades reside no fato de que no caso da dignidade da pessoa, diversamente do que ocorre com as demais normas jusfundamentais, não se cuida de aspectos mais ou menos específicos da existência humana (integridade física, intimidade, vida, propriedade etc.), mas, sim, de uma qualidade tida para muitos como inerente a todo e qualquer ser humano, de tal sorte que a dignidade passou a ser habitualmente definida como constituindo o valor próprio que identifica o ser humano como tal, definição esta que, todavia, acaba por não contribuir muito para uma compreensão satisfatória do que efetivamente é o âmbito de proteção da dignidade, pelo menos na sua condição jurídico-normativa".

124 Também ALVES, Cleber Francisco, op. cit., p. 118: "A questão da proteção da defesa da dignidade da pessoa humana e dos direitos da personalidade, no âmbito jurídico, alcança uma importância proeminente neste final de século, notadamente em virtude dos avanços tecnológicos e científicos experimentados pela humanidade, que potencializam de forma intensa riscos e danos a que podem estar sujeitos os indivíduos, na sua vida cotidiana".

direito fundamental e, não tão raramente, na categoria de estrutura organizacional dos próprios Estados) como no plano internacional (em especial com a celebração de vários tratados internacionais).

O princípio da dignidade da pessoa humana adquiriu contornos universalistas desde que a Declaração Universal de Direitos do Homem o concebeu em seu preâmbulo: "Considerando que o reconhecimento da dignidade inerente a todos os membros da família humana e de seus direitos iguais e inalienáveis é o fundamento da liberdade, da justiça e da paz no mundo. (...) Considerando que os povos das Nações Unidas reafirmaram, na Carta, sua fé nos direitos fundamentais do homem, na dignidade e no valor da pessoa humana e na igualdade de direitos do homem e da mulher, e que decidiram promover o progresso social e melhores condições de vida em uma liberdade mais ampla".

Na sequência, seu artigo 1º proclamou que todos os seres humanos nascem livres e iguais em dignidade e direitos. Dotados de razão e consciência, devem agir uns para com os outros em espírito e fraternidade.

Partindo dessa proclamação, Jorge Miranda[125] sistematizou características da dignidade da pessoa humana: a) reporta-se a todas e a cada uma das pessoas, e é a dignidade da pessoa individual e concreta; b) cada pessoa vive em relação comunitária, mas a dignidade que possui é dela mesma, e não da situação em si; c) o primado da pessoa é o do ser, não o do ter; a liberdade prevalece sobre a propriedade; d) a proteção da dignidade das pessoas está além da cidadania portuguesa e postula uma visão universalista da atribuição de direitos; e) a dignidade da pessoa pressupõe a autonomia vital da pessoa, a sua autodeterminação relativamente ao Estado, às demais entidades públicas e às outras pessoas.

Constata-se que o princípio da dignidade da pessoa humana impõe um dever de abstenção e de condutas positivas tendentes a efetivar e proteger a pessoa humana. É imposição que recai sobre o Estado de respeitar, proteger e promover as condições que viabilizem a vida com dignidade[126].

---

125 MIRANDA, Jorge. *Manual de direito constitucional*. 3. ed. Coimbra: Ed. Coimbra, 2000, p. 169. t. 4.
126 Sobre esse ponto, SARLET, Ingo. *Dimensões da dignidade*. Porto Alegre: Livraria do Advogado, 2005, p. 30, no tópico intitulado "A dignidade como limite e como tarefa: a dupla dimensão negativa e prestacional da dignidade", formula interessantes considerações: "A partir do exposto, sustenta-se que a dignidade possui uma dimensão dúplice, que se manifesta enquanto simultaneamente expressão da autonomia da pes-

Ingo Sarlet amplia-lhe a abrangência: "Para além desta vinculação (na dimensão positiva e negativa) do Estado, também a ordem comunitária e, portanto, todas as entidades privadas e os particulares encontram-se diretamente vinculados pelo princípio da dignidade da pessoa humana. (...) Que tal dimensão assume particular relevância em tempos de globalização econômica (...). Com efeito, quando já se está até mesmo a falar da existência de um *homo globalizatus*, considerando a cada vez maior facilidade de acesso às comunicações e informações, bem como a capacidade de consumo de parte da população mundial, urge que, na mesma medida, se possa também vir a falar, numa correspondente globalização da dignidade e dos direitos fundamentais, sem a qual, em verdade, o que teremos cada vez mais é a existência de alguns 'homens globalizantes' e uma multidão de 'homens globalizados', sinalizadora de uma lamentável, mas cada vez menos confortável, transformação de muitos Estados democráticos de Direito em verdadeiros 'Estados neocoloniais'"[127].

De fato, hodiernamente, as Declarações de Direitos contempladas no plano internacional e nas Constituições dos países livres consignam capítulo especial aos direitos e garantias fundamentais, como condição essencial da manutenção da vida em sociedade. Trata-se, sem dúvida, de uma das maiores conquistas da civilização em prol da valorização da pessoa humana, consoante Bobbio:

> "Todas as declarações recentes dos direitos do homem compreendem, além dos direitos individuais tradicionais, que consistem em liberdades, também os chamados direitos sociais, que se constituem em poderes. Os primeiros exigem da parte dos outros (incluídos aqui os órgãos públicos) obrigações puramente negativas, que implicam a abstenção de determinados comportamentos; os segundos só podem ser realiza-

---

soa humana, bem como da necessidade de sua proteção por parte da comunidade e do Estado, especialmente quando fragilizada ou até mesmo quando ausente a capacidade de autodeterminação. Assim, a dignidade, na sua perspectiva assistencial (protetiva) da pessoa humana, poderá, dadas as circunstâncias, prevalecer em face da dimensão autonômica, de tal sorte que, todo aquele a quem faltarem as condições para uma decisão própria e responsável (de modo especial no âmbito da biomedicina e bioética) poderá até mesmo perder – pela nomeação eventual de um curador ou submissão involuntária a tratamento médico e/ou internação – o exercício pessoal de sua capacidade de autodeterminação, restando-lhe, contudo, o direito a ser tratado com dignidade (protegido e assistido)".

127   Idem, p. 14.

dos se for imposto a outros (incluídos aqui os órgãos públicos) certo número de obrigações positivas. São antinômicos no sentido de que o desenvolvimento deles não pode proceder paralelamente: a realização integral de uns impede a realização integral de outros. Quanto mais aumentam os poderes dos indivíduos, tanto mais diminuem as liberdades dos mesmos indivíduos"[128].

Do postulado de Bobbio emergem três posicionamentos: a realidade de as liberdades públicas globais configurarem um sistema único (catálogo universal por elas formatado), em face do fato de a diagnose lógica analítica apurar uma natureza comum geral: *libertatum*; a existência de espécies (liberdades públicas básicas) que, ao serem "mensuradas" – Dworkin[129] – pelas sociedades, formam tensão entre si e, desta forma, necessitam de acomodação harmonizadora; localização do Estado, não como titular de direitos fundamentais, mas como obstáculo para os reais titulares destes (ser humano); em outros termos, os direitos fundamentais compõem os "elementos constitucionais limitativos" exatamente por objetivarem restringir (limitar) a ingerência do Estado nas liberdades dos seres humanos (compreendidos tanto em grupo quanto isoladamente).

Prima facie, a questão converge para o *modus* de equilíbrio de tal tensão. Por sua vez, o saneamento da problemática fica a cargo da "convenção constituinte" de cada nação – Rawls[130] –, que devem eleger e firmar seus peculiares "padrões primários" de equilíbrio das liberdades (via Constituições substanciais e formais), para tanto considerando os costumes, tradições, história nacional, religiões, moral "média", ética, valores axiológicos diversos das respectivas sociedades, do próprio titular e dos "fatores reais de poder com força política"[131]. Em um segundo momento, destaca-se o avanço conceitual das últimas seis décadas da ideia axiológica e fundamental da "dignidade da pessoa humana", a ponto de serem desenvolvidas duas variáveis teleológicas distintas, a primeira como um dos mais graduados princípios de direitos fundamentais, e a segunda o seu alçamento ao pata-

---

128   BOBBIO, Norberto, op. cit., p. 21.
129   DWORKIN, Ronald. *Uma questão de princípio*. São Paulo: Martins Fontes, 2000, p. 269-304.
130   RAWLS, John. *Uma teoria da justiça*. São Paulo: Martins Fontes, 1997, p. 211-283.
131   LASSALE, Ferdinand. *A essência da Constituição*. 5. ed. Rio de Janeiro: Lumen Juris, 2000, p. 10-18.

mar de princípio constitucional estruturante da organização de muitos Estados (inclusive o Brasil, como será demonstrado no Capítulo IV).

Bidart Campos sustentou que "os direitos humanos passam a ser considerados realmente 'direitos' uma vez incorporados ao direito positivo, mas antes disso são considerados 'direitos morais', ou seja, exigências éticas que a filosofia dos direitos humanos concederia o termo de 'direitos'"[132].

Antes de adentrar uma discussão "jurídica" sobre os direitos humanos, imperioso traçar algumas considerações acerca da filosofia política, pois, como sustenta Campos, "Al hacerse cargo de lo que es hombre persona, de su dignidad, de su inviolabilidad, de su autonomía, de su libre albedrío, de sus fines, la filosofía política está en condiciones de explicar al Estado, al orden político, a su naturaleza, a sus causas, a su origen, a su justificación y tantas cosas más. Y si asume adecuadamente estos menesteres, puede efectuar un sustancioso aporte a la ciencia de los derechos humanos, cuya filosofía comparte principios propios de las filosofías jurídica y política, como los recibe previamente de la ética (sea que a ésta se le conciba como una parte de la filosofía, o se le atribuya autonomía propia)"[133].

5. A FILOSOFIA POLÍTICA E OS DIREITOS HUMANOS

A concepção de justiça transita entre diversas modalidades teóricas, não se chegando, após esse percurso, a um denominador comum. No entanto, essa noção vem-se tornando cada vez mais importante quando se discutem temas relevantes como os direitos humanos[134]. Estes, ao se formularem, contêm a expectativa de poderem ser defendidos, pelo fato de trazerem em si traços de valores comuns a todas as manifestações históricas e culturais.

Neste estudo não se pretende discutir diretamente a questão dos direitos humanos, contentando-se em trazer à tona propostas de destacadas

---

132 CAMPOS, Germán J. Bidart, op. cit., p. 80 (em tradução livre).
133 Sobre os direitos humanos e a filosofia política, CAMPOS, Germán J. Bidart. *Teoría general de los derechos humanos*. Buenos Aires: Astrea, 2006, p. 169.
134 PÉREZ, José Luiz Rey, op. cit., p. 26: "La filosofía de los derechos humanos que nos sitúa en un plano extrajurídico, en el plano de la ética, de la filosofía moral, de los valores morales a los que se llega a través de la argumentación racional. Los valores morales existen previamente al Derecho positivo, pero su existencia no es jurídica, es sólo ética. Los valores pasan a constituir auténticos derechos humanos cuando son incorporados por los ordenamientos positivos".

teorias da justiça que podem vir a ser úteis em ulterior debate sobre as pretensões daqueles direitos[135].

Para abordar essa temática, relacionada às teorias da justiça, priorizam-se os estudos de John Rawls. O autor, em sua trajetória, recuou sobre o alcance universalista de suas pretensões. Numa formulação mais tímida, defendeu que sua concepção de justiça política era dirigida às sociedades liberais e democráticas, desenvolvidas na modernidade e no cenário ocidental, posição que tanto lhe trouxe críticas como, por outro lado, adesões otimistas.

Entre suas ideias tem destaque aquela que afirma que os princípios de justiça, organizadores das instituições políticas, devem ser justificados através de um experimento intelectual denominado véu da ignorância. Nesse ponto, indivíduos abstratos – quer dizer, desprovidos de suas dimensões reais, como sexo, talento, classe social, concepções de vida – são levados a escolher como regras sociais básicas de convivência aquelas que resultam dos valores da liberdade e da igualdade. Esses indivíduos associam-se como seres racionais e razoáveis, recusando, de antemão, a posição de meros apostadores que, na busca por melhores resultados, não se furtariam a correr qualquer tipo de risco.

Essa escolha, protegida pelo véu da ignorância, está próxima das intenções morais do filósofo alemão do século XIX Imanuel Kant. Para esse pensador, os seres humanos estão aptos a realizar escolhas morais quando agem de maneira desinteressada, racional, ou seja, quando se afastam de suas motivações sensíveis, as que provêm dos seus interesses particulares, egoístas.

Justamente essa condição favorece pensar os critérios de justiça como universais, isolando suas justificativas de qualquer condição particular ou histórica. Ao mesmo tempo o pensamento de Rawls aposta na ponderação de duas ideologias que podem, a princípio, ser consideradas antitéticas: a liberal, que defende a exclusividade da liberdade como princípio das instituições políticas, guardiãs exclusivas dos direitos civis e políticos; e a socialista, que prioriza a igualdade como princípio da justiça, trazendo à

---

135 GUERRA, Sidney; OLIVEIRA, Joaquim Humberto. O diálogo da teoria da justiça de Rawls com neoliberais e comunitaristas. *Revista de Direito da UNIGRANRIO*, v. 3, n. 1, ano 2010.

tona a relevância dos direitos sociais, desde então postos acima das liberdades individuais[136].

Essa tensão, Rawls administra ponderadamente, através dos seus dois princípios de justiça. Primeiro, não admitindo que as liberdades sejam restringidas por nenhuma prioridade de ordem econômica. Sob essa condição, exclui-se qualquer argumento de ordem utilitarista que possa servir às justificativas políticas de intervenção do Estado na sociedade, pela filtragem de ordem moral, de justiça ou de direito pronta para rejeitá-lo. Em segundo lugar, a desigualdade social é admitida como justa desde que traga mais benefícios para os mais necessitados e seja decorrente de tentativas de igualar as condições iniciais de oportunidades. Justificam-se, nesse caso, as estratégias políticas de intervenção que atendam ao clamor por uma melhor justiça distributiva dos bens materiais, o que, por sua vez, assemelha-se, indiscutivelmente, à situação típica dos Estados sociais democratas.

Justamente contra esse modelo de Estado intervencionista pronunciam-se as teses neoliberais de Robert Nozick. Em concordância com a concepção de justiça política de J. Rawls, apropriada para as sociedades pluralistas da modernidade, critica, no entanto, sua formulação de justiça distributiva. Afirma este que tal concepção trai, de maneira evidente, a condição neutra do Estado, por exigir que ele adote uma concepção abrangente de forma de vida com o fim de angariar o apoio de setores da sociedade civil. Além do mais, e é essa a sua crítica mais contundente, a justiça distributiva exigiria um Estado maior do que o mínimo que lhe é permitido, em vista de uma teoria da justiça que situa os direitos individuais acima de qualquer outro bem.

Sem se opor aos aspectos intervencionistas do Estado, mas a sua neutralidade, conformada pela dimensão abstrata, garantida pela escolha de indivíduos racionais e razoáveis, manifestam-se as teorias comunitaristas. Exemplificada pelo pensamento de Michael Walzer, suas teses criticam, principalmente, as justificativas universalistas presentes tanto nas teorias

---

136 CAMPOS, Germán J. Bidart, op. cit., p. 185: "Cuando partimos de la idea de libertad – y transplantamos esa libertad tal como ofrece la filosofía política al mundo del derecho – estamos en amplitud de entender que la igualdad deriva de la libertad. Es así porque todos lo hombres se sitúan en el Estado con un mismo status de libertad personal, todos tienen y comparten el mismo status, o sea, todos son iguales. No hay unos superiores ni inferiores a otros porque todos están emplazados igualitariamente en un idéntico status de libertad".

liberais quanto nas neoliberais. Numa perspectiva mais antropológica que metafísica, Walzer analisa a justiça a partir de esferas onde circulam bens variados, que seguem regras especificadas por características culturais. Não sendo essas regras universais, o critério adequado de justiça seria impedir que um desses bens exerça de modo monopolizador o controle sobre outras regras de distribuição próprias de outras esferas de circulação de bens.

Após esses detalhamentos, conclui-se ao analisar especialmente as principais consequências das críticas sofridas pelas teses universalistas, próprias das teorias liberais e neoliberais da justiça, pelas posturas comunitaristas. A escolha dessa prioridade se dá porque as sociedades modernas são hoje em dia caracterizadas como pós-modernas, isto é, como refratárias a qualquer discurso de cunho universalizante. Quanto à justiça distributiva, mesmo não sendo devidamente tratada neste estudo, é admitida como parte integrante dos direitos fundamentais, o que nos leva a considerar a plena legitimidade do Estado Social de Direito.

5.1 A teoria da justiça de Rawls

A polêmica sobre a justiça atravessa todo o pensamento filosófico até nossos dias. Entretanto, na atualidade, reveste-se de especial importância, pois a discussão se apresenta na filosofia política e na filosofia do direito com grandes desdobramentos para o estudo dos direitos humanos.

A ideia de uma sociedade pluralista bem ordenada exige, segundo Rawls, a noção de justiça como equidade (*fairness*), que se pretende explicitada pelos princípios de sua teoria. A ideia se torna mais clara a partir de uma questão: que tipo de sociedade as pessoas construiriam, com base num contrato, não levando em consideração sua classe e suas vantagens ou desvantagens, derivadas de fatores sociais ou naturais?

Rawls não acredita em nenhuma teoria do contrato social como fato histórico, e toma uma noção de pessoa compatível com os postulados tradicionais das democracias modernas. Pessoa, nesse caso, é alguém que pode ser cidadão, isto é, um membro plenamente cooperativo da sociedade ao longo de uma vida completa.

As pessoas são concebidas como livres e iguais, no sentido de terem um senso de justiça, de se julgarem fontes autônomas de reivindicações válidas e de serem capazes de assumir as responsabilidades por seus fins.

Na "posição original", a situação dos contratantes é caracterizada por um "véu da ignorância". A principal vantagem do véu da ignorância é levar os contratantes, supostamente racionais e com certo grau de aversão ao risco, a imaginarem-se em qualquer posição possível num sistema de relações sociais.

Os ocupantes da posição original, além de não poderem levar em consideração suas condições econômicas e a sua posição social para justificarem as suas escolhas dos princípios de justiça, também não podem comprometer esses princípios com nenhuma concepção particular de bem, como aquela que ele tenha escolhido para sua vida particular.

Se alguma ideia de bem fosse imposta a uma parte dos cidadãos, não se poderia concebê-los como livres e iguais. Alguns bens, no entanto, são necessários à consecução de qualquer objetivo de vida, numa sociedade pluralista. São bens primários classificados por Rawls de cinco formas[137].

Da noção de bens primários passa-se à ideia da divisão social de responsabilidade, isto é, os cidadãos, como um corpo coletivo, aceitam a responsabilidade de manter liberdades básicas iguais e uma justa igualdade de oportunidade; de prover uma parcela justa dos bens primários a todos, dentro desse esquema. Já os cidadãos, como indivíduos e associações, aceitam a responsabilidade de rever e ajustar seus fins e aspirações, considerando os meios que eles podem esperar obter para todos os propósitos, em vista de sua situação.

É bom salientar que Rawls não é contrário ao mercado, tampouco defende o planejamento direto e abrangente pelo governo; este pode regular as condições dos negócios meramente ajustando certos elementos sob seu controle, como o total de investimento, a taxa de juros, a quantidade de moeda e assim por diante[138].

O mercado tende a ser vantajoso sob vários aspectos e é compatível com liberdades iguais e justa igualdade de oportunidade, quando existem as necessárias instituições de fundo. Mas não resolve sozinho nem o problema do mínimo social, nem o da justiça distributiva. Estas questões devem ser tratadas politicamente como funções de governo[139].

---

[137] Nesse sentido, RAWLS, John. *Political liberalism*. New York: Columbia University Press, 1993, p. 181.
[138] Cabe lembrar Rawls, J. *Uma teoria da justiça*. São Paulo: Martins Fontes, 1997, p. 305: "Os mercados competitivos adequadamente regulados asseguram e conduzem a uma utilização eficiente dos recursos e alocação de mercadorias entre os consumidores (...) O ponto aqui é que certos preceitos tendem a ser associados com instituições específicas".
[139] RAWLS, J. Ideas fundamentales del liberalismo político. *Agora Cuaderno de Estudios Políticos*, Buenos Aires, ano I, n. I, 1994, p. 10: "el liberalismo político procura

De fato, em contraste com o liberalismo como doutrina moral abrangente, a "justiça como equidade" tenta apresentar uma concepção de justiça política fundada nas ideias encontradas na cultura de uma democracia constitucional, e, assim, "numa interface consensual, a concepção de justiça como equidade não é considerada meramente como *modus vivendi*"[140].

Com efeito, a concepção de justiça de Rawls relaciona-se a princípios responsáveis pela estrutura básica da sociedade, sendo por essa razão denominada justiça como equidade.

Verifica-se que a eleição desses princípios de justiça ocorre entre os indivíduos que se encontram em uma situação denominada "posição original ou inicial", na qual todos são considerados seres autônomos, livres, racionais e iguais; assim mesmo eles atuam sob o "véu de ignorância", quer dizer, desconhecem as circunstâncias naturais relativas a sua existência, sexo, inteligência, riqueza, *status* social etc., como também os bens específicos/particulares que cada um persegue.

Para fundamentar essa situação inicial, hipotética e ideal em que se opera o consenso sobre os princípios da justiça, Rawls recorre à interpretação kantiana de justiça como imparcialidade e igualmente aos conceitos de ser livre e racional, que assume motivações desinteressadas para seus atos morais.

Assim, concebe os princípios da justiça como resultado de uma eleição livre e racional e como ato voluntário de autolegislação realizado por indivíduos que desejam orientar suas condutas com base em princípios públicos e morais. Essa concepção da pessoa humana, como ser livre e racional, implica prescindir por completo da posição social que ela ocupa, das circunstâncias concretas em que se encontra. Os indivíduos, de acordo com essa acepção, são considerados seres *noumenales* e não *fenomenales,* estando, por conseguinte, em condições equitativas de imparcialidade e igualdade para escolher certos princípios públicos de justiça[141]. Considerar os indivíduos

---

formular una concepción política de la justicia que sea independiente. No ofrece ninguna doctrina metafísica o epistemológica más allá de lo que se encuentra implícito en la doctrina política misma".

140 RAWLS, John. Justiça como equidade: uma concepção política não metafísica. *Lua Nova,* Rio de Janeiro, n. 25, 1992, p. 54.

141 Nesse sentido, ver também SANDEL, M. *Liberalism and the limits of justice.* Cambridge: Cambridge University Press, 1982, p. 13: "Where this view departs from Kant is in denying that a prior and independent self can only be a transcendental, or noumenal subject, lacking altogether an empirical foundation".

como seres *fenomenales* significaria dizer que atuariam com conhecimento das contingências e circunstâncias relacionadas a sua existência, o que possibilitaria pensar que atuariam motivados por obter benefícios próprios.

A liberdade e a igualdade, na teoria da justiça como *fairness*, são inicialmente abordadas levando em consideração apenas as condições formais, ou *noumenales*, do consenso. Nesse sentido, importa destacar que para a justiça como *fairness*, por um lado, a liberdade é um tipo de liberdade "negativa", isto é, acontece quando o homem decide sua conduta sem levar em consideração qualquer objetivo particular, motivações ou inclinações subjetivas. Nesse instante, Rawls afirma que, no momento da eleição, os indivíduos não atuam motivados pelo desejo de conquistar ou obter algum interesse particular, mas de acordo com os princípios da justiça. A adoção desse tipo de liberdade se explica porque o consenso sobre a justiça deve ser o resultado de um acordo imparcial, e não parcial, como seria o caso se os indivíduos estivessem sujeitos a circunstâncias ou contingências, atuando como agentes fenomenais em conformidade com interesses e fins particulares.

Por outro lado, Rawls defende para a justiça como *fairness* o conceito de liberdade positiva. De fato, o autor concebe os princípios de justiça como ato voluntário e coletivo de autodeterminação ou autolegislação através do qual sujeitos livres não aceitam ser governados por outras leis ou princípios morais externos que não os que eles mesmos elaboram. A liberdade aqui não diz respeito a um direito substantivo que indicaria o poder de exercer determinadas liberdades e direitos em sociedade, antes que aparecesse intimamente associada a um princípio metafísico da pessoa humana, considerada como agente livre e racional. E será igualmente essa concepção formal de liberdade que tornará possível realizar tal acordo, de forma imparcial e igualitária, beneficiando a todos.

Igual tratamento recebe o conceito de igualdade para a justiça como *fairness*. Ele não aparece relacionado a uma igualdade concreta ou substantiva, ou seja, a uma igualdade do tipo material ou socioeconômica, sem que antes se refira a um aspecto estritamente formal, como condição ou requisito para que o acordo se efetue, não somente de forma desinteressada, mas também de forma cooperativa.

Rawls afirma que os indivíduos devem ser livres e racionais, com capacidade de dizer o que é justo, e que todos têm um sentido de dever e de justiça, atuando de acordo com ela. Em consonância com seu sentido formal, a igualdade consiste no aspecto de que cada indivíduo é capaz de estabelecer o senso de justiça e fundamentalmente cooperar na realização desse ideal.

Com efeito, admitir que os indivíduos se comportam razoavelmente, baseados em uma racionalidade associada com o dever e com a justiça, implica considerar todos os homens moralmente iguais, ou seja, com capacidade para atuar motivados pelo interesse ético da cooperação na realização de um projeto comum de justiça.

Se a liberdade e a igualdade funcionam na justiça como *fairness* como condições ou requisitos formais para que o consenso se opere de forma imparcial e desinteressada, esses princípios, juntamente com outros direitos (civis, políticos e sociais), também adquirem uma dimensão concreta/positiva na chamada justiça *substantiva* ou de *conteúdo*.

De toda sorte, o termo *justiça*, em Rawls, não significa somente imparcialidade (*fairness*), mas também se relaciona às instituições de uma sociedade bem ordenada que, ao estar orientada pelos princípios de justiça, busca concretizar/positivar uma série de direitos, conforme o magistério de Rawls: "A justiça como equidade é pensada para aplicação ao que chamei a 'estrutura básica' de uma democracia constitucional moderna. (...) A estrutura básica designa as principais instituições políticas, sociais e econômicas dessa sociedade, e o modo pelo qual elas se combinam num sistema de cooperação social"[142].

Os princípios de justiça, que orientam as instituições (sociopolítico-jurídicas), podem ser formulados da seguinte maneira: "Primeiro: cada pessoa deve ter um direito igual ao mais abrangente sistema de liberdades básicas iguais, que seja compatível com um sistema semelhante de liberdades para as outras pessoas. Segundo: as desigualdades sociais e econômicas devem ser ordenadas de tal modo que sejam ao mesmo tempo a) consideradas como vantajosas para todos dentro dos limites de razoável, e b) vinculadas a posições e cargos acessíveis a todos"[143].

Referidos princípios correspondem a uma concepção geral de justiça, cuja formulação é a seguinte: "Todos os valores sociais – liberdade e oportunidade, renda e riqueza, e as bases sociais da autoestima – devem ser distribuídos igualitariamente, a não ser que uma distribuição desigual de um ou de todos esses valores traga vantagens para todos"[144].

Esses dois princípios de justiça estão acompanhados de regras de prioridade manifestadas na "prioridade léxica" do primeiro sobre o segun-

---

142 RAWLS, John. Justiça como equidade: uma concepção política não metafísica. *Lua Nova*, Rio de Janeiro, n. 25, 1992, p. 27.
143 RAWLS, John. *Uma teoria da justiça*. São Paulo: Martins Fontes, 1997, p. 64.
144 Idem, p. 66.

do, e da primeira parte do segundo princípio (igualdade de oportunidades) sobre a segunda parte deste (princípio da diferença). Com essa ordem serial, fica claramente estabelecida uma preferência entre diferentes bens, no sentido de que para Rawls não se poderá renunciar a nenhuma das liberdades básicas em favor de uma distribuição (mais equitativa) de cargos e poderes (primeira parte do segundo princípio), tampouco em favor de uma igualdade material das condições socioeconômicas (segunda parte do segundo princípio). Se o primeiro princípio de justiça aponta o conjunto de liberdades e direitos tradicionais (civis e políticos), o segundo relaciona-se aos direitos sociais e econômicos.

Rawls assevera que as desigualdades existentes em uma sociedade podem ser justificadas na medida em que trazem vantagens para todos. Cabe recordar também que a igualdade de oportunidades tem prioridade sobre o princípio da diferença, ou seja, que os cargos e postos abertos a todos não podem sofrer limitações em compensação da aplicação de direitos que buscam maior igualdade de condições socioeconômicas.

5.2 Crítica neoliberal à teoria da justiça de Rawls: as ideias de Nozick

Inspirando-se na forma de argumentação lockeana[145], Nozick apela ao mecanismo do estado natural para explicar, desde essa instância distante e anterior ao campo político, a emergência de um Estado mínimo, limitado exclusivamente às estreitas funções da proteção contra a violência, a fraude e a execução dos contratos.

A descrição do estado de natureza não diverge essencialmente da de Locke; um estado de completa liberdade, independência e disposição dos bens, mas igualmente sujeito a inconvenientes, entre os quais a falta de uma autoridade e executoriedade da lei natural, ficando sua aplicação nas mãos dos particulares, que conduzem a uma situação de insegurança, onde mal podem ser salvaguardados os direitos morais ou individuais e os bens que cada um possui nesse Estado. Nozick faz seu aporte particular e propõe, diante dos inconvenientes do estado de natureza, passar diretamente – via contrato – à formação do governo civil para dar solução a eles. Em contrapartida, o primeiro propõe acordos voluntários no próprio estado de natureza para enfrentar esses inconvenientes, como se observa: "Hay 'inconve-

---

145 Nesse sentido, NOZICK, R. *Anarquía, Estado y utopía*. Buenos Aires: Fondo de Cultura Económica, 1988, p. 2: "Toda vez que las consideraciones tanto de filosofía

nientes del estado de naturaleza' por los que dice Locke, 'fácilmente concedo que el gobierno civil es el remedio apropiado'. Para entender precisamente lo que el gobierno civil remedia, tenemos que hacer algo más que repetir la lista de inconvenientes del estado de naturaleza que Locke formula. Tenemos que considerar, también, qué arreglos podrían hacerse dentro de un estado de naturaleza para enfrentar estos inconvenientes. (...) Únicamente después de que todos los recursos del estado de naturaleza sean puestos en juego, a saber: todos aquellos arreglos y acuerdos voluntarios que las personas pudieran realizar en el ejercicio de sus derechos, y sólo después de que los efectos de éstos sean considerados, estaremos en posición de apreciar cuán serios son los inconvenientes que aún quedan por remediar por el Estado y estimar si el remedio es peor que la enfermedad"[146].

Essa solução implica o abandono da ideia de pacto social e a troca desta pela "mão invisível do mercado"[147], isto é, chega à justificação e à legitimação de um Estado mínimo, não como resultado do desígnio intencional dos indivíduos, mas como produto natural, não desejado pela vontade deliberada dos homens. Tratar-se-ia, então, de desenvolver ao máximo esses recursos a que podem chegar os indivíduos atuando segundo seus direitos individuais no estado da natureza. Uma vez que fossem totalmente aclarados, poder-se-ia discutir a gravidade dos inconvenientes que ainda subsistem e se podem ser remediados pelo Estado, e também avaliar se o tratamento não é pior que a doença.

Os indivíduos criam, antes da presença do Estado, agências protetoras cuja função principal radica em estabelecer procedimentos para arbitrar e levar a juízo as demandas que surjam entre seus membros, e entre qualquer outra pessoa. Formadas as "agências protetoras", o problema maior radica em saber como podem ser resolvidos os conflitos que surjam entre clientes de diferentes agências que não se põem de acordo sobre a decisão a ser aplicada. Para superar essa dificuldade, Nozick propõe um segundo passo, a

---

política como de teoría política explicativa convergen en el estado de naturaleza de Locke, empenzaremos con él. Más exactamente, comenzaremos con individuos en algo suficientemente similares al estado de naturaleza de Locke".
146 Idem, p. 23.
147 Ibidem, p. 31: "Siguiendo Adam Smith podemos denominar tales explicaciones de mano invisible: 'Cualquier individuo (...) sólo piensa en su ganancia propia, pero en éste, como en muchos otros casos, es conducido por una mano invisible a promover un fin que no entraba en sus intenciones'".

formação de uma "agência dominante", o "embrião de um Estado ultramínimo", o qual passa a ter quase um monopólio das funções semijudiciais[148].

Finalmente, o terceiro passo é dado pela emergência do Estado mínimo, que passa a ter o monopólio ou o uso exclusivo da violência física e vai dar proteção a todos os indivíduos que habitam seu território; vale a pena ressaltar que, diferente das agências protetoras e da agência dominante, não admite que os indivíduos possam fazer justiça de forma privada. Resta por saber o que deve ser feito com os independentes, com aqueles indivíduos que não tenham subscrito os serviços de nenhuma agência, e que não podem ser obrigados a fazê-lo.

Para esse caso, Nozick prevê um princípio redistributivo ao defender que alguns terão de pagar a proteção de outros. Esse princípio se funda em uma "teoria das compensações", isto é, os que não aderem a nenhuma agência devem ser compensados ou indenizados pelos danos que são impostos: "Aquellos que se encuentran en desventaja al serles prohibido realizar acciones que únicamente podrían dañar a otros, tienen que ser indemnizados por esas desventajas que les son impuestas para dar seguridad a los demás"[149].

As distintas fases no processo de constituição do Estado mínimo, segundo ele, são todas legítimas, já que não violariam direitos individuais de ninguém. O defensor do Estado mínimo, fortemente interessado em proteger os direitos contra sua violação, faz desta a única função legítima do Estado e proclama que todas as outras funções são ilegítimas porque implicam em si mesmas a violação dos direitos, uma vez que concede lugar preponderante à proteção e à não violação de direitos[150].

A perspectiva de Nozick radica na valorização do indivíduo como único e autêntico titular de direitos. As associações protetoras possuem unicamente direitos derivados provenientes das qualidades dos direitos

---

148 Ibidem, p. 28 e 29. Essa situação, segundo Nozick, é possível a partir de três pressupostos: a) uma agência é claramente mais efetiva que outra dentro de um mesmo território, o que faz com que seus clientes passem pouco a pouco a mais poderosa; b) duas agências operam em áreas geográficas distintas, tendo cada uma destas mais poder quanto mais próximo de seu núcleo se encontrem os casos em litígio; c) se existem frequentes conflitos entre duas agências que têm praticamente o mesmo poder ou efetividade, e não há maior razão para eleger uma ou outra, constituindo-se, assim, em um sistema judicial federal do qual todos participam.
149 Ibidem, p. 89.
150 Ibidem, p. 117-118 (em tradução livre).

(individuais) transmitidos a elas por cada um de seus membros (clientes); elas não têm, portanto, nenhum direito acima nem distinto dos que podem ter os indivíduos.

Sem embargo, Nozick, na obra *Anarquia, Estado e utopia*, elabora sua crítica às ideias de J. Rawls em torno da questão da justiça social como função estatal. Para tanto, adverte que a expressão "justiça distributiva", referida à sociedade, não comporta neutralidade, como pretendia Rawls, já que uma doutrina abrangente compartilhada entre a sociedade e o Estado deve existir para que haja nessa relação uma resposta favorável, isto é, de colaboração, por parte dos indivíduos às políticas estatais de intervenção.

Em reforço a essa compreensão, podem ser destacados os princípios que, para Nozick, exemplificariam os tipos de intervenção que se faça necessária por parte do Estado nas regras "naturais" de distribuição de renda. Essa naturalidade distributiva, em sua visão, seria somente encontrada quando as ações fossem reguladas simplesmente pelos caminhos do mercado: "a) princípios históricos e princípios de resultado ou estado final de justiça social. Os primeiros afirmam que uma distribuição é justa ou não, dependendo de como ocorreu no passado; por isso, histórica. Para os segundos, uma distribuição de bens dada numa sociedade determinada é justa ou injusta, não em função do passado, mas da maneira como são agora distribuídos os bens ou da forma como é julgada a distribuição existente por um princípio estrutural; b) Princípios padronizados e não padronizados de justiça. Nozick distingue entre distribuição que obedece a um padrão, 'uma dimensão natural', e a que não obedece a um padrão definido"[151].

Tudo isso porque Nozick já parte do princípio de que qualquer intervenção do Estado é injusta, pelo fato de necessariamente violar os direitos individuais das pessoas. Não havendo a possibilidade de o Estado atuar sem provocar limitações às liberdades individuais, do ponto de vista da justiça, esse Estado deveria ser mínimo, pois, quanto menos interferir, mais próximo de ser justo. Em suas considerações pertinentes à justiça distributiva, ele faz questão de deixar clara a ideia de que para se lograr uma justiça distributiva há que se formar um Estado mais extenso[152].

---

[151] MACEDO, Ubiratan Borges. *Liberalismo e justiça social*. São Paulo: IBRASA, 1995, p. 108.
[152] NOZICK, Robert, op. cit., p. 153: "En este capítulo, consideramos la pretensión de que se justifica un Estado más extenso, porque es necesario (o el mejor instrumento) para lograr la justicia distributiva".

Sustenta que não pode haver uma distribuição central ou planejada, pois nenhuma pessoa ou grupo pode controlar todos os recursos e decidir conjuntamente como estes devem ser divididos. Em contraposição, o citado autor enuncia que o princípio de justiça de qualquer distribuição deve dizer que uma distribuição é justa se cada um tem direito às coisas que possui, quer dizer, se há o reconhecimento de legitimidade na maneira como foram adquiridos ou transferidos os bens: "Una distribución es justa si surge de otra distribución justa a través de medios legítimos. Los medios legítimos para pasar de una distribución a otra están especificados por el principio de justicia en la transferencia. Los primeros pasos legítimos están especificados por el principio de justicia en la aquisición. Cualquier cosa que surge de una situación justa, a través de pasos justos, es en sí misma justa"[153].

Assim, não obstante a contribuição de Rawls, Nozick sustenta que seu aporte é muito mais preciso no que tange à explicação da justiça distributiva[154]. O problema da justiça social distributiva de Rawls dá-se em como se devem distribuir ou repartir os benefícios da cooperação. Como no exemplo citado abaixo, no qual se percebe uma indagação sobre quais motivos levariam dois desconhecidos a cooperar entre si quando algum deles se sentir em desvantagem, "Si hubiera diez Robinsones Crusoes, cada uno trabajando solo durante dos años en islas separadas, que por medio de radiocomunicación a través de transmisores abandonados veinte años antes, se descubrieran unos a los otros así como el hecho de sus diferentes porciones, no podrían hacer reclamaciones a los otros, suponiendo que fuera posible transmitir bienes de una isla a otra? (...) No podría decir que él era por naturaleza menos capaz de valerse por sí mismo? (...)"[155].

Para Nozick, Rawls se desvia de seu tema para sustentar que as desigualdades só se justificam se servem para melhorar a posição original daqueles que se encontram em pior situação. Essas desigualdades, na realidade, devem ser entendidas como surgindo, ao menos em parte, da necessidade de oferecer incentivos a certas pessoas para levar a cabo várias atividades ou desempenhar diversos papéis que não podem ser desempenhados de forma satisfatória por qualquer um.

---

153 Idem, p. 154-155.
154 Ibidem, p. 183.
155 Ibidem, p. 185.

Como crítica às escolhas justificadas pela posição original, Nozick apresenta preocupação com o fato de algumas pessoas serem excluídas do grupo, por exemplo, os paraplégicos e os alcoólatras, e indaga por que pessoas que se encontram na posição original escolheriam um princípio que concentra sua atenção sobre o grupo mais do que sobre os indivíduos. Para a teoria da justiça de Rawls, as desigualdades sociais só se justificam se decorrerem das aptidões naturais ou dos talentos de cada um, mas seriam injustificáveis se resultassem de condições iniciais desiguais de oportunidade, promovidas por fatores associados às condições econômicas e sociais. Resumindo, Rawls aceita a loteria natural, concedendo talentos que favorecem condições desiguais na disputa por oportunidades, mas considera injusta a desigualdade quando decorre de outras contingências que nos privam do direito de escolher.

Aplicando às sociedades desiguais por talento o princípio da justiça distributiva de Rawls, concluir-se-ia que o princípio da diferença, na verdade, estimula os menos dotados a colaborar com os mais dotados, que iniciam em vantagem a busca pelas melhores oportunidades. Portanto, "podría también decírseles a los menos favorecidos, por alguien que propusiera cualquier otro principio, incluyendo el de maximizar la posición de los mejor dotados, que el bienestar de todos depende de la cooperación social sin la cual nadie podría llevar una vida satisfactoria. Similarmente, por el hecho de que nosotros podamos pedir la cooperación voluntaria de todos sólo si las condiciones del esquema son razonables"[156].

Mesmo assim, a questão fica sem resposta, já que, para Nozick, Rawls não formula de forma clara quais condições seriam razoáveis.

5.3 Crítica comunitarista à teoria da justiça de Rawls: as ideias de Walzer

Ainda no prefácio de seu livro *Las esferas de la justicia*[157] Walzer, em defesa do seu modelo de igualitarismo, informa que a igualdade não pode ser explicada pelo seu significado literal. Em decorrência disso, começa a discussão focando comportamentos de pessoas que vivem em um Estado autocrático ou oligárquico, em um Estado capitalista e em um Estado feudal, para ao final enunciar que muitos de nós ficaríamos felizes se efetivamente estivésse-

---

156   Ibidem, p. 195.
157   WALZER, M. *Las esferas de la justicia*. México: Fondo de Cultura Económica, 1993.

mos comprometidos com a igualdade, "pero tampoco a muchos de nosotros, comprometidos con la igualdad, nos haría felices el régimen necesario para mantener su sentido literal: el Estado como el lecho de Procusto"[158].

E continua em seu aporte sobre a igualdade: "el igualitarismo parece requerir un sistema político mediante el cual el Estado sea capaz de mantener continuamente a raya a aquellos grupos sociales y ocupacionales que, en virtud de sus capacidades, de su educación o de sus atributos personales, podrían de otro modo (...) exigir una participación desproporcionada en las recompensas de la sociedad"[159].

Partindo dessa concepção, o autor formaliza sua ideia e diz que uma sociedade de iguais seria um mundo de falsas aparências, onde os indivíduos, não sendo iguais entre si, estariam obrigados a atuarem como se fossem, e o cumprimento dessas falsidades deveria ser vigiado por uma elite cujos membros, por sua vez, simulariam uma realidade não existente. O propósito de Walzer na obra *Las esferas de la justicia* é descrever uma sociedade onde nenhum bem social sirva ou possa servir como meio de dominação[160].

Ubiratan Borges de Macedo, ao formular crítica de Michael Walzer a Rawls, assevera que "seu livro é socialista, seu objetivo é o igualitarismo político, uma sociedade livre de dominação, onde nenhum bem social possa servir de meio de dominação. Mas seu argumento é radicalmente particularista e comunitarista. (...) Para Walzer as escolhas são condicionadas pelo significado e interpretação que as comunidades outorgam aos bens. (...) A justiça é o instrumento da igualdade mas a igualdade em nossas sociedades não é simples, é complexa, várias igualdades de vários pontos de vista, quanto a direitos, oportunidades, resultados etc."[161].

De fato, Walzer formula uma teoria da justiça segundo a qual diferentes bens sociais devem ser distribuídos por razões igualmente diferentes, através de procedimentos e agentes distintos: "Yo pretendo añadir algo más que esto: que los principios de la justicia son en sí mismos plurales en su forma; que bienes sociales distintos deberían ser distribuidos por

---

158 Idem, p. 10-11.
159 Ibidem.
160 Ibidem, p. 14.
161 MACEDO, Ubiratan Borges de. A crítica de Michael Walzer a Rawls. *Filosofia*, São João del Rei, n. 4, jul. 1997, p. 190.

razones distintas, en arreglo a diferentes procedimientos y por distintos agentes; y que todas estas diferencias derivan de la comprensión de los bienes sociales mismos, lo cual es producto inevitable del particularismo histórico y cultural"[162].

O autor atribui à inevitabilidade do particularismo histórico e social o fato de haver uma diversidade de entendimentos acerca dos bens sociais. Por isso, qualquer consideração acerca do caráter justo ou injusto de um processo distributivo não pode ser independente do significado que o bem social possui. Nenhum bem social tem qualquer significação natural, uma vez que apenas através de um processo social de entendimento e interpretação os bens adquirem, em uma comunidade política determinada, as suas significações. Culturas diferentes elaboram significados diversos acerca de seus bens sociais e os distribuem através de distintos princípios e agentes.

Nesse sentido, encaminha mais uma cuidadosa advertência de Michael Walzer contra as pretensões universalistas presentes em várias teorias da justiça: "Los bienes en el mundo tienen significados compartidos porque la concepción y la creación son procesos sociales. Por la misma razón, los bienes tienen distintas significaciones en distintas sociedades. La misma 'cosa' es valorada por diferentes razones, o es valorada aquí y devaluada allá"[163]. E continua seu raciocínio: "No existe un solo conjunto de bienes básicos o primarios concebible para todos los mundos morales y materiales – o bien, un conjunto así tendría que ser concebido en términos tan abstractos, que sería de poca utilidad al reflexionar sobre las particulares formas de la distribución. (...) Un mismo bien necesario, y uno que siempre es necesario, la comida, por ejemplo, conllevan significados diversos en diversos lugares. El pan es el sostén de la vida, el cuerpo de Cristo, el símbolo de Sabat, el medio de la hospitalidad etc."[164].

Para melhor compreender o sentido das afirmações de Walzer, Macedo enfatiza: "Até o alimento é alimento para uma comunidade. Alguns povos enxergam nas vacas um estoque ambulante de hambúrgueres e filés, outros consideram-nas sagradas e oferecem asilo às vacas europeias amea-

---

162 WALZER, M. *Las esferas de la justicia*. México: Fondo de Cultura Económica, 1993, p. 19.
163 Idem, p. 21.
164 Ibidem, p. 22.

çadas de genocídio sanitário, para que possam morrer com dignidade. (...) Considerar algo alimento é atribuir-lhe o critério de necessidade na sua distribuição. Considerar sagrados certos empregos é ao mesmo tempo excluí-los da venalidade de funções normal da Idade Média, e considerar simonia sua venda é postular um critério de distribuição por mérito diverso do usado para cargos similares na administração civil"[165].

Qual seria então a ideia de uma sociedade injusta, levando em consideração que a justiça pode ser compatível com uma distribuição absolutamente desigual dos bens sociais? Para Walzer, a sociedade é injusta ou tirânica na medida em que um grupo de indivíduos, pelo fato de monopolizar determinado bem, domina os diversos processos distributivos, violando os significados sociais dos bens e seus princípios de distribuição. Não basta apenas discutir a justiça como igualdade simples, mas, de modo inevitável, é preciso recorrer ao termo *igualdade complexa* para explicar o que seria uma concepção de justiça que procura erradicar a dominação através de um processo distributivo que respeita os significados dos bens sociais de forma autônoma.

A concepção de justiça de Walzer parte do pressuposto de que há várias categorias de bens que constituem esferas específicas com seus próprios princípios internos de distribuição. Supõe-se que, no interior das esferas, os indivíduos e grupos, através de um processo deliberativo, definem os significados dos bens e os mecanismos apropriados para sua distribuição, ao mesmo tempo em que lutam para manter a integridade dessa esfera contra qualquer tipo de intervenção externa.

Discutem-se as esferas do dinheiro e das mercadorias, a esfera da profissão e das carreiras de trabalho; a esfera da educação, a esfera do trabalho duro e perigoso, a esfera do lazer, a esfera do afeto e do amor, o domínio da família e do casamento, a esfera do sagrado, a esfera do reconhecimento e a esfera do poder político. Em relação a todas essas esferas, transita para Macedo a questão da cidadania: "com seus peculiares critérios e arranjos para definir o que é justo, Walzer antecede uma discussão geral. A do *membership*, a cidadania ou o pertencimento àquela comunidade dentro da qual existem as esferas citadas. (...) O problema da justiça social no século XX começa pois com a discussão dos critérios e da justiça da atribuição da cidadania"[166].

---

165 MACEDO, Ubiratan Borges de Macedo. A crítica de Michael Walzer a Rawls. *Filosofia,* São João del Rei, n. 4, jul. 1997, p. 192.
166 Idem, p. 194.

A igualdade supõe uma sociedade democrática, não apenas uma pluralidade de bens sociais e de esferas de justiça por eles constituída, mas também cidadãos ativos que, protegendo as fronteiras e a autonomia das esferas nas quais atuam, impedem que o predomínio sobre bens se traduza em dominação sobre pessoas[167].

Com efeito, Walzer discute a ideia de justiça distributiva pressupondo um mundo com demarcações dentro do qual as distribuições possuem lugar, como se observa nesta passagem: "La idea de la justicia distributiva presuponde un mundo con demarcaciones dentro del cual las distribuciones tengan lugar: un grupo de hombres y mujeres ocupando en la división, el intercámbio y el compartimiento de los bienes sociales, en primer lugar entre ellos"[168].

Essa questão está intimamente ligada ao que ele chama de *"pertenencia"*, o que a torna importante porque "es lo que los miembros de una comunidad política se deben unos a otros, a nadie más en el mismo grado. Y lo primero que se deben entre sí es la previsión comunitaria de la seguridad y el bienestar"[169]. Ele atribui à inevitabilidade do particularismo histórico e social o fato de existir uma diversidade de entendimentos acerca dos bens sociais, e observa que *precisamos estudar os bens e suas distribuições em diferentes lugares e tempos*[170].

Por isso, qualquer consideração sobre o que é justo ou injusto em um processo distributivo não pode ser independente do significado que o bem social possui. Neste sentido, observa-se o seguinte posicionamento do autor: "Sin embargo, debemos discutir el significado del bien antes que podamos decir algo más acerca de su justa distribución. Por ahora quiero diferir el grueso de mi argumentación y simplemente proponer una lista de cosas que no pueden ser obetenidas con dinero[171]. Los ciudadanos discuten acer-

---

167 Nesse sentido, CITTADINO, Gisele. *Pluralismo, direito e justiça distributiva*. Rio de Janeiro: Lumen Juris, 1999, p. 126, que utiliza o conceito de cidadão de Walzer como "pessoas que não podem ser excluídas deste processo de argumentação, não apenas sobre os limites das esferas, mas também sobre o significado dos bens distribuídos".
168 WALZER, Michael. *Las esferas de la justicia*. México: Fondo de Cultura Económica, 1993, p. 44.
169 Idem, p. 75.
170 MACEDO, Ubiratan Borges de, op. cit., p. 191.
171 Para WALZER, Michael, op. cit., p. 107, "el dinero es el medio universal de intercambio, e incluso una gran conveniencia, pues el intercambio es central en la vida que compartimos con otros hombres y mujeres".

ca del significado del contrato social, la concepción original y reiterada de la esfera de la securidad y el bienestar"[172].

Sem embargo, não se trata de um contrato hipotético ou ideal como aquele que é descrito por Rawls, isto é, homens e mulheres racionais em sua situação original, despojados de todo conhecimento particular sobre sua posição social e sua compreensão cultural e que tenham optado por uma distribuição equitativa de qualquer bem que se tenha dito necessário. Essa fórmula, segundo Walzer, não ajuda a identificar quais opções elegeram as pessoas ou quais deveriam eleger, uma vez que não sabem quem são ou onde estão. Num mundo de culturas particulares, de recursos escassos, de necessidades escorregadias e expansivas, não há uma fórmula única de aplicação universal. Não haverá um caminho único, universalmente aprovado, que nos conduza desde uma noção, por exemplo, "a divisão justa", até uma lista exaustiva dos bens aos quais tal noção se aplica.

5.4 À guisa de conclusão

Na perspectiva iluminista kantiana, como a adotada por J. Rawls, pelo menos em seus livros iniciais, como *Uma teoria da justiça*, os dilemas morais são percebidos a partir da oposição entre sentimento e razão. A razão é tida como faculdade humana, existindo *a priori*, e funcionando independentemente de qualquer aspecto cultural, como da história recente do Ocidente. Tal faculdade faria o serviço de detectar a validade moral transcultural. Assim, a identidade moral da pessoa humana advém de um eu verdadeiro e central e é compartilhada por existir uma natureza humana em comum, por exemplo, a ideia de uma obrigação moral universal de respeito à dignidade humana. Essa tradição de pensamento, em prosseguimento a Kant, esperava resolver dilemas morais a partir da análise de conceitos morais ou da lei moral, como a obrigação moral universal de agir justamente.

Já para autores como Walzer, os conflitos morais não são diluídos na lei moral racional, mas envolvem uma gama de sentimentos arbitrários, uma rede concreta de práticas sociais conflitantes e distintos laços de lealdades. Dessa polêmica resulta a seguinte questão: "As demandas por reformas levantadas no restante do mundo pelas democracias liberais do Ocidente são feitas em nome de algo não meramente ocidental – algo como moralidade

---

172 Idem, p. 111.

ou humanidade ou racionalidade – ou são simplesmente expressões de lealdade locais, concepções de justiça ocidentais?"[173].

Como tentativa de responder a essa questão e, ao mesmo tempo, oferecer uma provisória conclusão para este estudo, é possível explorar outro sentido para a noção tão disputada como a de razão. Se Platão e Kant focalizaram a diferença entre duas partes da pessoa humana, uma parte racional e boa e uma outra parte dúbia e passional ou sensual, essa abordagem da razão pode ser superada por outra, que a aborda mais como questão de procedimento do que de substância; trata-se mais de como concordamos sobre o que fazer do que sobre o que concordamos. A razão, dessa forma, não é fonte de coisa alguma, mas simplesmente a atividade de justificar afirmações oferecendo argumentos, e não ameaças. A razão serve para operar a distinção entre persuasão e força, e não para diferenciar uma natureza da outra (a racional da sensível).

Aproveitando as observações feitas por Richard Rorty, é defensável, segundo esse mesmo autor, atribuí-las ao próprio Rawls, em obras mais recentes, como no livro intitulado *O direito dos povos*[174]. Essa observação valeria mesmo que o próprio Rawls tenha admitido que essa obra prosseguia no procedimento proposto em *Uma teoria da justiça*[175]. Partindo da negação da posição historicista, defende que alguns direitos humanos básicos são condições para que as sociedades não liberais sejam aceitas pelas sociedades liberais como membros bem posicionados numa sociedade dos povos. Então, sob essa mesma lei, a dos direitos humanos básicos, estariam tanto as sociedades liberais quanto as não liberais. Para preencher esse requisito, que nos afasta das posições historicistas, as sociedades não liberais deveriam legitimar instituições cujas regras também fossem escolhidas por sujeitos razoáveis. Nesse caso, tais sociedades deveriam garantir um mínimo de tolerância em relação à liberdade de consciência e de pensamento. Sob essa imposição, a sociedade dos povos deve submeter-se aos direitos humanos básicos harmonizados com o conceito político de justiça, que procura sob essas condições garantir a coexistência de diversas concepções razoáveis de formas de vida.

---

173 RORTY, Richard. *Pragmatismo e política*. São Paulo: Martins, 2005, p. 109.
174 RAWLS, J. *O direito dos povos*. São Paulo: Martins Fontes, 2001.
175 RORTY, Richard, op. cit., p. 110.

Mas, segundo Rorty, a razoabilidade evocada por Rawls é insuficiente para rejeitar o historicismo em nome de qualquer universalismo, pois este não apresenta uma justificativa transcultural que demonstre a superioridade do Ocidente liberal. Considerando de maneira positiva essa ausência Rorty sublinha que é possível encontrar em Rawls a pretensão de que a razão tenha apenas alcance universal, mas não necessariamente validade universal, como por exemplo, exige a filosofia de Jurgen Habermas[176]. Com essa adaptação, Rorty aproxima a pretensão racional de Rawls daquele sentido, visto anteriormente, processual, afastando-se, assim, das críticas que a detectam como falha na justificação de uma razão substancial. Como assevera Richard Rorty[177], os direitos humanos não são mais do que uma tentativa esboçada pela razão, em seu sentido meramente processual, de estender os laços de lealdade das sociedades liberais para além das tradições constituídas.

Se pode ser atribuído a Rawls o mesmo sentido para a noção de razão, é possível indicar as mesmas consequências para a sua teoria da justiça. Assim, em conclusão, a teoria da justiça de Rawls ter-se-ia afastado, segundo as interpretações de Rorty, da sua pretensão de universalidade, presente sobretudo em *Uma teoria da justiça*, para aproximar-se das teses mais comuns encontradas na seara do comunitarismo, como visto pelas ideias de Michael Walzer. Um ponto interessante de constatar, principalmente pelo atual cenário teórico e histórico avesso às pretensões universalistas, pelo fato de pesarem sobre estas fortes desconfianças de trajar o mesmo disfarce autoritário que no passado encobriu as pretensões iluministas.

Indubitavelmente, a contribuição dos estudos da filosofia do direito é importante para a compreensão dos múltiplos aspectos que versam sobre a temática desta obra – os direitos humanos –, e certamente servirão para alcançar o entendimento de seus fundamentos[178].

---

176 Idem, p. 113.
177 Ibidem.
178 TRAVIESO, Juan Antonio, op. cit., p. 28: "los derechos humanos pasan de la teoría a la práctica por medio de la positivación, esto es, no podemos concebir derechos humanos efectivos sin un derecho positivo interno e internacional".

CAPÍTULO II

OS DIREITOS HUMANOS NO SISTEMA INTERNACIONAL

1. CONSIDERAÇÕES GERAIS

Após a hecatombe da Segunda Guerra Mundial[179], durante a qual o mundo teve a oportunidade de assistir a uma série de barbaridades envolvendo milhares de pessoas, sentiu-se a necessidade de criar mecanismos que pudessem garantir proteção aos seres humanos[180]. A partir daí floresceu

---

179 BROWLIE, Ian. *Princípios de direito internacional público*. Lisboa: Fundação Calouste Gulbenkian, 1997, p. 587, lembra que "os acontecimentos da Segunda Guerra Mundial e a preocupação em prevenir a repetição de catástrofes associadas às políticas internas das Potências do Eixo levaram a uma preocupação crescente pela proteção jurídica e social dos Direitos Humanos e das liberdades fundamentais. Um pioneiro notável neste campo foi Hersch Lauterpacht, que salientou a necessidade de uma Declaração Internacional dos Direitos do Homem. As disposições da Carta das Nações Unidas fornecem também uma base dinâmica para o desenvolvimento do direito. (...) Inevitavelmente, esta transportou para o foro internacional as ideologias e conceitos de liberdade dos vários Estados dominantes, tendo as diferenças ideológicas entre socialismo e capitalismo, influenciando os debates".

180 Vide a propósito o magistério de TALAVERA, Fabián Novak; MOYANO, Luis Garcia. *Derecho internacional público*. Peru: Fondo Editorial de la PUC, 2002, v. 2, t. 2, p. 262: "Sin embargo, los derechos humanos seguirían siendo una preocupación exclusiva del Derecho Interno de los Estados hasta bien entrado el siglo XX, momento a partir del cual empezarían a surgir las primeras convenciones internacionales destinadas a prohibir determinadas prácticas odiosas contra el ser humano. Luego de ello – con la creación de la Organización de las Naciones Unidas en los años cuarenta y de determinadas Organizaciones regionales –, la preocupación internacional por los derechos humanos se iría incrementando, hasta llegar a establecer un conjunto de reglas y

uma terminologia no Direito Internacional, relacionando-o aos Direitos Humanos[181]: o Direito Internacional dos Direitos Humanos[182].

O moderno Direito Internacional dos Direitos Humanos é um fenômeno do pós-guerra e seu desenvolvimento pode ser atribuído às monstruosas violações de direitos humanos da era Hitler e à crença de que parte dessas violações poderia ser prevenida se um efetivo sistema de proteção internacional dos direitos humanos já existisse, o que motivou o surgimento da Organização das Nações Unidas, em 1945[183].

Assim, os direitos da pessoa humana ganharam extrema relevância, consagrando-se internacionalmente, surgindo como resposta às atrocidades cometidas durante a Segunda Guerra Mundial, especialmente aos horrores praticados nos campos de concentração da Alemanha nazista[184].

---

principios de protección del ser humano de alcance universal, que conforman lo que hoy se conoce como el Derecho Internacional de los Derechos Humanos".

181 Para PEREIRA, André Gonçalves; QUADROS, Fausto. *Manual de direito internacional público*. 3. ed. Lisboa: Almedina, 2002, p. 392: "A proteção internacional dos direitos humanos constitui um dos traços mais marcantes não só do Direito Internacional convencional moderno como também, num plano mais vasto, da evolução do Direito Internacional contemporâneo. E se é certo que muitas convenções se dirigem diretamente aos Estados, outras há que conferem direitos diretamente aos indivíduos. A primeira via – a via da mera proteção diplomática – vai sendo cada vez mais abandonada à medida em que se pretende de fato tornar mais eficaz o Direito Internacional dos Direitos Humanos, acima de tudo porque ela se revela inoperante na defesa do indivíduo contra o próprio Estado a que ele pertence e que constitui o seu principal adversário potencial".

182 Este estudo foi contemplado no livro de minha autoria intitulado *Direito internacional dos direitos humanos*. 3. ed. Rio de Janeiro: Lumen Juris, 2020, pelo que se recomenda a leitura para melhor compreensão do tema.

183 PIOVESAN, Flávia. *Direitos humanos e o direito constitucional internacional*. 7. ed. São Paulo: Saraiva, 2006, p. 140.

184 PIOVESAN, Flávia, op. cit., p. 131-132: "O legado do nazismo foi condicionar a titularidade de direitos, ou seja, a condição de sujeito de direitos, à pertinência a determinada raça – a raça pura ariana. O século XX foi marcado por duas guerras mundiais e pelo horror absoluto do genocídio concebido como projeto político e industrial. No momento em que os seres humanos se tornam supérfluos e descartáveis, no momento em que vige a lógica da destruição, em que cruelmente se abole o valor da pessoa humana, torna-se necessária a reconstrução dos direitos humanos, como paradigma ético capaz de restaurar a lógica do razoável. (...) Se a Segunda Guerra significou a ruptura com os direitos humanos, o Pós-Guerra deveria significar a sua reconstrução".

Indubitavelmente, a Segunda Guerra havia deixado um rastro incomensurável de destruição e afronta aos valores mais essenciais do ser humano. Todavia, no pós-guerra o foco passa para os estudos dos direitos humanos, onde a análise da dignidade humana ganha relevo no âmbito internacional, consolidando a ideia de limitação da soberania nacional[185] e reconhecendo que os indivíduos possuem direitos inerentes à sua existência que devem ser protegidos[186].

Antes das mudanças perpetradas na sociedade internacional por conta da segunda Grande Guerra Mundial, a pessoa humana era relegada a um plano inferior, e, por isso mesmo, apenas os Estados eram considerados sujeitos de Direito Internacional. Todavia, no pós-guerra uma profunda alteração se deu em razão de os direitos humanos terem sido internacionalizados, a começar pela criação da ONU[187].

A Organização das Nações Unidas tem sua atuação voltada para a manutenção da paz e para a segurança internacional, bem como para a valorização e a proteção da pessoa humana. Evidencia-se que, para alcançar esses propósitos fundamentais, a ONU deve adotar os seguintes princípios:

---

185 Na mesma direção, MACHADO, Jónatas E. M. *Direito internacional: do paradigma clássico ao pós-11 de setembro*. 3. ed. Coimbra: Ed. Coimbra, 2006, p. 363: "Tradicionalmente entendia-se que a sua tutela (direitos humanos) era uma questão de natureza doméstica, integrando a reserva de soberania estatal. Atualmente, a ordem internacional reclama *valor transnacional fundamental* à universalidade dos direitos do ser humano, afirmando a existência de deveres correspectivos de proteção por parte dos Estados e da comunidade internacional globalmente considerada. A promoção e o respeito dos direitos humanos são reconhecidos por uma *opinio juris* global como uma obrigação *erga omnes*, sendo algumas normas neste domínio reconhecidas como *jus cogens*".

186 GUERRA, Sidney. *Temas emergentes de direitos humanos*. Rio de Janeiro: FDC, 2006.

187 Em interessante abordagem, MACHADO, Jónatas E. M., op. cit., p. 366, afirma que "os direitos humanos têm relevo estruturante e conformador na arquitetura institucional das Nações Unidas. A Carta das Nações Unidas refere-se a eles, na linha do juscontratualismo liberal, como constituindo uma dimensão da cooperação entre os Estados e uma questão de interesse geral da comunidade internacional. Do mesmo modo, afirma-se que os mesmos se reconduzem ao objeto da competência da ONU. Igualmente digno de nota é o fato de a sua proteção internacional ser considerada uma condição para a manutenção da paz. No entanto, esta visão não resultou na sua imediata elevação à qualidade de normas fundamentais da ordem jurídica internacional".

a) a Organização é baseada no princípio da igualdade soberana de todos os seus membros; b) todos os membros deverão cumprir de boa-fé as obrigações assumidas de acordo com a Carta; c) todos os membros deverão resolver suas controvérsias por meios pacíficos, de modo a não ameaçar a paz, a segurança e a justiça internacionais; d) todos os membros deverão evitar o uso da força contra a integridade territorial ou independência política do Estado; e) todos os membros devem dar assistência em qualquer ação patrocinada pela ONU; f) para assegurar a paz e a segurança internacional, a ONU fará que todos os Estados, mesmo os não membros, ajam de acordo com os princípios contidos na Carta; g) nenhum dispositivo da Carta autoriza a ONU a intervir em assuntos que dependam essencialmente de jurisdição interna de qualquer Estado.

Os direitos humanos ganham força sob a égide da Organização das Nações Unidas[188], onde foram produzidos vários tratados internacionais para a proteção dos referidos direitos[189]. A começar pela Declaração Universal de Direitos Humanos, pela produção normativa do Pacto de Direitos Civis e Políticos e do Pacto de Direitos Econômicos, Sociais e Culturais; a Convenção sobre discriminação racial; a Convenção sobre os direitos da mulher; a Convenção sobre a tortura; a Convenção sobre os direitos da criança etc.[190]

Essa "codificação" internacional em matéria de direitos humanos ocorre principalmente pelo fato de o próprio Estado ser o maior violador desses direitos. Assim é que se inicia a denominada *fase legislativa* dos direitos humanos, sob a batuta das Nações Unidas, com a elaboração de um quadro normativo extenso que procura efetivamente vincular a Organização Internacional a seus propósitos, bem como a certas disposições contidas em seu ato de criação.

---

188 ALVES, José Augusto Lindgren. *Os direitos humanos como tema global*. São Paulo: Perspectiva, 2003, p. 73: "Construído aos poucos, desde a assinatura da Carta de São Francisco, em 1945, o sistema de proteção aos direitos humanos das Nações Unidas difere substancialmente dos sistemas regionais na composição, na forma de operação, no embasamento jurídico, e no tipo de resultados perseguidos".
189 Já tive a oportunidade de apresentar estudos relativos ao tema, por exemplo, em *Curso de direito internacional público*. 14. ed. São Paulo: Saraiva, 2022; *Direitos humanos na ordem jurídica internacional e reflexos para a ordem constitucional brasileira*. 2. ed. São Paulo: Atlas, 2014; *Direitos humanos: uma abordagem interdisciplinar*. Rio de Janeiro: América Jurídica, 2002 etc.
190 Nesse propósito, vide GUERRA, Sidney. *Tratados e convenções internacionais*. Rio de Janeiro: Freitas Bastos, 2006.

A proteção internacional dos direitos humanos defere, no sistema onusiano, um *status* e um *standard* diferenciado para o indivíduo, isto é, apresenta um sistema de proteção à pessoa humana, seja nacional ou estrangeiro, diplomata ou não, um núcleo de direitos insuscetíveis de serem derrogados em qualquer tempo, condição ou lugar. Inaugura-se, portanto, um sistema onde os instrumentos de proteção dos direitos do indivíduo levam em consideração o reconhecimento, em termos planetários, da dignidade da pessoa humana.

É a partir desse reconhecimento, que se dá no plano internacional, que são estabelecidas medidas de contenção de abusos que são praticados especialmente pelos próprios Estados.

Frise-se, por oportuno, que a proteção internacional da pessoa humana não faz distinção quanto à nacionalidade ou país de origem de uma pessoa, isto é, o sistema internacional não procura proteger apenas os que possuem proteção diplomática ou determinada categoria de pessoas ou nacionais, e sim todos indiscriminadamente.

2. A CRIAÇÃO DA ORGANIZAÇÃO DAS NAÇÕES UNIDAS E A PROTEÇÃO DOS DIREITOS HUMANOS

A Organização das Nações Unidas, criada pela Carta da ONU datada de 26 de junho de 1945, contou inicialmente com 50 Estados, sendo estabelecida sua sede em Nova York[191]. Ela teve como fundamento a necessidade de preservar as futuras gerações do "flagelo da guerra", conforme se verifica logo no preâmbulo da Carta[192], devendo, assim, estar envolvida em todas as grandes crises existentes no âmbito da sociedade internacional.

---

191 A Polônia, embora não estivesse representada na Conferência, tendo assinado *a posteriori*, apresenta-se como membro originário, perfazendo o total de 51 Estados.

192 O preâmbulo da Carta das Nações Unidas assim dispõe: "Nós, os povos das Nações Unidas, resolvidos a preservar as gerações vindouras do flagelo da guerra, que por duas vezes, no espaço da nossa vida, trouxe sofrimentos indizíveis à humanidade, e a reafirmar a fé nos direitos fundamentais do homem, da dignidade e no valor do ser humano, na igualdade de direitos dos homens e das mulheres, assim como das nações grandes e pequenas, e a estabelecer condições sob as quais a justiça e o respeito às obrigações decorrentes de tratados e de outras fontes do direito internacional possam ser mantidos, e a promover o progresso social e melhores condições de vida dentro de uma liberdade mais ampla. E para tais fins praticar a tolerância e viver em paz, uns com os outros, como bons vizinhos, e unir as nossas forças para manter a paz e a segurança internacionais, e a garantir, pela aceitação de

Além disso, a Carta[193] da Organização das Nações Unidas[194] estabelece como propósitos principais a manutenção da paz e a segurança internacional; fomentar as relações amistosas entre as nações baseadas no respeito e na igualdade de direitos e autodeterminação dos povos; cooperar na resolução de problemas internacionais de caráter econômico, cultural e humanitário; estimular o respeito dos direitos humanos e das liberdades fundamentais.

De fato, a grande preocupação dos Estados ao criar a mencionada Organização Internacional era constituir um sistema que pudesse garantir maior segurança e paz no campo internacional, bem como criar um sistema de proteção aos direitos humanos em razão das atrocidades que haviam sido praticadas ao longo da história[195].

A importância e a envergadura das atividades desenvolvidas pelas Nações Unidas no sentido de promover e proteger os direitos humanos se expandem com o passar dos anos, atuando em várias frentes. Nesse sentido,

---

princípios e a instituição de métodos, que a força armada será usada a não ser no interesse comum, a empregar um mecanismo internacional para promover o progresso econômico e social de todos os povos".

193 BARBOZA, Julio. *Derecho internacional público*. 2. ed. Buenos Aires: Zavalía, 2008, p. 726, destaca que, "no obstante la existencia de antecedentes con respecto a la protección de ciertos derechos inherentes a la condición humana la Carta de la Organización de las Naciones Unidas constituye la primera manifestación orgánica positiva de un conjunto de normas de derecho internacional referidas al respecto de los derechos humanos".

194 Como assevera ARÉCHAGA, Eduardo Jiménez, op. cit., p. 420, "Las disposiciones de la Carta, en materia de derechos humanos, tienen un carácter general y establecen en grandes líneas las normas pero no precisa esos derechos, ni los define, ni lo concreta su contenido ni las medidas y procedimientos para salvaguardarlos y asegurar su cumplimiento".

195 HITTERS, Juan Carlos; FAPPIANO, Oscar L. *Derecho internacional de los derechos humanos*. 2. ed. Buenos Aires: Ediar, 2007, p. 192: "La Carta aborda en varios artículos la cuestión de los derechos humanos, en busca de promoverlos y vigiarlos; pero para nada los define, ni establece sistema alguno para la protección internacional de los mismos. En verdad cabe puntualizar que este cuerpo normativo no tuvo otra pretensión que la de formular enunciados generales atinentes al deber de respetar las libertades del hombre, pese a que podría inferirse de los artículos 55 y 56 que la obligación de los Estados signatarios no solamente consiste em cooperar com la ONU en la realización del propósito de promover el respecto universal de los derechos humanos, sino a par llevar a cabo medidas y procedimientos para que se cumpla esta télesis también en el ámbito doméstico".

podem ser observadas as ações que são contempladas em tal terreno pela referida Organização Internacional[196]:

> "a) Como conciencia mundial – Las Naciones Unidas han tomado la iniciativa de establecer a escala internacional normas aceptables de comportamiento para las naciones y han logrado centrar la atención de la comunidad internacional en las prácticas de derechos humanos que amenazan con socovar esas normas. Las declaraciones y convenciones sobre derechos humanos son aprobadas por la Asamblea General, lo que pone de manifiesto su carácter universal;
>
> b) Como legisladora – Las Naciones Unidas han impulsado una codificación sin precedentes del derecho internacional. Los derechos humanos de las mujeres, los niños, los presos y los detenidos y las personas con discapacidad mental, así como violaciones como el genocidio, la discriminación racial y la tortura forman actualmente parte importante del derecho internacional, que en otras épocas se ocupaba casi exclusivamente de las relaciones entre los Estados;
>
> c) Como vigilante – Las Naciones Unidas desempeñan un papel transcendental en garantizar que los derechos humanos no sólo se definan en abstracto sino que se protejan. El Pacto Internacional de Derechos Civiles y Políticos y el Pacto de Derechos Económicos, Sociales y Culturales constituyen los primeros ejemplos de tratados que facultan a órganos internacionales para vigilar cómo cumplen sus obligaciones los Estados. Los órganos creados em virtud de tratados, los relatores especiales y los grupos de trabajo de la Comisión de Derechos Humanos tienen sus procedimientos y mecanismos para vigilar la observancia de las normas internacionales e investigar supuestas violaciones. Sus decisiones sobre casos concretos tienen una autoridad moral que pocos gobiernos están dispuestos a desafiar;
>
> d) Como centro neurálgico – La Oficina del Alto Comisionado para los Derechos Humanos recibe comunicaciones de grupos y de particulares que denuncian violaciones de sus derechos humanos. Cada año ser reciben más de 100.000 denuncias. La Oficina remite esas quejas a los órganos y mecanismos pertinentes de las Naciones Unidas, teniendo en cuenta los procedimientos de aplicación establecidos en las convenciones y resoluciones;
>
> e) Como defensora – Cuando el relator o el presidente de un grupo de trabajo es informado de que está a punto de cometerse una violación grave de los derechos humanos – como una tortura o una ejecución extrajudicial inminente – dirige un mensaje urgente al Estado de que se trate pidiéndole detalles y solicitando que proteja los derechos de la presunta víctima;

---

196 ONU. *ABC de las Naciones Unidas.* New York: Publicación de las Naciones Unidas, 2004, p. 308-310.

f) Como estudiosa – Las Naciones Unidas recopilan datos indispensables sobre cuestiones de derechos humanos para desarrollar y aplicar la legislación en este ámbito. Los estudios e informes que prepara la Oficina del Alto Comisionado para los Derechos Humanos a petición de órganos de las Naciones Unidas encargadas de cuestiones relacionadas con los derechos humanos indican cuales son las políticas, prácticas y nuevas instituciones que pueden servir para promover el respeto de los derechos humanos.

g) Como instancia de apelación – Con arreglo al primer Protocolo Facultativo del Pacto Internacional de Derechos Civiles y Políticos, la Convención Internacional sobre la Eliminación de todas las Formas de Discriminación Racial, la Convención contra la Tortura y el Protocolo Facultativo de la Convención sobre la eliminación de todas las formas de discriminación contra la mujer, los particulares pueden presentar denuncias contra los Estados que hayan aceptado el procedimiento de apelación concerniente, una vez que se hayan agotado todos los recursos internos. Además, la Comisión de Derechos Humanos examina anualmente numerosas denuncias que presentan oralmente organizaciones no gubernamentales y particulares;

h) Como investigadora – La Comisión de Derechos Humanos ha establecido mecanismo para examinar la incidencia de ciertos tipos de abusos y violaciones en un determinado país e informar al respecto[197];

i) Como diplomática secreta – El Secretario General y el Alto Comisionado para los Derechos Humanos plantean de manera confidencial a los Estados Miembros cuestiones relativas a los derechos humanos, como las referentes a la liberación de presos y la conmutación de penas de muerte. La Comisión de Derechos Humanos puede pedir al Secretario General que intervenga o que envié a un experto para examinar una situación de derechos humanos, con miras a impedir violaciones manifiestas. Además, el Secretario General realiza gestiones de diplomacia discreta en el ejercicio de sus 'buenos oficios', lo que contribuye a afirmar el interés legítimo de las Naciones Unidas y a poner fin a los abusos".

Frise-se, por oportuno, que a ideia de criar a Organização das Nações Unidas surgiu durante a Segunda Guerra Mundial pelos Estados que estavam em luta contra o eixo nazista formado pela Alemanha, Itália e Japão, resultando numa grande mudança no sistema westfaliano das relações internacionais que reconhecia o Estado como único sujeito de Direito Internacional.

Logo no início dos trabalhos das Nações Unidas, em 10 de dezembro de 1948, foi proclamada a Declaração Universal de Direitos Humanos, que

---

[197] Como será demonstrado, a Comissão foi substituída pelo Conselho de Direitos Humanos.

enunciou direitos fundamentais para todas as pessoas independentemente de sexo, cor, raça, idioma, religião, opinião etc. Essa Declaração foi adotada como ideal comum a ser alcançado por todos os povos e todas as nações, a fim de que os indivíduos e órgãos da sociedade, tendo-a constantemente no espírito, esforcem-se pelo ensino e pela educação, por desenvolver o respeito desses direitos e liberdades e por promover, através de medidas progressivas na ordem nacional e internacional, seu reconhecimento e sua aplicação, tanto entre as populações dos próprios Estados-membros como entre as dos territórios colocados sob sua jurisdição[198].

Consolida-se o movimento de internacionalização dos direitos humanos, no qual as relações dos Estados com seus nacionais deixam de ter apenas o interesse doméstico e passam a ser de interesse internacional, e definitivamente o sistema internacional deixa de ser apenas um diálogo entre Estados, sendo a relação de um Estado com seus nacionais uma questão de interesse internacional.

A Declaração Universal dos Direitos Humanos de 1948 consolida a ideia de uma ética universal, e, combinando o valor da liberdade com o da igualdade, enumera tanto direitos civis e políticos (arts. 3º a 21) como direitos sociais, econômicos e culturais (arts. 22 a 28); proclama também a indivisibilidade dos direitos humanos.

De fato, a questão sobre a indivisibilidade e a universalidade dos direitos humanos torna-se tema global, e a dignidade da pessoa humana reflete-se como fundamento de muitas constituições a partir de então. Inaugura-se, portanto, o momento cuja essência dos direitos humanos, parafraseando Hannah Arendt, consiste no "direito a ter direitos".

Com efeito, a universalidade dos direitos humanos foi proclamada com a Declaração Universal de 1948 e ganhou amplitude de forma inequívoca

---

198 MACHADO, Jónatas E. M., op. cit., p. 367, assinala que a Declaração Universal de Direitos Humanos é especialmente significativa por três razões principais: "Em primeiro lugar, ela afirma o princípio da universalidade de todos os direitos humanos. Esse princípio, criticado por alguns com base em premissas de relativismo cultural, tem vindo a ser corroborado por oprimidos em todo o mundo, revestindo-se da maior importância no esforço de promoção dos direitos humanos. Em segundo lugar, ela assenta no princípio da unidade de todos os direitos humanos, ou seja, esta declaração debruça-se sobre os direitos respeitantes ao estatuto jurídico, político, econômico, social e cultural dos indivíduos. Em terceiro lugar, ela afirma a prioridade e a centralidade dos direitos humanos, no sentido de que os mesmos devem conformar positivamente as instituições e as ações dos Estados e da comunidade internacional globalmente considerada".

a partir das duas Conferências Mundiais de Direitos Humanos, a de Teerã de 1968 e a de Viena de 1993.

Não há dúvidas que a Conferência Mundial sobre Direitos Humanos de Teerã foi um marco no processo de internacionalização dos direitos humanos e de afirmação de sua universalidade. Com a participação de 84 Estados, além de representantes de organismos internacionais e organizações não governamentais, a Conferência de Teerã objetivou examinar os progressos alcançados nos vinte anos transcorridos desde a aprovação da Declaração Universal de Direitos Humanos e preparar um programa para o futuro, abordando importantes questões.

A Conferência Mundial de Teerã tratou ainda de instar os Estados a aderir aos dois Pactos e a outros instrumentos internacionais de direitos humanos, de modo a assegurar vigência ao princípio da "universalidade dos direitos humanos" (resolução XXII), bem como propor a adoção de "regras modelo de procedimentos bem definidas" (resolução X), de modo a assegurar a necessária coordenação e eficiência dos órgãos de supervisão dos tratados de direitos humanos das Nações Unidas.

Mencionada Conferência apresenta avanços importantes em relação à matéria, tais como a afirmação do respeito aos direitos humanos para todos (caráter universal); a indivisibilidade dos direitos humanos; e o combate à discriminação da mulher em diversas partes do mundo, como se depreende nos artigos abaixo indicados:

> "1. É indispensável que a comunidade internacional cumpra sua obrigação solene de fomentar e incentivar o respeito aos direitos humanos e as liberdades fundamentais para todos, sem distinção nenhuma por motivos de raça, cor, sexo, idioma ou opiniões políticas ou de qualquer outra espécie;
> 2. A Declaração Universal de Direitos Humanos enuncia uma concepção comum a todos os povos de direitos iguais e inalienáveis de todos os membros da família humana e a declara obrigatória para a comunidade internacional; (...)
> 13. Como os direitos humanos e as liberdades fundamentais são indivisíveis, a realização dos direitos civis e políticos sem o gozo dos direitos econômicos, sociais e culturais resulta impossível. A realização de um progresso duradouro na aplicação dos direitos humanos depende de boas e eficientes políticas internacionais de desenvolvimento econômico e social; (...)
> 15. A discriminação da qual a mulher ainda segue sendo vítima em distintas regiões do mundo deve ser eliminada. O feito de que a mulher não goze dos mesmos direitos que o homem é contrário à Carta das Nações

Unidas e às disposições da Declaração Universal de Direitos Humanos. A aplicação cabal da Declaração sobre a eliminação da discriminação contra a mulher é uma necessidade para o progresso da humanidade".

A partir do "campo fértil" preparado desde a Conferência de Teerã é que foi realizada a Conferência de Viena, no período de 14 a 25 de junho de 1993. A Conferência Mundial sobre Direitos Humanos de Viena estabeleceu importantes pressupostos programáticos indispensáveis à universalização dos direitos humanos, tais como a inter-relação entre desenvolvimento, direitos humanos e democracia; a legitimidade do monitoramento internacional de suas violações; o direito ao desenvolvimento e a interdependência de todos os direitos fundamentais.

Certamente, uma das conquistas mais significativas da referida Conferência relaciona-se à universalidade, pois somente ao final sobreveio consenso sobre o caráter universal dos direitos humanos e sobre a realidade de que a diversidade cultural não pode ser invocada para justificar sua violação, isto é, ainda que as diversas particularidades históricas, culturais, étnicas e religiosas devam ser levadas em conta, é dever dos Estados promover e proteger os direitos humanos, independentemente dos respectivos sistemas.

Na Conferência de Viena confirmou-se também a ideia de que os direitos humanos extrapolam o domínio reservado dos Estados, invalidando o recurso abusivo ao conceito de soberania para encobrir violações, ou seja, os direitos humanos não são mais matérias exclusivas das jurisdições nacionais.

Pode-se afirmar que o sistema internacional de proteção dos direitos humanos saiu fortalecido da Conferência de Viena, tendo em vista que foram estatuídos princípios fundamentais no caminho da "globalização" dos mecanismos concretos dessa proteção. Tal "globalização" tem surtido efeitos impressionantes na esfera jurídica, haja vista a necessidade de regulação internacional mais consentânea com as demandas atuais da sociedade internacional.

Apesar da diversidade de interesses dos Estados, a constitucionalização das regras de conduta da sociedade, no que se refere à proteção dos direitos humanos, é cada vez mais premente. Nesse sentido se observa uma grande transformação em determinados conceitos e institutos que são consagrados no âmbito do Direito Internacional, por exemplo, a soberania dos Estados[199]

---

199 Destaca-se nesse propósito a obra de GUERRA, Sidney; SILVA, Roberto. *Soberania: antigos e novos paradigmas.* Rio de Janeiro: Freitas Bastos, 2004.

e a própria formação de tribunais internacionais para julgar matérias relativas aos direitos humanos.

3. A FASE LEGISLATIVA DA PROTEÇÃO INTERNACIONAL DOS DIREITOS HUMANOS NO SISTEMA ONUSIANO

O sistema de proteção internacional dos direitos humanos no âmbito da Organização das Nações Unidas caracteriza-se como um sistema de cooperação intergovernamental que tem por objetivo a proteção dos direitos inerentes à pessoa humana[200]. Esse sistema é inaugurado no ano de 1945, com a criação da referida Organização Internacional, onde fica evidente que o sistema acaba por convergir para a proteção dos direitos humanos. Além de ter consagrado a proteção internacional dos direitos humanos como princípios fundamentais de seu texto normativo, a Carta da ONU também deixou explícito que a proteção dos direitos humanos é um meio importante para assegurar a paz.

Mas foi no dia 10 de dezembro de 1948 que a Assembleia Geral da Organização das Nações Unidas aprovou a Declaração Universal dos Direitos do Homem com 48 votos a favor e nenhum voto contrário[201].

A Declaração de Direitos de 1948 apresenta uma dinâmica universalista em matéria de direitos humanos ao estabelecer que todos os homens nascem livres e iguais em dignidade e direitos e que possuem capacidade para gozar

---

200 Sobre o tema relativo a proteção dos direitos humanos, a Organização das Nações Unidas proclama: "Uno de los grandes logros de las Naciones Unidas ha sido la creación de un conjunto global de instrumentos de derechos humanos – un código universal de derechos humanos protegidos internacionalmente – al cual se pueden suscribir todas las naciones y al cual pueden aspirar todos los pueblos. La Organización no solo ha definido una amplia gama de derechos reconocidos internacionalmente, como derechos económicos, sociales, culturales, políticos y civiles, sino también ha establecido mecanismos para promoverlos y protegerlos y para ayudar a los gobiernos a que cumplan sus obligaciones". *ABC de las Naciones Unidas*. New York: Publicación de las Naciones Unidas, 2004, p. 295.

201 Idem: "Ese conjunto de instrumentos jurídicos se basa en la Carta de las Naciones Unidas y en la Declaración Universal de Derechos Humanos, aprobadas por la Asamblea General em 1945 y 1948, respectivamente. Desde entonces, las Naciones Unidas han ampliado gradualmente la legislación de derechos humanos para abarcar normas concretas relativas a mujer, los niños, las personas con discapacidad, las minorías, los trabajadores migrantes y otros grupos vulnerables, que ahora poseen derechos que los protegen de prácticas discriminatorias frecuentes desde hacía largo tiempo en muchas sociedades".

os direitos e liberdades sem distinção de qualquer espécie, raça, sexo, cor, língua, opinião política ou de qualquer outra natureza, origem nacional, social, riqueza, nascimento ou qualquer outra limitação de soberania[202].

As disposições da Declaração dividem-se em três grandes grupos: a) disposições relativas aos fundamentos filosóficos; b) princípios gerais; c) direitos substantivos. Ela é considerada um documento extremamente importante por ter concebido de forma pioneira a previsão de vários direitos da pessoa humana no plano internacional, embora tenha recebido severas críticas, especialmente em razão de não ser um documento internacional que vincule o Estado em seu cumprimento.

Isso porque foi adotada por uma resolução das Nações Unidas, por meio de sua Assembleia Geral, e não se apresentava como documento de natureza obrigatória para os Estados signatários. Sobre essa matéria, muitos autores discutem a natureza jurídica da Declaração de 1948, como nos estudos apresentados por Martins: "a) há quem entenda que a declaração tem o mesmo valor jurídico que as outras resoluções da AG, ou seja, não cria obrigações para os Estados-membros da ONU e não é fonte imediata do DI; b) para outros a DUDH deve ser vista como um elemento constitutivo de regras consuetudinárias preexistentes; c) o caráter consuetudinário dos direitos e princípios consagrados na Declaração de Direitos foi adquirido posteriormente e, portanto, possui um caráter vinculativo; d) há quem defenda que a Declaração deve ser analisada como um instrumento pré-jurídico, pois foi fonte de inspiração de todas as outras regras, mas ela não tem força jurídica"[203].

Todas essas posições são suscetíveis de críticas, mas a primeira é a mais vulnerável, dado que o próprio valor jurídico das resoluções da Assembleia Geral das Nações Unidas é controverso. No que tange à tese do caráter consuetudinário preexistente da Declaração de Direitos, é preciso que se

---

202 DINH, Nguyen Quoc; DAILLIER, Patrick; PELLET, Alain. *Direito internacional público*. 2. ed. Lisboa: Fundação Calouste Gulbenkian, 2003, p. 675, lembram que, "como todas as declarações de direitos contidas nas constituições nacionais após a Segunda Grande Guerra Mundial, a Declaração Universal dos Direitos do Homem consagra os direitos civis e políticos tradicionais e os direitos econômicos e sociais e constitui uma síntese entre a concepção liberal ocidental e a concepção socialista: apesar de não terem ficado inteiramente satisfeitos com as cedências feitas – sobretudo pelo mutismo da declaração sobre os direitos dos povos – os países do Leste abstiveram-se voluntariamente na votação final para não a macharem com votos hostis".
203 MARTINS, Ana Maria Guerra, op. cit., p. 127.

lhe oponha, por um lado, o caráter inovador da Declaração, e, por outro, a dúvida quanto à verificação da existência de dois elementos do costume (uso e convicção) da obrigatoriedade – devido à abstenção da União Soviética e dos Estados socialistas. Os princípios enunciados na Declaração de Direitos receberam concretização posterior e até se desenvolveram, mas, sobretudo, pela via de regras convencionais, em especial regionais, e não através de regras consuetudinárias. A Declaração influenciou o Direito Internacional dos Direitos Humanos posteriormente. Além disso, muitos Estados incluem partes da Declaração nas suas Constituições e outros a mencionam como sistema de referência. Não há dúvidas quanto ao caráter vinculativo da Declaração, que se fundamenta no costume internacional[204].

Indubitavelmente, o documento demonstra com clareza a intenção da sociedade internacional de conceber normas no plano internacional que fossem contrárias às práticas de aviltamento da dignidade humana.

Corroborando o entendimento, Salcedo, valendo-se de manifestação da Corte Internacional de Justiça datada de 1980, assevera que mesmo tendo sido concebida por uma resolução no âmbito da Assembleia Geral das Nações Unidas, não restam dúvidas de que a Declaração de 1948 se apresenta como *higher law,* não podendo ser desprezada essa condição.

Assim, de maneira tardia, a Corte Internacional de Justiça reconheceu seu estatuto superior na sentença proferida em 24 de maio de 1980 sobre o pessoal diplomático e consular dos Estados Unidos em Teerã: "O fato de privar seres humanos abusivamente da liberdade e submetê-los, em condições penosas, a coação física é manifestamente incompatível com os princípios da Carta das Nações Unidas e com os direitos fundamentais enunciados na Declaração Universal dos Direitos do Homem"[205].

Sem embargo, a Declaração de Direitos de 1948 enuncia em seu artigo II que "toda pessoa tem capacidade para gozar os direitos e liberdades estabelecidas na Declaração, sem distinção de qualquer espécie, seja de raça, cor, sexo, língua, religião, opinião política ou de qualquer outra natureza, origem nacional ou social, riqueza, nascimento, ou qualquer outra condição".

A Declaração Universal de Direitos do Homem, de 1948, também estabelece a previsão de direitos de diferentes categorias e que traduzem a grande

---

204 Idem.
205 SALCEDO, Juan Antonio Carillo. *Curso de derecho internacional público.* Madrid: Tecnos, 1991, p. 131.

preocupação com a dignidade da pessoa humana. Posteriormente surge o Pacto de Direitos Civis e Políticos e também o Pacto de Direitos Econômicos, Sociais e Culturais, ambos no ano de 1966, que entram em vigência no ano de 1976, depois que 35 Estados ratificam os referidos Pactos[206].

Como se pode depreender da própria nomenclatura dos Pactos[207], o primeiro versa sobre os direitos denominados de primeira geração (civis e políticos), isto é, direitos contemplados para os indivíduos, ao passo que o segundo corresponde aos direitos de segunda geração, impondo uma série de atribuições aos Estados.

Essa percepção deriva da própria natureza dos direitos de primeira geração, que pressupõe uma atuação que corresponde a uma abstenção (liberdade negativa); já os direitos de segunda geração pressupõem uma prestação (liberdade positiva).

Significa dizer que, para o exercício pleno dos primeiros direitos (primeira geração), é necessário que estejam devidamente reconhecidos pelo Estado (atuação legislativa) e que haja a composição de órgãos que garantam seu exercício (Poder Judiciário, Polícia etc.).

Em relação ao segundo, é necessário que haja a atuação firme do Estado, com a realização de políticas públicas para o incremento e efetivação dos citados direitos.

Impende assinalar que, embora um Pacto contemple os direitos denominados de primeira geração e o outro Pacto os direitos denominados de segunda geração, não há hierarquia entre referidos direitos[208].

---

206 MACHADO, Jónatas E. M., op. cit., p. 369, lembra que os Pactos de 1966 "têm como principal objetivo conferir força jurídica vinculativa aos direitos humanos, coisa que não sucedia com a Declaração Universal de Direitos Humanos".
207 BROWLIE, Ian, op. cit., p. 595: "Após um trabalho exaustivo da Comissão de Direitos Humanos e do Terceiro Comitê da Assembleia Geral, este adotou, em 1966, dois Pactos e um Protocolo. (...) Os Pactos têm a força jurídica de tratados para os Estados que neles são partes e constituem uma codificação detalhada dos Direitos Humanos".
208 Vale trazer à colação, desde logo, as palavras de VIPAJUR, Abdulrahim. The Universal Declaration of Human Rights – A Cornerstore of modern human rights regime. *Perspectives on human rights*. New Delhi: Manak Publications, 1999, p. 16: "All rights and freedoms are indivisible and interdependent. The UN system of human rights does not rank them in any hierarchy or any order of priority. Though we may classify rights in different categories, they are all complementary to each other. They are also inter-related. No set of rights has priority over the other. In fact, the ending of the Cold War and the ideological confrontations of East – West has meant that the thesis which has been around from the beginnings of the United Nations, that the rights are inter-related at the

Assim, sobre o Pacto de Direitos Civis e Políticos se observa que há determinação para que os Estados-partes assumam o compromisso de respeitar e assegurar a todos os indivíduos os direitos previstos no documento internacional, dentro do seu território, e que estejam sujeitos a sua jurisdição, sem que haja qualquer tipo de discriminação[209].

Do mesmo modo, os Estados se comprometem a criar legislações que possam dar efetividade aos direitos concebidos no Pacto, a saber: direito à vida; direito a um julgamento justo; direito à nacionalidade; direito de não ser submetido a tortura ou tratamento cruel, desumano ou degradante; direito a não ser escravizado; direito à privacidade; direito à liberdade; direito à segurança pessoal; liberdade de circulação; liberdade de pensamento; liberdade de consciência; liberdade de religião; liberdade de expressão; liberdade de associação; direito de votar e ser votado etc.

Com efeito, o Pacto acima identificado, além de agasalhar um rol de direitos já contemplados na Declaração de Direitos de 1948, acaba por ampliar o rol já existente com a inserção de novos direitos, outrora não contemplados.

Nesse sentido, vale destacar os direitos insculpidos nos artigos 11 (proíbe a detenção por dívidas contratuais), 24 (direito ao nome e a nacionalidade para a criança), 20 (vedação da propaganda de guerra e incitamento à intolerância étnica ou racial), 27 (proteção à identidade cultural, religiosa e linguística) etc.

Ainda em relação ao Pacto de Direitos Civis e Políticos de 1966, evidencia-se que não autoriza nenhuma suspensão do direito à vida; proíbe a tortura, penas ou tratamentos cruéis, desumanos ou degradantes; proíbe a escravatura e a servidão e reconhece várias outras liberdades.

Depreende-se, pois, que a vida e a dignidade da pessoa humana passaram a ocupar lugar de destaque, fazendo com que ocorresse uma "grande codificação" em matéria de direitos humanos.

---

international level. Distinctions such as that between the immediate enforcement of civil and political rights and the progressive implementation of economic, social and cultural group is really 'rights' while the other is not".

209 BROWLIE, Ian, op. cit., p. 596, afirma que "o Pacto Internacional sobre os Direitos Civis e Políticos é mais rigoroso na delineação dos direitos, mais forte na afirmação da obrigação e respeito pelos direitos consagrados e encontra-se mais bem apetrechado com meios de revisão e de fiscalização. (...) Esses direitos são definidos com a maior precisão possível e relacionam-se com as questões clássicas da liberdade e segurança do indivíduo, da igualdade perante a lei, do julgamento justo e de outras questões semelhantes".

A *Carta Internacional de Direitos Humanos* compreende a Declaração Universal de Direitos Humanos (1948) e os dois Pactos – um sobre Direitos Civis e Políticos e o outro sobre Direitos Econômicos, Sociais e Culturais. Não se pode olvidar o Protocolo Facultativo que complementa o mecanismo de garantia e monitoramento da implementação dos dispositivos do Pacto de Direitos Civis e Políticos, ao permitir a apresentação de petições individuais ao Comitê pelas pessoas que são vítimas de violações dos dispositivos constantes do citado documento internacional.

Vale lembrar que a petição ou comunicação individual só será admitida se o Estado responsável pela violação dos direitos tiver ratificado o Pacto e o Protocolo Facultativo ao Pacto Internacional dos Direitos Civis e Políticos, reconhecendo assim a competência do Comitê para tanto.

No que concerne ao Pacto de Direitos Econômicos, Sociais e Culturais, os Estados-partes devem adotar medidas, tanto por esforço próprio como pela assistência e cooperação internacional, nos planos econômico e técnico, até o máximo de seus recursos disponíveis, que visem assegurar, progressivamente, por todos os meios apropriados, o pleno exercício dos direitos reconhecidos no documento internacional, a saber: remuneração justa; trabalho; educação; nível de vida que seja adequado; participação na vida cultural etc.

Para alcançar os objetivos listados acima, o Pacto estabelece que os povos podem dispor livremente de suas riquezas e de seus recursos naturais, sem prejuízo das obrigações decorrentes da cooperação econômica internacional[210].

Fato curioso é que o Pacto Internacional de Direitos Civis e Políticos prevê uma série de direitos para o indivíduo, ao passo que o Pacto Internacional de Direitos Econômicos, Sociais e Culturais consagra um rol de deveres para os Estados, ou seja, a ideia apresentada de liberdades negativas (direitos de primeira geração) e de liberdades positivas (direitos de segunda geração) é observada a partir da leitura dos referidos documentos internacionais, fazendo com que os primeiros sejam considerados autoaplicáveis e os segundos, programáticos.

---

210 BROWLIE, Ian, op. cit., p. 596, lembra que "estas obrigações são do tipo programático e necessitam de ser promovidas pelo Estado, exceto no caso das disposições relativas aos sindicatos. Os direitos reconhecidos devem ser exercidos ao abrigo de uma garantia de não discriminação, embora exista uma restrição no caso dos direitos econômicos reconhecidos no sentido de os países em vias de desenvolvimento poderem determinar em que medida garantem tais direitos aos não nacionais".

O vasto número de documentos internacionais que foram produzidos sob os auspícios da ONU em matéria de direitos humanos fez com que a dignidade da pessoa humana passasse a se inserir entre os principais interesses da sociedade internacional. Há, portanto, uma visão de que a sociedade internacional forma um todo, e seus interesses predominam sobre os dos Estados individualmente. Cançado Trindade também teve oportunidade de afirmar a importância da matéria, assinalando que os direitos humanos adquiriram grande dimensão no crepúsculo do século XX:

> "Al aproximarnos al final del siglo, se expande considerablemente la agenda internacional de los derechos humanos, en un escenario mundial marcado por profundas redefiniciones políticas y socio-económicas. (...) La agenda internacional contemporánea de los derechos humanos se ha enriquecido considerablemente con un énfasis especial en los derechos económicos, sociales y culturales, además de la incorporación de nuevos temas, como desarrollo y derechos humanos y medio ambiente, derechos humanos y grupos vulnerables, violencia en razón del género, entre otros. A la luz del reconocimiento de la universalidad de los derechos humanos como conquista definitiva de la civilización, estos temas ciertamente atraerán considerable atención en los próximos años"[211].

Outra consequência relevante da internacionalização desses direitos relaciona-se à soberania dos Estados, cuja noção vai sendo alterada de forma sistemática[212], ou seja, os direitos humanos deixam de pertencer à jurisdição doméstica ou ao domínio reservado dos Estados[213].

---

211 TRINDADE, Antônio Augusto Cançado. La protección internacional de los derechos económicos, sociales y culturales en el final del siglo. In: *El derecho internacional en un mundo en transformación*. Montevideo: Fundación de Cultura Universitaria, 1994, p. 345-346.

212 Em igual sentido, PIOVESAN, Flávia, op. cit., p. 175: "Os Direitos Humanos se converteram em tema de legítimo interesse internacional, transcendente ao âmbito estritamente doméstico, o que implicou no reexame dos valores da soberania e da autonomia absoluta do Estado. A universalização dos direitos humanos fez com que os Estados consentissem em submeter ao controle da comunidade internacional o que até então era de domínio reservado".

213 Quanto à ameaça da soberania dos Estados, DINH, Nguyen Quoc, DAILLIER, Patrick, PELLET, Alain. *Direito internacional público*. 2. ed. Lisboa: Calouste Gulbenkian, 2003, p. 673: "A proteção internacional do indivíduo acarreta uma grave ameaça à soberania do Estado. Em razão da sua competência pessoal e da sua competência territorial, é a ele que compete o poder exclusivo de agir no que respeita aos indivíduos nacionais ou estrangeiros que vivam sobre o seu território. Ora, é evidente que nenhum Estado reconhece senão a sua própria legislação – ordinária e constitucional –

Dessa forma, os direitos humanos, que pertenciam ao domínio constitucional, estão em migração contínua e progressiva (internacionalização) para uma direção supranacional, que os está elegendo e acomodando suas tensões em padrões primários supranacionais.

Nota-se claramente que na busca incessante do reconhecimento, desenvolvimento e realização dos maiores objetivos por parte da pessoa humana e contra as violações perpetradas pelos Estados e pelos particulares, o Direito Internacional dos Direitos Humanos tem-se mostrado um instrumento vital para a uniformização, fortalecimento e implementação da dignidade da pessoa humana.

Destarte, a dignidade da pessoa humana vem constituindo um verdadeiro valor na sociedade internacional, valor esse que deve, impreterivelmente, servir de orientação a qualquer interpretação do Direito Internacional Público, isto é, do direito que a regulamenta.

O Direito Internacional dos Direitos Humanos afirma-se em nossos dias, com inegável vigor, como ramo autônomo da ciência jurídica contemporânea, dotado de especificidade própria. Trata-se essencialmente de um direito de proteção, marcado por uma lógica própria, e voltado à salvaguarda dos direitos dos seres humanos, e não dos Estados[214].

Desses *topoi*, solidifica-se o reconhecimento de que os direitos humanos permeiam todas as áreas da atividade humana e correspondem a um novo *"ethos"* de nossos tempos.

A dignidade da pessoa humana passa a ser considerada como núcleo fundamentador do Direito Internacional dos Direitos Humanos (e também do direito interno), entendido como o conjunto de normas que estabelecem

---

que ignora os direitos individuais e não basta para constituir, só por si, uma proteção eficaz destes direitos. Por outro lado, os Estados reconhecem dificilmente a ideia de uma proteção internacional que jogaria em definitivo contra eles próprios. Nestas condições, é previsível que eles, na qualidade de legisladores internacionais, não aceitem sem reticências o estabelecimento de uma intervenção exterior neste domínio ainda que fosse a da comunidade internacional".

214 Na mesma direção, GARCIA-MECKLED, Saladin. The human rights ideal and international human rights law. In: *The legalization of human rights*. London: MPG, 2006, p. 14: "a form of public international law creating rights for individuals and duties for states, as well as domestic and international remedies for violation of rights and failure of duties. (...) Human rights provisions are those which give entitlements to individual persons, individually or in some cases collectively, to make legal claims before public authorities and where the legal support for these claims is said to respect these individuals, entitlements as human persons".

os direitos que os seres humanos possuem para o desempenho de sua personalidade, e determinam mecanismos de proteção a tais direitos.

Impende assinalar que inúmeros mecanismos de proteção na ordem jurídica internacional foram criados a partir de então: um sistema de relatórios, um sistema de queixas e reclamações interestatais, o Conselho (antiga Comissão) de Direitos Humanos etc. A partir dessa grande mudança que ocorre no plano internacional é que o Estado pode ser responsabilizado por violação aos direitos humanos.

A doutrina[215] tem despendido estudos sobre a temática voltada à responsabilidade internacional do Estado em relação às violações aos direitos humanos[216].

Por isso, como já tive a oportunidade de assentar em outro estudo[217], os direitos humanos passam a constituir objeto de um ramo autônomo do Direito Internacional Público, com instrumentos, órgãos e procedimentos de aplicação próprios, caracterizando-se essencialmente como um direito de proteção. O Direito Internacional dos Direitos Humanos tem por objeto o estudo do conjunto de regras jurídicas internacionais (convencionais ou consuetudinárias) que reconhecem aos indivíduos, sem discriminação, direitos e liberdades fundamentais que assegurem a dignidade da pessoa humana e que consagram as respectivas garantias desses direitos. Visa, portanto, a proteção das pessoas através da atribuição direta e imediata de

---

215 CAZETTA, Ubiratan. *Direitos humanos e federalismo: o incidente de deslocamento de competência*. São Paulo: Atlas, 2009, p. 18: "Como decorrência do complexo sistema de obrigações internacionais assumidas pelos Estados (quer no âmbito regional, quer em dimensão global), não há como negar a importância do desenvolvimento de um mecanismo de responsabilidades internacional dos estados, que garanta coerção compatível com o dano gerado pelo descumprimento das obrigações assumidas. (...) Assim, ao se ampliar o mecanismo de jurisdição internacional, criam-se condições efetivas para ver incidir a responsabilidade internacional, consistente na obrigação internacional de reparar a violação prévia de norma internacional".

216 Assim, RAMOS, André de Carvalho. *Processo internacional de direitos humanos*. Rio de Janeiro: Renovar, 2002, p. 119, sustentou que: "A responsabilização internacional por violação de direitos humanos estabelecida no âmbito da Organização das Nações Unidas é complexa e dividida em duas áreas: a área convencional, originada por acordos internacionais, elaborado sob a égide da ONU, dos quais são signatários os Estados, e a área extraconvencional, originada de resoluções da Organização das Nações Unidas e seus órgãos, editadas a **partir** da interpretação da Carta da ONU e seus dispositivos relativos à proteção dos **direitos** humanos".

217 GUERRA, Sidney. *Direito internacional dos direitos humanos*. 3. ed. Rio de Janeiro: Lumen Juris, 2020, p. 84.

direitos aos indivíduos pelo Direito Internacional[218], direitos esses que se pretendem também ver assegurados perante o próprio Estado.

Importante também registrar a contribuição de Galli e Dulitzky[219] ao sustentarem que "foi com base no princípio da responsabilidade internacional do Estado em cumprir as obrigações assumidas em matéria de direitos humanos que o Direito Internacional passou a conferir capacidade processual para os indivíduos apresentarem denúncias de casos individuais perante órgãos internacionais de supervisão e monitoramento".

Há autores[220] que confirmam a existência da responsabilidade internacional do Estado quando este não utilizou todos os meios à sua disposição para sanar e reparar uma violação aos direitos humanos ocorrida em seu território. A utilização de todos os meios disponíveis implica a obrigação de executar de forma diligente e sem dilações as atividades específicas que permitam aos indivíduos o gozo de seus direitos.

Há os que afirmam[221] que a responsabilidade do Estado pode vir da ação ou omissão[222] de algum de seus agentes, ou quando, na hipótese de ação de grupos aparentemente civis, existir alguma ligação ou tolerância por parte do Estado.

Por fim, vale ressaltar que a responsabilidade internacional em matéria de direitos humanos reforça o valor jurídico das normas protetivas dos direitos da pessoa humana, tendo em vista que defere maior efetividade aos direitos, bem como a devida sanção aos Estados que violam essas normas.

4. A FASE DE PROTEÇÃO

A Organização das Nações Unidas, ao ser criada no ano de 1945, inaugura um novo momento no campo das relações internacionais ao inte-

---

218 MARTINS, Ana Maria Guerra. *Direito internacional dos direitos humanos*. Coimbra: Almedina, 2006, p. 82.
219 GALLI, Maria Beatriz; DULITZKY, Ariel, op. cit., p. 56.
220 Ibidem, p. 58.
221 BRANDÃO, Marco Antonio Diniz; BELLI, Benoni, op. cit., p. 285.
222 CAZETTA, Ubiratan, op. cit., p. 30: "A inércia do Estado na implementação dos direitos humanos ou sua ação ilícita, ferindo regras (internas e internacionais) de implementação, será capaz de gerar responsabilidade internacional, e isso, tanto em decorrência do ato de particulares que o Estado não reprimiu ou corrigiu, quanto em decorrência de atos estatais, quer tenham origem no Executivo, quer decorram do exercício da atividade legislativa ou judicial".

grar o indivíduo como sujeito de Direito Internacional. Os direitos da pessoa humana passam a ser universalizados, propiciando a criação de um verdadeiro "código internacional dos direitos humanos".

Como visto, a Organização das Nações Unidas se estabeleceu com a finalidade de preservar as futuras gerações do "flagelo da guerra" e tem sua atuação voltada para a manutenção da paz e da segurança internacional, bem como para a valorização e a proteção da pessoa humana. Assim, os direitos humanos ganharam uma Comissão que funcionava no âmbito do Conselho Econômico e Social: a Comissão de Direitos Humanos da ONU.

Impende assinalar o Conselho Econômico e Social, formado por 54 Estados (eleitos pela Assembleia Geral por 2/3 dos Estados presentes e votantes por um período de 3 anos) que atuam através de comissões na América Latina, na Europa, na África, na Ásia e no Extremo Oriente. O grande objetivo do Conselho é criar condições de estabilidade e bem-estar que se fazem necessárias para as relações pacíficas entre as nações, baseadas no respeito ao dogma da igualdade de direitos e à livre determinação dos povos. Suas funções englobam assuntos de caráter econômico, social, cultural e sanitário, bem como os que dizem respeito à observância dos direitos humanos, tendo em vista assegurar o bem-estar dos indivíduos e o respeito às liberdades fundamentais para todos.

Em consonância com o artigo 68 da Carta da ONU[223], o Conselho cria a Comissão de Direitos Humanos, sendo-lhe atribuído o encargo de submeter propostas para: a) uma carta internacional de direitos; b) Declarações ou Convenções Internacionais sobre liberdades civis, o *status* da mulher, liberdade de informação e assuntos relacionados; c) a proteção das minorias; d) a prevenção da discriminação com base em raça, gênero, língua e religião.

Por essa razão, e baseada nos objetivos e funções do Conselho Econômico e Social, a Comissão de Direitos Humanos pautou sua atuação no sentido de propor recomendações, elaboração de relatórios sobre a proteção dos direitos humanos, rechaçando, inclusive, toda forma de discriminação.

Entretanto, a atuação da Comissão sempre foi alvo de críticas[224] no que concerne à seletividade e ao discurso excessivamente político adotado

---

223 "Artigo 68. O Conselho Econômico e Social criará comissões para os assuntos econômicos e sociais e a proteção dos direitos humanos assim como outras comissões que forem necessárias para o desempenho de suas funções."
224 Na mesma direção, HITTERS, Juan Carlos; FAPPIANO, Oscar L., op. cit., p. 203: "La Comisión de Derechos Humanos necesitaba, para algunos Estados, una revisión.

pelos seus membros no tratamento das questões pertinentes a direitos humanos, culminando em sua extinção e na criação do Conselho de Direitos Humanos.

Antes de ser apresentado o estudo do Conselho, impende apresentar alguns pontos da extinta Comissão. Assim, evidencia-se que, com o ânimo de assegurar a proteção à pessoa humana, a ONU criou, no ano de 1946, a Comissão de Direitos Humanos, órgão que era subordinado ao Conselho Econômico e Social, que por sua vez tem competência restrita se comparado aos demais órgãos que fazem parte da Organização das Nações Unidas, em razão do que prescrevem os artigos 65 e 66 da Carta da mencionada Organização[225].

O Conselho Econômico e Social apresenta estudos e relatórios a respeito de assuntos internacionais de caráter econômico, social, cultural, educacional, sanitário e conexos, e faz recomendações a respeito dos referidos assuntos à Assembleia Geral, aos Membros das Nações Unidas e às entidades especializadas interessadas. Poderá também fazer recomendações destinadas a promover o respeito e a observância dos direitos humanos e das liberdades fundamentais para todos, além de preparar projetos de convenções a serem submetidos à Assembleia Geral, sobre assuntos de sua competência, e poderá convocar, de acordo com as regras estipuladas pelas Nações Unidas, conferências internacionais sobre assuntos de sua competência.

Conforme fora acentuado, com base no artigo 68 da Carta da ONU, foi constituída a Comissão de Direitos Humanos, cujo encargo inicial era sub-

---

Su amplia discrecionalidad política le permitia conocer de todo tipo de situaciones, pero carecía de medios de coerción para establecer un estándar mínimo de protección. Por otro lado, no se puede ignorar que, al ser la Comisión un órgano intergubernamental compuesto por representantes de los gobiernos de los Estados miembros, su acción se tenía en buena parte de motivaciones políticas y no sólo humanitarias. Su politización se manifestaba en la elección de sus miembros, al decidir que Estados serán investigados, o al adoptar sus decisiones plenarias. Esta situación mermó su credibilidad y sustentó la crítica de su dobre discurso".

225 "Artigo 65. O Conselho Econômico e Social poderá fornecer informações ao Conselho de Segurança e, a pedido deste, prestar-lhe assistência.
Artigo 66 – 1. O Conselho Econômico e Social desempenhará as funções que forem de sua competência em relação ao cumprimento das recomendações da Assembleia Geral.
2. Poderá mediante aprovação da Assembleia Geral, prestar os serviços que lhe forem solicitados pelos Membros das Nações Unidas e pelas entidades especializadas. 3. Desempenhará as demais funções específicas em outras partes da presente Carta ou as que forem atribuídas pela Assembleia Geral."

meter propostas para a criação de uma carta internacional de direitos; declarações ou convenções internacionais sobre liberdades civis, *status* da mulher, liberdade de informação e assuntos relacionados; proteção das minorias; prevenção da discriminação com base na raça, gênero, língua e religião.

Apesar dos problemas que aconteceram no período de funcionamento da Comissão, é forçoso afirmar que ela realizou atividades muito importantes para a matéria, a começar pela redação da Declaração Universal de Direitos Humanos, de 1948, cuja tarefa inicial era definir padrões desejáveis de direitos humanos universais, mas não apenas. A criação de Relatores Especiais em áreas como direito à educação e saúde é um exemplo.

Além disso, há quem afirme[226] que a maior conquista da Comissão está no simples fato de ter passado a existir, sendo o primeiro organismo mundial com Estados com qualidade de membros focado exclusivamente em direitos humanos, transformando-se em organização de referência para Estados e indivíduos, tanto para dar conselhos como para receber reclamações. Seu poder investigativo trouxe à tona alguns dos mais terríveis abusos de direitos humanos no mundo, proporcionando o ímpeto necessário para que houvesse mudança. Encorajou governos a agir de forma a melhorar seu histórico de direitos humanos, em evidente esforço para evitar críticas por parte da Comissão.

A atuação dessa Comissão deve ser analisada sob dois enfoques temporais: o primeiro, que vai desde a sua formação até o ano de 1967, é caracterizado por uma postura absenteísta; o segundo momento, que se inicia em 1967, com a adoção da Resolução n. 1.235 pelo ECOSOC, inaugura uma fase intervencionista, na qual há tímida manifestação do "direito de ingerência".

No período absenteísta foi consolidado o entendimento de que a ONU não dispunha de autoridade para tomar medidas que invadissem a esfera de jurisdição interna dos Estados. Dessa forma, a Comissão ficava impedida de adotar uma conduta proativa a respeito de denúncias de violações de direitos humanos que chegassem a seu conhecimento. Não obstante esse óbice aos trabalhos da Comissão, houve a adoção de diversos instrumentos internacionais afinados com o propósito de proteção aos direitos humanos, por exemplo, a Declaração Universal de Direitos Humanos (1948) e os dois

---

226 SHORT, Katherine. Da Comissão ao Conselho: a Organização das Nações Unidas conseguiu ou não criar um organismo de direitos humanos confiável?. *Revista Internacional de Direitos Humanos,* São Paulo: Rede Sur, 2008, v. 9, p. 169.

Pactos – um sobre Direitos Civis e Políticos e o outro sobre Direitos Econômicos, Sociais e Culturais, de 1966.

Nesse período, a Comissão também cuidou de redigir e elaborar a Convenção para a Prevenção e Repressão do Crime do Genocídio e a Convenção Internacional sobre a Eliminação de todas as formas de Discriminação Racial. Além disso, reuniu-se, em 1955, o Primeiro Congresso sobre Prevenção do Crime e Tratamento de Delinquentes, que culminou com a adoção de Regras Padrões Mínimas para o Tratamento de Prisioneiros.

Contudo, ainda havia um entrave à implementação dos instrumentos da Declaração Universal dos Direitos Humanos que carecia de caráter mandamental, sendo, destarte, inidônea à produção de obrigações entre os Estados.

No que tange ao período intervencionista, apresenta-se como marco a adoção da Resolução n. 1.235 do Conselho Econômico e Social, em 1967. Tal Regulamento traz em seu conteúdo um dispositivo sobre violações que permite que a Comissão e a Subcomissão de Prevenção de Discriminações e Proteção às Minorias (SPDPM) monitorem a situação dos Direitos Humanos na África do Sul. Outra evidência dessa postura intervencionista é a Resolução n. 1.503, adotada em 1970, que institui o Procedimento Confidencial. Por meio deste, as comunicações sobre situações de direitos humanos são submetidas ao Conselho de maneira confidencial.

Em 1975, a Comissão criou Grupos de Trabalho *ad hoc,* encarregados de investigar a situação dos Direitos Humanos no Chile, em virtude do Golpe de Estado de 11 de setembro de 1973, que derrubou o Governo do Presidente Allende. Jaime Ruiz de Santiago assim se manifesta a respeito dessa iniciativa:

> "A partir dessa decisão de 1975, a prática da Comissão de Direitos Humanos desenvolveu, de modo surpreendente, a potencialidade de realizar, conforme a Resolução n. 1235, estudos a fundo 'das situações que revelem um quadro persistente de violações dos direitos humanos (...)'. O mais significativo é que tais estudos tenham se realizado como verdadeiras investigações, e sobre matérias não contempladas inicialmente pela Resolução n. 1235"[227].

---

[227] SANTIAGO, Jaime Ruiz de. *O direito internacional dos refugiados em sua relação com os direitos humanos e em sua evolução histórica.* Disponível em: http://www.dhnet.org.br/direitos/sip/dih/di_refugiados.html.

Em junho de 1993, foi realizada a 2ª Conferência Mundial sobre Direitos Humanos, que resultou na Declaração e Programa de Ação de Viena, reconhecendo a legitimidade da tutela internacional dos direitos humanos e a limitação da soberania estatal[228].

Apesar dos avanços alcançados nesse período, a atuação da Comissão sempre foi alvo de críticas no que concerne à seletividade e ao discurso excessivamente político adotado pelos seus membros no tratamento das questões pertinentes a direitos humanos. Tal aspecto contribuiu substancialmente para o desgaste na credibilidade desse órgão, culminando com sua substituição, em 15 de março de 2006, pelo Conselho de Direitos Humanos.

A Comissão de Direitos Humanos contava com alguns grupos de trabalho que tinham por finalidade a apresentação de estudos e atuação efetiva em vários assuntos relativos aos direitos humanos, tais como: i) Grupo de trabalho sobre detenção arbitrária; ii) Grupo de trabalho encarregado da elaboração de um protocolo adicional para o Pacto Internacional sobre Direitos Econômicos, Culturais e Sociais; iii) Grupo de trabalho para a elaboração de projeto relativo ao direito dos povos indígenas; iv) Grupo de trabalho sobre detenção arbitrária; v) Grupo de trabalho sobre direito ao desenvolvimento[229].

Entretanto, a perda de credibilidade da Comissão[230] deveu-se à crescente descrença no comprometimento de seus membros com a proteção internacional dos Direitos Humanos, como nas palavras do então Secretário-Geral das Nações Unidas, Kofi Annan:

---

228 GUERRA, Sidney. *Curso de direito internacional público*. 14. ed. São Paulo: Saraiva, 2022.

229 GUERRA, Sidney. *Direitos humanos na ordem jurídica internacional e reflexos na ordem constitucional brasileira*. 2. ed. São Paulo: Atlas, 2014, p. 54.

230 Na mesma direção, SHORT, Katherine, op. cit., p. 167: "Ao passo em que o século vinte chegou ao fim, a Comissão começou a ruir progressivamente, deixando de cumprir seu papel e ainda servindo de apoio aos responsáveis por abusos de direitos humanos, indiretamente garantindo que eles recebessem imunidade do escrutínio internacional pelos próprios mecanismos da Comissão. Transformou-se num órgão ridicularizado e repleto de escândalos, com membros dos mesmos países que pretendia condenar. Em 2003, por exemplo, o Sudão conseguiu uma cadeira na Comissão, a despeito do seu histórico de abusos de direitos humanos. O então Secretário-Geral, Kofi Annan, asseverou em 2004 que a consolidação de padrões que reforcem os direitos humanos não pode ser realizada por Estados que falham em demonstrar compromisso com sua promoção e proteção".

"Se as Nações Unidas pretendem cumprir as expectativas de homens e mulheres em todo o mundo – e, de fato, se a Organização quiser levar a causa dos direitos humanos tão a sério como as de segurança e desenvolvimento –, aí os Estados-membros devem concordar em substituir a Comissão de Direitos Humanos por um Conselho de Direitos Humanos de menor porte"[231].

Com efeito, a criação de um Conselho surgiu como resposta aos padrões duplos e seletivos e ao discurso eminentemente político que norteava os trabalhos da Comissão. Não se pode olvidar que a extinta Comissão se apresentava como subsidiário do Conselho Econômico e Social, ao passo que o Conselho encontra-se vinculado à Assembleia Geral.

A questão dos direitos humanos ficou por muito tempo ao sabor do interesse de países poderosos, que direcionavam a atuação do órgão para temas que fossem convenientes aos seus objetivos políticos imediatos, negligenciando as violações que ocorriam por todo o mundo. Para se ter uma ideia, nunca foi adotada nenhuma resolução condenando os abusos no Tibete e nada foi feito com relação à situação dos detentos na Baía de Guantánamo.

Foi nesse contexto de indignação que Kofi Annan, mais uma vez, reconheceu o déficit de credibilidade, criticando severamente a atuação da Comissão em relatório publicado em março de 2005[232].

De fato, inexistia na Comissão um sistema de revisão que pudesse monitorar as atividades de cada membro no tocante às iniciativas adotadas na proteção dos direitos humanos.

Dessa forma, imperava uma seletividade intervencionista que escolhia os países a serem submetidos ao escrutínio da Comissão. Assim, os países poderosos escapavam desse processo de revisão.

Além disso, os membros do Conselho de Segurança tinham assento virtualmente garantido na Comissão, o que evidenciava a total falta de cri-

---

231   Idem, p. 170.
232   TERLINGEN, Yvonne. *The Human Rights Council: A New Era in UN Human Rights Work?*. Disponível em: www.cceia.org/resources/journal/21_2/essay/001.html/_res/id=sa_File1/EIA_21_2_Terlingen.pdf:
"Yet the Commission's capacity to perform its tasks has been increasingly undermined by its credibility and professionalism. In particular, States have sought membership of the Commission not to strengthen human rights but to protect themselves against criticism or to criticize others. As a result, a credibility deficit has developed, which casts a shadow on the reputation of the United Nation system as a whole".

tério na escolha dos países, constituindo prova cabal de que esse órgão estava cada vez mais divorciado da finalidade que motivou sua criação e se submetendo ao talante de jogadas políticas.

Pelas razões acima apresentadas, revelou-se cada vez mais premente a necessidade de revitalizar os trabalhos da Comissão de Direitos Humanos. Nesse sentido, em 15 de maio de 2006, foi adotada a Resolução n. 60/251, que instituiu o Conselho de Direitos Humanos. Referido Conselho foi criado com a aprovação de 170 países, havendo 4 votos contra (Estados Unidos, Israel, Ilhas Marshall e Palau) e 3 abstenções (Venezuela, Irã e Belarus).

Em princípio, o Conselho de Direitos Humanos possui a característica de órgão subsidiário da ONU. Contudo, a Resolução n. 60/251 dispõe que seu *status* será revisto[233], admitindo, dessa forma, a possibilidade de vir a se tornar órgão principal da ONU, o que lhe garantiria maior autonomia no desempenho de suas atribuições e elevaria os direitos humanos ao mesmo patamar da segurança, paz e desenvolvimento – os três pilares das Nações Unidas.

A Resolução n. 60/251 ainda elenca a universalidade, imparcialidade, objetividade e não seletividade como princípios que norteiam os trabalhos do Conselho. Atribui também especial importância ao diálogo e cooperação internacionais como forma de viabilizar a proteção e o fomento dos direitos humanos, civis, políticos, econômicos, sociais e culturais, incluindo o direito ao desenvolvimento.

O Conselho de Direitos Humanos surge com proposta ambiciosa e inovadora, a começar pelo processo de eleição de seus membros e a sua composição[234]. Ao contrário da Comissão, a eleição é realizada diretamente pela Assembleia Geral, mediante votação secreta e maioria absoluta, e não

---

233 DURÁN, Carlos Villán; PÉREZ, Carmelo Faleh. *El sistema universal de protección de los derechos humanos. Su aplicación em España*. Madrid: Tecnos, 2017, p. 248, lembra que no ano de 2011 o Conselho foi revisado: "Em efecto, sobre la base del informe del GT intergubernamental sobre el examen de la labor y el funcionamiento del Consejo DH, este adoptó la resolución 16/21, de 25 de marzo de 2011, cuyo anexo contiene algunas propuestas modestas de reforma del funcionamiento de Consejo DH, el EPU, los procedimientos especiales, el Comité Asesor, y los métodos de trabajo y reglamento del próprio Consejo DH. Las nuevas medidas relativas al EPU se completaron con la decisión 17/119 del Consejo DH, de 17 de junio de 2011."

234 Todavia, "es de lamentar que el Consejo no pueda informar diretamente al Consejo de Seguridad sobre sus atividades, dado que existe uma estrecha relación entre las violaciones massivas de los derechos humanos y el mantenimiento de la paz y seguridade internacionales." DURÁN, Carlos Villán; PÉREZ, Carmelo Faleh, op. cit., p. 249.

pelo ECOSOC, o que permite que todos os membros onusianos participem no processo de escolha dos integrantes do Conselho, em clara consonância com o princípio da universalidade.

De outra banda, no processo eleitoral, deverá ser levada em consideração a contribuição do candidato para a promoção e a proteção dos direitos humanos. Além disso, é igualmente imprescindível que o Estado demonstre voluntária e publicamente seu compromisso por meio de documento que lhe fundamente a candidatura, deixando clara sua intenção. Ainda no mesmo dispositivo, a Resolução prevê a hipótese de suspensão de membro do Conselho que cometa violações sistemáticas e significativas aos direitos humanos.

No que concerne à composição, a Resolução estabelece que o Conselho é formado por 47 países, ao contrário da Comissão, que previa 53 integrantes. A distribuição geográfica ocorre da seguinte forma: 13 países da África (eram 15 na Comissão); 13 países da Ásia (antigamente eram 12); 6 países do Leste Europeu (enquanto eram 5 na Comissão); 8 países da América Latina e Caribe (11 na Comissão), e, finalmente, 7 países da Europa Ocidental e outros (10 na Comissão)[235].

A diminuição do número de integrantes em relação à Comissão propiciou maior competitividade entre os países. Evidência disso foi a quantidade de candidatos designados em número superior ao de assentos dispo-

---

[235] A partir de 1º de janeiro de 2020, 117 Estados-membros da ONU ocuparam o assento no Conselho de Direitos Humanos. São eles (texto mantido no original em espanhol): Afganistán, Albania, Alemania, Angola, Arabia Saudita, Argelia, Argentina, Armenia, Australia, Austria, Azerbaiyán, Bahamas, Bahrein, Bangladesh, Bélgica, Benin, Bolivia (Estado Plurinacional de Bolivia), Bosnia y Herzegovina, Botswana, Brasil, Bulgaria, Burkina Faso, Burundi, Camerún, Canadá, Chile, China, Congo, Costa Rica, Côte d'Ivoire, Croacia, Cuba, Czechia, Dinamarca, Djibouti, Ecuador, Egipto, El Salvador, Emiratos Árabes Unidos, Eritrea, Eslovaquia, Eslovenia, España, Estados Unidos de América, Estonia, Etiopía, Federación de Rusia, Fiji, Filipinas, Finlandia, Francia, Gabón, Georgia, Ghana, Guatemala, Hungría, India, Indonesia, Iraq, Irlanda, Islas Marshall, Italia, Japón, Jordania, Kazajstán, Kenya, Kirguistán, Kuwait, Letonia, Libia, Madagascar, Malasia, Maldivas, Malí, Marruecos, Mauricio, Mauritania, México, Mongolia, Montenegro, Namibia, Nepal, Nicaragua, Nigeria, Noruega, Países Bajos, Pakistán, Panamá, Paraguay, Perú, Polonia, Portugal, Qatar, Reino Unido de Gran Bretaña e Irlanda del Norte, República de Corea, República Democrática del Congo, República de Macedonia del Norte, República de Moldova, Rumania, Rwanda, Senegal, Sierra Leona, Somalia, Sri Lanka, Sudáfrica, Sudán, Suiza, Tailandia, Togo, Túnez, Ucrania, Uganda, Uruguay, Venezuela (República Bolivariana de Venezuela), Viet Nam, Zambia. Disponível em: <https://www.ohchr.org/SP/HRBodies/HRC/Pages/Membership.aspx>. Acesso em: 19 jul. 2022.

níveis por todas as regiões, exceto a África. Fato igualmente curioso foi a candidatura de países com um histórico considerável de violações aos direitos humanos, como Sudão e Zimbábue. O mandato é de 3 anos, admitindo-se uma possível reeleição sucessiva, enquanto na antiga Comissão não havia limites para reeleições consecutivas e não se vislumbrava a possibilidade de suspensão de mandato.

Como se pode notar, os países africanos e asiáticos perfazem, juntos, aproximadamente 55% do total de integrantes do Conselho. Na Comissão, tal percentual girava em torno de 50%. Essa confortável maioria, além de evidenciar, por si só, a grande influência que tais países terão na aprovação de resoluções, também lhes permite participação mais ativa na elaboração da agenda e lhes confere maior peso no estabelecimento das prioridades traçadas pelo Conselho.

Outro aspecto inovador e extremamente positivo diz respeito à frequência com que o Conselho se reúne ao longo do ano. Na antiga Comissão era realizada uma única sessão ao ano, que tinha duração de seis semanas. No Conselho é diferente, porque a Resolução prevê 3 sessões anuais, com período não inferior a 10 semanas. Além dessas 3 sessões, qualquer membro pode solicitar que seja realizada uma sessão especial, mediante aprovação de 1/3 dos membros do Conselho. O aumento dessas sessões é profícuo para que sejam discutidas e adotadas medidas preventivas visando evitar o recrudescimento de eventuais tensões que possam eclodir no cenário internacional.

A Resolução n. 5/1, que dispõe sobre a construção institucional do Conselho de Direitos Humanos[236], fixa uma agenda muito mais concisa,

---

236 Vide a propósito a estrutura do Conselho de Direitos Humanos da ONU in https://www.ohchr.org/SP/HRBodies/HRC/Pages/OtherSubBodies.aspx, acesso em 28 de junho de 2018: "El 18 de junio de 2007, un año después de su primera reunión, el Consejo de Derechos Humanos adoptó su "Construcción institucional del Consejo de Derechos Humanos" (resolución 5/1) que detallan los procedimientos, mecanismos y estructuras que forman la base de su trabajo. Entre esos mecanismos, el siguiente órganos subsidiarios Informarán directamente al Consejo de Derechos Humanos: Grupo de Trabajo del Examen Periódico Universal; Comité Asesor; Procedimiento de denuncia. Asimismo, el Consejo ha establecido el siguiente mecanismo subsidiario de expertos con el fin de proporcionar al Consejo los conocimientos temáticos especializados y foros que proporcionan una plataforma para el diálogo y la cooperación. Estos órganos se centran principalmente en estudios y asesoramiento basado en la investigación o las mejores prácticas. Se reúnen e informar anualmente al Consejo: Mecanismo de Expertos sobre los Derechos de los Pueblos Indígenas; Foro sobre cuestiones de las minorías;

mas não menos abrangente que a Comissão. Integram a agenda do Conselho: questões referentes à organização e procedimento; relatório anual do Alto Comissariado das Nações Unidas para Direitos Humanos e do Secretário-Geral; promoção e proteção dos direitos humanos, civis, políticos, econômicos, sociais e culturais, incluindo o direito ao desenvolvimento; situações de direitos humanos que requerem atenção do Conselho; órgãos e mecanismos de direitos humanos; Revisão Periódica Universal; situação dos direitos humanos na Palestina e outros territórios árabes ocupados; continuação e implementação da Declaração de Viena e do Programa de Ação; racismo, discriminação racial, xenofobia e formas relacionadas de intolerância, continuação e implementação da Declaração de Durban e do Programa de Ação; assistência técnica e reforço da capacidade institucional.

O Conselho, por meio da Resolução n. 60/251, também chamou a si a responsabilidade de prosseguir com todos os mandatos, mecanismos, funções e responsabilidades da Comissão, visando manter um sistema de procedimentos especiais, de denúncia e de grupo de trabalhos. Contudo, um ano após a primeira sessão, o Conselho se comprometeu a racionalizar e reforçar os procedimentos e mecanismos especiais. Nesse sentido, a Resolução n. 5/1 leva a cabo tal disposição.

As revisões nos procedimentos especiais se iniciaram na sexta sessão e continuaram na sétima e oitava sessões do Conselho. Os mandatos temáticos foram estendidos. Além disso, novos mandatos temáticos foram criados,

---

Foro Social; Foro sobre empresas y derechos humanos; Foro sobre derechos humanos, democracia y estado de derecho. El Consejo estableció además los siguientes grupos de trabajo intergubernamentales de composición abierta para elaborar y/o negociar y ultimar nuevos proyectos de instrumentos jurídicos o formular recomendaciones sobre la aplicación efectiva de los instrumentos existentes: Grupo de Trabajo sobre el Derecho al Desarrollo; Grupo de Trabajo intergubernamental sobre la Declaración y Programa de Acción de Durban; Grupo de Trabajo sobre un protocolo facultativo de la Convención sobre los Derechos del Niño; Comité ad hoc sobre la elaboración de normas complementarias; Grupo de Trabajo sobre el proyecto de la declaración de la ONU sobre Educación y Capacitación en materia de Derechos Humanos; Grupo de Trabajo sobre el marco normativo de las actividades de empresas militares y de seguridad privadas; Grupo de Trabajo intergubernamental de composición abierta sobre un proyecto de declaración de las Naciones Unidas sobre el derecho a la paz; Grupo de Trabajo intergubernamental de composición abierta sobre una declaración de las Naciones Unidas sobre los derechos de los campesinos y otras personas que trabajan en las zonas rurales; Grupo de Trabajo intergubernamental de composición abierta sobre las empresas transnacionales y otras empresas comerciales con respecto a derechos humanos."

um sobre as formas tipicamente contemporâneas de escravidão e outro sobre o acesso seguro à água potável e saneamento básico.

Muitos mandatos de países também foram estendidos, com exceção da República Democrática do Congo e da Libéria. Além disso, os mandatos de Cuba e Belarus foram interrompidos em junho de 2007. Nesse mesmo período, o Conselho adotou a Resolução n. 5/2, que contém um Código de Conduta para os procedimentos especiais dos detentores do mandato.

No tocante aos procedimentos de denúncia (*complaint procedures*), a Resolução n. 5/1 permite que indivíduos e organizações possam trazer reclamações sobre violações para a apreciação do Conselho. Cria, também, dois Grupos de Trabalho distintos: o primeiro é o Grupo de Trabalho em Comunicações (*Work Group on Communications*), responsável por examinar as denúncias com base nos critérios de admissibilidade previamente estabelecidos. Após análise, a denúncia será submetida ao Estado interessado para que este possa se manifestar a respeito das alegações sobre violações de direitos humanos levadas ao seu conhecimento. Não serão aceitas denúncias anônimas e com pouca fundamentação. O segundo é o Grupo de Trabalho em Situações (*Work Group on Situations*), que, com base nas informações e recomendações fornecidas pelo Grupo de Trabalho em Comunicações, elabora relatório que será submetido ao Conselho.

Outra criação da Resolução n. 60/251 é o Comitê Consultivo (*Advisory Committee*), que substitui a antiga Subcomissão de Promoção e Proteção dos Direitos Humanos. Sua atribuição consiste em fornecer opiniões consultivas de *experts* ao Conselho, baseadas em estudo e pesquisa prévios. Contudo, suas atividades estarão subordinadas a requisição do Conselho.

Impende assinalar que as atividades deste grupo limitam-se à formulação de sugestões, não dispondo do poder de elaborar resoluções ou decisões. Quanto ao método de trabalho adotado, o Comitê Consultivo permitirá que os Estados, instituições nacionais de Direitos Humanos, Organizações Não Governamentais e outras entidades da sociedade civil possam interagir. Esta abertura propiciada pela Resolução n. 5/1 à sociedade civil permite que esta auxilie o Comitê na elaboração de opiniões consultivas mais fidedignas, na medida em que constituirão um canal importante que aproximará o Comitê da realidade dos países nos quais as ONGs atuam.

Uma das maiores inovações do Conselho de Direitos Humanos é, indubitavelmente a adoção do Sistema de Revisão Periódica Universal (RPU) pela Resolução n. 60/251[237]. A incorporação deste mecanismo objetiva sepultar a seletividade e os padrões duplos que maculavam o processo de revisão existente nos trabalhos da Comissão.

Desta forma, todos os países eleitos deverão se submeter à RPU, como pré-requisito indispensável à sua integração ao Conselho. Através deste mecanismo, será possível analisar o histórico de Direitos Humanos de todos os países, fato que não se verificava no órgão antecessor. No entanto, apesar dos objetivos "nobres" que motivaram sua criação, o mecanismo de Revisão Periódica Universal ainda padece de limitações, correndo o risco de cair na superficialidade. Isto porque se trata de um processo intergovernamental, no qual não se verifica a participação de especialistas independentes.

O Conselho de Direitos Humanos conta ainda com outros órgãos subsidiários, que foram estabelecidos pela antiga Comissão de Direitos Humanos, incluindo: o Mecanismo de Especialistas em Direitos Humanos dos Povos Indígenas; o Fórum sobre Questões Minoritárias; o Fórum Social; e o Fórum sobre Empresas e Direitos Humanos.

---

237 Human Rights Council. United Nations. "The Human Rights Council's Universal Periodic Review (UPR) is a unique process which involves a review of the human rights records of all 193 UN member States once every 4.5 years. The UPR is one of the most innovative and powerful achievements of the Council designed to ensure equal treatment for every country when their human rights situations are assessed. It provides the opportunity for each State to declare what actions they have taken to improve the human rights situation in their countries and to fulfil their human rights obligations, as well as the challenges and constraints they are facing in so doing. During UPR Working Group meetings held three times per year, UN member States spell out positive achievements, express concerns and ultimately pose recommendations to the States under review. Each year 42 States are reviewed, receiving an average of 180 recommendations each. Reviewed States are then expected to indicate which recommendations they support, and to report on measures and steps taken to implement them, which on average are 75% of all the recommendations made. Moreover, the UPR also provides a space for States to request technical assistance from other States to enhance their capacity to deal effectively with challenges and for them to share best practices. The ultimate aim of this process is to improve concretely the human rights situation in all countries with significant consequences for people around the globe and address human rights violations wherever they occur. Since the UPR began functioning in 2008, there has been 100% participation by all 193 UN member States. The 3rd cycle of reviewing the human rights records of each country commenced in 2017." Disponível em: <https://www.ohchr.org/Documents/HRBodies/HRCouncil/HRC_booklet_EN.pdf>.

O Mecanismo de Especialistas em Direitos Humanos dos Povos Indígenas, estabelecido pelo CDH em 2007 de acordo com a Resolução n. 6/36, é composto por cinco especialistas, incluindo pessoas de origem indígena, selecionados da mesma maneira que os detentores de mandatos no âmbito de procedimentos especiais. Esse mecanismo atua como um órgão consultivo do CDH e oferece conhecimento técnico na forma de estudos e opiniões sobre questões relacionadas aos direitos dos povos indígenas. Você também pode fazer propostas ao Conselho. O EMRIP realiza uma reunião anual de cinco dias.

O Fórum sobre Questões Minoritárias, estabelecido pelo CDH em 2007 de acordo com sua Resolução n. 6/15, serve como plataforma para promover o diálogo e a cooperação em questões relativas a pessoas pertencentes a minorias nacionais ou étnicas, religiosas e linguísticas. Traz contribuições temáticas e perícia para o trabalho do perito independente em questões de minorias, que transmite as recomendações ao Conselho para consideração. O Fórum realiza uma reunião anual de dois dias, liderada por um especialista em questões de minorias. O perito é nomeado pelo Presidente do Conselho com base na rotação geográfica e em consulta com os grupos regionais.

O Fórum Social, estabelecido pelo principal órgão subsidiário da antiga Comissão de Direitos Humanos (Subcomissão para a Promoção e Proteção dos Direitos Humanos) e mantido pelo CDH em 2006, de acordo com sua Resolução n. 6/13. O Fórum é um espaço de diálogo entre os mecanismos de direitos humanos das Nações Unidas e várias partes interessadas, incluindo organizações comunitárias locais para discutir possibilidades de uma ação coordenada a nível nacional, regional e internacional para promover a coesão social, bem como para abordar a dimensão social e os problemas do processo de globalização em curso. O Fórum realiza uma reunião anual de três dias. O Presidente-Relator do Fórum, nomeado pelo Presidente do Conselho, de acordo com o princípio da rotação geográfica, deve apresentar um relatório para apreciação pelo Conselho.

O Fórum sobre Empresas e Direitos Humanos estabelecido pelo CDH em 2011 de acordo com a sua Resolução n. 17/4 e criado para examinar as tendências e desafios colocados pela aplicação dos princípios orientadores e para promover o diálogo e a cooperação nas questões relacionadas com o comércio e os direitos humanos. A liderança do Fórum é o Grupo de Trabalho sobre a questão dos direitos humanos e corporações transnacionais e outras empresas, composto por cinco especialistas independentes eleitos para um mandato de três anos. O Fórum realiza uma reunião anual de três dias.

Indubitavelmente que a substituição da Comissão pelo Conselho representou a renovação de um compromisso que, ao longo dos anos, foi se desgastando em virtude de interesses políticos.

De toda sorte, esta mudança de órgão não deve se confinar à esfera institucional. Para uma proteção mais efetiva dos direitos humanos, se faz imprescindível que os países membros adotem nova postura no tratamento desta questão[238]. Abaixo são apresentados alguns aspectos relativos ao funcionamento do Conselho de Direitos Humanos.

Como visto acima, o Conselho de Direitos Humanos é composto por 47 países, sendo que qualquer Estado integrante da ONU pode ser candidato, observando-se os seguintes critérios para candidatura: cada Estado deverá contribuir para a promoção e proteção dos direitos humanos; e cada Estado deverá comprometer-se de forma voluntária e publicar um documento que fundamente sua candidatura e explicite suas intenções com relação ao Conselho (comprometimento voluntário).

Sua composição deve levar em conta os aspectos geográficos, assim distribuídos: 13 países da África, 13 da Ásia, 6 da Europa do Leste, 8 da América Latina e Caribe e 7 da Europa Ocidental e outros países, devendo os países que integram o Conselho ser eleitos por votação na Assembleia Geral da ONU, por voto secreto e maioria absoluta (necessidade de obtenção de 97 dos 193 votos).

Esses Estados exercerão mandato de 3 anos, com uma possível reeleição sucessiva. A Assembleia Geral da ONU poderá suspender o mandato de país que cometer violações sistemáticas aos direitos humanos (maioria requerida de 2/3 dos presentes e votantes). Devem ainda se comprometer a manter e promover as mais altas exigências em matéria de promoção e proteção dos direitos humanos; cooperar com os trabalhos do CDH; e passar pelo Mecanismo de Revisão Periódica Universal durante seus mandatos.

---

[238] O Conselho de Direitos Humanos conta com os seguintes países: África: Togo, Somália, Eritreia, Camarões, Burquina Fasso, Líbia, Mauritânia, Sudão, Namíbia, Costa do Marfim, Gabão, Malawi, Senegal. Ásia: Bahrein, Bangladesch, Fiji, Índia, Filipinas, Indonésia, Japão, Ilhas Marshall, Coreia do Sul, China, Nepal, Paquistão, Uzbequistão. Europa Oriental: Bulgária, República Checa, Armênia, Polônia, Rússia, Ucrânia. América Latina e Caribe: Argentina, Bahamas, Uruguai, Brasil, Venezuela, Bolívia, Cuba, México. Europa Ocidental e outros: Áustria, Dinamarca, Itália, Alemanha, Países Baixos, França e Reino Unido.

A agenda do Conselho de Direitos Humanos deve definir os itens a serem tratados pelo Conselho de Direitos Humanos em suas reuniões ordinárias, que são acomodadas no programa de trabalho anual e de cada sessão do Conselho. Essa agenda deve se basear nos princípios de universalidade, imparcialidade, objetividade, não seletividade, diálogo construtivo e cooperação, previsibilidade, flexibilidade e transparência, *accountability*, equilíbrio, caráter inclusivo, perspectiva de gênero, implementação e acompanhamento de decisões, e é composta por 10 itens: questões de organização e procedimentos; Relatório Anual do Alto Comissariado para os Direitos Humanos e do Secretário-Geral da ONU; promoção e proteção de todos os direitos humanos, civis, políticos, econômicos, sociais e culturais, incluindo o direito ao desenvolvimento; situações de direitos humanos que requerem a atenção do Conselho; órgãos e mecanismos de direitos humanos; Revisão Periódica Universal; situação dos direitos humanos na Palestina e outros territórios árabes ocupados; seguimento e implementação da Declaração e Programa de Ação de Viena; racismo, discriminação racial, xenofobia e outras formas de intolerância, seguimento e implementação da Declaração e Programa de Ação de Durban; assistência técnica e reforço da capacidade institucional.

No que tange aos métodos de trabalho e regras de procedimento, estes definem o funcionamento geral das sessões ordinárias e especiais do Conselho, outras formas de reuniões possíveis, quórum para aprovação de resoluções, entre outros. Assim, no que se refere às sessões ordinárias e especiais, devem acontecer ao menos 3 sessões ordinárias por ano, sendo uma principal, por um total mínimo de 10 semanas de trabalho, e poderão ser realizadas sessões especiais sempre que preciso, a pedido de um dos países do Conselho e com apoio de 1/3 dos países-membros. As sessões ordinárias e especiais devem ser públicas, a não ser que se decida o contrário, permitindo, assim, a participação das ONGs com *status* consultivo.

Verifica-se ainda que possam ocorrer outros tipos de reuniões, tais como: reuniões para informes e/ou consultas informais sobre potenciais resoluções ou decisões; reuniões informais abertas – convocadas pelo presidente do CDH para discutir a agenda das sessões, dar informação sobre propostas de resoluções; reuniões organizacionais – realizadas ao início de cada ano de trabalho do CDH, para eleição do presidente e vice-presidente, e antes de cada sessão para tratar de assuntos diversos; debates, seminários, grupos de trabalho e mesas-redondas – podem acontecer e são definidos caso a caso. Ademais, o CDH pode adotar recomendações, conclusões, resumo das discussões e discursos do presidente, observando-se o quórum para aprovação de resoluções ou qualquer outra decisão do CDH que é de maioria simples dos membros presentes e votantes.

O Mecanismo de Revisão Periódica Universal[239] foi criado pela Resolução n. 60/251 da Assembleia Geral e prevê que todos os Estados integrantes da ONU (caráter universal) passarão periodicamente por um processo de revisão. O objetivo da revisão é averiguar o cumprimento pelos Estados de suas obrigações e seus comprometimentos internacionais em matéria de direitos humanos[240]. É considerado o instrumento mais inovador do Conselho de Direitos Humanos por ter abrangência universal e buscar, assim, combater a seletividade e o duplo-*standard* no tratamento de situações de violações aos direitos humanos existente na Comissão de Direitos Humanos.

Os países-membros do Conselho devem passar pela revisão durante seus mandatos e o ciclo de revisão será de 4 anos, ou seja, 48 países serão revisados por ano, cujos objetivos são: melhorar a situação dos direitos

---

239 Sobre o Mecanismo de Revisão Periódica Universal, ALENCAR, Antonio M. Cisneros de. Cooperação internacional entre sistemas global e interamericano de direitos humanos no âmbito do Mecanismo de Revisão Periódica Universal. *Revista Internacional de Direitos Humanos. SUR,* ano 7, n. 13, São Paulo, dez. 2010, p. 178, apresenta alguns aspectos interessantes: "O Mecanismo de Revisão Periódica Universal constitui uma dessas novas formas de cooperação. Estabelecido como mecanismo cooperativo para revisar o cumprimento por todos os Estados de suas obrigações e compromissos em direitos humanos, a RPU traz diversos elementos inovadores *vis-à--vis* outros mecanismos de direitos humanos desenvolvidos até então nesses dois sistemas: abrangência universal; processo conduzido pelos Estados; natureza das recomendações; compromissos voluntários. Os compromissos declarados nesse novo mecanismo são abrangentes e incluem: promover concretamente a melhoria na situação de direitos humanos; fortalecer a capacidade dos Estados e promover a cooperação técnica; difundir boas práticas; apoiar a cooperação na promoção e proteção de direitos humanos e estimular a cooperação e participação em outros mecanismos".

240 ALENCAR, Antonio M. Cisneros de, op. cit., p. 184, apresenta a RPU como algo importante para fomentar a cooperação entre o sistema global e o americano, que terá foco privilegiado no próximo capítulo, como se vê: "(...) os organismos interamericanos podem utilizar a RPU como uma oportunidade para dialogar bilateralmente com os Estados, seja durante a preparação de seus relatórios nacionais, seja durante o monitoramento do cumprimento de recomendações, da mesma forma que outros atores importantes fizeram durante revisões anteriores, por meio da publicação de relatórios que submeteram à RPU e da organização de reuniões com o Estado a ser revisado. Dado o escopo universal da RPU, tal iniciativa poderia ser particularmente benéfica para os mecanismos interamericanos engajar de maneira mais próxima com aqueles países com os quais não tenham cooperado recentemente, ou para acompanhar assuntos que atualmente não façam parte de sua agenda prioritária".

humanos em nível nacional; averiguar o cumprimento pelos Estados de suas obrigações e comprometimentos; fortalecer a capacidade institucional do Estado e oferecer assistência técnica; compartilhar iniciativas bem-sucedidas entre os Estados e outros atores relevantes; dar suporte à cooperação para a promoção e proteção dos direitos humanos; e encorajar a plena cooperação e envolvimento com o CDH, outros órgãos de direitos humanos e o Alto Comissariado da ONU para os Direitos Humanos.

A revisão será feita em Grupo de Trabalho composto pelos 47 membros do Conselho, em 3 sessões anuais específicas, sendo que cada Estado poderá decidir sobre a composição de sua delegação. Ao seu término será elaborado um relatório final com o auxílio de relatores indicados por 3 Estados escolhidos por sorteio, servindo em caráter pessoal. O Estado analisado poderá vetar um dos relatores e exigir que um dos três seja de sua região, bem como um dos relatores também pode recusar-se a participar da revisão, sendo substituído por outro nome. O documento final será aprovado em plenária, com conclusões e/ou recomendações e compromissos voluntários, caso existam. As recomendações serão separadas em duas categorias: consensuais (aceitas pelo Estado) e não consensuais.

No que tange aos procedimentos especiais, evidencia-se que são relatores e representantes especiais, especialistas independentes e grupos de trabalho que examinam, monitoram e elaboram relatórios sobre a situação dos direitos humanos: em países específicos (relatores especiais por país) ou com relação a temas específicos (relatores especiais temáticos). Durante o processo de construção institucional, os procedimentos especiais foram um dos tópicos mais polêmicos, com questionamento sobre a necessidade de sua existência e tentativa de enfraquecimento desse sistema por vários países-membros. Para a elegibilidade, devem ser observados os seguintes critérios: a) critérios técnicos e objetivos, pelos quais se verifica que não podem acumular cargos/mandatos na ONU, tampouco ficar mais do que 6 anos em mandato, além da proibição de exercer funções governamentais ou conflitantes com o cargo em seu país de origem e b) critérios gerais, em que devem ser observados aspectos relativos a *expertise*, experiência relacionada ao campo de ação do mandato, independência, imparcialidade, integridade pessoal e objetividade. A nomeação ocorrerá observando-se a lista pública preparada pelo Alto Comissariado da ONU para os Direitos Humanos contendo nomes de especialistas elegíveis indicados por governos, grupos regionais, organizações internacionais, ONGs, outros órgãos de direitos humanos e indivíduos e a lista enviada ao Grupo Consultivo, composto por uma pessoa de cada uma das 5 regiões, que seleciona candidatos elegíveis para as vagas e entrega nova lista ao presidente do CDH. A partir das indicações do Grupo Consultivo, o presidente apresenta um nome para cada vaga, que será submetido à aprovação da plenária.

O Comitê Consultivo do Conselho de Direitos Humanos se apresenta como órgão subsidiário ao Conselho de Direitos Humanos que substitui a antiga Subcomissão de Direitos Humanos. Sua função é oferecer apoio consultivo temático ao Conselho e deve prover *expertise* ao CDH da maneira requerida por esse, focando sua ação em estudos e pesquisas. É composto por 18 especialistas independentes, servindo em caráter pessoal, e respeitando a seguinte distribuição geográfica: 5 África, 5 Ásia, 2 Europa do Leste, 3 Europa Ocidental e outros países, 3 América Latina e Caribe. O mandato é de 3 anos, com possibilidade de uma reeleição. Devem ser realizadas 2 sessões de, no máximo, 10 dias de trabalho por ano, bem como poderão ocorrer sessões adicionais e criação de grupos de trabalho, mediante a aprovação do Conselho. Frise-se, por oportuno, que o Comitê deverá interagir continuamente com Estados, instituições nacionais de direitos humanos e ONGs; e esses poderão participar de suas sessões.

Por fim, não se deve olvidar do procedimento de denúncia, que consiste em um procedimento pelo qual indivíduo e ONGs podem fazer denúncias de violações sistemáticas aos direitos humanos, que ocorrem em qualquer parte do mundo, sob qualquer circunstância. São critérios de admissibilidade: a comissão de uma denúncia de violação sistemática aos direitos humanos deve: (1) não ter motivação política manifesta; (2) conter descrição factual, incluindo qual direito está sendo violado; (3) não ter linguagem abusiva; (4) ser submetida por vítima ou grupo que represente/defende a vítima; (5) não ser baseada unicamente em relatórios disseminados pela mídia; (6) não ser caso que já esteja sendo tratado por órgãos ou procedimentos especiais da ONU ou sistema regional de direitos humanos e (7) só ser apresentado após a exaustão dos recursos internos ou prova de que tais recursos são ineficientes.

5. ENTRAVES, POSSIBILIDADES E DESAFIOS

Muitas são as dificuldades para que ocorra a efetiva proteção aos direitos humanos no plano internacional. A doutrina[241] tem apresentado um rol dos principais entraves do sistema consagrado no âmbito onusiano,

---

241 MARTINS, Ana Maria Guerra, op. cit., p. 124.

sendo apresentadas as maiores críticas para: a) a definição do conceito de direitos humanos; b) um catálogo de direitos humanos; c) a identificação do conceito de cada direito; d) a menção dos mecanismos de implementação; e) os mecanismos de garantia destinados a assegurar a observância dos direitos humanos[242].

Na verdade, os problemas suscitados acima estão interligados. Como assinalado em outra oportunidade[243], geralmente a expressão "direitos humanos" é empregada para denominar os direitos positivados nos documentos internacionais, como também as exigências básicas relacionadas à dignidade, liberdade e igualdade de pessoa que não alcançaram um estatuto jurídico positivo[244].

Segundo Antonio-Enrique Pérez Luño, os direitos humanos formam um conjunto de faculdades e instituições que, em cada momento histórico, concretizam as exigências da dignidade, da liberdade, da igualdade humanas, as quais devem ser reconhecidas positivamente pelos ordenamentos jurídicos em nível nacional e internacional. Portanto, possuem tanto caráter descritivo (direitos e liberdades reconhecidos nas declarações e convenções internacionais) como prescritivo (alcançam as exigências mais vinculadas

---

242 Segundo BROWLIE, Ian, op. cit., p. 593-594, há duas fontes de fragilidade no sistema das Nações Unidas de proteção dos direitos humanos: "em primeiro lugar, a obrigação jurídica é geral na origem, tendo-se avançado no sentido de completar a Carta através da adoção de pactos que atribuem um conteúdo mais específico aos direitos protegidos e que apresentam processos coercivos mais sofisticados. Assim, embora seja duvidoso que os Estados possam ser chamados a responder por cada alegada violação das disposições bastante vagas da Carta, não pode haver grandes dúvidas sobre a existência de responsabilidade nos termos da Carta a respeito de qualquer violação substancial destas disposições, especialmente quando está envolvido um grupo de pessoas ou um padrão de atividade. A segunda, é a ausência de uma definição precisa. Se a intenção dos redatores da Carta for respeitada, é evidente que o conceito de Direitos Humanos encerra no seu âmago uma certeza razoável. Além disso, em 1948, a Assembleia Geral adotou a Declaração Universal dos Direitos Humanos que é abrangente e que afetou, até certo ponto, o conteúdo do direito nacional, chegando a ser invocada pelos tribunais".
243 GUERRA, Sidney, op. cit., p. 205.
244 Para SUDRE, Frederic, op. cit., p. 13, os direitos humanos são entendidos como "les droits et facultés assurant la liberté et la dignité de la personne humaine et bénéficiant de garanties institutionelles, n'ont été introduits que récemment dans le corpus international. Ce n'est qu'après la Seconde Guerre mondiale et ses atrocités qu'émerge le Droit international des droits de l'homme avec la multiplication d'instruments internationaux énonçant les droits garantis".

ao sistema de necessidades humanas e que, devendo ser objeto de positivação, ainda assim não foram consubstanciados)[245].

Guerra Martins também procurou dar sua contribuição ao afirmar que as diferentes noções de direitos humanos surgiram inicialmente como ideais que refletiam a crescente conscientização contra a opressão ou a inadequada atuação por parte da autoridade estadual. *Prima facie*, assistiu-se à positivação em instrumentos jurídicos internos, e, posteriormente, essa positivação também ocorreu em nível internacional. Cada tipo de direito humano constitui determinado *standard* normativo e implica uma relação de direito público entre seres humanos e autoridades públicas com vista a prosseguir os valores humanos fundamentais e a proteger as necessidades contra a interferência das autoridades públicas[246].

Os direitos humanos também se diferenciam, por sua vez, da ideia de direitos naturais, e não devem ser referidos como expressões correlatas. A pendência que geralmente acarreta a confusão conceitual gira em torno dos fundamentos dos direitos humanos. A busca de um fundamento absoluto de validade empreendida pelos adeptos do jusnaturalismo é uma tarefa laboriosa, nem sempre possível de ser direcionada a um final. Ainda que admitida a sua viabilidade, questiona-se a validade desse empreendimento[247].

Essa busca de um fundamento absoluto e irresistível, na visão de Norberto Bobbio, é infundada porque as tentativas de conceituar "direitos do homem" revelaram-se tautológicas, na medida em que fazem alusão apenas ao estatuto almejado, mas sem mencionar seu conteúdo. Mesmo quando tratam do conteúdo, fazem-no com termos avaliativos, cuja interpretação é diversificada e que estão sujeitos à ideologia do intérprete[248].

Mais um ponto obscuro na busca de um fundamento absoluto é o apelo a valores últimos, nem sempre justificáveis e até mesmo antinômicos, exigindo uma concessão mútua para serem realizados[249].

Um terceiro fator prejudicial à noção de fundamento absoluto é que os direitos dos homens compõem uma classe sujeita a modificações, isto é,

---

245 LUÑO, Antonio-Enrique Pérez. *Los derechos fundamentales.* 7. ed. Madrid: Tecnos, 1998, p. 46-47.
246 MARTINS, Ana Maria Guerra, op. cit., p. 83.
247 BOBBIO, Norberto. *A era dos direitos.* 12. tir. Trad. Carlos Nélson Coutinho. Rio de Janeiro: Campus, 1992, p. 15 e s.
248 Idem.
249 Ibidem.

são direitos historicamente relativos e formam uma classe heterogênea, incluindo pretensões diversas e até mesmo incompatíveis, tornando insustentável a ideia de terem por base o mesmo fundamento absoluto[250].

Ainda segundo Bobbio, os direitos do homem não atingiram níveis mais elevados de eficácia enquanto a argumentação girou em torno de um fundamento absoluto irresistível. Para ele, a questão do fundamento absoluto dos direitos do homem perdeu parte de sua relevância porque, apesar da crise do fundamento, ainda assim foi possível construir a Declaração Universal dos Direitos do Homem, como documento que conta com legitimidade praticamente mundial, apesar de não haver consenso quanto ao que poderia ser considerado fundamento absoluto de tais direitos.

Dessa forma, a questão central em relação aos direitos do homem, em sua opinião[251], passou a ser a busca pela eficácia, pois apenas mostrar que são desejáveis não equacionou o problema de sua realização. Mais do que encontrar o fundamento absoluto dos direitos humanos, o papel principal passou a ser a procura dos vários fundamentos possíveis em cada caso concreto, unidos ao estudo dos problemas inerentes a sua eficácia.

Muito embora alguns direitos humanos sejam inerentes à condição humana e com apelo à universalidade, não é possível desvinculá-los de sua dimensão temporal e espacial, sendo imprópria a afirmação de que direitos humanos equivalem aos direitos naturais ou direitos do homem.

Sem embargo, se por um lado há dificuldades no sistema vigente das Nações Unidas, digno de registro é que a própria Carta contemplou aspectos que versam sobre direitos humanos em algumas passagens, o que permite a atuação dos vários órgãos que fazem parte da Organização sem que tenham "competência originária" para tratar da matéria.

Como visto, não se pode olvidar do preâmbulo da Carta da Organização das Nações Unidas, que estabelece:

> "Nós, os povos das Nações Unidas, resolvidos a preservar as gerações vindouras do flagelo da guerra, que por duas vezes, no espaço da nossa vida, trouxe sofrimentos indizíveis à humanidade, e a reafirmar a fé nos direitos fundamentais do homem, na dignidade e no valor do ser humano, na igualdade de direito dos homens e das mulheres, assim como das nações grandes e pequenas, e a estabelecer condições sob as quais a jus-

---

250 Ibidem, p. 16.
251 Ibidem, p. 23-24.

tiça e o respeito às obrigações decorrentes de tratados e de outras fontes do Direito Internacional possam ser mantidos, e a promover o progresso social e melhores condições de vida dentro de uma liberdade ampla. (...)
Logo após, no artigo 1, 3 ao apresentar os direitos humanos como um dos propósitos das Nações Unidas:
3. Conseguir uma cooperação internacional para resolver os problemas internacionais de caráter econômico, social, cultural ou humanitário, e para promover e estimular o respeito aos direitos humanos e às liberdades fundamentais para todos, sem distinção de raça, sexo, língua ou religião".

Essas manifestações permitem afirmar que a Carta da ONU foi redigida com a intenção voltada para a proteção do indivíduo, com todos os desdobramentos desse sentimento.

O artigo 13, por exemplo, atribui à Assembleia Geral a possibilidade de iniciar estudos e fazer recomendações, destinados a promover cooperação internacional no terreno político e incentivar o desenvolvimento progressivo do Direito Internacional e sua codificação; promover cooperação internacional nos terrenos econômico, social, cultural, educacional e sanitário e favorecer o pleno gozo dos direitos humanos e das liberdades fundamentais, por parte de todos os povos, sem distinção de raça, sexo, língua ou religião.

Frise-se, por oportuno, que em 28 de fevereiro de 1994 a Assembleia Geral criou o Alto Comissariado para os Direitos Humanos, cujas atribuições principais são: promover e proteger o gozo de todos os direitos civis, políticos, econômicos e culturais; desempenhar as tarefas designadas pelos órgãos competentes do sistema das Nações Unidas, formulando recomendações para promoção dos direitos humanos; proporcionar serviços de assessoramento e assistência técnica e financeira; coordenar programas de informação e educação em direitos humanos; aumentar a eficiência do mecanismo internacional de proteção dos direitos humanos.

O mandato do Alto Comissariado para Direitos Humanos, que inclui recomendações para melhorar a situação dos direitos humanos no mundo, é cumprido pelo Centro para Direitos Humanos e outras instituições. Deve ocorrer diálogo constante com os Estados no sentido de garantir o respeito aos direitos humanos e a promoção da cooperação internacional.

No capítulo que trata da cooperação internacional econômica e social deve ser destacado o artigo 55, que afirma que para criar condições de estabilidade e bem-estar necessárias às relações pacíficas e amistosas entre as nações, baseadas no respeito ao princípio da igualdade de direitos e da autodeterminação dos povos, as Nações Unidas favorecerão: a) níveis mais altos de vida, trabalho efetivo e condições de progresso e desenvolvimento econômico e social; b) a solução dos problemas internacionais econômicos, sociais, sanitários e conexos; a cooperação internacional, de caráter cultural e educacional; e c) o respeito universal e efetivo raça, sexo, língua ou religião. Para a realização dos propósitos acima enumerados, todos os membros da Organização se comprometem a agir em cooperação com esta, em conjunto ou separadamente (artigo 56).

Quanto ao Conselho Econômico e Social, este fará ou iniciará estudos e relatórios a respeito de assuntos internacionais de caráter econômico, social, cultural, educacional, sanitário e conexos, e poderá fazer recomendações a respeito de tais assuntos à Assembleia Geral, aos membros das Nações Unidas e às entidades especializadas interessadas. Poderá, igualmente, fazer recomendações destinadas a promover o respeito e a observância dos direitos humanos e das liberdades fundamentais para todos e também poderá preparar projetos de convenções a serem submetidos à Assembleia Geral, sobre assuntos de sua competência. Compete também ao Conselho Econômico e Social a criação de comissões para os assuntos econômicos e sociais e a proteção dos direitos humanos, assim como outras comissões que forem necessárias para o desempenho de suas funções.

De toda sorte, é sabido que o compromisso assumido pelos Estados que integram o plano das Nações Unidas em promover e proteger os direitos humanos não deverá se limitar a formalismos, devendo vir acompanhado de atitudes que demonstrem sua intenção em cooperar com os trabalhos desenvolvidos na esfera internacional[252].

Nesse contexto, fica evidente que a proteção dos direitos humanos no sistema internacional não deverá esgotar-se na atuação do Conselho de

---

[252] Interessante a manifestação de PINHEIRO, Paulo Sérgio. Os sessenta anos da Declaração Universal: atravessando um mar de contradições. *Revista Internacional de Direitos Humanos. SUR*, ano 5, n. 9, São Paulo, dez. 2008, p. 84: "Está na hora de tornarmos os princípios da Declaração Universal e de outros importantes instrumentos de direitos humanos, aplicáveis a todas as pessoas, independentemente de onde estiverem e para além de qualquer excepcionalismo cultural. (...) O sistema global ou os sistemas regionais de proteção internacional dos direitos humanos nos hemisférios sul e norte nunca serão eficazes por completo para os excluídos, se os países não solucionarem a deficiência da legislação interna, a ineficácia do poder judiciário, a inoperância do aparato repressivo do Estado e a implementação precária dos direitos no âmbito nacional".

Direitos Humanos, sendo certo que o órgão sofreu um grande revés com a saída dos Estados Unidos da América de sua estrutura[253].

Por fim, é importante assinalar que o sistema de proteção internacional dos direitos humanos não se esgota no plano das Nações Unidas, uma vez

---

[253] A imprensa internacional deu destaque ao pronunciamento da embaixadora norte-americana por ocasião do comunicado da saída de seu país da estrutura do Conselho de Direitos Humanos da ONU: "Os Estados Unidos anunciaram nesta terça-feira (19/06) que estão deixando o Conselho de Direitos Humanos das Nações Unidas, mencionando como uma das principais razões um "viés crônico contra Israel" dentro do órgão internacional formado por 47 países. A decisão foi anunciada pela embaixadora americana na ONU, Nikki Haley, em coletiva de imprensa em Washington ao lado do Secretário de Estado dos EUA, Mike Pompeo. Em seu duro discurso, a diplomata disparou uma série de críticas ao conselho sediado em Genebra: "Por muito tempo o Conselho de Direitos Humanos tem sido um protetor dos violadores de direitos humanos e uma fossa de viés político", acusou Haley, descrevendo a entidade como "uma organização hipócrita e individualista que zomba dos direitos humanos. Deem uma olhada nos membros do conselho e vocês verão um terrível desrespeito pelos direitos mais básicos", afirmou a embaixadora, mencionando países como China, Congo, Cuba e Venezuela. "Os regimes mais desumanos do mundo continuam escapando do escrutínio." Sobre Israel, nação que os EUA defendem há tempos dentro das Nações Unidas, ela afirmou que "o foco desproporcional e a hostilidade interminável contra o país são uma prova clara de que o conselho é motivado por viés político, não por direitos humanos". Além disso, Haley reconheceu que Washington falhou em convencer outras nações a apoiarem publicamente as propostas americanas a favor de uma reforma no órgão, além de atacar China, Cuba, Egito e Rússia por terem frustrado os esforços dos EUA nesse sentido. A diplomata também lançou críticas contra alguns países que, apesar de compartilharem os mesmos valores de Washington e terem tentado convencer o país a permanecer no conselho, se recusaram "a desafiar seriamente o status quo". "Nenhum país teve a coragem de se juntar à nossa luta." Haley, contudo, deixou claro que a saída dos EUA do órgão não significa "um recuo" nos compromissos do país com os direitos humanos. "Continuaremos liderando essa luta fora desse conselho que não é digno de seu nome", destacou, acrescentou que, se a entidade finalmente passar por reformas, como exige Washington, o país "ficará feliz em retornar". Entre as reformas que os EUA vêm defendendo está garantir que nações que violam os direitos humanos não sejam eleitas para o órgão, bem como tornar mais fácil a expulsão de um Estado-membro que infrinja as normas. Atualmente, é necessário que ao menos dois terços dos 193 membros da Assembleia Geral da ONU aprovem a suspensão de um integrante.
Em declarações semelhantes, o Secretário de Estado americano, Mike Pompeo, afirmou que "não há dúvidas de que a criação do órgão foi com boa fé, mas precisamos ser honestos: o Conselho de Direitos Humanos da ONU é um pobre defensor dos direitos humanos". Disponível em https://www.dw.com/pt-br/eua-se-retiram-do-conselho-de-direitos-humanos-da-onu/a-44301521. Acesso em 28/06/18.

que existem sistemas regionais de proteção, a exemplo do Europeu, Americano e Africano[254], que serão analisados na sequência.

Antes, porém, de passar para o capítulo que trata dos sistemas regionais de proteção, serão expendidas considerações sobre os tribunais internacionais de direitos humanos.

6. OS TRIBUNAIS INTERNACIONAIS DE DIREITOS HUMANOS

A justiça internacional já se apresentou como uma justiça entre Estados: se uma pessoa desejasse apresentar uma reivindicação legal contra um governo estrangeiro, seu único recurso, salvo o de propor-lhe uma ação em seus próprios tribunais, era fazer com que sua reivindicação fosse perfilhada por seu governo. Atualmente o quadro acima é diferente[255], eis que a proteção dos direitos individuais se erigiu em preocupação do Direito Internacional[256].

O fato é que no final do século XIX e início do século XX, o direito internacional clássico não mais correspondia às necessidades de uma co-

---

254 Esse assunto foi tratado em outra oportunidade, e para ter acesso às informações recomenda-se a leitura de GUERRA, Sidney. *Direito internacional dos direitos humanos*. 3. ed. Rio de Janeiro: Lumen Juris, 2020.

255 A título de exemplo, verifica-se a possibilidade de a pessoa humana intentar ações diretamente sem a participação do Estado, consoante as palavras de TRINDADE, Cançado. *Las cláusulas pétreas de la protección internacional del ser humano*, op. cit., p. 23: "Há sido bajo la Convención Europea de Derechos Humanos que una vasta jurisprudencia sobre el derecho de petición individual se há desarrollado. Es cierto que el artículo 25 de la Convención Europea fue originalmente concebido como una cláusula facultativa; hoy día, sin embargo, es ésta aceptada por todos los Estados Partes en la Convención, enmendada por el Protocolo n. 11 a la Convención, vigente a partir del 01 de noviembre de 1998: el derecho de petición ante la nueva Corte Europea (como órgano jurisdiccional único bajo la Convención modificada) es mandatorio (como lo há sido bajo le Convención Americana sobre derechos humanos desde su adopción en 1969). (...) El inicio de la vigencia de este Protocolo, el 01.11.98, representó un hito altamente gratificante para todos los que actuamos en pro del fortalecimiento de la protección internacional de los derechos humanos. El individuo pasó así a tener, finalmente, aceso directo a un tribunal internacional, como verdadero sujeto – y com plena capacidad jurídica – del Derecho Internacional de los Derechos Humanos".

256 Vide a propósito GUERRA, Sidney; TONETTO, Fernanda. *Do direito internacional clássico para um direito internacional cosmopolita: uma possibilidade a partir da proteção dos direitos humanos*. Direito internacional [Recurso eletrônico on-line] organização CONPEDI/ UMinho Coordenadores: Lucas Gonçalves da Silva – Florianópolis: CONPEDI, 2017.

munidade internacional da qual começam a emergir os Direitos Humanos[257] em um nível que extravasa os limites do Estado-Nação. Se é certo que a doutrina dos direitos humanos nascera no seio dos Estados, como uma conquista interna contra o absolutismo das monarquias europeias, nesse novo momento histórico eles se tornam transversais aos direitos nacionais.

Nesse contexto, um novo ente passa a demandar a proteção do direito. Noção *a priori* inapreensível, porque englobante, a humanidade passa a ser um dos centros de proteção do direito internacional, entrando em cena pela primeira vez em um texto jurídico na Convenção de Haia, de 1899, com a Cláusula Martens[258], e passando em seguida a criar categorias jurídicas novas, quando se começa a falar em "crime contra a humanidade", ou "patrimônio mundial da humanidade", ganhando corpo de direito, especialmente após 1945, a partir de quando o conceito de humanidade passa a se infiltrar no campo jurídico[259].

De fato, os princípios de proteção da humanidade e um elo universal com vistas à tutela da dignidade humana é a herança da Segunda Guerra Mundial e esse legado tem lançado as bases de um novo direito internacional. De um lado, a Carta de São Francisco e do outro, o novo edifício do sistema das Nações Unidas cujo ponto de partida para a criação de uma nova ordem jurídica internacional, composta por *core conventions* destinadas a conferir proteção a um núcleo duro de direitos humanos intangíveis[260].

O sistema de proteção internacional dos direitos humanos, inaugurado no ano de 1945 com a criação da Organização das Nações Unidas, ca-

---

257 CASSESE, Antonio. *Le droit international dans un monde divisé*. Paris, Berger-Levrault, 1986, pp. 185-186.

258 Convention (II) concernant les lois et coutumes de la guerre sur terre et son Annexe: Règlement concernant les lois et coutumes de la guerre sur terre. La Haye, 29 juillet 1899. (…) Animés du désir de servir encore, dans cette hypothèse extrême, les intérêts de l'humanité et les exigences toujours progressives de la civilisation; (…) En attendant qu'un code plus complet des lois de la guerre puisse être édicté, les Hautes Parties Contractantes jugent opportun de constater que, dans les cas non compris dans les dispositions réglementaires adoptées par Elles, les populations et les belligérants restent sous la sauvegarde et sous l'empire des principes du droit des gens, tels qu'ils résultent des usages établis entre nations civilisées, des lois de l'humanité et des exigences de la conscience publique.

259 LE BRIS, Catherine. *L'humanité saisie par le droit international public*. Paris, LGDJ, 2012, pp. 23-24.

260 FROUVILLE, Olivier de. *L'intangibilité des droits de l'homme en droit international*. Paris: Pédone, 2004.

racteriza-se como um sistema de cooperação intergovernamental que tem por objetivo a proteção dos direitos inerentes à pessoa humana[261].

Além de ter consagrado a proteção internacional dos direitos humanos como princípios fundamentais de seu texto normativo, a Carta da ONU também deixou explícito que a proteção dos direitos inerentes à pessoa humana se apresenta como meio importante para assegurar a paz.

Noutra banda, impulsionado pelos princípios de direitos humanos consagrados no sistema internacional, teve origem o direito internacional penal, que desde logo rompeu com a ideia de que o Estado é a fonte única de direito. Com o Tratado de Londres, de 1945, pela primeira vez na história, uma incriminação teve origem em um texto de direito internacional, que acabou por desaguar na sua aplicação direta, cujos resultados desembocaram em condenações impostas pelo Tribunal Internacional de Nuremberg. Não se pode olvidar da Carta de Tóquio, que deu origem ao Tribunal do Extremo Oriente. Por tais circunstâncias, fica evidente que existem violações aos direitos inerentes à pessoa humana que ultrapassam os limites estabelecidos pelo direito interno, conferindo uma certa primazia do direito internacional[262].

---

[261] Sobre o tema relativo à proteção dos direitos humanos, a Organização das Nações Unidas proclama: "Uno de los grandes logros de las Naciones Unidas ha sido la creación de un conjunto global de instrumentos de derechos humanos – un código universal de derechos humanos protegidos internacionalmente – al cual se pueden suscribir todas las naciones y al cual pueden aspirar todos los pueblos. La Organización no solo ha definido una amplia gama de derechos reconocidos internacionalmente, como derechos económicos, sociales, culturales, políticos y civiles, sino también ha establecido mecanismos para promoverlos y protegerlos y para ayudar a los gobiernos a que cumplan sus obligaciones". In: *ABC de las Naciones Unidas*. Nova York: Publicación de las Naciones Unidas, 2004, p. 295.

[262] Interessante a abordagem apresentada por GUERRA, Sidney. *Curso de direito internacional público*. 14. ed. São Paulo: Saraiva, 2022, p. 536: "Devido ao seu aspecto precursor, o Tribunal de Nuremberg recebeu várias críticas, que podem ser sintetizadas da seguinte forma: a) violação do princípio *nullum crimen, nulla poena sine lege*; b) ser um verdadeiro tribunal de exceção constituído apenas pelos vencedores; c) a responsabilidade no Direito Internacional é apenas do Estado e não atinge o indivíduo; d) que os Aliados também tinham cometido crimes de guerra; e) os atos praticados pelos alemães eram atos ilícitos, mas não criminosos. A despeito das críticas apresentadas, a criação do Tribunal de Nuremberg foi importante, pois surgiram figuras que a sociedade internacional conhecia de fato, mas não conhecia de direito: o crime de lesa-humanidade, os crimes de guerra e o crime de agressão. Essas categorias não estavam legisladas nem reconhecidas efetivamente no âmbito do Direito Internacional e com a ideia de se criar um Tribunal Internacional começaram a prosperar de fato".

Esse novo direito internacional, em matéria penal, produziu um arcabouço normativo de proteção aos direitos humanos sob a base de incriminações. Nessa esteira, foram concebidas a Convenção sobre a prevenção e a repressão do crime de genocídio, de 1948; a Convenção sobre a imprescritibilidade do crime de guerra e do crime contra a humanidade, de 1968; a Convenção sobre a eliminação e repressão do crime de apartheid, de 1973; a Convenção contra a tortura e outras penas ou tratamentos cruéis, desumanos ou degradantes, de 1984; e a Convenção internacional para a proteção de todas as pessoas contra os desaparecimentos forçados, de 2006.

Indubitavelmente que se criou um ordenamento jurídico internacional que une todas as comunidades humanas, não mais limitado ao regramento das relações entre Estados, mas sim que passa a ter como grande elemento de proteção o indivíduo. O caráter de que os direitos humanos impregnam o direito internacional modifica completamente os seus princípios fundantes e inaugura um novo paradigma: se o direito internacional clássico era limitado à relação entre os Estados, ancorado sobre a hierarquia entre as culturas, que servia a fundamentar processos de colonização como se fossem uma obra civilizadora, o direito internacional atual, fundado sobre os direitos dos indivíduos, traduz o reconhecimento da igualdade de estatuto e de direitos desses indivíduos, bem como a igual dignidade de suas culturas e de suas civilizações[263]. O indivíduo ganha a condição de sujeito de direito internacional, tanto no que toca às suas prerrogativas quanto no que tange às suas obrigações.

A percepção de que a comunidade internacional é ligada por um núcleo duro de valores comuns foi o que ensejou a legitimação das jurisdições internacionais, que relativizam ainda mais o conceito de soberania, causando o que Antonio Cassese denomina de "retraimento da autoridade do Estado, em virtude da perda, por parte deste, do monopólio do poder de dizer o direito"[264].

Desse núcleo de valores que ensejam a proteção de direitos de natureza universal, porque válidos independentemente das culturas, e absolutos,

---

263 TOURME-JOUANNET, Emmanuelle. *Le droit international*. Paris, Presses Universitaires de France, 2013, pp. 12-122.
264 DELMAS-MARTY, Mireille; CASSESE, Antonio (Orgs). *Crimes internacionais e Jurisdições Internacionais*. Trad. Silvio Antunha. Barueri: Manole, 2004, p. 4 e seguintes.

porque não suscetíveis a relativizações pelo direito doméstico, o direito internacional extrai princípios que alcançaram o *status* de *ius cogens* com aplicação *erga omnes*, como é o caso da proibição da tortura; do genocídio; do uso de trabalhos forçados e da escravidão; e do emprego de tratamento cruel ou desumano que, se violados, ensejam o acesso à jurisdição internacional.

Essas premissas possibilitaram ao direito internacional, no curso do século XX, conhecer um desenvolvimento sem precedentes que culminou na multiplicação de jurisdições posicionadas acima dos Estados, provocando o nascimento de uma *ordem jurídica mundial* contextualizada em uma era de transição do modelo de soberania para um modelo universalista, ou do que Olivier de Frouville chama de transição do modelo de sociedade dos Estados soberanos para modelo de sociedade humana universal[265].

Nesse novo paradigma, em que subsiste a coexistência das jurisdições internacionais e das jurisdições internas, que já não podem funcionar de maneira isolada dada a diversidade de temas a que são submetidas, despontam necessidades de regular a relação entre os povos e entre os Estados. Neste modelo que consagra a existência de verdadeira sociedade humana universal, ganham relevo as Cortes Internacionais[266].

As Cortes Internacionais possuem competências díspares e poderão funcionar em julgamentos que figurem Estados ou indivíduos. No caso, por exemplo, da Corte Internacional de Justiça, a mesma possui competência para dirimir conflitos entre os Estados; as Cortes de Direitos Humanos[267] que se apresentam nos sistemas regionais, como o Europeu e Americano, por exemplo, julgam violações de direitos humanos praticadas pelo Estado contra os indivíduos; quanto à responsabilização penal dos indivíduos por crimes internacionais, tem-se o Tribunal Penal Internacional que atua em complementariedade com as diversas jurisdições internacionalizadas[268] e

---

265 FROUVILLE, Olivier de. *Droit international pénal. Sources, incriminations, responsabilité*. Paris: Pedone, 2012, p. 1-3.
266 GUERRA, Sidney. *O sistema interamericano de proteção dos direitos humanos e o controle de convencionalidade*. 3. ed. Curitiba: Instituto Memória, 2020, em que apresenta o funcionamento do sistema americano dos direitos humanos e também comenta os casos que ensejaram a condenação da República Federativa do Brasil junto à Corte Interamericana de Direitos Humanos.
267 A matéria será apresentada nos capítulos seguintes da presente obra.
268 É o caso das Câmaras Especiais dos Tribunais do Timor Leste, do Kosovo e da Corte Especial para Serra Leoa, que já encerraram suas atividades, bem como do Tri-

com as jurisdições nacionais. Sobre este último ponto, serão expendidas algumas considerações relativas aos crimes contra a humanidade e de genocídio.

Os crimes internacionais, dos quais são espécie o crime contra a humanidade e o genocídio, podem ser analisados a partir de duas concepções. A primeira é de natureza formal, segundo a qual os crimes internacionais são violações previstas e descritas por uma convenção internacional. A segunda concepção, de natureza material, considera uma perspectiva diferente, segundo a qual os crimes internacionais são infrações que portam uma lesão aos valores de toda a humanidade, valores, portanto, comuns a todas as sociedades[269].

Se atualmente a expressão *crimes internacionais* advém de transgressões penais que são previstas no Estatuto de Roma[270], tais como o crime de genocídio, o crime contra a humanidade, o crime de guerra e o crime de agressão, e que são portanto definidos por um instrumento único de direito internacional tendo por objetivo, ao menos em teoria, a proteção de valores do conjunto das comunidades humanas, considerando o fato de que se trata de uma jurisdição internacional permanente com vocação universal, essas definições foram construídas de maneira diferente ao longo da história[271].

Assim, para que seja possível analisar o processo que levou à identificação dos crimes internacionais, para na sequência verificar como o direito internacional se ocupa desses conceitos atualmente, imperioso, ainda que brevemente, apresentar a construção histórica dos crimes internacionais

A primeira definição de crime internacional concerne à edificação do conceito de crime de guerra, devido em grande parte ao desenvolvi-

---

bunal Especial para o Líbano, das Câmaras Extraordinárias dos Tribunais do Cambodja, das Câmaras Africanas Extraordinárias no Senegal, da Corte Especial para a República Centro-Africana e das novas Câmaras Especiais para o Kosovo.

269   DELMAS-MARTY, Mireille. *Os crimes internacionais podem contribuir para o debate entre universalismo e relativismo de valores?* In: DELMAS-MARTY, Mireille; CASSESE, Antonio (Orgs). *Crimes internacionais e jurisdições internacionais.* Trad. Silvio Antunha. Barueri: Manole, 2004.

270   Apesar de o Estatuto de Roma não ter utilizado o termo "crime internacional", seu artigo 1º faz referência aos "crimes mais graves que possuam alcance internacional".

271   *Vide* a propósito GUERRA, Sidney. *Curso de direito internacional público.* 14. ed. São Paulo: Saraiva, 2022.

mento do direito internacional humanitário, cujo nascimento remonta à preocupação da comunidade internacional em reduzir os danos causados pelas guerras.

Seu principal instrumento jurídico é a constituição da Liga das Nações consagrada pelo Tratado de Versalhes de 1919, redigido no prolongamento das conclusões da *Commission sur la responsabilité des auteurs de la guerre et sur l'application des peines*[272], bem como pelas Convenções de Haia de 1899 e de 1907 e sobretudo pelas quatro Convenções de Genebra.

As Convenções de Haia são as fundadoras do denominado "direito de Haia", encarregado notadamente de estabelecer as regras concernentes aos conflitos armados, tais como a proibição de utilização de certas armas ou métodos de combate, enquanto as Convenções de Genebra, portando criação ao "direito de Genebra", fundam um regime jurídico de proteção de pessoas concernidas pelas hostilidades[273].

Tanto o direito de Haia quanto o direito de Genebra serão as principais fontes de inspiração da definição dos crimes de guerra. A concepção de crime de guerra servirá de aparato para a construção do conceito de crime contra a humanidade, porquanto a aparição deste último na cena internacional remonta igualmente às convenções de Haia de 1899 e de 1907, notadamente por meio da definição da cláusula Martens que foi o primeiro texto jurídico a evocar a existência de normas uniformes de proteção dos indivíduos "*sob a proteção e a regulamentação dos princípios do direito internacional, uma vez que estes resultam dos costumes estabelecidos entre povos civilizados, dos princípios da humanidade e dos ditames da consciência pública*".

Em seguida, após o massacre dos armênios na Turquia ocorrida em 1915 e por ocasião da Conferência de Paz de Paris, em 1919, uma comissão foi nomeada a fim de examinar as responsabilidades decorrentes dos atos

---

272 A Comissão sobre a responsabilidade dos autores da guerra e sobre a aplicação das penas permitiu a redação de artigos que dizem respeito às reparações previstas pelo Tratado de Versalhes (artigos 231 a 244), em que o Estado alemão e seus aliados reconhecem sua responsabilidade por todas as perdas e violações sofridos pelos Estados vencedores. Ver: Commission on the Responsibility of the Authors of the War and on Enforcement of Penalities. *The American Journal of International Law*, v. 14, n. 1/2 (jan.-apr., 1920).

273 BETTATI, Mario. *Droit humanitaire*. Paris: Dalloz, 2012.

cometidos durante a Primeira Guerra Mundial, inclusive o genocídio armênio. Esses atos foram qualificados como crimes contra a humanidade, mas nunca foram incluídos no Tratado de Sèvres, posteriormente substituído pelo Tratado de Lausanne, que nada previu a propósito dos crimes contra a humanidade.

Assim, mesmo que o direito internacional tenha conhecido algumas referências às ofensas às *leis da humanidade*, o fato é que a primeira definição do crime contra a humanidade decorre do Estatuto do Tribunal de Nuremberg, criado pelo Acordo de Londres em 1945.

À diferença dos conceitos de crime de guerra, a noção de crime contra a humanidade foi concebida de forma casuística com a finalidade de responder às atrocidades perpetradas durante a Segunda Guerra Mundial. O Estatuto de Nuremberg funda portanto a noção jurídica de um crime extremamente grave e que não poderia ser qualificado como sendo um crime de guerra segundo o direito internacional humanitário.

Ao mesmo tempo em que o Estatuto de Nuremberg rompeu os paradigmas tais como a desconstrução do elo que ligava o indivíduo ao seu Estado de forma a impedir a sua responsabilização internacional, a primeira definição de crime contra a humanidade foi igualmente objeto de numerosas críticas, tais como a de ser qualificada como instrumento de justiça dos vencedores e de violar os princípios da legalidade e da primazia do direito penal.

Apesar das críticas, o fato é que esta primeira definição de crimes contra a humanidade tornou possível o desenvolvimento do conceito de valores protegidos por meio das diferentes convenções internacionais que lhe sucederam.

Desta forma, desde Nuremberg, o direito internacional experimentou um novo desenvolvimento, a começar pelo advento da Convenção pela prevenção e a repressão do crime de genocídio, em que este crime foi nomeado pela primeira vez em um instrumento jurídico[274]. A essa convenção sobrevêm a Convenção sobre a imprescritibilidade dos crimes de guerra e do crime contra a humanidade (1968), assim como a Convenção para a eliminação e a repressão do crime de apartheid (1973), a Conven-

---

[274] A convenção foi proposta por Raphael Lemkin, a quem foi atribuída a criação da expressão genocídio em resposta oficial a Winston Churchill sobre os "crimes sem nome" cometidos pelos nazistas durante a Segunda Guerra Mundial. Ver: REBUT, Didier. *Droit pénal international*. Paris: Dalloz, 2012, p. 617.

ção contra a tortura e outras penas e tratamentos cruéis, desumanos e degradantes (1984) e a Convenção internacional para a proteção de todas as pessoas contra os desaparecimentos forçados (2006). Mesmo se essas convenções não precisaram os contornos do crime contra a humanidade, elas tornaram possível a sua evolução no sentido de que os conceitos por elas construídos foram utilizados no desenho da atual noção de crime contra a humanidade.

Embora no seio das Nações Unidas tenha havido um comitê encarregado de codificar o direito relativo aos crimes internacionais, é verdade que esta evolução de construção de conceitos experimentou uma desaceleração sobretudo no período da guerra fria, apenas retomando seu desenvolvimento a partir dos fatos que desencadearam a criação do Tribunal Penal Internacional para a ex-Iugoslávia em 1993 e o Tribunal Penal Internacional para Ruanda em 1994.

Quanto aos estatutos e à jurisprudência desses tribunais, os mesmos aportaram novos elementos à definição do crime contra a humanidade, ligado inicialmente à necessidade de um contexto de existência de um conflito armado (TPII) e à existência de uma intenção discriminatória geral (TPIR).

Em uma derradeira etapa, a evolução da definição do crime contra a humanidade chega ao Estatuto de Roma, criador do Tribunal Penal Internacional, cujo artigo 7 não exigirá mais a existência de um conflito armado, confirmando a noção de que crimes contra a humanidade podem ser cometidos em tempo de guerra ou de paz.

Com efeito, apesar de o Estatuto da Corte Penal Internacional não ter vocação de ser definitivo no que se refere ao conceito dos crimes internacionais, visto a existência de outras jurisdições de caráter internacionalizado e os projetos de novas convenções internacionais[275], no Estatuto de Roma se encontram as definições dos crimes internacionais ao mesmo tempo como resultado de um longo processo de construção histórica e de uma forma mais completa, se comparado a outros estatutos.

Nesse sentido, seu artigo 6 prevê como crime de genocídio a intenção de destruir, no todo ou em parte, um grupo nacional, étnico, racial ou religioso, cometendo atos tais como o homicídio de membros do grupo,

---

275 Como é o caso da *Convention internationale sur la prévention et la répression des crimes contre l'humanité*.

ofensas graves à integridade física ou mental de membros do grupo, a submissão intencional do grupo a condições de existência que levem a sua destruição física total ou parcial, a prática de medidas visando a impedir nascimentos no seio do grupo ou a transferência forçada de crianças do grupo a um outro grupo.

Os crimes contra a humanidade, conforme definidos no artigo 7, são considerados como aqueles cometidos no quadro de um ataque generalizado ou sistemático contra população civil, por meios como homicídio, exterminação, redução em escravidão, deportação ou transferência forçada de população, aprisionamento ou outra forma de privação grave da liberdade física, tortura, estupro, escravidão sexual, prostituição forçada, gravidez forçada, esterilização forçada ou outra forma de violência sexual de gravidade comparável, perseguição do grupo por motivos de ordem política, racial, nacional, étnica, cultural, religiosa ou sexista[276], desaparecimentos forçados, *apartheid* e outros atos desumanos de caráter análogo causando intencionalmente grande sofrimento ou ofensas graves à integridade física ou psíquica ou à saúde física ou mental.

Em seguida, o artigo 8 define o crime de guerra como sendo, de um lado, as violações das convenções de Genebra, compreendendo os conflitos armados não internacionais, e de outro lado, outras violações graves às leis e costumes aplicáveis aos conflitos armados internacionais conforme ao que dispõe o direito internacional, desde que os crimes se inscrevam em um plano ou uma política ou façam parte de uma série de crimes análogos cometidos em grande escala. O crime de guerra e o crime contra a humanidade separam-se definitivamente enquanto categorias jurídicas, especialmente por força da jurisprudência internacional que deixara de exigir a existência de uma guerra para a configuração do crime contra a humanidade.

O Estatuto de Roma ainda se ocupa de conceituar o crime de agressão, enquanto categoria de crime internacional. Sua definição e o exercício da competência da Corte, no entanto, ainda não se encontram sedimentados, refletindo uma maior lentidão na construção convencional e jurisprudencial dos contornos do crime, porquanto somente em 2010, por ocasião da con-

---

276 Ou, segundo o artigo 7, em função de outros critérios universalmente reconhecidos como inadmissíveis em direito internacional.

ferência de revisão de Kampala, que o artigo 8 *bis* foi anexado ao Estatuto de Roma, definindo o crime de agressão como sendo a planificação, a preparação, o desencadeamento ou o fato de se engajar no ato de um Estado de utilizar a força militar contra a soberania, a integridade territorial ou a independência política de um outro Estado.

Resta estabelecido que os atos de agressão compreendem a invasão, a ocupação militar e a anexação pelo emprego da força e o bloqueio de portos ou de costas, os quais, por sua natureza, sua gravidade e sua amplitude, são considerados como graves violações da Carta das Nações Unidas, desde que o autor da agressão seja uma pessoa em medida de controlar ou dirigir uma ação política ou militar de um Estado.

Por meio do artigo 8 *bis,* essa definição preenche uma lacuna no Estatuto de Roma do ponto de vista formal, sem, no entanto, incluir a possibilidade de exercício efetivo e imediato da competência do Tribunal Penal Internacional por crimes de agressão, porquanto a competência somente poderá ser exercida a partir de 2017, conforme definido pelo artigo 15 *bis* e isto após a ratificação da emenda por pelo menos trinta Estados[277].

Em virtude da nova regra, o indivíduo protagonista de um ataque armado, sem legítima defesa ou sem autorização prévia do Conselho de Segurança das Nações Unidas, poderá ser submetido à Corte, o que acrescenta um caráter de natureza política ao crime de agressão, sobretudo porque o Conselho de Segurança é competente para dar seu acordo em relação à abertura de uma investigação pelo cometimento do crime ou de conceder ao juiz sua anuência sobre a admissibilidade da ação em relação ao ato imputável.

Por fim, imperioso registrar que se de um lado o desenvolvimento do direito internacional penal criou um novo regime jurídico ao encontro dos crimes internacionais, de outro lado o fato de proteger valores concernentes à comunidade humana em seu conjunto, essas convenções internacionais adquirem um caráter de *ius cogens,* de forma a impor aos Estados sua observância.

Analisados os aspectos correspondentes à proteção dos direitos humanos no sistema global, passar-se-á para os sistemas regionais. Adverte-se,

---

[277] Esta exigência fora satisfeita em 26 de junho de 2016 com a ratificação da emenda pelo Estado da Palestina.

desde logo, que neste estudo será privilegiado o sistema americano, a ser contemplado em capítulo próprio, em razão dos vários desdobramentos observados no plano interno brasileiro. Isso porque a violação sistemática e persistente desses direitos poderá ensejar uma demanda junto à Corte Interamericana de Direitos Humanos, onde o Estado estará sujeito à responsabilidade internacional pelo descumprimento das normas de proteção à pessoa humana.

CAPÍTULO III

OS SISTEMAS REGIONAIS DE PROTEÇÃO DOS DIREITOS HUMANOS

1. CONSIDERAÇÕES GERAIS

Atualmente existem sistemas regionais de proteção internacional dos direitos humanos: o europeu de 1950, o interamericano de 1969 e o africano de 1981[278], além do incipiente sistema árabe. É interessante notar que todas as Convenções preveem de diferentes modos a expressão dignidade da pessoa humana ou direitos inerentes à pessoa humana em seus preâmbulos, embora não possuam necessariamente perspectivas idênticas[279].

Fato é que nenhum dos sistemas regionais é estanque ou completamente enclausurado em si mesmo. Pelo contrário, convenções de direitos humanos são instrumentos vivos, cujo diálogo recíproco entre os órgãos encarregados de dar efetividade à promoção e proteção dos direitos humanos acabam por promover um constante aprendizado recíproco. Essa concepção que conjuga a necessidade de sistemas de monitoramento e, ainda, uma visão de todos os direitos humanos como interdependentes é tributária das Conferências de Teerã de 1965 e de Viena de 1993. Essa

---

[278] Neste sentido, GUERRA, Sidney; LEGALE, Siddharta. *Comentários à convenção americana de direitos humanos – Pacto de São José da Costa Rica.* Curitiba: Instituto Memória, 2019.
[279] LEGALE, Siddharta; VAL, Eduardo Manuel. A Dignidade da Pessoa Humana e a jurisprudência da Corte Interamericana de Direitos Humanos. *Direitos Fundamentais & Justiça.* v. 1, p. 200, 2017.

última enfatizando em particular as conexões entre direitos humanos, desenvolvimento e democracia[280].

A Convenção Europeia de Direitos Humanos de 1950[281], em seu preâmbulo, traz um primeiro "considerando" que se reporta à DUDH de 1948. Em seguida, afirma que a CEDH se *"destina a assegurar o reconhecimento e aplicação universais e efetivos dos direitos nela enunciados"*. Reconhece como bases para justiça e paz no mundo, tanto *"num regime político verdadeiramente democrático"*, quanto o *"respeito dos direitos do homem"*. Conclui que os governos dos Estados Europeus, com base nisso, tomou essas primeiras providências para *"assegurar uma a garantia coletiva de certo número de direitos enunciados na Declaração Universal"*[282].

A Convenção Americana de Direitos Humanos de 1969 é posterior à Carta da OEA de 1948 e à Declaração Americana de Direitos e Deveres de 1948, que são documentos centrais na estruturação desse sistema regional de proteção dos direitos humanos[283]. A Carta da OEA foi reformada pelos Protocolos de Buenos Aires (1967), Cartagena de Índias (1985), Washington (1992) e Managua (1993)[284]. Seu preâmbulo traz a *"missão história da América"* em oferecer ao homem uma *"terra de liberdade, favorável ao desenvolvimento de sua personalidade e justas aspirações de conviver em paz"* e propiciar mediante a sua *"mútua compreensão e seu respeito à soberania de cada um"*. Nessa linha, o preâmbulo entende que a *"democracia representa condição indispensável para a estabilidade, paz e desenvolvimento da região"*. Já em um contexto diverso da Guerra Fria, a Carta Democrática Interamericana de 2001 reafirmou, por meio da Assembleia Geral, o compromisso da OEA com a democracia representativa. São basicamente essas as diretrizes para uma organização intergovernamental realizar uma sintonia fina entre respeito à soberania e à efetivação dos direitos humanos.

---

280 CANÇADO TRINDADE, Antônio Augusto. *Tratado de Direito Internacional dos Direitos Humanos*. Porto Alegre: Sergio Antonio Fabris Editor, 1997, v. I, capítulos 2 e 5.
281 Convenção para a Protecção dos Direitos do Homem e das Liberdades Fundamentais de Roma, adotada pelo Conselho da Europa em 4 de novembro de 1950. Entrada em vigor em 1953.
282 Para uma comparação detalhada entre o sistema europeu e o interamericano, cf. ESPIELL, Hector Gros. La Convention américaine et la Convention européenne des droits de l'Homme: analyse comparative. *Recueil des cours*, v. 218, 1989.
283 ESPIELL, Hector Gros. Le système interaméricain comme régime régional de protection internationale des droits de l'homme. *Recueil des cours*, v. 145, 1975, p. 1-55.
284 Para uma visão mais detalhada, ARRIGHI, Jean Michel. *OEA – Organização dos Estados Americanos*. Barueri: Manole, 2004.

O sistema africano foi concebido por meio de sua Carta, aprovada pela Conferência Ministerial da Organização da Unidade Africana (OUA) em Banjul, Gâmbia, em janeiro de 1981, e adotada pela XVIII Assembleia dos Chefes de Estado e Governo da Organização da Unidade Africana (OUA) em Nairóbi, Quênia, em 27 de julho de 1981. A perspectiva adotada, como destaca Emmanuel G. Bello[285], foi mais coletivista, global, comunitária e focada nos direitos ditos de 3ª geração/dimensão[286] quando comparada com as Convenções Europeia e Americana, fica evidente, a começar pela própria parte final do nome empregado para designar o documento "... e dos povos". Essa perspectiva também fica evidente em três partes do preâmbulo. A primeira parte enfatiza a liberdade, igualdade, justiça e dignidade como objetivos a serem realizados para atender as *"aspirações dos povos africanos"* e concluindo, ainda no preâmbulo, com a importância de, nos termos do art. 2º da Carta, *"eliminar sob todas as suas formas o colonialismo da África"* por meio da cooperação e coordenação com os instrumentos da Carta da ONU e da DUDH. A segunda traça a diretriz para se adotar os direitos humanos em sua universalidade, o que significa, na Carta Africana, *"dedicar uma particular atenção ao direito ao desenvolvimento"*, já que os *"direitos civis e políticos são indissociáveis dos direitos econômicos, sociais e culturais"*. A terceira merece ser destaca e enfatizada: *"os povos continuam a lutar pela sua verdadeira independência e pela sua dignidade, e comprometendo-se a eliminar o colonialismo, neocolonialismo, apartheid, o sionismo, as bases militares estrangeiras de agressão e quaisquer formas de discriminação, nomeadamente as que se baseiam na raça, etnia, cor, sexo, língua, religião ou opinião política"*.

Por fim, há de ressaltar que também existe o incipiente sistema árabe. Neste capítulo, serão apresentados os sistemas regionais, com exceção do interamericano, que será tratado em capítulo próprio.

2. O SISTEMA EUROPEU

2.1 Aspectos gerais

A região do continente europeu abrangida pelo Conselho da Europa é a parte do mundo mais desenvolvida no que tange à proteção dos direitos

---

285 Para uma análise mais detalha da Carta em suas origens, BELLO, Emmanuel G. The African Charter of Human and People's Rights: a legal analysis. *Recueil des cours*, v. 194, 1985.
286 Para um debate sobre as gerações de direitos fundamentais, cf. VASAK, Karel. Le droit international des droits de l'homme. *Recueil des cours*, v. 140, 1974, p. 333-429.

humanos, nos termos da Convenção Europeia para a Proteção dos Direitos Humanos e das Liberdades Fundamentais[287].

Essa necessidade de proteger os direitos humanos ocorreu, em grande medida, em razão das atrocidades que foram praticadas especialmente por ocasião da Segunda Guerra Mundial no velho continente[288].

O modelo integracionista consagrado na Europa passou por enormes mudanças, a começar pelo número de Estados, que no início eram seis e agora contabiliza 27: Alemanha, França, Bélgica, Holanda, Luxemburgo, Itália, Espanha, Áustria, Portugal, Suécia, Finlândia, Dinamarca, Irlanda, Grécia, Estônia, Letônia, Lituânia, Polônia, República Tcheca, Eslováquia, Hungria, Eslovênia, Chipre, Malta, Romênia, Bulgária e Croácia[289]. Para que a União Europeia chegasse nesse nível de desenvolvimento, também em matéria de direitos humanos, foi percorrido um longo caminho.

Sem embargo, com os problemas que foram produzidos no triste período da história (Segunda Guerra Mundial) em relação aos direitos humanos sentiu-se a necessidade de criar um sistema de proteção aos citados direitos no plano europeu. Com a fundação do Conselho Europeu, em Estrasburgo, é que tem início esse processo, culminando com a Convenção de 1950[290]. A Convenção Europeia de Direitos Humanos, de 1950, contemplou de maneira original a possibilidade de acesso das pessoas ao sistema internacional de proteção aos direitos humanos ali estabelecidos.

---

[287] MELLO, Celso Albuquerque, op. cit., 1997, p. 756, assinala que "a grande vantagem dessa Convenção é que, além de enunciar em uma convenção internacional os direitos do homem, ela também determina as garantias de execução destes direitos. Esta convenção contém uma restrição à soberania estatal, entendida em seu sentido clássico, como não houve em nenhum outro texto internacional sobre a matéria".

[288] Sobre este ponto TRAVIESO, Juan Antonio. *Derechos humanos y derecho internacional*. Buenos Aires: Heliasta, 1996, p. 300, acentua que "la historia es la de la guerra. Europa fue destruida, asolada, reducida territorialmente y convertida en un cementerio industrial. Los tratados de paz establecían límites geográficos ordenados por los vencedores. Después de la guerra caliente comenzó la guerra fría".

[289] O Reino Unido se retirou da União Europeia.

[290] ALVIM, Mariana de Sousa (A adesão formal da União Europeia à Convenção Europeia dos Direitos do Homem no Tratado que estabelece uma Constituição para a Europa. *Constitucionalismo europeu em crise?* Lisboa: AAFDL, 2006, p. 243) leciona sobre os antecedentes históricos: "Em breve enquadramento histórico, cumpre-me começar por referir que em 1950 é assinada em Roma, pelos Estados-Membros que integram o Conselho da Europa, a Convenção Europeia de Salvaguarda dos Direitos do

Atualmente, o sistema europeu possui dispositivos que são consagrados na Convenção Europeia para a Proteção dos Direitos Humanos e das Liberdades Fundamentais, bem como em instrumentos da União Europeia e a Carta de Direitos Fundamentais da União Europeia.

2.2 Da Convenção Europeia para a Proteção dos Direitos Humanos e das Liberdades Fundamentais à Carta de Direitos Fundamentais da União Europeia

A Convenção para a proteção dos Direitos do Homem e das Liberdades Fundamentais foi concebida pelo Conselho da Europa, tendo sido aberta à assinatura em Roma, no dia 4 de novembro de 1950, e entrou em vigência no mês de setembro de 1953. Há quem afirme[291] que a Convenção Europeia para a Proteção dos Direitos do Homem e das Liberdades Fundamentais foi e continua a ser o mais importante catálogo europeu de direitos. A experiência bem-sucedida de um texto que vigora por tanto tempo, sucessivamente renovado e ampliado por protocolos adicionais, cuja garantia foi confiada a um verdadeiro tribunal é o principal fator que converge no sentido de fazer da Convenção a mais consequente e exemplar realização dos objetivos cometidos ao Conselho da Europa.

Relembre-se, por oportuno, que o continente europeu experimentava um momento de reconstrução, em todos os aspectos, diante dos problemas ocasionados em decorrência da Segunda Guerra Mundial. Portanto, na esteira da Declaração de 1948 da ONU é que se pretendia

---

Homem. Em traços gerais, este instrumento internacional de garantia de direitos revela-se original na medida em que no seu texto proclama apenas a proteção das liberdades individuais, deixando de fora os direitos econômicos, sociais e culturais, acabando assim, por mais tarde, vir a ser complementada nesta matéria pela Carta Social Europeia, aprovada em 1963. A originalidade da CEDH detecta-se ainda na criação de um controle jurisdicional internacional da observância dos direitos fundamentais. Apresenta-se, pois, este instrumento, como um texto de compromisso, com uma natureza evolutiva, que não obstante poder dar lugar a alguma incoerência ao nível do sistema introduzido, não deixa de ser extremamente benéfico para o aprofundamento da proteção dos direitos fundamentais pelos Estados, revelando-se aberto aos circunstancialismos nacionais e de toda a realidade que o envolve".

291 DUARTE, Maria Luísa. *União Europeia e direitos fundamentais*. Lisboa: AAFDL, 2006, p. 101.

tomar uma série de medidas para assegurar a garantia coletiva de alguns dos direitos previstos no mencionado documento internacional de direitos humanos.

De fato, ao fazer a análise do referido documento, verifica-se de imediato o grande interesse e preocupação com os direitos humanos, como vem expresso em seu preâmbulo:

> (...) apego às liberdades fundamentais, que constituem as verdadeiras bases da justiça e da paz no mundo e cuja preservação repousa essencialmente, por um lado, num regime político verdadeiramente democrático e, por outro, numa concepção comum e no respeito aos direitos do homem.

A Convenção consagrava, por um lado, uma série de direitos e liberdades civis e políticos e estabelecia, por outro, um sistema que visava garantir o respeito das obrigações assumidas pelos Estados-partes. Por isso, a celebração da Convenção Europeia de 1950 é considerada um grande avanço em matéria de direitos humanos, por estabelecer um sistema de proteção no âmbito regional que contemplava direitos civis e políticos, tais como: direito à vida; proibição da tortura; escravidão; aplicação de penas cruéis, desumanas ou degradantes, trabalho forçado; direito ao devido processo legal; direito à segurança e à liberdade; direito à liberdade de pensamento, expressão e religião; direito à vida privada etc.

Outro ponto importante da referida Convenção é que instituiu órgãos destinados a fiscalizar o respeito aos direitos humanos declarados no referido documento internacional, como também julgar os casos que ensejassem a violação dos direitos por Estados signatários do Tratado. Três instituições ficavam responsáveis pelo controle: a Comissão Europeia dos Direitos do Homem (criada em 1954), o Tribunal Europeu dos Direitos do Homem (instituído em 1959) e o Comitê de Ministros do Conselho da Europa, composto dos ministros dos negócios estrangeiros dos Estados-membros ou pelos seus representantes[292].

---

292 De acordo com ALVES, Dora Resende; CASTILLOS, Daniela Serra. A evolução dos direitos humanos na Europa: os principais momentos desde a ausência de direitos fundamentais na União Europeia até a atualidade. Disponível em: <http://repositorio.uportu.pt/jspui/bitstream/11328/1461/1/A%20EVOLU%C3%87%C3%83O%20DOS%20DIREITOS%20HUMANOS%20NA%20EUROPA.pdf>. Acesso em: 18 ago.

A existência de órgãos incumbidos de fiscalizar o respeito aos direitos humanos e julgar as suas eventuais violações foi sem dúvida um grande marco para a evolução do sistema de proteção dos direitos humanos no plano internacional.

No mesmo passo, Comparato assinala que a grande contribuição da Convenção Europeia para a proteção da pessoa humana foi a instituição de órgãos incumbidos de fiscalizar o respeito dos direitos nela declarados e julgar as eventuais violações pelos Estados signatários e o reconhecimento do indivíduo como sujeito de direito internacional.

Com efeito, os Estados continuam a defender zelosamente sua soberania e a rejeitar toda e qualquer interferência externa em assuntos que consideram de sua exclusiva jurisdição. A própria Carta das Nações Unidas, de resto, declara a não ingerência em assuntos internos de cada Estado como um dos seus princípios fundamentais (art. 2, alínea 7)[293].

A Convenção de 1950 previa que os Estados contratantes e, no caso daqueles que reconheciam o direito de recurso individual, os requerentes individuais (pessoas singulares, grupos de particulares ou organizações não governamentais) podiam apresentar na Comissão queixas dirigidas contra os Estados contratantes, por violação dos direitos garantidos pela Convenção. Assim, a título exemplificativo, Canotilho ressalta a circunstância de

---

2018, p. 4, "os Tratados originários das Comunidades Europeias estavam exclusivamente focados na realização de objectivos económicos e, nesse contexto, considerou-se que as Constituições nacionais seriam suficientes para tutelar os direitos fundamentais mais ainda com a então recente ratificação da CEDH que atribuía a um Tribunal próprio a protecção europeia dos direitos fundamentais dos indivíduos. Contudo, a CEDH e seus Protocolos garantem, sobretudo, direitos habitualmente chamados de 'civis e políticos', contendo relativamente poucas disposições sobre os ditos direitos 'económicos, sociais e culturais'. Então, para colmatar essa lacuna, surge a Carta Social Europeia. De 18 de outubro de 1961, a Carta Social Europeia convenção aprovada pelo Conselho da Europa e assinada na cidade de Turim, Itália, que estende a missão do Conselho da Europa aos direitos sociais seria completada por Protocolos e revista pela Carta Social Europeia Revista de 3 de maio de 1996. Inspirada na anterior, segue-se a aprovação de uma Carta Comunitária dos Direitos Sociais Fundamentais dos Trabalhadores, por impulso de *Jacques Delors*, que defendia uma política social comum com vista a combater o desemprego. Aprovada no Conselho Europeu de Estrasburgo, de 8 e 9 de dezembro de 1989, foi assinada por todos os Estados-membros das Comunidades Europeias com excepção do Reino Unido. Com um texto de 26 artigos, viria influenciar a CDFUE em matéria de direitos sociais."

293 COMPARATO, Fábio Konder. *A afirmação histórica dos direitos humanos*. São Paulo: Saraiva, 1999, p. 240.

os portugueses poderem recorrer individualmente à Corte, nos termos da Convenção Europeia de Direitos do Homem:

> "Com a ratificação, por Portugal, da Convenção Europeia dos Direitos do Homem, os cidadãos portugueses podem, nos termos dos artigos 25 e seguintes, daquela Convenção, recorrer individualmente, através de petição, para a Comissão Europeia dos Direitos do Homem. Esta petição ou queixa pode conduzir, por sua vez, por iniciativa da Comissão ou de outro Estado, a um processo perante o Tribunal Europeu, eventualmente conducente a uma decisão condenatória vinculativa para o Estado "não amigo" dos direitos do homem"[294].

As queixas eram examinadas a título preliminar pela Comissão, que decidia sobre a sua admissibilidade. Existia uma tentativa de conciliação nas queixas declaradas admissíveis. Caso tal tentativa falhasse, a Comissão redigia um relatório estabelecendo os fatos e formulando um parecer sobre o mérito da causa. Tal relatório era transmitido ao Comitê de Ministros.

No caso de o Estado requerido ter aceito a jurisdição obrigatória do Tribunal, a Comissão e qualquer Estado contratante dispunham de um prazo de três meses, a contar da transmissão do relatório ao Comitê de Ministros, para enviar o caso ao Tribunal. Este último deveria proferir uma decisão definitiva e vinculativa. Nesse momento, os indivíduos não podiam provocar o Tribunal.

No caso de a queixa não ser transmitida ao Tribunal, incumbia ao Comitê de Ministros decidir se existia ou não uma violação da Convenção e arbitrar, eventualmente, uma reparação razoável à vítima. O Comitê de Ministros era igualmente responsável pela vigilância da execução dos acórdãos do Tribunal.

Como bem lembra Accioly[295], o primeiro caso dá-se no ano de 1969, com o processo *Stauder*[296], no qual um beneficiário de pensão de guerra se insurge acerca de uma exigência que atentava contra sua dignidade pessoal e contra o princípio da não discriminação previsto no art. 7º do Tratado de Roma.

---

294 CANOTILHO, J. J. Gomes. *Direito constitucional*. Coimbra: Almedina, 1996, p. 670.
295 ACCIOLY, Elizabeth. Os direitos humanos na União Europeia. *Temas emergentes de direitos humanos*. Rio de Janeiro: FDC, 2006, p. 300.
296 Ver Processo 29/69, Stauder contra City of Ulm.

A exigência cingia-se à obrigatoriedade de sua identificação como beneficiário da pensão de guerra para obter uma redução no preço de um pacote de manteiga. O Tribunal, para além de considerar haver violação das normas comunitárias, pela obrigatoriedade de identificação, evocando a desnecessidade de examinar o modo como o direito fora violado, reconheceu que o respeito pelos direitos fundamentais fazia parte dos princípios gerais da ordem jurídica comunitária.

No ano seguinte o caso *Internationale Handelsgesellschaft* [297] passou a ser referência na nova interpretação do TJCE, ao enunciar em seu acórdão, de 17 de dezembro de 1970, que "a salvaguarda desses direitos, inspirando-se nas tradições constitucionais comuns aos Estados-membros, deve ser assegurada no quadro da estrutura e dos objetivos da Comunidade"[298].

O reforço à nova competência incorporada ao TJCE pela via do primado do Direito Comunitário veio com o caso *Nold*[299], em 1974, no qual o Tribunal passa a reconhecer "que fazem parte do direito comunitário os princípios que, segundo as Constituições ou as tradições constitucionais dos Estados-membros considerados no seu conjunto garantem os direitos individuais fundamentais"[300].

O TJCE, sob forte influência de sua jurisprudência[301], ampliou a competência a partir de artigos inseridos no Tratado da União Europeia, dentre as quais: o princípio da não discriminação em razão da nacionalidade (art. 12), o princípio da não discriminação em razão do sexo, raça, origem étnica, religião ou crença, deficiência, idade ou orientação sexual (art. 13); o princípio da igualdade de tratamento para as mercadorias e para as pessoas (livre circulação de mercadorias, art. 28); livre circulação dos trabalhadores (art. 39); direito de estabelecimento (art. 43) e livre prestação de serviços (art. 50); as regras de concorrência (art. 81); e o princípio da igualdade de remuneração entre homens e mulheres (art. 141). Ainda se depreendem do conjunto das liberdades do mercado comum aquelas essenciais à vida pro-

---

297 Proc. 11/70, Ac. 17.12.70.
298 QUADROS, Fausto de. *Direito da União Europeia*. Coimbra: Almedina, 2004, p. 129.
299 Proc. 4/73, Ac. 14.5.74.
300 CAMPOS, Mota. *Manual de direito comunitário*. 4. ed. Lisboa: Fundação Calouste Gulbenkian, 2004, p. 354.
301 Ver caso Wachouf, Ac. 13.7.89 (Proc. 5/88); caso Hoechst, Ac. 21.9.89 (Proc. 46/87 e 227/88); caso Bausthalgewebe, Ac. 17.12.98 (Proc. C-185/95).

fissional, tais como: a liberdade de associação (art. 137), o direito de petição (art. 21) e a proteção da confidencialidade dos dados e o segredo profissional (art. 287)[302].

No ano de 1992, por força do Tratado de Maastricht, é que se constituiu a União Europeia e que torna verdadeiramente explícita a necessidade de se respeitarem os direitos fundamentais expressos na Convenção Europeia de Direitos Humanos. Como assevera Maria Duarte:

> "A partir dos anos noventa do século passado, a questão dos direitos fundamentais alojou-se definitivamente no centro nevrálgico de controle do presente e do futuro da União Europeia. A questão adquiriu esta importância por razões que, por um lado, são próprias ao processo singular de aprofundamento da integração política e jurídica no quadro da União Europeia e, por outro lado, são ditadas por concepções hodiernas a respeito da relação entre o poder político e as pessoas, cujas repercussões extravasam o âmbito tradicional da atuação unilateral e interna do Estado e se fazem sentir, com crescente acuidade, no plano transnacional"[303].

O Tratado da União Europeia alcançou seu principal objetivo, qual seja o nascimento de uma moeda comum, que se firmou no Tratado de Amsterdã, em 7 de outubro de 1997, entrando em vigência a partir de 1º de maio de 1999.

O referido Tratado procura levar adiante os objetivos do seu antecessor, nos dois pilares ainda intergovernamentais: a Política Externa e de Segurança Comum – PESC, que pretende criar uma segurança comum para a Europa comunitária; e a Cooperação no domínio da Justiça e Assuntos Internos – JAI, que visa tratar do asilo e imigração, do tráfico de drogas, da delinquência internacional e do terrorismo. Lembre-se, por oportuno, de que a Europol foi criada dentro do âmbito desse pilar europeu.

No que tange aos direitos humanos, o Tratado de Amsterdã deu significativo salto na luta contra a discriminação, na medida em que conferia à Comunidade poderes para adotar ações de combate à discriminação com base em novas áreas, incluindo a raça ou a origem étnica, religião ou crença, deficiência e orientação sexual (art. 13).

Ademais, o Tratado de Amsterdã dá seguimento à ampliação do reconhecimento dos direitos humanos como sendo parte do direito comunitário,

---

302   ACCIOLY, Elizabeth, op. cit., p. 302.
303   DUARTE, Maria Luísa, op. cit., p. 20.

como se vê: "A União respeitará os direitos fundamentais como se garantiam na Convenção Europeia dos Direitos Humanos e das Liberdades Fundamentais assinada em Roma a 4 de novembro de 1950, e tal como resulta das tradições constitucionais comuns aos Estados-membros como princípios gerais do direito comunitário".

Na mesma direção, Accioly[304] afirma que o TJCE prossegue na sua competência de salvaguarda dos direitos fundamentais ao reconhecer princípios jurídicos gerais, inspirando-se nas Cartas Magnas comuns dos Estados-membros, bem como nas convenções internacionais nas quais os países sócios são partes signatárias. Dentre eles, a Convenção Europeia de Salvaguarda dos Direitos do Homem e das Liberdades Fundamentais (CEDH). A partir de então o Tribunal elevou à categoria de direitos comunitários fundamentais uma gama de liberdades, tais como: o direito de propriedade, o livre exercício de uma atividade profissional, a inviolabilidade do domicílio, a liberdade de opinião, o direito à proteção da personalidade, a proteção da família, a liberdade econômica e a liberdade de religião ou de crença.

No ano de 2000, foi adotada a Carta dos Direitos Fundamentais da União Europeia[305], assinada em Nice, que estabelece também os direitos

---

304 ACCIOLY, Elizabeth, op. cit., p. 304.
305 Segundo ALVES, Dora Resende; CASTILLOS, Daniela Serra, op. cit., p. 7, a versão "originária dos tratados institutivos das Comunidades Europeias, de cariz económico, não continha disposições específicas sobre a protecção dos direitos fundamentais. Na sua ausência, o Tribunal de Justiça "inventou" um caminho de defesa de direitos fundamentais à medida que as situações iam surgindo na sua alçada e utilizando outras fontes de direito como as Constituições dos Estados-membros e os instrumentos internacionais, entre eles a CEDH, criando um precedente vinculativo. Com a CDFUE, pela primeira vez, após sucessivas e malsucedidas tentativas, a União dispõe de um texto proclamatório de direitos, de vocação geral. A Carta não proclama novos direitos, ela incorpora os direitos humanos clássicos da CEDH, tal como desenvolvidos pela jurisprudência do Tribunal Europeu dos Direitos do Homem, mas com um âmbito de aplicação muito mais vasto, pois se trata de um conjunto de direitos da competência da União Europeia, conforme estabelecido nos Tratados e desenvolvido pela jurisprudência do Tribunal de Justiça Europeu. Ela ainda reafirma os direitos e princípios que decorrem das tradições constitucionais e das obrigações internacionais comuns aos Estados-membros, tendo em conta progressos científicos e tecnológicos e reflectindo o modelo social europeu, e integra um conjunto de "cláusulas horizontais" para facilitar a sua aplicação. Fora no Conselho Europeu, em Colónia, Alemanha, em 3 e 4 de junho de 1999, que se decidiu a elaboração de uma Carta dos Direitos Fundamentais da União Europeia. No Conselho Europeu de Nice, França, de 7 a 9 de dezembro de 2000, foi solenemente proclamado o texto da Carta Europeia dos Direitos Fun-

sociais e econômicos, sendo, portanto, um grande avanço na proteção dos direitos humanos fundamentais. Os objetivos são explicados logo em seu preâmbulo, que estabelece que "é necessário, conferindo-lhes maior visibilidade por meio de uma Carta, reforçar a protecção dos direitos fundamentais, à luz da evolução da sociedade, do progresso social e da evolução científica e tecnológica".

Desde sua edição, a referida Carta tornou-se o mais ambicioso texto sobre os direitos humanos no velho continente por abarcar os direitos civis, políticos, econômicos, sociais e culturais, representando a síntese dos valores comuns dos Estados-membros da União Europeia.

Frise-se, por oportuno, que pela primeira vez todos os direitos que se encontravam dispersos em diversos instrumentos legislativos, como legislação nacional e convenções internacionais do Conselho da Europa, das Nações Unidas e da Organização Internacional do Trabalho, foram reunidos em um único documento.

---

damentais, ainda sem ser juridicamente vinculativa. Contudo, apesar da incerteza quanto ao valor jurídico das suas disposições, o texto foi redigido para se aplicar no futuro como um verdadeiro instrumento normativo de reconhecimento de direitos. A Convenção que produziu o texto trabalhou "como se" estivesse a elaborar um texto jurídico de carácter vinculativo, com a intenção expressa de lhe atribuir segurança jurídica. Em 2007, o texto da CDFUE foi republicado, adaptado e validado a partir da entrada em vigor do Tratado de Lisboa. Segue-se a publicação de Anotações relativas à Carta dos Direitos Fundamentais, que constituem um valioso instrumento de interpretação destinado a clarificar as disposições da Carta. Com a entrada em vigor do Tratado de Lisboa, muda a posição da Carta de Direitos Fundamentais que fora incluída como Parte II (artigos II-61º a II-114º da Constituição Europeia) para figurar agora em Declaração anexa, com algumas ressalvas para a República Checa, Polónia e Reino Unido. Pelo Tratado de Lisboa, a Carta de Direitos Fundamentais torna-se juridicamente vinculativa (novo artigo 6º, n. 1, do TUE), com 54 artigos repartidos por sete capítulos com as epígrafes: *Dignidade, Liberdade, Igualdade, Solidariedade, Cidadania, Justiça* e *Disposições Gerais*. Contém um número alargado de direitos e de categorias de direitos: direitos civis, direitos políticos, direitos econômicos e direitos sociais. A Carta reúne, num texto único, o conjunto dos direitos fundamentais protegidos na União, o que compreende que os direitos e princípios contidos na Carta decorrem nomeadamente das tradições constitucionais e das convenções internacionais comuns aos Estados--membros, da CEDH, das Cartas Sociais adaptadas pela Comunidade e pelo Conselho da Europa, bem como da jurisprudência do Tribunal de Justiça da União Europeia e do Tribunal Europeu dos Direitos do Homem. Porém, a proclamação solene pelo Parlamento Europeu, imediatamente anterior à assinatura do Tratado de Lisboa, e a Declaração anexa ao Tratado asseguram que ela "não alarga o âmbito de aplicação do direito da União a domínios que não sejam da competência da União".

A Carta dos Direitos Fundamentais da União Europeia passou a conferir mais visibilidade e clareza aos direitos fundamentais, bem como a contribuir para o desenvolvimento do conceito de cidadania do bloco e para a criação de um espaço de liberdade, segurança e justiça. Isso porque o documento reforça a segurança jurídica no que tange à proteção dos direitos fundamentais, que até então era garantida apenas pela jurisprudência do Tribunal de Justiça e pelo artigo 6º do Tratado da UE.

A Carta é constituída de um preâmbulo e a parte dispositiva com 54 artigos dispostos em 7 capítulos: Capítulo I – Dignidade (dignidade do ser humano, direito à vida, direito à integridade do ser humano, proibição da tortura e dos tratos ou penas desumanos ou degradantes, proibição da escravidão e do trabalho forçado); Capítulo II – Liberdades (direito à liberdade e à segurança, respeito pela vida privada e familiar, proteção de dados pessoais, direito de contrair casamento e de constituir família, liberdade de pensamento, de consciência e de religião, liberdade de expressão e de informação, liberdade de reunião e de associação, liberdade das artes e das ciências, direito à educação, liberdade profissional e direito de trabalhar, liberdade de empresa, direito de propriedade, direito de asilo, proteção em caso de afastamento, expulsão ou extradição); Capítulo III – Igualdade (igualdade perante a lei, não discriminação, diversidade cultural, religiosa e linguística, igualdade entre homens e mulheres, direitos das crianças, direitos das pessoas idosas, integração das pessoas com deficiência); Capítulo IV – Solidariedade (direito à informação e à consulta dos trabalhadores na empresa, direito de negociação e de ação coletiva, direito de acesso aos serviços de emprego, proteção em caso de despedimento sem justa causa, condições de trabalho justas e equitativas, proibição do trabalho infantil e proteção dos jovens no trabalho, vida familiar e vida profissional, segurança social e assistência social, proteção da saúde, acesso a serviços de interesse econômico geral, proteção do ambiente, defesa dos consumidores); Capítulo V – Cidadania (direito de eleger e de ser eleito nas eleições para o Parlamento Europeu, direito de eleger e de ser eleito nas eleições municipais, direito a uma boa administração, direito de acesso aos documentos, provedor de justiça, direito de petição, liberdade de circulação e de permanência, proteção diplomática e consular); Capítulo VI – Justiça (direito à ação e a um tribunal imparcial, presunção de inocência e direitos de defesa, princípios da legalidade e da proporcionalidade dos delitos e das penas, direito a não ser julgado ou punido penalmente mais do que uma vez pelo mesmo delito); Capítulo VII – Disposições gerais.

Com efeito, os direitos enunciados são reconhecidos a qualquer pessoa. No entanto, a Carta faz referência a categorias de pessoas com necessidades específicas (crianças, pessoas idosas, pessoas com deficiência). Além disso, o capítulo V considera a situação específica do cidadão europeu e faz alusão a determinados direitos já referidos nos Tratados (liberdade de circulação e de permanência, direito de voto, direito de petição), introduzindo simultaneamente o direito a uma boa administração. À luz da evolução da sociedade e para além dos direitos clássicos (direito à vida, à liberdade de expressão, direito a um recurso efetivo etc.), a Carta enuncia direitos que não constavam da Convenção do Conselho da Europa de 1950 (proteção de dados, bioética etc.). Em conformidade com certas legislações nacionais, reconhece outras vias para além do casamento para fundar uma família e deixa de referir-se ao casamento entre homem e mulher para fazer alusão simplesmente ao casamento[306].

A Carta de Direitos Fundamentais da União Europeia foi proclamada em 12 de dezembro de 2007, em Estrasburgo. Essa Carta, conforme acentua Lorentz[307], serve de orientação às atividades das instituições europeias e dos Estados-membros quando estes aplicam o Direito Comunitário. Esses órgãos devem respeitar os direitos e princípios da Carta, bem como promover a sua aplicação. A Carta passa a fazer parte do Direito Primário Europeu.

Com essa proclamação, prossegue ela[308], a Carta, além do valor político que já possuía, passa a ter valor jurídico. O Tratado de Lisboa estabelece que a União reconhece os direitos, as liberdades e os princípios enunciados na Carta dos Direitos Fundamentais da União Europeia com as adaptações que lhe foram introduzidas em 12 de dezembro de 2007 e que têm o mesmo valor jurídico dos tratados.

Em interessante estudo sobre a matéria, Alves e Castilhos apresentam abordagem esclarecedora sobre as etapas da proteção dos direitos humanos na Europa e concluem o estudo com as seguintes considerações: "Apesar de já longo, o percurso da protecção de direitos fundamentais plasmado em textos juridicamente vinculativos na Europa é ainda um caminho aberto e em progresso. Muito tem sido alcançado no plano de criação de um

---

306 Vide, a propósito, as informações contidas em <http://europa.eu/legislation_summaries/human_rights/fundamental_rights_within_european_union/l33501_pt.htm>. Acesso em: 14 dez. 2008.
307 LORENTZ, Adriane. O tratado de Lisboa. Ijuí: Unijuí, 2008, p. 41.
308 Idem, ibidem.

catálogo de direitos europeu, mas ainda há conquistas importantes a alcançar no acesso à sua garantia através dos mecanismos processuais da União Europeia. O Tribunal de Justiça da União Europeia deu, desde a primeira hora, um forte contributo para a criação de um espaço constitucional europeu de protecção dos direitos fundamentais. Depois, um importante passo foi dado com a adopção da CDFUE, primeiro de modo não vinculativo e com o Tratado de Lisboa passando a ter o mesmo valor jurídico que os tratados. Esse texto fez mais do que ser mais uma catalogação abstracta de direitos a nível internacional, dando-lhes significado e tornando-os imperativos no âmbito do direito da União Europeia. Assim, o percurso começou em 1969 e, 40 anos, depois obteve forte impulso. Não deixa de ser curioso que os avanços impulsionados pelo Tratado de Lisboa, no sentido do consenso na adesão da União Europeia à CEDH, surjam precisamente quando mais progressos se atingiram no seio da União Europeia em matéria de protecção dos direitos fundamentais. Há, assim, três níveis de protecção na Europa: nacional, no tribunal de Estrasburgo e no tribunal de Luxemburgo"[309].

Indubitavelmente que a Carta dos Direitos Fundamentais da União Europeia, junto com o Tratado sobre o Funcionamento da União Europeia (TFUE) e o Tratado da União Europeia (TUE), em seu artigo 9º, constituem fatores essenciais da formação da identidade europeia, pois se houver violação grave dos valores fundamentais da União, um Estado-Membro pode ser objeto de sanções. Evidencia-se que o Direito da União Europeia consagra vários direitos individuais diretamente executórios nos tribunais, tanto a nível horizontal (entre pessoas), como vertical (entre a pessoa e o Estado).

De fato, o sistema de proteção dos direitos humanos na Europa, como pode ser observado, sofreu mudanças desde o seu "nascimento" até os dias atuais. Entretanto, dentre os vários aspectos positivos que podem ser observados, deve-se enfatizar o funcionamento em si do sistema. Alvim[310], em estudo sobre a matéria, ressalta que na medida em que ocorre o aprofundamento de uma união política ocorre a consagração e reconhecimento de um catálogo de direitos humanos que limite a atuação do poder político, garantindo o ideal de estado de direito democrático e a humanização do direito comunitário.

---

309 ALVES, Dora Resende; CASTILLOS, Daniela Serra, op. cit., p. 8.
310 ALVIM, Mariana de Sousa, op. cit., p. 284.

2.3 As instituições de garantia e controle: a Comissão e o Tribunal

2.3.1 A Comissão Europeia de Direitos Humanos

A Comissão Europeia de Direitos Humanos foi muito importante no sistema europeu de proteção dos indivíduos. Como foi acentuado por Comparato[311], os redatores da Convenção tiveram a sabedoria de criar um órgão intermediário entre o queixoso e o tribunal (a Comissão de Direitos Humanos), encarregada de fazer a triagem das denúncias formuladas, de investigar os fatos e manifestar sua opinião fundada sobre a ocorrência ou não de violações de direitos.

Segundo a Convenção Europeia de Direitos do Homem, qualquer dos Estados-partes na Convenção poderia formular denúncias de violação de direitos humanos contra outro Estado-parte, denúncias essas processadas perante a Comissão (art. 24). As denúncias contra um Estado-parte na Convenção poderiam também ser apresentadas por qualquer pessoa, organização não governamental ou grupo de indivíduos, o que representou sensível progresso em relação ao direito internacional clássico, confinado exclusivamente às relações entre Estados. Mas, em evidente concessão da soberania estatal, determinou-se que essas denúncias apresentadas por indivíduos ou grupos privados somente seriam recebidas contra um Estado que houvesse previamente reconhecido a competência da Comissão para processá-las (art. 25).

A Comissão era constituída por membros eleitos pelo Comitê de Ministros, pela maioria absoluta de votos, com base numa lista de nomes elaborada pela Mesa da Assembleia Consultiva, por um período de seis anos, admitindo-se a reeleição.

A Comissão podia conhecer de qualquer petição dirigida ao secretário-geral do Conselho da Europa por qualquer pessoa singular, organização não governamental ou grupo de particulares que se considerasse vítima de uma violação, cometida por um dos Estados-partes, dos direitos reconhecidos na Convenção.

Como condição para admissão da reclamação por parte da Comissão deveriam ser esgotados os recursos internos, tal como entendidos segundo os princípios do direito internacional geralmente reconhecidos, no prazo de seis meses a partir da data da decisão interna definitiva. Todavia, a Comissão não tomava conhecimento da reclamação submetida à sua apreciação quando anônima; tendo sido a reclamação anteriormente examinada pela

---

311 COMPARATO, Fábio Konder, op. cit., p. 240.

Comissão, ou tiver já sido submetida a outra instância internacional de inquérito ou de decisão e sem apresentar fatos novos.

A Comissão foi também dotada de legitimidade para propor uma ação contra um Estado-parte perante o Tribunal Europeu de Direitos Humanos (art. 48, *a*). A fórmula de compromisso com a soberania de cada Estado-parte foi aplicada ao Tribunal Europeu de Direitos Humanos (art. 46). É a cláusula de reconhecimento facultativo da jurisdição obrigatória.

A estrutura acima apresentada, por força do Protocolo n. 11 à Convenção, datado de 1º de novembro de 1998, foi bastante modificada, produzindo alterações significativas no sistema europeu de proteção aos direitos humanos ao ter extinto a Comissão Europeia de Direitos Humanos, transferindo grande parte de suas atribuições ao Tribunal Europeu de Direitos Humanos[312].

Além disso, o Protocolo n. 11 também revogou a cláusula de reconhecimento facultativo da jurisdição do Tribunal, fazendo com que todos os Estados-partes da Convenção passassem a se submeter a ele.

Os procedimentos de garantia dos direitos elencados na Convenção Europeia de Direitos Humanos estão mediatizados com a entrada em vigor do Protocolo n. 11, estabelecendo como mecanismo de garantia dos direitos e liberdades fundamentais a que radica no Tribunal Europeu de Direitos Humanos. Importante o magistério de Delgado sobre a questão:

> Con la anterioridad a la vigencia del Protocolo 11 la Comisión era el órgano ante el que debían presentarse las reclamaciones sobre presuntas violaciones de los derechos fundamentales reconocidos tanto en el convenio como en sus protocolos. El CEDH atribuía a la comisión tres funciones diferenciadas: Una primera estrictamente administrativa, una segun-

---

312 MACHADO, Jónatas E. M. *Direito internacional*. Do paradigma clássico ao pós-11 de setembro. 3. ed. Coimbra: Editora Coimbra, 2006, p. 386: "A criação do TEDH constitui um momento decisivo no processo de articulação progressiva entre a consagração dos direitos humanos e a estruturação contenciosa internacional. Para alguns, ela representa um salto qualitativo decisivo no estatuto internacional dos indivíduos. Outros notam que se trata de mais uma evidência da constitucionalização do direito internacional, na medida em que, tendo jurisdição em matéria de direitos humanos à escala europeia, se está materialmente perante um tribunal quase constitucional, senão mesmo de um tribunal supraconstitucional. Ela tem subjacente a íntima relação que desde sempre se estabeleceu, ao menos teoricamente, entre a garantia de um direito fundamental e a criação de uma ação jurisdicional que possibilite a sua exequibilidade. Trata-se de um importante mecanismo de atribuição de legitimidade processual ativa ao indivíduo na ordem internacional, o qual, de resto, tem servido de inspiração a outras soluções regionais".

> da de conciliación y una tercera de instrucción. De acuerdo con la primera función la Comisión resolvía sobre la admisión de la demanda. Para la admisibilidad o no de la demanda se habían establecido dos procedimientos, dependiendo que aquella hubiese sido interpuesta por un Estado o por un particular. Una vez realizado este examen previo la Comisión, en la forma plenaria, decidía sobre la cuestión de admisibilidad. Las decisiones sobre la inadmisibilidad eran inapelables. Además de la función de filtro, la Comisión realiza una función de mediadora, proponiendo un arreglo amistoso del conflicto. De no conseguirse, la Comisión redactaba un informe en el que se hacían constar los hechos, formulando un dictamen sobre si estos implican una violación del convenio y en su caso, las opiniones de todos los miembros de la Comisión sobre este punto. El informe se transmitía al comité de Ministros y se comunicaba a los Estados interesados. Este procedimiento planteaba graves inconvenientes en varios ámbitos. El Protocolo 11 viene a poner solución a estas diferencias en el convenio y lo hace no mediante un sistema facultativo para los Estados, sino mediante una reforma del propio Convenio. (...) Podemos resumir las innovaciones en 1998 en el Convenio en dos grandes grupos. Por una parte están las modificaciones puramente formales, como la rotulación de los artículos. Pero lo más significativo de la reforma es la reestructuración del mecanismo de protetión de los derechos. Aquí se encuentran la supresión de la Comisión, la reducción del papel del Comité de Ministros a la supervisión de la ejecución de las sentencias, y la capital a nuestro entender, que es la transformación del Tribunal[313].

Impende ainda assinalar sobre as mudanças produzidas pelo Protocolo n. 11 que a ideia central era de fundir as funções da Comissão Europeia e da Corte Europeia em um único órgão permanente jurisdicional, mas, com a extinção da Comissão, houve também mudanças no Comitê de Ministros, que perdeu sua capacidade decisória nos casos em que não eram submetidos à apreciação da antiga Corte Europeia pela Comissão.

Hodiernamente, o sistema vigente no continente europeu é extremamente avançado, haja vista que defere condição para a pessoa humana litigar diretamente no Tribunal Europeu sem que haja intervenção de terceiros por violação aos direitos humanos.

2.3.2 O Tribunal Europeu de Direitos Humanos

O Tribunal Europeu dos Direitos do Homem instituído pela Convenção, com as alterações do Protocolo n. 11, é composto de um número de

---

313 DELGADO, Lucrecio Rebollo. *El derecho fundamental a la intimidad*. Madri: DinkinsonTecnos, 2000, p. 270.

juízes igual ao de Estados contratantes e não há nenhuma restrição quanto ao número de juízes com a mesma nacionalidade.

Os juízes são eleitos por um período de nove anos pela Assembleia Parlamentar do Conselho da Europa, cujas funções são exercidas a título individual e não representam os Estados. Esses magistrados não podem exercer nenhuma atividade que se torne incompatível com os seus deveres de independência, imparcialidade ou com a disponibilidade exigida para o desempenho das funções.

O Tribunal é o responsável pela eleição de seu presidente, dois vice-presidentes e dois presidentes de câmara por um período de três anos, estando dividido em quatro câmaras. A composição das câmaras deve ser concebida de forma equilibrada, tanto do ponto de vista geográfico como também no que tange à representação dos sexos, e levar em conta os diferentes sistemas jurídicos existentes dos Estados-partes.

Cada câmara é presidida por um presidente, sendo dois dos presidentes de câmara igualmente vice-presidentes do Tribunal. Os presidentes de câmaras são assistidos e, eventualmente, substituídos pelos vice-presidentes de câmara. Em cada câmara são constituídos comitês integrados por três juízes, para um período de 12 meses, cuja função principal é a de funcionar como um elemento de filtragem, que anteriormente era de responsabilidade da Comissão.

Dessa forma, há um efetivo sistema de proteção do indivíduo que reconhece a valorização da dignidade humana, permitindo que possíveis injustiças e/ou falhas que tenham sido produzidas no âmbito interno de determinado Estado possam ser devidamente corrigidas por essa instância supranacional.

Somado a tudo isso, vale ressaltar que foram concebidos outros protocolos adicionais, tais como o Protocolo n. 12, que introduziu uma cláusula de proibição geral de discriminação com o objetivo claro de fomentar a igualdade entre todas as pessoas e o Protocolo n. 13, que veda a aplicação da pena de morte em quaisquer circunstâncias.

Não se pode olvidar do Protocolo n. 14, que propõe algumas mudanças no funcionamento da Corte, especialmente no que tange à maior celeridade na resolução das demandas propostas no seu âmbito.

Ademais, em 2 de outubro de 2013 foi aberto à assinatura dos Estados-membros do Conselho da Europa o Protocolo n. 16 à Convenção Europeia dos Direitos do Homem (CEDH). Este Protocolo, de natureza opcional, amplia sensivelmente a competência consultiva do Tribunal Europeu dos Direitos do Homem (TEDH), autorizando a Grande Câmara a emitir pareceres não vinculantes, a pedido dos órgãos jurisdicionais de vértice dos

Estados-partes, sobre os direitos e as liberdades estabelecidos na citada Convenção ou nos seus Protocolos. O Presidente dela, Dean Spielmann, referiu-se ao instrumento como "Protocole du Dialogue" uma vez que institucionalizará a colaboração entre juízes nacionais e europeus de direitos humanos e, nesse sentido, também foi considerado por parte da doutrina uma "hereuse surprise" ou, ainda, "un pas important dans l'évolution continue du régime instauré par cette Convention". O instrumento entrará em vigor, de acordo com o próprio art. 8º, uma vez que tenha sido ratificado por pelo menos 10 Estados[314].

No caso da Corte Europeia de Direitos Humanos, esta tem competência contenciosa e consultiva e desenvolve suas atividades utilizando as línguas oficiais, que são o francês e o inglês. Todavia, as queixas podem ser apresentadas em uma das línguas oficiais dos Estados-partes e, depois que a queixa é declarada admissível, uma das línguas oficiais deverá ser utilizada, salvo se o presidente da seção/tribunal pleno autorizar o uso da língua até ali utilizada na queixa.

Quanto à competência contenciosa, vale destacar que, para se demandar no âmbito da Corte Europeia, existem alguns requisitos que devem ser observados, como a necessidade de esgotamento dos recursos internos oferecidos pelo ordenamento jurídico estatal, que é o responsável pela violação dos direitos humanos (art. 35).

Em relação à competência *ratione personae*, todos os Estados que fazem parte da Convenção Europeia de Direitos Humanos poderão submeter questões envolvendo possíveis violações praticadas por outros Estados em matéria de direitos humanos.

Fato curioso é que não existe nenhuma restrição concebida no referido documento internacional que indique que esse tipo de procedimento somente poderá ser adotado quando houver violações de direitos a nacionais do Estado comunicante; ao contrário, o Estado poderá agir em defesa de qualquer pessoa, e não apenas de seus nacionais, como também não há necessidade de estar diretamente envolvido na questão.

Além dos Estados, conforme estabelece o artigo 34 do mencionado tratado internacional, estarão legitimados a propor ações na Corte Europeia as organizações não governamentais, grupo de particulares e qualquer pessoa singular.

---

[314] POSENATO, Naiara. Diálogo judicial e direitos humanos – o novo Protocolo 16 à Convenção Europeia Dos Direitos Do Homem. *Espaço Jurídico Journal of Law [EJJL]*. Disponível em: https://portalperiodicos.unoesc.edu.br/espacojuridico/article/view/4961. Acesso em: 21 jul. 2022.

Deve ser ressaltado que a pessoa, na sua individualidade, somente poderá acionar a Corte na condição de vítima, isto é, quando um ou mais direitos protegidos na Convenção tenham sido aviltados em determinado Estado-membro desse sistema de proteção.

Por óbvio, esse entendimento da pessoa vítima pode e deve alcançar familiares próximos até porque, em determinados momentos, pode ser que a pessoa vítima venha a falecer, impedindo a demanda no tribunal europeu. Outro ponto que envolve familiares e que vem sendo permitido é quando a violação tenha produzido igualmente um prejuízo pessoal.

Assim sendo, qualquer Estado-parte (queixa estadual) ou qualquer particular que se considere vítima de uma violação da Convenção (queixa individual) pode dirigir diretamente à Corte uma queixa alegando a violação por um Estado-parte de um dos direitos garantidos pela Convenção.

O processo deve ser público e contemplar a observância de determinados princípios consagrados no direito, como o do contraditório e da ampla defesa. As audiências em regra são públicas, salvo se a seção/tribunal pleno decidir de maneira diferente em virtude de circunstâncias excepcionais.

Impende assinalar que as queixas individuais podem ser protocolizadas pelo próprio indivíduo que sofreu a lesão do direito, mas é recomendável a representação feita por advogado. Para os menos favorecidos, o Conselho da Europa criou um sistema de assistência judiciária para atendimento deles.

No que tange à competência *ratione materiae* da Corte Europeia, evidencia-se que o artigo 32, I, abarca todas as questões relativas a interpretação e aplicação da Convenção e dos respectivos protocolos que lhe sejam submetidas nas condições previstas pelos artigos 33, 34, 46 e 47[315], ou seja,

---

315 *Artigo 33 – Assuntos interestaduais:* Qualquer Alta Parte Contratante pode submeter ao Tribunal qualquer violação das disposições da Convenção e dos seus protocolos que creia poder ser imputada a outra Alta Parte Contratante.
Artigo 34 – Petições individuais: O Tribunal pode receber petições de qualquer pessoa singular, organização não governamental ou grupo de particulares que se considere vítima de violação por qualquer Alta Parte Contratante dos direitos reconhecidos na Convenção ou nos seus protocolos. As Altas Partes Contratantes comprometem-se a não criar qualquer entrave ao exercício efetivo desse direito.
Artigo 46 – Força vinculativa e execução das sentenças: 1. As Altas Partes Contratantes obrigam-se a respeitar as sentenças definitivas do Tribunal nos litígios em que forem partes. 2. A sentença definitiva do Tribunal será transmitida ao Comitê de Ministros, o qual velará pela sua execução. 3. Sempre que o Comitê de Ministros considerar que a supervisão da execução de uma sentença definitiva está a ser entravada por uma difi-

todas as matérias que versam sobre os compromissos que possam ter sido assumidos pelos Estados em razão da Convenção Europeia.

Finalizando, em relação à competência *ratione temporis*, observa-se que a competência da Corte, como já descrito anteriormente, tornou-se obrigatória com a entrada em vigência do Protocolo n. 11, não devendo suscitar nenhuma dúvida ou questionamento em razão desse ponto. Todavia, permanecem respeitadas as restrições relativas ao tempo para a competência da Corte, caso tenham sido realizadas anteriormente à mudança.

A Corte também tem competência consultiva, isto é, pode opinar por meio de pareceres sobre questões jurídicas atinentes à Convenção, desde que não analise matérias relativas ao conteúdo ou à extensão dos direitos e liberdades definidos no Título I da referida Convenção, bem como nos protocolos e em outras questões que em virtude de recurso previsto pela Convenção possam ser submetidas ao Tribunal ou Comitê de Ministros.

Vale ressaltar que o Comitê de Ministros é o órgão que pode solicitar um parecer consultivo à Corte Europeia de Direitos Humanos:

> Art. 47. 1. A pedido do Comitê de Ministros, o Tribunal pode emitir pareceres sobre questões jurídicas relativas à interpretação da Convenção e dos seus protocolos.

---

culdade de interpretação dessa sentença, poderá dar conhecimento ao Tribunal a fim que o mesmo se pronuncie sobre essa questão de interpretação. A decisão de submeter a questão à apreciação do tribunal será tomada por maioria de dois terços dos seus membros titulares. 4. Sempre que o Comitê de Ministros considerar que uma Alta Parte Contratante se recusa a respeitar uma sentença definitiva num litígio em que esta seja parte, poderá, após notificação dessa Parte e por decisão tomada por maioria de dois terços dos seus membros titulares, submeter à apreciação do Tribunal a questão sobre o cumprimento, por essa Parte, da sua obrigação em conformidade com o n. 1. 5. Se o Tribunal constatar que houve violação do n. 1, devolverá o assunto ao Comitê de Ministros para fins de apreciação das medidas a tomar. Se o Tribunal constatar que não houve violação do n. 1, devolverá o assunto ao Comitê de Ministros, o qual decidir-se-á pela conclusão da sua apreciação.
Artigo 47 – Pareceres: 1. A pedido do Comitê de Ministros, o Tribunal pode emitir pareceres sobre questões jurídicas relativas à interpretação da Convenção e dos seus protocolos.
2. Tais pareceres não podem incidir sobre questões relativas ao conteúdo ou à extensão dos direitos e liberdades definidos no Título I da Convenção e nos protocolos, nem sobre outras questões que, em virtude do recurso previsto pela Convenção, possam ser submetidas ao Tribunal ou ao Comitê de Ministros.
3. A decisão do Comitê de Ministros de solicitar um parecer ao Tribunal será tomada por voto maioritário dos seus membros titulares.

2. Tais pareceres não podem incidir sobre questões relativas ao conteúdo ou à extensão dos direitos e liberdades definidos no Título I da Convenção e nos protocolos, nem sobre outras questões que, em virtude do recurso previsto pela Convenção, possam ser submetidas ao Tribunal ou ao Comitê de Ministros.

3. A decisão do Comitê de Ministros de solicitar um parecer ao Tribunal será tomada por voto majoritário dos seus membros titulares.

Com efeito, o sistema de proteção dos direitos humanos no velho continente, que tem sofrido contínuo aprimoramento ao longo dos anos, pode influenciar de forma positiva os demais sistemas de proteção consagrados no plano regional, em especial nas regiões africana, árabe e americana, que serão analisadas a seguir.

3. O SISTEMA AFRICANO

3.1 Aspectos gerais

O sistema africano foi concebido pela sua Carta, aprovada pela Conferência Ministerial da Organização da Unidade Africana (OUA) em Banjul, Gâmbia, em janeiro de 1981, e adotada pela XVIII Assembleia dos Chefes de Estado e Governo da Organização da Unidade Africana (OUA) em Nairóbi, Quênia, em 27 de julho de 1981.

A Organização da Unidade Africana teve seu nome modificado no ano de 2000 para União Africana e congrega todos os Estados africanos, com exceção de Marrocos, que se retirou no ano de 1985 da Organização por não reconhecer a soberania do Saara Ocidental. Apresenta como objetivos fundamentais a defesa da soberania dos Estados, bem como da integridade territorial e independência de seus membros, o desenvolvimento e a integração socioeconômica do continente africano e o respeito aos direitos humanos.

Além da Carta Africana sobre Direitos Humanos, o sistema africano de proteção aos direitos humanos apresenta outros documentos[316] importantes

---

316 ROCHA, Júlio Cesar de Sá da; BACIO, Domingos Nhamboca Hale. O sistema africano de proteção de direitos humanos: uma análise crítica. *INTER. Revista de Direito Internacional e Direitos Humanos da UFRJ*. v. 3, n. 1 (2020) ampliam o catálogo ao apresentar os seguintes documentos: A Carta Africana dos Direitos Humanos e dos Povos; o Protocolo à Carta Africana dos Direitos Humanos e dos Povos sobre o Estabelecimento de um Tribunal Africano dos Direitos Humanos e dos Povos; o Protocolo

e que versam sobre temas específicos, como a Convenção para eliminação dos mercenários e a Carta Africana sobre os direitos e bem-estar da criança.

O continente africano também foi palco de grandes atrocidades em relação aos direitos humanos[317], e o desenvolvimento desse sistema de proteção é igualmente importante para promover melhores condições para os povos africanos. Entretanto, destaca-se que o texto produzido na África distingue-se em seus traços gerais dos documentos produzidos na Europa e na América, isso porque em vez de consagrar de forma preponderante os direitos civis, como os outros continentes, o aludido texto preconiza a proteção de direitos dos povos. Foi assim que os Estados africanos estabeleceram nesse documento internacional direitos relativos à afirmação da independência, da autonomia e do progresso dos referidos Estados.

Chama a atenção também para a livre disposição, em seu interesse exclusivo, de seus recursos naturais, o direito à autodeterminação e o direito ao desenvolvimento econômico, cultural e social.

---

do Tribunal de Justiça da União Africana; o Protocolo sobre o Estatuto do Tribunal Africano de Justiça e Direitos Humanos; o Protocolo sobre alterações ao Protocolo sobre o Estatuto do Tribunal Africano de Justiça e Direitos Humanos; o Estatuto sobre o Estabelecimento de um fundo de assistência Jurídica aos órgãos de Direitos Humanos da União Africana; a Carta Africana dos Direitos e do Bem-Estar da Criança; o Protocolo sobre o Estabelecimento do Tribunal Africano dos Direitos Humanos e dos Povos e Acordo para o Estabelecimento do Instituto Africano de Reabilitação (ARI).

317 Sobre o aspecto histórico vale registrar o estudo de SAMPAIO, Fabrício. Direitos humanos e meio ambiente no continente africano: uma evolução institucional. In: GUERRA, Sidney; BRAGA, Fernanda. *Direito internacional ambiental:* interfaces entre o meio ambiente e os direitos humanos nos sistemas regionais de proteção. Curitiba: Memória, 2021, p. 209: "O continente africano, embora extremamente rico em aspectos naturais, culturais e históricos, sofreu ao longo de sua história recente três movimentos que definiram definitivamente as mazelas até hoje encontradas: a colonização da época mercantilista, a partilha da Conferência de Berlim e o neocolonialismo até meados do século XX. O flagelo da exploração europeia no pós-II Guerra Mundial impulsionou o movimento denominado pan-africanismo, no qual a questão da raça se coloca como central em um processo político-ideológico de unificação dos povos africanos e repulsa aos invasores europeus. Buscava-se pensar a África a partir dos povos negros americanos ou africanos. O movimento pan-africano assumiu papel central na luta dos africanos por autonomia e independência, tendo como ápice o documento gerado na 'All Africa People's Conference', que ocorreu em Acra, capital de Gana, em 1957. Nele, ficou definido que o pan-africanismo teria algumas linhas mestras de atuação, como o auxílio às lutas de libertação nacional, conquista de independência política, união diplomática na ONU e adesão ao movimento dos não alinhados, que não se submetiam aos interesses dos Estados Unidos e nem da União Soviética, as duas superpotências à época".

A preocupação desses povos com os direitos acima indicados não poderia ser diferente por terem sido vítimas de um processo extremamente excludente ao longo de sua existência.

Com efeito, a consagração de um texto de proteção dos direitos humanos no continente africano é motivo de júbilo e alegria principalmente em razão da manifestação de vontade de "Estados novos" em promover o bem-estar e a dignidade de sua população. Não se pode olvidar que o continente africano se apresentava como uma grande colônia e o processo de descolonização é extremamente recente.

Para que a Carta Africana produza os efeitos que são tão esperados, os Estados-partes devem adotar uma série de medidas legislativas para o alcance desses resultados.

Sem dúvida que há vários entraves, mas talvez o problema maior consista no fato de que muitos dos dispositivos previstos na Carta dependem do desenvolvimento do direito interno dos Estados, ou seja, existem pontos que remetem à leitura da lei estatal para o alcance da eficácia do documento internacional.

Em interessante obra que versa sobre os direitos humanos na África e que aborda questões muito particulares em vários Estados daquele continente (Etiópia, Gana, Moçambique, Nigéria, Ruanda, Sudão, Uganda etc.), podem ser identificados problemas sérios para que haja efetiva proteção aos direitos humanos na África, como nas palavras de Na'im:

> "The legal protection of human rights under the constitutions of present African states that are the product of arbitrary colonial histories and decolonization processes. By their very nature, these states have tended to continue the same authoritarian policies and to enhance their ability to oppress and control, rather than to protect and serve, their citizens. The constitutional systems by which these states rule were hurriedly assembled at independence, only to collapse or be emptied of all meaningful content within a few years. The legal systems these states rule were hurriedly assembled at independence, only to collapse or be emptied of all meaningful content within a few years. The legal systems these states continue to implement are usually poor copies of the colonial legal systems, lacking legitimacy and relevance to the lives of the population at large. Many African states also suffer from cycles of civil wars and severe civil strife that undermine any prospects of the stability and continuity needed for building traditions and institutions of government under the

rule of law. Their economies are weak and totally vulnerable to global processes beyond their control"³¹⁸.

De toda sorte, é importante que sejam realizadas medidas efetivas de proteção aos direitos humanos naquele continente para que o texto idealizado não caia em um grande vazio.

A África apresenta vários problemas para que o referido texto possa ser verdadeiramente implementado, além dos já indicados: falta de recursos financeiros; falta de interesse político por alguns Estados; falta de maturidade política; falta de unidade; falta do desenvolvimento de maior cultura dos direitos humanos; falta de desenvolvimento econômico e social; outros fatores que comprometem o alcance de bons resultados nesse mister.

Ou seja, o continente africano, diferentemente do continente europeu e do continente americano, apresenta diversas dificuldades, mas não menos importância ao consagrar um texto que procura estabelecer proteção aos direitos da pessoa humana, conclamando aos Estados signatários do documento que observem um extenso compromisso relacionado ao bem-estar e à dignidade da população, à adoção de medidas legislativas concebidas no plano doméstico etc.

De fato, o Sistema Africano de Direitos Humanos, quando confrontado com os demais sistemas regionais, é o que mais destoa, pois possui feições próprias que espelham as particularidades históricas e culturais do continente, em especial os aspectos referentes à luta pela descolonização e direito à autodeterminação dos povos.

Como anteriormente mencionado, a Carta de Banjul, como é conhecida a Carta Africana sobre Direitos Humanos e dos Povos³¹⁹, entrou em

---

318 NA'IM, Abdullahi Ahmed. *Human Rights under African Constitutions*. Philadelphia: Pennsylvania Press, 2003, p. 16.
319 ROCHA, Júlio Cesar de Sá da; BACIO, Domingos Nhamboca Hale. O sistema africano de proteção de direitos humanos: uma análise crítica. *INTER. Revista de Direito Internacional e Direitos Humanos da UFRJ*. v. 3, n. 1 (2020): "A Carta de Banjul veio preencher uma grande lacuna em matéria de proteção de direitos humanos na África. Só para ter uma ideia, antes da entrada em vigor da Carta Africana, havia na África graves violações de direitos humanos. Os Estados africanos davam mais importância aos princípios da Soberania e da não interferência nos assuntos internos dos países do que na dignidade da pessoa humana. Como corolário a OUA manteve-se indiferente a graves violações dos direitos humanos. Com a entrada em vigor da Carta de Banjul, buscou-se reduzir o nível de violação de direitos humanos. A Carta Africana constitui,

vigor em 1986. Apresenta-se como documento de suma importância tendo sido-ratificado por 53 Estados da União Africana, sendo o Sudão do Sul o único país que não a assinou e ratificou.

Após mais de três décadas, ainda se pode constatar violações massivas e constantes dos direitos humanos nesse continente historicamente subjugado pelas potências ocidentais, tendo seu próprio território partilhado a esmo sem considerar suas particularidades culturais. O resultado não poderia ser diferente: o continente enfrenta até os dias atuais democracias frágeis e falta de coesão e homogeneidade política. Por isto, a Carta Africana denota dentre seus artigos a lógica coletivista e de autodeterminação dos povos para preservação da sua cultura. Os deveres quanto à coletividade são expressos, de forma que até mesmo os deveres quanto à família e a comunidade são convencionados formalmente, assim como o respeito a outrem.

Os longos séculos de exploração também tiveram seu saldo no que concerne à falta de recursos: não é tão produtivo falar em proteção de dignidade humana quando há dificuldade em garantia de um mínimo existencial em alguns Estados. Portanto, a Carta de Banjul assegura a garantia de direitos econômicos, sociais e culturais, além dos civis e políticos já tradicionais em Tratados de Direitos Humanos. Vale salientar algumas lacunas nos artigos quanto aos direitos políticos, privacidade e vedação de trabalhos forçados, deixando informações implícitas para a interpretação da própria Comissão Africana. Por outro lado, o direito à habitação ou moradia é implícito nos direitos à saúde, vida em família e propriedade, e apesar de não convencionado na Carta é reconhecido na jurisprudência.

Atualmente, há cinco instrumentos vinculativos ainda não ratificados por todos os Estados, a saber: Carta Africana sobre a Democracia, Carta da Criança, Convenção dos Refugiados, Protocolo da Mulher e Protocolo sobre o Estabelecimento do Tribunal Africano. Na Carta de Banjul há a permissão para que, além dos atores tradicionais, quais sejam Estados e Organizações Internacionais, os atores não estatais também possam demandar na Comissão. Esse é um importante aspecto que permite que pessoas físicas, grupos de indivíduo e organizações não governamentais (ONGs) possam levar casos de abusos e violações de direitos humanos e casos de privação de liberdades à Comissão de Direitos Humanos do continente. Os requisitos

---

sem lugar a dúvidas, um contributo sobremaneira importante para a proteção, promoção e o respeito de direitos humanos na África".

para requerer na Comissão Africana são semelhantes aos da Americana: esgotamento interno de todas as vias recursais, não se tratar de caso amplamente difundido na mídia, nem tratar de caso já anteriormente discutido com os princípios da Carta da ONU ou da Carta de Banjul.

Dentre as Instituições de Garantia e de Controle da Carta Africana, as principais são a Comissão Africana, que busca promover e garantir a realização dos Direitos Humanos no continente, e a Corte Africana, que reforça a atuação da Comissão com seu caráter contencioso e consultivo. A Comissão é a primeira a analisar os casos, porém como não possui caráter vinculante, apenas pode fazer recomendações aos Estados. A Corte, por outro lado, tem força vinculante e pode até menos punir os Estados por sua negligência ou violação direta dos direitos humanos.

3.2 A Carta Africana sobre Direitos Humanos e Direitos dos Povos

A Carta Africana sobre Direitos Humanos e Direito dos Povos, adotada em 26 de junho de 1981, em Nairóbi, no Quênia, cuja entrada em vigor na ordem internacional deu-se no dia 21 de outubro de 1986, invoca, logo em seu preâmbulo, a liberdade, a igualdade, a justiça e a dignidade como objetivos essenciais para a realização das legítimas aspirações dos povos africanos.

Destaca-se, no texto, as tradições históricas e os valores da civilização africana que devem inspirar e caracterizar as suas reflexões sobre a concepção dos direitos do homem e dos povos e reconhece que os direitos fundamentais do ser humano se baseiam nos atributos da pessoa humana, o que justifica a sua proteção internacional, e que a realidade e o respeito dos direitos dos povos devem necessariamente garantir os direitos humanos.

Além disso, ganha relevo o direito ao desenvolvimento, a indissociabilidade dos direitos civis, políticos, econômicos, sociais e culturais, bem como a universalidade dos referidos direitos, e procura dar ênfase na luta contra o colonialismo, o neocolonialismo, o *apartheid*, o sionismo, as bases militares estrangeiras de agressão e quaisquer formas de discriminação, nomeadamente as que se baseiam na raça, etnia, cor, sexo, língua, religião ou opinião pública.

O referido documento internacional é constituído de três partes: a primeira cuida dos direitos e dos deveres; a segunda corresponde às medidas de salvaguarda (composição e organização da Comissão Africana dos Direitos do Homem e dos Povos; Competências da Comissão; Do processo da Comissão; Dos princípios aplicáveis); e a terceira relaciona-se às disposições diversas.

3.2.1 Os direitos humanos, os direitos dos povos e os deveres

A Carta Africana elencou vários direitos protetivos ao indivíduo em sua singularidade, e também os que se aplicam aos povos.

Em relação aos indivíduos, a Carta consagra direitos para todos, sem nenhuma distinção, nomeadamente de raça, etnia, cor, sexo, língua, religião, opinião política ou qualquer outra opinião, origem nacional ou social, fortuna, nascimento ou qualquer outra situação, que passam pela proteção à integridade física e psicológica, à vida digna, à não submissão a escravidão, tortura ou qualquer tratamento desumano, à liberdade de crença e religião, à liberdade de circulação etc.

Quanto aos direitos que são contemplados em relação aos povos, devem ser destacados os relativos à autodeterminação dos povos, às riquezas naturais, ao desenvolvimento econômico, social e cultural, à paz e ao meio ambiente[320].

---

[320] Artigo 20º 1. Todo o povo tem direito à existência. Todo o povo tem um direito imprescritível e inalienável à autodeterminação. Ele determina livremente o seu estatuto político e assegura o seu desenvolvimento econômico e social segundo a via que livremente escolheu.
2. Os povos colonizados ou oprimidos têm o direito de se libertar do seu estado de dominação recorrendo a todos os meios reconhecidos pela Comunidade Internacional.
3. Todos os povos têm direito à assistência dos Estados partes na presente Carta, na sua luta de libertação contra a dominação estrangeira, quer esta seja de ordem política, econômica ou cultural.
Artigo 21º Os povos têm a livre disposição das suas riquezas e dos seus recursos naturais. Este direito exerce-se no interesse exclusivo das populações. Em nenhum caso um povo pode ser privado deste direito.
Em caso de espoliação, o povo espoliado tem direito à legítima recuperação dos seus bens, bem como a uma indenização adequada.
A livre disposição das riquezas e dos recursos naturais exerce-se sem prejuízo da obrigação de promover uma cooperação econômica internacional baseada no respeito mútuo, na troca equitativa e nos princípios do direito internacional.
Os Estados partes na presente Carta comprometem-se, tanto individual como coletivamente, a exercer o direito de livre disposição das suas riquezas e dos seus recursos naturais com vista a reforçar a unidade e a solidariedade africanas.
Os Estados partes na presente Carta comprometem-se a eliminar todas as formas de exploração econômica estrangeira, nomeadamente a que é praticada por monopólios internacionais, a fim de permitir que a população de cada país se beneficie plenamente das vantagens provenientes dos seus recursos nacionais.
Artigo 22º Todos os povos têm direito ao seu desenvolvimento econômico, social e cultural, no estrito respeito da sua liberdade e da sua identidade, e ao gozo igual do patrimônio comum da humanidade.

Além dos direitos indicados anteriormente, a Carta Africana, de maneira pioneira, trata também em seu texto de deveres individuais para com a família, a sociedade, com o Estado e no plano internacional. Para tanto, o indivíduo deve preservar o desenvolvimento harmonioso da família e atuar em favor da sua coesão e respeito; respeitar a todo o momento os seus pais, alimentá-los e assisti-los em caso de necessidade; servir a sua comunidade nacional pondo as suas capacidades físicas e intelectuais ao seu serviço; não comprometer a segurança do Estado de que é nacional ou residente; preservar e reforçar a solidariedade social e nacional, particularmente quando esta é ameaçada; preservar e reforçar a independência nacional e a integridade territorial da pátria e, de uma maneira geral, contribuir para a defesa do seu país, nas condições fixadas pela lei; trabalhar, na medida das suas capacidades e possibilidades, e desobrigar-se das contribuições fixadas pela lei para a salvaguarda dos interesses fundamentais da sociedade; velar, nas suas relações com a sociedade, pela preservação e reforço dos valores culturais africanos positivos, num espírito de tolerância, de diálogo e para contribuir para a promoção da saúde moral da sociedade; contribuir para a promoção e para a realização da unidade africana.

3.3 As instituições de garantia e controle: a Comissão e a Corte

O sistema de proteção dos direitos humanos no continente africano estava ancorado praticamente na Comissão Africana de Direitos Humanos

---

Os Estados têm o dever, separadamente ou em cooperação, de assegurar o exercício do direito ao desenvolvimento.
Artigo 23º Os povos têm direito à paz e à segurança tanto no plano nacional como no plano internacional. O princípio de solidariedade e de relações amistosas implicitamente afirmado na Carta da Organização das Nações Unidas e reafirmado na Carta da Organização da Unidade Africana deve presidir às relações entre os Estados.
Com o fim de reforçar a paz, a solidariedade e as relações amistosas, os Estados partes na presente Carta comprometem-se a proibir:
a) Que uma pessoa gozando do direito de asilo nos termos do artigo 12 da presente Carta empreenda uma atividade subversiva contra o seu país de origem ou contra qualquer outro país parte na presente Carta;
b) Que os seus territórios sejam utilizados como base de partida de atividades subversivas ou terroristas dirigidas contra o povo de qualquer outro Estado parte na presente Carta.
Artigo 24º Todos os povos têm direito a um meio ambiente satisfatório e global, propício ao seu desenvolvimento.

e Direitos dos Povos. Isso porque o referido sistema se ressentia do funcionamento de uma Corte que atuasse como um órgão de natureza jurisdicional, ensejando uma grande limitação no sistema de proteção aos direitos humanos naquele continente. Esse quadro, todavia, modificou-se por ter sido criada a Corte Africana de Direitos Humanos e dos Povos.

3.3.1 A Comissão Africana de Direitos Humanos e Direito dos Povos

A Comissão Africana é constituída de 11 membros eleitos pela Assembleia de Chefes de Estado e Governo tendo como referência uma lista elaborada e apresentada pelos Estados-partes, e os eleitos devem cumprir um mandato de seis anos.

Os membros da Comissão são eleitos por escrutínio secreto pela Conferência dos Chefes de Estado e de Governo, de uma lista de pessoas apresentadas para esse efeito pelos Estados-partes na Carta Africana, sendo que não pode compreender mais de um natural de cada Estado na Comissão.

Os escolhidos devem gozar da mais alta consideração, conhecidos pela moralidade, integridade, imparcialidade e devem possuir uma competência em matéria dos direitos do homem e dos povos, e para melhor desempenho das funções da Comissão, seus membros gozam dos privilégios e imunidades diplomáticos previstos pela Convenção sobre os privilégios e imunidades da Organização da Unidade Africana.

No que tange ao desenvolvimento de suas atividades, a Comissão inspira-se no direito internacional dos direitos humanos e dos povos, nomeadamente nas disposições dos diversos instrumentos africanos relativos aos direitos humanos e dos povos, nas disposições da Carta das Nações Unidas, da Carta da Organização da Unidade Africana, da Declaração Universal dos Direitos Humanos, nas disposições de outros instrumentos adotados pelas Nações Unidas e pelos países africanos no domínio dos direitos humanos e dos povos, assim como nas disposições de diversos instrumentos adotados no seio das agências especializadas das Nações Unidas de que são membros as partes da Carta.

Para a realização de suas atividades, a Comissão terá duas sessões ordinárias por ano e também poderá reunir-se, se necessário, em sessões extraordinárias. As línguas de trabalho são as da União Africana, sendo certo que as sessões de trabalho poderão ser realizadas em público ou na câmara. A Comissão poderá convidar outros Estados, movimentos nacionais de libertação, instituições especializadas; INDH, ONGs ou indivíduos a participar na sua sessão.

A Comissão tem como principais funções a difusão e promoção dos direitos humanos e dos povos, devendo para isso realizar uma série de atividades, tais como estudos e pesquisas; organização de conferências; cooperação com instituições internacionais e africanas etc.

Em estudo sobre o sistema africano, Jeremy Sarkin chama a atenção para atividades que foram desenvolvidas pela Comissão Africana de Direitos Humanos e dos Povos, que funciona desde 2002 sob os auspícios da União Africana:

> a Comissão tem desempenhado um papel importante na melhoria das condições das prisões em todo o continente. Uma maneira pela qual a Comissão contribuiu para a melhoria da vida dos prisioneiros foi mediante a investigação e o julgamento das violações de direitos. A Comissão investigou também as condições das prisões africanas mediante a nomeação de vários relatores especiais, a criação de grupos de trabalho e o julgamento de casos específicos. A Comissão também interrogou governos e formulou resoluções sobre condições carcerárias em todo o continente[321].

A matéria está prevista no artigo 45 da Carta Africana, que estabelece como missão da Comissão: promover os direitos do homem e dos povos e nomeadamente: a) reunir documentação, fazer estudos e pesquisas sobre problemas africanos no domínio dos direitos do homem e dos povos, organizar informações, encorajar os organismos nacionais e locais que se ocupem dos direitos do homem e, se necessário, dar pareceres ou fazer recomendações aos governos; b) formular e elaborar, com vista a servir de base à adoção de textos legislativos pelos governos africanos, princípios e regras que permitam resolver os problemas jurídicos relativos ao gozo dos direitos do homem e dos povos e das liberdades fundamentais; c) cooperar com as outras instituições africanas ou internacionais que se dedicam à promoção e à proteção dos direitos do homem e dos povos; assegurar a proteção dos direitos do homem e dos povos nas condições fixadas pela Carta; interpretar qualquer disposição da Carta a pedido de um Estado-parte, de uma instituição da Organização da Unidade Africana ou de uma organização africana reconhecida pela Organização da Unidade Africana; executar quaisquer outras tarefas que lhe sejam eventualmente confiadas pela Conferência dos Chefes de Estado e de Governo.

---

321   SARKIN, Jeremy. Prisões na África: uma avaliação da perspectiva dos direitos humanos. *Revista internacional de direitos humanos*, ano 5, dez. 2008, v. 9, p. 36.

A Comissão[322] pautará também sua atuação levando-se em consideração como meios auxiliares de determinação das regras de direito outras convenções internacionais, quer gerais, quer especiais, que estabeleçam regras expressamente reconhecidas pelos Estados-membros da Organização da Unidade Africana; as práticas africanas, conforme as normas internacionais relativas aos direitos humanos e dos povos, os costumes geralmente aceitos como constituindo o direito, os princípios gerais de direito reconhecidos pelas nações africanas, assim como a jurisprudência e a doutrina.

Segundo as regras vigentes no Sistema, qualquer pessoa poderá apresentar uma queixa à Comissão Africana dos Direitos Humanos e dos Povos, ao alegar que um Estado-Parte da Carta Africana dos Direitos Humanos e dos Povos violou um ou mais dos direitos nela contidos. Indivíduos e organizações não governamentais no continente africano também foram responsáveis por dirigir representações desta natureza (queixas) para a Comissão.

Para facilitar e otimizar os procedimentos de queixa, o Secretariado da Comissão Africana dos Direitos Humanos e dos Povos apresenta as diretrizes para informar as pessoas ou grupos de pessoas, e os Estados-Partes da Carta Africana dos Direitos Humanos e dos Povos sobre como podem denunciar supostas violações dos direitos humanos e dos povos dentro do sistema Africano de proteção dos direitos humanos. Neste sentido, poderão estar presentes aspectos voltados para questões como os direitos e liberdades consagrados na Carta, as condições para a apresentação de comunica-

---

322 SAMPAIO, Fabrício, op. cit., p. 215, enfatiza que "as comunicações recebidas pela Comissão são processadas e têm uma decisão emitida em uma reunião privada. Caso aceita por maioria simples, a decisão é remetida à OUA, que autoriza a sua divulgação. Neste processo, a Comissão tem como um dos principais objetivos promover uma conciliação entre as partes, de forma a ser obtida uma composição amigável do litígio. O acompanhamento das comunicações e das investigações, contudo, esbarra na ausência de força imperativa e de mecanismos de implementação das decisões por parte da Comissão, que transforma muitas de suas decisões em letras vazias, dada a ausência de cumprimento por parte dos Estados violadores. A própria Comissão Africana reconhece que o problema do cumprimento das decisões emitidas é um dos principais fatores que levaram ao descrédito dos trabalhos do órgão. Outro problema que acomete os trabalhos da Comissão Africana diz respeito à morosidade dos procedimentos de comunicação e investigação das violações de direitos humanos. Dentre diversos desafios enfrentados também por sistemas de proteção aos direitos humanos em outros continentes, a Comissão tem na resistência dos Estados violadores, no esvaziamento das funções de seu secretariado e na separação dos procedimentos de comunicação e investigação algumas das razões para a lentidão na conclusão dos processos".

ções, comunicações de emergência, quem pode apresentar uma comunicação, quantas violações por comunicação, representação legal e formato padrão para a apresentação de comunicações. A Comissão também poderá criar mecanismos subsidiários, como relatores especiais, comissões e grupos de trabalho.

3.3.2 A Corte Africana de Direitos Humanos

Como demonstrado em tópico anterior, há vários entraves para o melhor desenvolvimento do sistema africano de proteção dos direitos humanos, mas o fato de inexistir uma Corte, na qual pudessem ser demandados casos de violações de direitos humanos, certamente propiciava um enorme problema na efetivação dos referidos direitos.

Por essa razão é que os Estados africanos, preocupados e convencidos de que a realização dos objetivos da Carta Africana dos Direitos do Homem e dos Povos carecia da criação de um Tribunal Africano dos Direitos do Homem e dos Povos, que viesse a complementar e fortalecer as funções da Comissão Africana dos Direitos do Homem e dos Povos, resolveram criá-lo. Tal fato se deu por força do protocolo à Carta Africana dos Direitos do Homem e dos Povos sobre a criação de um Tribunal Africano dos Direitos do Homem e dos Povos, no ano de 1998. Nesse propósito a manifestação de Pastor Ridruejo:

> Es una institución jurisdiccional que puede conocer de los casos que le someta la Comisión, el Estado parte que hubiese llevado un caso a la Comisión, el Estado parte demandado ante la Comisión, el Estado parte de nacionalidad de la víctima y las organizaciones intergubernamentales africanas. Para todos estos supuestos la competencia del Tribunal es obligatoria o automática. Pero, si las reclamaciones son presentadas por individuos o por organizaciones no gubernamentales dotadas de estatuto de observadoras ante la Comisión, el Tribunal sólo es competente si el Estado parte interesado ha consentido por acto *ad hoc* su competencia. Señalemos finalmente que el Tribunal quedará constituído tan pronto como el Protocolo de 1988 entre en vigor, para lo cual se necesitan quince ratificaciones[323].

Frise-se, por oportuno, que houve o cumprimento das formalidades necessárias para que o Tribunal africano fosse efetivamente constituído no

---

[323] RIDRUEJO, José A. Pastor. *Curso de derecho internacional público y organizaciones internacionales*. 10. ed. Madri: Tecnos, 2006, p. 227.

ano de 2006, criando-se uma nova esperança no sistema de proteção aos direitos humanos naquele continente.

As regras de funcionamento da Corte são praticamente as mesmas relativas às Cortes Internacionais, nas quais são observados a competência consultiva e contenciosa, o reconhecimento de imunidades diplomáticas, a imunidade material para emitir opiniões e decisões no exercício das atividades judicantes etc.

A citada Corte é constituída de 11 juízes nacionais de Estados que fazem parte da União Africana, que são eleitos de uma lista de candidatos indicados pelos Estados signatários do protocolo. São eleitos por voto secreto pela Assembleia, que deverá garantir que por todo o Tribunal exista representação das principais regiões da África e das suas tradições legais principais, bem como representatividade adequada em termos de gênero.

Os juízes do tribunal são eleitos por um período de seis anos com apenas uma possibilidade de reeleição, e a independência necessária para o desenvolvimento do ofício está garantida em conformidade com o direito internacional. Para tanto, os juízes usufruem, desde o momento da sua eleição e durante o seu mandato, das imunidades oferecidas a representantes diplomáticos, bem como não serão responsáveis por qualquer decisão ou opinião apresentada durante o exercício das suas funções.

Em se tratando da competência consultiva, os juízes devem se manifestar em consonância com consultas formuladas a pedido de um Estado-membro da Organização da Unidade Africana, da própria Organização da Unidade Africana, de qualquer um dos seus órgãos ou qualquer organização africana reconhecida pela Organização da Unidade Africana, oferecendo pareceres sobre qualquer questão jurídica relativa à Carta ou quaisquer instrumentos de direitos humanos relevantes, desde que a matéria ou parecer não se relacione com nenhum caso a ser instado pela Comissão.

Quanto à competência contenciosa, evidencia-se que a jurisdição da Corte se estende a todos os casos e disputas a ela apresentados, relativamente à interpretação e aplicação da Carta, do Protocolo e de qualquer outro instrumento relevante referente aos direitos do homem ratificado pelos Estados empenhados.

Ao analisar um caso de violação de direitos humanos, a Corte poderá ordenar o pagamento de indenização, adoção de medidas compensatórias e, nos casos de extrema urgência – e sempre que seja necessária para evitar danos irreparáveis a pessoas –, a adoção de medidas provisórias.

No tocante às sentenças, estas devem ser prolatadas pela maioria dos seus membros e não cabem recursos. Os Estados-partes comprometem-se a cumprir com a sentença relativa a qualquer caso no qual são partes dentro do período estipulado pela Corte e a afiançar a sua implementação.

As partes no caso serão notificadas da sentença da Corte e esta será transmitida aos Estados-membros da Organização da Unidade Africana e da Comissão, devendo o Conselho de Ministros ficar responsável pelo monitoramento da sua aplicação em nome da Assembleia. Evidencia-se, pois, que por se tratar de um tribunal de âmbito continental, complementa e reforça as funções da Comissão Africana dos Direitos Humanos e dos Povos, tendo sido criado em conformidade com o Artigo 1º do Protocolo à Carta Africana dos Direitos Humanos e dos Povos Relativo à Criação do Tribunal Africano dos Direitos Humanos e dos Povos, que fora aprovado pelos Estados-membros da então Organização da Unidade Africana (OUA), em Ouagadougou, Burkina Faso, em Junho de 1998[324].

O Tribunal alicerça os seus valores fundamentais na Carta Africana e em outros princípios de direitos humanos reconhecidos internacionalmente e na promoção do Estado de direito, apresentando como objetivos estratégicos:

> a) exercer competência sobre todos os casos e litígios trazidos perante o Tribunal relacionados com a interpretação e aplicação da Carta, do Protocolo e de quaisquer outros instrumentos pertinentes relativos aos direitos humanos ratificados pelos Estados em causa; b) colaborar com organismos judiciais sub-regionais e nacionais com vista a reforçar a defesa dos direitos humanos no continente; c) reforçar a participação dos povos africanos nas atividades do Tribunal; d) reforçar a capacidade da Secretaria do Tribunal de modo a poder cumprir o seu mandato; e e) aprofundar as relações de trabalho entre o Tribunal e a Comissão Africana[325].

---

324 O Protocolo entrou em vigor no dia 25 de janeiro de 2004, após ratificação por mais de 15 países. Atualmente 30 Estados ratificaram o Protocolo: África do Sul, Argélia, Benin, Burkina Faso, Burundi, Chade, Comores, Congo, Cote d'Ivoire, Gabão, Gâmbia, Gana, Quénia, Lesoto, Líbia, Malawi, Mali, Mauritânia, Maurícias, Moçambique, Nigéria, Níger, Ruanda, República Árabe Saharaui, Senegal, Tanzânia, Togo, Tunísia, Uganda e República dos Camarões.
325 Tribunal dos Direitos Humanos e dos Povos. Disponível em: http://pt.african-court.org/index.php/documents/basic-documents-featured-articles. Acesso em: 5 jul. 2018.

O Tribunal pode receber queixas e/ou petições a si apresentadas pela Comissão Africana dos Direitos Humanos e dos Povos ou pelos Estados Signatários do Protocolo, assim como Organizações Intergovernamentais Africanas, conforme estabelece o artigo 5º do Protocolo. Ademais, as organizações não governamentais com estatuto de observador junto da Comissão Africana dos Direitos Humanos e dos Povos e indivíduos particulares oriundos dos Estados que tenham depositado a declaração a aceitar a competência do Tribunal também podem instituir processos diretamente no Tribunal.

Por fim, impende ainda assinalar que possuem legitimidade para postular na Corte Africana: a Comissão; o Estado-parte que tenha apresentado uma queixa à Comissão; o Estado-parte contra o qual a queixa tenha sido apresentada perante a Comissão; o Estado-parte cujo cidadão seja vítima de abuso de direitos humanos e Organizações Intergovernamentais Africanas.

3.4 Mecanismos de garantia e controle

A Carta Africana de Direitos do Homem e Direitos dos Povos estabelece no Capítulo III da segunda parte uma série de mecanismos de garantia e de controle, destacando-se as demandas entre os Estados nacionais e as demandas não estatais.

No que tange aos Estados nacionais, evidencia-se que a matéria está contemplada nos artigos 47 a 54, os quais guardam similitudes com as disposições contidas nos documentos que regem a proteção dos direitos humanos no plano europeu e no americano.

Assim, se um Estado-parte signatário da Carta Africana tem fundadas razões para crer que outro Estado-parte violou disposições do referido documento internacional, aquele poderá, mediante comunicação escrita, chamar a atenção desse Estado sobre a questão, bem como poderá recorrer diretamente à Comissão mediante comunicação endereçada ao seu Presidente, ao Secretário-Geral da Organização da Unidade Africana e ao Estado interessado.

Neste último caso, a exemplo do que ocorre no sistema europeu e americano, a Comissão somente poderá deliberar sobre uma questão que lhe foi submetida depois de se ter assegurado de que todos os recursos internos foram esgotados, salvo se for manifesto para a Comissão que o processo relativo a esses recursos se prolonga de modo anormal.

A Comissão, após a coleta de todas as informações que são necessárias, bem como a tentativa de alcançar, por todos os meios apropriados, uma solução amistosa baseada no respeito dos direitos do homem e dos povos, estabelece em um prazo razoável a partir da notificação referida no artigo 48[326] um relatório, que é enviado aos Estados interessados e comunicado à Conferência dos Chefes de Estado e de Governo, descrevendo os fatos e as conclusões a que chegou.

Quanto às demandas não estatais, a Carta Africana admite a apresentação de demandas por indivíduos, por grupos de indivíduos, por organizações não governamentais ou diversas outras entidades. Para tanto, antes de cada sessão o secretário da Comissão estabelece a lista das comunicações que não emanam dos Estados-partes da Carta e a apresenta aos membros da Comissão, os quais podem querer tomar conhecimento das correspondentes comunicações e submetê-las à Comissão.

Algumas condições precisam ser observadas, por parte da Comissão, no tocante às comunicações mencionadas: a) indicar a identidade do seu autor mesmo que este solicite à Comissão manutenção de anonimato; b) ser compatíveis com a Carta da Organização da Unidade Africana ou com a Carta Africana de Direitos do Homem; c) não conter termos ultrajantes ou insultuosos para com o Estado impugnado, as suas instituições ou a Organização da Unidade Africana; d) não se limitar exclusivamente a reunir notícias difundidas por meios de comunicação de massa; e) ser posterior ao esgotamento dos recursos internos (se existir), a menos que seja manifesto para a Comissão que o processo relativo a esses recursos se prolonga de modo anormal; f) ser introduzida num prazo razoável, a partir do esgotamento dos recursos internos ou da data marcada pela Comissão para abertura do prazo da admissibilidade perante a própria Comissão; g) não dizer respeito a casos que tenham sido resolvidos em conformidade com os princípios da Carta das Nações Unidas, da Carta da Organização da Unidade Africana ou com as disposições da presente Carta.

Após a observância dessas condicionantes, e antes mesmo de qualquer exame profundo da matéria, a comunicação deve ser levada ao conhecimento do Estado interessado por intermédio do presidente da Comissão.

---

326   Artigo 48. "Se num prazo de três meses, a contar da data de recepção pelo Estado destinatário da comunicação inicial, a questão não estiver solucionada de modo satisfatório para os dois Estados interessados, por via de negociação bilateral ou por qualquer outro processo pacífico, qualquer desses Estados tem o direito de submeter a referida questão à Comissão mediante notificação endereçada ao seu presidente, ao outro Estado interessado e ao Secretário-geral da OUA."

Importante registrar que todas as medidas tomadas devem ser realizadas e mantidas em termos confidenciais até que a Conferência dos Chefes de Estado e de Governo decida diferentemente. O relatório é publicado pelo presidente da Comissão somente após a decisão da Conferência dos Chefes de Estado e de Governo, confirmando, portanto, a natureza política da Comissão mantida com a Assembleia.

Por fim, não se pode olvidar dos relatórios a serem elaborados pelos Estados, a cada dois anos, das medidas legislativas ou políticas que tenham sido tomadas para que os direitos humanos e liberdades garantidas pela Carta Africana tenham efetividade.

4. O SISTEMA ÁRABE

Embora o sistema de proteção regional dos direitos humanos esteja funcionando em vários pontos do globo, deve-se alertar, desde logo, que no mundo árabe ainda não passa de uma grande aspiração.

Os direitos humanos, em regra, para os povos árabes apresentam-se como um poder derivado de um poder divino, o que acaba por produzir situações complexas para alguns segmentos da população, como no caso das mulheres. Sobre os direitos humanos no mundo árabe, vale trazer a interessante abordagem realizada por Lamy[327]:

> "Quando falamos dos direitos humanos no Islã queremos realmente dizer que esses direitos foram garantidos por Deus; não foram garantidos por algum rei ou por qualquer assembleia legislativa. Os direitos garantidos pelos reis ou por assembleia legislativa podem ser revogados da mesma maneira que foram conferidos. Dá-se o mesmo caso com os direitos aceitos e reconhecidos pelos ditadores. Eles podem conferi-los quando estão satisfeitos e revogá-los quando desejarem; e podem abertamente violá-los quando quiserem. Mas uma vez que no Islã os direitos humanos foram conferidos por Deus, nenhuma assembleia legislativa no mundo ou qualquer governo na terra tem o direito ou a autoridade de fazer qualquer emenda ou troca nos direitos conferidos por Ele, ninguém tem o direito de ab-rogá-los ou os revogar. Nem são eles direitos humanos básicos, conferidos no papel para efeito de *show* e exibição e negados na vida real quando o *show* acaba, nem são conceitos filosóficos sem nenhuma sanção por trás deles".

---

327 LAMY, Marcelo. *A universalização dos direitos humanos e a especialidade do pensamento islâmico*. Disponível em: <http://www.dhnet.org.br/direitos/sip/ligaarabe/dh_pensamento_islamico.htm>. Acesso em: 2 fev. 2009.

A Declaração Islâmica Universal dos Direitos Humanos, de 19 de setembro de 1981, parte da afirmação incontestável de que há 14 séculos o Islã concedeu à humanidade um código ideal de direitos humanos através do Corão (o que de fato deve ser examinado pela cultura ocidental). Assim, baseia-se no Corão e na Sunnah (o exemplo e o modo de vida do profeta Muhammad, compreendendo tudo o que ele disse ou concordou). Para o Islã, Deus, e somente Ele, é o Legislador e a fonte de todos os direitos humanos. Assim, a mensagem do Islã é para toda a humanidade. Mais ainda, em razão de sua origem divina, nenhum governante, governo, assembleia ou autoridade pode reduzir, abolir ou desrespeitar, sob qualquer hipótese, os direitos humanos conferidos por Deus, assim como não os pode ceder ou alienar. Os direitos humanos no Islã são parte integrante de toda a ordem islâmica e se impõem sobre todos os governantes e órgãos da sociedade, com o objetivo de implementar, na letra e no espírito, dentro da estrutura daquela ordem.

E prossegue em sua ideia[328]:

> Somente a introdução dessa declaração, por si só, já demonstra que há valores fundantes muito próximos dos ocidentais, pois propugna que: todos os seres humanos sejam iguais e que ninguém goze de privilégios ou sofra prejuízo ou discriminação em razão de raça, cor, sexo, origem ou língua; todos os seres humanos nasçam livres; a escravidão e o trabalho forçado sejam abolidos; as condições sejam estabelecidas de tal forma que a instituição da família seja preservada, protegida e honrada como a base de toda a vida social; os governantes e governados sejam submissos e iguais perante a Lei; a obediência seja prestada somente àqueles mandamentos que estejam em consonância com a Lei; todo o poder mundano seja considerado como uma obrigação sagrada a ser exercido dentro dos limites prescritos pela Lei e nos termos aprovados por ela e com o devido respeito às prioridades fixadas nela; todos os recursos econômicos sejam tratados como bênçãos divinas outorgadas à humanidade, para usufruto de todos, de acordo com as normas e os valores estabelecidos no Alcorão e na Sunnah; todas as questões públicas sejam determinadas e conduzidas, e a autoridade para administrá-las seja exercida após consulta mútua (shura) entre os fiéis qualificados para contribuir na decisão, a qual deverá estar em conformidade com a Lei e o bem público; todos cumpram suas obrigações na medida de sua capacidade e que sejam responsáveis por seus atos *pro rata*; na eventualidade da infringência a seus direitos, todos tenham asseguradas as medidas corretivas adequadas, de acordo com a Lei; ninguém seja privado dos direitos assegurados pela Lei, exceto

---

328 Idem.

por sua autoridade e nos casos previstos por ela; todo o indivíduo tenha o direito de promover ação legal contra aquele que comete um crime contra a sociedade, como um todo, ou contra qualquer de seus membros; todo empenho seja feito para assegurar que a humanidade se liberte de qualquer tipo de exploração, injustiça e opressão; a todos garanta-se segurança, dignidade e liberdade nos termos estabelecidos e pelos meios aprovados, e dentro dos limites previstos em lei.

Ainda assim, para a Liga dos Estados Árabes, um passo muito importante ocorreu quando da celebração de seu 50º aniversário, no ano de 1994[329], ao adotar o Estatuto que simbolizou o reconhecimento dos direitos humanos pelos membros da Liga, bem como o reconhecimento de sua importância no mundo árabe[330].

---

[329] Bastante elucidativa a manifestação de FERNANDEZ, Montserrat Altamirano. *Carta Árabe De Derechos Humanos 2004*. Disponível em: https://acihl.org/res/documents/CARTA-%C3%81RABE-DE-DERECHOS-HUMANOS.2004.pdf. Acesso em: 22 jul. 2022 sobre a Carta de 1994, para na sequência explicitar os aspectos da Carta de 2004, como se vê: Los trabajos preparatorios de la Carta Árabe de Derechos Humanos comienzan en 1960. En ese año, los miembros de la Unión de Abogados Árabes (la ONG más antigua en el mundo árabe) solicitaron a la Liga de los Estados Árabes (creada en 1945), durante su reunión en Damasco, Siria, que adoptara una Convención Árabe de Derechos Humanos. Ocho años más tarde, los participantes de la primera asamblea por los Derechos Humanos en el mundo árabe, que tuvo lugar en Beirut, Líbano, solicitaron a la Comisión Árabe de Derechos Humanos la preparación de una Carta Árabe de Derechos Humanos. En 1994, la Liga de los Estados Árabes adoptó, en su 50 aniversario, la primera versión de la Carta Árabe de Derechos Humanos. La adopción de la Carta simbolizó la importancia del respeto a los derechos humanos tanto para el mundo árabe como para la Liga. La adopción por parte de la Liga de la Carta Árabe de Derechos Humanos fue crucial porque la Carta de la Liga no hace mención alguna a los derechos humanos . Esta primera versión de la Carta tiene 43 artículos después del preámbulo. La Carta proclama esencialmente los mismos derechos que están consagrados en otros instrumentos, internacionales y regionales, de derechos humanos. La principal debilidad de la versión de 1994 fue la falta de mecanismos de cumplimiento de los derechos humanos, particularmente en comparación con los mecanismos contemplados en las Convenciones Americana y Europea de Derechos Humanos y en la Carta Africana de Derechos Humanos y de los Pueblos .

[330] AL-MIDANI, Mohammed Amin. *Introducción a los estatutos árabes en derechos humanos* assinala que "Esta primera versión de los Estatutos, cuenta con 43 artículos subsiguientes al preámbulo. El preámbulo trata, en una primera instancia, a cerca de los principios definidos por las religiones, en donde se confirma el Derecho a una vida digna basada en la libertad, la justicia y la paz. Así mismo, el preámbulo reafirma los principios de los Estatutos de las Naciones Unidas y dela Declaración Universal de los Derechos Humanos de 1948. De igual manera reafirma, las provi-

O sistema apresenta como documentos principais a Declaração Universal Islâmica de Direitos Humanos, de 1981, e a Carta Árabe dos Direitos do Homem, adotada pelo Conselho da Liga dos Estados Árabes em 15 de setembro de 1994, no Cairo, Egito, que carece, todavia, da produção de efeitos jurídicos[331].

Muitos especialistas, acadêmicos e ONGs apresentaram uma grande quantidade de críticas sobre as deficiências apresentadas nos Estatutos. Inúmeras reuniões e conferências foram organizadas na Europa e no mundo árabe, a fim de estimular a modificação do Estatuto pelo governo árabe[332],

---

siones de los Pactos de Derechos Internacionales Civiles y Políticos; Derechos Económicos, Sociales y Culturales de 1966; así como la Declaración Universal de los Derechos Humanos y los Derechos Humanos en el Islam dentro de la Declaración del Cairo de 1990. Siendo estos últimos instrumentos bastante cuestionados por su compatibilidad. Sin embargo, los Estatutos proclaman esencialmente los mismos derechos plasmados en otros instrumentos de Derechos Humanos internacionales y regionales." Disponível em: https://acihl.org/articles.htm?article_id=15. Acesso em 17 ago. 2018.

331 FERNANDEZ, Montserrat Altamirano. *Carta Árabe De Derechos Humanos 2004*. Disponível em: https://acihl.org/res/documents/CARTA-%C3%81RABE-DE-DERECHOS--HUMANOS.2004.pdf. Acesso em: 22 jul. 2022 enfatiza a importância da Carta de 1994: "En 1994, la Liga de los Estados Árabes adoptó, en su 50 aniversario, la primera versión de la Carta Árabe de Derechos Humanos. La adopción de la Carta simbolizó la importancia del respeto a los derechos humanos tanto para el mundo árabe como para la Liga. La adopción por parte de la Liga de la Carta Árabe de Derechos Humanos fue crucial porque la Carta de la Liga no hace mención alguna a los derechos humano".

332 AL-MIDANI, Mohammed Amin. *Introducción a los estatutos árabes en derechos humanos*: "En una resolución entregada el 10 de Enero del 2003, La Comisión Árabe en Derechos Humanos invitó a los Estados Árabes a presentar nuevas propuestas y mejoras de los Estatutos, bajo la promesa de ser revisados nuevamente por la comisión en enero del 2004. Paralelamente, el Alto Comisionado en Derechos Humanos invitó a una reunión en el Cairo en diciembre del 2003 a una gran cantidad de expertos Árabes, con el objetivo de presentar algunas observaciones y propuestas en aras de mejorar los Estatutos. Finalmente el 23 de mayo del 2004, una nueva versión de los Estatutos fue presentada ante la Cumbre Árabe en Túnez, posteriormente adoptada. La nueva versión de los Estatutos contiene 53 artículos posteriores al preámbulo. Dicho preámbulo se mantuvo de la primera versión, a pesar de las grandes críticas presentadas sobre la incompatibilidad entre la Declaración del Cairo y la Declaración Universal de los Derechos Humanos. El artículo número dos de los Estatutos es muy similar al segundo artículo en los Convenios Internacionales de 1966. Este trata de los derechos del pueblo Árabe a la tenencia de auto determinación, el derecho a poder controlar los recursos propios naturales y la riqueza, la posibilidad de formar una estructura política propia de manera libre, y la posibilidad de llevar a cabo un desarrollo económico, social y cultural. Es posible dividir los artículos de los Estatutos en

o que aconteceu no ano de 2004³³³.

---

cuatro categorías básicas: 1. La primera categoría se refiere a los derechos individuales: el derecho a la vida (artículos 5, 6 y 7); el derecho a no ser torturado o tratado de manera degradante o inhumana (artículos 8, 9, 18 y 20); el derecho a no ser esclavo (articulo 10); el derecho a la seguridad de la persona (artículos 14 y 18). 2. La segunda categoría se refiere a reglas judiciales: derecho de todas las personas a ser iguales ante la ley (articulo 12); derecho a ser procesados ante la ley de manera ecuánime (artículos 13, 15, 16, 17, y 19). 3. La tercera categoría se refiere a los derechos políticos y civiles: el derecho a libre movimiento (artículos 24, 26 y 27); el derecho al respeto por la vida privada y la familia (articulo 21); derecho a las minorías (articulo 25); el derecho al asilo político (articulo 28); el derecho a adquirir una nacionalidad (articulo 29); libertad de pensamiento y de religión (articulo 30); el derecho a la propiedad privada (articulo 31); el derecho a la información y a la libertad de opinión, expresión e investigación (articulo 32); el derecho al matrimonio (articulo 33). 4. La cuarta categoría se refiere a los derechos económicos, sociales y culturales: el derecho a trabajar (articulo 34); el derecho a conformar uniones comerciales (articulo 35); el derecho a la protección social (articulo 36); el derecho al desarrollo (articulo 37); el derecho a la educación (articulo 41); el derecho a participar en la vida cultural (articulo 42). Dentro de la nueva versión de los Estatutos sobresale un tema nuevo y muy importante, en el que se confirma la igualdad en el Mundo Árabe entre hombres y mujeres (articulo 3 y 3). La nueva versión igualmente protege los derechos del menor (articulo 34 y 3) y los derechos de las personas discapacitadas (articulo 40). Sin embargo, la principal falta presente en la primera versión sigue existiendo en la nueva: no existe un efectivo mecanismo de control. El Comité Experto continúa siendo el único sistema de monitoreo del estado a conformidad. El Comité, comprendido por siete miembros, recibe periódicamente reportes por parte de los partidos del estado. Esto teniendo en cuenta, que un partido del estado no puede realizar peticiones individuales o estatales al Comité, en caso de existir una violación a cualquier articulo de los Estatutos. Por otra parte, la falta de una corte Árabe en Derechos Humanos es una omisión clave en el sistema de control. Es preciso mencionar que varias de las reuniones y conferencias fueron organizadas tanto en el Mundo Árabe como en Europa (la ultima tuvo lugar en Yemen en el 2004). Las reuniones se realizaron con el objeto de preparar un protocolo de corrección al mecanismo de los Estatutos y la creación de una Corte Árabe en Derechos Humanos."

333 Destaca-se, nesta passagem, o preâmbulo do referido documento internacional: "Based on the faith of the Arab nation in the dignity of the human person whom God has exalted ever since the beginning of creation and in the fact that the Arab homeland is the cradle of religions and civilizations whose lofty human values affirm the human right to a decent life based on freedom, justice and equality, In furtherance of the eternal principles of fraternity, equality and tolerance among human beings consecrated by the noble Islamic religion and the other divinely-revealed religions, Being proud of the humanitarian values and principles that the Arab nation has established throughout its long history, which have played a major role in spreading knowledge between East and West, so making the region a point of reference for the whole world and a destination for seekers of knowledge and wisdom, Believing in the unity of the Arab nation,

Em interessante estudo sobre a matéria, Ricci[334] enfatiza que a Carta

---

which struggles for its freedom and defends the right of nations to self-determination, to the preservation of their wealth and to development; believing in the sovereignty of the law and its contribution to the protection of universal and interrelated human rights and convinced that the human person's enjoyment of freedom, justice and equality of opportunity is a fundamental measure of the value of any society, Rejecting all forms of racism and Zionism, which constitute a violation of human rights and a threat to international peace and security, recognizing the close link that exists between human rights and international peace and security, reaffirming the principles of the Charter of the United Nations, the Universal Declaration of Human Rights and the provisions of the International Covenant on Civil and Political Rights and the International Covenant on Economic, Social and Cultural Rights, and having regard to the Cairo Declaration on Human Rights in Islam, The States parties to the Charter have agreed as follows: (...). Para ter acesso ao documento de 2004 traduzido do árabe para o inglês veja o endereço eletrônico oficial das Nações Unidas em https://digitallibrary.un.org/record/551368. Acesso em: 22 jul. 2022.

334 RICCI, André. Os desafios do Sistema Árabe de Direitos Humanos: uma análise da estruturação da proteção até a salvaguarda do meio ambiente. In: GUERRA, Sidney; BRAGA, Fernanda. *Direito internacional ambiental:* interfaces entre o meio ambiente e os direitos humanos nos sistemas regionais de proteção. Curitiba: Memória, 2021, p. 248, acentua: "Em seu artigo 45, consta a informação de que os membros deste Comitê deverão ser nacionais de um Estado que tenha ratificado a Carta de 2004 e serão eleitos em votação secreta a partir da lista de candidatos designada pelos Estados-Membros. Ademais, os incisos subsequentes do dispositivo supracitado mencionam que os mandatos serão de quatro anos, sendo possível a reeleição por uma única vez. Com efeito, o artigo 48 da Carta de 2004 traz como atribuições deste órgão a análise dos relatórios trienais submetidos pelos Estados-Parte, bem como a elaboração de recomendações necessárias para cumprimento dos objetivos ali proclamados. Malgrado todo o empenho em buscar novos meios de assegurar a promoção dos direitos humanos nos Estados Árabes, a doutrina faz algumas ressalvas sobre a sua verdadeira efetividade, em especial, quando relaciona o tema com a qualidade democrática interna dos Estados. Ato contínuo, restringindo-nos a literalidade do texto, não se pode olvidar de que a Carta de 2004 não apresenta elementos que nos permitam concluir que suas recomendações e/ou conclusões assumem, concomitantemente, um caráter coercitivo e vinculante. Insta, por derradeiro, recordar que a Carta de 2004 perpetua o labéu da Carta anterior, qual seja, não há um mecanismo que permita ao Comitê o recebimento de petições de um Estado-Parte e/ou de um indivíduo por violações dos direitos consagrados em seu bojo. Dessume-se, portanto, que a limitação dos poderes conferidos ao Comitê e a ausência de um órgão jurisdicional regional em matéria de direitos humanos com competência para responsabilizar os Estados fragiliza a efetiva proteção dos indivíduos. Sobre isso, a próxima seção se ocupará de examinar a proposta de criação de um órgão jurisdicional no âmbito deste sistema. Por fim, outro aspecto frequentemente aludido pela doutrina é o fato de que a religião ainda se mostra consideravelmente atrelada às questões políticas envolvendo as ações dos Estados-Membros, tanto

Árabe dos Direitos Humanos, de 2004, ao ser adotada durante a 16ª Sessão Ordinária da Cúpula Árabe, realizada em 23 de maio daquele mesmo ano na Tunísia, não entrou em vigência imediatamente, tendo ocorrido em 15 de março de 2008, dois meses após a ratificação pelo sétimo Estado-Membro da Liga, cumprindo a exigência plasmada em seu artigo 49 e enfatiza que a Carta de 2004 foi o primeiro e, até o presente momento, o único tratado da Liga Árabe a ter formalmente um mecanismo de supervisão independente incorporado no próprio tratado.

Atualmente quatorze Estados-Membros da Liga Árabe ratificaram a Carta de 2004, a saber: Jordânia (28 de outubro de 2004), Argélia (11 de junho de 2006), Barein (18 de junho de 2006), Líbia (7 de agosto de 2006), Síria (6 de fevereiro de 2007), Palestina (28 de novembro de 2007), Emirados Árabes Unidos (15 de janeiro de 2008), Iêmen (12 de novembro de 2008), Catar (11 de janeiro de 2009), Arábia Saudita (15 de abril de 2009), Líbano (9 de maio de 2011), Sudão (21 de maio de 2013), Kuwait (5 de setembro de 2013) e Iraque (4 de abril de 2013), tendo a previsão de se estabelecer o Comitê Árabe de Direitos Humanos, órgão composto por sete especialistas independentes responsáveis por supervisionar a implementação do referido documento.

Feitas as considerações sobre os sistemas regionais vigentes no mundo, que integram o direito internacional dos direitos humanos, resta ainda a análise do sistema americano, que propositalmente será tratado no próximo capítulo. Antes, porém, serão expendidas breves considerações sobre a proteção do meio ambiente nos sistemas regionais pelo relevo da matéria.

5. A PROTEÇÃO DO MEIO AMBIENTE NOS SISTEMAS REGIONAIS DE DIREITOS HUMANOS

Embora seja evidente a relação entre a proteção do meio ambiente como instrumento assegurador da tutela dos direitos humanos, ainda são tímidas as experiências das Cortes internacionais na matéria[335].

---

que a interpretação da Carta de 2004 é feita à luz da Sharia, contradizendo a universalidade apregoada e deixando mais vulneráveis, em especial, os grupos minoritários".

335 GUERRA, Sidney; BRAGA, Fernanda. Os sistemas regionais de proteção aos direitos humanos e a salvaguarda do meio ambiente. *Direito internacional ambiental: interfaces entre o meio ambiente e os direitos humanos nos sistemas regionais de proteção.* Curitiba: Instituto Memória, 2021.

No que diz respeito aos sistemas regionais em específico, o problema parece estar ligado ao fato de que a maioria das Convenções de direitos humanos que as regem conferem proteção às questões ambientais apenas de forma transversa. Essa transversalidade de tutela se evidencia pela natureza das prestações jurisdicionais das Cortes, que se traduzem por uma maior ou menor preocupação com o meio ambiente conferida pelos respectivos sistemas.

No âmbito do Conselho da Europa, por exemplo, a proteção do meio ambiente, cuja tutela, em última análise, compete à Corte Europeia de Direitos Humanos, decorre muito mais de uma interpretação extensiva conferida ao direito à vida e à saúde, bem como à proteção da dignidade humana, tutelados pela Convenção Europeia de Direitos Humanos, do que de uma proteção frontal contra possíveis danos ambientais. Em outras palavras, a Convenção Europeia não reconhece diretamente o direito a um meio ambiente saudável como sendo um direito humano fundamental, mas apenas o protege na hipótese de um dano ambiental significar prejuízo direto à vida ou à saúde, esses últimos sim tutelados e declarados como bens fundamentais.

Essa constatação se traduz muito claramente, por exemplo, no julgamento do caso Fedeyeva *versus* Rússia, julgado em junho de 2005 pela Corte Europeia de Direitos Humanos. Trata-se de uma ação individual, na qual o requerente ingressou junto à Corte contra a Federação Russa, em virtude da ameaça que representava para a sua saúde e bem-estar a exploração de uma siderúrgica localizada nas imediações da sua casa e, para tanto, fundamentou seu pedido de indenização com base no artigo 8º da Convenção, que trata do direito ao respeito à vida privada e familiar[336].

Muito embora, em seu julgamento, a CEDH tenha expressamente reconhecido a existência do artigo 42 da Constituição Russa, que declara o direito de toda pessoa a um meio ambiente favorável e a informações confiáveis sobre seu estado, bem como a uma indenização pelos danos causados à sua saúde ou propriedade por uma violação ecológica, no corpo da decisão consta expressamente que embora o artigo 8º tenha sido invocado em vários casos da jurisprudência da Corte em que estavam

---

336 COUR EUROPEENE DES DROITS DE L'HOMME. Affaire Fadeïeva c. Russie. 9 juin 2005. Disponível em: https://hudoc.echr.coe.int/eng#{%22languageisocode%22:[%22FRE%22],%22appno%22:[%2255723/00%22],%22documentcollectionid2%22:[%22CHAMBER%22],%22itemid%22:[%22001-69316%22]} Acesso em: 17 fev. 2021.

envolvidas questões ecológicas, o fato é que os direitos e liberdades protegidos pela Convenção não incluiriam o direito à preservação da natureza como tal. A decisão enfatizou, ainda, que as consequências nocivas da poluição ambiental devem atingir um mínimo de gravidade para serem enquadradas no artigo 8º da Convenção.

Ademais, não obstante tenha condenado expressamente a Federação Russa a arcar com danos morais sofridos pelo autor, a Corte Europeia assim decidiu por entender pela existência de violação ao direito individual à vida, constante do artigo 8º da Convenção, decorrente de uma exposição prolongada do requerente à poluição industrial, enquanto fonte de desconforto e de desamparo físico. A condenação, em nenhuma medida, teria decorrido do dano ambiental em si, mas apenas de consequências diretas do mesmo sobre um direito fundamental individual. Mesmo quando a decisão da Corte impôs ao Governo russo a obrigação de reparar a os danos, assim o fez sob a expressa observação da necessidade de remediar a situação individual do requerente e não sob o ponto de vista do dano ambiental ocasionado pelo Estado.

O entendimento adotado no caso Fedeyeva *versus* Rússia traduz-se na sedimentação da jurisprudência da Corte Europeia, bem explicitada no julgamento do caso López Ostra *versus* Espanha[337], fundado na inércia do município de Lorca diante do incômodo causado por uma estação de tratamento de efluentes instalada a poucos metros da casa da requerente.

O caso fundou-se no fato de que a cidade de Lorca reunia uma grande concentração de indústrias de couro, sendo que vários curtumes lá instalados construíram, com subvenção do Estado, uma estação de tratamento de águas e resíduos, que se localizava a doze metros da casa da demandante. Consta da ação que seu funcionamento acabou por provocar a emissão de gases, odores e contaminação (devido ao seu mau funcionamento), o que causou de imediato problemas de saúde a muitos residentes de Lorca.

Na decisão, a Corte Europeia, apesar de reconhecer a existência de crime ecológico, previsto no artigo 347 bis do Código Penal espanhol, entendeu pela necessidade de reparação de dano, mas em virtude da violação ao artigo 8º da Convenção europeia de direitos humanos.

---

337 COUR EUROPEENE DES DROITS DE L'HOMME. Affaire López Ostra c. Espagne. 9 décembre 1994. Disponível em: https://hudoc.echr.coe.int/FRE#{%22item id%22:[%22001-62468%22]}. Acesso em: 17 fev. 2021.

O mesmo fundamento foi utilizado no caso Guerra e outros *versus* Itália[338], concernente à demanda ajuizada em decorrência da falta de informação da população sobre os riscos incorridos e as medidas para tomar em caso de acidente em uma fábrica de produtos químicos próxima. A Corte entendeu que o Estado teria a obrigação positiva de agir, sob pena de violar a vida privada ou familiar, prevista no artigo 8º da Convenção.

Também no caso Kyrtatos *versus* Grécia[339], a Corte tornou explícito o entendimento segundo o qual sérios danos ao meio ambiente podem afetar o bem-estar de uma pessoa e privá-la do gozo de seu lar de forma a prejudicar sua vida privada e familiar, sem colocar em risco a saúde da pessoa em questão. No entanto, o elemento crucial para determinar se, nas circunstâncias de um caso, o dano ambiental violou algum dos direitos garantidos pelo parágrafo 1 do artigo 8º é a existência de um efeito prejudicial na esfera privada ou familiar de uma pessoa, e não simplesmente a degradação geral do meio ambiente. Nem o artigo 8º, nem qualquer outra disposição da Convenção garante especificamente a proteção geral do meio ambiente como tal; outros instrumentos internacionais e legislações nacionais são mais adequados quando se trata de tratar desse aspecto específico.

No caso em apreço, mesmo supondo que o desenvolvimento urbano realizado na área tivesse graves repercussões no ambiente, segundo a Corte, as requerentes não apresentaram nenhum argumento convincente que demonstrasse que os danos que teriam sido causados às aves e outras espécies protegidas que vivem no pântano eram tais quanto a infringir diretamente os seus próprios direitos garantidos pelo artigo 8º, n. 1, da Convenção. Seria diferente se, por exemplo, o dano ambiental denunciado tivesse resultado na destruição de uma área florestal próxima à casa dos requerentes, situação que poderia ter afetado mais diretamente o seu próprio bem-estar. Em conclusão, o Tribunal não aceitou que a interfe-

---

338 COUR EUROPEENE DES DROITS DE L'HOMME. Affaire Guerra et autres c. Italie. 19 février 1998. Disponível em: https://hudoc.echr.coe.int/eng#{%22fulltext%22: [%22guerra%20et%20autres%20c%20italie%22],%22documentcollectionid2%22:[%22GRANDCHAMBER%22,%22CHAMBER%22],%22itemid%22:[%2201-62696%22]}. Acesso em: 17 fev. 2021.
339 COUR EUROPEENE DES DROITS DE L'HOMME. Affaire Kyrtatos c. Grèce. 22 mai 2003. Disponível em: https://hudoc.echr.coe.int/fre#{%22itemid%22:[%2201-65657%22]}. Acesso em: 17 fev. 2021.

rência nas condições da vida animal tenha prejudicado a vida privada ou familiar dos requerentes.

No caso Di Sarno *versus* Itália[340], concernente a problemas graves de eliminação de resíduos sólidos na região da Campânia, da mesma forma, apesar da configuração de crime contra o meio ambiente previsto na legislação italiana, e apesar ainda da existência de decisão do Tribunal de Justiça da União Europeia constatando a existência de um déficit estrutural em termos de instalações necessárias à eliminação dos resíduos urbanos produzidos na Campânia, decidiu a Corte Europeia com fulcro no artigo 8º da Convenção, fundado na existência de danos ao direito à vida do requerente, reiterando a ideia de que a proteção do meio ambiente ocorre apenas de forma transversal[341].

Já no âmbito do sistema americano, existe uma significativa diferença no que tange à matéria: se por um lado a proteção ao meio ambiente não se encontrava diretamente prevista na Convenção Americana, por outro lado a mesma foi incluída no Protocolo adicional de 1988, conhecido como Protocolo da San Salvador, cujo artigo 11 previu o direito a um meio ambiente sadio, assim redigido[342]:

> Artigo 11 Direito a um meio ambiente sadio
> 1. Toda pessoa tem direito a viver em meio ambiente sadio e a contar com os serviços públicos básicos.
> 2. Os Estados Partes promoverão a proteção preservação e melhoramento do meio ambiente.

Com o mesmo propósito, a Carta Democrática Interamericana, firmada em 2001, também reconheceu o direito a um ambiente saudável como direito humano, conforme previsão de seu artigo 15, segundo o qual

---

340 COUR EUROPEENE DES DROITS DE L'HOMME. Affaire Di Sarno c. Italie. 10 janvier 2012. Disponível em: https://hudoc.echr.coe.int/fre#{%22itemid%22:[%22001-108476%22]}. Acesso em: 17 fev. 2021.
341 O mesmo entendimento da Corte Europeia de Direitos Humanos pode ser verificado em outros julgamentos que envolvem danos ao meio ambiente, como é o caso dos seguintes: affaire Hatton et autres c. Royaume-Uni e affaire Tatar c. Roumanie.
342 ORGANIZAÇÃO DOS ESTADOS AMERICANOS. Protocolo Adicional à Convenção Americana Sobre Direitos Humanos em Matéria de Direitos Econômicos, Sociais e Culturais. Disponível em: http://www.oas.org/juridico/portuguese/treaties/a-52.htm. Acesso em: 18 fev. 2021.

o exercício da democracia facilita a preservação e o manejo adequado do meio ambiente, sendo essencial que os Estados implementem políticas e estratégias de proteção do meio ambiente, respeitando os diversos tratados e convenções, para alcançar um desenvolvimento sustentável em benefício das futuras gerações[343].

Ademais dessas previsões no âmbito de instrumentos normativos internacionais, a Corte Interamericana de Direitos Humanos tem demonstrado grande preocupação não apenas com os direitos individuais violados em caso de degradação do meio ambiente, mas também com o direito difuso em si, concernente ao dever dos Estados de absterem-se de agir.

Da jurisprudência da Corte IDH, percebe-se uma íntima relação entre o reconhecimento aos direitos dos povos indígenas que vivem no continente americano e sua ligação umbilical com a natureza e a necessidade de preservação dos recursos naturais. Esse reconhecimento propiciou em larga escala o desenvolvimento de um verdadeiro direito internacional ambiental no âmbito do sistema americano.

Exemplo dessa postura da Corte Interamericana é o julgamento do caso do povo indígena Kichwa de Sarayku *versus* Equador. O fato que originou a demanda consistiu na existência de uma concessão, por parte do Estado do Equador, a uma companhia privada de petróleo, do direito à exploração e à extração de óleo no território da nação Kichwa, região Amazônica do Equador.

Em virtude da ameaça de tal ação à comunidade Sarayaku, considerando a grande quantidade de material explosivo e a necessidade de tal território para a preservação de costumes ancestrais, a Corte julgou o Estado como violador e o responsabilizou por colocar em risco as vidas e a integridade física do povo Sarayaku, sob o entendimento de que o Estado deveria agir como provedor de recursos jurídicos eficazes, e não como violador dos direitos de propriedade e cultura indígena.

Igualmente, no caso das Comunidades Indígenas Maias do Distrito de Toledo contra Belize, em virtude de relatório apresentado pela Comissão Interamericana, que concluiu pela existência de violação ao artigo 23 da Convenção, recomendou-se que Belize adotasse na sua legislação in-

---

343 ORGANIZAÇÃO DOS ESTADOS AMERICANOS. Carta Democrática Interamericana. Disponível em: constituição http://www.oas.org/OASpage/port/Documents/Democractic_Charter.htm. Acesso em: 18 fev. 2021.

terna, com consultas aos povos indígenas, medidas de demarcação de terras, assim como a reparação do dano ambiental das concessões provenientes de atividade extrativista.

Também no caso das Comunidades afrodescendentes deslocadas da Bacia do Rio Cacarica contra Colômbia, a Corte abordou a questão da responsabilidade do Estado pela ocorrência de diversas violações de direitos humanos relacionadas à denominada Operação Gênesis, consistente em uma atividade militar cujo objetivo era neutralizar ações criminosas das FARC, mas que tiveram por consequência o deslocamento forçado de centenas de pessoas, incluindo-se membros das comunidades que habitavam nas margens do rio Cacarica. Entendeu a Corte pela caracterização da violação a direitos, decorrentes da exploração ilegal de recursos naturais realizadas por empresas com a tolerância do Estado, uma vez que as atividades ocorreram de forma ilegítima. Em sua decisão final, a Corte IDH condenou o Estado da Colômbia a restituir o efetivo uso, gozo e posse dos territórios às comunidades da bacia do rio Cacarica, bem como declarou a obrigação positiva do Estado demandado de propiciar aos povos envolvidos o direito a uma habitação segura e a uma vida digna.

A relação entre a proteção ao meio ambiente e a necessidade de preservação da cultura indígena é ainda mais evidente no julgamento do caso do Povo Saramaka contra o Suriname, ocasião em que a Corte Interamericana trouxe à tona a existência de uma comunidade tribal que tem profunda ligação com o seu território e que, por isso, mereceu o deferimento de medidas especiais de proteção por parte do Estado de forma a que sua sobrevivência física e cultural fossem garantidos. Muito embora tenha entendido que o direito de propriedade não é absoluto, caso em que não seria possível impedir que o Estado emita qualquer tipo de concessão para a exploração ou extração de recursos naturais dentro do seu território, a Corte estabeleceu, por outro lado, que essa restrição ao direito de propriedade por parte do Estado não poderia significar uma denegação da subsistência do povo, tendo em vista que das concessões emitidas pelo Estado afetaram os recursos naturais indispensáveis para a subsistência econômica e cultural do povo, em razão dos danos massivos produzidos. Assim, dentre as medidas de reparação, a Corte determinou ao Estado a necessidade de revisão dessas concessões, além da obrigação de delimitar o território e de adotar medidas legislativas e administrativas para proteger e garantir o direito do povo às terras e aos recursos naturais.

Igualmente, no julgamento do caso da Comunidade Mayagna Awas Tingni contra Nicarágua, a Corte Interamericana teve a ocasião de discorrer sobre os abusos praticados por aquele Estado contra os membros da comunidade indígena Mayagna Awas Tingni, haja vista a ausência de demarcação das terras daquela comunidade, acarretando uma violação ao direito de propriedade em suas terras ancestrais, com prejuízo ao acesso a recursos naturais. Em sua decisão, a Corte entendeu que o Estado da Nicarágua violou o direito de propriedade assegurado à comunidade indígena e, por consequência, descumpriu seu dever de propiciar o uso e gozo dos bens dos membros da Comunidade Mayagna Awas Tingni, pelo fato de não ter delimitado e demarcado sua propriedade, e por ter outorgado concessões a terceiros para a exploração de bens e recursos localizados na área sobre a qual deveria recair a delimitação.

Merece ser citada ainda a recente decisão proferida pela Corte Interamericana de Direitos Humanos no Caso das Comunidades Indígenas Membros da Associação Lhaka Honhat ("Nossa Terra") contra a Argentina, em que se pronunciou diretamente sobre a violação ao artigo 26 da Convenção, condenando o Estado pela violação ao direito a um meio ambiente saudável, dentre outros direitos.

Por fim, da análise do sistema africano, sua regulamentação jurídica parece ter sido a mais direta em matéria de proteção ao meio ambiente, tendo em vista que a Carta Africana dos direitos humanos e dos povos, a Carta de Banjul, contém uma previsão original quanto à matéria, tanto em seu artigo 21, que prevê o direito dos povos à livre disposição de suas riquezas e de seus recursos naturais, quanto em seu artigo 24, mediante a previsão de que todos os povos têm direito a um meio ambiente satisfatório, propício ao seu desenvolvimento.

No entanto, apesar do avanço em matéria legislativa, o sistema africano ainda é o mais incipiente em matéria de proteção ao meio ambiente pela via de sua construção jurisprudencial, porquanto tímidas as petições junto ao Tribunal concernentes à tutela ambiental.

Como exemplos, podem ser citadas poucas decisões, uma emitida em 2001 e outra no ano de 2017. No primeiro caso, o Tribunal africano pronunciou-se contra o Estado da Nigéria relativamente a uma demanda no sentido de que o governo estava diretamente envolvido na produção de petróleo por meio da sua companhia nacional (Nigerian National Petroleum Company), sendo que suas operações causaram degradação ambiental e problemas de saúde resultantes da contaminação do meio ambiente, causando danos ao povo Ogoni, habitante da região degradada.

O Tribunal Africano decidiu pela procedência da demanda, concluindo pela violação aos artigos 2º, 4º, 14, 16, 18 (1), 21 e 24 da Carta Africana, e determinando ao Estado da Nigéria que garantisse a proteção do meio ambiente, da saúde e da subsistência do povo Ogoni, por meio de medidas como a interrupção de todos os ataques da Força Tarefa Interna de Segurança do Estado, a condução de uma investigação sobre as violações de direitos humanos e a compensação adequada às vítimas das violações de direitos humanos, incluindo o auxílio e assistência ao reassentamento, além da realização de avaliações de impactos ambientais e sociais na região.

No segundo caso, o Tribunal condenou a República do Quênia, em virtude de deslocamentos forçados provocados contra o povo Ogiek, ocasionados pela prática de devastação ambiental que acabou por impactar diretamente na subsistência da população afetada, trazendo à baila novamente todo o espectro de proteção contido na Carta Africana, não apenas em matéria de direitos civis e políticos individuais, como também os referentes a salvaguarde de direitos difusos contidos especialmente nos artigos 21 e seguintes do diploma protetivo.

Feitas as considerações acima, é possível inferir que ainda todos os sistemas regionais de proteção não tenham incluído o meio ambiente entre o rol de direitos humanos, o fato é que uma interpretação viva das cartas tem permitido uma razoável aplicação do direito ambiental.

A existência ou não de previsão legal do direito a um meio ambiente saudável nas convenções regionais, no entanto, não retrata fielmente a maior ou menor preocupação do sistema na salvaguarda do meio ambiente. Em outras palavras, o fato de uma convenção prever o direito explicitamente não significa que lhe confira maior importância, assim como o fato de o direito não constar expressamente no rol de direitos humanos tutelados não significa que o sistema não lhe confira a devida importância.

Essa ideia se apresenta especialmente a partir de uma análise comparada entre os sistemas europeu e africano: de um lado, tem-se a ausência de previsão legal do direito a um meio ambiente equilibrado por parte de convenção europeia de direitos humanos, com a contrapartida de um significativo número de casos julgados pela Corte Europeia, fazendo uma interpretação extensiva do direito à vida; de outro lado, tem-se a previsão pioneira da tutela ao meio ambiente pela carta africana, rodeada por um mínimo número de casos julgados pelo seu respectivo órgão jurisdicional.

Nesse ponto, o sistema americano parece ter chegado a um razoável equilíbrio, porquanto corrigiu o vazio legislativo deixado pela convenção americana em sua redação original, ao mesmo tempo em que produziu profícua jurisprudência, sobretudo impulsionada pela necessidade de tutelar direitos ancestrais dos povos indígenas americanos, cujo exercício pleno de seus direitos encontra-se no mais das vezes imbricado com a necessidade de preservação dos recursos naturais. A Corte IDH, ao longo de sua história, foi por diversas vezes impulsionada a se manifestar sobre o direito de propriedade, o direito ao patrimônio cultural desses povos, o direito à vida e à proteção judicial, acabando por corroborar a hoje sedimentada tese da interdependência e da necessidade de interpretação teleológica de todos os direitos humanos.

De todo o quadro exposto, a conclusão a que se chega é pelo reconhecimento, tanto pelas construções legais, quanto pelas construções jurisprudenciais, do direito a um meio ambiente saudável como direito humano e, mais do que isso, como substrato para o desenvolvimento do denominado irredutível humano, consagrando a ideia de que a tutela do meio ambiente pela via do direito internacional constitui-se em um caminho que não mais permite retrocessos. Passa-se ao sistema interamericano de proteção dos direitos humanos.

CAPÍTULO IV

OS DIREITOS HUMANOS NO SISTEMA INTERAMERICANO

1. O SISTEMA INTERAMERICANO DE PROTEÇÃO DOS DIREITOS HUMANOS

O sistema de proteção internacional dos direitos humanos no continente americano abarca os procedimentos contemplados na Carta da Organização dos Estados Americanos, na Declaração Americana dos Direitos e Deveres do Homem e na Convenção Americana de Direitos Humanos. Isso porque o sistema americano, num primeiro momento, atribuía uma série de competências para todos os Estados-membros, por força da Carta da Organização dos Estados Americanos e da Declaração Americana dos Direitos e Deveres do Homem. Posteriormente, com a Convenção Americana de Direitos Humanos, os procedimentos e instrumentos ali previstos são aplicados tão somente aos Estados-partes do referido tratado internacional[344].

Por essa razão é que se costuma afirmar que no âmbito americano existe um sistema duplo de proteção dos direitos humanos: o sistema geral, baseado na Carta e na Declaração, e o sistema que abarca apenas os Estados signatários da Convenção, que, além de contemplar a Comissão Interamericana de Direitos Humanos, como no sistema geral, também alcança a Corte Interamericana de Direitos Humanos. Esses esclarecimentos também foram apresentados por outros autores, como se vê:

---

344 GUERRA, Sidney. *O sistema interamericano de proteção dos direitos humanos e o controle de convencionalidade*. 3. ed. Curitiba: Instituto Memória, 2020.

"En el primer supuesto, las violaciones son cometidas por Estados miembros de la OEA que no han ratificado la Convención Americana de Derechos Humanos, como sucede por ejemplo con Estados Unidos y Canadá. En este supuesto la Comisión Interamericana a quien se dirige la petición, se rige por la Carta de la OEA y la Declaración Americana de los Derechos y Deberes del Hombre, así como por las disposiciones generales del Reglamento de la Comisión. En el segundo supuesto, la violación es cometida por Estados Miembros de la OEA que han ratificado la Convención Americana, pero no la competencia contenciosa de la Corte Interamericana de Derechos Humanos, como sucede por ejemplo con Jamaica. En este supuesto, la Comisión Interamericana se regirá no solo por la Declaración Americana de Derechos y Deberes del Hombre sino también por la Convención Americana de Derechos Humanos y el Reglamento de la Comisión. Finalmente, en el tercer supuesto, la violación es cometida por Estados Miembros de la OEA, que han suscrito la Convención Americana y que mediante declaración unilateral han aceptado la jurisdicción contenciosa de la Corte Interamericana de Derechos Humanos, como sucede, por ejemplo con el Perú. En este último supuesto el sistema de protección interamericano de derechos humanos despliega toda su capacidad, al permitir no solo la aplicación de los instrumentos antes referidos sino también la intervención de la Comisión y Corte Interamericana de Derechos Humanos"[345].

O sistema interamericano consagra a Carta, que é um documento mais abrangente no que tange ao número de Estados a ela submetidos, porém menos protetivo, por abarcar apenas a Comissão como órgão voltado à proteção dos direitos humanos, e a Convenção, que se apresenta como documento hábil para os Estados que reconhecem a jurisdição da Corte Interamericana.

Frise-se, desde logo, que a "inauguração" do sistema americano encontra guarida na Carta da OEA, que destaca em seu preâmbulo a necessidade de contemplar um sistema que possa garantir o respeito aos direitos humanos[346].

---

345 TALAVERA, Fabian Novak; MOYANO, Luis Garcia C., op. cit., p. 272.

346 "Convencidos de que a missão histórica da América é oferecer ao Homem uma terra de liberdade e um ambiente favorável ao desenvolvimento de sua personalidade e à realização de suas justas aspirações; Conscientes de que esta missão já inspirou numerosos convênios e acordos cuja virtude essencial se origina do seu desejo de conviver em paz e de promover, mediante sua mútua compreensão e seu respeito pela soberania de cada um, o melhoramento de todos na independência, na igualdade e no direito; Seguros de que a democracia representativa é condição indispensável para a

Flávia Piovesan acentua que, para analisar o sistema interamericano de proteção dos direitos humanos, devem ser levados em consideração dois aspectos: o contexto histórico e as peculiaridades da região:

> "Trata-se de uma região marcada por elevado grau de exclusão e desigualdade social ao qual se somam democracias em fase de consolidação. A região convive ainda com as reminiscências do legado dos regimes autoritários ditatoriais, com uma cultura de violência e de impunidade, com a baixa densidade dos Estados de Direito e com a precária tradição de respeito aos direitos humanos no âmbito doméstico. Dois períodos assim demarcam o contexto latino-americano: o período dos regimes ditatoriais e o período da transição política aos regimes democráticos, marcado pelo fim das ditaduras militares na década de 80, na Argentina, no Chile, no Uruguai e no Brasil"[347].

O estudo do sistema interamericano de proteção aos direitos humanos tradicionalmente costuma apresentar uma abordagem de natureza histórica e também de natureza jurídica. Assim é que o ex-juiz presidente da Corte Interamericana de Direitos Humanos Antônio Augusto Cançado Trindade apresenta uma abordagem histórica, mas sem descuidar do aspecto jurídico, das diversas fases da evolução do sistema interamericano de proteção dos direitos humanos, em cinco etapas: antecedentes históricos; período de formação; fase de institucionalização convencional; fase de consolidação e fase de aperfeiçoamento[348].

Seguindo o entendimento do referido doutrinador, impende tecer algumas considerações sobre o esquema acima colocado.

---

estabilidade, a paz e o desenvolvimento da região; Certos de que o verdadeiro sentido da solidariedade americana e da boa vizinhança não pode ser outro senão o de consolidar neste Continente, dentro do quadro das instituições democráticas, *um regime de liberdade individual e de justiça social, fundado no respeito dos direitos essenciais do Homem*; Persuadidos de que o bem-estar de todos eles, assim como sua contribuição ao progresso e à civilização do mundo exigirá, cada vez mais, uma intensa cooperação continental; Resolvidos a perseverar na nobre empresa que a Humanidade confiou às Nações Unidas, cujos princípios e propósitos reafirmam solenemente; Convencidos de que a organização jurídica é uma condição necessária à segurança e à paz, baseadas na ordem moral e na justiça; (...)" (grifamos).

347 PIOVESAN, Flávia. *Temas de direitos humanos*. 3. ed. São Paulo: Saraiva, 2009, p. 42.
348 TRINDADE, Antônio Augusto Cançado. O sistema interamericano de direitos humanos no limiar do novo século: recomendações para o fortalecimento de seu mecanismo de proteção. In: *O sistema interamericano de proteção dos direitos humanos e o direito brasileiro*. São Paulo: RT, 2000, p. 103-151.

No que toca ao elemento histórico, Cançado apresenta como ponto de partida para o sistema interamericano de proteção aos direitos humanos a Declaração Americana de Direitos e Deveres do Homem e a Carta Internacional Americana de Garantias Sociais, ambas de 1948:

> "Constatamos ter sido ela precedida ou acompanhada de instrumentos de conteúdo e efeitos jurídicos variáveis geralmente voltados a determinadas situações ou categorias de direitos: é o caso de convenções sobre direitos de estrangeiros e de cidadãos naturalizados, convenções sobre asilo, convenções sobre direitos da mulher, de resoluções adotadas em Conferências Interamericanas sobre aspectos distintos de proteção dos direitos humanos e declarações daquelas Conferências contendo alusões à temática dos direitos humanos"[349].

Indubitavelmente, a Declaração Americana de 1948 serviu de base e atuação para a matéria até que se formasse e fosse concebida a Convenção Americana de Direitos Humanos, de 1969, proclamando vários direitos inerentes à pessoa humana[350]. Tal preocupação fica evidente logo em seu preâmbulo:

> "Todos os homens nascem livres e iguais em dignidade e direitos e, como são dotados pela natureza de razão e consciência, devem proceder fraternalmente uns para com os outros.
> O cumprimento do dever de cada um é exigência do direito de todos. Direitos e deveres integram-se correlativamente em toda a atividade social e política do homem. Se os direitos exaltam a liberdade individual, os deveres exprimem a dignidade dessa liberdade.
> Os deveres de ordem jurídica dependem da existência anterior de outros de ordem moral, que apoiam os primeiros conceitualmente e os fundamentam.
> É dever do homem servir o espírito com todas as suas faculdades e todos os seus recursos, porque o espírito é a finalidade suprema da existência humana e a sua máxima categoria.
> É dever do homem exercer, manter e estimular a cultura por todos os meios ao seu alcance, porque a cultura é a mais elevada expressão social e histórica do espírito.

---

349 Idem, p. 109.
350 HITTERS, Juan Carlos; FAPPIANO, Oscar L., op. cit., p. 388: "Si bien es cierto que el sistema interamericano de promoción y protección de los derechos humanos tiene antecedentes antiguos, la verdad es que comienza formalmente con la Declaración Americana de los Derechos y Deberes del Hombre, y culmina – por ahora – con el llamado Pacto de San Jose de Costa Rica".

E, visto que a moral e as boas maneiras constituem a mais nobre manifestação da cultura, é dever de todo homem acatar-lhe os princípios".

Quanto ao período de formação, este se caracteriza pelo importante papel desenvolvido pela Comissão Interamericana de Direitos Humanos. Antônio Celso[351], contribuindo com o debate, assinalou: não se pode deixar de enfatizar a importância da Comissão Interamericana para a proteção e o monitoramento dos direitos humanos nas Américas[352], principalmente antes da criação da Corte. Órgão quase judicial, autônomo, figurando entre

---

351 PEREIRA, Antônio Celso Alves. Apontamentos sobre a Corte Interamericana de Direitos Humanos. In: GUERRA, Sidney. *Temas emergentes de direitos humanos*. Rio de Janeiro: FDC, 2006, p. 268.

352 Nesse sentido, vale ressaltar que compete à Comissão a elaboração de Relatórios que deverão conter o seguinte: a) uma análise da situação dos direitos humanos no Hemisfério, acompanhada das recomendações aos Estados e aos órgãos da Organização sobre as medidas necessárias para fortalecer o respeito aos direitos humanos; b) um breve relato referente à origem, às bases jurídicas, à estrutura e aos fins da Comissão, bem como ao estado da Convenção Americana e dos demais instrumentos aplicáveis; c) informação sucinta dos mandatos conferidos e recomendações formuladas à Comissão pela Assembleia Geral e pelos outros órgãos competentes, bem como da execução de tais mandatos e recomendações; d) uma lista das sessões realizadas no período abrangido pelo relatório e de outras atividades desenvolvidas pela Comissão em cumprimento de seus fins, objetivos e mandatos; e) uma súmula das atividades de cooperação da Comissão com outros órgãos da Organização, bem como com organismos regionais ou mundiais da mesma natureza, e dos resultados alcançados em suas atividades; f) os relatórios sobre petições e casos individuais cuja publicação haja sido aprovada pela Comissão, e uma relação das medidas cautelares concedidas e estendidas e das atividades desenvolvidas perante a Corte Interamericana; g) uma exposição sobre o progresso alcançado na consecução dos objetivos estabelecidos na Declaração Americana dos Direitos e Deveres do Homem e na Convenção Americana sobre Direitos Humanos e nos demais instrumentos aplicáveis; h) os relatórios gerais ou especiais que a Comissão considerar necessários sobre a situação dos direitos humanos nos Estados-membros e, se pertinente, os relatórios de seguimento, destacando-se nos mesmos os progressos alcançados e as dificuldades que houverem surgido para uma efetiva observância dos direitos humanos; i) qualquer outra informação, observação ou recomendação que a Comissão considerar conveniente submeter à Assembleia Geral e qualquer nova atividade ou projeto que implique despesa adicional. 2. Na adoção dos relatórios previstos no parágrafo 1, h, do presente artigo, a Comissão coligirá informação de todas as fontes que considerar necessárias para a proteção dos direitos humanos. Antes da sua publicação no Relatório Anual, a Comissão enviará cópia desses relatórios ao respectivo Estado. Este poderá enviar à Comissão as opiniões que considerar convenientes, dentro do prazo máximo de um mês da data de envio do relatório correspondente. O conteúdo deste relatório e a decisão de publicá-lo são de competência exclusiva da Comissão.

os principais da estrutura da Organização dos Estados Americanos, segundo o artigo 51 da Carta dessa Organização, a Comissão Interamericana tem a sua composição e as suas finalidades, funções e competências reguladas por normas específicas da Convenção Americana sobre Direitos Humanos. Ela funciona como órgão supervisor das obrigações internacionais dos Estados-partes da Convenção Americana de Direitos Humanos, além de suas funções promocionais e consultivas. É inegável a sua contribuição, ao longo dos anos de sua existência, para tornar efetiva a proteção e a supervisão dos direitos humanos no continente americano. É importante salientar que a Comissão Interamericana de Direitos Humanos leva em conta, no exercício de suas finalidades, os dispositivos da Convenção Americana sobre Direitos Humanos, nos casos de violação destes por Estados que ratificaram o mencionado instrumento. Em relação às denúncias contra Estados americanos que não ratificaram a Convenção, a Comissão observará o que dispõem a Declaração Americana de Direitos Humanos e a Carta da OEA[353].

No que tange à fase de institucionalização convencional do sistema de proteção dos direitos humanos no continente americano, não se pode olvidar a entrada em vigor, no ano de 1978[354], da Convenção Americana de Direitos Humanos.

Como pode ser observado, o continente americano ainda teve de aguardar quase dez anos para que o referido sistema pudesse de maneira efetiva desenvolver suas atribuições em consonância com o novo documento internacional que fora produzido.

---

353 Artigos da Carta da OEA: 3º, 16, 29, 43, 44, 45, 47, 48, 51, 112 e 150. São os seguintes os dispositivos da Declaração Americana de Direitos e Deveres do Homem que a Comissão deve, entre outros, levar em conta na observância dos direitos humanos nos Estados-membros da OEA e não Partes da Convenção Americana sobre Direitos Humanos: I, II, IV, XVIII, XXV e XXVI.

354 Como assevera Thomas Buergenthal, apud PIOVESAN, Flávia, op. cit., p. 45: "Em 1978, quando a Convenção Americana de Direitos Humanos entrou em vigor, muitos dos Estados da América Central e do Sul eram governados por ditaduras, tanto de direita como de esquerda. Dos 11 Estados-partes da Convenção à época, menos que a metade tinha governos eleitos democraticamente. A outra metade dos Estados havia ratificado a Convenção por diversas razões de natureza política. (...) O fato de hoje quase a totalidade dos Estados latino-americanos na região, com exceção de Cuba, terem governos eleitos democraticamente tem produzido significativos avanços na situação dos direitos humanos nesses Estados. Esses Estados ratificaram a Convenção e reconheceram a competência jurisdicional da Corte".

De maneira diversa da Declaração de 1948, a Convenção de 1969 se apresenta como documento internacional que constitui uma série de obrigações para os Estados-partes, isto é, produz vários efeitos jurídicos para os Estados que venham a ratificar o referido tratado internacional.

Curioso mencionar que, com a entrada em vigor da Convenção de 1969, passavam a coexistir dois órgãos de proteção dos direitos humanos: a Comissão e a Corte, fazendo com que surgisse um período denominado de transição entre o regime preexistente e o novo. Assim, foi estabelecido que a Comissão passava a ser dotada de uma dualidade de funções[355].

Ilustrando esse momento, Cançado leciona que a Comissão efetivamente continuou aplicando as normas que vinham regendo sua atuação, inclusive em relação aos Estados não partes na Convenção Americana, e passou naturalmente a aplicar aos Estados-partes as disposições relevantes da Convenção:

> "A interação de instrumentos de direitos humanos de bases jurídicas distintas na prática subsequente da Comissão foi fornecida pelo tratamento dispensado ao caso n. 9247, concernente aos Estados Unidos (Estado não ratificante), em que a Comissão chegou a afirmar que, em decorrência das obrigações contidas nos artigos 3j, 16, 51e, 112 e 150 da Carta da OEA, as disposições de outros instrumentos da OEA sobre direitos humanos – seu Estatuto e Regulamento, e a Declaração Americana de 1948 – adquiriram 'força obrigatória'. Por direitos humanos entenderam-se tanto os direitos definidos na Convenção Americana como os consagrados na Declaração Americana de 1948. Além disso, a Comissão, como órgão autônomo da OEA, entendeu que as disposições sobre direitos humanos da Declaração Americana derivavam seu caráter normativo ou

---

355 Além disso, não se pode olvidar que coexistem cinco regimes jurídicos no sistema interamericano. Nesse sentido, MENDEZ, Juan. A proteção internacional dos direitos humanos. In: GUIMARÃES, Samuel Pinheiro; PINHEIRO, Paulo Sérgio. *Direitos humanos no século XXI*. Rio de Janeiro: Renovar, 1999, p. 246: "a) países que aderiram à Convenção e reconheceram a jurisdição contenciosa da Corte; b) países que aderiram à Convenção, mas não reconheceram a jurisdição contenciosa da Corte; c) países que assinaram, mas não ratificaram a Convenção, sendo assim, pelos termos da Convenção de Viena sobre os direitos dos tratados, obrigados apenas a não fazer nada contra seus objetivos; d) países que não assinaram e nem ratificaram a Convenção, para estes e aqueles descritos no regime da letra 'c', apenas a Comissão atua na defesa dos direitos humanos; e e) aos países é facultado denunciar a Convenção ou a aceitação da jurisdição contenciosa da Corte".

força obrigatória de sua interação com as disposições relevantes da própria Carta da OEA"[356].

Por óbvio que a variedade de instrumentos e regimes acaba por fragilizar o sistema interamericano, em determinados aspectos, por criar tratamento desigual entre os Estados.

A fase de consolidação se deu a partir do início da década de 1980, quando ficou evidenciada a aplicação da Convenção Americana de Direitos Humanos. Essa etapa fica marcada basicamente por dois aspectos principais: a construção jurisprudencial da Corte Interamericana de Direitos Humanos e a adoção de dois protocolos adicionais à Convenção Americana, seguidos pela criação de outros documentos internacionais de proteção, como: a Convenção Interamericana para Prevenir, Punir e Erradicar a Violência contra a Mulher, de 1994; a Convenção sobre a eliminação de Todas as Formas de Discriminação contra Pessoas Portadoras de Deficiência, de 1999.

Indubitavelmente que a construção jurisprudencial da Corte serviu para impulsionar e consolidar o sistema de proteção regional americano por vários aspectos, mas o fato de relacionar os direitos protegidos com a obrigação geral dos Estados de assegurar o respeito desses direitos é motivo de grande júbilo. Relembre-se, por oportuno, que o sistema americano anteriormente contemplava apenas a Comissão e passou a contar também com a Corte Interamericana.

Por fim, a fase denominada de aperfeiçoamento, quando foram propostas algumas modificações para que o sistema americano se apresentasse de maneira mais fortalecida. Dentre as principais recomendações que são colocadas para alcançar esse desiderato, podem ser registradas as seguintes:

No tocante à composição dos dois órgãos de supervisão da Convenção Americana sobre Direitos Humanos, há que estabelecer um claro regime de incompatibilidades, expressamente definidas (evitando acumulações indevidas de cargos), para os membros da Comissão e Corte Interamericanas, como salvaguarda adicional de total independência e imparcialidade desses órgãos. Quanto às condições de trabalho, para que a Comissão e a Corte correspondam às expectativas existentes, é necessário que se lhes atribuam consideráveis recursos adicionais – humanos e materiais – para que ambas possam cumprir plenamente com suas funções e atender a

---

356 TRINDADE, Antônio Augusto Cançado, op. cit., p. 122.

demandas cada vez maiores e mais variadas de proteção. Requer-se maior aproximação entre a Comissão e a Corte Interamericanas de Direitos Humanos, a qual propiciaria uma delimitação mais clara das funções complementares de ambas.

De fato, o Sistema Interamericano de Direitos Humanos apresenta-se como ferramenta de importância inestimável para a garantia efetiva dos direitos humanos no continente americano, pois através dos dois órgãos de proteção dos direitos humanos previstos nos documentos internacionais americanos (Comissão e Corte Interamericana)[357] garante-se não só o acompanhamento da conduta dos Estados-membros, mas também a possibilidade de julgar casos atentatórios aos direitos humanos.

2. A COMISSÃO INTERAMERICANA DE DIREITOS HUMANOS

A Comissão Interamericana de Direitos Humanos é um órgão da Organização dos Estados Americanos criado para promover a observância e a defesa dos direitos humanos e para servir como órgão consultivo da Organização nessa matéria. Ela representa todos os membros da Organização dos Estados Americanos[358]. Seus membros devem ser eleitos pela Assembleia Geral da Organização de uma lista de candidatos propostos pelos governos dos Estados-membros.

A Comissão, cuja sede encontra-se em Washington, realizará pelo menos dois períodos ordinários de sessões por ano, no lapso que haja determinado previamente, bem como tantas sessões extraordinárias quantas considerem necessárias. Antes do término do período de sessões, a Comissão determinará a data e o lugar do período de sessões seguinte. Essas

---

[357] CAMPOS, Germán Bidart, op. cit., p. 427: "encontramos en América la Comisión Interamericana de Derechos Humanos y la Corte Interamericana de Derechos Humanos, entre cuyas competencias figura la resolución de casos de violación presunta a los derechos y libertades contenidos en la Convención Americana sobre Derechos Humanos, a través de un procedimiento para cuya iniciación se reconoce legitimación a particulares y grupos no gubernamentales, mediante denuncias o quejas en contra de un Estado acusado de aquella violación".

[358] Na mesma direção, SANTAGATI, Claudio Jesús. *Manual de derechos humanos*. Buenos Aires, Ediciones Jurídicas, 2009, p. 117: "La Comisión Interamericana de Derechos Humanos es un órgano autónomo de la Organización de los Estados Americanos, cuyo mandato surge de la Carta de la OEA y de la Convención Americana sobre Derechos Humanos, y actúa en representación de todos los países miembros de la OEA, pero no representan específicamente a ningún país en particular".

sessões, como regra geral, serão realizadas em sua sede. Entretanto, a Comissão, pelo voto da maioria absoluta de seus membros, poderá decidir por reunir-se em outro lugar, com a anuência ou a convite do respectivo Estado.

A competência da Comissão alcança todos os Estados-partes da Convenção Americana em relação aos direitos da pessoa humana nela consagrados, como também a todos os Estados integrantes da Organização dos Estados Americanos, em relação aos direitos consagrados na Declaração Americana de 1948[359]. Isso porque o artigo 106 da Carta da OEA estabeleceu que "haverá uma Comissão Interamericana de Direitos Humanos que terá por principal função promover o respeito e a defesa dos direitos humanos e servir como órgão consultivo da Organização em tal matéria. Uma convenção interamericana sobre direitos humanos estabelecerá a estrutura, a competência e as normas de funcionamento da referida Comissão, bem como as dos outros órgãos encarregados de tal matéria".

Ou seja, a Comissão possui tratamento normativo em dois documentos internacionais – a Carta da OEA e a Convenção Americana –, em que funciona como órgão da Organização Internacional e também do próprio Pacto de São José[360].

---

[359] VELASCO, Manuel Diez de. *Instituciones de derecho internacional público*. Madrid: Tecnos, 1996, p. 703: "Partiendo de la doble naturaleza de la Comisión Interamericana de Derechos Humanos en tanto que órgano de la OEA y en tanto que órgano específico del Pacto de San José, así como de las actividades desarolladas por la misma desde su creación, es preciso diferenciar dos tipos de mecanismos de control actualmente vigentes en el âmbito de la OEA en materia de derechos humanos: los mecanismos convencionales regulados en la Convención Americana sobre Derechos Humanos y los mecanismos extraconvencionales aplicables a todos los Estados miembros de la OEA, incluso a aquellos que no son parte en la Convención".

[360] Sobre a Comissão Interamericana de Direitos Humanos, vale ressaltar as palavras de ALVES, José Augusto Lindgren, op. cit., p. 77: "a Comissão Interamericana de Direitos Humanos foi criada por decisão da V Reunião de Consulta de Ministros das Relações Exteriores da Organização dos Estados Americanos, em Santiago, em 1959, teve, inicialmente, tarefas apenas de promoção em sentido estrito – e não de proteção – dos direitos humanos, funcionando como órgão autônomo do sistema da OEA. Suas atribuições e status institucional foram, porém, sucessivamente fortalecidos. Desde 1965, a II Conferência Interamericana Extraordinária, realizada no Rio de Janeiro, ampliou o mandato da CIDH, transformando-a em instrumento de controle, com autorização para receber e examinar petições e comunicações a ela submetidas, e competência para dirigir-se a qualquer dos Estados americanos a fim de obter informações e formular recomendações. Pelo Protocolo de Buenos Aires de 1967, que emendou a Carta da OEA, a CIDH foi elevada à categoria de órgão principal da OEA (artigo 51),

A Comissão Interamericana de Direitos Humanos é constituída por sete membros de alta autoridade moral e reconhecido saber em matéria de direitos humanos, cuja missão precípua é promover a observância e a proteção dos direitos da pessoa humana no âmbito do continente americano. Seus membros serão eleitos[361] por quatro anos e só poderão ser reeleitos uma vez, sendo igualmente vedada a participação na Comissão de mais de um nacional de um mesmo país[362].

---

com a incumbência de promover o respeito e a defesa dos direitos humanos e servir como órgão consultivo da Organização em tal matéria. Passou ainda, a partir de 1978, com a entrada em vigor da Convenção Americana de Direitos Humanos, a funcionar cumulativamente como órgão de supervisão do cumprimento da Convenção, sem prejuízo de sua competência anterior sobre os países que não são partes desse instrumento. Graças a essa duplicidade de funções, com atribuições decorrentes tanto de documento convencional sobre direitos humanos de caráter obrigatório, quanto de Protocolo reformador da Carta constitutiva da OEA, a CIDH tem interpretado seu mandato com grande liberalidade, logrando ampliar significativamente suas formas de atuação".

361   Em relação à eleição dos membros da Comissão Interamericana, o Estatuto aprovado pela Resolução AG/RES. 447 (IX-O/79), adotada pela Assembleia Geral da OEA, em seu Nono Período Ordinário de Sessões, realizado em La Paz, Bolívia, em outubro de 1979, estabelece nos artigos 3, 4 e 5 o seguinte: **Artigo 3 – 1.** Os membros da Comissão serão eleitos a título pessoal, pela Assembleia Geral da Organização, de uma lista de candidatos propostos pelos Governos dos Estados-membros. **2.** Cada Governo pode propor até três candidatos, nacionais do Estado que os proponha ou de qualquer outro Estado-membro da Organização. Quando for proposta uma lista tríplice de candidatos, pelo menos um deles deverá ser nacional de Estado diferente do proponente. **Artigo 4 – 1.** Seis meses antes da realização do período ordinário de sessões da Assembleia Geral da OEA, antes da expiração do mandato para o qual houverem sido eleitos os membros da Comissão, o Secretário-Geral da OEA pedirá, por escrito, a cada Estado-membro da Organização que apresente, dentro do prazo de 90 dias, seus candidatos. **2.** O Secretário-Geral preparará uma lista em ordem alfabética dos candidatos que forem apresentados e a encaminhará aos Estados-membros da Organização pelo menos 30 dias antes da Assembleia Geral seguinte. **Artigo 5 –** A eleição dos membros da Comissão será feita dentre os candidatos que figurem na lista a que se refere o artigo 3, parágrafo 2, pela Assembleia Geral, em votação secreta, e serão declarados eleitos os candidatos que obtiverem maior número de votos e a maioria absoluta dos votos dos Estados-membros. Se, para eleger todos os membros da Comissão for necessário efetuar vários escrutínios, serão eliminados sucessivamente, na forma que a Assembleia Geral determinar, os candidatos que receberam menor número de votos.

362   TRAVIESO, Juan Antonio, op. cit., p. 408, complementa as informações relativas à Comissão: "La sede está en la ciudad de Washington, donde funciona permanentemente su Secretaría Ejecutiva. La Comisión se reúne dos veces por año en sesiones ordinarias en el domicilio de su sede. Extraordinariamente puede reunirse, en caso de necesidad, por convocatoria del presidente o a solicitud de la mayoría de los

Não há dúvida de que a principal função da Comissão está relacionada à promoção, observância e defesa dos direitos humanos[363]. Para alcançar esse desiderato, no que tange à promoção dos direitos humanos, deve a Comissão preparar estudos, relatórios e propor recomendações aos Estados, tendo em vista a adoção de medidas que favoreçam o sistema de proteção aos direitos humanos no plano doméstico, como também conhecer petições individuais e comunicações interestatais que contenham denúncias de direitos que tenham sido aviltados, nos termos da Convenção.

Sem embargo, um Estado pode vir a sofrer uma sanção aplicada pela Comissão Interamericana de Direitos Humanos por não observar os preceitos contidos nos documentos internacionais. Conforme acentuam Galli e Dulitzky: "um Estado sancionado pela violação de suas obrigações internacionais, por não respeitar e garantir o exercício dos direitos humanos, em seu território, será submetido a um constrangimento internacional público através da divulgação de um relatório para os Estados-membros da OEA. Neste caso, a sanção máxima da Comissão será a publicação no seu Relatório Anual, condenando o Estado, que será divulgado na Assembleia Geral da OEA. Além disso, a Comissão poderá incluir no seu relatório recomendações para que o Estado solucione o problema denunciado"[364].

Além das atividades acima indicadas, são atribuídas várias outras funções para a Comissão Interamericana de Direitos Humanos, sendo, por isso mesmo, considerado um importante órgão no sistema interamericano, tais como: a) estimular a consciência dos direitos humanos nos povos da América; b) formular recomendações aos governos dos Estados-membros, quando considerar conveniente, no sentido de que adotem medidas progressivas em prol dos direitos humanos no âmbito de suas leis internas e seus preceitos constitucionais, bem como disposições apropriadas para promover o devido respeito a esses direitos; c) preparar estudos ou relatórios que considerar convenientes para o desempenho de suas funções; d) solicitar aos

---

miembros. Tanto las sesiones ordinarias como las extraordinarias pueden realizarse fuera del domicilio de la sede. Los idiomas son los oficiales de la OEA (español, francés, inglés y portugués)".

363 VELASCO, Manuel Diez, op. cit., p. 703, assevera que "desde su creación hasta la actualidad la Comisión Interamericana de Derechos Humanos ha sido el motor de toda la actividad desarrollada en el seno de la OEA en materia de derechos humanos".

364 GALLI, Maria Beatriz; DULITZKY, Ariel, op. cit., p. 62.

governos dos Estados-membros que lhe proporcionem informações sobre as medidas que adotarem em matéria de direitos humanos; e) atender às consultas que, por meio da Secretaria Geral da Organização dos Estados Americanos, lhe formularem os Estados-membros sobre questões relacionadas com os direitos humanos e, dentro de suas possibilidades, prestar-lhes o assessoramento que solicitarem; f) atuar com respeito às petições e outras comunicações, no exercício de sua autoridade, de conformidade com o disposto nos artigos 44 a 51 da Convenção; g) apresentar um relatório anual à Assembleia Geral da Organização dos Estados Americanos.

Além das funções[365] acima indicadas, a doutrina[366] tem apresentado outras que igualmente são patrocinadas pela Comissão Interamericana de

---

365 Ademais, o Estatuto da Comissão Interamericana dispõe nos artigos 19 e 20 outras atribuições, a saber: **Artigo 19** – Com relação aos Estados-partes da Convenção Americana sobre Direitos Humanos, a Comissão exercerá suas funções de conformidade com as atribuições previstas na Convenção e neste Estatuto e, além das atribuições estipuladas no artigo 18, terá as seguintes: a) atuar com respeito às petições e outras comunicações de conformidade com os artigos 44 a 51 da Convenção; b) comparecer perante a Corte Interamericana de Direitos Humanos nos casos previstos na Convenção; c) solicitar à Corte Interamericana de Direitos Humanos que tome as medidas provisórias que considerar pertinente sobre assuntos graves e urgentes que ainda não tenham sido submetidos a seu conhecimento, quando se tornar necessário a fim de evitar danos irreparáveis às pessoas; d) consultar a Corte a respeito da interpretação da Convenção Americana sobre Direitos Humanos ou de outros tratados concernentes à proteção dos direitos humanos dos Estados americanos; e) submeter à Assembleia Geral projetos de protocolos adicionais à Convenção Americana sobre Direitos Humanos, com a finalidade de incluir progressivamente no regime de proteção da referida Convenção outros direitos e liberdades; e f) submeter à Assembleia Geral para o que considerar conveniente, por intermédio do Secretário-Geral, propostas de emenda à Convenção Americana sobre Direitos Humanos.
Artigo 20 – Com relação aos Estados-membros da Organização que não são Partes da Convenção Americana sobre Direitos Humanos, a Comissão terá, além das atribuições assinaladas no artigo 18, as seguintes: a) dispensar especial atenção à tarefa da observância dos direitos humanos mencionados nos artigos I, II, III, IV, XVIII, XXV e XXVI da Declaração Americana dos Direitos e Deveres do Homem; b) examinar as comunicações que lhe forem dirigidas e qualquer informação disponível; dirigir-se ao governo de qualquer dos Estados-membros não Partes da Convenção a fim de obter as informações que considerar pertinentes; e formular-lhes recomendações, quando julgar apropriado, a fim de tornar mais efetiva a observância dos direitos humanos fundamentais; e c) verificar, como medida prévia ao exercício da atribuição da alínea b, anterior, se os processos e recursos internos de cada Estado-membro não Parte da Convenção foram devidamente aplicados e esgotados.
366 FIX-ZAMUDIO, Hector. *Protección jurídica de los derechos humanos*. México: Comisión Nacional de Derechos Humanos, 1991, p. 152.

Direitos Humanos: a) conciliadora, entre um governo e grupos sociais que vejam violados os direitos de seus membros; b) assessora, aconselhando os governos a adotar medidas adequadas para promover os direitos humanos; c) crítica, ao informar sobre a situação dos direitos humanos em um Estado-membro da OEA, depois de ter ciência dos argumentos e das observações do governo interessado, quando persistem essas violações; d) legitimadora, quando um suposto governo, em decorrência do resultado do informe da Comissão acerca de uma visita ou de um exame, decide reparar as falhas de seus processos internos e sanar as violações; e) promotora, ao efetuar estudos sobre temas de direitos humanos, a fim de promover seu respeito; f) protetora, quando, além das atividades anteriores, interferem em casos urgentes para solicitar ao governo, contra o qual se tenha apresentado uma queixa, que suspenda sua ação e informe sobre os atos praticados[367].

Cumpre ressaltar que qualquer pessoa, grupo de pessoas ou entidade não governamental[368] legalmente reconhecida em um ou mais Estados-membros da Organização, nos termos do artigo 44, pode apresentar à Comissão petições que contenham denúncias ou queixas de violação dessa Convenção por um Estado-parte[369].

---

[367] Em relação a esta última (letra f), vale trazer à colação as palavras de Piovesan, op. cit., p. 49, em relação à grande contribuição da Comissão: "A Comissão exerceu um extraordinário papel na realização de investigações *in loco*, denunciando, por meio de relatórios, graves e maciças violações de direitos durante regimes ditatoriais na América Latina".

[368] PIOVESAN, Flávia, op. cit., p. 49-50, lembra que os casos submetidos à Comissão Interamericana que envolvem o Brasil foram encaminhados, via de regra, por entidades não governamentais de defesa dos direitos humanos, de âmbito nacional ou internacional e, por vezes, pela atuação conjunta dessas entidades e que esses casos podem ser classificados em oito categorias: detenção arbitrária, tortura e assassinato cometidos durante o regime autoritário militar; violação dos direitos dos povos indígenas; violência rural; violação dos direitos das crianças e adolescentes; violência contra a mulher; discriminação racial e violência contra defensores de direitos humanos.

[369] Interessante a abordagem de TRAVIESO, Juan Antonio, op. cit., p. 414, sobre esse ponto: "En cuanto a las entidades no gubernamentales, tienen un solo requisito que consiste en el reconocimiento legal en uno o más Estados miembros de la OEA. La dificultad que se presenta es que generalmente las organizaciones no gubernamentales de defensa de los derechos humanos no obtienen el reconocimiento del Estado en el que actúan, motivo por el cual se ha considerado atribuirles un status consultivo en la OEA, previo al cumplimiento de ciertos requisitos. Lo expuesto plantea la posibilidad de demandar, o sea, la llamada legitimación activa. Se puede demandar la violación de derechos humanos por parte de otros Estados o de personas naturales o jurídicas de derecho privado? Esta cuestión que a primera vista parece sólo académica es muy im-

Frise-se, entretanto, que inicialmente a competência da Comissão estava adstrita à promoção dos direitos humanos por meio de preparação de estudos e relatórios, bem como de recomendações aos governos dos Estados com vistas à adoção de medidas em prol dos direitos humanos no plano doméstico de seus respectivos territórios.

Hodiernamente, possui também competência para a efetiva proteção dos direitos humanos em razão do conhecimento de petições individuais e de comunicações interestatais que contenham denúncias de violação aos direitos previstos na Convenção Americana.

Sem embargo, a Convenção Americana confere ampla competência processual para receber denúncias ou queixas de violação da própria Convenção por um Estado-parte, assim como para examinar e investigar. Ou seja, essa possibilidade alcança somente os Estados-partes e a Comissão, que tem direito de submeter casos à decisão da Corte.

Diferentemente do que ocorre no sistema europeu, é vedada a possibilidade de a pessoa litigar diretamente na Corte Interamericana de Direitos Humanos por direitos que foram violados no âmbito de determinado Estado, devendo, portanto, provocar a Comissão Interamericana de Direitos Humanos.

De toda sorte, para que uma petição ou comunicação seja admitida pela Comissão, devem ser observados alguns pressupostos, que podem ser identificados como de forma e de fundo. Em relação aos requisitos de forma[370], devem ser observados os seguintes requisitos: a) que a petição con-

---

portante pues 'en repetidas ocasiones se ha pretendido que la Comisión conozca de peticiones o comunicaciones en que se alega la violación de derechos humanos por movimientos u organizaciones que tienen por objeto la subversión del orden establecido. A este respecto, la Comisión ha sostenido reiteradamente que si bien repudia el terrorismo y el uso de la violencia para imponer determinadas opciones políticas, sólo puede conocer de las violaciones de derechos humanos atribuidas a los Estados sobre los cuales tiene competencia".

370   O artigo 28 do Estatuto contempla esses requisitos para a consideração de petições: As petições dirigidas à Comissão deverão conter a seguinte informação: a) o nome, a nacionalidade e a assinatura do denunciante ou denunciantes ou, no caso de o peticionário ser uma entidade não governamental, o nome e a assinatura de seu representante ou seus representantes legais; b) se o peticionário deseja que sua identidade seja mantida em reserva frente ao Estado; c) o endereço para o recebimento de correspondência da Comissão e, se for o caso, número de telefone e fax e endereço de correio eletrônico; d) uma relação do fato ou situação denunciada, com especificação do lugar e data das violações alegadas; e) se possível, o nome da vítima, bem como de qualquer autoridade

tenha o nome, a nacionalidade, a profissão, o domicílio e a assinatura da pessoa ou das pessoas ou do representante legal da entidade que submeter a petição; b) uma relação de fato ou situação que se denuncia, especificando o lugar e a data das violações alegadas, bem como o nome das vítimas e possíveis autoridades que tenham tomado conhecimento dos fatos; c) a indicação pelo peticionário do Estado que pretensamente causou a violação dos direitos humanos consagrados na Convenção Americana; e d) indicar se utilizou ou não a jurisdição interna ou a impossibilidade de não usá-la.

Quanto aos requisitos de fundo[371], são apresentados os seguintes aspectos: a) que hajam sido interpostos e esgotados os recursos da jurisdição

---

pública que tenha tomado conhecimento do fato ou situação denunciada; f) a indicação do Estado que o peticionário considera responsável, por ação ou omissão, pela violação de algum dos direitos humanos consagrados na Convenção Americana sobre Direitos Humanos e outros instrumentos aplicáveis, embora não se faça referência específica ao artigo supostamente violado; g) o cumprimento do prazo previsto no artigo 32 deste Regulamento; h) as providências tomadas para esgotar os recursos da jurisdição interna ou a impossibilidade de fazê-lo de acordo com o artigo 31 deste Regulamento; i) a indicação de se a denúncia foi submetida a outro procedimento internacional de conciliação de acordo com o artigo 33 deste Regulamento.

371 A matéria também está prevista no Estatuto da Comissão: Artigo 31. Esgotamento dos recursos internos 1. Com a finalidade de decidir quanto à admissibilidade do assunto, a Comissão verificará se foram interpostos e esgotados os recursos da jurisdição interna, de acordo com os princípios de direito internacional geralmente reconhecidos. 2. As disposições do parágrafo anterior não se aplicarão quando: a) não exista na legislação interna do Estado de que se trate o devido processo legal para a proteção do direito ou dos direitos que se alegue tenham sido violados; b) não se tenha permitido ao suposto lesado em seus direitos o acesso aos recursos da jurisdição interna, ou haja ele sido impedido de esgotá-los; c) haja atraso injustificado na decisão sobre os mencionados recursos. 3. Quando o peticionário alegar a impossibilidade de comprovar o requisito indicado neste artigo, caberá ao Estado em questão demonstrar que os recursos internos não foram previamente esgotados, a menos que isso se deduza claramente do expediente. Artigo 32. Prazo para a apresentação de petições 1. A Comissão considerará as petições apresentadas dentro dos seis meses contados a partir da data em que a presumida vítima haja sido notificada da decisão que esgota os recursos internos. 2. Nos casos em que sejam aplicáveis as exceções ao requisito de esgotamento prévio dos recursos internos, a petição deverá ser apresentada dentro de um prazo razoável, a critério da Comissão. Para tanto a Comissão considerará a data em que haja ocorrido a presumida violação dos direitos e as circunstâncias de cada caso. Artigo 33. Duplicação de processos 1. A Comissão não considerará uma petição nos casos em que a respectiva matéria: a) se encontre pendente de outro processo de solução perante organização internacional governamental de que seja parte o Estado aludido; b) constitua substancialmente a reprodução de

interna, de acordo com os princípios do Direito Internacional; b) que seja apresentada dentro do prazo de 6 meses, a partir da data em que o presumido prejudicado em seus direitos tenha sido notificado da decisão definitiva; c) que a matéria da petição ou comunicação não esteja pendente de outro processo de solução internacional; d) coisa julgada; e e) a falta de fundamentação (manifesta improcedência). Ainda em relação aos pontos indicados, devem ser expendidos comentários para melhor compreensão do tema:

a) **que hajam sido interpostos e esgotados os recursos da jurisdição interna, de acordo com os princípios do Direito Internacional**[372]

---

uma petição pendente ou já examinada e resolvida pela Comissão ou por outro organismo internacional governamental de que faça parte o Estado aludido. 2. Contudo, a Comissão não se absterá de conhecer das petições a que se refere o parágrafo 1, quando: a) o procedimento seguido perante o outro organismo se limitar ao exame geral dos direitos humanos no Estado aludido e não existir uma decisão sobre os fatos específicos que forem objeto da petição ou não conduzir à sua efectiva solução; b) o peticionário perante a Comissão, ou algum familiar, for a presumida vítima da violação e o peticionário perante o outro organismo for uma terceira pessoa ou uma entidade não governamental, sem mandato dos primeiros. Artigo 34. Outras causas de inadmissibilidade. A Comissão declarará inadmissível qualquer petição ou caso quando: a) não expuserem fatos que caracterizem uma violação dos direitos a que se refere artigo 27 do presente Regulamento; b) forem manifestamente infundados ou improcedentes, segundo se verifique da exposição do próprio peticionário ou do Estado; c) a inadmissibilidade ou a improcedência resultem de uma informação ou prova superveniente apresentada à Comissão.

372 CANTOR, Ernesto Rey. Acceso al sistema interamericano de derechos humanos. *Derechos humanos: actualidad y desafíos II*. México, DF: Fontamara, 2012, p. 26 afirma que esta matéria pode ser estudada em dois aspectos: "1. Aspecto sustantivo: consiste en que los derechos reconocidos en la Constitución Política (derechos fundamentales, derechos económicos, sociales y culturales, derechos colectivos y del ambiente) son derechos que podrían denominarse principales, y los derechos humanos (arts. 3 a 25) reconocidos en la CADH, podrían llamarse derechos complementarios, es decir, que si no existe en la Constitución un determinado derecho, la persona humana podrá exigir la aplicación directa e inmediata del derecho humano reconocido en la CADH para que el juez colombiano lo aplique, para resolver un caso judicial concreto, protegiendo la persona humana; por ejemplo, el derecho a que se respecte su integridad física, psíquica y moral, que no está reconocido en la Consitución. (...) 2. Aspecto procesal: la jurisdicción nacional colombiana es la jurisdicción principal, mientras que la jurisdicción internacional de los derechos humanos es la jurisdicción subsidiaria o complementaria a la jurisdicción nacional; esto quiere decir que si se presentan violaciones a la CADH, las presuntas víctimas o sus familiares no podrán acudir en forma directa e inmediata ante la CIDH, porque lo procedente es interponer

A jurisdição internacional dos direitos humanos se apresenta de maneira subsidiária, isto é, compete ao Estado apurar e tomar providências relativas a violações que tenham sido aplicadas em sua base territorial. Os recursos internos devem apresentar-se de maneira adequada e acessível para que possam satisfazer as pretensões dos que tenham sido objeto de violações no plano estatal. A matéria está prevista no artigo 46, I, a, da Convenção Americana. Todavia, tal previsão não se apresenta de forma absoluta, tendo em vista o inciso II do mesmo diploma:

> "As disposições das alíneas a e b do inciso 1 deste artigo não se aplicarão quando: a) não existir, na legislação interna do Estado de que se tratar, o devido processo legal para a proteção do direito ou direitos que se alegue tenham sido violados; b) não se houver permitido ao presumido prejudicado em seus direitos o acesso aos recursos da jurisdição interna, ou houver sido ele impedido de esgotá-los; e c) houver demora injustificada na decisão sobre os mencionados recursos".

b) **que seja apresentada dentro do prazo de 6 meses, a partir da data em que o presumido prejudicado em seus direitos tenha sido notificado da decisão definitiva**

Do mesmo modo que o item anterior, esse entendimento não deve se apresentar de maneira rígida pelos argumentos apresentados (inciso II, a, b e c, do artigo 46 da Convenção Americana). Além disso, o artigo 32, incisos 1 e 2, do Regulamento da Comissão Interamericana de Direitos Humanos amplia esse ponto:

> "Artigo 32. Prazo para a apresentação de petições: 1. A Comissão considerará as petições apresentadas dentro dos seis meses contados a partir da data em que a presumida vítima haja sido notificada da decisão que esgota os recursos internos. 2. Nos casos em que sejam aplicáveis as exce-

---

y agotar los recursos de jurisdicción interna, como requisito esencial de procedibilidad para presentar una petición contra el Estado en este órgano internacional, por violaciones a derechos humanos reconocidos en instrumentos internacionales, por la ocurrencia de un hecho internacionalmente ilícito, que genera responsabilidad (objetiva) internacional del Estado. Entiéndase por agotamiento de los recursos de jurisdicción interna el derecho que tiene el Estado, en ejercicio de su soberanía, de resolver la restitución de los derechos y la reparación integral a los daños en su sede interna, siguiendo la jurisprudencia de la Corte".

ções ao requisito de esgotamento prévio dos recursos internos, a petição deverá ser apresentada dentro de um prazo razoável, a critério da Comissão. Para tanto, a Comissão considerará a data em que haja ocorrido a presumida violação dos direitos e as circunstâncias de cada caso".

c) **que a matéria da petição ou comunicação não esteja pendente de outro processo de solução internacional**

Além da previsão estampada no artigo 46, I, c, da Convenção Americana, deve-se observar a concepção alargada do artigo 33 do Regulamento da Comissão Interamericana:

> "Artigo 33. Duplicação de processos: 1. A Comissão não considerará uma petição nos casos em que a respectiva matéria: a) se encontre pendente de outro processo de solução perante organização internacional governamental de que seja parte o Estado aludido; b) constitua substancialmente a reprodução de uma petição pendente ou já examinada e resolvida pela Comissão ou por outro organismo internacional governamental de que faça parte o Estado aludido. 2. Contudo, a Comissão não se absterá de conhecer das petições a que se refere o parágrafo 1, quando: a) o procedimento seguido perante o outro organismo se limitar ao exame geral dos direitos humanos no Estado aludido e não existir uma decisão sobre os fatos específicos que forem objeto da petição ou não conduzir à sua efetiva solução; b) o peticionário perante a Comissão, ou algum familiar, for a presumida vítima da violação e o peticionário perante o outro organismo for uma terceira pessoa ou uma entidade não governamental, sem mandato dos primeiros".

d) **coisa julgada**

O artigo 47, inciso d, da Convenção Americana estabelece que a Comissão declarará inadmissível toda petição ou comunicação apresentada de acordo com os artigos 44 e 45 quando for substancialmente reprodução de petição ou comunicação anterior, já examinada pela Comissão ou por outro organismo internacional.

Do mesmo modo, o artigo 34 do Regulamento apresenta outras causas de inadmissibilidade: a Comissão declarará inadmissível qualquer petição ou caso quando: a) não expuserem fatos que caracterizem violação dos direitos a que se refere artigo 27 do Regulamento; b) forem manifestamente infundados ou improcedentes, segundo se verifique da exposição do próprio peticionário ou do Estado; c) a inadmissibilidade ou a improcedência resultem de informação ou prova superveniente apresentada à Comissão.

e) a falta de fundamentação (manifesta improcedência)

Por fim, o artigo 47, inciso c, estabelece a exposição do próprio peticionário ou do Estado, quando for manifestamente infundada a petição ou comunicação ou for evidente sua total improcedência.

Sem embargo, observando os pressupostos acima indicados e ao receber uma petição ou comunicação onde são apontadas violações aos direitos humanos, a Comissão deverá proceder da seguinte forma:

a) solicitar informações ao governo do Estado ao qual pertence a autoridade apontada como responsável pela violação alegada, caso seja reconhecida sua admissibilidade;

b) prestadas as informações ou transcorrido o prazo fixado sem que sejam recebidas, verificar se existem motivos da petição;

c) poderá declarar a inadmissibilidade ou improcedência da petição ou comunicação, com base em informações ou provas supervenientes;

d) poderá, com o conhecimento das partes e se o expediente não tiver sido arquivado, proceder ao exame do assunto exposto na petição ou comunicação;

e) poderá pedir aos Estados interessados qualquer informação pertinente e colocar-se à disposição das partes interessadas para chegar a uma solução amistosa sobre o assunto.

Poderá ainda a Comissão fazer observações em determinado Estado, mediante permissão ou convite do respectivo governo, que servem para fazer uma avaliação da situação dos direitos humanos no país em questão[373].

---

373 Quanto ao impacto da litigância internacional para a República Federativa do Brasil, PIOVESAN, Flávia, op. cit., p. 51, afirma que "os casos submetidos à Comissão Interamericana têm apresentado relevante impacto no que tange à mudança da legislação e de políticas públicas de direitos humanos, propiciando significativos avanços internos: a) os casos de violência policial, especialmente denunciando a impunidade dos crimes praticados por policiais militares, foram fundamentais para a adoção da Lei n. 9.299/96, que determinou a transferência da Justiça Militar para a Justiça Comum do julgamento de crimes dolosos contra a vida cometidos por policiais militares; b) casos envolvendo tortura e desaparecimento forçado encorajaram a adoção da Lei n. 9.140/95, que estabeleceu indenização aos familiares dos mortos e desaparecidos políticos; c) caso relativo a assassinato de uma jovem estudante por deputado estadual foi essencial para adoção da emenda constitucional n. 35/2001, que restringe o alcance da imunidade parlamentar no Brasil; d) caso envolvendo denúncia de discriminação contra mães adotivas e seus respectivos filhos – em face de decisão definitiva proferida pelo Supremo Tribunal Federal que negou direito a licença gestante à mãe adotiva – foi também funda-

A Comissão deverá buscar uma solução para o caso de maneira amistosa. Logrando êxito nessa empreitada, deverá redigir um relatório[374] que será encaminhado ao peticionário e aos Estados-partes e posteriormente transmitido, para sua publicação, ao Secretário-Geral da Organização dos Estados Americanos. O relatório deve conter uma breve exposição dos fatos e da solução que fora alcançada. Todavia, se não se chegar a uma solução dentro do prazo que for fixado pelo Estatuto da Comissão, esta deverá redigir um relatório no qual exporá os fatos e suas conclusões.

Se o relatório não representar, no todo ou em parte, o acordo unânime dos membros da Comissão, qualquer deles poderá agregar ao referido relatório seu voto em separado. Também se agregarão ao relatório as exposições verbais ou escritas que forem feitas pelos interessados. A Comissão

---

mental para a aprovação da Lei n. 10.421/2002, que estendeu o direito à licença-maternidade às mães de filhos adotivos; e) o caso que resultou na condenação do Brasil por violência doméstica sofrida pela vítima (caso Maria da Penha Maia Fernandes) culminou na adoção da Lei n. 11.340/2006 (Lei Maria da Penha), que cria mecanismos para coibir a violência doméstica e familiar contra a mulher; f) os casos envolvendo violência contra defensores de direitos humanos contribuíram para adoção do Programa Nacional de Proteção aos Defensores de Direitos Humanos; g) os casos envolvendo violência rural e trabalho escravo contribuíram para adoção do Programa Nacional para Erradicação do Trabalho Escravo; e h) casos envolvendo direitos dos povos indígenas foram essenciais para demarcação e homologação de suas terras".

374 Após deliberar e votar quanto ao mérito do caso, a Comissão observará o seguinte procedimento: "1. Estabelecida a existência de violação em determinado caso, a Comissão assim o manifestará no seu relatório quanto a mérito. O relatório será transmitido às partes, publicado e incluído no Relatório Anual da Comissão à Assembleia Geral da Organização. 2. Estabelecida a existência de uma ou mais violações, a Comissão preparará um relatório preliminar com as proposições e recomendações que considerar pertinentes e o transmitirá ao Estado de que se trate. Neste caso, fixará um prazo para que tal Estado informe a respeito das medidas adotadas em cumprimento a essas recomendações. O Estado não estará facultado a publicar o relatório até que a Comissão haja adotado uma decisão a respeito. 3. A Comissão notificará ao Estado a adoção do relatório e sua transmissão. No caso dos Estados-partes da Convenção Americana que tenham dado por aceita a jurisdição contenciosa da Corte Interamericana, a Comissão, ao notificar o peticionário, dar-lhe-á oportunidade para apresentar, no prazo de um mês, sua posição a respeito da submissão do caso à Corte. O peticionário, se tiver interesse em que o caso seja elevado à Corte, deverá fornecer os seguintes elementos: a) a posição da vítima ou de seus familiares, se diferentes do peticionário; b) os dados sobre e vítima e seus familiares; c) as bases em que se fundamenta consideração de que o caso deve ser submetido à Corte; d) a prova documental, testemunhal e pericial disponível; e) as pretensões em matéria de reparação e custos".

poderá, ainda, formular as proposições e recomendações que julgar adequadas no relatório produzido.

Se, no prazo de três meses, a partir da remessa aos Estados interessados do relatório da Comissão, o assunto não houver sido solucionado ou submetido à decisão da Corte pela Comissão ou pelo Estado interessado, aceitando sua competência, a Comissão poderá emitir, pelo voto da maioria absoluta de seus membros, sua opinião e conclusões sobre a questão submetida a sua consideração.

Além disso, não se pode olvidar a Opinião Consultiva n. 13/93 da Corte Interamericana de Direitos Humanos, que versa sobre

> "certas atribuições da Comissão Interamericana de Direitos Humanos (arts. 41, 42, 44, 46, 47, 50 e 51 da Convenção Americana de Direitos Humanos)", solicitada pelos governos da Argentina e Uruguai, cuja "OPINIÓN por unanimidad
> 1. Que la Comisión es competente, en los términos de las atribuciones que le confieren los artículos 41 y 42 de la Convención, para calificar cualquier norma del derecho interno de un Estado Parte como violatoria de las obligaciones que éste ha asumido al ratificarla o adherir a ella, pero no lo es para dictaminar si contradice o no el ordenamiento jurídico interno de dicho Estado. En cuanto a la terminología que la Comisión puede utilizar para calificar normas internas, la Corte se remite a lo dicho en el párrafo 35 de esta opinión.
> por unanimidad
> 2. Que, sin menoscabo de las otras atribuciones que otorga a la Comisión el artículo 41 de la Convención, declarada inadmisible una petición o comunicación de carácter individual (artículo 41.f en relación con los artículos 44 y 45.1 de la Convención) no caben pronunciamientos sobre el fondo.
> por unanimidad
> 3. Que los artículos 50 y 51 de la Convención contemplan dos informes separados, cuyo contenido puede ser similar, el primero de los cuales no puede ser publicado. El segundo sí puede serlo, previa decisión de la Comisión adoptada por mayoría absoluta de votos después de transcurrido el plazo que haya otorgado al Estado para tomar las medidas adecuadas"[375].

Por fim, impende assinalar que a Comissão, além dos Estados-partes, é que poderá submeter um caso à apreciação da Corte Interamericana[376].

---

375   Opinião Consultiva n. 13/93. Disponível em: http://www.corteidh.or.cr/opiniones.cfm.
376   VELASCO, Manuel Diez, op. cit., p. 704, afirma que "la Convención prevé tres fórmulas claramente diferenciadas para el control: el estudio de los informes periódi-

Esse aspecto é de grande relevo para o sistema de proteção dos direitos humanos no continente americano e defere importância ao mencionado órgão.

Ainda assim, mudanças são necessárias no sistema americano para que o indivíduo possa diretamente propor uma ação junto à Corte, a exemplo do que acontece no continente europeu. Tal fato tem repercutido bastante, e algumas alterações são propostas na atuação da Comissão Interamericana, com a possibilidade, inclusive, de vir a extingui-lo ou transformá-lo numa espécie de Ministério Público. Nesse sentido, as palavras de Antônio Celso: "Estou entre os que defendem aprovação de um Protocolo à Convenção Americana sobre Direitos Humanos, semelhante, em parte, ao já referido Protocolo XI à Convenção Europeia, que extinguiu a Comissão Europeia de Direitos Humanos e criou uma nova e ampliada Corte. Não advogo a extinção da Comissão Interamericana. Acredito que o Sistema Interamericano de proteção dos direitos humanos poderá tornar-se mais eficiente, se transformada a Comissão Interamericana de Direitos Humanos numa espécie de ministério público interamericano, voltado à proteção dos direitos humanos no Continente, com participação ativa nos processos junto à Corte Interamericana, ficando, contudo, assegurado, de forma definitiva e inquestionável, o acesso direto do indivíduo à Corte Interamericana e sua participação ativa em todas as fases do processo em que for parte. Todavia, o sistema interamericano de proteção dos direitos humanos só estará, de fato, completo, quando todos os Estados do continente ratificarem a Convenção Americana e, ao mesmo tempo, aceitarem a competência contenciosa da Corte Interamericana"[377].

Mudanças como essas, caso venham a ser implementadas, têm como escopo alcançar melhorias no funcionamento do sistema americano para que ocorra efetiva proteção aos direitos humanos. Feitas as considerações sobre a Comissão Interamericana de Direitos Humanos, é chegado o momento de tecer os comentários pertinentes à Corte Interamericana de Direitos Humanos.

3. A CORTE INTERAMERICANA DE DIREITOS HUMANOS

A Corte Interamericana de Direitos Humanos se apresenta como instituição judicial independente e autônoma, cujo objetivo é a aplicação e a

---

cos presentados por los Estados; el examen de las denuncias intergubernamentales y el examen de las denuncias individuales. Respecto de cada una de ellas, la Comisión y la Corte ejercen diferentes funciones".
377 PEREIRA, Antonio Celso Alves, op. cit., p. 269-270.

interpretação da Convenção Americana sobre Direitos Humanos[378]. Trata-se, portanto, de um tribunal com o propósito primordial de resolver os casos que lhe são apresentados por supostas violações aos direitos humanos protegidos pela Convenção Americana.

A Corte é regulada pelos artigos 33, b, 52 a 73 da mesma Convenção e pelas normas do seu Estatuto, tendo sido instalada em 1979 na cidade de São José, na Costa Rica. Sua criação tem origem na proposta apresentada pela delegação brasileira à IX ª Conferência Interamericana, realizada em Bogotá no ano de 1948.

A Corte Americana é composta de sete juízes, nacionais dos Estados-membros da Organização, eleitos a título pessoal dentre juristas da mais alta autoridade moral, de reconhecida competência em matéria de direitos humanos, que reúnam as condições requeridas para o exercício de elevadas funções judiciais, de acordo com a lei do Estado do qual sejam nacionais, ou do Estado que os propuser como candidatos.

Os juízes da Corte serão eleitos por um período de 6 anos e só poderão ser reeleitos uma vez, em votação secreta, e pelo voto da maioria absoluta dos Estados-partes na Convenção, na Assembleia Geral da Organização, de uma lista de candidatos propostos pelos mesmos Estados.

A Corte também pode contar com juízes *ad hoc* para tratar de determinadas matérias, conforme estabelece o artigo 55 da Convenção Americana, cujos requisitos são os mesmos dos demais juízes da Corte.

As funções da Corte Interamericana são classificadas e definidas pela Convenção Americana em duas categorias: contenciosa[379] (artigos 61, 62 e 63) e consultiva[380] (artigo 64).

---

[378] Para estudo mais aprofundado sobre o tema recomenda-se GUERRA, Sidney. *O sistema interamericano de proteção dos direitos humanos e o controle de convencionalidade*. 3. ed. Curitiba: Instituto Memória, 2020.

[379] Sobre a competência contenciosa, CORREIA, Theresa Rachel Couto. *Corte Interamericana de Direitos Humanos*. Curitiba: Juruá, 2008, p. 125, afirma: "O plano de jurisdição contenciosa, que inclui o recebimento e o trâmite de casos individuais de violação de direitos humanos, inicia-se após o trabalho da Comissão Interamericana num procedimento cuja decisão sobre o envio ou não do caso para a Corte tem caráter estritamente discricionário, não sendo obrigatório. O procedimento desenvolve-se nas seguintes etapas: fase de exceções preliminares; fase de fundo; fase de reparações; fase de supervisão com cumprimento de sentenças".

[380] CORREIA, Theresa Rachel Couto, op. cit., p. 135, oferece novamente sua contribuição: "Com a função consultiva, foi criado um sistema paralelo ao procedimento contencioso destinado a ajudar os Estados e órgãos da OEA a cumprir e

A Corte deve exercer sua competência contenciosa[381] considerando a responsabilidade do Estado pela violação, uma vez que este se obrigou, ao ratificar a Convenção Americana sobre Direitos Humanos, a não só garantir, como prevenir e investigar, usando todos os recursos de que dispuser para impedir as violações da Convenção Americana[382]. Desses compromissos derivam obrigações de punir, com o rigor de suas normas internas, os infratores de normas de direitos humanos constantes de sua legislação e da Convenção Americana, assegurando à vítima a reparação adequada.

Sem embargo, pela via contenciosa, a Corte determina, nos casos submetidos à sua jurisdição, se um Estado incorreu em responsabilidade internacional pela violação de algum direito reconhecido na Convenção Americana ou em outros tratados de direitos humanos aplicáveis ao Sistema Interamericano e, se for o caso, dispõe as medidas necessárias para reparar as consequências derivadas da violação de direitos.

A Corte Interamericana de Direitos Humanos, por meio de seu relatório anual[383], disponibilizou o procedimento adotado para resolver os casos

---

aplicar os tratados de direitos humanos, sem submeter-se aos formalismos e ao sistema de sanções característicos do procedimento contencioso. Essa função consultiva fortalece a capacidade da Organização para resolver os problemas de interpretação decorrentes da aplicação da Convenção. Por um lado, permite exercer um controle global sobre a forma como os Estados, em seu conjunto, interpretam e aplicam a Convenção, corrigindo qualquer desvio de entendimento. Por outro lado, permite esclarecer o emprego do procedimento contencioso evitando uma confrontação com os Estados-partes".

381   PIOVESAN, Flávia, op. cit., p. 53: "A Corte tem jurisdição para examinar casos que envolvem denúncia de que um Estado-parte violou direito protegido pela Convenção. Se reconhecer que efetivamente ocorreu violação à Convenção, determinará a adoção de medidas que se façam necessárias à restauração do direito então violado. A Corte pode ainda condenar o Estado a pagar uma justa compensação à vítima. Note-se que a decisão da Corte tem força vinculante e obrigatória, cabendo ao Estado seu imediato cumprimento. Se a Corte fixar uma compensação à vítima, a decisão valerá como título executivo, em conformidade com os procedimentos internos relativos à execução de sentença desfavorável ao Estado".

382   Idem, p. 54-56: "Considerando a atuação da Corte Interamericana, é possível criar uma tipologia de casos baseada em decisões concernentes a quatro diferentes categorias de violações a direitos humanos: a) violações que refletem o legado do regime autoritário ditatorial; b) violações que refletem questões da justiça de transição; c) violações que refletem desafios acerca do fortalecimento de instituições do Estado de Direito e d) violações de direitos de grupos vulneráveis".

383   Disponível em: http://www.corteidh.or.cr/tablas/informe2015/portugues.pdf. Acesso em: 1º mar. 2016.

contenciosos submetidos à sua jurisdição, de maneira bastante didática, em duas fases: fase contenciosa e fase de supervisão de cumprimento de sentenças.

A fase contenciosa compreende quatro etapas:

1) etapa escrita inicial;

2) etapa oral ou de audiência pública;

3) etapa de escritos de alegações e observações finais das partes e da Comissão; e

4) etapa de estudo e emissão de sentenças.

1. Etapa escrita inicial

1.1 Etapa de apresentação do caso pela Comissão

O procedimento se inicia com a apresentação do caso por parte da Comissão. Para que o Tribunal e as partes contem com toda a informação necessária para a adequada tramitação do processo, o Regulamento da Corte exige que a apresentação do caso inclua, entre outros aspectos: uma cópia do relatório emitido pela Comissão ao qual se refere o artigo 50 da Convenção; uma cópia de todo o processo perante a Comissão, incluindo toda comunicação posterior ao relatório do artigo 50 da Convenção; as provas que oferece, com indicação dos fatos e argumentos sobre os quais versam; e os motivos que levaram a Comissão a apresentar o caso.

Uma vez apresentado o caso, a Presidência realiza uma análise preliminar do mesmo para comprovar se foram cumpridos os requisitos essenciais de apresentação. Sendo assim, a Secretaria notifica o caso ao Estado demandado e à suposta vítima, a seus representantes, ou ao Defensor Interamericano, se for o caso.

1.2 Apresentação do escrito de petições, argumentos e provas por parte das supostas vítimas

Uma vez notificado o caso, a suposta vítima ou seus representantes dispõem de um prazo improrrogável de dois meses, contado a partir da notificação da apresentação do caso e de seus anexos, para apresentar de forma autônoma seu escrito de petições, argumentos e provas. Esse escrito deverá conter, entre outros elementos: a descrição dos fatos dentro do marco fático estipulado pela Comissão; as provas oferecidas devidamente organizadas, com indicação dos fatos e argumentos sobre os quais versam; e as pretensões, incluindo as referentes às reparações e custas.

1.3. Apresentação por parte do Estado do escrito de contestação aos dois escritos anteriores e dos escritos de resposta às exceções preliminares, se for o caso

Uma vez notificado do escrito de petições, argumentos e provas, o Estado apresenta, dentro de um prazo de dois meses, contado a partir de sua recepção, a contestação aos escritos apresentados pela Comissão e pelos representantes das supostas vítimas, na qual deve indicar, entre outros: se aceita os fatos e as pretensões ou se os contradiz; as provas oferecidas devidamente organizadas, com indicação dos fatos e argumentos sobre os quais versam; e os fundamentos de direito, as observações às reparações e custas solicitadas e as conclusões pertinentes.

Essa contestação é comunicada à Comissão e aos representantes das supostas vítimas. Caso o Estado apresente exceções preliminares, a Comissão e as supostas vítimas ou seus representantes podem apresentar suas observações a estas, em um prazo de 30 dias contados a partir de sua recepção. Além disso, caso o Estado realize um reconhecimento parcial ou total de responsabilidade, outorga-se um prazo à Comissão e aos representantes das supostas vítimas para que apresentem as observações que considerem pertinentes. Após a recepção do escrito de apresentação do caso, do escrito de petições, argumentos e provas e do escrito de contestação do Estado e antes da abertura do procedimento oral, a Comissão, as supostas vítimas ou seus representantes e o Estado demandado podem solicitar à Presidência a celebração de outros atos do procedimento escrito. Se a Presidência considerar pertinente, fixará os prazos para a apresentação dos respectivos documentos.

1.4 Apresentação do escrito de listas definitivas e Resolução Convocatória de Audiência

Uma vez que as partes tenham enviado ao Tribunal as listas definitivas de declarantes, estas são transmitidas às partes para a apresentação de observações e, se for o caso, também das objeções que considerem pertinentes. A seguir, o Presidente da Corte profere uma "Resolução Convocatória de Audiência Pública" por meio da qual resolve, com base nas observações das partes e realizando uma análise das mesmas e da informação que consta no processo, quais vítimas, testemunhas e peritos prestarão sua declaração durante a Audiência Pública do caso, quais prestarão declaração por declaração juramentada, bem como o objeto de cada uma dessas declarações. Nessa mesma resolução, o Presidente estabelece um dia e hora específicos para a celebração da referida audiência pública e convoca as partes e a Comissão para que participem dela.

2. Etapa oral ou de audiência pública

Na referida audiência pública, a Comissão expõe os fundamentos do relatório ao qual se refere o artigo 50 da Convenção e da apresentação do caso perante a Corte, bem como qualquer assunto que considere relevante para sua resolução.

A seguir, os juízes do Tribunal escutam as supostas vítimas, testemunhas e peritos convocados mediante resolução, os quais são interrogados pelas partes e, se for o caso, também pelos juízes. A Comissão pode interrogar, em situações excepcionais, determinados peritos, de acordo com o disposto no artigo 52.3 do Regulamento da Corte. Em seguida, a Presidência concede a palavra às supostas vítimas ou a seus representantes e ao Estado demandado para que exponham suas alegações sobre o mérito do caso. Posteriormente, a Presidência outorga às supostas vítimas ou a seus representantes e ao Estado, respectivamente, a possibilidade de réplica e tréplica. Concluídas as alegações, a Comissão apresenta suas observações finais e, logo depois, os juízes têm a oportunidade de realizar as perguntas finais às partes. Essa audiência pública normalmente dura um dia e meio e é transmitida ao vivo pela página eletrônica da Corte.

3. Etapa de escritos de alegações e observações finais das partes e da Comissão

Concluída essa etapa, inicia-se a terceira, na qual as supostas vítimas ou seus representantes e o Estado demandado apresentam suas alegações finais escritas. A Comissão, se assim considerar, pode apresentar observações finais escritas.

4. Etapa de estudo e emissão de sentenças

Uma vez recebidas as alegações finais escritas das partes, a Corte pode solicitar diligências probatórias adicionais (art. 58 do Regulamento). Vale ressaltar que, de acordo com o estipulado no artigo 58 do Regulamento da Corte, o Tribunal poderá solicitar, "em qualquer fase da causa", as seguintes diligências probatórias de ofício, sem prejuízo dos argumentos e da documentação entregue pelas partes: 1. Procurar *ex officio* toda prova que considere útil e necessária; 2. Requerer o fornecimento de alguma prova ou de qualquer explicação ou declaração que, em seu entender, possa ser útil; 3. Solicitar a qualquer entidade, escritório, órgão ou autoridade de sua escolha que obtenha informação, que expresse uma opinião ou elabore um relatório ou parecer sobre um determinado aspecto; 4. Encarregar um ou vários de seus membros da realização de qualquer medida de instrução, incluindo audiências, seja na sede da Corte ou fora desta[384].

---

384 Conforme Relatório Anual. Disponível em: http://www.corteidh.or.cr/tablas/informe2015/portugues.pdf. Acesso em 1º mar. 2016.

De fato, o Estado não pode se eximir da obrigação de reparar a violação, conforme estabelecem as normas de Direito Internacional relativas à responsabilidade internacional do Estado, alegando, por exemplo, qual medida a ser tomada violaria seu direito interno[385]. A competência contenciosa será *ratione personae, ratione materiae* e *ratione temporis*.

No que tange à competência contenciosa *ratione personae*, verifica-se que somente os Estados-partes e a Comissão possuem legitimidade para acionar a Corte Americana. Ou seja, devem ser adotadas medidas para que o sistema de proteção dos direitos humanos no âmbito do continente americano possa avançar principalmente quando o confrontamos com o sistema europeu.

Isso porque no plano americano ainda não foi reconhecido o *jus standi* do indivíduo, isto é, não pode a pessoa humana ingressar diretamente com ações no âmbito da Corte Interamericana. Nesse sentido, vale registrar os estudos de Antônio Celso[386]: em suas reflexões e recomendações *de lege ferenda* expostas no curso que ministrara na sessão externa da Academia de Direito Internacional da Haia realizada na Costa Rica, em 1995, para o aperfeiçoamento e fortalecimento do sistema interamericano de proteção dos direitos humanos, Antônio Augusto Cançado Trindade chama a atenção para o fato de que, sem o direito de petição individual, e o consequente acesso à justiça no plano internacional, os direitos consagrados nos tratados de direitos humanos seriam reduzidos a pouco mais do que letra morta. (...) O direito de petição individual abriga, com efeito, a última esperança dos que não encontraram justiça em nível nacional. Não me omitiria nem hesitaria em acrescentar, – permitindo-me a metáfora, – que o direito de petição individual é indubitavelmente a estrela mais luminosa no firmamento dos direitos humanos. Em seu Voto Concordante na Opinião Consultiva OC-17/2002, de 28 de agosto de 2002, emitida pela Corte Interamericana de Direitos Humanos à solicitação da Comissão Interamericana de Direitos Humanos, Cançado Trindade afirma que o direito de petição individual às Cortes Internacionais de Direitos Humanos representa um resgate histórico do indivíduo como sujeito de Direito Internacional dos Direitos Humanos. Referindo-se, nesta oportunidade, a seu Voto no caso *Castillo Petruzi y Otros versus Peru* (Exceções Preliminares, Sentença de 04/09/1998), ressalta que, instado pelas circunstâncias do *cas d'espèce*,

---

385 PEREIRA, Antonio Celso Alves, op. cit., p. 277.
386 Idem, p. 264.

qualificou o direito de petição individual como *cláusula pétrea* dos tratados de direitos humanos que o consagram[387].

Outro ponto importante relaciona-se à competência facultativa da Corte, ou seja, para conhecer de qualquer caso contencioso que lhe seja submetido pela Comissão Interamericana de Direitos Humanos ou por um Estado-parte da Convenção Americana, a Corte só poderá exercer essa competência contra um Estado por violação dos dispositivos da Convenção Americana se esse Estado, de modo expresso, no momento do depósito do seu instrumento de ratificação da Convenção Americana ou de adesão a ela, ou em qualquer momento posterior, em declaração apresentada ao Secretário-Geral da Organização dos Estados Americanos, deixar claro que reconhece como obrigatória, de pleno direito e sem convenção especial, a competência da Corte em todos os casos relativos à interpretação ou aplicação da Convenção.

Tal declaração deve ser feita incondicionalmente ou sob condição de reciprocidade, por prazos determinados ou para casos específicos; da mesma forma, o Estado poderá fazê-lo por meio de convenção especial.

Nem todos os Estados reconhecem a competência contenciosa da Corte dentre os 35 Estados-membros da Organização dos Estados Americanos; 25 Estados americanos são partes na Convenção Americana e 20 reconheceram a competência contenciosa da Corte Interamericana de Direitos Humanos (Argentina, Barbados, Bolívia, Brasil, Chile, Colômbia, Costa Rica, Equador, El Salvador, Guatemala, Haiti, Honduras, México, Nicarágua, Panamá, Paraguai, Peru, República Dominicana, Suriname e Uruguai). Os Estados do Caribe de língua inglesa, em sua maioria, até o momento, não aceitaram a competência contenciosa da Corte; Cuba, pelas razões conhecidas, continua fora do Sistema Interamericano. Os Estados

---

387 Corte Interamericana de Derechos Humanos. Opinión Consultiva OC-17, de 28 de agosto de 2002. Sobre o direito de petição individual, acrescenta Cançado Trindade: "En el umbral del siglo XXI, ya no puede haber duda de que el derecho de petición individual a los tribunales internacionales de derechos humanos y la intangibilidad de la jurisdicción obligatoria de éstos, necesariamente conjugados, constituyen – como siempre hemos sostenido – verdaderas clausulas petreas de la protección internacional de los derechos humanos". Ver Cançado Trindade, A. A. Las clausulas petreas de la protección internacional del ser humano: El acceso directo de los individuos a la justicia a nivel internacional y la intangibilidad de la jurisdicción obligatoria de los tribunales internacionales de derechos humanos. In: El Sistema Interamericano de Protección de los Derechos Humanos en el Umbral del Siglo XXI. San José de Costa Rica: Corte Interamericana de Derechos Humanos, 2001, p. 6.

Unidos e o Canadá não ratificaram a Convenção Americana e não reconhecem a competência da Corte[388].

Em relação à competência material (*ratione materiae*), está concebida no artigo 62, 3, que prevê que a Corte poderá conhecer de qualquer caso relativo à interpretação e aplicação das disposições da Convenção.

No que tange à competência *ratione temporis* da Corte, pode também sofrer limite temporal. Isso porque o artigo 62, 2, do referido tratado internacional, estabelece que a competência pode ser aceita por prazo determinado.

Conforme mencionado acima, a Corte poderá também se manifestar nas consultas que lhe forem encaminhadas pelos Estados-partes, emitindo pareceres[389] sobre a compatibilidade entre qualquer de suas leis internas e os instrumentos internacionais[390]. O artigo 64 da Convenção Americana atribui, de maneira cristalina, essa prerrogativa à Corte, como se vê:

---

388   Ibidem, p. 274.
389   O Regulamento da Corte consagra a matéria nos artigos 59 a 61: Artigo 59. Interpretação da Convenção. § 1º Os pedidos de parecer consultivo previstos no 'artigo 64.1', da Convenção deverão formular com precisão as perguntas específicas em relação às quais é solicitado o parecer da Corte. § 2º Os pedidos de parecer consultivo apresentados por um Estado-membro ou pela Comissão deverão indicar, adicionalmente, as disposições cuja interpretação é solicitada, as considerações que dão origem à consulta e o nome e endereço do agente ou dos delegados. § 3º Se o pedido de parecer consultivo originar-se de um órgão da OEA que não seja a Comissão, deverá precisar, além do indicado no parágrafo anterior, como a consulta se refere à sua esfera de competência. Artigo 60. Interpretação de outros tratados. § 1º Se o pedido referir-se à interpretação de outros tratados concernentes à proteção dos direitos humanos nos Estados americanos, tal como previsto no artigo 64.1, da Convenção, deverá identificar o tratado e suas respectivas partes, formular as perguntas específicas em relação às quais é solicitado o parecer da Corte e incluir as considerações que dão origem à consulta. § 2º Se o pedido emanar de um dos órgãos da OEA, também deverá explicar como a consulta se refere à sua esfera de competência. Artigo 61. Interpretação de leis internas. § 1º O pedido de parecer consultivo formulado em conformidade com o 'artigo 64.2', da Convenção deverá indicar: a) As disposições de direito interno, bem como as da Convenção ou de outros tratados concernentes à proteção dos direitos humanos que são objeto da consulta. b) As perguntas específicas sobre as quais se pretende obter o parecer da Corte. c) O nome e endereço do agente do solicitante. § 2º O pedido será acompanhado de cópia das disposições internas a que se refere a consulta.
390   Na mesma direção, as palavras de SANTAGATI, Claudio Jesús, op. cit., p. 131: "La competencia consultiva también faculta a la Corte a emitir a solicitud de un Estado, opiniones acerca de la compatibilidad entre cualesquiera de sus leyes internas y la Convención u otros tratados sobre derechos humanos. Asimismo, podrán consultarla, en los que les compete, los órganos enumerados en el capítulo X de la Carta de la OEA, reformada por el Protocolo de Buenos Aires".

> "1. Os Estados-membros da Organização poderão consultar a Corte sobre a interpretação desta Convenção ou de outros tratados concernentes à proteção dos direitos humanos nos Estados americanos. Também poderão consultá-la, no que lhe compete, os órgãos enumerados no capítulo X da Carta da Organização dos Estados Americanos, reformada pelo Protocolo de Buenos Aires.
> 2. A Corte, a pedido de um Estado-membro da Organização, poderá emitir pareceres sobre a compatibilidade entre qualquer de suas leis internas e os mencionados instrumentos internacionais".

Por essa razão é que a doutrina[391] tem afirmado que essa competência consultiva, se comparada a outros sistemas, como o Europeu, por exemplo, tem-se apresentado de maneira mais ampla que os demais. Nesse sentido, a Corte tem produzido vasto material, a exemplo das Opiniões Consultivas[392], consideradas importantes fontes jurisprudenciais[393].

Apesar do vasto material produzido, não se pode olvidar que ampla interpretação, tem sofrido algumas limitações, e até críticas, que são postas pela própria Corte Interamericana:

> "a) somente conhecer sobre a interpretação de tratados que estão diretamente relacionados com a proteção dos direitos humanos em um Estado-membro do sistema interamericano; b) a inadmissibilidade de toda solicitação de consulta que conduza ao desvirtuamento da jurisdição contenciosa ou que possa debilitar ou alterar o previsto na Convenção;

---

391 CORREIA, Theresa Rachel Couto, op. cit., p. 137: "As opiniões consultivas da Corte Europeia só podem ser pedidas pelo Comitê de Ministros do Conselho da Europa e não podem estar relacionados com os direitos que a Convenção Europeia protege nem com nenhum assunto que possa estar relacionado a um caso contencioso. A Corte Internacional de Justiça só pode ser consultada por acordo da Assembleia Geral, do Conselho de Segurança ou ainda por alguns órgãos da ONU autorizados, de tempos em tempos, pela Assembleia Geral".
392 SANTAGATI, Claudio Jesús, op. cit., p. 131, destaca a importância das Opiniões Consultivas: "A los fines de brindar una asistencia técnica para la promoción de los derechos económicos, sociales y culturales y para la protección de los derechos de grupos sociales vulnerables, por ejemplo, los derechos de las minorías y de los pueblos autóctonos. Los Estados miembros y los órganos de la OEA, en lo que les compete, pueden consultar la Corte acerca de la interpretación de la Convención o de otros tratados en lo relativo a la protección de los derechos humanos en los Estados americanos".
393 A Corte teve a oportunidade de emitir 29 Opiniões Consultivas até o momento. Disponível em: http://www.corteidh.or.cr/cf/Jurisprudencia2/busqueda_opiniones_consultivas.cfm?lang=es. Acesso em: 22 jul. 2022.

e c) após considerar as circunstâncias de cada caso, absterá de responder por decisão motivada a solicitação que possa violentar esses limites ou desnaturalizar a função consultiva"[394].

De fato, o papel da Corte Interamericana de Direitos Humanos é bastante relevante no contexto regional, principalmente se levarmos em consideração as barbaridades praticadas no continente[395], especialmente no período recente de golpes militares, que corresponderam a verdadeiros abusos e denegação de direitos. Nas palavras de Piovesan:

> "Cabe realçar que o sistema interamericano tem assumido extraordinária relevância, como especial lócus para a proteção de direitos humanos. O sistema interamericano salvou e continua salvando muitas vidas; tem contribuído de forma decisiva para a consolidação do Estado de Direito e das democracias na região; tem combatido a impunidade; e tem assegurado às vítimas o direito à esperança de que a justiça seja feita e os direitos humanos sejam respeitados. O sistema americano tem revelado, sobretudo, dupla vocação: impedir retrocessos e fomentar avanços no regime de proteção dos direitos humanos, sob a inspiração de uma ordem centrada no valor da absoluta prevalência da dignidade humana"[396].

Antes da implantação desse sistema de proteção regional dos direitos humanos, esgotavam-se as possibilidades de obter reparação de danos por violação aos direitos humanos ao chegar às Cortes Constitucionais dos respectivos Estados.

Hodiernamente, o quadro é diferente, uma vez que, quando não há o reconhecimento formal do Estado em relação ao caso apresentado, a pessoa que se sente injustiçada ou seus familiares poderão acionar essa instância, observados os requisitos expressos na Convenção.

Frise-se, por oportuno, que as sentenças da Corte são inapeláveis, definitivas e não estão sujeitas a precatórios. Para tanto, as decisões tomadas pela Corte Interamericana devem ser fundamentadas e comunicadas não

---

394 CORREIA, Theresa Rachel Couto, op. cit., p. 138.
395 A propósito, recomenda-se a leitura do Capítulo XVIII de GUERRA, Sidney. *Curso de direito internacional público*. 14. ed. São Paulo: Saraiva, 2022.
396 PIOVESAN, Flávia. *Direitos humanos e o direito constitucional internacional*. 7. ed. São Paulo: Saraiva, 2006, p. 251.

somente às partes como a todos os Estados-membros da Convenção Americana sobre Direitos Humanos[397].

Outro ponto importante relaciona-se às decisões da Corte, nos casos contenciosos, que são consideradas obrigatórias para todos os Estados-partes na Convenção, que declararam a aceitação dessa competência, em todas as situações em que forem partes. Nesse sentido, vale observar a previsão estampada na Seção III da Convenção Americana que trata do Processo, em especial os artigos 66 e 67:

> Artigo 66 – 1. A sentença da Corte deve ser fundamentada. 2. Se a sentença não expressar no todo ou em parte a opinião unânime dos juízes, qualquer deles terá direito a que se agregue à sentença o seu voto dissidente ou individual.
>
> Artigo 67 – A sentença da Corte será definitiva e inapelável. Em caso de divergência sobre o sentido ou alcance da sentença, a Corte interpretá-la-á, a pedido de qualquer das partes, desde que o pedido seja apresentado dentro de noventa dias a partir da data da notificação da sentença.

No caso de decisão determinando indenização compensatória, esta deverá ser executada no país respectivo pelo processo interno vigente para a execução de sentenças contra o Estado.

Desde a criação da Corte Interamericana, várias importantes decisões foram produzidas, contabilizando atualmente o expressivo número de 449 casos[398].

---

[397] O artigo 57, que trata do Pronunciamento e comunicação da sentença do Regulamento da Corte Interamericana de Direitos Humanos, aprovado pela Corte em seu XXIV Período Ordinário de Sessões, realizado de 9 a 20 de setembro de 1996, estabelece que: "§ 1º Concluídos os autos para a sentença, a Corte deliberará em privado. Será adotada uma decisão por votação, aprovada a redação da sentença e fixada a data da audiência pública de comunicação às partes. § 2º Enquanto não se houver notificado a sentença às partes, os textos, os argumentos e os votos serão mantidos em segredo. § 3º As sentenças serão assinadas por todos os juízes que participaram da votação e pelo Secretário. Contudo, será válida a sentença assinada pela maioria dos juízes. § 4º Os votos dissidentes ou fundamentados serão assinados pelos juízes que os sustentem e pelo Secretário. § 5º As sentenças serão concluídas com uma ordem de comunicação e execução assinada pelo Presidente e pelo Secretário e selada por este. § 6º Os originais das sentenças ficarão depositados nos arquivos da Corte. O Secretário entregará cópias certificadas aos Estados Signatários no caso, à Comissão, ao Presidente do Conselho Permanente, ao Secretário-Geral, aos representantes das vítimas ou seus familiares e a todo terceiro interessado que o solicitar. § 7º O Secretário comunicará a sentença a todos os Estados Signatários".

[398] Disponível em: <http://www.corteidh.or.cr/cf/Jurisprudencia2/busqueda_casos_contenciosos.cfm?lang=es>. Acesso em: 22 jul. 2022.

Em relação ao Estado brasileiro, emblemática a decisão proferida em 4 de julho de 2006, quando foi condenado pela primeira vez na Corte Interamericana de Direitos Humanos. A propósito, são destacados os resolutivos do caso Ximenez Lopes x República Federativa do Brasil, considerado paradigmático para os estudiosos da matéria[399]. Por fim, deve ser salientado

---

[399] "LA CORTE, DECIDE, Por unanimidad, 1. Admitir el reconocimiento parcial de responsabilidad internacional efectuado por el Estado por la violación de los derechos a la vida y a la integridad personal, consagrados en los artículos 4.1 y 5.1 y 5.2 de la Convención Americana, en relación con la obligación general de respetar y garantizar los derechos establecida en el artículo 1.1 de dicho tratado, en perjuicio del señor Damião Ximenes Lopes, en los términos de los párrafos 61 a 81 de la presente Sentencia. DECLARA, Por unanimidad, que 2. El Estado violó, en perjuicio del señor Damião Ximenes Lopes, tal como lo reconoció, los derechos a la vida y a la integridad personal, consagrados en los artículos 4.1 y 5.1 y 5.2, de la Convención Americana, en relación con la obligación general de respetar y garantizar los derechos establecida en el artículo 1.1 de dicho tratado, en los términos de los párrafos 119 a 150 de la presente Sentencia. 3. El Estado violó, en perjuicio de las señoras Albertina Viana Lopes e Irene Ximenes Lopes Miranda y los señores Francisco Leopoldino Lopes y Cosme Ximenes Lopes, familiares del señor Damião Ximenes Lopes, el derecho a la integridad personal, consagrado en el artículo 5 de la Convención Americana, en relación con la obligación general de respetar y garantizar los derechos establecida en el artículo 1.1 de dicho tratado, en los términos de los párrafos 155 a 163 de la presente Sentencia. 4. El Estado violó, en perjuicio de las señoras Albertina Viana Lopes e Irene Ximenes Lopes Miranda, familiares del señor Damião Ximenes Lopes, los derechos a las garantías judiciales y a la protección judicial, consagrados en los artículos 8.1 y 25.1 de la Convención Americana, en relación con la obligación general de respetar y garantizar los derechos establecida en el artículo 1.1 de la misma, en los términos de los párrafos 170 a 206 de la presente Sentencia. 5. Esta Sentencia constituye *per se* una forma de reparación, en los términos del párrafo 251 de la misma. Y DISPONE, Por unanimidad, que: 6. El Estado debe garantizar, en un plazo razonable, que el proceso interno tendiente a investigar y sancionar a los responsables de los hechos de este caso surta sus debidos efectos, en los términos de los párrafos 245 a 248 de la presente Sentencia. 7. El Estado debe publicar, en el plazo de seis meses, en el Diario Oficial y en otro diario de amplia circulación nacional, por una sola vez, el Capítulo VII relativo a los Hechos Probados de esta Sentencia, sin las notas al pie de página correspondientes, así como la parte resolutiva de la presente Sentencia, en los términos del párrafo 249 de la misma. 8. El Estado debe continuar desarrollando un programa de formación y capacitación para el personal médico, psiquiátrico, psicológico, de enfermería, auxiliares de enfermería y para todas aquellas personas vinculadas con la atención de salud mental, en particular, sobre los principios que deben regir el trato de las personas que padecen discapacidades mentales, conforme a los estándares internacionales en la materia y aquellos establecidos en la presente Sentencia, en los términos del párrafo 250 de la misma. 9. El Estado debe pagar en efectivo a las señoras Albertina Viana Lopes e Irene Ximenes Lopes Miranda, en el plazo de un año, por concepto de la indemnización por daño material, la cantidad fijada en los párrafos 225 y 226 de la presente Sentencia, en los

que o Brasil reconheceu a jurisdição da Corte Interamericana de Direitos Humanos em dezembro de 1998, por força do Decreto Legislativo n. 89/98, publicado no *Diário Oficial da União* de 4-12-1998.

Como acima indicado, as decisões da Corte Interamericana são imperativas e exigíveis dentro do território dos países que ratificaram a Convenção Americana de Direitos Humanos[400], conforme estabelece o artigo 67 da Convenção Americana: "A sentença da Corte será definitiva[401] e inapelável[402].

---

términos de los párrafos 224 a 226 de la misma. 10. El Estado debe pagar en efectivo a las señoras Albertina Viana Lopes e Irene Ximenes Lopes Miranda, y los señores Francisco Leopoldino Lopes y Cosme Ximenes Lopes, en el plazo de un año, por concepto de la indemnización por daño inmaterial, la cantidad fijada en el párrafo 238 de la presente Sentencia, en los términos de los párrafos 237 a 239 de la misma. 11. El Estado debe pagar en efectivo, en el plazo de un año, por concepto de costas y gastos generados en el ámbito interno y en el proceso internacional ante el sistema interamericano de protección de los derechos humanos, la cantidad fijada en el párrafo 253 de la presente Sentencia, la cual deberá ser entregada a la señora Albertina Viana Lopes, en los términos de los párrafos 252 a 253 de la misma. 12. Supervisará el cumplimiento íntegro de esta Sentencia, y dará por concluido el presente caso una vez que el Estado haya dado cabal cumplimiento a lo dispuesto en la misma. Dentro del plazo de un año, contado a partir de la notificación de esta Sentencia, el Estado deberá rendir a la Corte un informe sobre las medidas adoptadas para darle cumplimiento. El Juez Sergio García Ramírez hizo conocer a la Corte su Voto Razonado y el Juez Antônio Augusto Cançado Trindade hizo conocer a la Corte su Voto Separado, los cuales acompañan la presente Sentencia. Redactada en español y en portugués, haciendo fe el texto en español, en San José, Costa Rica, 4 de julio de 2006. Sergio García Ramírez – Presidente."

400   Deve-se atentar para as palavras de CORREIA, Theresa Rachel Couto, op. cit., p. 242: "Ao enfrentar a publicidade das violações de direitos humanos de que são acusados, os Estados são praticamente obrigados a se justificarem por suas práticas, o que nos permite afirmar, têm auxiliado na implementação de novas práticas de governo que considerem o respeito aos direitos humanos. Neste sentido, importa revelar a importância de que se revestem as práticas de tutela, supervisão e monitoramento do modo de agir dos Estados, bem como o papel fundamental de educação em direitos humanos".

401   Na mesma direção, CLÉMENT, Zlata Drnas de. Corte Interamericana de Derechos Humanos. Cuarta Instancia?. *Se ha convertido la Corte Interamericana de Derechos Humanos en una cuarta instancia?.* Buenos Aires, La Ley, 2009, p. 5: "Atento a que una de las funciones primordiales de la soberanía es la llamada jurisdiccional, que atiende a la solución o prevención de situaciones contenciosas entre individuos o entre individuo y Estado, y a que esa función tiene dos características: constituye un poder que proclama auténtica y definitivamente el Derecho; y lo impone con la plena fuerza y eficacia de autoridad soberana el hecho de que la Convención Americana de Derechos Humanos disponga que *los fallos de la Corte Interamericana de Derechos Humanos son definitivos e inapelables para los Estados*" (grifamos).

402   O Regulamento da Corte em seu artigo 57 trata do pronunciamento e comunicação da sentença: "§ 1º Concluídos os autos para a sentença, a Corte deliberará em

Em caso de divergência, a Corte interpretá-la-á⁴⁰³, a pedido de qualquer das partes, desde que o pedido seja apresentado dentro de noventa dias a partir da data da notificação da sentença".

Corroborando a ideia, Ramos afirma que "as obrigações sobre a responsabilidade internacional estabelecidas pela Convenção Americana possuem imperatividade mesmo na ocorrência de sua denúncia por um Estado contratante". Estabeleceu o artigo 78 da Convenção⁴⁰⁴ que os Estados só podem denunciar o Pacto de San José uma vez passado o prazo de 5 anos

---

privado. Será adotada uma decisão por votação, aprovada a redação da sentença e fixada a data da audiência pública de comunicação às partes. § 2º Enquanto não se houver notificado a sentença às partes, os textos, os argumentos e os votos serão mantidos em segredo. § 3º As sentenças serão assinadas por todos os juízes que participaram da votação e pelo Secretário. Contudo, será válida a sentença assinada pela maioria dos juízes. § 4º Os votos dissidentes ou fundamentados serão assinados pelos juízes que os sustentem e pelo Secretário. § 5º As sentenças serão concluídas com uma ordem de comunicação e execução assinada pelo Presidente e pelo Secretário e selada por este. § 6º Os originais das sentenças ficarão depositados nos arquivos da Corte. O Secretário entregará cópias certificadas aos Estados Signatários no caso, à Comissão, ao Presidente do Conselho Permanente, ao Secretário-Geral, aos representantes das vítimas ou seus familiares e a todo terceiro interessado que o solicitar. § 7º O Secretário comunicará a sentença a todos os Estados Signatários".

403 Conforme o artigo 58 do Regulamento da Corte, que versa sobre o pedido de interpretação de sentença: "§ 1º Os pedidos de interpretação a que se refere o 'artigo 67' da Convenção poderão ser formulados em relação às sentenças sobre o mérito ou de reparações e depositados na Secretaria da Corte, cabendo neles indicar precisamente as questões relativas ao sentido ou ao alcance da sentença cuja interpretação é solicitada. § 2º O Secretário comunicará o pedido de interpretação aos Estados Signatários do caso e, se corresponder, à Comissão, e os convidará a apresentar por escrito as razões que considerem pertinentes, dentro do prazo fixado pelo Presidente. § 3º Para fins de exame do pedido de interpretação, a Corte reunir-se-á, se possível, com a mesma composição com que emitiu a sentença de que se trate. Não obstante, em caso de falecimento, renúncia, impedimento, escusa ou inabilitação, proceder-se-á à substituição do juiz que corresponder, nos termos do 'artigo 16' deste Regulamento. § 4º O pedido de interpretação não exercerá efeito suspensivo sobre a execução da sentença. § 5º A Corte determinará o procedimento a ser seguido e decidirá mediante sentença".

404 "Artigo 78 – 1. Os Estados-partes poderão denunciar esta Convenção depois de expirado um prazo de cinco anos, a partir da data da entrada em vigor da mesma e mediante aviso prévio de um ano, notificando o Secretário-Geral da Organização, o qual deve informar as outras Partes. 2. Tal denúncia não terá o efeito de desligar o Estado-parte interessado das obrigações contidas nesta Convenção, no que diz respeito a qualquer ato que, podendo constituir violação dessas obrigações, houver sido cometido por ele anteriormente à data na qual a denúncia produzir efeito."

contados de sua entrada em vigor, mediante o aviso prévio de um ano, devendo o Estado denunciante ser responsabilizado por violação cometida anteriormente na data na qual a denúncia possa produzir efeito[405].

A sentença proferida pela Corte[406] precisa estar devidamente motivada, ou seja, é necessário que apresente a descrição dos fatos, os fundamentos jurídicos, as conclusões das partes, a decisão propriamente dita, o pronunciamento das custas e o resultado da votação.

Como acentuam alguns autores[407], a sentença pode determinar que o Estado faça cessar a violação, indenize a vítima ou seus familiares. Embora a solução amistosa no âmbito da Comissão possa apresentar o mesmo resultado que as sentenças da Corte, enquanto a primeira é fruto de uma negociação entre o Estado e o peticionário, a sentença é produto do livre convencimento dos juízes e possui caráter obrigatório.

De maneira geral, as reparações decorrentes de responsabilidade internacional do Estado por violações aos direitos humanos têm sido processadas da seguinte forma[408]:

---

405 RAMOS, André de Carvalho, op. cit., p. 229.

406 A matéria está consagrada no artigo 56 do Regulamento da Corte: "A sentença da Corte Interamericana deverá conter: a) Os nomes do Presidente e dos demais juízes que a tenham proferido, do Secretário e do Secretário Adjunto; b) a indicação das partes e seus representantes e, quando apropriado, dos representantes das vítimas ou de seus familiares; c) uma relação do procedimento; d) a descrição dos fatos; e) as conclusões das partes; f) os fundamentos de direito; g) a decisão sobre o caso; h) o pronunciamento sobre as custas, se procedente; i) resultado da votação; j) a indicação do texto que faz fé. Caberá, ainda, a todo juiz que houver participado do exame de um caso o direito de acrescer à sentença seu voto dissidente ou fundamentado. Estes votos deverão ser formulados dentro do prazo fixado pelo Presidente, para que sejam conhecidos pelos juízes antes da comunicação da sentença. Os mencionados votos só poderão referir-se à matéria tratada nas sentenças".

407 BRANDÃO, Marco Antonio Diniz; BELLI, Benoni, op. cit., p. 290.

408 *Medidas de restituição* – Visam restabelecer, até onde seja possível, a situação que existia antes da ocorrência da violação e diversas possibilidades, tais como: o restabelecimento da liberdade de pessoas detidas ilegalmente; a devolução de bens confiscados ilegalmente; o retorno ao lugar de residência do qual a vítima foi deslocada; a reintegração ao emprego; a anulação de antecedentes judiciais, administrativos, penais ou policiais e o cancelamento dos registros correspondentes; a devolução, demarcação e titulação do território tradicional de comunidades indígenas para proteger sua propriedade comunal.

Medidas de satisfação – Destinam-se a reparar o dano imaterial, ou seja, os danos morais, os sofrimentos e aflições causados pela violação, de caráter não pecuniário, e que afetam as condições de existência das vítimas. Compreendem, nesse sentido, atos de repercussão

a) restituição na íntegra, eliminando todos os efeitos da violação e levando à reparação do dano emergente e lucros cessantes;

b) cessação do ilícito, considerada exigência básica para a eliminação das consequências do ilícito internacional, devendo o Estado violador interromper sua conduta ilícita e esclarecendo que isso não impede outras formas de reparação;

c) satisfação, entendida como um conjunto de medidas capazes de fornecer fórmulas extremamente flexíveis de reparação a serem escolhidas em face de casos concretos, pelo juiz internacional;

d) indenização, cabendo ao Estado infrator indenizar pecuniariamente a vítima pelos danos causados, caso a violação não possa ser completamente eliminada pelo retorno ao *status quo*;

e) garantias de não repetição, que são a obtenção de salvaguardas contra a reiteração da conduta violadora de obrigação internacional[409].

Forçoso destacar e concordar com a conclusão do estudo de André de Carvalho Ramos: "A adesão brasileira[410] ao sistema da Corte Interamericana de Direitos Humanos[411] é vantajosa ao Estado e, é claro, ao indivíduo.

---

pública, atos de reconhecimento de responsabilidade, desculpas públicas em favor das vítimas, atos em honra das vítimas, no sentido de resgatar a dignidade de sua memória.

Medidas de reabilitação – Destinam-se a outorgar a atenção médica e psicológica necessária para atender às necessidades de saúde física e psíquica das vítimas, de forma gratuita e imediata, incluindo a provisão de medicamentos, e, se for o caso, o subministro de bens e serviços, como *Home Care*, por exemplo.

409 No mesmo entendimento, RAMOS, André de Carvalho. Responsabilidade internacional do Estado por violações aos direitos humanos. *R. CEJ*, Brasília, n. 29, p. 53-63, abr./jun. 2005. Disponível em: http://www2.cjf.jus.br/ojs2/index.php/cej/article/viewFile/663/843. Acesso em: 12 mar. 2011.

410 Sobre o reconhecimento da jurisdição da Corte Interamericana, RAMOS, André de Carvalho, op. cit., p. 318, acentua que: "A tardia adesão brasileira à jurisdição obrigatória da Corte Interamericana de Direitos Humanos mostra um enfraquecimento do repúdio à aceitação da jurisdição internacional existente outrora. Tal repúdio era justificado pelo apego à soberania estatal e a receios de incompatibilidade da decisão internacional com o ordenamento interno".

411 Interessante foi a lembrança de CORREIA, Theresa Rachel Couto, op. cit., p. 133, acerca das decisões da Corte, como se vê: "No Brasil, alguns estudiosos – como Cançado Trindade, Celso Mello e Flávia Piovesan – acreditam que as decisões da Corte têm força de título executivo no direito interno. Todavia, não há no sistema interamericano um mecanismo especial para verificar a execução das sentenças. Quando o Estado condenado não cumpre a sentença, cabe à Corte informar o fato em seu informe anual dirigido à Assembleia Geral da OEA, onde se materializa uma sanção moral e política".

Concluímos, então, que, com o desenvolvimento dos mecanismos coletivos de aferição de eventual violação de direitos humanos, ganha o indivíduo, por ter acesso a mecanismos internacionais de proteção, ganha todo e qualquer Estado, por neutralizar os mecanismos unilaterais, e ganha a sociedade internacional como um todo, por ser a proteção dos direitos humanos essencial rumo ao estabelecimento de uma sociedade humana justa, igual e em paz"[412].

Sem embargo, a Corte Interamericana de Direitos Humanos, em seus diversos feitos, aplica a Convenção Americana de Direitos Humanos (Pacto de São José da Costa Rica) sob os mais diversos métodos interpretativos. Entretanto, ao que parece, tem preferido adotar abordagem principiológica em suas decisões, traço típico dos julgados de cortes internacionais.

Não se pode olvidar, por óbvio, que ao reconhecer o sistema interamericano de proteção dos direitos humanos, bem como as obrigações internacionais dele decorrentes, o Estado aceita o monitoramento internacional no que se refere ao respeito aos direitos humanos em sua base física[413].

De fato, a Corte Interamericana de Direitos Humanos pauta sua atuação pela observância dos principais documentos internacionais protetivos dos direitos humanos, propiciando significativos avanços no âmbito do continente americano.

Por fim, na esteira do pensamento de Piovesan[414], evidencia-se que o sistema interamericano de proteção dos direitos humanos assumiu ex-

---

412 Idem, p. 371.
413 Conforme acentua TRINDADE, Antônio Augusto Cançado, op. cit., p. 444: "Em um sistema integrado como o da proteção dos direitos humanos, os atos internos dos Estados estão sujeitos à supervisão dos órgãos internacionais de proteção quando, no exame dos casos concretos, se trata de verificar a sua conformidade com as obrigações internacionais dos Estados em matéria de direitos humanos. As normas internacionais que consagram e definem claramente um direito individual, passível de vindicação ante a um tribunal ou juiz nacional, são diretamente aplicáveis. Além disso, os próprios tratados de direitos humanos significativamente consagram o critério da primazia da norma mais favorável às vítimas, seja ela norma de direito internacional ou de direito interno. As obrigações internacionais de proteção têm um amplo alcance, vinculam conjuntamente todos os poderes do Estado; além das voltadas a cada um dos direitos protegidos, comportam ademais as obrigações gerais de assegurar o respeito destes últimos e adequar o direito interno às normas convencionais de proteção".
414 PIOVESAN, Flávia, op. cit., p. 251.

traordinária relevância, com especial lócus para a proteção de direitos humanos, e salvou e continua salvando muitas vidas. Ele tem contribuído de forma decisiva para a consolidação do Estado de Direito e das democracias na região; tem combatido a impunidade; e tem assegurado às vítimas o direito à esperança de que a justiça seja feita e os direitos humanos sejam respeitados.

De fato, o funcionamento do sistema de proteção aos direitos humanos no continente americano é fundamental para tutelar e garantir a dignidade da pessoa humana em um plano que ultrapasse os limites territoriais do Estado nacional, tendo sido a República Federativa do Brasil condenada nove vezes por violação aos direitos humanos[415]. São eles: Caso Damião Ximenez Lopes; Caso Escher; Caso Sétimo Garibaldi; Caso Gomes Lund e outros ("Guerrilha do Araguaia"); Caso Trabalhadores da Fazenda Brasil Verde; Caso Cosme Rosa Genoveva, Evandro de Oliveira e outros (Favela Nova Brasília); Caso Povo Indígena Xucuru e seus membros; Caso Vladmir Herzog; Caso dos empregados da Fábrica de Fogos de Santo Antônio de Jesus y sus familiares e Caso Barbosa de Souza y otros[416].

4. O CONTROLE DE CONVENCIONALIDADE

Como assentado em outra oportunidade[417], as normas de proteção dos direitos da pessoa humana não se exaurem no direito interno do Estado; ao contrário, existem direitos que são incorporados à ordem jurídica estatal em razão dos tratados internacionais, fazendo inclusive com que ocorra uma transmutação hermenêutica dos direitos fundamentais.

Assim é que o controle de convencionalidade[418] tem recebido atenção especial nos estudos da atualidade, com repercussões nas decisões dos tri-

---

415   Os casos foram analisados por GUERRA, Sidney. *O sistema interamericano de proteção dos direitos humanos e o controle de convencionalidade*. 3. ed. Curitiba: Instituto Memória, 2020.
416   Disponível em: https://www.corteidh.or.cr/casos_sentencias.cfm. Acesso em: 22 jul. 2022.
417   GUERRA, Sidney. *Os direitos humanos na ordem jurídica internacional e reflexos na ordem constitucional brasileira*. 2. ed. São Paulo: Atlas, 2014, p. 293.
418   CANTOR, Ernesto Rey. *Control de convencionalidad de las leyes y derechos humanos*. México: Porrúa, 2008, p. 46: "El Control de Convencionalidad es un mecanismo de protección procesal que ejerce la Corte Interamericana de Derechos Humanos, en el evento de que el derecho interno (Constitución, ley, actos administrativos, jurisprudencia, prácticas administrativas o judiciales, etc.), es incompatible con la Convención Americana sobre Derechos Humanos u otros tratados

bunais de vários países. Tal controle diz respeito a um novo dispositivo jurídico fiscalizador das leis infraconstitucionais, que possibilita o duplo controle da verticalidade, isto é, as normas internas de um país devem estar compatíveis tanto com a Constituição (controle de constitucionalidade) quanto com os tratados internacionais ratificados pelo país onde vigoram tais normas (controle de convencionalidade)[419].

Esse instituto garante o controle sobre a eficácia das legislações internacionais e permite dirimir conflitos entre o direito interno e as normas de Direito Internacional, podendo ser efetuado pela Corte Interamericana de Direitos Humanos ou pelos tribunais internos dos países que fazem parte da Convenção[420].

Ernesto Rey Cantor, em alentada monografia sobre o tema[421], defende a competência da Corte Interamericana de Direitos Humanos para aplicar

---

– aplicables – con el objeto de aplicar la Convención u otro tratado, mediante un examen de confrontación normativo (derecho interno con el tratado), en un caso concreto, dictando una sentencia judicial y ordenando la modificación, derogación, anulación o reforma de las normas o prácticas internas, según corresponda, protegiendo los derechos de la persona humana, con el objeto de garantizar la supremacía de la Convención Americana".

419   LEGALE, Siddharta. Controle de convencionalidade consultivo? Um estudo em homenagem ao Professor Sidney Guerra. In: *Um novo direito. Homenagem aos 25 anos de docência no ensino superior do Prof. Dr. Sidney Guerra*. Curitiba: Instituto Memória, 2019, p. 82-83: "O sistema interamericano de direitos humanos entrou em uma nova fase de estudos. Aos poucos, tem sido superada a baixa produção nacional a respeito, capitaneada durante anos quase que de forma solitária por autores como o prof. Antônio Augusto Cançado Trindade, que dedicou a vida ao estudo do acesso à justiça, os tribunais internacionais e, principalmente, a coordenação entre os sistemas de proteção de direitos humanos com ênfase no sistema interamericano e à defesa de um novo *jus gentium* no qual o ser humano é enxergado como sujeito de direito internacional. Uma nova geração de estudiosos dos direitos humanos, na qual o prof. Sidney Guerra ocupa um papel central, parece motivada pelo estudo do controle de convencionalidade, que tem tido uma especial relevância por retirar o tema dos cantões especializados do direito internacional para arenas do direito constitucional, processual, penal etc. Não é possível, ainda, afirmar peremptoriamente que o tema passou da desimportância ao apogeu no Brasil, mas o futuro não é mais como era antigamente e o futuro é mínimo promissor. É possível afirmar que o tema passou, pelo menos, e com todas as limitações decorrentes da pretensão de ser didático, por três fases ou dimensões: (i) descoberta; (ii) teorização; e (iii) análise empírica.
420   Vide capítulo V de GUERRA, Sidney. *O sistema interamericano de proteção dos direitos humanos e o controle de convencionalidade*. 3. ed. Curitiba: Instituto Memória, 2020.
421   CANTOR, Ernesto Rey. *Control de convencionalidad de las leyes y derechos humanos*. México: Porrúa, 2008.

o controle de convencionalidade sobre direito interno a fim de garantir a efetiva tutela de tais direitos, ou seja, a Corte Interamericana poderá obrigar internacionalmente o Estado a derrogar uma lei que gere violação de direitos humanos em todos os casos que dizem respeito à aplicação da Convenção de Direitos Humanos[422].

Trata-se de importante abordagem, pois o posicionamento dominante era o de que os tribunais regionais sobre direitos humanos não teriam competência para analisar a convencionalidade de uma lei em abstrato, tampouco a possibilidade de invalidar uma lei interna.

Para demonstrar esse entendimento e a possibilidade da aplicação do controle de convencionalidade Cantor, valendo-se de estudos formulados por Cançado Trindade e outros autores estrangeiros, assinala:

> "el Control de Convencionalidad de las normas de derecho interno es fruto de la jurisprudencia de la Corte y como tal el Tribunal tiene competencia inherente para la proteción internacional de la persona humana, según se desprende del segundo considerando del Preámbulo de la Convención Americana que enuncia el objeto y fin del tratado. Además, consideramos que de los artículos 33, 2 y 62.1 de la Convención se infiere el fundamento jurídico de la nueva competencia. El primer texto expresa: 'Son competentes para conocer de los asuntos relacionados com el cumplimiento de los compromissos contrahidos por los Estados Partes en esta Convención: a) La Comisión Interamericana de Derechos Humanos, y b) La Corte Interamericana de Derechos Humanos'. En otras palavras, si un Estado incumple los compromisos internacionales derivados del artículo 2 de la Convención ('Dever de adoptar Disposiciones de Derecho Interno'), expidiendo leyes incompatibles con esta disposición y violando los derechos humanos reconocidos en este tratado, corresponde a la Corte verificar dicho incumplimiento, haciendo un exame de confrontación normativo del derecho interno (Constitución, ley, actos administrativos, jurisprudencia, prácticas administrativas o judiciales, etc.), con las normas internacionales al que llamamos 'control', el que por 'asegurar y hacer efectiva la supremacía' de la Convención denominamos Control de Convencionalidad: es um control jurídico y judicial"[423].

---

422 Idem, p. 42: "La Corte Interamericana aplicando la Convención debe obligar internacionalmente al Estado a hacer cesar las consecuencias jurídicas de esas violaciones ordenando, a título de reparaciones, derogar o modificar la ley para lo cual tendrá que hacer previamente un examen de confrontación (control) de la ley con la Convención, a fin de establecer la incompatibilidad y, consecuencialmente, las violaciones, como fruto de interpretación de dicho tratado".

423 Ibidem, p. 43.

Ernesto Cantor alega que a Corte Interamericana de Direitos Humanos tem legitimidade para assegurar e fazer efetiva a supremacia da Convenção através do controle de convencionalidade, configurando-se como um controle judicial sobre sua interpretação e aplicação nas legislações internas. Com isso, conclui que a Corte tem competência *ratione materiae* para utilizar o controle de convencionalidade, cujo objetivo é verificar o cumprimento dos compromissos estabelecidos pelos Estados que fazem parte dessa Convenção, já que ela tem o dever de proteção internacional sobre os direitos humanos[424].

Cantor faz ainda distinção entre controle de convencionalidade no âmbito internacional e nacional. Em sua classificação, o controle de convencionalidade em sede internacional seria um mecanismo processual que a Corte Interamericana de Direitos Humanos teria para averiguar se o direito interno (Constituição, leis, atos administrativos, jurisprudência etc.) viola algum preceito estabelecido pela Convenção Interamericana sobre Direitos Humanos mediante um exame de confrontação normativo em um caso concreto.

Assim, seria possível emitir uma sentença judicial e ordenar a modificação, revogação ou reforma das normas internas, fazendo prevalecer a eficácia da Convenção Americana. No segundo – o controle de convencionalidade em sede nacional –, o juiz interno aplica a Convenção ou outro tratado em vez de utilizar o direito interno, mediante um exame de confrontação normativo (material) em um caso concreto, e elabora uma sentença judicial protegendo os direitos da pessoa humana. Este seria um controle de caráter difuso, aplicado por cada juiz de acordo com o caso concreto que será analisado[425].

Sem embargo, o controle de convencionalidade permite que a Corte Interamericana interprete e aplique a Convenção por meio de um exame de

---

424 Ibidem, p. 44: "Consideramos que la Corte Interamericana consolidará la efectividad en la protección jurisdiccional internacional de la persona humana, cuando los Estados, por ejemplo, derogan leyes internas, o reforman Constituciones, como medidas de reparación por las violaciones a los derechos humanos".
425 Ibidem, p. 47: "Se trata de un examen de confrontación normativo (material) del derecho interno con la norma internacional, alrededor de unos hechos – acción u omisión – internacionalmente ilícitos. La confrontación es una técnica jurídica que se denomina control y tiene por objeto asegurar y hacer efectiva la supremacía de la Convención Americana. En otros términos, preservar la prioridad y primacía del derecho internacional, respecto del derecho interno, incluída en este la propia Constitución del Estado".

confrontação com o direito interno, podendo este ser uma lei, um ato administrativo, jurisprudência, práticas administrativas e judiciais e até mesmo a Constituição. É possível, portanto, que um Estado-parte seja condenado pela Corte Interamericana de Direitos Humanos a revogar leis incompatíveis com a Convenção ou a adaptar suas legislações através de reformas constitucionais para que se garanta a tutela de direitos humanos no âmbito do direito interno.

A título ilustrativo remete-se a leitura do caso *Gomes Lund e outros x Brasil*, que trata da responsabilização do Estado brasileiro perante o desaparecimento forçado de aproximadamente 70 pessoas, no período de 1972 a 1975, a fim de dizimar o foco de resistência conhecida por "Guerrilha do Araguaia", tendo a Corte promovido manifestação sobre o controle de convencionalidade[426].

O controle de convencionalidade poderá ser efetuado tanto na esfera internacional quanto no âmbito nacional. Na esfera internacional, *in casu*, o órgão que terá competência jurisdicional para realizá-lo será a Corte Interamericana de Direitos Humanos[427] e se apresenta como uma espécie de "controle concentrado de convencionalidade", pois, através de uma sentença judicial proveniente de um caso concreto, seus efeitos geram modificação, revogação ou reforma das normas ou práticas internas em benefício dos direitos da pessoa humana.

---

426 Disponível em: http://www.corteidh.or.cr/pais.cfm?id_Pais=7. Acesso em: 9 jul. 2012: "(...) este Tribunal realize um *controle de convencionalidade*, ou seja, a análise da alegada incompatibilidade daquela lei com as obrigações internacionais do Brasil contidas na Convenção Americana".

427 "Con respecto al control de convencionalidad, la Corte Interamericana ha establecido que 'cuando un Estado ha ratificado un tratado internacional como la Convención Americana, sus jueces, como parte del aparato del Estado, también están sometidos a ella, lo que les obliga a velar porque los efectos de las disposiciones de la Convención no se vean mermadas por la aplicación de leyes contrarias a su objeto y fin, y que desde un inicio carecen de efectos jurídicos. En otras palabras, el Poder Judicial debe ejercer ex oficio el 'control de convencionalidad' entre las normas jurídicas internas que aplican en los casos concretos y la Convención Americana sobre Derechos Humanos. Evidentemente en el marco de sus respectivas competencias y de las regulaciones procesales correspondientes. En esta tarea, el Poder Judicial debe tener en cuenta no solamente el tratado, sino también la interpretación que del mismo ha hecho la Corte Interamericana, intérprete última de la Convención Americana'". Disponível em: https://www.wcl.american.edu/humright/hracademy/mcourt/registration/documents/2012__bench__memorandum.es.pdf?rd=1.

Na esfera nacional[428], esse controle se dará por intermédio da atuação dos tribunais e juízes internos, que terão competência para aplicar a Convenção em detrimento da legislação interna em um caso concreto, a fim de proteger direitos mais benéficos à pessoa humana.

O controle de convencionalidade doméstico consiste numa sindicância de compatibilidade entre o direito estatal e o internacional dos direitos

---

[428] "A nivel de los ordenamientos jurídicos nacionales, la Constitución de México establece que se incorporarán las normas de derechos humanos incluidas en tratados internacionales al bloque de constitucionalidad, otorgándoles jerarquía constitucional a las normas de Derechos Humanos incluídas en tratados internacionales (artículo 1). En la resolución del expediente Varios 912/2010 emitida por la Suprema Corte de Justicia de la Nación para determinar el trámite a la sentencia emitida por la Corte IDH en el caso Radilla Pacheco Vs. México, aquella determinó la obligación ex officio para los jueces mexicanos, quienes deberán fundar y motivar sus resoluciones, considerando tratados internacionales y asimismo, ordenó la transición a un sistema de control constitucional difuso, que incorporó a la justicia ordinaria a la dinámica de protección de derechos humanos definidos en los instrumentos internacionales. En dicha Resolución se señaló que los jueces no pueden hacer una declaración general sobre la invalidez o expulsar del orden jurídico las normas que consideren contrarias a los derechos humanos contenidos en la Constitución y en los tratados; no obstante, están obligados a dejar de aplicar estas normas inferiores, dando preferencia a los contenidos de la Constitución y de los tratados en esta materia. Asimismo se observan importantes desarrollos jurisprudenciales al respecto en otros países de la región.
En otros países como Argentina, los fundamentos del Control de Convencionalidad se encuentra en el artículo 75 en el cual se señala expresamente la jerarquía constitucional de los tratados de derechos humanos y hace una delimitación de qué instrumentos internacionales son los que incluye el bloque. En sentencia emitida el 23 de diciembre de 2004 por la Corte Suprema de Justicia de la Nación, en el caso 'Espósito, Miguel Angel s/ incidente de prescripción de la acción penal promovido por su defensa', ésta refirió que las decisiones de la Corte Interamericana son de cumplimiento obligatorio para el Estado Argentino y en su considerando refirió que 'en principio, debe subordinar el contenido de sus decisiones a las de dicho tribunal internacional'. En el caso de Colombia, el artículo 94 de la Constitución Política da sustento al control de convencionalidad. En la Sentencia C-010/00 emitida el 19 de enero de 2000 por la Corte Constitucional, el Tribunal determinó que los derechos y deberes constitucionales deben interpretarse 'de conformidad con los tratados internacionales sobre derechos humanos ratificados por Colombia', derivándose 'que la jurisprudencia de las instancias internacionales, encargadas de interpretar esos tratados, constituye un criterio hermenéutico relevante para establecer el sentido de las normas constitucionales sobre derechos fundamentales'. Disponível em: https://www.wcl.american.edu/humright/hracademy/mcourt/registration/documents/2012__bench__memorandum.es.pdf?rd=1.

humanos[429]. Partindo desse conceito básico, torna-se necessário esclarecer algumas questões. Primeiro, o dito controle possui a natureza de "garantia", ou seja, trata-se de um instrumento à serviço da proteção dos direitos humanos internacionalmente consagrados. Segundo, seu resultado não necessariamente irá definir que uma norma internacional seja prevalente em determinado caso, pois os direitos fundamentais previstos na ordem jurídica interna, caso eles sejam mais favoráveis à tutela da pessoa humana (princípio *pro persona*), devem ter primazia. Portanto, o exercício do controle de convencionalidade independe da hierarquia que o Estado atribui às normas internacionais em matéria de direitos humanos. Terceiro, quaisquer normas estatais, incluindo as constitucionais e decisões judiciais, estão sujeitas ao controle de convencionalidade doméstico. Desse modo, leis em abstrato e até mesmo omissões legislativas podem ser objeto do citado controle. Quarto, o bloco de convencionalidade doméstico é mais amplo que o interamericano, uma vez que composto também pelas normas emanadas do sistema onusiano. Quinto, segundo o atual entendimento da Corte IDH (que já mudou inúmeras vezes), compete a todos os órgãos e poderes do Estado exercerem o controle de convencionalidade. Sexto e último, já que são breves aspectos, os efeitos da declaração de inconvencionalidade dependem do órgão que a proclamou. Em sede de jurisdição constitucional, haverá invalidação da norma estatal com efeitos *erga omnes* e *ex tunc*. Se por outros órgãos dotados de jurisdição, *inter partes*. Por fim, se realizado por autoridades sem jurisdição (controle fraco), não há que se falar em invalidação, mas sim em interpretação conforme, ou seja, afasta-se somente a interpretação incompatível. Dignas de nota as palavras de Ernesto Rey Cantor[430]:

---

429 *Vide*, a propósito, GUERRA, Sidney; MOREIRA, Thiago. Contornos atuais do controle de convencionalidade doméstico. *Los desafíos jurídicos a la gobernanza global: una perspectiva para los próximos siglos*. Brasília: Advocacia-Geral da União, 2017.
430 CANTOR, Ernesto Rey, op. cit., p. 160: "El juez competente para resolver en el caso concreto tiene la obligación (internacional) de inaplicar la ley y aplicar la Convención, por ser aquella incompatible con ésta, lo que se denomina Control de Convencionalidad de la ley em sede interna, garantizando así el libre y pleno ejercicio de los derechos humanos reconocidos em la Convención, es decir, que el juez ordinario da aplicabilidad al tratado del que emergen obligaciones internacionales exigibles immediatamente (self-executing), favoreciendo al titular de los derechos humanos, dictando una providencia judicial debidamente motivada (de conformidad con la Convención), así este no ló solicite, porque como se dijo es una obligación internacional, que hay que

"La Corte es conciente que lós jueces y tribunales internos están sujetos al império de la ley, y, por ello, están obligados a aplicar las disposiciones vigentes en el ordenamiento jurídico. Pero cuando un Estado há ratificado un tratado internacional como la Convención Americana, sus jueces, como parte del aparato del Estado, también están sometidos a ella, ló que les obliga a velar porque los efectos de las disposiciones de la Convención no se vean mermadas por la aplicación de leys contrarias a su objeto y fin, y desde um inicio carecen de efectos jurídicos. En otras palabras, el Poder Judicial debe ejercer una espécie de Control de Convencionalidad entre las normas jurídicas internas que aplican en lós casos concretos y la Convención Americana sobre Derechos Humanos".

Por fim, retornando ao caso acima indicado (Guerrilha do Araguaia), que envolveu o Estado brasileiro, importante ainda destacar duas passagens da sentença de 24 de novembro de 2010[431] que versam sobre a matéria:

"176. Este Tribunal estabeleceu em sua jurisprudência que é consciente de que as autoridades internas estão sujeitas ao império da lei e, por esse motivo, estão obrigadas a aplicar as disposições vigentes no ordenamento jurídico. No entanto, quando um Estado é Parte de um tratado internacional, como a Convenção Americana, todos os seus órgãos, inclusive seus juízes, também estão submetidos àquele, o que os obriga a zelar para que os efeitos das disposições da Convenção não se vejam enfraquecidos pela aplicação de normas contrárias a seu objeto e finalidade, e que desde o início carecem de efeitos jurídicos. O Poder Judiciário, nesse sentido, está internacionalmente obrigado a exercer um 'controle de convencionalidade' *ex officio* entre as normas internas e a Convenção Americana, evidentemente no marco de suas respectivas competências e das regulamentações processuais correspondentes. Nessa tarefa, o Poder Judiciário deve levar em conta não somente o tratado, mas também a interpretação que a ele conferiu a Corte Interamericana, intérprete última da Convenção Americana[432].

177. No presente caso, o Tribunal observa que não foi exercido o *controle de convencionalidade* pelas autoridades jurisdicionais do Estado e que, pelo contrário, a decisão do Supremo Tribunal Federal confirmou a validade da interpretação da Lei de Anistia, sem considerar as obrigações internacionais do Brasil derivadas do Direito Internacional, particularmente aquelas

---

cumprir por el Estado juez".

431 Disponível em: http://www.corteidh.or.cr/pais.cfm?id_Pais=7. Acesso em: 9 jul. 2012.
432 Cf. Caso Almonacid Arellano e outros, *supra* nota 251, par. 124; Caso Rosendo Cantú e outra, *supra* nota 45, par. 219, e Caso Ibsen Cárdenas e Ibsen Peña, *supra* nota 24, par. 202.

estabelecidas nos artigos 8 e 25 da Convenção Americana, em relação com os artigos 1.1 e 2 do mesmo instrumento. O Tribunal estima oportuno recordar que a obrigação de cumprir as obrigações internacionais voluntariamente contraídas corresponde a um princípio básico do direito sobre a responsabilidade internacional dos Estados, respaldado pela jurisprudência internacional e nacional, segundo o qual aqueles devem acatar suas obrigações convencionais internacionais de boa-fé *(pacta sunt servanda)*. Como já salientou esta Corte e conforme dispõe o artigo 27 da Convenção de Viena sobre o Direito dos Tratados de 1969, os Estados não podem, por razões de ordem interna, descumprir obrigações internacionais. As obrigações convencionais dos Estados-Parte vinculam todos seus poderes e órgãos, os quais devem garantir o cumprimento das disposições convencionais e seus efeitos próprios *(effet utile)* no plano de seu direito interno"[433] (grifei).

Com efeito, o controle de convencionalidade em sede nacional[434] ocorre quando aplica-se a Convenção Americana de Direitos Humanos ou normas de direitos humanos incluídas em tratados internacionais ao bloco de constitucionalidade ao invés de utilizar o direito interno, mediante um exame de confrontação normativo (material) em um caso concreto e elabora uma sentença judicial que proteja os direitos da pessoa humana. Neste

---

433 Cf. Responsabilidade internacional pela emissão e aplicação de leis que violem a Convenção (arts. 1 e 2 da Convenção Americana sobre Direitos Humanos). Opinião Consultiva OC-14/94, de 9 de dezembro de 1994. Série A N. 14, par. 35; Caso do Penal Miguel Castro Castro *versus* Peru. Mérito, Reparações e Custos. Sentencia de 25 de novembro de 2006. Série C N. 160, par. 394, e Caso Zambrano Vélez e outros *versus* Equador. Mérito, Reparações e Custos. Sentencia de 4 de julho de 2007. Série C N. 166, par. 104. De igual maneira, cf. Caso Castillo Petruzzi e outros *versus* Peru. Cumprimento de Sentença. Resolução da Corte Interamericana de Direitos Humanos, de 17 de novembro de 1999. Série C N. 59, Considerando 3; Caso de La Cruz Flores *versus* Peru. Supervisão de Cumprimento de Sentença, Resolução da Corte Interamericana de Direitos Humanos, de 1º de setembro de 2010, Considerando 3, e Caso Tristan Donoso *versus* Panamá. Supervisão de Cumprimento de Sentença, Resolução da Corte Interamericana de Direitos Humanos, de 1º de setembro de 2010, Considerando 5.
434 La Corte IDH ha puesto de relieve la importancia de la realización del control de convencionalidad en el ámbito interno para evitar que los Estados incurran en responsabilidad internacional, considerando que ellos son los primeros llamados a cumplir con la labor de protección de los derechos humanos. En este sentido, la Corte IDH ha destacado la subsidiaredad del sistema internacional (en lo contencioso) y ha dado cuenta de la progresiva incorporación del control por parte de la jurisprudencia constitucional comparada. Disponível em: http://www.corteidh.or.cr/sitios/libros/todos/docs/controlconvencionalidad8.pdf.

caso, corresponde ao controle de caráter difuso, em que cada juiz aplica este controle de acordo com o caso concreto que será analisado[435].

Isso se dá na esfera interna (controle de convencionalidade)[436] por intermédio da atuação dos tribunais e juízes internos que terão a competência de aplicar a Convenção em detrimento da legislação interna, em um caso concreto, a fim de proteger direitos mais benéficos à pessoa humana.

---

435   Ibidem, p. 47: "Se trata de un examen de confrontación normativo (material) del derecho interno con la norma internacional, alredor de unos hechos – acción u omisión – internacionalmente ilícitos. La confrontación es una técnica jurídica que se denomina control y tiene por objeto asegurar y hacer efectiva la supremacía de la Convención Americana. En otros términos, preservar la prioridad y primacía del derecho internacional, respecto del derecho interno, incluída en este la própria Constitución del Estado."

436   A nivel de los ordenamientos jurídicos nacionales, la Constitución de México establece que se incorporarán las normas de derechos humanos incluidas en tratados internacionales al bloque de constitucionalidad, otorgándoles jerarquía constitucional a las normas de Derechos Humanos incluidas en tratados internacionales (artículo 1). En la resolución del expediente Varios 912/2010 emitida por la Suprema Corte de Justicia de la Nación para determinar el trámite a la sentencia emitida por la Corte IDH en el caso Radilla Pacheco Vs. México, aquella determinó la obligación *ex officio* para los jueces mexicanos, quienes deberán fundar y motivar sus resoluciones, considerando tratados internacionales y asimismo, ordenó la transición a un sistema de control constitucional difuso, que incorporó a la justicia ordinaria a la dinámica de protección de derechos humanos definidos en los instrumentos internacionales. En dicha Resolución se señaló que los jueces no pueden hacer una declaración general sobre la invalidez o expulsar del orden jurídico las normas que consideren contrarias a los derechos humanos contenidos en la Constitución y en los tratados; no obstante, están obligados a dejar de aplicar estas normas inferiores, dando preferencia a los contenidos de la Constitución y de los tratados en esta materia. Asimismo se observan importantes desarrollos jurisprudenciales al respecto en otros países de la región.
En el caso de Colombia, el artículo 94 de la Constitución Política da sustento al control de convencionalidad. En la Sentencia C-010/00 emitida el 19 de enero de 2000 por la Corte Constitucional, el Tribunal determinó que los derechos y deberes constitucionales deben interpretarse "de conformidad con los tratados internacionales sobre derechos humanos ratificados por Colombia", derivándose "que la jurisprudencia de las instancias internacionales, encargadas de interpretar esos tratados, constituye un criterio hermenéutico relevante para establecer el sentido de las normas constitucionales sobre derechos fundamentales". Disponível em: https://www.wcl.american.edu/humright/hracademy/mcourt/registration/documents/2012__bench__memorandum.es.pdf?rd=1.

Indubitavelmente se por um lado os juízes de primeiro grau e os tribunais estão submetidos ao império da lei estatal[437], por outro também não se pode olvidar que um tratado internacional quando ratificado pelo Estado é incorporado à ordem jurídica interna[438].

---

437 CANTOR, Ernesto Rey. *Control de conveniconalidad de las leys y derechos humanos.* México, D.F.: Porruá, 2008, p. 48 "La Corte es conciente que lós jueces y tribunales internos están sujetos al império de la ley, y, por ello, están obligados a aplicar las disposiciones vigentes en el ordenamiento jurídico. Pero cuando un Estado há ratificado un tratado internacional como la Convención Americana, sus jueces, como parte del aparato del Estado, también están sometidos a ella, ló que les obliga a velar porque los efectos de las disposiciones de la Convención no se vean mermadas por la aplicación de leyes contrarias a su objeto y fin, y desde um inicio carecen de efectos jurídicos. En otras palabras, el Poder Judicial debe ejercer una espécie de Control de Convencionalidad entre las normas jurídicas internas que aplican em lós casos concretos y la Convención Americana sobre Derechos Humanos."

438 *Vide* a propósito o caso República Federativa do Brasil vs. Gomes Lund (Guerrilha do Araguaia) onde destaca-se duas passagens da sentença datada de 24 de novembro de 2010:
"176. Este Tribunal estabeleceu em sua jurisprudência que é consciente de que as autoridades internas estão sujeitas ao império da lei e, por esse motivo, estão obrigadas a aplicar as disposições vigentes no ordenamento jurídico. No entanto, quando um Estado é Parte de um tratado internacional, como a Convenção Americana, todos os seus órgãos, inclusive seus juízes, também estão submetidos àquele, o que os obriga a zelar para que os efeitos das disposições da Convenção não se vejam enfraquecidos pela aplicação de normas contrárias a seu objeto e finalidade, e que desde o início carecem de efeitos jurídicos. O Poder Judiciário, nesse sentido, está internacionalmente obrigado a exercer um "controle de convencionalidade" *ex officio* entre as normas internas e a Convenção Americana, evidentemente no marco de suas respectivas competências e das regulamentações processuais correspondentes. Nessa tarefa, o Poder Judiciário deve levar em conta não somente o tratado, mas também a interpretação que a ele conferiu a Corte Interamericana, intérprete última da Convenção Americana.
177. No presente caso, o Tribunal observa que não foi exercido o controle de convencionalidade pelas autoridades jurisdicionais do Estado e que, pelo contrário, a decisão do Supremo Tribunal Federal confirmou a validade da interpretação da Lei de Anistia, sem considerar as obrigações internacionais do Brasil derivadas do Direito Internacional, particularmente aquelas estabelecidas nos artigos 8 e 25 da Convenção Americana, em relação com os artigos 1.1 e 2 do mesmo instrumento. O Tribunal estima oportuno recordar que a obrigação de cumprir as obrigações internacionais voluntariamente contraídas corresponde a um princípio básico do direito sobre a responsabilidade internacional dos Estados, respaldado pela jurisprudência internacional e nacional, segundo o qual aqueles devem acatar suas obrigações convencionais internacionais de boa-fé *(pacta sunt servanda).* Como já salientou esta Corte e conforme dispõe o artigo 27 da Convenção de Viena sobre o Direito dos Tratados de 1969, os Estados não po-

A Convenção de Viena sobre o direito dos tratados de 1969, estabelece que o Tratado é como um acordo internacional celebrado por escrito entre Estados e regido pelo Direito Internacional, quer conste de um instrumento único, quer de dois ou mais instrumentos conexos qualquer que seja a sua designação específica.

Como assinalado em outra oportunidade[439], para a celebração dos tratados internacionais devem ser observadas algumas fases em seu processo de elaboração: negociação, elaboração do texto, assinatura, ratificação, promulgação, publicação e registro. Não tendo aqui a pretensão de retomar a discussão, mas apenas de enfatizar a importância da ratificação no que tange as etapas para elaboração dos tratados internacionais, imperioso destacar que ela (ratificação) que torna o tratado obrigatório internacionalmente por se tratar de ato pelo qual a autoridade nacional competente informa às autoridades correspondentes dos Estados cujos plenipotenciários concluíram, com os seus, um projeto de tratado, a aprovação que dá a este projeto e o que faz doravante um tratado obrigatório para o estado que esta autoridade encarna nas relações internacionais[440].

Com efeito, ao ratificar um tratado internacional de direitos humanos o Estado se vincula ao mesmo. Assim, é dever do Estado garantir mecanismos no plano interno que estejam afinados com as normas internacionais, que passam a fazer parte do ordenamento jurídico interno do Estado.

Em verdade, este estudo não é novo; ao contrário, a doutrina e a jurisprudência nacional adotou este entendimento em várias circunstâncias. A propósito, vale trazer à colação o magistério de Trindade que advertiu que "no presente domínio de proteção, não mais há pretensão de primazia do direito internacional ou do direito interno, como ocorria na polêmica clássica e superada entre monistas e dualistas. No presente contexto, a primazia é da norma mais favorável às vítimas, que melhor as proteja, seja ela

---

dem, por razões de ordem interna, descumprir obrigações internacionais. As obrigações convencionais dos Estados Parte vinculam todos seus poderes e órgãos, os quais devem garantir o cumprimento das disposições convencionais e seus efeitos próprios (*effet utile*) no plano de seu direito interno" (grifei). Disponível em: http://www.corteidh.or.cr/pais.cfm?id_Pais=7. Acesso em 10 abr. 2017.

439 GUERRA, Sidney. *Curso de direito internacional público*. 14. ed. São Paulo: Saraiva, 2022.

440 Idem, *vide* cap. III.

norma de direito internacional ou de direito interno. Este e aquele interagem em benefício dos seres protegidos"[441].

De fato, os estudos relativos ao direito internacional e ao direito interno são significativos em razão da eficácia do primeiro depender bastante da observância do segundo, ou seja, que o direito interno dos Estados esteja em conformidade com o direito internacional. A validade formal do Direito Internacional é tema preso ao Direito Internacional, considerado como um sistema de normas jurídicas, em face do Direito Interno dos Estados, e visto, também, como um conjunto sistemático de normas da mesma natureza, ou, de outro aspecto, é tema vinculado à determinação das relações específicas entre Direito Internacional e Direito Interno. Ademais, houve um grande acréscimo nos dias atuais de funções a serem desenvolvidas pelo direito internacional.

O direito internacional contemporâneo já não tem apenas a função clássica de regular as relações entre os Estados soberanos, mas, sim, procura atuar no desenvolvimento da sociedade internacional, que contempla vários novos atores, a própria inserção do indivíduo no campo internacional onde há um grande envolvimento da ordem jurídica internacional e a interna[442]. Em alguns casos, por exemplo, o mar territorial, os direitos dos

---

441 Em se tratando do sistema americano de proteção dos direitos humanos, TRINDADE, Antônio Augusto Cançado. *Tratado de direito internacional dos direitos humanos.* Porto Alegre: Sergio Antonio Fabris Editor, 1997, p. 434 e 435 afirma: "Na Convenção Americana sobre Direitos Humanos, que proíbe a interpretação de qualquer de suas disposições no sentido de limitar o gozo e exercício de quaisquer direitos que possam ser reconhecidos de acordo com as leis de qualquer dos Estados partes ou de acordo com outra convenção em que seja Parte um dos referidos Estados (artigo 29 b); proíbe, ademais, a interpretação de qualquer de suas disposições no sentido de excluir ou limitar o efeito que possam produzir a Declaração Americana dos Direitos e Deveres do Homem e outros atos internacionais da mesma natureza (artigo 29 d). Da mesma forma, o Protocolo Adicional à Convenção Americana sobre Direitos Humanos em Matéria de Direitos Econômicos, Sociais e Culturais (Protocolo de San Salvador) determina que não poderá restringir ou limitar qualquer dos direitos reconhecidos ou vigentes em um Estado em virtude de sua legislação interna ou de convenções internacionais, sob pretexto de que este Protocolo não os reconhece ou os reconhece em menor grau."
442 RIDRUEJO, José A. Pastor, op. cit., p. 166: "El derecho internacional contemporáneo ya no tiene únicamente la función clásica de regular las relaciones entre Estados y distribuir las competencias entre ellos, sino que, tiende además al desarollo de los pueblos y individuos, lo cual exige uma cooperación en muchas matérias que antes asumían exclusivamente los Estados y se regulaban por los derechos internos. Ya dijimos en este orden de ideas que la interdependência inherente a la civilización compor-

estrangeiros, a neutralidade dos Estados, os direitos inerentes à pessoa humana são regulamentados pelo Direito Interno e pelo Direito Internacional.

Quando as duas ordens jurídicas estão de acordo não há margens para maiores problemas, entretanto há casos em que as duas ordens jurídicas regulam a matéria de modo diferente. Daí o surgimento da questão: havendo um conflito entre a ordem interna e a internacional, qual das duas deverá prevalecer? Tradicionalmente a doutrina[443] apresenta as teorias que consagram o Dualismo e o Monismo. Essas duas teorias pressupõem que existe um campo comum no qual a ordem interna e internacional pode atuar simultaneamente em relação ao mesmo objeto, sendo o problema que então se coloca o de saber qual ordem jurídica prevalece.

No passado, a solução para este impasse costumava ser a supressão de uma norma pela outra. O aplicador da lei deveria escolher, de forma absoluta, a norma a ser utilizada no caso concreto. Atualmente esta percepção tem sofrido grandes mudanças em favor dos direitos humanos. Cançado Trindade teve oportunidade de assentar que "o impacto dos tratados de direitos humanos nos ordenamentos jurídicos internos dos Estados Partes tem atraído bastante atenção nos últimos anos e tem se notabilizado mormente em numerosos casos que acarretam alterações nas respectivas legislações nacionais com o propósito de harmonizá-los com os referidos tratados"[444].

Sem embargo, ao serem incorporadas normas internacionais ao ordenamento jurídico interno desafios serão impostos para sanar o conflito que uma norma poderá apresentar em relação à outra. Nesta obra em que a pessoa humana tem *locus* privilegiado e pelas razões já apresentadas ao longo desta pesquisa, os estudos das teorias acima indicadas (monismo e dualismo) não devem ser objeto de maiores considerações. Pelo diálogo das fontes o profissional do direito não é obrigado a indicar apenas um fundamento normativo para tutelar direitos em favor do indivíduo, sendo, portanto, possível utilizar mais de uma norma (interna ou internacional) possibilitando o diálogo entre as mesmas, com o intuito de alcançar o resultado mais adequado em benefício dos interesses da pessoa humana.

---

ta um aumento progresivo del contenido del derecho internacional a costa del de los derechos internos."

443 Conforme GUERRA, Sidney. *Curso de direito internacional público*. 14. ed. São Paulo: Saraiva, 2022.

444 TRINDADE, Antônio Augusto Cançado. *Tratado de direito internacional dos direitos humanos*. Porto Alegre: Sergio Antonio Fabris Editor, 1997, p. 430.

Impende assinalar que o entendimento relativo ao diálogo das fontes[445] é importante para aclarar aspectos relativos ao controle de convencionalidade[446]. Imperioso relembrar que ao ocorrer um conflito entre uma norma de direito internacional e uma norma infraconstitucional, os tribunais e os juízes nacionais poderão aplicar dois tipos de controles: o controle de constitucionalidade e o controle de convencionalidade, que poderá ser realizado tanto pela via difusa quanto pela via concentrada. Assim, a norma interna de natureza infraconstitucional terá validade se conseguir passar por estes dois dispositivos de controle: o primeiro tem a finalidade de verificar se a lei infraconstitucional é compatível com a Constituição e o segundo serve para averiguar se há violação de direitos consagrados em tratados internacionais de direitos humanos ratificados pelo país.

Assim sendo, evidencia-se que o controle de convencionalidade doméstico consiste numa sindicância de compatibilidade entre o direito estatal e o internacional dos direitos humanos[447], que irão trazer vários desdo-

---

[445] Vide a propósito GUERRA, Sidney. *O sistema interamericano de proteção dos direitos humanos e o controle de convencionalidade*. 3. ed. Curitiba: Instituto Memória, 2020.

[446] CANTOR, Ernesto Rey, op. cit., p. 161: "(...) Es aquí donde el operador jurídico y, em especial, el juez nacional adquiere cierto protagonismo como juez internacional de derechos humanos, es decir, que el juez ordinário actúa como juez internacional al aplicar el tratado, porque activa el Control de Convencionalidad em sede interna. (...) este es el Control de Convencionalidad en sede interna con los siguientes alcances. Es una espécie de Control de Convencionalidad difuso, porque cualquier juez podrá acudir a esta forma de control, por ser el juez llamado a aplicar o inaplicar la ley, en el caso concreto. La inaplicación de la ley interna que efectúa el juez, por médio de uma providencia judicial, produce efectos interpartes, esto es, solo entre las partes que intervienen em el caso concreto."

[447] GUERRA, Sidney; MOREIRA, Thiago Oliveira. Contornos atuais do controle de convencionalidade doméstico. Los desafíos jurídicos a la gobernanza global: una perspectiva para los próximos siglos. Brasília: Advocacia-Geral da União, 2017, v. 1, p. 67-77: "Partindo desse conceito básico, torna-se necessário esclarecer algumas questões: primeiro, dito controle possui a natureza de 'garantia', ou seja, trata-se de um instrumento a serviço da proteção dos direitos humanos internacionalmente consagrados; segundo, seu resultado não necessariamente irá definir que uma norma internacional seja prevalente em determinado caso, pois, os direitos fundamentais previstos na ordem jurídica interna, caso eles sejam mais favoráveis à tutela da pessoa humana (princípio *pro persona*), devem ter primazia. Portanto, o exercício do controle de convencionalidade independe da hierarquia que o Estado atribui às normas internacionais em matéria de direitos humanos; terceiro, quaisquer normas estatais, incluindo as constitucionais e decisões judiciais, estão sujeitas ao controle de convencionalidade doméstico. Desse modo, leis em abstrato e até mesmo omissões legislativas podem ser objeto do citado controle;

bramentos para a ordem jurídica interna. No Brasil, apesar do Estado ser signatário e parte de vários tratados internacionais de direitos humanos, ainda são evidenciadas algumas limitações por parte dos Tribunais Superiores em aplicar as referidas normas e, especialmente, realizar o controle de convencionalidade, como no caso do Supremo Tribunal Federal e do Superior Tribunal de Justiça[448].

Por fim, deve ser acentuado que os direitos humanos se apresentam como uma feliz realidade no plano interno e no plano internacional. Sendo assim, se falhar o mecanismo interno, como no caso brasileiro, os existentes no âmbito internacional, *in casu*, no sistema americano, deverão estar aptos a promover a dignidade do indivíduo que sofreu violações. Ademais, não se pode olvidar que o Brasil, de maneira espontânea, ratificou o documento internacional de proteção dos direitos humanos e por isso mesmo deve acatar a decisão proferida pela Corte Interamericana, a quem compete o controle de convencionalidade, bem como a decisão final quando o tema envolve o debate sobre direitos humanos.

5. O SISTEMA INTERAMERICANO E O STF: A TIMIDEZ QUANTO AO CONTROLE DE CONVENCIONALIDADE

Apesar de a Constituição de 1988 ter sido extremamente pródiga na enunciação de direitos inerentes à pessoa humana, seja na consagração de Direitos Fundamentais, seja ao estabelecer *lócus* privilegiado dos tratados internacionais de direitos humanos na ordem jurídica interna, evidencia-se que a mais elevada Corte se posicionou poucas vezes sobre o controle de convencionalidade.

---

quarto, o bloco de convencionalidade doméstico é mais amplo que o interamericano, uma vez que composto também pelas normas emanadas do sistema onusiano; quinto, segundo o atual entendimento da Corte IDH (que já mudou inúmeras vezes), compete a todos os órgãos e poderes do Estado exercerem o controle de convencionalidade; sexto e último, já que são breves aspectos, os efeitos da declaração de inconvencionalidade dependem do órgão que a proclamou. Em sede de jurisdição constitucional, haverá invalidação da norma estatal com efeitos *erga omnes* e *ex tunc*. Se por outros órgãos dotados de jurisdição, *inter partes*. Por fim, se realizado por autoridades sem jurisdição (controle fraco), não há que se falar em invalidação, mas sim em interpretação conforme, ou seja, afasta-se somente a interpretação incompatível."

448 Neste sentido, GUERRA, Sidney. *O sistema interamericano de proteção dos direitos humanos e o controle de convencionalidade*. 3. ed. Curitiba: Instituto Memória, 2020, p. 363 a 393.

Tal fato demonstra que a matéria tem sido negligenciada por parte dos diversos atores jurídicos (advogados, Ministério Público e Poder Judiciário) que atuam no cenário nacional quanto ao tratamento dispensado às normas de proteção internacional dos direitos humanos.

Ao ser atribuído local e papel de destaque na Carta Magna brasileira para a dignidade da pessoa humana, para os direitos e garantias fundamentais e também a observância da prevalência dos direitos humanos, como um dos princípios regedores do Estado nas relações internacionais, a expectativa era de que os resultados reverberassem na atuação firme do Supremo Tribunal Federal no tocante ao diálogo existente entre as normas internas e internacionais de proteção de direitos[449].

Todavia, as ações deflagradas no âmbito do Supremo Tribunal Federal são bastante tímidas em relação a esta matéria. Legale, em estudo sobre a jurisprudência da Corte Interamericana de Direitos Humanos no Supremo Tribunal Federal, apresenta uma inquietante afirmação:

> "O intrigante é que a jurisdição da Corte Interamericana de Direitos Humanos, apesar da assinatura do aceite de competência contenciosa depositada na Secretaria da OEA em 10 de dezembro de 1998, não presenciou no Brasil nem de longe uma expansão análoga àquela vivenciada pela postura do STF em considerar a Constituição como norma. Mesmo ciente das diferenças entre a jurisdição constitucional e a jurisdição internacional, a resistência brasileira às transformações culturais à normatividade dos direitos humanos é lamentável. Não houve uma regulação legislativa

---

[449] SALDANHA, Jânia Maria Lopes. O dever do STF de controlar a convencionalidade. Disponível em: http://justificando.cartacapital.com.br/2016/02/29/o-dever-do-stf-de-controlar-a-convencionalidade/ Acesso em: 28 maio 2018: "(...)O Brasil é signatário da Convenção Americana de Direitos Humanos e reconheceu a jurisdição da Corte Interamericana de Direitos Humanos. Assim, a resposta à pergunta antes formulada é sim, o Supremo Tribunal Federal tem o dever de controlar a convencionalidade, porque é uma instituição do Estado brasileiro inserida no contexto de uma ordem regional protetiva dos direitos humanos a que nosso País está voluntariamente vinculado. E à pergunta de Lenio Streck duas outras poderão ser acrescentadas: *1) por que é tão difícil controlar a convencionalidade? 2) por que é tão difícil, quando o tema central do julgamento é o respeito aos direitos humanos, praticar o diálogo interjurisdicional com os juízes da Corte Interamericana?* Claro, razões histórico-jurídico-políticas explicam a reserva de nossa Suprema Corte em usar como elemento argumentativo ou até mesmo como razões de decidir os precedentes da Corte Regional. Mas não são justificáveis do ponto de vista do Direito e da internacionalização dos direitos humanos. Esse perfil, aliás, foi comum – e ainda o é – para boa parte dos Estados latino-americanos até tempo recente".

específica sobre o processo para cumprimento das decisões da Corte IDH. Não houve uma integração efetiva da jurisprudência interamericana – contenciosa e consultiva – na jurisprudência do Supremo Tribunal Federal. Não houve um diálogo entre a Corte nacional e a internacional. O desprestígio é tão sistemático que, em um primeiro momento, não houve menções à jurisprudência da Corte IDH entre 1998 e 2004. E apenas entre 2008 e 2016 as menções começaram a se dar de forma mais sistemática. A jurisprudência da Corte IDH mencionada pelo STF passou de um cenário 'nada' para outro onde é 'alguma coisa'. Mesmo assim, esse alguma coisa se revela bastante incipiente, porque as menções são pontuais nos votos de um ou outro Ministro, possuem equívocos e não representam necessariamente uma adesão ao conteúdo das decisões interamericanas"[450].

De fato, o posicionamento do Supremo Tribunal Federal é bastante incipiente quando se trata da aplicação das normas de proteção dos direitos humanos provenientes de tratados internacionais de que o Brasil seja parte e, neste particular, no sistema interamericano de proteção[451].

Tal postura adotada tem gerado um déficit significativo, pois se as mesmas (normas internacionais) oferecem grau de proteção maior que as consagradas pelo direito interno e deixam de ser aplicadas, há severos prejuízos para a pessoa humana. A título exemplificativo, verifica-se que os Ministros do Supremo Tribunal Federal não aplicam sequer a disposição

---

[450] FERREIRA, Siddharta Legale. *A Corte Interamericana de Direitos Humanos como tribunal constitucional transnacional*. Tese de Doutorado, Rio de Janeiro: UERJ, 2017, p. 332-333.

[451] Veja a propósito a manifestação de SALDANHA, Jânia, op. cit., sobre a matéria: "Embora tais resistências, a CIDH, desde o caso Loayza Tamayo vs. Peru, julgado em 1997, vem reafirmando o dever de os Estados e de suas instituições controlarem a convencionalidade. Foi o que fez em 26.09.2006 por ocasião do julgamento do caso Almonacid Arellano vs. Chile quando decidiu ser dever de todo juiz nacional controlar a convencionalidade, inclusive de ofício e, em 24.11.2006, quando no caso Trabalhadores demitidos do Congresso vs. Peru a CIDH elevou o controle de convencionalidade à condição de um instituto jurídico. Há hoje, no continente latino-americano, como se sabe, uma rica doutrina jurídica relacionada ao controle de convencionalidade, porque os juristas da América Latina identificaram não só a necessidade de apresentar respostas aos problemas comuns de violações de direitos humanos que experimentamos, quanto de dotar de susbstancialidade as Convenções de direitos humanos, especialmente porque alteraram profundamente o cenário do direito interno e também do direito internacional. Seria extremamente enganador afirmar que o *jurispudencialismo* apenas mudou de lugar".

contida na Convenção Americana de Direitos Humanos expressa no artigo 29 que consagra o princípio *pro personae*. Tal fato demonstra total desprezo ao sistema interamericano[452], de que o Brasil faz parte, e também ao Direito Internacional dos Direitos Humanos.

Quanto ao controle de convencionalidade aplicado no plano interno[453], evidenciou-se que serve como instrumento para garantir aplicação mais qualificada não só das normas jurídicas e demais espécies normativas pro-

---

452 Idem, p. 336: "O reduzido número de citações, por si só, revela o desprestígio da Corte Interamericana para os Ministros do STF em suas decisões. Infelizmente, o STF cita mais o Tribunal Constitucional Federal Alemão, que é uma Corte Constitucional estrangeira, cujas interpretações não são vinculantes para o Brasil, do que são decisões da Corte IDH, que é uma Corte Internacional a qual o aderiu formalmente à competência contenciosa desde 1998. O STF parece crer mais no famoso adágio 'ainda há juízes em Berlim' para socorrer suas decisões do que há juízes em São José de Costa Rica. Os magistrados alemães, porém, não iriam socorrer os brasileiros, quando o acesso à justiça nacional falhar. Isso cabe à Corte IDH. Não é raro ainda, a Corte IDH ser mencionada, após breves estudos de direito comparado, sem uma clivagem muito clara entre o que é direito internacional ao qual o país aderiu e o que é referência à direito estrangeiro – útil eventualmente para melhorar a qualidade da decisão, mas desprovida de obrigatoriedade".

453 CHAVES, Denisson Gonçalves; SOUSA, Mônica Teresa Costa. *O controle de convencionalidade e a autoanálise do poder judiciário brasileiro*. Disponível em: https://revistas.ufpr.br/direito/article/view/43787. Acesso em 29 maio 2018: "O controle de convencionalidade apresenta-se como um mecanismo eficiente à proteção e efetivação dos direitos humanos, tanto no Brasil como nos sistemas regionais e transnacionais de proteção aos direitos do homem. As transformações geradas pelo controle de convencionalidade vão além de modificações estruturais – são mudanças de postura e de interpretação do Direito em sua totalidade. Conforme exposto, não é possível admitir que os juízes e tribunais brasileiros restrinjam-se às fontes internas do Direito. Isso porque, para que os direitos e a liberdade dos homens possam ser respeitados, é preciso ir além das limitações políticas do Estado. É forçoso compreender o Direito além do Estado, o Direito sob a perspectiva do ser humano. (...) Na contemporaneidade, o Poder Judiciário é convocado a dizer o direito nas dinâmicas relações sociais. Uma postura de menoscabo com as novas fontes jurídicas (internacionais) é um posicionamento não condizente com a finalidade proposta pelo Sistema Interamericano de Proteção aos Direitos Humanos; por tal motivo, o controle de convencionalidade exsurge como um "dever/poder" de aplicar os direitos humanos no âmbito jurídico interno de cada Estado. O Judiciário brasileiro é marcado pelo autocentrismo, no qual as decisões judiciais reconhecem as fontes jurídicas internas como autossuficientes, sob a égide de uma concepção primitiva de soberania, dando um falso aspecto de esgotamento dos instrumentos normativos de proteção aos direitos humanos. O mito da autossuficiência traduz-se na cegueira de parcela do Judiciário em perceber alternativas eficazes de

duzidas no sistema doméstico, mas também das decisões emanadas de tribunais internacionais de direitos humanos e, por isso mesmo, o desconhecimento, o desprezo ou a ignorância dele impactará no alcance pleno do que se pretende com os referenciais do acesso à Justiça[454].

Com efeito, ao se promover a busca livre no sítio do Supremo Tribunal Federal com as palavras "controle de convencionalidade", apareceram apenas doze incidências, sendo 6 no Tribunal Pleno e 6 na Segunda Turma[455] e isso demonstra o desprestígio da aplicação do controle de convencionalidade pela mais elevada Corte do país; mais ainda: ao próprio Sistema Interamericano de proteção dos direitos humanos[456].

---

combate à violação de direitos e liberdades. Defende-se, no presente labor, que o fenômeno do controle de convencionalidade é um despertar sistêmico; um espaço de (re)construção objetiva e cultural do modo de reconhecer os direitos humanos como um conjunto de elementos integralizados. Desse modo, o Poder Judiciário brasileiro tem essa oportunidade de refletir sobre sua função e suas competências, podendo decidir pela integração ou pelo isolamento do Sistema Interamericano de Proteção aos Direitos Humanos. O controle de convencionalidade é um chamamento ao Poder Judiciário, para a defesa do ser humano além das fronteiras territoriais, ideológicas e políticas".

454   Para GRECO, Leonardo. Garantias fundamentais do processo: o processo justo. *Estudos de direito processual*. Campos dos Goytacazes: Faculdade de Direito de Campos, 2005, p.229, "o acesso à justiça é o direito de qualquer cidadão de dirigir-se ao Judiciário e esperar dele um pronunciamento sobre as pretensões apresentadas. Além de possibilitar a obtenção da tutela de um direito, o acesso à justiça abrange também o direito de defesa e de influência na atividade jurisdicional por aquele em face do qual ela foi desencadeada, ou seja, não basta assegurar o direito de levar demandas ao conhecimento do Judiciário, mas tem que haver garantia do alcance efetivo da ordem jurídica justa".

455   Disponível em: https://jurisprudencia.stf.jus.br/pages/search?base=acordaos&pesquisa_inteiro_teor=false&sinonimo=true&plural=true&radicais=false&buscaExata=true&page=1&pageSize=10&queryString=controle%20de%20convencionalidade&sort=_score&sortBy=desc. Acesso em: 22 jul. 2022. Quanto às decisões monocráticas, foram identificadas 200 menções.

456   FERREIRA, Siddharta Legale, op. cit., p. 434, afirma que o STF tem uma tendência em interpretar o Pacto de São José à sua maneira e a partir desta interpretação própria acaba por não cotejar cuidadosamente a interpretação das decisões e opiniões consultivas da Corte Interamericana e complementa: "Analisando os casos por classes processuais (HC, RE, ADI e ADPF), verifica-se não apenas referências superficiais à jurisprudência da CIDH, mas erros grosseiros e reiterados no diálogo com o sistema interamericano. Quanto ao conteúdo, as decisões da Corte IDH ora são citadas para fundamentação a *ratio decidendi*, ora como mero adorno interpretativo lateral".

Além disso, a aplicação do referido controle, nos casos anteriormente identificados, ficou muito aquém daquilo que se espera de um tribunal constitucional[457] que deve observar a compatibilidade da ordem interna com a internacional de direitos humanos e ainda, prezar pela aplicação da norma mais benéfica para o indivíduo, fato que não ocorreu.

---

457 FERREIRA, Siddharta Legale, op. cit., p. 413, também apresenta sua percepção sobre o que o Supremo Tribunal Federal tem feito sobre o sistema interamericano: "O STF tem esvaziado a jurisprudência da Corte Interamericana de Direitos Humanos. Em geral, ignora ao não se reportar ou não aplicar as suas sentenças, medidas provisionais e opiniões consultivas. As menções encontradas nos votos dos Ministros geralmente não passam de um ou dois parágrafos, formando argumentos laterais de um ou outro Ministro, que não chegam, geralmente, a compor a *ratio decidendi* dos acórdãos. (...) A indexação em todas as decisões pesquisadas no STF encontra-se equivocada. As sentenças da Corte IDH foram catalogadas não como uma sentença de uma Corte Internacional, mas sim como se fosse uma sentença de uma Corte estrangeira".

CAPÍTULO V

JUSTIÇA DE TRANSIÇÃO E O DEVER DO ESTADO DE INVESTIGAR E PUNIR VIOLAÇÕES DE DIREITOS HUMANOS

1. INTRODUÇÃO

As questões envolvendo a busca de respostas ou a(s) melhor(es) forma(s) de lidar com um passado de violências em massa, de violações sistemáticas aos direitos humanos remetem ao estudo da justiça transicional.

Entre as finalidades comumente invocadas por seus defensores e realizadores, por estudiosos, atores políticos e sociais, instituições, grupos e movimentos de defesa dos direitos humanos, podem ser destacadas: dar "voz" às vítimas (aos esquecidos e/ou ignorados pela história oficial, permitindo, assim, a reconstrução da memória histórica a partir do ponto de vista dos vencidos); promover a reparação (na medida do possível, tendo em vista a existência de danos irreparáveis) das violências e danos provocados pelo Estado e seus agentes às vítimas e à sociedade como um todo (a reparação pode ser entendida no seu sentido mais amplo, de reparação moral e material); promover a pacificação e/ou reconciliação da sociedade; enfrentar as consequências e evitar a repetição daqueles atos de violência em massa praticados pelo Estado (genocídio, tortura, execuções sumárias, desaparecimento forçado, estupro e demais crimes contra a humanidade e crimes internacionais) no período anterior e/ou interromper o processo histórico de permanências autoritárias em curso[458].

---

458 VAN ZYL, Paul. Promovendo a justiça transicional em sociedades pós-conflito.

Para dar conta dessas finalidades, diversos mecanismos de justiça transicional são usados, separadamente ou em conjunto: políticas de construção da memória pública, comissões de verdade, julgamentos, anistias, reparações, políticas de depuração ou expurgos administrativos, mudanças institucionais etc. Mecanismos esses muitas vezes tratados como complementares, sendo invocada a necessidade de realização de cada um deles para se chegar à "almejada" realização efetiva de referido processo transicional, que tem como início e fim o reconhecimento (universal) da democracia e dos direitos humanos.

A experiência de justiça transicional (uma experiência ainda em aberto, com avanços e retrocessos) posta em prática no Brasil a partir de sua mais recente transição democrática (que possui como um de seus marcos legais a promulgação da Constituição Federal de 1988) pretende dar conta de seu passado recente de violações sistemáticas aos direitos humanos, entre 1964/1985, a ditadura civil-militar de 1964-1985.

As disputas políticas em torno do significado da justiça transicional[459] no país, ou as disputas em torno da memória histórica, acontecem, atualmente, em um contexto político e social marcados pelas discussões a respeito, especialmente: do debate jurídico-político sobre a abrangência da Lei de Anistia (autoperdão) para os agentes estatais que praticaram crimes contra a humanidade, entre os quais a tortura e o desaparecimento forçado; do debate acerca do significado do conceito de "anistia", no qual se insere o conflito entre a anistia amnésia e a anistia anamnésia (que significa o resgate da memória histórica das vítimas); do direito à reparação; das reivindicações pelo direito ao acesso aos arquivos da ditadura civil-militar, as quais, por sua vez, estão inseridas em um contexto maior de luta pelo direito à verdade, à memória, à justiça e à reparação; das disputas em torno da possibilidade/necessidade de responsabilização criminal dos agentes da repressão.

Revista Anistia. Justiça e Política de Transição, n.1, jan.-jun., 2009. Brasília: Ministério da Justiça, 2009. Disponível em: http://portal.mj.gov.br/anistia/data/Pages. Acesso em: 16 nov. 2010, p. 32-55.
459 *Vide* a propósito, GUERRA, Sidney; FONTOURA, Millena. O dever do Estado de investigar e punir as violações aos direitos humanos praticadas durante a ditadura: algumas discussões sobre Justiça de Transição no Brasil. *Revista de Direito da Unigranrio*, vol. 10, n. 2, 2020. Disponível em: http://publicacoes.unigranrio.edu.br/index.php/rdugr/article/view/6602

O presente capítulo tem por objetivo analisar alguns aspectos ou mecanismos da justiça transicional: o dever do Estado brasileiro de investigar e responsabilizar criminalmente os agentes que, em seu nome, praticaram violações sistemáticas aos direitos humanos de grande parcela da população, quando da vigência do regime ditatorial. Para tanto, serão apreendidos alguns pontos da condenação do Brasil pela Corte Interamericana de Direitos Humanos (Organização dos Estados Americanos) no Caso da "Guerrilha do Araguaia". Em seguida, serão discutidas algumas controvérsias em torno da utilização de tal mecanismo de justiça transicional, assim como desdobramentos da referida decisão no âmbito nacional e internacional.

2. O CASO GOMES LUND E OUTROS VERSUS BRASIL (GUERRILHA DO ARAGUAIA): CONDENAÇÃO DO ESTADO NA CORTE INTERAMERICANA DE DIREITOS HUMANOS

Um dos fatores fundamentais, a conferir novos rumos às disputas em torno do tema Justiça de Transição no Brasil, é a sentença da Corte Interamericana de Direitos Humanos da OEA, em 24 de novembro de 2010, no caso *Gomes Lund e outros* (Guerrilha do Araguaia) contra o Brasil, determinando a responsabilidade internacional do Estado pelo desaparecimento forçado de, pelo menos, 70 camponeses e militantes da Guerrilha do Araguaia entre os anos de 1972 e 1975.

Em 26 de março de 2009, com base no disposto nos artigos 51 e 61 da Convenção Americana sobre Direitos Humanos, a Comissão Interamericana de Direitos Humanos submeteu à Corte uma demanda contra o Estado. Tal demanda é oriunda da petição apresentada pelo Centro pela Justiça e o Direito Internacional (CEJIL) e pela *Human Rights Watch/Americas* em 7 de agosto de 1995, em nome de pessoas desaparecidas no contexto da Guerrilha do Araguaia e seus familiares[460].

Posteriormente, passaram a fazer parte da demanda, como peticionários, a Comissão de Familiares de Mortos e Desaparecidos Políticos de São Paulo (CFMDP-SP), o Grupo Tortura Nunca Mais do Rio de Janeiro (GTNM-

---

460 A petição apresentada à Comissão Interamericana foi o caminho utilizado pelos familiares de desaparecidos políticos durante a Guerrilha do Araguaia diante da demora da Justiça brasileira em dar uma solução ao caso, passados 13 anos desde o ajuizamento da ação cominatória contra o Estado, perante a Justiça Federal.

-RJ) e Angela Harkavy[461] Evidencia-se, portanto, a importância da atuação dos familiares de mortos e desaparecidos políticos, bem como de diversas entidades igualmente comprometidas com as lutas pelo direito à verdade, à justiça, à reparação e à memória.

A Comissão Interamericana decidiu submeter o caso à jurisdição da Corte pelo fato de o Estado não ter observado suas recomendações – que constam do Relatório de Mérito n. 91, de 31 de outubro de 2008 –, e por entender que se tratava de uma oportunidade fundamental para consolidar a jurisprudência interamericana a respeito das leis de anistia com relação aos desaparecimentos forçados, a execução extrajudicial e a consequente obrigação dos Estados de proporcionar à sociedade o conhecimento da verdade e investigar, processar e punir graves violações de direitos humanos. A Comissão destacou, ainda, o valor histórico do caso – o único, até aquele momento, perante o Sistema Interamericano referente à ditadura civil-militar do Brasil – e a possibilidade de o Tribunal afirmar a incompatibilidade da Lei de Anistia e das leis sobre sigilo de documentos com a Convenção Americana.

A Comissão também submeteu o caso à Corte, solicitando a conclusão pela responsabilidade internacional do Brasil, pelas seguintes razões: pela detenção arbitrária, tortura e desaparecimento dos membros do Partido Comunista do Brasil e dos moradores da região do Araguaia listados como vítimas na demanda; porque, em razão da Lei n. 6.683/79 promulgada pelo governo militar, não foi realizada uma investigação no sentido de julgar e punir os responsáveis pela detenção arbitrária, tortura e desaparecimento forçado das 70 vítimas desaparecidas, e pela execução extrajudicial de Maria Lucia Petit da Silva; porque os recursos judiciais de natureza civil com vistas a obter informação sobre os fatos não foram efetivos para garantir aos familiares dos desaparecidos e da pessoa executada o acesso à informação sobre os acontecimentos; porque as medidas administrativas adotadas pelo Estado restringiram indevidamente o direito de acesso à informação dos familiares das vítimas desaparecidas e da pessoa executada; porque o desaparecimento das vítimas e a execução de Maria Lucia Petit da Silva, a im-

---

461 Entre as pessoas e instituições que funcionaram como *amicus curiae* no caso em questão, apresentando escritos, estão: a OAB, Seccional do Rio de Janeiro; a organização Justiça Global; a Associação Juízes para a Democracia. A OAB/RJ, por exemplo, enviou escritos sobre os efeitos de uma eventual sentença da Corte e a decisão emitida na ADPF n. 153.

punidade dos responsáveis e a falta de acesso à justiça, à verdade e à informação, afetaram prejudicialmente a integridade pessoal dos familiares dos desaparecidos e da pessoa executada.

Levando em consideração que o Brasil reconheceu a competência contenciosa da Corte Interamericana para apurar a responsabilidade internacional do Estado em relação às violações de direitos humanos, em 10 de dezembro de 1998, indicando, em sua declaração, que o Tribunal teria competência para os "fatos posteriores" a esse reconhecimento, e em obediência ao princípio da irretroatividade, a Corte Interamericana decidiu, preliminarmente, que ficariam excluídos de sua competência a alegada execução extrajudicial de Maria Lucia Petit da Silva, cujos restos mortais foram identificados em 1996, e qualquer outro fato anterior a esse reconhecimento.

Por outro lado, a Corte afirmou sua competência "para analisar os alegados desaparecimentos forçados das supostas vítimas a partir do reconhecimento de sua competência contenciosa efetuado pelo Brasil", com base em consolidada jurisprudência do Direito Internacional de Direitos Humanos, da qual faz parte a jurisprudência da CIDH, no sentido de que o desaparecimento forçado de pessoas viola de maneira permanente, enquanto subsista o desaparecimento, vários direitos previstos nas normas internacionais de direitos humanos – entre eles a Convenção Interamericana sobre o Desaparecimento Forçado de Pessoas[462].

De acordo com esse entendimento, o desaparecimento forçado de pessoas possui caráter contínuo e permanente, e "os atos de caráter contínuo e permanente perduram durante todo o tempo em que o fato continua, mantendo-se sua falta de conformidade com a obrigação internacional", ou seja, "o ato de desaparecimento e sua execução se iniciam com a privação

---

462 A Convenção Interamericana sobre o Desaparecimento Forçado de Pessoas foi aprovada pela Assembleia Geral da Organização dos Estados Americanos, realizada em Belém (PA), em junho de 1994, momento em que o Brasil assinou o documento. No entanto, a Convenção estava em discussão no Congresso Nacional há mais de 16 anos, tendo sido aprovada pelo Senado Federal em 5 de abril de 2011 (Projeto de Decreto Legislativo n. 116, de 2008). A Convenção foi promulgada pela Presidente Dilma Roussef, pelo Decreto n. 8.766, em 11 de maio de 2016. Importante destacar que a ratificação da Convenção e a tipificação do crime de desaparecimento forçado de pessoas no ordenamento jurídico brasileiro são algumas das determinações da CIDH no caso *Gomes Lund e outros vs. Brasil*.

da liberdade da pessoa e a subsequente falta de informação sobre seu destino, e permanecem até quando não se conheça o paradeiro da pessoa desaparecida e os fatos não tenham sido esclarecidos". A CIDH reafirma seu posicionamento no sentido de que o desaparecimento forçado constitui uma violação múltipla de direitos das pessoas – previstos não apenas na Convenção Interamericana sobre Desaparecimento Forçado de Pessoas, mas em outros instrumentos internacionais – e possui como elementos simultâneos e constitutivos: a privação da liberdade; a intervenção direta de agentes estatais ou sua aquiescência; a negativa de reconhecer a detenção e revelar a sorte ou o paradeiro da pessoa implicada.

A responsabilidade internacional do Estado pelo desaparecimento forçado de camponeses e militantes da Guerrilha do Araguaia foi declarada pela Corte nos seguintes termos:

As disposições da Lei de Anistia que impedem a investigação e sanção de graves violações de direitos humanos são incompatíveis com a Convenção Americana, carecem de efeitos jurídicos e não podem seguir representando um obstáculo para a investigação dos fatos do presente caso, nem para a identificação e punição dos responsáveis, e tampouco podem ter igual impacto a respeito de outros casos de graves violações de direitos humanos consagrados na Convenção Americana.

O Estado é responsável pelo desaparecimento forçado e, portanto, pela violação dos direitos ao reconhecimento da personalidade jurídica, à vida, à integridade pessoal e à liberdade pessoal, estabelecidos nos artigos 3, 4, 5 e 7 da Convenção Americana, em relação com o artigo 1.1 do instrumento, em prejuízo das pessoas indicadas no parágrafo 125 da referida sentença.

O Estado descumpriu a obrigação de adequar seu direito interno à Convenção Americana sobre Direitos Humanos, contida em seu artigo 2º, em relação aos artigos 8.1, 25 e 1.1 do mesmo instrumento, como consequência da interpretação e aplicação que foi dada à Lei de Anistia a respeito de graves violações de direitos humanos. Da mesma forma, o Estado é responsável pela violação dos direitos às garantias judiciais e à proteção judicial previstos nos artigos 8.1 e 25.1 da Convenção Americana sobre Direitos Humanos, em relação aos artigos 1.1 e 2 desse instrumento, pela falta de investigação dos fatos do presente caso, bem como pela falta de julgamento e sanção dos responsáveis, em prejuízo dos familiares das pessoas desaparecidas e da pessoa executada, indicados nos parágrafos 180 e 181 da decisão.

O Estado é responsável pela violação do direito à liberdade de pensamento e de expressão consagrado no artigo 13 da Convenção Americana sobre Direitos Humanos, em relação com os artigos 1.1, 8.1 e 25 do instrumento, pela afetação do direito a buscar e a receber informação, bem como do direito de conhecer a verdade sobre o ocorrido. Da mesma maneira, o Estado é responsável pela violação dos direitos às garantias judiciais estabelecidos no artigo 8.1 da Convenção Americana, e, relação com os artigos 1.1 e 13.1 do mesmo instrumento, por exceder, em prejuízo dos familiares indicados nos parágrafos 212, 213 e 225 da sentença, o prazo razoável da Ação Ordinária – ação proposta em 1982 por alguns familiares de integrantes da Guerrilha do Araguaia, perante a Justiça Federal, para esclarecer as circunstâncias dos desaparecimentos forçados, localizar os restos mortais, e aceder aos documentos oficiais sobre as operações militares naquela região.

O Estado é responsável pela violação do direito à integridade pessoal, consagrado no artigo 5.1 da Convenção Americana sobre Direitos Humanos, em relação com o artigo 1.1 do mesmo instrumento, em prejuízo dos familiares indicados nos parágrafos 235 a 244 desta mesma sentença.

Após descrever os diversos aspectos da responsabilidade internacional do Estado, a Corte dispõe, em sua decisão – considerada, por si mesma, uma forma de reparação –, sobre uma série de recomendações a serem integralmente cumpridas pelo Estado, entre as quais a necessidade de promover a investigação e responsabilização criminal dos agentes estatais que cometeram violações aos direitos humanos.

Portanto, um dos pontos fundamentais da sentença a serem destacados diz respeito à condenação do Estado a investigar e responsabilizar criminalmente os agentes que, em seu nome, desapareceram com cerca de 70 militantes da Guerrilha do Araguaia, entre 1972 e 1975. A obrigação (internacional) do Estado de dar causa à proposição de ações penais em face dos agentes que praticaram crimes contra a humanidade – dada a complementaridade entre a responsabilização individual dos agentes públicos e particulares e a responsabilização institucional – deriva do direito internacional de direitos humanos, dos tratados e convenções de direitos humanos aos quais o Brasil aderiu, da jurisprudência dos Tribunais Internacionais sobre a matéria etc. A Corte Interamericana posicionou-se no sentido da incompatibilidade da Lei de Anistia com a Convenção Americana e demais normas de direito internacional sobre direitos humanos, e com a jurisprudência da Corte e outros tribunais internacionais. Portanto, posicionou-se pela impossibilidade de invocação da referida lei – assim como de outros institutos, entre os quais a prescrição, os princípios da legalidade e da proibição da retroatividade da lei penal, da coisa julgada, do *ne bis in idem* etc. – como impeditivo às investigações e às responsabilizações penais. Segundo referida decisão, a Lei de Anistia carece de efeitos jurídicos, não sendo reconhecida como um obstáculo ao esclarecimento dos fatos e punição dos responsáveis. Além disso, o caráter permanente ou continuado do desaparecimento forçado tornaria sem efeito, em muito, essas discussões – no que diz respeito, por exemplo, às regras da prescrição, ao princípio da legalidade etc.

A CIDH destaca, ainda, que "os resultados dos respectivos processos deverão ser publicamente divulgados, para que a sociedade brasileira conheça os fatos objeto do presente caso, bem como aqueles que por eles são responsáveis". A necessidade de tornar públicos não apenas os resultados, mas os esforços efetivamente empregados pelo Estado no que se refere à implantação desse mecanismo de justiça transicional – além de outros –, é inerente, aliás, aos objetivos de acerto de contas com o passado, uma vez que essa publicidade, além de ser intrínseca ao pedido de desculpas do Estado às vítimas e à sociedade como um todo, tornará possível a construção de uma outra história e uma outra memória coletiva sobre o passado.

Tal determinação pode ser considerada uma das mais esperadas – e, por muitos, uma das mais temidas – da sentença da CIDH, uma vez que quase tudo que se discute no Brasil, desde a elaboração e aprovação da Lei de Anistia, em 1979, tem como ponto de partida e de chegada a interpretação da referida lei. No entanto, a responsabilização internacional do Estado brasileiro perante a Corte Interamericana, conforme temos assistido nos últimos anos, não põe fim às disputas e discussões acerca do tema. Em um cenário político e social onde a correlação de forças permanece desigual, os avanços e retrocessos dos debates e, consequentemente, do processo de justiça transicional, indicam que, apesar de não podermos minimizar a importância da sentença, essas questões ainda guardam muitas incertezas. Além disso, não obstante a condenação do Brasil pela Corte Interamericana ser um marco histórico, um fator essencial ao fortalecimento das lutas e reivindicações pelo direito à verdade, à justiça, à memória, à reparação – e, mais do que isso, para as lutas pela garantia, por parte do Estado, de não repetição –, o cumprimento dessa decisão – ou de parte dela – depende de inúmeros fatores, entre os quais: os desdobramentos dos processos de justiça transicional em outros países, especialmente da América Latina; do poder de influência e pressão da CIDH e demais Cortes Internacionais de Direitos Humanos sobre o contexto político brasileiro; da continuidade das lutas; do poder de pressão da comunidade internacional e das organizações internacionais e nacionais de defesa dos direitos humanos; do conhecimento, envolvimento e mobilização crescente da sociedade brasileira como um todo no processo de justiça transicional – daí a importância de ser dada publicidade ao processo de justiça transicional.

3. CONTROVÉRSIAS SOBRE A RESPONSABILIZAÇÃO CRIMINAL DE AGENTES DO ESTADO POR VIOLAÇÕES AOS DIREITOS HUMANOS

O posicionamento da Corte Interamericana reacende os debates e disputas acerca da utilização ou implantação, ou não, desse mecanismo de justiça transicional – a investigação, processo, julgamento e aplicação de sanções penais, além das sanções civis, aos agentes públicos e particulares que, em nome do Estado, praticaram graves violações aos direitos humanos, ou crimes contra a humanidade, durante a ditadura. Tais disputas podem ser analisadas a partir de diferentes aspectos.

Um desses diz respeito às controvérsias e contradições suscitadas em torno do reconhecimento e/ou aplicação universal dos princípios e regras de direito internacional em matéria de proteção aos direitos humanos. Controvérsias e contradições originárias, dentre outros fatores: do conflito entre a universalização dos direitos humanos e o princípio da soberania nacional; do conflito entre a necessidade de reconhecimento e proteção dos direitos humanos (os quais, por um lado, são inerentes aos princípios e regras do Estado Democrático de Direito) e a necessidade de reconhecimento e aplicação dos princípios e regras de um Estado Democrático de Direito – ou do conflito entre direitos humanos internacionais e direitos fundamentais nacionais.

Com relação ao conflito entre a universalização dos direitos humanos e o princípio da soberania nacional é invocada, de um lado, a superioridade dos princípios e regras de direito internacional de direitos humanos diante dos princípios e regras do ordenamento jurídico nacional, quando este é conflitante com o primeiro, através da aceitação, por exemplo, da relatividade do princípio da legalidade penal, da relação entre a imprescritibilidade e a retroatividade da lei penal – em relação aos considerados crimes contra a humanidade –, diante da necessidade de romper com a compreensão (hegemônica) histórica, política, social e jurídica sobre o tema[463].

De um lado tem-se, portanto, o entendimento segundo o qual os princípios e regras de direito internacional em matéria de direitos humanos prevalecem sobre as normas vigentes no sistema jurídico nacional; e, ainda, à prevalência daqueles princípios e regras sobre a interpretação dominante dos princípios e normas do próprio direito nacional[464].

Igualmente relevante, e complementar à ideia de universalização dos direitos, o entendimento que leva em consideração que os Estados que livremente adotaram a Convenção Americana de Direitos Humanos – entre outras convenções e tratados sobre direitos humanos –, como é o caso do Brasil, estão obrigados a respeitá-la e a ela se adequar.

Nesse sentido a jurisprudência da Corte Interamericana de Direitos Humanos, presente, inclusive, em sua decisão no *Caso da Guerrilha do Araguaia*. O Estado reconheceu, ainda, como obrigatória, de pleno direito e sem convenção especial, a competência da Corte Interamericana para conhecer qualquer caso relativo à interpretação e aplicação dos dispositivos da Convenção Americana (art. 62, 1 e 3, da Convenção Americana). Além disso, conforme o previsto no art. 68, 1, da Convenção, os Estados que a adotaram comprometem-se a cumprir a decisão da Corte em todo caso em que forem partes.

No caso *Gomes Lund e outros x Brasil*, a Corte Interamericana não aceita o argumento da existência de uma "Lei de Anistia" no Brasil que impeça a responsabilização individualizada dos ex-agentes do Estado e faz, neste caso, sua manifestação sobre o controle de convencionalidade:

---

463 VASCONCELOS, Eneas Romero de. Do conflito entre direito nacional e internacional: a jurisprudência da Corte Interamericana de Direitos Humanos (Caso Araguaia) vs. a jurisprudência do Supremo Tribunal Federal (ADPF 153). *Revista Anistia Política e Justiça de Transição/Ministério da Justiça*, n. 7. jan./jun. 2012. Brasília: Ministério da Justiça, 2012. Disponível em: http://portal.mj.gov.br/main.asp?Team=%7B67064208-D044-437B-9F24-96E0B26CB372%7D. Acesso em: 14 maio 2013, p. 179 e 180.

464 GARABIAN, Sevane. O recurso ao direito internacional para a repressão dos crimes do passado – uma visão perspectiva sobre os casos Touvier (França) e Simón (Argentina). *Revista Anistia Política e Justiça de Transição/Ministério da Justiça*, n. 6, jul./dez. 2011. Brasília: Ministério da Justiça, 2012. Disponível em: http://portal.mj.gov.br/main.asp?Team=%7B67064208-D044-437B9F2496E0B26CB372%7D. Acesso em: 14 maio 2013, p. 190-211.

> 49. Em numerosas ocasiões, a Corte Interamericana afirmou que o esclarecimento quanto à violação ou não, pelo Estado, de suas obrigações internacionais, em virtude da atuação de seus órgãos judiciais, pode levar este Tribunal a examinar os respectivos processos internos, inclusive, eventualmente, as decisões de tribunais superiores, para estabelecer sua compatibilidade com a Convenção Americana, o que inclui, eventualmente, as decisões de tribunais superiores. No presente caso, não se solicita à Corte Interamericana a realização de um exame da Lei de Anistia com relação à Constituição Nacional do Estado, questão de direito interno que não lhe compete e que foi matéria do pronunciamento judicial na Arguição de Descumprimento n. 153 (*infra* par. 136), mas que este Tribunal realize um *controle de convencionalidade*, ou seja, a análise da alegada incompatibilidade daquela lei com as obrigações internacionais do Brasil contidas na Convenção Americana. Consequentemente, as alegações referentes a essa exceção são questões relacionadas diretamente com o mérito da controvérsia, que podem ser examinadas por este Tribunal à luz da Convenção Americana, sem contrariar a regra da quarta instância. O Tribunal, portanto, desestima esta exceção preliminar. (grifei)

Evidencia-se, pois, que a Corte Interamericana de Direitos Humanos tratou de aplicar o controle de convencionalidade em relação à legislação brasileira. Importante destacar, ainda, a mais recente condenação do Estado perante a Corte Interamericana de Direitos Humanos, ocorrida em 18 de março de 2018, no Caso Herzog e outros *versus* Brasil, a confirmar o posicionamento daquele Tribunal no tocante aos crimes praticados pelo regime ditatorial.

Considerando a invalidade da Lei de Anistia e de outras excludentes de responsabilidade proibidas pelo direito internacional em casos de crimes contra a humanidade, a Corte determina, entre outras coisas, que o Estado reinicie a investigação e o processo penal cabíveis, pelos fatos ocorridos em 25 de outubro de 1975, para identificar, processar e, caso seja pertinente, punir os responsáveis pela tortura e morte de Vladimir Herzog[465].

---

[465] Como primeiro e importante desdobramento da sentença, pode ser destacada a reabertura das investigações do caso Vladimir Herzog pelo Ministério Público Federal de São Paulo (MPF-SP).

Abrão e Torelly[466] posicionam-se pela necessidade de utilização desse mecanismo de justiça transicional, a responsabilização criminal, enquanto um dos instrumentos de luta contra a impunidade, pela garantia de não repetição, pelo rompimento com o passado autoritário e consolidação do Estado Democrático de Direito. Ao tratarem da terceira fase da luta pela anistia no Brasil – destacando o papel preponderante de grupos e movimentos sociais e políticos que disputam seu significado, apontando para uma leitura da anistia enquanto justiça e verdade, que exclua dos efeitos da Lei de Anistia de 1979 os graves crimes praticados pelo Estado, os crimes contra a humanidade –, os autores apontam para a necessidade de mudança na interpretação dada recentemente pelo Supremo Tribunal Federal à Lei de Anistia, no sentido de romper com o passado autoritário[467].

Em sua decisão no julgamento da ADPF n. 153, o STF acabara por reiterar a interpretação dada à Lei de Anistia pelo Judiciário da ditadura, em especial pelo Superior Tribunal Militar, tornando a referida lei, em seu caráter de impunidade, "formalmente válida no ordenamento jurídico democrático brasileiro, estabelecendo uma continuidade direta e objetiva entre o sistema jurídico da ditadura e o da democracia"[468]. A maior parte dos ministros do STF, inclusive, fundamenta seu voto com argumentos bem próximos aos utilizados pelo regime civil-militar, quando do processo de elaboração, votação e aprovação da Lei de Anistia e promulgação da emenda constitucional convocatória da Constituinte – Emenda n. 26, de novembro

---

466   ABRÃO, Paulo; TORELLY, Marcelo D. Mutações do conceito de anistia na justiça de transição brasileira: a terceira fase da luta pela anistia. *Revista Anistia Política e Justiça de Transição/Ministério da Justiça*, n. 7, jan./jun. 2012. Brasília: Ministério da Justiça, 2012. Disponível em: http://portal.mj.gov.br/main.asp?Team=%7B67064208-D044-437B-9F24-96E0B26CB372%7D. Acesso em: 14 maio 2013, p. 38

467   ABRÃO, Paulo; TORELLY, Marcelo D. Mutações do conceito de anistia na justiça de transição brasileira: a terceira fase da luta pela anistia. *Revista Anistia Política e Justiça de Transição/Ministério da Justiça*, n. 7, jan./jun. 2012. Brasília: Ministério da Justiça, 2012. Disponível em: http://portal.mj.gov.br/main.asp?Team=%7B67064208-D044-437B-9F24-96E0B26CB372%7D. Acesso em: 14 maio 2013, p. 38 e 39, afirmam que na primeira fase de luta pela anistia os movimentos sociais demandavam liberdade, enquanto, na segunda, demandavam reparação e memória.

468   ABRÃO, Paulo; TORELLY, Marcelo D. Mutações do conceito de anistia na justiça de transição brasileira: a terceira fase da luta pela anistia. *Revista Anistia Política e Justiça de Transição/Ministério da Justiça*, n. 7, jan./jun. 2012. Brasília: Ministério da Justiça, 2012. Disponível em: http://portal.mj.gov.br/main.asp?Team=%7B67064208-D044-437B-9F24-96E0B26CB372%7D. Acesso em: 14 maio 2013, p. 42.

de 1985, que reproduz parcialmente a Lei n. 6.683/79, no tocante à conexão entre crimes comuns e crimes políticos.

O posicionamento do STF mostra-se, portanto, conflitante com os valores e princípios democráticos em muitos aspectos. Tal como ressaltado pelos autores citados acima[469], a Corte Constitucional omite-se não apenas em relação aos tratados e convenções internacionais sobre direitos humanos e em relação à jurisprudência das Cortes Internacionais sobre o tema, mas no que diz respeito aos precedentes do próprio STF sobre a matéria.

De outro lado, encontra-se a preocupação com o respeito à soberania nacional e a crítica às exceções criadas pelo direito internacional em sede de proteção aos direitos humanos – em relação aos denominados crimes contra a humanidade, aos quais não se aplicam alguns dos princípios e regras orientadores do direito e processo penal no Estado de Direito, tais como os princípios da legalidade, da reserva legal, da anterioridade da lei penal e da proibição da retroatividade da lei penal que prevê crimes, do *non bis in idem*, a regra da prescrição penal –, princípios e regras amparados pela Constituição Federal de 1988. O princípio da soberania nacional é muitas vezes analisado com base em uma visão relativista dos direitos humanos – ou no relativismo cultural, segundo o qual os valores são dependentes do contexto –, contraposta à visão geral e imperialista (ou visão ocidental) de direitos humanos[470].

---

469   ABRÃO, Paulo; TORELLY, Marcelo D. Mutações do conceito de anistia na justiça de transição brasileira: a terceira fase da luta pela anistia. *Revista Anistia Política e Justiça de Transição/Ministério da Justiça*, n. 7, jan./jun. 2012. Brasília: Ministério da Justiça, 2012. Disponível em: http://portal.mj.gov.br/main.asp?Team=%7B67064208-D044-437B-9F24-96E0B26CB372%7D. Acesso em: 14 maio 2013, p. 41 e 42.

470   De acordo com DOUZINAS, Costa. *O fim dos direitos humanos*. trad. Luzia Araújo. São Leopoldo: Unisinos, 2009, p. 148: "os dois princípios, quando se tornam essências absolutas e definem o significado e o valor de uma cultura sem um resto ou uma exceção, podem julgar tudo o que resista a eles dispensável". Segundo o autor, o universalismo pode levar seu proponente ao extremo individualismo; nesse sentido, somente aquele que reivindica para si a qualidade de verdadeiro agente moral, aliança ética ou representante do universal, pode compreender o que a moralidade requer. Universalismo pode conduzir, então, a imperialismo, e legitimar a opressão e a dominação. Por outro lado, "relativistas partem da observação óbvia de que valores são dependentes do contexto e usam isso para justificar atrocidades contra aqueles que discordam do caráter opressivo da tradição".

Afirmando tratar dos limites jurídicos colocados, hoje, à punição dos agentes públicos e particulares da ditadura, Swensson Junior[471] cita a exigência de respeito ao direito penal vigente na época dos fatos, como referência e limite à criminalização das condutas praticadas naquele período, em decorrência do princípio da legalidade e, consequentemente, da proibição da retroatividade da lei penal.

Após reconhecer que mesmo perante o ordenamento jurídico daquele regime de exceção vários crimes foram praticados, sistematicamente, por agentes estatais e particulares, o autor ressalta que, de acordo com esse mesmo ordenamento jurídico – o Código Penal de 1940, ainda vigente –, todos esses crimes estão prescritos – o prazo prescricional máximo, previsto no art. 109 do Código Penal, é de 20 anos –, estando extinta sua punibilidade (art. 107, IV, CP), exceto os considerados crimes permanentes. Leva em consideração, ainda, a anistia – outra causa extintiva da punibilidade, prevista no art. 107, II, CP –, e o faz afirmando que, "caso se verifique que não houve motivação pessoal nos crimes cometidos pelos agentes da repressão estatal, mas sim motivação política, é possível sustentar, com base no artigo 1º e § 1º da Lei n. 6.683/79, que eles foram anistiados"; logo, preservar o Estado autoritário é também agir motivado politicamente, por mais reprováveis que sejam as opções políticas e as ações desses agentes[472].

Com relação à imprescritibilidade dos crimes contra a humanidade – tal como disposto nas normas de direito internacional de direitos humanos e de acordo com a jurisprudência das cortes internacionais –, que consistiria em uma restrição aos direitos fundamentais previstos na Carta Constitucional brasileira, há o posicionamento segundo o qual as normas e jurisprudências de direito internacional que a preveem não vinculam os tribunais brasileiros. Nesse sentido Swensson Junior[473] afirma que os instrumentos normativos de direito internacional somente passam a pertencer

---

471 SWENSSON JUNIOR, Lauro Joppert. Punição para os crimes da ditadura militar: contornos do debate. In: DIMOULIS, Dimitri; MARTINS, Antonio; SWENSSON JUNIOR, Lauro Joppert (Org.). *Justiça de transição no Brasil*: direito, responsabilidade e verdade. São Paulo: Saraiva, 2010 (Direito em Debate – Direito Desenvolvimento Justiça), p. 35.
472 Idem, p. 36-40.
473 Idem, p. 41 e 42.

ao ordenamento jurídico brasileiro e possuem força vinculante após serem submetidos a processos de internalização (assinatura, ratificação) pelo Estado. Como o Brasil não aderiu à Convenção sobre Imprescritibilidade dos Crimes de Guerra e dos Crimes contra a Humanidade de 1968, ou qualquer outro ato internacional que estabelecesse expressamente a imprescritibilidade dos crimes contra a humanidade, não seria possível sua aplicação pelos tribunais brasileiros[474].

Vasconcelos[475] chama a atenção para o fato de a obrigação do Estado com o direito internacional – a obrigação do Brasil, enquanto Estado-parte, de cumprir os tratados e convenções internacionais a que aderiu e, portanto, de cumprir a sentença da Corte Interamericana no caso Guerrilha do Araguaia – não gerar, necessariamente, uma obrigação de cada Poder constituído, principalmente o Poder Judiciário. Os seguintes argumentos são utilizados: o fato de não haver, na Convenção Americana, previsão expressa da vinculação do STF e dos demais Tribunais e juízes nacionais à jurisprudência da Corte IDH; o fato de a Constituição de 1988 nada dizer sobre a incorporação da jurisprudência da Corte Interamericana pelo direito nacional e/ou sobre a vinculação das decisões daquela Corte ao Poder Judiciário brasileiro; uma vez aplicado o princípio da harmonização dos direitos humanos internacionais com os direitos fundamentais nacionais, não seria possível o cumprimento dos termos da sentença da Corte Interamericana que determinam a desconsideração ou limitação de alguns direitos fundamentais previstos na Carta Constitucional.

---

[474] Outra limitação à aplicação da regra da imprescritibilidade dos crimes contra a humanidade pelo ordenamento jurídico brasileiro seria a vedação ao uso do costume internacional – ou do direito consuetudinário – como fonte de direito penal, decorrente do princípio da legalidade ou da anterioridade – que estabelece que somente uma lei escrita e em sentido estrito pode regular o direito de punir do Estado, para fundamentar ou agravar penas, conforme SWENSSON JUNIOR, Lauro Joppert. Punição para os crimes da ditadura militar: contornos do debate. In: DIMOULIS, Dimitri; MARTINS, Antonio; SWENSSON JUNIOR, Lauro Joppert (Org.). *Justiça de transição no Brasil*: direito, responsabilidade e verdade. São Paulo: Saraiva, 2010 (Direito em Debate – Direito Desenvolvimento Justiça) p. 42 e 43.

[475] VASCONCELOS, Eneas Romero de. Do conflito entre direito nacional e internacional: a jurisprudência da Corte Interamericana de Direitos Humanos (Caso Araguaia) *vs.* a jurisprudência do Supremo Tribunal Federal (ADPF 153). *Revista Anistia Política e Justiça de Transição/Ministério da Justiça*, n. 7, jan./jun. 2012. Brasília: Ministério da Justiça, 2012. Disponível em: http://portal.mj.gov.br/main.asp?Team=%7B67064208-D044-437B-9F24-96E0B26CB372%7D. Acesso em: 14 maio 2013, p. 184

Diante da falta de previsão na Constituição, o reconhecimento da jurisprudência da Corte Interamericana por parte do STF seria conflitante com os direitos fundamentais previstos na Carta Constitucional – ao restringir a aplicação dos princípios da legalidade, do *ne bis in idem*, da soberania nacional, entre outros –, limitando sua proteção[476].

Vale ressaltar que o argumento de que a Corte Interamericana não possui competência para julgar os fatos ocorridos durante a ditadura civil-militar brasileira ou para anular a validade jurídica da Lei de Anistia – entendimento esse amparado no fato de o Brasil ter reconhecido a competência da Corte como obrigatória somente em 8 de novembro de 2002, nos termos do Decreto n. 4.463, e apenas "para fatos posteriores a 10 de dezembro de 1998" – mostra-se frágil diante do que fora apreciado por aquela Corte e do teor de sua decisão. A própria CIDH, ao se posicionar sobre sua competência e ao fundamentar sua decisão, deixou claro que a condenação do Brasil, no *Caso Gomes Lund e outros*, referia-se aos desaparecimentos forçados de inúmeras pessoas, atos que, embora praticados pelo Estado naquele período, ainda estavam (estão) em andamento, uma vez que se trata de crimes permanentes[477]. Grande parte dos que têm se manifestado contrariamente à mudança de interpretação da Lei de Anistia acabam por se omitir quanto aos crimes permanentes. Com relação a esses crimes, muito da discussão torna-se sem sentido, não havendo que se falar em desrespeito aos direitos fundamentais previstos na Carta Constitucional.

Por fim, importante destacar que as disputas e conflitos sobre a definição e aplicação das normas de direito internacional de direitos humanos no plano interno, diante de suas possíveis divergências e antagonismos em relação ao ordenamento jurídico nacional – disputas que se concentram, basicamente, no conteúdo e significado de nossa anistia –, revestem-se de

---

476 VASCONCELOS, Eneas Romero de. Do conflito entre direito nacional e internacional: a jurisprudência da Corte Interamericana de Direitos Humanos (Caso Araguaia) vs. a jurisprudência do Supremo Tribunal Federal (ADPF 153). *Revista Anistia Política e Justiça de Transição/Ministério da Justiça*, n. 7, jan./jun. 2012. Brasília: Ministério da Justiça, 2012. Disponível em: http://portal.mj.gov.br/main.asp?Team=%7B67064208-D044-437B-9F24-96E0B26CB372%7D. Acesso em: 14 maio 2013, p. 185-188.

477 Apesar de não haver previsão de crime de desaparecimento forçado no ordenamento jurídico brasileiro, o que acaba sendo objeto de discussão por muitos autores, com base no princípio da legalidade, a previsão legal de outros crimes – entre eles o crime de sequestro e cárcere privado – supre tal carência.

enorme significação política. Isso traduz, em muito, as lutas – e seus desdobramentos variados, com avanços e retrocessos – por reparação (às vítimas e à sociedade) e memória, verdade e justiça, pela ruptura com o passado e o presente de violações aos direitos humanos, pelo fim às permanências autoritárias, diante dos anseios de manutenção do poder, dos interesses e dos valores (conservadores) de grande parte da sociedade – entre militares e civis –, de preservação do esquecimento e da impunidade.

4. A CORTE INTERAMERICANA, O STF E A LEI DE ANISTIA

Após a sentença da Corte Interamericana de Direitos Humanos no Caso da Guerrilha do Araguaia, o Estado brasileiro criou a Comissão Nacional da Verdade, como uma das possíveis medidas satisfativas da sentença. Instituída em maio de 2012, atuou por dois anos e meio de forma a investigar os acontecimentos, ainda que não tivesse a intenção de punir criminalmente seus responsáveis.

Referida Comissão da Verdade, não obstante todas as suas limitações e contradições, representou avanços no sentido de se constatar a responsabilização estatal pelas graves violações de direitos, além de manter a memória sobre os fatos. Também foi capaz, nos âmbitos estaduais, municipais, setoriais ou de universidades, de colher depoimentos de envolvidos direta ou indiretamente com o tema e esclarecer algumas circunstâncias desse período histórico.

Entre os desdobramentos dessa decisão, nos últimos anos, também pode ser destacada a mudança de entendimento de membros do Ministério Público Federal – que passaram a propor ações penais em face de agentes da repressão – e do Poder Judiciário – juízes federais têm recebido denúncias em face desses agentes[478].

---

478 O Ministério Público Federal já propôs algumas ações em face de agentes da repressão, buscando a responsabilização desses pela prática de crimes permanentes, como o crime de sequestro, durante a ditadura. Em agosto de 2012, a Justiça Federal de Marabá/PA aceitou a denúncia do Ministério Público Federal contra o coronel da reserva do Exército Sebastião Curió Rodrigues de Moura e o major da reserva Lício Augusto Maciel, por crime(s) de sequestro qualificado contra militantes capturados durante a Guerrilha do Araguaia. Em outubro de 2012 a Justiça Federal de São Paulo acolheu denúncia contra o coronel Brilhante Ustra – denunciado ao lado de dois delegados da Polícia Civil, Alcides Singillo e Carlos Alberto Algusto – por crime de sequestro qualificado contra Edgar de Aquino Duarte, em junho de 1971.

Apesar de alguns avanços, como os anteriormente indicados, não é possível afirmar que o controle de convencionalidade tem sido aplicado de maneira satisfatória, em que pese algumas ações desta natureza produzidas por tribunais superiores e juízes de primeira instância.

O Supremo Tribunal Federal, mesmo após a sentença da Corte Interamericana, não alterou o seu entendimento sobre o caso que inspirou a realização deste estudo. A Ordem dos Advogados do Brasil protocolizou embargo de declaração na Ação de Descumprimento de Preceito Fundamental n. 153, cuja relatoria ficou a cargo do Ministro Luiz Fux, de forma que se cumpra a sentença proferida pela Corte, inclusive no que trata da Lei de Anistia, independentemente da decisão prévia da Suprema Corte. Todavia, não houve manifestação até o momento.

Neste sentido, interessante a manifestação do Corte Interamericana, conforme Resolução datada de 17 de outubro de 2014, que trata da supervisão de cumprimento da Sentença proferida em face do Estado brasileiro:

> "Esas decisiones judiciales, fundadas en dicha decisión del Supremo Tribunal Federal y emitidas durante la etapa de supervisión de cumplimiento de la Sentencia del *Caso Gomes Lund y otros,* desconocen los alcances de lo resuelto por la Corte en la Sentencia de este caso la cual estableció que 'las disposiciones de la Ley de Amnistía brasileña' que impiden la investigación y sanción de graves violaciones de derechos humanos son incompatibles con la Convención Americana, carecen de efectos jurídicos y no pueden seguir representando un obstáculo para la investigación de los hechos del presente caso, ni para la identificación y castigo de los responsables (*supra* pár. 16). La Corte recuerda que en la Sentencia, al pronunciarse sobre la incompatibilidad de las disposiciones de la Ley de Amnistía brasileña con la Convención Americana, también observó que 'no fue ejercido un control de convencionalidad' por las autoridades judiciales del Estado, y que por el contrario la referida decisión del Supremo Tribunal Federal confirmó la validez de la interpretación de la Ley de Amnistía sin considerar las obligaciones internacionales de Brasil derivadas del derecho internacional (*supra* párr. 16). Por lo tanto, posteriores decisiones judiciales internas no podrían estar fundadas en esa decisión del Supremo Tribunal Federal"[479].

---

[479] A Corte (2014) destaca: "(...) según lo afirmado por los representantes, el Supremo Tribunal Federal ha tenido oportunidad de pronunciarse respecto de lo decidido en la referida ADPF n. 153, en el marco de la solicitud de interpretación ('embargos de declaração') interpuesta desde agosto de 2010, sin que la misma hayan sido resuelta hasta la fecha (*supra* párr. 7)".

Com efeito, a pressão internacional para que o Brasil aplique o controle de convencionalidade, no caso em questão, apresenta eficácia limitada, pois ainda que se perceba algum esforço do Estado em prestar esclarecimentos sobre o período militar e sanar determinadas demandas da sociedade sobre o assunto, não foi alcançado o ideal de justiça defendido pelos parentes das vítimas junto à Comissão, tampouco da Corte Interamericana de Direitos Humanos.

A condenação do Brasil pela Corte Interamericana, em 15 de março de 2018, no Caso Herzog e outros, consiste em mais um importante instrumento na tentativa de enfrentamento às dívidas do Estado em relação ao passado recente de violações sistemáticas aos direitos humanos.

Partindo-se da ideia de um país que busca constante legitimação em sua atuação nas questões internacionais e propaga sua influência também por assumir obrigações convencionais internacionais de Direitos Humanos, fica evidente a necessidade política de mostrar comprometimento com os tratados assumidos e reverter a situação esdrúxula que foi esposada ao longo deste estudo.

Importante ressaltar, ainda, que as discussões/disputas em torno da (in)validade da Lei de Anistia em relação aos crimes contra a humanidade praticados pelo Estado ditatorial muitas vezes acabam por deixar em segundo plano outros mecanismos de justiça transicional, sendo conferida menor importância a mecanismos como a transformação legal e institucional e a realização dos expurgos administrativos, com a retirada efetiva do poder de setores que organizaram e/ou apoiaram o golpe e o regime ditatorial, participaram do processo de abertura controlada e da transição para a democracia e seguem fazendo parte da estrutura de poder.

CAPÍTULO VI

OS DIREITOS HUMANOS NA ORDEM JURÍDICA BRASILEIRA

1. A DIGNIDADE DA PESSOA HUMANA COMO NÚCLEO FUNDAMENTADOR DA ORDEM CONSTITUCIONAL BRASILEIRA

No Capítulo I deste livro foram estabelecidas considerações gerais sobre a dignidade da pessoa humana, em perspectiva histórica e filosófica, para fundamentar os estudos relativos aos direitos humanos. Neste momento será demonstrada a importância do princípio para a ordem jurídica brasileira[480].

Isso porque o legislador constituinte elevou a dignidade da pessoa humana (um dos pilares estruturais fundamentais da organização do Estado brasileiro) à categoria de princípio fundamental da República (art. 1º, III, da CF/88)[481].

---

[480] Nesse sentido, vide GUERRA, Sidney; PESSANHA, Érica de Souza. O núcleo fundamentador do direito constitucional brasileiro e do direito internacional dos direitos humanos: a dignidade da pessoa humana. In: GUERRA, Sidney (Coord.). *Temas emergentes de direitos humanos*. Campos dos Goitacazes: Ed. FDC, 2006.

[481] BARCELLOS, Ana Paula de. *A eficácia jurídica dos princípios constitucionais: o princípio da dignidade da pessoa humana*. Rio de Janeiro: Renovar, 2002, p. 249: "No plano jurídico, e considerado especificamente a realidade brasileira a partir da Constituição de 1988, a dignidade da pessoa humana tornou-se o princípio fundante da ordem jurídica e finalidade principal do Estado, com todas as consequências hermenêuticas que esse *status* jurídico confere ao princípio. Esses dois atributos da dignidade, isoladamente considerados e em tese, indicam a modalidade positiva ou simétrica da eficácia jurídica como a mais adequada para o princípio como um todo, por ser o mais consistente".

A dignidade da pessoa humana se apresenta com elevado valor e se agrega aos direitos fundamentais. Nesse sentido, Bulos deixa claro o alto valor atribuído à dignidade humana em nossa Carta Magna ao afirmar que "a dignidade da pessoa humana é o valor supremo que agrega em torno de si a unanimidade dos demais direitos e garantias fundamentais do homem, (...) corroborando para um imperativo de justiça social. Sua observância é, pois, obrigatória para a interpretação de qualquer norma constitucional, devido à força centrípeta que possui, atraindo em torno de si o conteúdo de todos os direitos básicos e inalienáveis do homem"[482].

Assim, a constitucionalização da dignidade da pessoa humana no ordenamento jurídico brasileiro denota a importância que o princípio assume no âmbito nacional. Dentre suas diversas funções, destacam-se as seguintes: a) reconhecer a pessoa como fundamento e fim do Estado; b) contribuir para a garantia da unidade da Constituição; c) impor limites à atuação do poder público e à atuação dos cidadãos; d) promover os direitos fundamentais; e) condicionar a atividade do intérprete; f) contribuir para a caracterização do mínimo existencial.

O reconhecimento da dignidade da pessoa como fundamento do Estado brasileiro aponta para a grande valorização que nosso sistema atribui aos direitos humanos[483].

Após duros períodos de repressão e autoritarismo, é possível constatar, através do texto da atual Constituição brasileira, a conquista normativa de preservação e promoção de um dos mais importantes atributos de todo ser humano: a dignidade.

Desse modo, o Estado não pode utilizar-se da pessoa como simples mecanismo do poder ou mero objeto necessário à realização de determina-

---

482 BULOS, Uadi Lammêgo. *Constituição Federal anotada*. São Paulo: Saraiva, 2002, p. 49-50.
483 NOVAIS, Jorge Reis. *Direitos fundamentais: trunfos contra a maioria*. Coimbra: Ed. Coimbra, 2006, p. 30: "O princípio da dignidade da pessoa humana acaba, assim, por constituir o fundamento da concepção dos direitos como trunfos, porque é dessa igual dignidade de todos que resulta o direito de cada um conformar autonomamente a existência segundo as suas próprias concepções e planos de vida que têm à luz do Estado de Direito fundado na dignidade da pessoa humana, o mesmo valor de quaisquer outras concepções ou planos de vida, independentemente da maior ou menor adesão social que concitem. (...) à luz do Estado de Direito fundado na dignidade da pessoa humana, a opinião de cada um, e a possibilidade de a exprimir, de lutar por ela e de viver segundo os próprios padrões, é tão valiosa quanto a opinião de outro".

dos objetivos, mas deverá sempre procurar proporcionar o máximo de bem-estar possível aos indivíduos e promover condições para que toda pessoa possa desenvolver-se com dignidade.

Sendo assim, o princípio da dignidade humana[484], mais do que qualquer outro, reconhece a máxima kantiana segundo a qual o homem é um fim em si mesmo.

A partir dessa análise, pode-se concluir que o Estado existe em função do homem, e este nunca poderá ser simples meio para a atuação do Estado. É justamente partindo desse pressuposto que se justificam as demais funções que o princípio em questão abrange. O princípio da dignidade humana agrega outro em torno de si: o princípio da igualdade entre os homens.

A dignidade é atributo que deve ser preservado e garantido a toda e qualquer pessoa humana, sem qualquer tipo de discriminação, possuindo conotação universal. Logo, reconhecer o princípio da dignidade da pessoa humana significa dotar o indivíduo de um valor supremo, que o torna sujeito de direitos que, inerentes a sua condição humana, devem sempre ser observados pelo Estado. Vale ressaltar as palavras de Celso Antônio Bandeira de Mello ao afirmar que "a lei não deve ser fonte de privilégios ou perseguições, mas instrumento regulador da vida social que necessita tratar equitativamente[485] todos os cidadãos"[486].

Outra função do princípio da dignidade humana é justamente contribuir para a garantia da unidade da Constituição, que, como norma funda-

---

[484] Segundo ATTAL-GALY, Yael. *Droits de l'homme et catégories d'individus*. Paris: LGDJ, 2004, p. 482, a dignidade da pessoa humana "devient ainsi le concept juridique qui désigne ce qu'il y a d'humain dans l'homme, et c'est pourquoi elle est inhérente à tous les membres de la famille humaine et tout ce qui tend à déshumaniser l'homme – c'est-à-dire à l'exclure de la communauté des humains – sera considéré comme une atteinte à cette dignité. La dignité va donc évoluer, mais en conservant son sens premier, qui est de représenter juridiquement le refus de l'exclusion et de la dégredation de l'humain dans l'homme".

[485] Apesar de o princípio da isonomia (ou igualdade substantiva) poder ser encontrado no pensamento de Aristóteles, devemos lembrar que ele era utilizado para justificar o tratamento diferenciado para os "setores" da sociedade ateniense: os cidadãos, os escravos, os estrangeiros, as mulheres etc. Cada um desses grupos tinha um tratamento desigual, cuja manutenção era justificada por uma concepção "segregadora" desses setores. Portanto, na perspectiva aristotélica é importante perceber que a igualdade consiste em tratar igualmente os iguais e desigualmente os desiguais.

[486] MELLO, Celso Antônio Bandeira de. *O conteúdo jurídico do princípio da igualdade*. São Paulo: Malheiros, 2000, p. 10.

mental, é capaz de coordenar o sistema jurídico e, através da utilização de outros princípios e regras de interpretação, contribuir para a devida harmonização entre as normas. Sob esse aspecto, verifica-se a importância do conceito de sistema para a ciência do direito. Segundo Claus-Wilhelm Canaris, "a função do sistema na Ciência do Direito reside, por consequência, em traduzir e desenvolver a adequação valorativa e a unidade interior da ordem jurídica. (...) As características do conceito geral do sistema são a ordem e a unidade"[487].

Desse modo, a finalidade do princípio da unidade é justamente proporcionar o perfeito entrosamento entre as normas constitucionais, evitando interpretações contraditórias.

Assim sendo, a dignidade da pessoa humana deve funcionar como núcleo orientador de todo o ordenamento jurídico brasileiro, servindo de base ao princípio da unidade, uma vez que os direitos fundamentais, orientando a interpretação constitucional, estão inseridos na concepção de dignidade humana. Nas palavras de Luís Roberto Barroso: "a Constituição não é um conjunto de normas justapostas, mas um sistema normativo fundado em determinadas ideias que configuram um núcleo irredutível (...). O princípio da unidade é uma especificação da interpretação sistemática, e impõe ao intérprete o dever de harmonizar as tensões e contradições entre normas. Deverá fazê-lo guiado pela grande bússola da interpretação constitucional: os princípios fundamentais, gerais e setoriais inscritos ou decorrentes da Lei Maior"[488].

O princípio em questão também possui uma função desconstitutiva, na medida em que nega a validade de qualquer ato normativo capaz de afrontar a dignidade humana. Por essa análise, o Estado deve abster-se de praticar qualquer conduta atentatória a tal princípio, ainda que não colida frontalmente com a Constituição Federal[489].

---

[487] CANARIS, Claus-Wilhelm. *Pensamento sistemático e conceito de sistema na ciência do direito*. 2. ed. Lisboa: Fundação Calouste Gulbenkian, p. 23.
[488] BARROSO, Luís Roberto. *Interpretação e aplicação da Constituição*. São Paulo: Saraiva, 2000.
[489] SARMENTO, Daniel, op. cit., p. 71, afirma que "a dignidade da pessoa humana impõe-se como limite indeclinável para a atuação do Estado, estabelecendo-se uma dimensão negativa ao princípio. Todo ato que se revelar atentatório à dignidade será inválido e desprovido de eficácia jurídica, ainda que não colida frontalmente com qualquer dispositivo constitucional".

A legitimidade do poder estatal tem como um de seus pressupostos a garantia da dignidade humana. Assim, harmonizar ideais de soberania popular e limitação do poder torna-se o papel fundamental do constitucionalismo, que, tendo por base a dignidade humana, propõe-se a evitar que atos atentatórios aos direitos fundamentais sejam permitidos.

Cumpre ressaltar que a incidência desse princípio também impõe limites e orienta as relações privadas, que devem ser estabelecidas de acordo com os princípios constitucionais, levando em consideração a constitucionalização do direito privado[490].

A clássica dicotomia entre público e privado se ofusca, visto que muitos conteúdos, antes exclusivamente regulados pelo Código Civil, agora também devem ser observados à luz da Constituição, que contém princípios que abrangem as relações interindividuais privadas, por exemplo, a função social da propriedade e o reconhecimento constitucional da igualdade entre os filhos.

Torna-se imprescindível buscar no princípio da dignidade da pessoa humana o alicerce para a interpretação do direito. Nas palavras de Aronne: "Podemos afirmar que a fragilização da dicotomia entre o público e o privado se dá com o surgimento dos direitos e garantias fundamentais de 2ª geração, ou seja, quando o Estado se compromete com a garantia de um 'mínimo social', abandonando o papel absenteísta, passando a intervir socialmente. Desta forma, o direito civil sofre os contornos dados pelos direitos e garantias fundamentais, a constituição deixa de ser mera organização

---

[490] NOVAIS, Jorge Reis, op. cit., p. 80: "Ao contrário do que se pensava e acontecia nos primórdios do Estado de Direito, os direitos fundamentais não têm já como exclusivo *inimigo* o Estado; as ameaças aos direitos fundamentais provêm também, e por vezes com maior gravidade, dos poderes privados e dos outros particulares e daí que não faça sentido procurar manter, hoje, a perspectiva exclusivista dos direitos fundamentais contra o Estado. A liberdade individual é indivisível, não pode ser protegida face ao Estado e ser deixada abandonada face às violações dos particulares; se as ameaças à liberdade são multidimensionais, então os destinatários dos direitos fundamentais devem ser igualmente tanto as entidades públicas como privadas. Não faria, assim, qualquer sentido proceder a uma sacralização da autonomia privada contra os direitos fundamentais. Para ser coerente e eficaz, o sistema de garantias deveria operar frente ao poder, sem adjetivos, público ou privado, o que reclamaria o prolongamento da lógica própria do estado de Direito (a submissão do poder a regras e limites jurídicos para preservar a liberdade) no âmbito das relações entre indivíduos e poderes privados e, logo, direitos fundamentais como direitos subjetivos oponíveis a particulares".

formal do Estado, guardando também um conteúdo axiológico que deve irradiar-se a todo o ordenamento"[491].

Percebe-se que a dignidade da pessoa humana como fundamento do Estado brasileiro também se traduz pela luta para a maior efetividade possível dos direitos fundamentais, pela concretização de uma convivência digna, livre e que proporcione igualdade de oportunidades a todas as pessoas, reconhecendo as individualidades[492].

O Estado possui papel fundamental na efetivação dos direitos fundamentais, constituindo um desrespeito à dignidade humana um governo que ignore as desigualdades sociais, que se omita nas questões referentes à miséria, à fome e à exclusão social, enfim, que careça de políticas comprometidas com a efetividade dos direitos fundamentais[493].

Promover a dignidade é dar efetiva proteção aos direitos fundamentais da pessoa humana, consoante José Afonso da Silva: "No qualitativo fundamentais acha-se a indicação de que se trata de situações jurídicas sem as quais a pessoa humana não se realiza, não convive e, às vezes, nem mesmo

---

[491] ARONNE, Ricardo. *Por uma nova hermenêutica dos direitos reais limitados*. Rio de Janeiro: Renovar, 2001.

[492] NOVAIS, Jorge Reis, op. cit., p. 95: "Quando se parte da pretensa necessidade de aplicabilidade direta dos direitos fundamentais nas relações entre particulares por razões que têm a ver com as ameaças e lesões que outros particulares e os chamados poderes privados podem fazer impender sobre a liberdade individual, dever-se-ia ter em conta que o tipo de ameaça, lesão ou violação mais frequente no domínio das relações privadas é o que se relaciona com as discriminações, o tratamento inigualitário, o desfavorecimento arbitrário, os privilégios injustificados, a perseguição ou o assédio em função de fatores suspeitos, como a raça, o sexo, a orientação sexual, o território de origem, a ideologia ou a religião. Ou seja, a zona mais vitalmente carecida de proteção nas relações entre particulares é a que respeita à igualdade. De resto, o princípio da igualdade é um princípio que está na origem e em torno do qual gira toda a racionalidade e estruturação do Estado constitucional".

[493] QUEIROZ, Cristina M. M. *Direitos fundamentais: teoria geral*. Coimbra: Ed. Coimbra, 2002, p. 157, sustenta que: "é no Estado social, constitucionalizado pela cláusula do Estado de Direito Democrático que se impõem 'mandatos de atuação' para os poderes públicos, descrevendo, ao mesmo tempo, 'deveres de proteção' para o Estado. (...) O que se deve entender por Estado de Direito Democrático, o legislador não diz. Tratar-se-á, todavia, da consagração constitucional do Estado social de direito como formação histórica resultante da integração, mais ou menos harmônica, dos processos intervencionalistas dos poderes públicos no modelo originário do Estado liberal, vinculando a uma certa estabilização o modelo democrático da sociedade coincidente com essa intervenção. O Estado assume a 'procura existencial', estendendo e incrementando a sua atividade protetora até à sociedade".

sobrevive; fundamentais do homem no sentido de que a todos, por igual, devem ser, não apenas formalmente reconhecidos, mas concretamente e materialmente efetivados"[494].

Outra importante função do princípio da dignidade da pessoa humana diz respeito ao seu papel hermenêutico, a ser apresentado em tópico específico, condicionando a atividade do intérprete na aplicação do direito positivo, servindo de critério para a ponderação de interesses. No caso de colisão concreta entre princípios, caberá ao intérprete, observando a proporcionalidade, optar pela solução que dê a maior amplitude possível ao princípio da dignidade da pessoa humana.

Além dos pontos até aqui abordados, a consagração constitucional da dignidade da pessoa humana também resulta na obrigação do Estado de garantir à pessoa humana um patamar mínimo de recursos, abaixo do qual nenhum ser humano pode estar, sob pena de ter violada a sua dignidade.

Isto posto, dentro da inevitável abstração que envolve tal princípio, deve-se buscar um núcleo, composto de direitos essenciais à existência da pessoa, que, constituindo-se como regra, minimize o problema da abstração e também dos custos.

Sob esse aspecto, configura-se o mínimo existencial, núcleo irredutível da dignidade da pessoa humana, composto, basicamente, por direitos sociais: "A conclusão, portanto, é que há um núcleo de condições materiais que compõe tanto a noção de dignidade de maneira tão fundamental que sua existência impõe-se como uma regra, um comando biunívoco, e não como um princípio. Ou seja: se tais condições não existirem, não há o que ponderar ou otimizar, ao modo dos princípios; a dignidade terá sido violada, da mesma forma como as regras o são. (...) Note-se que em um Estado democrático e pluralista é conveniente que seja assim, já que há diversas concepções da dignidade que poderão ser implementadas de acordo com a vontade popular manifestada a cada eleição. Nenhuma delas, todavia, poderá deixar de estar comprometida com essas condições elementares necessárias à existência humana (mínimo existencial)[495], sob pena de violação de sua digni-

---

494 SILVA, José Afonso da, op. cit., p. 163-164.
495 BARCELLOS, Ana Paula de, op. cit., p. 259, identifica o "mínimo existencial" nesta passagem: "Na linha do exame sistemático da própria Carta de 1988, o mínimo existencial que ora se concebe é composto de quatro elementos, três materiais e um instrumental, a saber: a educação fundamental, a saúde básica, a assistência aos desamparados e o acesso à Justiça. Esses quatro pontos correspondem ao núcleo da dignida-

dade que, além de fundamento e fim da ordem jurídica, é pressuposto da igualdade real de todos os homens e da própria democracia"[496].

Sem embargo, as formulações em torno do mínimo existencial expressam que este apresenta uma vertente garantística e uma vertente prestacional. A feição garantística impede agressão do direito, isto é, requer cedência de outros direitos ou de deveres (pagar imposto, p. ex.) perante a garantia de meios que satisfaçam as mínimas condições de vivência digna da pessoa ou da sua família. Nesse aspecto, o mínimo existencial vincula o Estado e o particular. A feição prestacional tem caráter de direito social, exigível em face do Estado. Neste caso, não se pode deixar de equacionar se esse mínimo é suficiente para cumprir os desideratos do Estado Democrático de Direito[497].

1.1 Dignidade da pessoa humana e o mínimo existencial

Um dos problemas em relação ao aspecto prestacional do mínimo existencial consiste em determinar quais prestações de direitos sociais conformam seu núcleo. Caso seja vencida essa etapa, ainda assim perdurará a dificuldade de saber em relação a cada direito particular qual a extensão da obrigação do Estado de prover ou satisfazer a necessidade ou interesse social ou econômico tutelados pelo direito. Quando determinado direito social é reconhecido a certas pessoas ou grupos em determinada medida, fica a dúvida sobre a possibilidade de estabelecer juízos de comparação entre a situação dos beneficiários, controlando a legalidade e a razoabilidade do fator de diferenciação utilizado pelo Estado ao prover, garantir ou promover seletivamente os interesses tutelados pelo direito.

Enfim, a questão do mínimo existencial suscita inúmeras controvérsias, por exemplo, a conceituação, a identificação de quais prestações são indispensáveis para a manutenção de uma vida digna, a função do Estado na promoção e proteção do mínimo existencial, entre outras. Toda essa discussão tem como pano de fundo o papel do Direito diante da escassez de recurso e traz à tona a indagação se a escassez de bens ou a necessidade sem satisfação, as carências de muitas pessoas, podem ser resolvidas com a in-

---

de da pessoa humana a que se reconhece eficácia jurídica positiva e o status de direito subjetivo exigível diante do Poder Judiciário".
496 Idem, p. 194.
497 GUERRA, Sidney; EMERIQUE, Lilian. Dignidade da pessoa humana e o direito ao mínimo vital. *Revista da Faculdade de Direito de Campos,* Campos dos Goitacazes: Ed. FDC, ano VII, n. 9, jul./dez. 2006, p. 379-397.

tervenção do Direito na forma de direitos fundamentais ou não. Como compaginar objetivos diversos cujo cumprimento simultâneo resulta problemático? Ainda supondo que um direito pudesse ser garantido plenamente, não iria isso muitas vezes em detrimento da satisfação de outros? Em tal caso, como arbitrar entre eles? Trata-se do problema da escassez entendida como incapacidade de satisfazer objetivos múltiplos sob restrições. Esse problema existe realmente? Não deveriam ser os direitos fundamentais mutuamente compatíveis e complementares?

As respostas aos questionamentos lançados de acordo com Salvador Barbera passam pela atitude de abandonar posturas absolutas em relação a qualquer objetivo concreto que se formule a respeito das formas alternativas de organização social, e em favor de definir graus de cumprimento de cada um, incluídos os de satisfação de distintos direitos, o que permitiria arbitrar entre uns e outros em cada momento ou inclusive discutir as possibilidades de ir aumentando as cotas de satisfação de distintos direitos com o passar do tempo[498].

Salvador Barbera flexibiliza a posição relativista, aceitando a existência de mínimos absolutos, de acordo com os quais a defesa das liberdades e demais direitos deveria adquirir prioridade total, porque deixam de entrar em conflito entre si. Se a desigualdade é um conceito relativo, assim devem ser interpretados os distintos índices que procuram medi-la. Por isso, defende que a posição relativista no tratamento dos graus de cumprimento de uns direitos em face de outros, e em relação inclusive com outros objetivos como o crescimento e a eficiência, só pode se sustentar em sociedades onde as cotas mínimas de satisfação de direitos estejam garantidas. Só uma vez solucionadas as situações de pobreza desesperada pode-se ter políticas distributivas sofisticadas. Só depois de garantidos direitos elementares pode-se permitir refinamentos acerca de quais verem mais satisfeitos que outros, e em que níveis[499].

De modo geral, pode-se afirmar que, em relação aos direitos sociais de cunho prestacional, existem obrigações genéricas do Estado que devem ser atendidas. Na opinião de Victor Abramovich e Christian Courtis[500], seriam elas:

---

498 BARBERA, Salvador. Escasez y derechos fundamentales. In: SAUCA, José Maria. *Problemas actuales de derechos fundamentales*. Madrid: Instituto de Derechos Humanos Bartolomé de las Casas, 1994, p. 226-227.
499 Idem, 227.
500 ABRAMOVICH, Victor; COURTIS, Christian. *Los derechos sociales como derechos exigibles*. 2. ed. Madrid: Editorial Trotta, 2004, p. 79-116.

a) Obrigação de adotar medidas imediatas – O Estado deverá implementar, em um prazo razoavelmente breve, atos concretos, deliberados e orientados o mais claramente possível à satisfação da obrigação, e a ele cabe justificar por que não avançou na consecução do objetivo. Dentre as obrigações imediatas do Estado destacam-se: i) *Obrigação de adequação do marco legal*; ii) *Obrigação de vigilância efetiva, informação e formulação de plano*; iii) *Obrigação de provisão de recursos efetivos*.

b) Obrigação de garantir níveis essenciais dos direitos – O Estado deve demonstrar todo o esforço realizado para utilizar com prioridade a totalidade dos recursos que estão a sua disposição.

c) Obrigação de progressividade e proibição de retrocesso – A noção de progressividade demanda o reconhecimento de que a satisfação plena dos direitos prestacionais supõe uma gradualidade e um progresso nas melhorias de condições de gozo e exercício dos direitos sociais. No caso de retrocesso, cabe ao Estado demonstrar a estrita necessidade da medida, comprovando: i) a existência do interesse estatal permissível; ii) o caráter imperioso da medida; iii) a inexistência do curso de ações alternativas menos restritivas do direito em questão.

A questão do mínimo existencial dentro de uma modalidade prestacional convive com a complexidade de definição de quais direitos e em que amplitude podem ser caracterizados como fundamentais dentre os direitos sociais estipulados na Constituição. Tanto a doutrina interna como a externa esbarram no problema da subjetividade do estabelecimento do padrão de referência ideal para a consecução de condições mínimas indispensáveis para a manutenção digna da vida.

Sarlet, em estudo sobre a eficácia dos direitos fundamentais, aponta para a necessidade de reconhecimento de certos direitos subjetivos a prestações ligados aos recursos materiais mínimos para a existência de qualquer indivíduo. A existência digna, segundo ele, estaria intimamente ligada à prestação de recursos materiais essenciais, devendo ser analisada a problemática do salário mínimo, da assistência social, da educação, do direito à previdência social e do direito à saúde[501].

Na concepção de Torres, os direitos referentes ao mínimo existencial incidiriam sobre um conjunto de condições que seriam pressupostos para

---

501 SARLET, Ingo Wolfgang. *A eficácia dos direitos fundamentais*. 2. ed. Porto Alegre: Livraria do Advogado, 2001, p. 322-323.

o exercício da liberdade[502]. Esse autor sustenta a ideia de metamorfose dos direitos sociais em mínimo existencial[503]. Tal posicionamento reduz o caráter fundamental dos direitos sociais fora do âmbito do mínimo existencial, extraindo sua plenitude, colocando-os em patamares inferiores, mínimos, de eficácia. O conjunto dos direitos sociais praticamente em sua integralidade forma o bloco constitucional dos direitos fundamentais, e a identificação com níveis mínimos, em que pese a contribuição para buscar um nível de garantia mais adequado aos referidos direitos, acaba por menosprezar seu impacto, deixando a cargo do Estado a cômoda condição de oferecer apenas o mínimo, ainda que esse grau seja insatisfatório. Uma verdadeira ótica de implementação dos direitos sociais prestacionais não coaduna com nivelamentos que excluem determinados direitos ou diminuem as dimensões destes, até porque essa postura acentua as desigualdades socioeconômicas[504].

Embora a proposta referida tenha por objetivo evitar a total ineficácia jurídica de vários dispositivos sobre direitos sociais, cabe aclarar que não se deve confundir a materialidade do princípio da dignidade da pessoa humana com o mínimo existencial, nem se pode reduzir o mínimo existencial ao direito de subsistir. Apesar de a vasta extensão dos direitos sociais gerar problemas relacionados à amplitude de sua eficácia e comprometer a credibilidade da construção do Estado Democrático de Direito, não se justifica partir para versões minimalistas, abandonando de vez uma visão mais global.

As restrições de direitos fundamentais se justificam quando não violam o núcleo essencial de determinado direito e são previstas ou autorizadas na Lei Maior. Portanto, ainda que sejam direitos sociais, apenas podem ocorrer limitações se fundadas na própria Constituição, e não baseadas no alvedrio do intérprete, bem como devem respeitar o núcleo essencial do direito caso sejam objeto de desdobramentos legislativos.

---

502 TORRES, Ricardo Lobo. *Os direitos humanos e a tributação: imunidades e isonomia.* Rio de Janeiro: Renovar, 1998, p. 128-129; TORRES, Ricardo Lobo (Org.). *Teoria dos direitos fundamentais.* 2. ed. Rio de Janeiro: Renovar, 2002, p. 267.
503 TORRES, Ricardo Lobo. Metamorfose dos direitos sociais em mínimo existencial. In: SARLET, Ingo Wolfgang. *Direitos fundamentais sociais: estudos de direito constitucional, internacional e comparado.* Rio de Janeiro: Renovar, 2003, p. 1-46.
504 Como demonstrado acima, BARCELLOS, Ana Paula de, op. cit., p. 305, identifica-o como o núcleo sindicável da dignidade da pessoa humana e inclui como proposta para sua concretização os direitos à educação fundamental, à saúde básica, à assistência no caso de necessidade e o acesso à Justiça, todos exigíveis judicialmente de forma direta.

Os valores de ordem econômica não são postos como absolutos, que sobressaiam à efetivação dos direitos sociais, cujo propósito consiste na concretização dos princípios da igualdade e da dignidade da pessoa humana. Embora seja preciso ter certa dose de cautela para não cair no extremo de pensar que o Estado pode tudo, também não se deve admitir que não possa nada ou quase nada em função das crises econômicas. Nesse meio-termo se situa a necessidade de equilíbrio entre a dinâmica de emprego da reserva do possível em seu grau máximo, principalmente impedindo retrocessos nas conquistas sociais.

Desse modo, a questão da eficácia dos direitos sociais, associada ao atendimento do princípio da reserva do possível, dadas as situações de escassez enfrentadas pelo Estado, não deve ser tomada de forma absoluta ou como dogma da economia globalizada. Antes, o princípio em questão deve ser conjugado com a ideia de otimização dos recursos mediante o emprego do máximo possível para promover a eficácia dos direitos mencionados.

Vale mencionar a experiência na jurisprudência em relação ao mínimo existencial no aspecto prestacional. Destaca-se a interessante decisão proferida pelo relator Ministro Celso Mello em sede da Ação de Descumprimento de Preceito Fundamental n. 45 MC/DF, promovida contra o veto presidencial sobre o § 2º do art. 55 (renumerado para art. 59), de proposição legislativa que se converteu na Lei n. 10.707/2003 (LDO), destinada a fixar as diretrizes pertinentes à elaboração da lei orçamentária anual de 2004. Embora a ação tenha sido julgada prejudicada em virtude da perda superveniente do objeto devido à edição da lei mencionada, o relator posiciona-se em relação à idoneidade desta para viabilizar a concretização de políticas públicas, quando, previstas no texto constitucional (no caso a EC n. 29/2000), venham a ser descumpridas, total ou parcialmente, pelas instâncias governamentais destinatárias do comando. Invoca inclusive a importância do papel conferido ao Supremo Tribunal Federal no exercício da jurisdição constitucional de tornar efetivos os direitos, econômicos, sociais e culturais. Assim, mesmo com as limitações em torno da cláusula da reserva do possível, existe a necessidade de preservação, em favor dos indivíduos, da integridade e da intangibilidade do núcleo essencial que constitui o mínimo vital[505].

---

505 ADPF 45 MC/DF, rel. Min. Celso Mello. Ementa: "Arguição de descumprimento de preceito fundamental. A questão da legitimidade constitucional do controle e da in-

Enfim, é preciso uma ação e um padrão mais uniformizado de atuação dos poderes estatais na realização dos direitos sociais com o intuito de assegurar o mínimo existencial, para evitar que a falta de vontade política e medidas e decisões parciais sejam adotadas, produzindo categorias variadas de oferecimento de prestações de conteúdo universal. Contudo, com isso não se pretende partir para a defesa de um mínimo próprio a cada direito, porque seria o mesmo que nivelar por baixo direitos que não foram hierarquizados na Constituição.

Uma seara um pouco menos controvertida diz respeito ao mínimo existencial enquanto objeto de dimensão negativa por parte do Estado. Nesse campo, mais especificamente, é possível sustentar a adoção de medidas protetoras das mínimas condições de vida digna para as pessoas, principalmente se tais medidas pretendem evitar ações predatórias relacionadas ao poder de tributar exercido pelo Estado, garantindo as condições iniciais de liberdade e a intributabilidade do mínimo vital.

A imunidade do mínimo existencial se situa aquém da capacidade contributiva, da mesma forma que a proibição de confisco veda a incidência além da aptidão de pagar. Em outras palavras, a capacidade contributiva começa além do mínimo necessário à existência humana digna[506]. O mínimo vital no plano tributário é fundamento do princípio da capacidade contributiva e do princípio da igualdade substancial. Com isso são vedadas medidas que configurem desrespeito à capacidade contributiva e que gerem efeitos confiscatórios.

---

tervenção do Poder Judiciário em tema de implementação de políticas públicas, quando configurada hipótese de abusividade governamental. Dimensão política da jurisdição constitucional atribuída ao Supremo Tribunal Federal. Inoponibilidade do arbítrio estatal à efetivação dos direitos sociais, econômicos e culturais. Caráter relativo da liberdade de conformação do legislador. Considerações em torno da cláusula da 'reserva do possível'. Necessidade de preservação, em favor dos indivíduos, da integridade e da exigibilidade do núcleo consubstanciador do 'mínimo existencial'. Viabilidade instrumental da arguição de descumprimento no processo de concretização das liberdades positivas (direitos constitucionais de segunda geração)". Fonte: www.interessepublico.com.br/content/imprime.asp?id=8855.

506 Defendem a vinculação dos tributos ao mínimo vital, entre outros: TORRES, Ricardo Lobo, op. cit., p. 21-175; COÊLHO, Sacha Calmon Navarro. *O controle de constitucionalidade das leis e o poder de tributar na Constituição de 1988*. Belo Horizonte: Del Rey, 1992, p. 355-356, 373; COSTA, Regina Helena. *Princípio da capacidade contributiva*. 2. ed. São Paulo: Malheiros, 1996, p. 56, 65-68.

2. OS DIREITOS DA PESSOA HUMANA NA ORDEM JURÍDICA INTERNA: DIREITOS FORMAL E MATERIALMENTE FUNDAMENTAIS

O reconhecimento da dignidade da pessoa humana como um dos fundamentos da República Federativa do Brasil (art. 1º, III, da CR/88) constitui-se em marco importante, uma vez que tal valor impõe-se como critério de orientação e interpretação de todo o ordenamento. A dignidade da pessoa humana representa significativo vetor interpretativo, verdadeiro valor-fonte que conforma e inspira o ordenamento jurídico dos Estados de Direito.

Os valores da dignidade da pessoa humana se apresentam como parâmetros axiológicos a orientar o texto constitucional brasileiro, devendo-se acrescentar a ideia que vem estampada no princípio da máxima efetividade das normas constitucionais relativas aos direitos e garantias fundamentais.

Ademais, as normas de proteção dos direitos da pessoa humana não se exaurem no direito interno do Estado. Ao contrário, existem direitos que são incorporados à ordem jurídica interna em razão dos tratados internacionais, fazendo inclusive com que ocorra uma transmutação hermenêutica dos direitos fundamentais[507].

De fato, a Constituição alberga as opções políticas fundamentais de uma comunidade, portanto se sujeita às variações temporais e espaciais identificadoras, em cada caso, do povo e da época histórica que visa regular. O fenômeno político está em grande parte normativamente disciplinado no estatuto constitucional. Contudo, as Constituições não visam esgotar a ordenação do aspecto político de um povo. Isso porque seria impossível atender a tamanha demanda, e, ainda que fosse razoável responder favoravelmente a esse esforço, seria problemático, visto que a Constituição tornar-se-ia um entrave às mudanças características da dinâmica social.

A Constituição, como estatuto jurídico do político, define os princípios políticos constitucionalmente estruturantes, estipula a configuração e disposição organizacional do Estado e do governo, estabelece as atribuições e competências constitucionais dos órgãos de direção política e determina princípios, formas e processos fundamentais da formação da

---

[507] Conforme acentuado em GUERRA, Sidney. *Os direitos humanos na ordem jurídica internacional e reflexos na ordem constitucional brasileira*. 2. ed. São Paulo: Atlas, 2014.

vontade política e das tomadas de decisão pelos órgãos político-constitucionais[508]. Assim, a Constituição versa sobre as feições e meio de construção e exprime o poder como instrumento de vontade e decisão; é uma expressão normativa das forças políticas e sociais e estabelece medidas e fins ao processo político.

No Brasil, após o período de governo militar, as "forças políticas e sociais" influenciaram diretamente as linhas adotadas para a elaboração da Constituição vigente, isto é, fizeram com que o Estado brasileiro experimentasse um novo momento em relação à valorização da pessoa humana, em que deixava para trás o cerceamento, o aviltamento e a limitação de liberdades, consagrando em seu texto constitucional um rol significativo de direitos fundamentais.

Com efeito, as expressões "direitos humanos" e "direitos fundamentais" são comumente utilizadas, como demonstrado no Capítulo I desta obra, para indicar os direitos inerentes à pessoa humana. Relembre-se, por oportuno, que os direitos humanos são as situações jurídicas que, valendo para todos os povos e sendo comuns a todos os homens, e tendo por isso uma validade pelo menos moral, resultam da natureza ou da condição do homem e que o Direito Internacional reconhece, ao passo que os direitos fundamentais se aplicam em determinada ordem jurídica estatal. José Alexandrino, contribuindo para o debate e de maneira didática, formulou as seguintes considerações acerca do tema:

> "Os direitos humanos não se diferenciam dos direitos fundamentais nem pelo exclusivo da referência a valores éticos superiores, nem pela fundamentalidade, nem pela finalidade. O que distingue uns e outros são os traços seguintes: a) os direitos humanos podem ser direitos puramente morais, ao passo que os direitos fundamentais são sempre jurídicos; b) os direitos humanos não estão necessariamente positivados, ao passo que os direitos fundamentais são direitos previstos na constituição; c) os direitos humanos apresentam uma pretensão de vinculatividade universal, ao passo que os direitos fundamentais vinculam, sobretudo o Estado, no âmbito de uma ordem jurídica concreta, situada no espaço e no tempo; d) os direitos humanos são, em regra, direitos abstratos, ao passo que os direitos fundamentais incorporam tradicionalmente garantias jurídicas concretas e delimitadas, imediatamente acionáveis pelos interessados; e)

---

508 CANOTILHO, José Joaquim Gomes. *Direito constitucional e teoria da Constituição*. 2. ed. Coimbra: Almedina, 1998, p. 1081-1082.

nada impede que os direitos humanos possam, em certos casos e para certos efeitos, ser concebidos como fins ou como programas morais de reforma ou de ação política, ao passo que os direitos fundamentais necessitam sempre de determinados mecanismos de garantia jurisdicional"[509].

Antonio-Enrique Pérez Luño conceitua direitos fundamentais como os direitos humanos garantidos pelo ordenamento jurídico positivo, que, na maior parte dos casos, estão na norma constitucional, e que almejam gozar de uma tutela reforçada, uma vez que possuem sentido mais preciso e estrito, descrevendo apenas o conjunto de direitos e liberdades jurídicas institucionalmente reconhecidos e garantidos pelo direito positivo. São direitos delimitados espacial e temporalmente, cuja denominação responde a seu caráter básico ou fundamentador do sistema jurídico político do Estado de Direito[510].

Ferrajoli propõe uma definição teórica e puramente formal ao apresentar seu conceito para direitos fundamentais: "son todos aquellos derechos subjetivos que corresponden universalmente a todos los seres humanos en cuanto dotados del status de personas, de ciudadanos o personas con capacidad de obrar; entendiendo por derecho subjetivo cualquier expectativa positiva (de prestaciones) o negativa (de no sufrir lesiones) adscrita a un sujeto por una norma jurídica. Esta definición es teórica en cuanto, aún estando estipulada con referencia a los derechos fundamentales positivamente sancionados por leyes y constituciones en las actuales democracias, prescinde de la circunstancia de hecho de que en este o en aquel ordenamiento tales derechos se encuentren o no formulados en cartas constitucionales o leyes fundamentales, e incluso del hecho de que aparezcan o no enunciados en normas de derecho positivo"[511].

Com efeito, esteio do constitucionalismo em sua concepção inicialmente liberal, os direitos do homem encontram-se referidos primeiramente na forma de declarações de direitos e, posteriormente, tornando-se parte expressiva de inúmeros documentos constitucionais, numa tendência mantida, aprimorada e ampliada com o passar do tempo.

---

509 ALEXANDRINO, José de Melo. *Direitos fundamentais: introdução geral*. Estoril: Princípia, 2007, p. 34-35.
510 LUÑO, Antonio-Enrique Pérez, op. cit., p. 46-47.
511 FERRAJOLI, Luigi. *Los fundamentos de los derechos fundamentales*. 2. ed. Madrid: Trota, 2005, p. 20.

Existe correlação entre as noções de Constituição e Estado de Direito e os direitos fundamentais, pois estes são essenciais na estruturação do Estado constitucional. Tão intrincada é essa interação que a possibilidade de dissociá-los inviabiliza a manutenção da ideia de um Estado constitucional democrático, o que, aliás, já foi mencionado por Hans Peter Schneider ao dizer que os direitos fundamentais são condições sem as quais não há Estado constitucional democrático[512].

Os direitos fundamentais podem ser diretamente conectados com a ideia de democracia. Percebe-se essa ligação, por exemplo, quando a liberdade de participação política do cidadão, como possibilidade de intervenção no processo decisório, e de exercício de efetivas atribuições inerentes à soberania (direito de voto, igual acesso aos cargos públicos etc.), complementa de modo indispensável as demais liberdades. A função decisiva exercida por esses direitos num regime democrático como garantia das minorias contra desvios do poder praticados pela maioria no poder, junto com a liberdade de participação, salienta a efetiva garantia da liberdade-autonomia.

A função limitativa do poder exercida pelos direitos fundamentais tem ênfase histórica, especialmente quando observados na dimensão negativa, ou seja, quanto ao dever de abstenção do Estado, geralmente exercido sob a forma das liberdades fundamentais. Por outro lado, o Estado democrático de direito tem nos direitos fundamentais um dos critérios de legitimação do poder estatal, de modo que o poder não se faz mediante o uso indiscriminado, arbitrário da força, nem pode manifestar-se alheio aos condicionamentos introduzidos pela ótica dos direitos fundamentais.

Para José Joaquim Gomes Canotilho, os direitos fundamentais são reserva de Constituição, isto é, tomam parte entre os elementos que identificam a posição do homem no mundo estruturante/estruturado da ordem constitucional e são reserva de justiça, o que significa dizer que há necessidade de uma ordem que aspire a ser justa. A mera legalidade formal não é suficiente, sendo preciso ter validade intrínseca, o que demanda ser um parâmetro da legitimidade formal e material da ordem jurídica estatal: "o fundamento de validade da constituição (legitimidade) é a dignidade do seu reconhecimento como ordem justa (Habermas) e a convicção, por parte da

---

512 SCHNEIDER, Hans Peter. *Democracia y Constitución*. Madrid: Centro de Estudios Constitucionales, 1991, p. 136.

coletividade, da sua 'bondade intrínseca'"[513]. Desse modo, os direitos fundamentais constituem-se de elementos de ordem jurídica objetiva, integrando um sistema valorativo que atua como fundamento material de todo o ordenamento jurídico.

Os direitos fundamentais apresentam dúplice caráter, como bem acentua Konrad Hesse: são direitos subjetivos e são elementos fundamentais da ordem objetiva da coletividade[514]. Como direitos subjetivos, os direitos fundamentais determinam e asseguram a situação jurídica do particular como homem e cidadão, garantindo um instituto jurídico ou liberdade de um âmbito de vida – dimensão individual. Trata-se de um *status* jurídico material de conteúdo determinado concretamente e limitado para o particular e para os poderes do Estado. São elementos fundamentais da consciência jurídica e legitimadores da ordem. Possuem um lado negativo (defesa contra poderes estatais) e um lado positivo (atualização das liberdades neles garantidas – liberdades positivas)[515].

Como dados fundamentais da ordem objetiva (dimensão coletiva), são determinantes, limitadores e asseguradores de *status* que integram o particular na coletividade. Convivem tanto na dimensão subjetiva quanto na objetiva, numa relação de complementaridade e fortalecimento recíproco. Os direitos fundamentais como direitos de defesa subjetivos do particular têm correspondência, como elemento de ordem jurídica objetiva, as determinações de competência negativa para os poderes do Estado. Esse caráter dos direitos fundamentais admite a determinação dos conteúdos fundamentais da ordem jurídica e ganha configuração nas ordens da democracia e do Estado de direito, através do processo de formação da unidade política e da atividade estatal. Enfim, normatizam os traços fundamentais da ordem da coletividade[516].

Sintetizando, os direitos fundamentais são alicerces de uma comunidade organizada política e juridicamente através de uma Constituição. Portanto, fazem parte da Constituição formal e material, demonstrando importância subjetiva e objetiva para a estruturação da ordenança coletiva[517].

---

513 CANOTILHO, José Joaquim Gomes, op. cit., p. 111.
514 HESSE, Konrad, op. cit., p. 228-229.
515 Idem, p. 230-235.
516 Ibidem, p. 239-240.
517 EMERIQUE, Lilian. Apontamentos sobre o regime jurídico dos direitos humanos fundamentais em Portugal, na Espanha e no Brasil. In: GUERRA, Sidney

De modo geral, a doutrina nacional e estrangeira situa os direitos fundamentais como direitos jurídico-positivamente constitucionalizados[518].

(Coord.). *Direitos humanos: uma abordagem interdisciplinar*. Rio de Janeiro: Freitas Bastos, 2007, v. 3, p. 167-186, apresenta interessantes considerações acerca do regime jurídico dos direitos fundamentais na Constituição brasileira de 1988: "Merece atenção a doutrina da aplicabilidade imediata de todos os direitos fundamentais constantes do catálogo (Título II), como também dos direitos dispersos pelo texto e os direitos decorrentes do regime e dos princípios constitucionalmente adotados e dos direitos oriundos dos tratados internacionais dos quais o país seja signatário, visto que não há nenhuma vedação constitucional expressa neste sentido. Na perspectiva de Sarlet, para dar seriedade aos direitos fundamentais é preciso levar em conta a disposição do art. 5º, § 1º, da Constituição vigente. O comando impõe aos órgãos estatais a maximização da eficácia dos direitos fundamentais. Contudo, não detém condições para transformar uma norma incompleta e carente de concretização em direito de aplicação imediata e plenamente eficaz. A proposta do autor situa-se naquilo que opina ser uma solução intermediária para assegurar melhores meios de afirmação e realização prática do enunciado sob exame. Resulta em uma exegese da norma observando seu caráter principiológico, considerando-a como um mandado de otimização ou maximização, isto é, deixando a cargo dos órgãos estatais o reconhecimento da maior eficácia possível aos direitos fundamentais. O comando da aplicabilidade imediata não tem por desígnio traduzir-se em uma lógica de 'tudo ou nada', por isso o seu alcance depende do exame concreto da hipótese contida na norma de direito fundamental. O preceito produz uma presunção em favor da aplicabilidade imediata das normas definidoras de direitos e garantias fundamentais, de modo que uma negativa de sua aplicação por falta de ato concretizador, deverá ser muito bem fundamentada. Os direitos fundamentais, de acordo com o princípio da aplicabilidade imediata, requerem dos poderes públicos os meios necessários para que alcance a maior eficácia possível, concedendo-lhes efeitos reforçados em relação às demais normas constitucionais, pois tal comando é um dos pilares da fundamentalidade formal dos ditos direitos no âmbito da Constituição. Assim, os direitos fundamentais são dotados, em relação às demais normas constitucionais, de maior aplicabilidade e eficácia, embora isso não signifique que não existam distinções quanto à graduação dessa aplicabilidade e eficácia, conforme a forma de positivação, do objeto e da função desempenhada por cada comando. Caso essa condição privilegiada fosse negada aos direitos fundamentais, acabar-se-ia, em última instância, negando-lhes a própria fundamentalidade. Compendiando, a norma do art. 5º, § 1º, da Constituição de 1988, contém um postulado otimizador da máxima eficácia possível, como também a presunção favorável a aplicabilidade imediata e a eficácia plena dos direitos fundamentais".

518 A título de exemplificação na doutrina estrangeira: CANOTILHO, José Joaquim Gomes. *Direito constitucional e teoria da Constituição*. 2. ed. Coimbra: Almedina, 1998, p. 347. MIRANDA, Jorge. *Manual de direito constitucional*. 3. ed. rev. e actual. Coimbra: Ed. Coimbra, 2000, t. 4, p. 7, afirma: "Por direitos fundamentais entendemos os direitos ou as posições jurídicas activas das pessoas enquanto tais, individual

Contudo, essa apreciação não deve ser tomada apenas em seu caráter formal[519], pois pode não retratar corretamente o sentido e o alcance conferidos pela Constituição aos direitos fundamentais, estando em desarmonia com sua feição sistêmica aberta[520].

Também obstaria imensamente a compreensão do conteúdo e do significado de certas disposições referentes a esses direitos. É o que se verifica em relação à norma contida no art. 5º, § 2º, na qual estão previstos como fundamentais não só os direitos referidos no corpo da atual Constituição, mas também os decorrentes do regime e dos princípios por ela adotados, ou dos tratados internacionais em que o Brasil seja signatário[521], isto é, si-

---

ou institucionalmente consideradas, assentes na Constituição, seja na Constituição formal, seja na Constituição material – donde, direitos fundamentais em sentido formal e direitos fundamentais em sentido material". SILVA, José Afonso da, op. cit., afirma que "direitos fundamentais do homem são situações jurídicas, objetivas e subjetivas, definidas no direito positivo, em prol da dignidade, igualdade e liberdade da pessoa humana".

519 A Constituição brasileira de 1988 consagra, em seu Título II, os Direitos e Garantias Fundamentais, cujo início se dá no art. 5º e se estende até o art. 17.

520 QUEIROZ, Cristina M. M., op. cit., p. 48: "Os direitos fundamentais surgem no estado constitucional como reação às ameaças fundamentais que circundam o homem. As funções específicas do perigo mudam historicamente, tornando-se necessários novos instrumentos de combate, que devem ser desenvolvidos, *sempre de novo,* em nome do homem. Isso significa uma *abertura de conteúdos, funções e de formas de proteção,* de modo a que todos esses direitos possam ser defendidos contra os 'novos' perigos que possam surgir no decurso do tempo. Este caráter *aberto* do catálogo e da garantia dos direitos fundamentais, seja no seu aspecto pessoal, seja ainda no seu aspecto institucional ou coletivo, vem expresso numa 'multiplicidade de formas de proteção jurídica'. Essas diferentes formas de proteção jurídica vêm exercidas pelos tribunais comuns, pelos tribunais de justiça constitucional e pelos tribunais internacionais. Os direitos fundamentais variam tanto no espaço (segundo o Estado constitucional) como no tempo (segundo o período histórico) no que concerne à distribuição de papéis no seu desenvolvimento jurídico. À dependência dos direitos fundamentais do texto constitucional contrapõe-se a sua dependência do contexto histórico social em que se movem. Não existem *numerus clausus* dos perigos. Daí a origem da expressão 'proteção dinâmica dos direitos fundamentais', utilizado pelo Tribunal Constitucional Federal Alemão, a que corresponde uma tutela 'flexível, móvel e aberta' desses direitos no seu conjunto".

521 Este ponto não será objeto de análise neste estudo. Todavia, a matéria foi devidamente enfrentada na obra *Os direitos humanos na ordem jurídica internacional e reflexos na ordem constitucional brasileira*. 2. ed. São Paulo: Atlas, 2014, pelo que se remete à leitura.

tuações onde não haja positivação direta e expressa de determinados direitos fundamentais.

Sem embargo, por fundamental se entende aquilo que é essencial, relevante, necessário, basilar, que serve de alicerce. A noção de direitos fundamentais está diretamente vinculada à característica da fundamentalidade. Conforme o tratamento doutrinário[522], um direito pode ser formal e materialmente fundamental[523]. Identificar essa dupla noção de um direito é um proeminente instrumento para auxiliar na interpretação do art. 5º, § 2º, da Constituição de 1988, que dispõe sobre a abertura do rol a direitos não positivados expressamente no seu texto.

Considera-se direito formalmente fundamental aquele que se encontra positivado na Constituição e que, por consequência: a) consiste em norma que toma assento na Constituição escrita e ocupa o topo de toda a ordem jurídica; b) é norma constitucional sujeita às limitações formais (procedimento agravado) e materiais (cláusulas pétreas) de reforma constitucional (emenda e revisão); c) é norma de aplicação imediata e vincula entidades públicas (constituem parâmetros materiais de escolhas, decisões, ações e controle dos órgãos legislativos, administrativos e jurisdicionais) e privadas[524].

São normas, portanto, que, como todas as demais normas constitucionais, contam com a supremacia no ordenamento jurídico e que, devido a

---

[522] Tivemos a oportunidade de enfrentar essa questão quando o ponto serviu para fundamentar a pesquisa desenvolvida para o Ministério da Justiça. GUERRA, Sidney; EMERIQUE, Lilian. A Emenda Constitucional n. 45/2004 e a constitucionalização dos tratados internacionais de direitos humanos no Brasil. *Relatório final apresentado ao* Ministério da Justiça – Secretaria de Assuntos Legislativos/PNUD Projeto Bra/07/004, 2007.

[523] MIRANDA, Jorge. *Manual de direito constitucional*. 3. ed. Coimbra: Ed. Coimbra, 2000, t. 4, p. 162, apresenta a experiência consagrada no constitucionalismo português: "(...) a Constituição aponta para um sentido material de direitos fundamentais: estes não são apenas os que as normas formalmente constitucionais enunciam; são ou podem ser também direitos provenientes de outras fontes, na perspectiva mais ampla da Constituição material. Não se depara, pois, no texto constitucional um elenco taxativo de direitos fundamentais. Pelo contrário, a enumeração (embora sem ser, em rigor, exemplificativa) é uma enumeração aberta, sempre pronta a ser preenchida ou completada através de novas faculdades para lá daquelas que se encontram definidas ou especificadas em cada momento. Daí poder apelidar-se o art. 16, I, de *cláusula aberta ou de não tipicidade* de direitos fundamentais".

[524] CANOTILHO, José Joaquim Gomes. *Direito constitucional e teoria da Constituição*. 2. ed. Coimbra: Almedina, 1998, p. 349.

sua importância para o indivíduo e para a coletividade, receberam tratamento diferenciado pelo poder constituinte, destacando-se a aplicação imediata de seus comandos e a maior proteção no que concerne à possibilidade de mudanças do seu conteúdo pelos poderes constituídos[525].

Por sua vez, considera-se direito materialmente fundamental aquele que é parte integrante da Constituição material, contendo decisões essenciais sobre a estrutura basilar do Estado e da sociedade e que podem ou não encontrar-se dispostas no texto constitucional sob a designação de direito fundamental. Assim sendo, a ideia de fundamentalidade material permite: a) a abertura da Constituição a outros direitos fundamentais não constantes do seu texto (apenas materialmente fundamentais) ou fora do catálogo, isto é, dispersos, mas com assento na Constituição formal; b) a aplicabilidade de aspectos do regime jurídico próprio dos direitos fundamentais em sentido formal a esses direitos apenas materialmente fundamentais[526].

A indicação do sentido formal e material de um direito fundamental vem consignada por Jorge Miranda quando apresenta seu entendimento de direitos fundamentais. Na ocasião, o autor adverte que todos os direitos fundamentais em sentido formal também o são em sentido material, contudo existem direitos em sentido material para além dos direitos em sentido formal. Portanto, os dois sentidos podem não coincidir[527].

Jorge Miranda também se preocupa em expor certas dúvidas e objeções levantadas sobre a concepção de direito fundamental em sentido material, sendo a primeira delas a neutralidade, que poderia supor-se equivalente a um radicalismo aos valores permanentes da pessoa humana. A segunda sugere que, por abarcar uma diversidade de concepções, poderia levar a um relativismo inseguro. A terceira pontua que conceber os direitos fundamentais como mera expressão escrita na Constituição de determinado regime político seria o mesmo que admitir que a não consagração ou a consagração insatisfatória, ou mesmo a violação sistemática de certos direitos, seria no mínimo natural, só porque foram considerados de menor relevância para um regime político. Nessa ótica, não faria diferença acrescentar a um direi-

---

525 EMERIQUE, Lilian M. Balmant. *Direito fundamental como oposição política*. Curitiba: Juruá, 2006, p. 152.
526 CANOTILHO, José Joaquim Gomes, op. cit., p. 349.
527 MIRANDA, Jorge, op. cit., p. 7-9.

to a designação de fundamental, pois esses direitos só seriam fundamentais quando dispostos como tais por determinado regime político[528].

O autor rebate essas críticas ao afirmar que, por serem os direitos fundamentais direitos básicos da pessoa que, em determinada época e lugar, constituem o nível da sua dignidade, dependem das filosofias políticas, sociais e econômicas e das circunstâncias históricas[529]. Desse modo, não predominaria uma visão imutável dos valores da pessoa humana, que se manteriam indeléveis às mudanças históricas operadas no homem e na sociedade.

O conceito de direitos fundamentais materiais não se reduz aos direitos estabelecidos pelo poder constituinte, mas são direitos procedentes da ideia de Constituição e de direito dominante, do sentimento jurídico coletivo, o que dificilmente os tornaria totalmente distanciados do respeito pela dignidade do homem concreto. Mesmo que a esse sentimento correspondesse uma Constituição material desfavorável aos direitos das pessoas, o problema não seria tanto dos direitos fundamentais em si mesmos, mas sim relativo ao caráter do regime político correspondente, que tem assento na questão de sua legitimidade[530].

Qualificar como direitos fundamentais apenas os direitos em sentido formal seria o mesmo que abandonar sua historicidade, pois de pronto se negaria a possibilidade de consagração de outros direitos, que, ao longo do tempo, adquiriram relevância para a sociedade, a ponto de serem considerados sob o caráter de sua fundamentalidade. Nota-se, a partir das considerações trazidas até o momento, que o caráter fundamental dos direitos não está diretamente relacionado à sua previsão na Constituição.

José Joaquim Gomes Canotilho apresenta uma noção daquilo que, em seu entendimento, é o critério constitucional (português) dos direitos fundamentais, segundo o qual é possível delimitar em extensão e profundidade o campo destes. Ele baseia-se nos valores essenciais consubstanciados no objeto dos direitos fundamentais reconhecidos: a liberdade, a democracia política e a democracia econômica e social. Esses valores constituem o pressuposto e o critério substancial dos direitos fundamentais, sendo impróprias e insuficientes as concepções reducionistas que

---

528 Idem, p. 9.
529 Ibidem, p. 10.
530 Ibidem, p. 11.

apelem a apenas um deles. Quanto à classificação de um direito como fundamental ou não, isso dependerá de seu grau de relevância à luz desses valores constitucionais, incluindo entre eles todos aqueles que a Constituição considera como tais, não existindo razões objetivas satisfatórias para sustentar qualquer exclusão[531].

Apenas a análise detida do conteúdo dos direitos fundamentais possibilita a conferência de sua fundamentalidade material, isto é, da condição de conterem ou não decisões fundamentais sobre a estrutura do Estado e da sociedade, de modo especial em relação à posição nestes ocupada pela pessoa humana. Para chegar a um conceito adequado constitucionalmente dos direitos fundamentais é preciso mensurar que qualquer conceito genérico e universal somente parece cabível à medida que é aberto, de modo a permitir sua constante adaptação à luz do direito constitucional positivo[532].

Daí que a noção de direitos fundamentais deve contemplar uma visão inclusiva de todas as posições jurídicas relacionadas às pessoas que, do ponto de vista do direito constitucional positivo, foram, por seu conteúdo e relevância (fundamentalidade em sentido material), integradas expressamente ao texto da Constituição e tornadas indisponíveis aos poderes constituídos (fundamentalidade formal), bem como as que, pela substância e importância, possam alcançar-lhes equiparação, tornando-se parte da Constituição material, possuindo ou não assento na Constituição formal (aqui considerada a abertura material do catálogo)[533].

Embora existam normas que não se enquadram nos parâmetros (reconhecidamente empíricos e elásticos) traçados para a identificação dos direitos materialmente fundamentais e não esteja em discussão a importância da matéria nem a pertinência de sua previsão na Constituição formal com o objetivo de evitar a disponibilidade ampla por parte do legislador ordinário, não se poderá deixar de considerar que incumbe ao constituinte a opção de estender essa condição a certas situações (ou posições) que, em sua opinião, devem ser objeto de proteção especial, compartilhando o regime da fundamentalidade formal e material peculiar dos direitos fundamentais[534].

---

531   CANOTILHO, José Joaquim Gomes; MOREIRA, Vital. *Fundamentos da Constituição*. Coimbra: Ed. Coimbra, 1991, p. 106-107.
532   SARLET, Ingo Wolfgang. *A eficácia dos direitos fundamentais*. 2. ed. rev. e atual. Porto Alegre: Livraria do Advogado, 2001, p. 82.
533   Idem, p. 82.
534   Ibidem, p. 136.

Konrad Hesse adverte sobre a precariedade de considerar apenas o sentido formal como identificador dos direitos fundamentais, ou seja, somente considerar como direitos fundamentais as posições jurídicas da pessoa – na sua dimensão individual, coletiva ou social – que, por decisão expressa do legislador constituinte, foram consagradas no catálogo dos direitos fundamentais (aqui considerados em sentido amplo). Isso porque também existe o significado material de direitos fundamentais, segundo o qual são fundamentais aqueles direitos que, apesar de se encontrarem fora do catálogo, por seu conteúdo e sua importância, podem ser equiparados aos direitos formalmente (e materialmente) fundamentais[535].

Diante das considerações feitas até o momento, torna-se forçoso proceder a uma análise mais pormenorizada de uma noção materialmente aberta de direitos fundamentais, conforme o perfil traçado na Constituição.

A doutrina nacional sublinha que o elenco das disposições contidas no art. 5º da Constituição de 1988, apesar de extenso, não possui caráter taxativo, antes consagra a abertura a outros direitos não expressamente referidos no texto constitucional, alguns também mencionando a função hermenêutica do dispositivo (art. 5º, § 2º)[536].

Na jurisprudência também se admite o princípio da abertura material do catálogo dos direitos fundamentais da Constituição de 1988. O Supremo Tribunal Federal reconheceu como fundamentais o direito ao meio ambiente (art. 225) e o direito à observância do princípio da anterioridade tributária na criação de novos tributos (art. 150, III, b), além do direito à saúde (art. 196). Portanto, já existe uma posição reconhecida pelo "guardião da Constituição" sustentando a existência de direitos fundamentais fora do catálogo amparados pelo mesmo regime jurídico dos direitos nele previstos.

Os direitos e garantias amparados na norma ampla do art. 5º, § 2º, têm existência assegurada no universo constitucional, caracterizados pelo regime ou sistema dos direitos fundamentais, pelo regime ou princípios adotados pela Constituição ou pelos tratados internacionais firmados. Cumpre ao intérprete descobri-los em cada caso e descrevê-los em sua essência,

---

535 HESSE, Konrad. *Elementos de direito constitucional da República Federal da Alemanha*. Porto Alegre: Sergio Antonio Fabris Editor, 1998, p. 225.
536 A título de exemplificação: FERREIRA FILHO, Manoel Gonçalves. *Curso de direito constitucional*. 24. ed. rev. São Paulo: Saraiva, 1997, p. 288-289; ARAÚJO, Luiz Alberto David; NUNES JÚNIOR, Vidal Serrano. *Curso de direito constitucional*. 3. ed. São Paulo: Saraiva, 1999, p. 75-76.

em sua densidade, em sua dinâmica e abrangência no sistema constitucional, concretizando sua integração no ordenamento jurídico[537].

Quando se toma por base a distinção entre direito fundamental formal e material no direito constitucional brasileiro, tal como no português, desde então se tem a necessidade de considerar a adesão a determinados valores e princípios que não são precisamente dependentes do constituinte, mas estão também respaldados na ideia dominante de Constituição e no senso jurídico coletivo[538].

A admissão da presença de direitos materiais decorrentes do regime constitucional, estatuída no art. 5º, § 2º, da Lei Magna, traz consigo complexidades relacionadas à forma de considerar como realidades normativas os direitos fundamentais não escritos no texto constitucional e por quais caminhos é possível anexá-los aos dispositivos da Constituição para que contem com validade jurídica. De certa forma, a própria existência do dispositivo mencionado pode ser vista como fundamento normativo-constitucional que permite levantar argumentos em favor do direito não expressamente escrito[539].

Uma vez que os direitos fundamentais expressamente garantidos são justificáveis pela só referência ao texto constitucional que os estipula, os direitos materiais não formalizados têm no art. 5º, § 2º, sua justificação[540]. Ocorre a adscrição dos direitos materiais como normas de direito fundamental a partir de uma fundamentação correta que demonstra que atendem às exigências de dignidade, liberdade e igualdade, além de levarem em

---

537 GARCIA, Maria. *Desobediência civil, direito fundamental.* São Paulo: Revista dos Tribunais, 1994, p. 212.
538 MIRANDA, Jorge, op. cit., p. 10.
539 PARDO, David Wilson de Abreu. *Os direitos fundamentais e a aplicação judicial do direito.* Rio de Janeiro: Lumen Juris, 2003, p. 86.
540 EMERIQUE, Lilian, op. cit., p. 215: "na impossibilidade de diluir o significado da abertura material do catálogo dos direitos fundamentais esposada no artigo 5, parágrafo 2 da Constituição de 1988, enfraquecer o comando normativo, eliminando para os direitos fundamentais em sentido material a condição de tratamento equivalente quanto ao regime jurídico dos demais direitos fundamentais, bem como favorece a criação de uma suposta hierarquia de regimes jurídicos entre os dois direitos, o que de todo é incompatível com a Constituição. Deste modo, melhor se coaduna com a Lei Maior a ideia de que os direitos fundamentais de qualquer tipo, independentemente de sua condição formal ou material, são amparados pelo mesmo regime jurídico previsto na Constituição e, portanto, são de aplicabilidade imediata e contam com a proteção contra ações predatórias do legislador reformador".

conta as condições disciplinadas no dispositivo mencionado. Isso é básico para o reconhecimento desses direitos como fundamentais, que não contrariem o regime e os princípios adotados pela Constituição[541].

Em relação aos direitos decorrentes dos tratados internacionais em que a República Federativa do Brasil seja parte, a solução está no fato de, nos próprios tratados, já se acharem escritas as disposições que contêm as normas de direito fundamental. Dessa forma, adquirem o *status* de normas constitucionais de direito fundamental, por força do art. 5º, § 2º, da Constituição de 1988[542].

Com base no dispositivo do Texto Maior referido, parece cabível cogitar de duas espécies de direitos fundamentais: a) direitos formal e materialmente fundamentais (ancorados na Constituição formal); b) direitos apenas materialmente fundamentais (sem assento no texto constitucional); c) a título de menção, embora descartada a possibilidade no ordenamento constitucional brasileiro, tem-se a categoria dos direitos apenas formalmente constitucionais[543].

A cláusula de abertura[544], ou da não tipicidade (art. 5º, § 2º), possui amplo alcance, podendo incluir as diferentes modalidades de direitos fundamentais, independentemente da condição de serem direitos de caráter defensivo ou prestacional[545]. Por fim, não se pode deixar de apresentar, para

---

541 PARDO, David Wilson de Abreu, op. cit., p. 86-87.
542 Para estudo detalhado desta matéria, *vide* GUERRA, Sidney. *Os direitos humanos na ordem jurídica internacional e reflexos na ordem constitucional brasileira*. Rio de Janeiro: Lumen Juris, 2008.
543 SARLET, Ingo Wolfgang, op. cit., p. 86.
544 ALEXANDRINO, José de Melo, op. cit., p. 48 apresenta comentários acerca da cláusula de abertura na Constituição portuguesa: "a cláusula de abertura dos direitos fundamentais, nos termos da qual a Constituição admite considerar ainda como direitos fundamentais certas situações jurídicas não previstas na Constituição (direitos não enumerados), mas tão só consagradas em lei ou em regras (de costumes ou tratados internacionais)".
545 ALEXANDRINO, José de Melo, op. cit., p. 50, ainda informa outras modalidades de abertura: "Se entendermos 'abertura' como todo o conjunto de fenômenos por intermédio dos quais possam ser criados, revelados, alargados ou ampliados outros direitos fundamentais, a realidade ensina que a abertura do sistema de direitos fundamentais pode funcionar por outras vias que não a da cláusula aberta. Para além dessa via (de abertura a velhos ou novos direitos materialmente constitucionais, mas não formalmente constitucionais), constituem modalidade de abertura: a) a admissão de direitos fundamentais dispersos; b) a compreensão aberta do âmbito normativo das normas de direitos fundamentais formalmente constitucionais; c) a possibilidade de

melhor compreensão da matéria, ainda que breves, considerações sobre o sistema de regras e princípios.

3. DIREITOS FUNDAMENTAIS: REGRAS OU PRINCÍPIOS?

Conforme acentuado em outra oportunidade[546], embora regras e princípios devam ser concebidos no conceito de norma, um grande passo para o estudo dos direitos fundamentais consiste em estabelecer claramente os traços distintivos das duas espécies[547].

Cristina Queiroz[548], em interessante abordagem, ressalta: "uma concepção do sistema jurídico que compreenda apenas regras jurídicas, com exclusão dos princípios jurídicos, pode ser denominado de 'modelo de regras', cujo modelo apresenta-se vinculado, muitas vezes, ao positivismo jurídico". Por outro lado, de acordo com a teoria dos sistemas abertos, "ela própria decorrente da revolução hermenêutica aplicada ao direito e à interpretação dos problemas jurídicos, incluindo os direitos fundamentais, a ordem jurídica, não se justifica por si própria. Necessita ainda de uma *força categórica*. Essa força categórica é lhe dada pelo recurso aos *princípios jurídicos*".

Para distinguir as duas espécies de núcleos das normas jurídicas (regras e princípios)[549], podem ser utilizados três exames ou critérios,

---

descoberta jurisprudencial de direitos fundamentais junto a outras normas constitucionais, no texto, na história e na estrutura da Constituição; d) e, naturalmente, o próprio aditamento expresso de direitos fundamentais por revisão constitucional".

546 GUERRA, Sidney. *Hermenêutica, ponderação e colisão de direitos fundamentais*. Rio de Janeiro: Lumen Juris, 2007, p. 5-13.

547 Na mesma direção, DWORKIN, Ronald. *O império do direito*. São Paulo: Martins Fontes, 1999, p. 24: "a distinção de regras e princípios, constitui-se em verdadeiro pilar da teoria dos direitos fundamentais. Regras e princípios devem ser visualizados sob o conceito de norma porque ambas dizem o que deve ser, ambas podem expressar mandato, permissão ou proibição. As regras são aplicáveis ao modo do tudo ou nada. A partir do momento em que os pressupostos de fato referidos na regra estejam presentes na circunstância concreta e sendo válidos, deve ser aplicada e pronto".

548 QUEIROZ, Cristina M. M., op. cit., p. 127, complementa o asserto e enfatiza que: "Assenta num postulado de racionalidade, o que traduz o primado central da segurança jurídica. Todas as pretensões têm no modelo puro de regras um caráter extrajurídico. Vêm caracterizadas como exigências morais ou políticas. O modelo puro de regras afirma-se como um sistema fechado por contraposição aos sistemas abertos de regras e princípios jurídicos".

549 CANOTILHO, José Joaquim Gomes. *Direito constitucional e teoria da Constituição*. 7. ed. Coimbra: Almedina, 2003, p. 1160 e s., apresenta cinco critérios para dis-

sendo válido salientar que cada norma constitucional ou legal é composta de um ou mais núcleos de ideias que encerram, cada um deles, uma regra ou um princípio[550].

As regras são aquelas prescrições que regulam situações subjetivas de direito, dispondo de um caráter vinculativo entre a conduta e o enunciado

---

tinguir regras e princípios: "a) grau de abstracção: os princípios são normas com um grau de abstracção relativamente elevado; de modo diverso, as regras possuem uma abstracção relativamente reduzida; b) grau de determinabilidade na aplicação do caso concreto: os princípios, por serem vagos e indeterminados, carecem de mediações concretizadoras, enquanto as regras são suscetíveis de aplicação direta; c) grau de fundamentalidade no sistema das fontes de direito: os princípios são normas de natureza ou com um papel fundamental no ordenamento jurídico devido à sua posição hierárquica no sistema das fontes (ex.: princípios constitucionais) ou à sua importância estruturante dentro do sistema jurídico (ex. princípio do Estado de Direito); d) proximidade da ideia de direito: os princípios são 'standards' juridicamente vinculantes radicados na ideia de 'justiça' (Dworkin) ou na 'ideia de direito' (Larenz); as regras podem ser normas vinculativas com um conteúdo meramente funcional; e) natureza normogenética: os princípios são fundamento de regras, isto é, são normas que estão na base ou constituem a *ratio* de regras jurídicas, desempenhando, por isso, uma função normogenética fundamentante".

550 Seguindo o entendimento de BASTOS, Celso Ribeiro. *Curso de direito constitucional*. 20. ed. atual. São Paulo: Saraiva, 1999, p. 53, evidencia-se que os três exames são: "a) Quanto ao grau de abstração: Não há relação de igualdade entre as figuras no que tange à abstração ou concreção de seus núcleos. Ao contrário, são opostos, ou seja, enquanto os Princípios impõem um grau tendencialmente mais abstrato, as Regras firmam-se na concreção. Verifica-se, pois, que o núcleo do princípio é pouco concreto, devido à ideia embutida nele ser vaga; contrário senso isso não ocorre com o núcleo da regra, por ter ideia concreta e não dotada de vagueza; b) Quanto à aplicabilidade: Os Princípios carecem de concreção para o seu exercício e aplicação, já as Regras não sofrem dessa privação, haja vista possuírem, por si só, concreção que as autoriza a apor-se efetivamente a todos. As medidas de concreção necessárias para aplicação dos princípios se dão com o advento de regras voltadas ao tema (ideia) do núcleo deles. As regras jurídicas configuram normas jurídicas de amplitude localizada, de elevada densidade semântica, que regulam casos específicos, sem muita abrangência. Muitas vezes são consideradas concreções dos princípios; c) Quanto à separação radical: vislumbra-se na relação entre normas e princípios uma rigorosa distinção qualitativa, quer quanto à estrutura lógica, quer quanto à intencionalidade normativa. Envolvem valores axiológicos, das mais diversas áreas, que elevam os princípios a um patamar de importância qualitativa superior ao das regras. Ambos são matérias-primas das normas jurídicas e, quando se tornam fruto do legislativo, são iguais do ponto de vista formal, por terem enfrentado o mesmo processo legislativo constitucional ou infraconstitucional. Na análise da separação radical, a ideia que se molda em forma de princípio apresenta-se como valoração superior e importância para a sociedade ou para a estrutura do Estado. Em sua vez, a regra é o extrato de ideias com grande força normativa, e o seu valor encontra-se voltado para a regulamentação direta de situações subjetivas de direito".

prescritivo. Delas surgem duas considerações relevantes: por um lado, têm a finalidade de reconhecer as partes envolvidas na relação jurídica, sejam pessoas ou entidades, e fornecer-lhes a faculdade de realizar certos interesses por ato próprio ou de outrem (ação ou abstenção); por outro lado, criam um vínculo jurídico entre as pessoas ou entidades envolvidas, submetendo-as à obrigação de realizar uma prestação (positiva ou negativa), sob pena de incorrer em sanção.

No caso dos princípios, estes pertencem à categoria intitulada "direito pressuposto" (não visível) – valorativo e informador do direito que está presente; já as regras integram a do "direito posto" (visível) –, que é o próprio direito presente, positivado por normas jurídicas. Os princípios são as orientações e diretivas de caráter geral e fundamental que podem ser deduzidas do sistema jurídico, servindo de rumo norteador, na maior medida possível, para todos os órgãos de interpretação e aplicação do direito.

Dessa forma, são tidos como *ratio legis*, ou seja, guias do pensamento jurídico. Mas existem aqueles princípios normativos que deixam de ser tão somente *ratio legis* para se converterem em *lex*, constituindo, assim, a base de normas jurídicas. Essas normas-princípios (princípios inseridos nos núcleos das normas jurídicas, em especial as positivadas), como são chamadas, revelam-se por meio de preceitos básicos de organização constitucional.

Por sua vez, as regras determinam concretamente a regulamentação necessária para que os cidadãos e entidades privadas ou públicas, no movimento pertinente, possam lograr a realização de seus direitos; ao se incorporar em norma jurídica, passam tais normas a se denominar normas-disposições (regras inseridas nos núcleos das normas jurídicas, em especial as positivadas).

Ressalte-se, ainda, que os princípios constitucionais, aqueles cujos valores estão atrelados à Lei Maior, têm o intuito de interligar o texto global da Constituição formal, de modo a servir de critério fundamental da hermenêutica e a espraiar seus valores sobre todo o mundo jurídico.

É fundamental destacar que os princípios, apesar de sua singularidade, não se posicionam hierarquicamente em pilar superior (*ultra*) ou fora (*extra*) da concepção de direito adotada pelo Estado e, em conjunto somatório com as regras, formam os núcleos das normas jurídicas. Em consequência, integram o ordenamento jurídico positivo, conferindo-lhe unidade de sentido teleológico e auferindo sua verdadeira valoração lógico-formal. Isso ocorre sem que haja contraposição do formalismo (processos iguais de concepção e aprovação) entre regras e princípios, o que, decerto, resultaria em desfiguração da estrutura básica do sistema.

Evidencia-se que infringir um princípio constitucional pode ser considerado mais grave que infringir uma regra constitucional, uma vez que aquele constitui os pilares do ordenamento jurídico, mesmo sabendo que os elementos de estabilização constitucional rechaçarão, de plano e com o mesmo vigor, quaisquer das infringências indevidas.

Os princípios transmitem a ideia de condão do núcleo do próprio ordenamento jurídico. Consistem em disposições fundamentais que irradiam sobre as normas jurídicas (independentemente de sua espécie), compondo-lhes o espírito e servindo de critério para sua exata compreensão. A irradiação do seu núcleo ocorre por força da abstração e alcança todas as demais normas jurídicas, moldando-as conforme suas diretrizes de comando[551].

Os princípios, mais genéricos e abstratos do que as regras, não estão subsumidos a uma situação de fato, possuindo uma dimensão de peso ou importância. Para sua aplicação, não importa que os princípios estejam previstos no texto constitucional ou não.

Sem embargo, o conceito de princípio foi elaborado por Josef Esser em 1956. Para o citado autor, os princípios, ao contrário das regras, não contêm diretamente ordens, mas apenas fundamentos (critérios para a justificação de uma ordem). Ademais, segundo o critério de *fundamento de validade*, adotado por Wolff-Bachof e Forsthoff, os princípios seriam diferentes das regras por serem dedutíveis objetivamente do princípio do Estado de Direito, da ideia de Direito ou do princípio da justiça. Funcionariam como fundamentos jurídicos para as decisões[552].

---

[551] Como adverte MELLO, Celso Antônio Bandeira de. *Elementos de direito administrativo*. São Paulo: RT, 1986, p. 230: "princípio é, por definição, mandamento nuclear de um sistema, verdadeiro alicerce dele, disposição fundamental que se irradia sobre diferentes normas compondo-lhes o espírito e servindo de critério para sua exata compreensão e inteligência, exatamente por definir a lógica e a racionalidade do sistema normativo, no que confere a tônica e lhe dá sentido harmônico. (...) Violar um princípio é muito mais grave do que transgredir uma norma. A desatenção ao princípio implica em ofensa não apenas a um específico mandamento obrigatório, mas a todo o sistema de comandos. É a mais grave forma de ilegalidade ou inconstitucionalidade, conforme o escalão do princípio atingido, porque representa insurgência contra todo o sistema, subversão de seus valores fundamentais (...)".
[552] ÁVILA, Humberto Bergmann. A distinção entre princípios e regras e a redefinição do dever de proporcionalidade. *Revista de Direito Administrativo*, Rio de Janeiro, v.

Nessa linha, Karl Larenz define os princípios como normas jurídicas que não possuem uma situação fática determinada: "os princípios enquanto 'ideias jurídicas materiais' são manifestações especiais da ideia de Direito, tal como esta se apresenta no seu grau de evolução histórica, alguns deles estão expressamente declarados na Constituição ou noutras leis; outros podem ser deduzidos da regulação legal, da sua cadeia de sentido, por via de uma 'analogia geral' ou do retorno à *ratio legis*; alguns foram 'descobertos' e declarados pela primeira vez pela doutrina ou pela jurisprudência, as mais das vezes atendendo a casos determinados, não solucionáveis de outro modo, e que logo se impuseram na 'consciência jurídica geral', graças à força de convicção a eles inerente. Decisiva permanece a sua referência de sentido à ideia de Direito"[553].

Pode-se afirmar que a teoria principiológica teve fundamental contribuição com os estudos elaborados por Ronald Dworkin, em 1967, contra o positivismo. Após criticar as teorias positivistas de Austin e Hart, esse autor afirma: "Quero lançar um ataque ao positivismo. (...) quando os juristas raciocinam ou debatem a respeito de direitos e obrigações jurídicos, particularmente naqueles casos difíceis nos quais nossos problemas com esses conceitos parecem mais agudos, eles recorrem a padrões que não funcionam como regras, mas operam diferentemente, como princípios, políticas e outros tipos de padrões"[554].

Para esse autor[555], as regras são adotadas pelo método *all or nothing*, ou seja, dados os fatos que uma regra estipula, então ou a regra é válida, e

---

215, p. 151-179, jan./mar. 1999.
553 LARENZ, Karl. *Metodologia na ciência do direito*. Trad. José Lamego. 3. ed. Lisboa: Fundação Calouste Gulbenkian, 1989, p. 577.
554 DWORKIN, Ronald. *Levando os direitos a sério*. Trad. Nelson Boeira. São Paulo: Martins Fontes, 2002, p. 27-28: "O positivismo formula os seguintes preceitos: 1º) o direito de uma comunidade é um conjunto de regras especiais utilizado direta ou indiretamente pela comunidade com o propósito de determinar qual comportamento será punido ou coagido pelo poder público; 2º) o conjunto dessas regras jurídicas é coextensivo com o 'direito', de modo que se o caso de alguma pessoa não estiver claramente coberto por uma regra dessas, então esse caso não pode ser decidido mediante a 'aplicação do direito'; e 3º) dizer que alguém tem uma 'obrigação jurídica' é dizer que seu caso se enquadra em uma regra jurídica válida que exige que ele faça ou se abstenha de fazer alguma coisa. Na ausência de uma tal regra jurídica válida não existe obrigação jurídica. E conclui: 'o positivismo é um modelo de e para um sistema de regras e que sua noção central de um único teste fundamental para o direito nos força a ignorar os papéis importantes desempenhados pelos padrões que não são regras'".
555 Idem, p. 39.

nesse caso a resposta que ela fornece deve ser aceita, ou não é válida, e nesse caso em nada contribui para a decisão. Assim, se uma regra se confronta com outra, uma delas deve ser considerada inválida[556]. De outra parte, Dworkin destaca a questão dos pesos entre princípios (*dimension of weight*), de modo que na hipótese de colisão prevalece o de maior peso, sem excluir o outro totalmente.

> "Os princípios possuem uma dimensão que as regras não têm – a dimensão do peso ou importância. Quando os princípios se intercruzam (...), aquele que vai resolver o conflito tem de levar em conta a força relativa de cada um. Esta não pode ser, por certo, uma mensuração exata e o julgamento que determina que um princípio ou uma política particular é mais importante que outra frequentemente será objeto de controvérsia. Não obstante, essa dimensão é uma parte integrante do conceito de um princípio, de modo que faz sentido perguntar que peso ele tem ou quão importante ele é"[557]. [E conclui:] "O homem que deve decidir uma questão vê-se, portanto, diante da exigência de avaliar todos esses princípios conflitantes e antagônicos que incidem sobre ela e chegar a um veredicto a partir desses princípios, em vez de identificar um dentre eles como 'válido'"[558].

Alexy complementa o pensamento de Dworkin ao sustentar que o princípio, como espécie de norma jurídica, não determina as consequências normativas de forma direta, ao contrário das regras. Daí definir os princípios como "mandamentos de otimização", aplicáveis em vários graus normativos e fáticos[559]. Por suas palavras, "princípios são proposições normativas de um tão alto nível de generalidade que podem via de regra não ser aplicados sem o acréscimo de outras premissas normativas e, habitualmente, são sujeitos às limitações por conta de outros princípios"[560].

---

556   Idem, p. 43.
557   Idem, p. 42-43.
558   Idem, p. 114.
559   "(...) los principios son mandatos de optimización, que están caracterizados por el hecho de que pueden ser cumplidos en diferente grado y que la medida debida de su cumplimiento no sólo depende de las posibilidades reales sino también de las jurídicas. El ámbito de las posibilidades jurídicas es determinado por los principios y reglas opuestos". ALEXY, Robert. *Teoría de los derechos fundamentales,* op. cit., p. 86.
560   ALEXY, Robert. *Teoria da argumentação jurídica.* Trad. Zilda Hutchinson Schild Silva. São Paulo: Landy, 2001, p. 248.

Nesse sentido, quando ocorre uma colisão entre princípios é preciso verificar qual deles possui maior peso (ex.: princípio da dignidade humana x direito de proteção judicial de outra pessoa em um caso de paternidade). Nesse caso, a solução somente advém da ponderação no caso concreto.

Como salienta Canaris, diferentemente das normas preceituais, "os princípios não valem sem excepção e podem entrar entre si em oposição ou em contradição; eles não têm a pretensão da exclusividade; eles ostentam o seu sentido próprio apenas numa combinação de complementação e restrição recíprocas"[561].

Com efeito, quando há conflito entre princípios deve-se buscar uma solução que realize a todos. Isso porque estes não se identificam com valores, na medida em que não determinam o que deve ser, mas o que é melhor. Bonavides esclarece que "um princípio aplicado a um determinado caso, se não prevalecer, nada obsta a que, amanhã, noutras circunstâncias, volte ele a ser utilizado, e já então de maneira decisiva"[562].

É o que se chama de "sopesamento" quando da colisão entre princípios com vistas à aplicação do mais adequado. Para Guerra Filho, "enquanto o conflito de regras resulta em uma antinomia, a ser resolvida pela perda de validade de uma das regras em conflito, ainda que em um determinado caso concreto, deixando-se de cumpri-la para cumprir a outra, que se entende ser a correta, as colisões entre princípios resultam apenas em que se privilegie o acatamento de um, sem que isso implique no desrespeito completo do outro"[563].

Desse modo, pode-se concluir que princípios "são normas imediatamente finalísticas, para cuja concretização estabelecem com menor determinação qual o comportamento devido, e por isso dependem mais intensamente da sua relação com outras normas e de atos institucionalmente legitimados de interpretação para a determinação da conduta devida"[564].

---

561 CANARIS, Claus-Wilhelm, op. cit., p. 88.
562 BONAVIDES, Paulo, op. cit., p. 253.
563 GUERRA FILHO, Willis Santiago. *Processo constitucional e direitos fundamentais*. 2. ed. São Paulo: Celso Bastos Editor, 2001, p. 45.
564 ÁVILA, Humberto, op. cit., p. 167.

4. A INTERPRETAÇÃO DOS DIREITOS FUNDAMENTAIS

As normas constitucionais referentes aos direitos fundamentais demandam grande atenção por parte do intérprete, tendo em vista que elas consubstanciam um núcleo de direitos que ocupam um lugar privilegiado dentro de nossa ordenação.

Como ficou evidenciado, a classificação adotada pela Constituição de 1988 estabeleceu cinco espécies ao gênero, para direitos e garantias fundamentais: direitos e garantias individuais e coletivos; direitos sociais; direitos de nacionalidade; direitos políticos; e direitos relacionados à existência, organização e participação em partidos políticos. Todavia, em razão da existência de um sistema que é considerado aberto, entende-se que o rol de direitos fundamentais não se exaure, como demonstrado, no rol dos chamados *direitos formalmente fundamentais*.

Para Peter Häberle[565], a sociedade aberta dos intérpretes da Constituição tem repercussão direta sobre os direitos fundamentais. Em função disso é preciso indagar como os direitos fundamentais hão de ser interpretados de modo específico. Em sentido mais amplo, o autor defende que se poderia introduzir uma interpretação orientada pela realidade da moderna democracia partidária, a doutrina da formação profissional, a adoção de um conceito ampliado de liberdade de imprensa ou de atividade pública ou da interpretação da liberdade de coalizão, desde que considerada a concepção de coalizão. A relevância dessa concepção e da atuação de indivíduos ou grupos, bem como dos órgãos estatais, configura uma forma produtiva de vinculação da interpretação constitucional em sentido lato ou estrito, servindo inclusive como elemento objetivo dos direitos fundamentais.

A ampliação da participação dos intérpretes não fica adstrita às regiões em que ela se acha institucionalizada, como nos órgãos da Justiça do Trabalho, mas se estende às pessoas interessadas da sociedade pluralista. Isso significa que não apenas o processo de formação, como também o desenvolvimento posterior, revelam-se pluralistas: a teoria da democracia, a teo-

---

565 HÄBERLE, Peter, op. cit., p. 16-17.

ria da Constituição e da hermenêutica permitem aqui uma mediação entre Estado e sociedade[566].

A questão da legitimação sob a perspectiva democrática é recorrente no modelo de Estado constitucional-democrático. Numa sociedade aberta, tal legitimação se desenvolve também por meio de formas refinadas de mediação do processo público e pluralista da política e da *práxis* cotidiana, especialmente através da realização dos direitos fundamentais.

O povo é também um elemento pluralista para uma interpretação que se faz presente de forma legitimadora no processo constitucional; sua competência objetiva para a interpretação é uma extensão do direito da cidadania.

Desse modo, os direitos fundamentais fazem parte da base de legitimação democrática para a interpretação aberta tanto no que se refere ao resultado quanto no que diz respeito ao círculo de participantes.

No Estado constitucional-democrático, o cidadão é intérprete da Constituição. Por isso, tornam-se relevantes as cautelas adotadas com o objetivo de garantir a liberdade: a política de garantia dos direitos fundamentais de caráter positivo, a liberdade de opinião, a constitucionalização da sociedade. A democracia do cidadão aproxima-se mais da ideia que concebe a democracia a partir dos direitos fundamentais, e não a partir da concepção segundo a qual o povo soberano limita-se a assumir o lugar do monarca. Para Peter Häberle, a liberdade fundamental (pluralismo), e não o povo, converte-se em ponto de referência para a Constituição democrática[567].

Enfim, a consequência de um modelo hermenêutico baseado numa sociedade aberta dos intérpretes da Constituição incide sobre os direitos fundamentais tanto pela ampliação democrática que proporciona, na medida em que todos são admitidos como intérpretes prováveis, bem como pelos possíveis resultados advindos dessa interpretação promovida para além das esferas judiciais.

Desse modo, os direitos fundamentais são tratados dentro de uma ótica interpretativa, que permeia a leitura de toda a Constituição. Há uma relação de reflexos e influxos entre direitos fundamentais e a instituição. Vista pelo ângulo institucional, a liberdade, debaixo dessa teoria, comunica

---

566 Nesse sentido, GUERRA, Sidney; EMERIQUE, Lilian. Hermenêutica dos direitos fundamentais. *Revista da Faculdade de Direito de Campos*, Campos dos Goitacazes, ano VI, n. 7, dez. 2005.
567 HÄBERLE, Peter, op. cit., p. 36-38.

a tais direitos concretude existencial, conteúdo, efetividade, segurança, proteção, limitação e fim; os espaços de liberdade ficam mais amplos.

Além dessas considerações ligadas aos direitos fundamentais, baseadas no pensamento de Peter Häberle, que postula a ampliação, com base nos direitos do cidadão, do círculo de intérpretes da Constituição, faz-se menção ao impacto do método concretizante sobre as questões dos direitos fundamentais, principalmente quando é ressaltado o papel exercido pela pré-compreensão e pelo âmbito normativo dentro desse método.

Impende assinalar que os direitos fundamentais normalmente não se esgotam em mera interpretação, mas sim na concretização. Daí a impossibilidade de a hermenêutica tradicional, isoladamente, contribuir para a efetivação desses direitos.

Dessa maneira, importa utilizar os métodos tradicionais e os novos, sem esquecer que interpretar a Constituição é concretizá-la, e tal atividade funda-se em princípios interpretativos, dentre os quais se destaca o princípio da unidade da Constituição, pois preserva o espírito constitucional, especialmente quando relacionados aos direitos fundamentais, colocando-os em condição de prestígio e autoridade, visto que tem por objetivo atribuir significado a uma norma capaz de eliminar contradições e afiançar a unidade do sistema.

A nova hermenêutica visa concretizar o preceito constitucional, de maneira que concretizar é algo mais do que interpretar, é aperfeiçoar e conferir sentido à norma, ou seja, é interpretar com criatividade, seguindo princípios que direcionam a atividade e preconizam a ponderação nas situações conflituosas, inclusive aquelas que envolvem problemas relativos aos direitos fundamentais.

Os princípios que, pela ponderação, não são utilizados em plena força na solução do caso não são expurgados do sistema normativo; ao contrário, nele permanecem, podendo ser utilizados em situações futuras de conflito[568].

A interpretação mobiliza com frequência certos componentes fundamentais: a) as pré-compreensões, que conformam e projetam o "mundo"; b) a tradição ou configuração histórico-cultural, objeto da interpretação, que participa do diálogo, resistindo às projeções do sujeito; c) instrumentos metodológicos; d) a imaginação produtiva, sem a qual a projeção de pré-compreensões resultaria em simples reiteração[569].

---

568 BONAVIDES, Paulo, op. cit., p. 585.
569 SOARES, Luiz Eduardo. *O rigor da indisciplina*. Rio de Janeiro: Relume-Dumará, 1994, p. 13.

Assim, estabelecer contato com as pré-compreensões, identificando-as e reconhecendo sua influência, retira a imagem da interpretação como atividade mecânica, despersonalizada, e abre espaço para a criatividade dentro das possibilidades oferecidas pelo texto normativo, indo além da reiteração dos julgados existentes.

Essa abertura é ainda mais significativa quando o objeto da interpretação recai sobre direitos fundamentais, que em função da dinâmica social constituem uma textura aberta e inacabada, construída historicamente e em constante processo de mudança e expansão.

Em relação ao lugar de destaque com que é tratado o papel do âmbito normativo para a concretização, importante lembrar que as determinações referentes a direitos fundamentais, como a liberdade de domicílio e a liberdade de ir e vir, ou a liberdade de crença, estão abstraídas em graus diferentemente elevados na linguagem.

Isso não se deve a maiores ou menores graus de determinação das formulações linguísticas (programa normativo), porém às distinções entre as matérias garantidas, à diferença dos âmbitos das normas.

Os direitos fundamentais estão especialmente reforçados em seus âmbitos de normas. Em virtude da sua aplicabilidade imediata, carecem de critérios materiais de aferição que podem ser tornados plausíveis a partir de seu próprio teor normativo, sem viver à mercê das leis ordinárias[570].

Um método de interpretação que não toca à questão do âmbito normativo para interpretar normas de direitos fundamentais corre o risco de produzir interpretação afastada da noção de retidão ligada à realidade social, tendo em vista que o âmbito normativo pode ter sido ou não gerado pelo direito e representa o recorte dessa realidade em sua estrutura básica, que o programa normativo escolheu para si ou em parte criou para si como seu âmbito de regulamentação.

De fato, a interpretação das normas constitucionais não é tarefa das mais fáceis devido às particularidades inerentes à ordem constitucional, tais como o caráter inicial das normas constitucionais; sua abertura, que permite e requer atualizações; a linguagem sintética e algumas vezes lacunosa; a amplitude dos termos empregados e a presença de princípios; além das opções de ordem política nelas arroladas. Todas essas peculiaridades ensejam

---

570 MÜLLER, Friedrich. *Métodos de trabalho do direito constitucional*. 2. ed. São Paulo: Max Limonad, 2000, p. 74-78.

uma hermenêutica constitucional fundada em técnicas que não desprezem seu efeito sobre a sociedade e tornem a interpretação de uma norma constitucional mera interpretação legal, sem maiores repercussões[571].

É bem verdade, como acentua Barcellos[572], que a hermenêutica jurídica sempre conviveu com o problema das antinomias e com as diversas técnicas concebidas para superá-las. Os critérios temporal, hierárquico e da especialidade continuam a ser de grande utilidade e dão conta de boa parte dos problemas envolvendo conflitos normativos. Os elementos clássicos de interpretação (o sistemático e o teleológico) também são meios hermenêuticos empregados para adequar o sentido do texto à sua finalidade e evitar incongruências e até mesmo antinomias.

Neste ponto, cumpre assinalar que a hermenêutica tradicional não constitui o melhor instrumento para promover uma interpretação dinâmica do texto constitucional, capaz de se adequar a uma teoria constitucional cada vez mais relevante num contexto de Estado Democrático de Direito.

A necessidade de uma nova hermenêutica, voltada para a realidade social e menos mecânica e formalista, torna-se cada vez mais clara diante das deficiências do emprego isolado dos métodos tradicionais. A nova hermenêutica tem por objetivo a concretização da norma.

O pensamento de Häberle a respeito da sociedade aberta dos intérpretes da Constituição, bem como as diretrizes do método hermenêutico concretizante, que ganham força com Hesse e Canotilho, constitui, portanto, importante instrumento para fortalecer uma nova compreensão sobre a interpretação, alicerçada em conceitos de possível ampliação do rol de intérpretes, além da união dos métodos tradicionais com elementos de pré-compreensão e referências ao âmbito normativo.

A concretização e seus correspondentes momentos demonstram a importância do método concretizante para a configuração de uma nova hermenêutica, projetada para melhor responder às demandas de uma sociedade plural e complexa, pois não perde de vista a realidade onde se insere.

---

571 GUERRA, Sidney; BALMANT, Lílian, op. cit., p. 58.
572 BARCELLOS, Ana Paula de, op. cit., p. 28-29.

Tal abordagem não preconiza a ausência total de influências de ordem subjetiva, como se a interpretação fosse uma atividade mecânica, tendo em vista a alusão à pré-compreensão do intérprete que participa do processo de concretização da norma.

Esse método também valoriza a realidade social, sem com isso perder de vista sua cientificidade. A concretização não se realiza sem a avaliação dos influxos recebidos do ambiente normativo de onde a norma se originou.

Assim, com a referência às pré-compreensões e ao âmbito normativo, somada aos métodos tradicionais, opera-se uma importante mudança na hermenêutica, que estará apta a atender de forma mais satisfatória às questões de interpretação dos direitos fundamentais.

Isso porque a nova hermenêutica propõe uma ampliação do círculo dos intérpretes da Constituição para incluir outros agentes sociais, até o momento excluídos do processo interpretativo, o que favorece a consolidação de um Estado Democrático de Direito, esteio de uma ordem social preocupada com a garantia dos direitos fundamentais.

Outra significativa contribuição do método concretizante para a interpretação dos direitos fundamentais consiste na identificação das pré-compreensões do intérprete, o que possibilita o desvio de uma visão viciada sobre determinadas demandas e pode, inclusive, abrir espaço para a criatividade interpretativa, fugindo um pouco do esquema de reiteração das decisões, embora não escapando da moldura dada pelo texto legal que lhe serve de limite. A abertura criativa do intérprete possibilita inovações que, se bem articuladas, podem provocar arejamento e renovação na interpretação dos direitos fundamentais.

Por fim, a nova hermenêutica exerce influência positiva para a interpretação dos direitos fundamentais na medida em que toma em consideração a realidade social evidenciada pelo âmbito normativo. Essa referência tem especial importância para tais direitos porque, entre outros fatores, seu rol é aberto, sujeito a modificações e recheado de normas-princípios, o que torna ainda mais necessário o reconhecimento da importância do âmbito normativo para a inclusão da realidade na tarefa de interpretação da norma.

O tema da hermenêutica jurídica foi envolvido por diversas escolas. O universo de doutrinas contempladas dinamiza e pluraliza as vertentes de conceitos, entendimentos, inversão de objetos e métodos considerados, restando aos intérpretes técnicos a ponderação, o bom-senso e o cuidado no momento de proceder à interpretação das normas jurídicas[573].

5. CARACTERÍSTICAS DOS DIREITOS FUNDAMENTAIS

Caracterizar os direitos fundamentais é um empreendimento custoso devido à pluralidade de formas e à abrangência de conteúdos contidos em seu conjunto. Qualquer caracterização pode incorrer na dificuldade de enquadramento em toda sorte de modalidades de direitos que formam o complexo dos direitos fundamentais[574].

Além disso, de acordo com o enfoque dado, quer filosófico, sociológico ou jurídico, dentre outros, pode-se ter uma amplitude maior ou menor do rol caracterizador desses direitos. Mesmo diante das exceções inevitáveis é possível vislumbrar certos aspectos marcantes dos direitos fundamentais no que tange ao enfoque jurídico. Portanto, as características que serão expostas qualificam genericamente os direitos fundamentais, mas, observando-os de forma individualizada, poder-se-ão verificar exceções a esta ou àquela característica em particular.

A doutrina jurídica, ao ventilar as características[575] dos direitos fundamentais, geralmente recorre aos traços inicialmente referidos no campo do jusnaturalismo, daí fazer menção à inalienabilidade, à imprescritibili-

---

573 Para melhor compreensão do estudo do princípio da proporcionalidade na solução dos conflitos, recomenda-se GUERRA, Sidney. *Hermenêutica, ponderação e colisão de direitos fundamentais*. Rio de Janeiro: Lumen Juris, 2007, p. 46: "no Direito Constitucional, colocada a frequente oposição entre direitos fundamentais e a necessidade de serem solucionados, cunhou-se igualmente a observância do princípio da proporcionalidade, transformando-o num cânone interpretativo dirigido, em especial, ao órgão que profere a prestação jurisdicional, sendo que a interpretação investigará a incidência ou não de excesso para cada caso de aplicação, frente ao cumprimento do comando determinado por uma dada norma jurídica. Tudo em prejuízo de algum direito fundamental da pessoa humana envolvida. Neste caso, o juiz, pela via da interpretação, se curvará à validade da norma (proporcionalmente) e, assim, verificará a inconstitucionalidade (parcial ou total) diante de sua medida excessiva ou injustificada. Dessa forma, não aplicará a referida norma à situação fática submetida ao seu juízo".
574 Nesse sentido, GUERRA, Sidney. *A liberdade de imprensa e o direito à imagem*. 2. ed. Rio de Janeiro: Renovar, 2004, p. 14-15.
575 Em relação às características: historicidade, inalienabilidade, imprescritibilidade e irrenunciabilidade, vide SILVA, José Afonso da, op. cit., p. 180-182. No tocante às

dade, à irrenunciabilidade e à inerência; ou apela às concepções mais contemporâneas de direitos humanos, cuja influência das discussões em torno do Direito Internacional faz-se visível, mencionando a historicidade, a universalidade, a indivisibilidade e a interdependência, conforme o rol abaixo[576]:

a) *Historicidade* – significa que são direitos históricos como todos os demais. Nascem, modificam-se e podem desaparecer. Constituem uma classe variável e historicamente relativa. São históricos não apenas por serem normas criadas pela sociedade que regulam, mas por refletirem as concepções e valores fundamentais que esta sociedade possui. Este traço aparta qualquer consideração de ordem natural em torno dos direitos fundamentais que os qualifique como absolutos, imutáveis e supraestatais. O processo de criação dos direitos fundamentais não tem um epílogo; o rol continua passando por alterações e acréscimos capazes de promover uma adaptação às demandas sociais de cada época e local[577].

b) *Inalienabilidade* – são direitos que estão fora de qualquer possibilidade de transferência ou negociação, porque não são de conteúdo econômico-patrimonial. Portanto, são indisponíveis a qualquer importância.

c) *Imprescritibilidade* – a prescrição não atinge a exigibilidade de direitos personalíssimos, mesmo que não sejam individualistas, por isso são exigíveis a qualquer tempo, não comportando prazo de validade. O mero fato de terem seu reconhecimento na ordem jurídica já torna possível o exercício de grande parte desses direitos.

d) *Irrenunciabilidade* – alguns direitos fundamentais podem ter seu exercício facultado ou até mesmo não ser exercidos, porém não é admissível renunciar a eles. O caráter fundamental desses direitos perderia o sentido caso ficasse à mercê do indivíduo ou da coletividade a capa-

---

características: inerência, universalidade, indivisibilidade e interdependência, observa-se o estudo de WEIS, Carlos. *Direitos humanos contemporâneos*. São Paulo: Malheiros, 1999, p. 109-121.
576 Cf. GUERRA, Sidney; EMERIQUE, Lilian. A Emenda Constitucional n. 45/2004 e a constitucionalização dos tratados internacionais de direitos humanos no Brasil. *Relatório final apresentado ao* Ministério da Justiça – Secretaria de Assuntos Legislativos/ PNUD Projeto Bra/07/004, 2007.
577 BOBBIO, Norberto, op. cit., p. 15-24.

cidade de renunciá-los. A irrenunciabilidade assegura que, mesmo em circunstâncias excepcionais e/ou de grave comoção interna, não é admitida a renúncia ou a extinção dos direitos e garantias fundamentais, ainda que ocorram restrições ou limitações temporárias justificadas quanto ao âmbito de sua eficácia. Logo, a irrenunciabilidade não significa a impossibilidade de restrições ou limitações da fruição de tais direitos, mas impede sua vulnerabilidade completa.

e) *Inerência* – inicialmente, a noção de que os direitos fundamentais são inerentes a cada pessoa, pelo simples fato de existir, decorria do fundamento jusnaturalista; atualmente, o reconhecimento da inerência exerce a função de permitir uma alteração constante do sistema normativo dos direitos fundamentais sempre que ocorrer uma renovação do entendimento do que seja "dignidade da pessoa humana", ou seja, busca preservar o núcleo essencial que dá a identidade ao homem, evitando o tratamento desumanizante ou assemelhado a uma coisa. A consequência pode ser sentida na ideia de Estado de Direito, pautada numa ótica de respeito a normas previamente estabelecidas, como forma de garantir o ser humano contra o Estado. Também influi para um caráter não taxativo dos direitos fundamentais até o momento reconhecidos, uma vez que, inerentes aos homens, individual ou coletivamente tomados, sofrem constantes modificações.

f) *Universalidade* – embora a universalidade seja uma característica normalmente referida em relação aos direitos humanos, é possível extrair alguns reflexos de sua influência também em relação aos direitos fundamentais, pois, apesar de serem positivados num ordenamento jurídico específico de uma comunidade política numa época determinada, são extensíveis a todos, sem distinção de qualquer natureza, exceto em casos indicados pela própria Constituição. Seria uma contradição cogitar de direitos fundamentais que partissem de uma ideia segregacionista ou discriminatória.

g) *Indivisibilidade e interdependência* – no tocante aos direitos fundamentais, a indivisibilidade indica que não há meio-termo: o respeito à dignidade da pessoa humana requer sejam respeitados os direitos fundamentais civis, políticos, econômicos, sociais e culturais, individuais ou coletivos. Afinal, é uma característica do conjunto das normas, e não de cada direito isoladamente considerado. Por sua vez, a interdependência refere-se aos direitos fundamentais considerados em espécie, ao compreender que determinado direito não atinge eficácia plena sem a realização simultânea de alguns ou de todos os outros direitos fundamentais. Não há distinção entre os direitos fundamentais, quer sejam direitos civis e políticos, quer sejam direitos econômicos, sociais e culturais, pois a realização de certo direito pode depender (como geralmente acontece) do respeito e promoção de diversos outros, independentemente de sua classificação. A indivisibilidade e interdependência corroboram para a concorrência dos direitos fundamentais, isto é, a acumulação ou intercruzamento de diversos direitos. Uma única situação pode ser regulamentada por mais de um preceito de direito fundamental.

As características apresentadas são mera referência para a compreensão dos direitos fundamentais e, ainda que em relação a cada espécie componente do catálogo constitucional possam existir ressalvas, servem para ilustrar certos elementos balizados na doutrina como relevantes na identificação de um direito como fundamental.

O objetivo de traçar linhas gerais sobre o conjunto desses direitos, independentemente de sua individualização, é fornecer uma visão genérica sobre os direitos fundamentais enquanto tais, muito embora a caracterização não encerre o problema da definição dos fatores que concorrem para a alocação de um direito no rol dos direitos fundamentais.

6. O DIREITO DE AÇÃO COMO DIREITO FUNDAMENTAL NA NOVA ORDEM JURÍDICA PROCESSUAL BRASILEIRA

Ao analisar o desenvolvimento do conceito de ação, verifica-se que o mesmo foi fruto de uma evolução propulsionada pela doutrina, ao lado de um contexto evolutivo da própria concepção de Estado. Não há aqui a pretensão de discorrer sobre toda a evolução das teorias que se ocuparam de discernir o direito de ação, porquanto a finalidade é a de perquirir como se conforma esse direito na nova ordem jurídica brasileira[578].

Há muito deixou o direito de ação de se confundir com o direito material, herança da concepção romana em que o direito de ação era visto como

---

[578] Para leitura completa, *vide* GUERRA, Sidney; TONETTO, Fernanda. O direito de ação como instrumento de tutela dos direitos humanos. In: *Humanismo e as novas perspectivas do direito*. Curitiba: Instituto Memória, 2018.

um direito nascido da lesão de um direito material, consistindo justamente em uma transformação do direito material ao ser lesado, ideia que muito bem se associa ao período do Estado liberal, que conjuga o direito de ação com um direito constitucional garantidor do acesso de todos ao Poder Judiciário, mas que não se confundiria com o direito de agir.

Com alguns temperamentos[579], essa foi a teoria adotada pelo Direito brasileiro, no Código de Processo Civil de 1973, cujo artigo 267, inciso VI, elencava como condições da ação: (1) a legitimidade das partes, consistente na relação de identificação entre autor e réu com o direito material em litígio; (2) o interesse processual, ou a necessidade da jurisdição para proteção do direito, conjugada com a escolha do modelo procedimental apto; e (3) a possibilidade jurídica do pedido, que deve ser viável e não expressamente proibido pela lei.

Por seu turno, o Código de Processo Civil de 2015 deixou de mencionar a expressão *condição da ação,* reportando-se apenas, no seu artigo 485, às hipóteses de legitimidade e de interesse processual, cuja ausência pode levar à extinção do processo.

De qualquer sorte, se analisada a evolução das teorias da ação sob o ponto de vista doutrinário até o conceito atual adotado pela maioria dos ordenamentos jurídicos ocidentais, essa transformação foi em última análise impulsionada pelo próprio desenvolvimento da concepção de Estado, culminando em uma nova conformação para o processo civil, cuja evolução se estende desde o Estado liberal até o momento em que hoje se encontra e que, por todas as suas características, consubstancia o denominado Estado Constitucional que tomou para si o dever de proteger uma larga escala de direitos e, acima de tudo, dos direitos fundamentais, o que faz primeiramente por meio da edição de normas que proíbem condutas lesivas a bens jurídicos, objetivando evitar danos.

Sob esse aspecto, o Estado assume o dever de editar essas normas protetivas, mas que restam esvaziadas se não acompanhadas da respectiva edição de regras procedimentais para atuação efetiva do dever de proteção. Dessa dualidade de obrigações estatais, ao mesmo tempo complementares, advêm as normas de proteção de direito material, de um lado, e as normas de proteção de direito processual, de outro. Ao Estado incumbe, portanto,

---

579 Para Liebmanm, a possibilidade jurídica estava contida na condição *interesse.*

assegurar direitos materiais fundamentais e direitos processuais fundamentais, sendo esses instrumentais em relação àqueles.

Um dos fundamentos teleológicos da própria existência do Estado é justamente assegurar a edição de normas materiais protetivas, aliadas às respectivas normas processuais, além de aparatos fiscalizadores e punitivos que imponham a observância dessas normas. Esse é o papel imposto ao Estado-Legislador e ao Estado-Administrador.

Sendo, no entanto, insuficiente a proteção do Poder Legislativo e do Poder Executivo em relação ao rol de direitos assegurados pelas Constituições, especialmente quanto aos direitos fundamentais, quer porque as normas necessárias não são editadas, quer porque o dever fiscalizador ou punitivo é insuficiente ou ineficaz, quer porque os direitos são violados apesar da atuação do estatal, decorre dessa circunstância a atuação do Poder Judiciário, no que tange à obrigação imposta ao Estado-Juiz quanto à supressão da omissão de proteção legislativa ou administrativa.

Este o fundamento teleológico do direito de ação, consistente na prerrogativa de proteção dos direitos (fundamentais ou não) por parte do Estado, com o fito evitar violação da norma criada pelo Estado constitucional, ora para eliminar os efeitos concretos do ato de violação, ora para remediar a omissão de proteção do legislador, obrigando a que o Estado-Juiz edite a norma inexistente.

No intuito de cumprir sua essência finalística, a ação deve se estruturar sobre um conjunto de técnicas processuais voltadas à efetiva e tempestiva proteção desses direitos, sob pena de sua inefetividade e da remanescência dos direitos materiais ao plano declaratório.

O direito de ação passa a ser visto como direito fundamental (processual), porquanto permite a tutela dos direitos de liberdade ameaçados ou lesados pelo Estado (permitindo-se impetração do Mandado de Segurança), a realização dos direitos fundamentais sociais, a satisfação dos direitos fundamentais de proteção, como ocorre com a tutela dos direitos do consumidor, além de servir como canal de participação do cidadão no poder, por meio do ajuizamento da ação popular ou de outras espécies de ações.

Esse o fundamento teleológico do direito de ação, utilizado para satisfazer um fim e garantir efetividade aos direitos fundamentais materiais, quando violados ou mesmo quando simplesmente ameaçados de lesão. Pode-se dizer por isso que o direito de ação se encontra no rol dos direitos fundamentais, já que dele muitas vezes dependem os direitos fundamentais materiais no que tange à eficácia.

Além disso, se o direito de ação decorre da proibição da tutela privada e se o Estado detém o monopólio da solução de conflitos e da tutela dos direitos (com raras exceções, como na hipótese de legítima defesa), daí decorre que assegurar o exercício do direito de ação transmuda-se em dever do Estado.

De todas essas decorrências surgem intrincadas relações entre os direitos fundamentais materiais e os direitos fundamentais processuais.

Se por um lado os direitos fundamentais materiais incidem sobre o legislador (por dependerem de proteção normativa), sobre o administrador (que deve atuar na implementação, fiscalização e aplicação de punições no caso de inobservância) e sobre a jurisdição (com atuação específica da norma não observada ou para suprir omissão do legislador), por outro lado os direitos fundamentais processuais vinculam a forma como o Estado deve proceder para viabilizar a efetividade da proteção dos direitos, regulando a relação entre o Estado e o particular.

O direito fundamental processual de ação, portanto, obriga o Estado a prestar a tutela jurisdicional, de maneira adequada, ao mesmo tempo em que depende do legislador, obrigando-o a traçar técnicas processuais diferentes para cada caso concreto, tais como as técnicas de antecipação de tutela, a previsão de meios executivos diferenciados, a criação de Juizados Especiais, todas hábeis a propiciar o julgamento do pedido de forma efetiva e capazes de atender as necessidades do caso concreto. Por isso é que ao criar deveres ao legislador, o direito fundamental de ação não se volta somente ao Estado-juiz, mas ao Estado em sua integralidade, ao menos no plano do direito interno.

Não obstante, garantir o pleno exercício do direito de ação tem como contrapartida a criação de um dever também em relação ao juiz, de forma ainda mais ampla, porquanto possui a obrigação de prestar a tutela jurisdicional adequada. Nesse sentido, nem mesmo a omissão de lei autoriza a omissão do juiz, à medida em que deve suprir omissão legislativa para exercer sua função de maneira adequada.

Para que esse direito fundamental de ação possa ser plenamente satisfeito, o seu exercício possui corolários, de forma a que seja alcançado verdadeiramente o seu conteúdo teleológico. É o que se pode denominar direito ao processo justo, ou conteúdo mínimo do direito de ação.

Nesse sentido, não basta garantir o direito de ação. Para que a ação possa cumprir efetivamente seu conteúdo teleológico de tutela dos direitos, ela deve ter atributos que lhe conferem uma maior extensão.

Trata-se do *direito fundamental ao processo justo,* outrora denominado devido processo legal, previsto nas principais constituições ocidentais e em tratados internacionais, como a Declaração Universal dos Direitos do Homem, a Convenção Europeia de Direitos Humanos, o Pacto Internacional relativo aos Direitos Civis e Políticos e a Convenção Americana de Direitos Humanos contida no Pacto de San Jose da Costa Rica[580], formando um corpo normativo que se pode chamar de *ius commune* em matéria processual.

O direito ao processo justo, que tem por objetivo assegurar a produção de uma decisão justa, configura-se como meio de exercer a pretensão à tutela jurídica e tem a justiça processual como condição de legitimidade. Essa legitimidade somente se configura quando o processo é contido de um *núcleo forte ineliminável,* ou um *conteúdo mínimo essencial,* ou *perfil mínimo*[581].

Esse conteúdo mínimo do processo, que garante a justiça processual, depende da presença de elementos como a colaboração do juiz, a tutela jurisdicional adequada e efetiva, a igualdade e paridade de armas, além de contraditório, ampla defesa, direito à prova, respeito aos princípios do juiz natural e da motivação das decisões, utilização de publicidade no procedimento, com duração razoável, assistência jurídica integral e formação de coisa julgada.

São elementos do perfil mínimo que permitem aferir a justa estruturação do processo, funcionando como verdadeiros meios de controle da justiça processual, que obrigam o Estado a promover.

O direito ao processo justo e o conteúdo mínimo do direito fundamental processual compreendem o direito de acesso à justiça, em sua maior amplitude configurada pelo princípio da inafastabilidade da jurisdição, na prescindibilidade de condicionamento da apreciação do pedido pela prévia petição em instância administrativa, bem como na garantia constitucional de assistência jurídica integral a ser prestada pelo Estado[582].

Compreende também a necessidade de previsão de procedimentos adequados, que garantam efetividade à tutela dos direitos materiais, sejam

---

580 MITIDIERO, Daniel. *Direitos fundamentais processuais*, op. cit., p. 617.
581 MITIDIERO, Daniel. *Direitos fundamentais processuais*, op. cit., p. 618.
582 MITIDIERO, Daniel. *Direitos fundamentais processuais*, op. cit., p. 628.

ou não direitos fundamentais, efetividade essa que deve se estender desde o direito ao julgamento até a garantia de uma execução efetiva. Compreende-se aqui a previsão pelo legislador de técnicas processuais adequadas à efetividade da preservação do direito material violado, a qual depende da capacidade do procedimento para atender ao direito material. Por isso a necessidade de previsão de procedimentos diversos, compatíveis com a tutela dos diferentes direitos.

A ideia de ação única era apenas reflexo dos valores do Estado liberal, que se preocupava unicamente com a previsão de ressarcimento em pecúnia, contexto em que o juiz se limitava a declarar a (in)existência de um direito, o que hoje iria de encontro aos princípios do Estado constitucional que, antes, tem por finalidade preservar a não violação dos direitos. Daí a necessidade de adequação da ação para viabilizar a obtenção de várias tutelas específicas.

Essa efetividade também compreende o direito à duração razoável do processo e de previsão dos meios que garantem sua celeridade[583], porquanto a demora repercute sobre a efetividade da ação.

A nova conformação do processo civil, em consonância com os valores do Estado constitucional, determina que o processo não pode existir sem compromisso com a realidade social, motivo pelo qual deve ser dotado de requisitos mínimos, ou de um conjunto de características hábeis a garantir a efetividade desses direitos, pois do contrário o processo seria incapaz de atender as novas realidades sociais.

Essa nova conformação é produto do Estado constitucional e transpassa sua própria existência, refletindo-se também na ordem jurídica internacional, que, assim como no campo dos Estados nacionais, possui um conjunto de direitos a serem protegidos, assegurados com o auxílio das Cortes supranacionais, de caráter regional ou internacional, em que também se manifesta o direito de ação.

Superada essa etapa, importante identificar a situação dos direitos, tanto no plano interno como no internacional, aplicados às minorias e grupos vulneráveis.

---

583 Nesse sentido a inclusão do inciso LXXVIII ao artigo 5º da Constituição Federal, por meio da Emenda Constitucional n. 45/2004, prevendo o direito à razoável duração do processo.

CAPÍTULO VII

DIREITOS HUMANOS DAS MINORIAS E GRUPOS VULNERÁVEIS

1. CONSIDERAÇÕES GERAIS

Como visto anteriormente, a discussão sobre direitos humanos cada vez mais ocupa espaço no cenário nacional e internacional, e nas narrativas contemporâneas desempenha papel frequentemente associado ao fundamento para legitimação dos processos político-sociais.

Os direitos humanos são faculdades que o direito atribui a pessoas e aos grupos sociais, expressão de suas necessidades relativas à vida, liberdade, igualdade, participação política, social ou a qualquer outro aspecto fundamental que afete o desenvolvimento integral das pessoas em uma comunidade de homens livres, exigindo o respeito ou a atuação dos demais homens, dos grupos sociais e do Estado, e com garantia dos poderes públicos para restabelecer seu exercício em caso de violação ou para realizar sua prestação.

Nesse sentido é que a valorização da dignidade da pessoa humana ganha importância tanto no âmbito do direito interno dos Estados como no plano internacional. O papel dos direitos humanos na atual conjuntura demanda a abertura de frentes de estudo que possam articular e arquitetar saberes, dispostos tanto a auxiliar na compreensão dos fenômenos produzidos no contexto da complexidade social hodierna como a oferecer um instrumental para a prática e militância dos atores sociais na área dos direitos humanos e para os operadores jurídicos, que muitas vezes carecem de referenciais adequados de abordagem.

De fato, pensar os direitos humanos na atualidade consiste em articular uma ótica intrincada e imbricada de valores, perpassada por contextos que atingem de forma variada certos segmentos e grupos sociais. O pluralismo é um dos aspectos que caracterizam o modelo de sociedade democrática brasileira. A diversidade faz parte do meio social em que vivemos e é um elemento essencial para o desenvolvimento da comunidade. Partindo desse raciocínio, pode-se observar a importância da proteção das minorias e grupos vulneráveis.

É exatamente nessa moldura que o debate hodierno sobre direitos humanos articula-se em torno das minorias e grupos vulneráveis, enquanto titulares de direitos numa sociedade de feitio complexo e pluralista.

As dificuldades em torno do tema podem ser percebidas na própria construção conceitual das categorias de estudo, em função da adoção de terminologias que ressaltam determinados pontos da identificação dos grupos ou sujeitos participantes das relações jurídicas aqui sob exame, pelo emprego tanto do termo *minorias* como de *grupos vulneráveis*.

A noção de minoria correlaciona-se mais estritamente ao elemento numérico referente a um contingente inferior de pessoas, o que de certa forma pode ser uma caracterização reducionista, tendo em vista que nos dias de hoje não cabe estabelecer uma divisão com base apenas no aspecto quantitativo, principalmente porque geraria impasses em relação a grupos que muitas vezes são socialmente discriminados ou marginalizados, embora não correspondam estritamente a um grupo inferior numericamente – por exemplo, as mulheres, as crianças, as pessoas idosas.

Muito embora exista uma confusão conceitual entre minorias e grupos vulneráveis, cumpre mencionar que a primeira categoria refere-se a sujeitos que ocupam posição de não dominância no país ou grupo social no qual vivem. Enquanto os grupos vulneráveis constituem-se num contingente numericamente expressivo, como as mulheres, crianças e pessoas idosas. Assim, são mais facilmente identificados como pessoas destituídas de poder, mas que dispõem de cidadania e dos demais pontos que poderiam torná-los minoria.

Para efeito deste estudo, a diferenciação conceitual não será levada em consideração de maneira criteriosa; ao contrário, ambas as terminologias serão utilizadas para identificar as categorias a serem analisadas.

2. MULHER

Ao longo dos anos as mulheres foram vítimas de abusos, atrocidades e violências diversas. Como dito em outra oportunidade[584], no passado a

---

584 Conforme GUERRA, Sidney. *Direitos humanos na ordem jurídica internacional e reflexos na ordem constitucional brasileira.* 2. ed. São Paulo: Saraiva, 2014.

condição jurídica da mulher em várias partes do mundo era lamentável (infelizmente esse quadro negativo ainda se apresenta em alguns países). Em determinados lugares a mulher chegou a ser vista como coisa e instrumento de deleite masculino. É bem verdade que vários problemas ainda persistem em relação às mulheres, mesmo com as ações patrocinadas no plano das Nações Unidas. Todavia, muitos Estados têm desenvolvido legislações no plano doméstico no sentido de fomentar a proteção para a mulher.

Antes de destacar alguns aspectos que se aplicam na legislação brasileira, importante ressaltar a Convenção sobre a eliminação de todas as formas de discriminação contra a mulher, adotada em 1979, como passo importante no reconhecimento da valorização da dignidade da mulher.

A Convenção internacional registra a grande preocupação de a mulher continuar sendo vítima de abusos, constrangimentos e discriminações. As mulheres, ao serem discriminadas, passam por grandes dificuldades para participarem da vida política, econômica, social e cultural de seu país. Dessa forma, a discriminação feminina constitui-se em obstáculo para o aumento do bem-estar da sociedade e da família, dificultando o desenvolvimento das potencialidades da mulher para prestação de serviços a seu país e à humanidade.

A Convenção enaltece o papel da mulher na sociedade e para o bem-estar de uma família, ressaltando que, para que haja desenvolvimento pleno de um país, bem-estar no mundo e paz, a participação da mulher deve ser plenamente reconhecida nas mesmas condições que os homens.

A Convenção veda, portanto, qualquer tipo de discriminação contra a mulher, entendendo como toda distinção, exclusão ou restrição baseada no sexo e que tenha por objeto ou resultado prejudicar ou anular o reconhecimento, gozo ou exercício pela mulher, independentemente de estado civil, com base na igualdade do homem e da mulher, dos direitos humanos e liberdades fundamentais nos campos político, econômico, social, cultural e civil ou em qualquer outro campo.

Assim sendo, os Estados se comprometem a desenvolver uma série de políticas para eliminar a discriminação contra a mulher, tais como: a) consagrar o princípio da igualdade entre homem e mulher; b) adotar medidas e leis, com sanções pertinentes, que proíbam qualquer tipo de discriminação contra a mulher; c) garantir a proteção jurídica efetiva contra a mulher; d) abster-se de incorrer em todo ato ou prática de discriminação contra a mulher; e) adotar medidas para que não ocorram discriminações contra a mulher, por quem quer que seja; f) derrogar leis, inclusive as penais, regulamentos e práticas que constituam discriminação contra a mulher.

Além disso, os Estados se comprometeram a assegurar uma série de direitos para a mulher: a) igualdade perante a lei; b) direito ao voto; c) direito de participação, em todos os níveis e circunstâncias; d) direito de exercer funções públicas em todos os níveis; e) direito ao trabalho e oportunidades nas mesmas condições que os homens; f) direito ao acesso aos serviços de saúde pública; g) direitos e deveres iguais no casamento; h) direito para obtenção de créditos; i) direito ao lazer e à prática de atividades culturais e esportivas.

A Convenção previu a criação de um Comitê sobre a Eliminação da Discriminação contra a Mulher, constituído por 23 peritos eleitos pelos Estados-partes, com o propósito de examinar em sessões públicas os relatórios apresentados pelos Estados sobre as medidas legislativas, judiciais e administrativas que tenham adotado para que a Convenção pudesse ser implementada. O Brasil ratificou a Convenção sobre os Direitos da Mulher em 1984, e de lá para cá houve mudanças significativas na legislação brasileira.

No Brasil, em passado não muito distante, a mulher não possuía sequer capacidade jurídica plena, tampouco o reconhecimento da igualdade para com os homens. Isso porque, até pouco tempo atrás, a ordem jurídica brasileira não reconhecia a mulher como sujeito de direito plenamente capaz, fato que somente ocorreu com a Lei n. 4.121, de 27 de agosto de 1962. O "Estatuto da Mulher Casada" estabeleceu na época algumas conquistas para a mulher, tais como: a determinação de que ela não precisava mais de autorização do marido para trabalhar fora de casa; que poderia receber herança; comprar ou vender imóveis; assinar documentos e mesmo viajar.

De fato, as conquistas das mulheres aconteceram de forma paulatina até que se chegasse ao nível em que se encontra nos dias de hoje, com a indubitável importância que desempenham na sociedade brasileira.

Foi na Constituição de 1988 que se erigiu o reconhecimento formal da igualdade entre homens e mulheres, ao se estabelecer no art. 5º que "todos são iguais perante a lei, sem distinção de qualquer natureza, garantindo-se aos brasileiros e aos estrangeiros residentes no País a inviolabilidade do direito à vida, à liberdade, à igualdade, à segurança e à propriedade, nos termos seguintes: I – homens e mulheres são iguais em direitos e obrigações, nos termos desta Constituição".

Esse movimento em favor do reconhecimento do importante papel da mulher na sociedade brasileira ocorreu pela grande mobilização no plano internacional que eclodiu com a redação da Convenção sobre a eliminação contra todas as formas de discriminação contra a mulher.

Referida Convenção objetivou o desenvolvimento de políticas públicas voltadas para a mulher, ou seja, não se trata apenas de buscar mecanismos para que ela não seja discriminada, mas também viabilizar condições para que possa ter maiores oportunidades numa sociedade tradicionalmente machista, buscando, com isso, a materialização da igualdade entre os sexos. Significa dizer que as mulheres, a partir do entendimento da Convenção, devem ser titulares de seus direitos e de suas vontades no mesmo nível que os homens.

Ainda assim, apesar da elaboração da Convenção Internacional e das várias normas existentes na ordem jurídica interna, evidencia-se a ocorrência de múltiplas lesões aos direitos das mulheres, por exemplo, violações de natureza civil, trabalhista, social, cultural.

Apesar dos vários problemas que acometem as mulheres, talvez o principal deles seja o relativo à violência. Por isso mesmo é que a Convenção sobre a eliminação de todas as formas de discriminação contra a mulher não contemplou de forma explícita essa questão.

No ano de 1993 foi celebrada a Declaração sobre a Eliminação da Violência contra a Mulher, estabelecendo que a violência contra a mulher está consubstanciada por qualquer ato de violência baseado no gênero de que resulte ou possa resultar, inclusive as ameaças de tais atos, coerção ou privação arbitrária da liberdade, podendo ocorrer na esfera pública ou na esfera privada.

A noção de gênero, que vem expressa no referido texto internacional, pode ser entendida como construção sociocultural do masculino e do feminino, isto é, são atribuídos papéis diversos para homens e mulheres em sociedade, estabelecendo direitos e deveres, com estrutura estratificada e hierarquizada. A violência de gênero se apresenta como forma de agir da própria sociedade.

A Declaração de 1993 prevê que os Estados devem condenar e eliminar a violência contra a mulher, não podendo invocar costumes, tradições ou questões de natureza religiosa para afastar suas obrigações concernentes à eliminação da violência.

No Brasil, como em vários outros países, há tristemente uma "cultura" impregnada em muitos homens, que entendem que podem praticar atos de violência contra a mulher por motivos como ciúme, falta de dinheiro, problemas com filhos etc.[585].

---

585 Interessantes os dados da pesquisa que trata da matéria: "De 1980 a 2010, foram assassinadas no país perto de 91 mil mulheres no Brasil, 43,5 mil só na última

Como resposta ao problema da violência contra a mulher, foi sancionada a Lei n. 11.340, de 7 de agosto de 2006, conhecida como "Lei Maria da Penha". Referida lei cria mecanismos para coibir a violência doméstica e familiar contra a mulher, dando estrutura aos poderes constituídos para proteger a vítima de agressões[586]. Os avanços são muitos e significativos, citando-se, por exemplo, a devolução à autoridade policial

---

década. O número de mortes nesses 30 anos passou de 1.353 para 4.297, o que representa um aumento de 217,6% – mais que triplicando – nos quantitativos de mulheres vítimas de assassinato. De 1996 a 2010 as taxas de assassinatos de mulheres permanecem estabilizadas em torno de 4,5 homicídios para cada 100 mil mulheres. Espírito Santo, com sua taxa de 9,4 homicídios em cada 100 mil mulheres, mais que duplica a média nacional e quase quadruplica a taxa do Piauí, Estado que apresenta o menor índice do país. Entre os homens, só 14,7% dos incidentes aconteceram na residência ou habitação. Já entre as mulheres, essa proporção eleva-se para 40%. Duas em cada três pessoas atendidas no SUS em razão de violência doméstica ou sexual são mulheres; em 51,6% dos atendimentos foi registrada reincidência no exercício da violência contra a mulher". Disponível em: http://www.agenciapatriciagalvao.org.br/index.php?option=com_content&view=article&id=1975. Acesso em: 10 jul. 2012.

[586] Vide, a propósito, os impressionantes dados sobre a violência contra a mulher no Brasil: "seis em cada 10 brasileiros conhecem alguma mulher que foi vítima de violência doméstica. Desse total, 63% tomaram alguma atitude para ajudar a vítima (72% das mulheres e 51% dos homens), sendo que 44% conversaram com ela. Machismo (46%) e alcoolismo (31%) são apontados como principais fatores que contribuem para a violência. 59% das mulheres e 48% dos homens não confiam na proteção jurídica e policial nos casos de violência doméstica. 52% dos entrevistados acham que juízes e policiais desqualificam o problema. Entre as principais razões para uma mulher continuar em uma relação violenta estão: para 27%, a falta de condições econômicas para se sustentar; para 20%, a falta de condições para criar os filhos; e para 15%, o medo de ser morta. 27% das mulheres entrevistadas declararam já ter sido vítimas de violência doméstica. Das que relataram ter sido agredidas, 15% disseram ter sido obrigadas a fazer sexo com os companheiros. Apenas 15% dos homens entrevistados admitiram ter agredido alguma mulher. Destes, 38% alegaram ciúmes, 33%, problemas com bebidas, enquanto 12% admitiram que agrediram sem motivo. Reconhecimento da violência psicológica: 62% reconhecem como violência as agressões verbais, humilhação, falta de respeito, ciúmes e ameaças. 94% conhecem a Lei Maria da Penha, mas apenas 13% sabem o conteúdo. A maioria das pessoas (60%) pensa que, ao ser denunciado, o agressor vai preso. Esses são alguns dos achados da Pesquisa Percepções sobre a Violência Doméstica contra a Mulher no Brasil, realizada pelo Instituto Avon/Ipsos entre 31 de janeiro a 10 de fevereiro de 2011, em que 1,8 mil pessoas de cinco regiões brasileiras foram entrevistadas. Trata-se do segundo estudo realizado pelo Instituto Avon. O primeiro foi feito em 2009, em parceria com o Ibope". Disponível em: http://www.agenciapatriciagalvao.org.br/index.php?option=com_content&view=article&id=1975. Acesso em: 10 jul. 2012.

da prerrogativa investigatória, podendo esta inclusive instaurar inquérito policial após ouvir a vítima e o agressor. Cumpre ressaltar que a elaboração da lei decorre também de uma grande pressão que se dá no plano internacional, como se vê:

> "Em 1998, o CEJIL-Brasil (Centro para a Justiça e o Direito Internacional) e o CLADEM-Brasil (Comitê Latino-americano do Caribe para a Defesa dos Direitos da Mulher), juntamente com a vítima Maria da Penha Maia Fernandes, encaminharam à Comissão Interamericana de Direitos Humanos (OEA) petição contra o Estado brasileiro, relativa ao paradigmático caso de violência doméstica por ela sofrido (caso Maria da Penha n. 12.051).
> As agressões e ameaças foram uma constante durante todo o período em que Maria da Penha permaneceu casada com o Sr. Marco Antônio Heredia Viveiros. Por temor ao então marido, Penha não se atrevia a pedir a separação, tinha receio de que a situação se agravasse ainda mais. E foi justamente o que aconteceu em 1983, quando Penha sofreu uma tentativa de homicídio por parte de seu marido, que atirou em suas costas enquanto ela dormia, deixando-a paraplégica. Na ocasião, o agressor tentou eximir-se de culpa alegando para a polícia que se tratava de um caso de tentativa de roubo. Duas semanas após o atentado, Penha sofreu nova tentativa de assassinato por parte de seu marido, que desta vez tentou eletrocutá-la durante o banho. Neste momento Penha decidiu finalmente separar-se.
> Conforme apurado junto às testemunhas do processo, o Sr. Heredia Viveiros teria agido de forma premeditada, pois semanas antes da agressão tentou convencer Penha a fazer um seguro de vida em seu favor e cinco dias antes obrigou-a a assinar o documento de venda de seu carro em que constasse do documento o nome do comprador. Posteriormente à agressão, Maria da Penha ainda apurou que o marido era bígamo e tinha um filho em seu país de origem, a Colômbia. Até a apresentação do caso ante a OEA, passados 15 anos da agressão, ainda não havia uma decisão final de condenação pelos tribunais nacionais, e o agressor ainda se encontrava em liberdade. Diante deste fato, as peticionárias denunciaram a tolerância da Violência Doméstica contra Maria da Penha por parte do Estado brasileiro, pelo fato de não ter adotado, por mais de quinze anos, medidas efetivas necessárias para processar e punir o agressor, apesar das denúncias da vítima. A denúncia sobre o caso específico de Maria da Penha foi também uma espécie de evidência de um padrão sistemático de omissão e negligência em relação à violência doméstica e familiar contra as mulheres brasileiras. Denunciou-se a violação dos artigos 1 (Obrigação de respeitar os direitos); 8 (Garantias judiciais); 24 (Igualdade perante a lei) e 25 (Proteção judicial) da Convenção Americana, dos artigos II e VIII da Declaração Americana dos Direitos e Deveres do Homem (doravante deno-

minada 'a Declaração'), bem como dos artigos 3, 4, a, b, c, d, e, f, g, 5 e 7 da Convenção de Belém do Pará. Uma vez que no caso Maria da Penha não haviam sido esgotados os recursos da jurisdição interna (o caso ainda estava sem uma decisão final), condição imposta pelo artigo 46(1)(a) da Convenção Americana para a admissibilidade de uma petição, utilizou-se a exceção prevista pelo inciso (2)(c) do mesmo artigo, que exclui esta condição nos casos em que houver atraso injustificado na decisão dos recursos internos, exatamente o que havia acontecido no caso de Penha. Neste sentido, assim se manifestou a Comissão: 'considera conveniente lembrar aqui o fato inconteste de que a justiça brasileira esteve mais de 15 anos sem proferir sentença definitiva neste caso e de que o processo se encontra, desde 1997, à espera da decisão do segundo recurso de apelação perante o Tribunal de Justiça do Estado do Ceará. A esse respeito, a Comissão considera, ademais, que houve atraso injustificado na tramitação da denúncia, atraso que se agrava pelo fato de que pode acarretar a prescrição do delito e, por conseguinte, a impunidade definitiva do perpetrador e a impossibilidade de ressarcimento da vítima (...)'. Importa frisar que, à época, o Estado brasileiro não respondeu à denúncia perante a Comissão. No ano de 2001, a Comissão Interamericana de Direitos Humanos, em seu Informe n. 54 de 2001, responsabilizou o Estado brasileiro por negligência, omissão e tolerância em relação à violência doméstica contra as mulheres, recomendando, entre outras medidas: A finalização do processamento penal do responsável da agressão. Proceder uma investigação a fim de determinar a responsabilidade pelas irregularidades e atrasos injustificados no processo, bem como tomar as medidas administrativas, legislativas e judiciárias correspondentes. Sem prejuízo das ações que possam ser instauradas contra o responsável civil da agressão, a reparação simbólica e material pelas violações sofridas por Penha por parte do Estado brasileiro por sua falha em oferecer um recurso rápido e efetivo. E a adoção de políticas públicas voltadas a prevenção, punição e erradicação da violência contra a mulher. O caso Maria da Penha foi o primeiro caso de aplicação da Convenção de Belém do Pará. A utilização deste instrumento internacional de proteção aos direitos humanos das mulheres e o seguimento das peticionárias perante a Comissão, sobre o cumprimento da decisão pelo Estado brasileiro, foi decisiva para que o processo fosse concluído no âmbito nacional e, posteriormente, para que o agressor fosse preso, em outubro de 2002, quase vinte anos após o crime, poucos meses antes da prescrição da pena. Entretanto, é necessário ainda, que o Estado brasileiro cumpra com o restante das recomendações do caso de Maria da Penha. É de direito o que se reivindica e espera que ocorra. O relato detalhado do caso pode ser encontrado no livro 'Sobrevivi, posso contar' escrito pela própria Maria da Penha, publicado em 1994, com o apoio do Conselho Cearense dos Direitos da Mulher (CCDM) e da Secretaria de Cultura do Estado do Ceará"[587].

Não por acaso, a Corte Interamericana de Direitos Humanos, em publicação específica sobre o tema[588], reiterou que o estereótipo de gênero[589] refere-se a uma preconcepção de atributos, condutas, características inerentes ou papéis que são ou deveriam ser executados por homens e mulheres, respectivamente, e que é possível associar a subordinação da mulher a práticas baseadas em estereótipos de gênero socialmente dominantes e socialmente persistentes.

Nesse sentido, sua criação e uso converte-se em uma das causas e consequências da violência de gênero contra a mulher, condições que se agravam quando se refletem, implícita ou explicitamente, em políticas e

---

587   http://www.agende.org.br/docs/File/convencoes/belem/docs/Caso%20 maria%20da%20penha.pdf.

588   Relatório Anual da Corte Interamericana de Direitos Humanos. Disponível em: http://www.corteidh.or.cr/tablas/informe2015/portugues.pdf. Acesso em: 1º mar. 2016.

589   Bastante interessante o posicionamento da Corte sobre a questão que envolve gênero *in* Cuadernillo de Jurisprudencia de la Corte Interamericana de Derechos Humanos nº 4: Derechos Humanos de las Mujeres/Corte Interamericana de Derechos Humanos. San José, C.R: Corte IDH, 2021."En lo que respecta la expresión de género, este Tribunal ya ha señalado que es posible que una persona resulte discriminada con motivo de la percepción que otras tengan acerca de su relación con un grupo o sector social, independientemente de que ello corresponda con la realidad o con la auto--identificación de la víctima. La discriminación por percepción tiene el efecto o propósito de impedir o anular el reconocimiento, goce o ejercicio de los derechos humanos y libertades fundamentales de la persona objeto de dicha discriminación, independientemente de si dicha persona se auto-identifica o no con una determinada categoría. Al igual que otras formas de discriminación, la persona es reducida a la única característica que se le imputa, sin que importen otras condiciones personales. En consecuencia, de conformidad con lo anterior, se puede considerar que la prohibición de discriminar con base en la identidad de género se entiende no únicamente con respecto a la identidad real o auto-percibida, también se debe entender en relación a la identidad percibida de forma externa, independientemente que esa percepción corresponda a la realidad o no. En ese sentido, se debe entender que toda expresión de género constituye una categoría protegida por la Convención Americana en su artículo 1.1. Por último, es relevante señalar que varios Estados de la región han reconocido en sus ordenamientos jurídicos internos, sea por disposición constitucional, sea por vía legal, por decretos o por decisiones de sus tribunales, que la orientación sexual y la identidad de género constituyen categorías protegidas contra los tratos diferentes discriminatorios." Disponível em: https://www.corteidh.or.cr/sitios/libros/todos/docs/cuadernillo4_2021.pdf. Acesso em: 23 jul. 2022.

práticas, particularmente no fundamento e na linguagem das autoridades estatais. A Corte declarou que reconhece, visualiza e rejeita o estereótipo de gênero por meio do qual, em casos de violência contra a mulher, as vítimas são assimiladas ao perfil de uma criminosa e/ou uma prostituta e/ ou uma "qualquer". E também os casos que não se consideram suficientemente importantes para serem investigados, fazendo, ademais, com que a mulher seja considerada responsável ou mereça ter sido atacada, da mesma forma que toda prática estatal pela qual se justifica a violência contra a mulher e a culpa por isso, uma vez que valorações dessa natureza mostram um critério discricionário e discriminatório com base na origem, condição e/ou comportamento da vítima pelo simples fato de ser mulher. Consequentemente, a Corte considerou que esses estereótipos de gênero são incompatíveis com o Direito Internacional dos Direitos Humanos e devem ser tomadas medidas para erradicá-los onde quer que se manifestem.

Sem embargo, é cada vez mais importante e necessário que sejam coordenadas e desenvolvidas ações para que abusos como os sofridos por Maria da Penha não fiquem à margem da justiça[590].

Impende assinalar que, além da citada Lei n. 11.340/2006, a conhecida Lei Maria da Penha, criada com o intuito de coibir a violência doméstica

---

590 Ainda assim, observe as estatísticas relacionadas à violência contra a mulher no Brasil: "No ano passado, 37.717 mulheres brasileiras entre 20 e 59 anos procuraram hospitais públicos em busca de atendimento, após terem sido vítimas de violência e maus-tratos no País – um crescimento de 38,7% em comparação com 2010. O levantamento, feito pelo Ministério da Saúde, será divulgado nesta terça-feira, no dia em que a Lei Maria da Penha, que pune violência doméstica, faz seis anos. Segundo o levantamento, as agressões físicas são as principais formas de violência contra a mulher e representam 78,2% do total de casos registrados. Em seguida, estão os casos de agressão psicológica (32,2%) e violência sexual (7,5%). O levantamento mostra ainda que, do total de casos, 38,4% são reincidentes. A própria casa é o principal cenário das agressões e os homens com os quais as mulheres se relacionam ou se relacionaram (marido, ex, namorado, companheiro) são os principais agressores e representam 41,2% dos casos. Amigos ou conhecidos são 8,1% e desconhecidos, 9,2%. Julio Jacobo Waiselfisz, autor do Mapa da Violência, afirma que os dados apresentados no DataSus 'ainda são só a ponta do *iceberg*'. Waiselfisz diz que há dois motivos para explicar a subnotificação: primeiro, os dados são de mulheres que procuram o posto de saúde, o que significa que sofreram violência média ou grave. 'A violência cotidiana, do dia a dia, continua não sendo comunicada', diz. Segundo, a sobrecarga de trabalho dos médicos, que podem deixar de fazer as notificações e detalhar os quadros da vítima". Disponível em: http://www.estadao.com.br/noticias/geral,crescem-violencia-e-maus-tratos-contra-mulheres,912528,0.htm. Acesso em: 10 jul. 2012.

e familiar contra a mulher de forma a prevenir, punir e erradicar a violência contra a mulher, através de medidas protetivas, há outras leis igualmente importantes que visam proteger as mulheres.

A começar pela Lei n. 12.372 datada de 30 de novembro de 2012, conhecida como Lei Carolina Dickman, que dispõe sobre a tipificação criminal de delitos informáticos e altera o Código Penal brasileiro com relevante dispositivo (art. 154-A) que estabelece: "Invadir dispositivo informático alheio, conectado ou não à rede de computadores, mediante violação indevida de mecanismo de segurança e com o fim de obter, adulterar ou destruir dados ou informações sem autorização expressa ou tácita do titular do dispositivo ou instalar vulnerabilidades para obter vantagem ilícita. Pena: detenção, de 3 (três) meses a 1 (um) ano, e multa".

A Lei n. 12.845, de 1º de agosto de 2013, que dispõe sobre o atendimento obrigatório e integral de pessoas em situação de violência sexual e oferece garantias a vítimas de violência sexual, como atendimento imediato pelo SUS, amparo médico, psicológico e social, exames preventivos e o fornecimento de informações sobre os direitos legais das vítimas.

A Lei n. 13.104, de 9 de março de 2015, que alterou o art. 121 do Decreto-lei n. 2.848, de 7 de dezembro de 1940 – Código Penal, para prever o feminicídio como circunstância qualificadora do crime de homicídio, e o art. 1º da Lei n. 8.072, de 25 de julho de 1990, para incluir o feminicídio no rol dos crimes hediondos. Neste sentido, é possível que uma mulher ao ser morta em decorrência de violência doméstica e familiar, menosprezo ou discriminação à condição de mulher, e, portanto, caracterizado o feminicídio, o causador poderá receber uma pena de até 30 anos de reclusão[591].

---

591 Atentem para os dados atualizados sobre violência contra as mulheres no Brasil: "Os dados aqui apresentados têm como fonte os boletins de ocorrência das Polícias Civis das 27 Unidades da Federação e indicam um leve recuo nos registros de feminicídio em 2021, ao mesmo tempo que apontam o aumento dos registros de estupro e estupro de vulnerável no mesmo ano. Os dados preliminares de violência letal contabilizam 1.319 mulheres vítimas de feminicídio no último ano, decréscimo de 2,4% no número de vítimas; e 56.098 estupros (incluindo vulneráveis), apenas do gênero feminino, crescimento de 3,7% em relação ao ano anterior. Os números de registros de crimes contra meninas e mulheres aqui apresentados visibilizam o quadro de violência vivenciado por elas durante a pandemia. Apenas entre março de 2020, mês que marca o início da pandemia de Covid-19 no país, e dezembro de 2021, último mês com dados disponíveis, foram 2.451 feminicídios e 100.398 casos de estupro e estupro de vulnerável de vítimas do gênero feminino. Violência letal: feminicídios no Brasil em

Ao longo do último ano houve mudanças importantes na legislação brasileira em relação à proteção em face das mulheres, destacando-se as Leis n. 14.132, de 2021, 14.188, de 2021, 14.192, de 4 de agosto de 2021, e a 14.245, de 23 de novembro de 2021. A primeira delas (Lei 14.132/2021) ficou conhecida como lei contra Stalking[592]. Para configurar crime são necessários três requisitos: ameaça à integridade física ou psicológica da vítima, restrição de sua capacidade de locomoção e invasão de liberdade ou privacidade. A norma que tipifica o crime de perseguição, prática também conhecida como *stalking*, altera o Código Penal e prevê pena de reclusão de seis meses a dois anos e multa para esse tipo de conduta.

Quanto à Lei n. 14.188, de 2021, que cria o programa Sinal Vermelho contra a Violência Doméstica e Familiar, também alterou dispositivo do Código Penal ao contemplar a violência psicológica contra a mulher. A violência psicológica, entendida como qualquer conduta que cause dano emocional e diminuição da autoestima, prejudique e perturbe o pleno desenvolvimento da mulher ou vise degradar ou controlar suas ações, comportamentos, crenças e decisões, pode ser tão prejudicial quanto a física, pois abala o estado emocional da vítima, assim como ocorre no crime de *stalking*.

Também no plano político com a Lei n. 14.192/2021 que estabelece normas para prevenir, reprimir e combater a violência política contra a mulher; e altera a Lei n. 4.737, de 15 de julho de 1965 (Código Eleitoral), a Lei n. 9.096, de 19 de setembro de 1995 (Lei dos Partidos Políticos), e a Lei n. 9.504, de 30 de setembro de 1997 (Lei das Eleições), para dispor sobre os crimes de divulgação de fato ou vídeo com conteúdo inverídico no período de campanha eleitoral. Segundo a norma, considera-se violência política contra mulher toda ação, conduta ou omissão com a fina-

---

2021: "Em 2021, ocorreram um total de 1.319 feminicídios no país, recuo de 2,4% no número de vítimas registradas em relação ao ano anterior. No total, foram 32 vítimas de feminicídio a menos do que em 2020, quando 1.351 mulheres foram mortas. Em 2021, em média, uma mulher foi vítima de feminicídio a cada 7 horas. A taxa de mortalidade por feminicídio foi de 1,22 mortes a cada 100 mil mulheres, recuo de 3% em relação ao ano anterior, quando a taxa ficou em 1,26 mortes por 100 mil habitantes do sexo feminino". VIOLÊNCIA contra mulheres em 2021. Fórum Brasileiro de Segurança Pública. Disponível em: https://forumseguranca.org.br/wp-content/uploads/2022/03/violencia-contra-mulher-2021-v5.pdf. Acesso em: 23 jul. 2022.

592 *Stalker* é um termo em inglês usado para definir quem persegue uma pessoa em redes sociais. O crime de *stalking*, no entanto, é definido como perseguição constante, por qualquer meio, seja ele on-line ou físico.

lidade de impedir, obstaculizar ou restringir os direitos políticos delas, seja durante as eleições, como também no exercício de qualquer função política ou pública.

No fim do ano de 2021, por força da Lei n. 14.245/2021, foi concebida a conhecida "Lei Mari Ferrer", que se tornou vítima de um processo judicial que tomou contornos de violência institucionalizada. O caso tomou o debate público após as imagens da audiência divulgadas mostrarem a vítima ser humilhada pela defesa do acusado, sem que o juiz responsável pela condução do processo nada fizesse para impedir os ataques. A lei aumenta a pena para o crime de coação no curso do processo, tendo sido o ato definido como o uso de violência ou grave ameaça contra os envolvidos em processo judicial para favorecer interesse próprio ou alheio, e recebe punição de um a quatro anos de reclusão, além de multa.

Neste ano de 2022, ganha relevo a lei sancionada pelo Presidente da República (Lei n. 14.330/2022) que inclui o Plano Nacional de Prevenção e Enfrentamento à Violência contra a Mulher na Política Nacional de Segurança Pública e Defesa social. O plano prevê o atendimento humanizado às mulheres vítimas de violência doméstica e a criação de delegacias, juizados e defensorias especializadas, entre outras medidas.

Até recentemente, a estrutura governamental brasileira contemplava a Secretaria Nacional de Políticas para Mulheres (SNPM), vinculada ao Ministério dos Direitos Humanos[593]. No governo atual[594], a referida Secretaria passou a ser subordinada ao Ministério da Mulher, da Família e dos Direitos Humanos e tem como atribuição a defesa da dignidade de todas as mulheres. À SNPM cabe a formulação, coordenação e articulação de políticas públicas para as mulheres, incluídas atividades antidiscriminatórias em suas relações sociais e o combate a todas as formas de violência contra a mulher. Ademais, a promoção dos direitos das mulheres considera a perspectiva da família, o fortalecimento de vínculos familiares e a solidariedade intergeracional. Desde a sua criação, em 2003, a SNPM luta para a construção de um Brasil mais justo, igualitário e democrático, por meio da valori-

---

593 O Decreto n. 9.417, de 20 de junho de 2018, transferiu a Secretaria Nacional de Políticas para Mulheres para a estrutura organizacional do Ministério dos Direitos Humanos.
594 Conforme Decreto n. 9.673, de 2 de janeiro de 2019.

zação da mulher e de sua inclusão no processo de desenvolvimento social, econômico, político e cultural do País.

Indubitavelmente que a questão de gênero está incluída nas políticas dos três níveis de Governo[595]. Ademais, há uma mobilização por parte da sociedade civil na busca de igualdade entre homens e mulheres, em termos de direitos e obrigações.

3. DISCRIMINAÇÃO RACIAL

O tema relativo à discriminação racial tem sido objeto de interesse tanto no sistema internacional como no Estado brasileiro. No plano internacional, importante destacar que a Convenção Internacional para a Eliminação de Todas as Formas de Discriminação Racial foi adotada em Nova York, tendo sido aberta para assinaturas em 7 de março de 1966. O grande fundamento dessa Convenção está centrado nos propósitos que norteiam a Carta das Nações Unidas, isto é, os princípios da dignidade e da igualdade, que devem ser observados em todos os seres humanos, sem qualquer tipo de distinção.

Nesse sentido, a Convenção destaca a necessidade de não haver discriminação[596] de qualquer espécie, enfatizando a questão de raça, cor ou

---

[595] Não obstante, atentem para o aumento da violência doméstica no Brasil ao longo do ano de 2020, por ocasião da pandemia da Covid-19; foi publicado importante estudo sobre o tema: "Na primeira atualização de um relatório produzido a pedido do Banco Mundial, o Fórum Brasileiro de Segurança Pública (FBSP) destaca que os casos de feminicídio cresceram 22,2%,entre março e abril deste ano, em 12 estados do país, comparativamente ao ano passado. Intitulado *Violência Doméstica durante a Pandemia de Covid-19*, o documento foi divulgado e tem como referência dados coletados nos órgãos de segurança dos estados brasileiros". Disponível em: https://agenciabrasil.ebc. com.br/direitos-humanos/noticia/2020-06/casos-de-feminicidio-crescem-22-em-12- -estados-durante-pandemia. Acesso em: 23 jul. 2021.

[596] Vale ressaltar o posicionamento da Corte Interamericana de Direitos Humanos sobre discriminação: "La no discriminación, junto con la igualdad ante la ley y la igual protección de la ley a favor de todas las personas, son elementos constitutivos de un principio básico y general relacionado con la protección de los derechos humanos. El elemento de la igualdad es difícil de desligar de la no discriminación. Incluso, los instrumentos ya citados [...], al hablar de igualdad ante la ley, señalan que este principio debe garantizarse sin discriminación alguna. Este Tribunal ha indicado que "[e]n función del reconocimiento de la igualdad ante la ley se prohíbe todo tratamiento discriminatorio".

origem nacional. Alguns fatos foram importantes para que houvesse a manifestação dos Estados em relação à necessidade de conceber essa normativa internacional. Havia um sentimento discriminatório muito forte em relação a alguns povos, podendo ser apresentadas como exemplo as enormes discriminações produzidas em relação aos judeus, que foram dizimados aos

---

El principio de igualdad y no discriminación posee un carácter fundamental para la salvaguardia de los derechos humanos tanto en el derecho internacional como en el interno. Por consiguiente, los Estados tienen la obligación de no introducir en su ordenamiento jurídico regulaciones discriminatorias, de eliminar de dicho ordenamiento las regulaciones de carácter discriminatorio y de combatir las prácticas discriminatorias.

Al referirse, en particular, a la obligación de respeto y garantía de los derechos humanos, independientemente de cuáles de esos derechos estén reconocidos por cada Estado en normas de carácter interno o internacional, la Corte considera evidente que todos los Estados, como miembros de la comunidad internacional, deben cumplir con esas obligaciones sin discriminación alguna, lo cual se encuentra intrínsecamente relacionado con el derecho a una protección igualitaria ante la ley, que a su vez se desprende "directamente de la unidad de naturaleza del género humano y es inseparable de la dignidad esencial de la persona". El principio de igualdad ante la ley y no discriminación impregna toda actuación del poder del Estado, en cualquiera de sus manifestaciones, relacionada con el respeto y garantía de los derechos humanos. Dicho principio puede considerarse efectivamente como imperativo del derecho internacional general, en cuanto es aplicable a todo Estado, independientemente de que sea parte o no en determinado tratado internacional, y genera efectos con respecto a terceros, inclusive a particulares. Esto implica que el Estado, ya sea a nivel internacional o en su ordenamiento interno, y por actos de cualquiera de sus poderes o de terceros que actúen bajo su tolerancia, aquiescencia o negligencia, no puede actuar en contra del principio de igualdad y no discriminación, en perjuicio de un determinado grupo de personas.

En concordancia con ello, este Tribunal considera que el principio de igualdad ante la ley, igual protección ante la ley y no discriminación, pertenece al jus cogens, puesto que sobre él descansa todo el andamiaje jurídico del orden público nacional e internacional y es un principio fundamental que permea todo ordenamiento jurídico. Hoy día no se admite ningún acto jurídico que entre en conflicto con dicho principio fundamental, no se admiten tratos discriminatorios en perjuicio de ninguna persona, por motivos de género, raza, color, idioma, religión o convicción, opinión política o de otra índole, origen nacional, étnico o social, nacionalidad, edad, situación económica, patrimonio, estado civil, nacimiento o cualquier otra condición. Este principio (igualdad y no discriminación) forma parte del derecho internacional general. En la actual etapa de la evolución del derecho internacional, el principio fundamental de igualdad y no discriminación ha ingresado en el dominio del jus cogens." Cuadernillos de Jurisprudencia de la Corte Interamericana de Derechos Humanos No. 14 : Igualdad y no discriminación / Corte Interamericana de Derechos Humanos. San José, C.R. : Corte IDH, 2021. Disponível em: https://www.corteidh.or.cr/sitios/libros/todos/docs/cuadernillo14_2021.pdf.

milhares por regimes extremistas, como ocorreu na Segunda Grande Guerra mundial com os nazistas.

Além da forte pressão em relação aos judeus, não se pode olvidar que a inserção dos povos africanos no âmbito da sociedade internacional também funciona como grande alavanca na elaboração da Convenção sobre Discriminação Racial.

Como é sabido, com o fim da Segunda Grande Guerra teve início o processo denominado descolonização, surgindo vários novos Estados. Até então as relações entre os Estados estavam centradas basicamente no eixo Europa – América, alguns Estados que se projetavam na Ásia, mas a sociedade internacional "não conhecia" o Continente Africano no plano das relações internacionais, por se tratar de uma "grande colônia".

Com o ingresso de novos Estados no plano internacional, aumentaram as preocupações com a eclosão de posturas antissemitas, o ressurgimento de práticas nazifascistas, a xenofobia, enfim, o desenvolvimento de ideias que poderiam fomentar o ódio, a intolerância e atos de violência envolvendo determinados grupos sociais.

Todo esse quadro fez com que as Nações Unidas viessem a conceber um documento internacional que priorizasse a proteção a essas pessoas e grupos, afirmando a igualdade perante a lei e o direito a igual proteção contra qualquer discriminação, seja ela relativa à cor, raça ou origem nacional.

A Convenção Internacional sobre a Eliminação de Todas as Formas de Discriminação Racial afirma solenemente a necessidade de eliminar rapidamente a discriminação racial em todas as suas formas e manifestações, e assegurar a compreensão e o respeito à dignidade humana.

Para tanto, define discriminação racial como qualquer distinção, exclusão, restrição ou preferência baseada em raça, cor, descendência ou origem nacional ou étnica, que tem por objetivo ou efeito anular ou restringir o reconhecimento, gozo ou exercício num mesmo plano (em igualdade de condição), de direitos humanos e liberdades fundamentais no domínio político, econômico, social, cultural ou em qualquer outro domínio da vida pública[597].

---

[597] Interessante o julgamento do HC 82.424/RS, Rio Grande do Sul – *Habeas Corpus*, cujo Relator foi o Ministro Moreira Alves e Relator para Acórdão o Ministro Maurício Corrêa. Julgamento em 17-9-2003. Órgão Julgador: Tribunal Pleno, onde se colhe a Ementa: "*Habeas Corpus*. Publicação de livros: Antissemitismo. Racismo. Cri-

me imprescritível. Conceituação. Abrangência constitucional. Liberdade de expressão. Limites. Ordem denegada. 1. Escrever, editar, divulgar e comerciar livros 'fazendo apologia de ideias preconceituosas e discriminatórias' contra a comunidade judaica (Lei n. 7.716/89, artigo 20, na redação dada pela Lei n. 8.081/90) constitui crime de racismo sujeito às cláusulas de inafiançabilidade e imprescritibilidade (CF, artigo 5º, XLII). 2. Aplicação do princípio da prescritibilidade geral dos crimes: se os judeus não são uma raça, segue-se que contra eles não pode haver *discriminação* capaz de ensejar a exceção constitucional de imprescritibilidade. Inconsistência da premissa. 3. Raça humana. Subdivisão. Inexistência. Com a definição e o mapeamento do genoma humano, cientificamente não existem distinções entre os homens, seja pela segmentação da pele, formato dos olhos, altura, pelos ou por quaisquer outras características físicas, visto que todos se qualificam como espécie humana. Não há diferenças biológicas entre os seres humanos. Na essência são todos iguais. 4. Raça e racismo. A divisão dos seres humanos em raças resulta de um processo de conteúdo meramente político-social. Desse pressuposto origina-se o racismo que, por sua vez, gera a *discriminação* e o preconceito segregacionista. 5. Fundamento do núcleo do pensamento do nacional-socialismo de que os judeus e os arianos formam raças distintas. Os primeiros seriam raça inferior, nefasta e infecta, características suficientes para justificar a segregação e o extermínio: inconciliabilidade com os padrões éticos e morais definidos na Carta Política do Brasil e do mundo contemporâneo, sob os quais se ergue e se harmoniza o estado democrático. Estigmas que por si só evidenciam crime de racismo. Concepção atentatória dos princípios nos quais se erige e se organiza a sociedade humana, baseada na respeitabilidade e dignidade do ser humano e de sua pacífica convivência no meio social. Condutas e evocações aéticas e imorais que implicam repulsiva ação estatal por se revestirem de densa intolerabilidade, de sorte a afrontar o ordenamento infraconstitucional e constitucional do País. 6. Adesão do Brasil a tratados e acordos multilaterais, que energicamente repudiam quaisquer *discriminações raciais,* aí compreendidas as distinções entre os homens por restrições ou preferências oriundas de raça, cor, credo, descendência ou origem nacional ou étnica, inspiradas na pretensa superioridade de um povo sobre outro, de que são exemplos a xenofobia, 'negrofobia', 'islamafobia' e o antissemitismo. 7. A Constituição Federal de 1988 impôs aos agentes de delitos dessa natureza, pela gravidade e repulsividade da ofensa, a cláusula de imprescritibilidade, para que fique, *ad perpetuam rei memoriam,* verberado o repúdio e a abjeção da sociedade nacional à sua prática. 8. Racismo. Abrangência. Compatibilização dos conceitos etimológicos, etnológicos, sociológicos, antropológicos ou biológicos, de modo a construir a definição jurídico-constitucional do termo. Interpretação teleológica e sistêmica da Constituição Federal, conjugando fatores e circunstâncias históricas, políticas e sociais que regeram sua formação e aplicação, a fim de obter-se o real sentido e alcance da norma. 9. Direito comparado. A exemplo do Brasil as legislações de países organizados sob a égide do estado moderno de direito democrático igualmente adotam em seu ordenamento legal punições para delitos que estimulem e propaguem *segregação racial.* Manifestações da Suprema Corte Norte-Americana, da Câmara dos Lordes da Inglaterra e da Corte de Apelação da Califórnia nos Estados Unidos que consagraram entendimento que aplicam san-

A Convenção obriga todos os Estados-partes a desenvolverem uma série de medidas para alcance dos resultados: a) a eliminação da discriminação racial e promoção do entendimento de todas as raças; b) a garantia da igualdade perante a lei para todos, independentemente de raça, cor ou origem; c) a abolição de leis e demais espécies normativas que possam perpetuar a discriminação racial; d) a criação de recursos que possam fomentar a educação, cultura e informação, com vistas a combater o preconceito; e) assegurar a observância de uma série de direitos de natureza civil, econômicos, culturais, sociais, de acesso a todos os lugares e serviços, com vistas a que todos tenham reais condições de usufruir e participar da vida em sociedade.

ções àqueles que transgridem as regras de boa convivência social com grupos humanos que simbolizem a prática de racismo. 10. A edição e publicação de obras escritas veiculando ideias antissemitas, que buscam resgatar e dar credibilidade à *concepção racial* definida pelo regime nazista, negadoras e subversoras de fatos históricos incontroversos como o holocausto, consubstanciadas na pretensa inferioridade e desqualificação do povo judeu, equivalem à incitação ao discrímen com acentuado conteúdo racista, reforçadas pelas consequências históricas dos atos em que se baseiam. 11. Explícita conduta do agente responsável pelo agravo revelador de manifesto dolo, baseada na equivocada premissa de que os judeus não só são uma raça, mas, mais do que isso, um *segmento racial* atávica e geneticamente menor e pernicioso. 12. *Discriminação* que, no caso, se evidencia como deliberada e dirigida especificamente aos judeus, que configura ato ilícito de prática de racismo, com as consequências gravosas que o acompanham. 13. Liberdade de expressão. Garantia constitucional que não se tem como absoluta. Limites morais e jurídicos. O direito à livre expressão não pode abrigar, em sua abrangência, manifestações de conteúdo imoral que implicam ilicitude penal. 14. As liberdades públicas não são incondicionais, por isso devem ser exercidas de maneira harmônica, observados os limites definidos na própria Constituição Federal (CF, artigo 5º, § 2º, primeira parte). O preceito fundamental de liberdade de expressão não consagra o 'direito à incitação ao racismo', dado que um direito individual não pode constituir-se em salvaguarda de condutas ilícitas, como sucede com os delitos contra a honra. Prevalência dos princípios da dignidade da pessoa humana e da igualdade jurídica. 15. 'Existe um nexo estreito entre a imprescritibilidade, este tempo jurídico que se escoa sem encontrar termo, e a memória, apelo do passado à disposição dos vivos, triunfo da lembrança sobre o esquecimento'. No estado de direito democrático devem ser intransigentemente respeitados os princípios que garantem a prevalência dos direitos humanos. Jamais podem se apagar da memória dos povos que se pretendam justos os atos repulsivos do passado que permitiram e incentivaram o ódio entre iguais por *motivos raciais* de torpeza inominável. 16. A ausência de prescrição nos crimes de racismo justifica-se como alerta grave para as gerações de hoje e de amanhã, para que se impeça a reinstauração de velhos e ultrapassados conceitos que a consciência jurídica e histórica não mais admitem. Ordem denegada" (grifamos).

Sem embargo, a Convenção rechaça veementemente a segregação racial e o *apartheid*; condena propagandas e o desenvolvimento de organizações que inspirem teorias baseadas em superioridade de raça ou grupo de pessoas de certa cor ou origem étnica, ou que pretendam encorajar ou justificar qualquer tipo de ódio ou discriminação racial. Outro ponto interessante na referida Convenção é que os Estados, além de condenarem a discriminação racial, comprometem-se a adotar uma política de eliminação da referida discriminação em todas as suas formas, criando inclusive a chamada discriminação positiva, isto é, as chamadas ações afirmativas.

Entende-se por ação afirmativa o conjunto de medidas e mecanismos destinados a corrigir desigualdades e efeitos diretos e indiretos de práticas discriminatórias que incidem no indivíduo ou em grupos coletivos por razão de raça, cor, etnia, gênero, opção religiosa, criando obstáculos ou cristalizando barreiras culturais, sociais ou econômicas, ainda que indiretamente, ao acesso ao crescimento sociopolítico e econômico e ao desenvolvimento humano. É toda e qualquer prática de governos, órgãos públicos, empresas privadas ou instituições de ensino que tenha por finalidade eliminar ou reduzir desigualdades, vindas de discriminações baseadas em questões raciais ou de gênero[598].

Nesse sentido, o Brasil vem desenvolvendo uma série de ações afirmativas[599] para aumentar as possibilidades de alguns grupos que tradicionalmen-

---

[598] ROCHA, Cármen Lúcia Antunes. Ação afirmativa: o conteúdo democrático do princípio da igualdade jurídica. *Revista Trimestral de Direito Público*. São Paulo: Malheiros, 1996, p. 87-90.

[599] O termo "ação afirmativa" foi utilizado pela primeira vez pelo Presidente dos Estados Unidos da América, John Kennedy, em 1963, tendo como instrumento legal o Decreto n. 10.925, no bojo da luta candente travada pelos afroamericanos em prol dos direitos civis. Tendo sido concebida pioneiramente nos Estados Unidos como forma de enfrentamento do desemprego de minorias étnicas, tais políticas discriminatórias positivas, impostas ou incentivadas pelo Poder Público, desnudam o véu de inocência do Estado Liberal ao determinar que fatores antes observados como tendentes à discriminação negativa podem ser transformados em focos de ação imediata de proposições que atentem para a promoção da igualdade material. Nesse sentido, GOMES, Joaquim B. Barbosa. Ação afirmativa e princípio constitucional da igualdade. In: *O direito como instrumento de transformação social. A experiência dos EUA*. Rio de Janeiro: Renovar, 2001, p. 214-217: "Na Ordem Executiva n. 11.246, o Poder Executivo, utilizando suas inúmeras prerrogativas de supremacia, e vinculando o dispêndio de recursos públicos à realização de objetivos de caráter social, condicionava o dispêndio de tais recursos ao comprometimento, por parte de pessoas e empresas beneficiárias de contratos financiados com recursos federais, com a causa da integração de minoria

te ficaram afastados das oportunidades patrocinadas a outros segmentos sociais[600]. Do mesmo modo, deve ser salientado que há uma estreita relação entre as ações afirmativas e as cotas, que vêm sendo utilizadas também para minimizar os problemas acima indicados. Nesse sentido, Barbosa Gomes:

> "No que tange às técnicas de implementação das ações afirmativas, podem ser utilizados, além do sistema de cotas, o método do estabelecimento de preferências, o sistema de bônus e os incentivos fiscais (como ins-

---

em seus quadros de empregados, vale dizer, esta ordem determinava a total implantação das oportunidades iguais de emprego. As empresas que fizessem negócios com o governo deveriam executar políticas de ação afirmativa definindo objetivos e cronogramas de boa-fé, para admitir empregados qualificados como 'subutilizados' que fossem membros de minorias".

600 ROCHA, Cármen Lúcia Antunes. Ação afirmativa – o conteúdo democrático do princípio da igualdade jurídica. *Revista Trimestral de Direito Público*, São Paulo: Malheiros, n. 15, 1996, p. 88-89: "A ação afirmativa, tal como aplicada nos Estados Unidos de onde partiu como fonte de outras experiências que vicejaram na década de 70 e 80, é devida, em grande parte, à atuação da Suprema Corte. O papel dessa Corte norte-americana no tema dos direitos humanos, sua responsabilidade pelo repensamento e refazimento do conteúdo dos direitos fundamentais, especialmente em relação ao princípio jurídico da igualdade, têm sido considerados fundamentais especialmente no período que se seguiu à 2ª Grande Guerra. A ela e, em geral, ao Poder Judiciário, nos Estados Unidos em que ele desempenha um papel forte como direta e efetivamente responsável pelo respeito e pela prática da Constituição, ou às Cortes Constitucionais, nos Estados onde a elas cabe esse mister – tem sido atribuído o avanço das concepções e execuções efetivas e eficientes das normas dos direitos fundamentais. Enquanto até à década de 30 o Poder Legislativo era o principal responsável pelo alargamento dos direitos fundamentais, que passavam, por meios de leis, a compor o quadro reconhecido daqueles que eram assegurados, tocando ao Poder Executivo o papel garantidor do respeito a eles, a partir da 2ª Grande Guerra, o Poder Judiciário, nos Estados Unidos por meio da Suprema Corte basicamente sob a presidência de Earl Warren e as Cortes Constitucionais nos Estados Europeus, passaram a ser os principais polos institucionais não apenas garantidores, mas ativadores, em parte, do reconhecimento de novos direitos tidos como fundamentais a partir de então. O que se acredita é que, a partir do período imediatamente pós-guerra e até o início da década de sessenta, passou-se a ter consciência de que os litígios constitucionais, mesmo traduzindo interesses individuais, continham elementos que se espraiavam e densificavam em toda a sociedade e, dessa forma, constituíam fonte de reconhecimento de direitos fundamentais para todos na sociedade. Os grupos minoritários, mesmo os grupos politicamente organizados mas não participantes dos esquemas dos governos em exercício, passaram a vislumbrar o processo judicial constitucional como um processo político de conquistas ou de reconhecimento de direitos conquistados, mas ainda não formalizados, expressamente, nos documentos normativos".

trumento de motivação do setor privado). De crucial importância é o uso do poder fiscal, mas como instrumento de dissuasão da discriminação e de emulação de comportamentos (público e privados) voltados à erradicação dos efeitos da discriminação de cunho histórico"[601].

Evidencia-se, pois, que as ações afirmativas[602] pretendem viabilizar maiores possibilidades de acesso àqueles que foram alijados do processo de participação popular e discriminados por motivos raciais, étnicos, de gênero e classe. Sobre os objetivos da ação afirmativa, leciona Barbosa Gomes:

> "A adoção das medidas de ação afirmativa justifica-se com o argumento de que esse tipo de política social seria apto a atingir uma série de obje-

---

601 GOMES, Joaquim B. Barbosa. A recepção da ação afirmativa no direito constitucional brasileiro. *Revista de Informação Legislativa*, Brasília: Senado Federal, ano 38, n. 151, p. 147, jul.-set. 2001.

602 A matéria no Brasil ganha relevo quando toca a questão do negro. Nesse sentido, os estudos de MARTINS, Sérgio. O negro no discurso judicial. In: GUERRA, Sidney; EMERIQUE, Lilian. *Direitos das minorias e grupos vulneráveis*. Ijuí: Ed. Unijuí, 2008, p. 225: "O presente texto pretende mostrar sumariamente que o reconhecimento da existência do racismo, da desigualdade racial no Brasil e a introdução dos mecanismos de ações afirmativas, inauguraram no discurso jurídico, o debate sobre 'o negro'. Até então, a discussão sobre o negro fazia parte dos discursos gerais, de disciplinas não jurídicas, que investigavam os aspectos culturais socioeconômicos, relacionados à identidade física, contextualizada pela condição histórica da escravatura. O conceito negro é correntemente utilizado no discurso do movimento para identificar os indivíduos pretos e pardos, cerca de (46%) da população do país, que apesar de não serem uma etnia minoritária, apresentam índices desfavoráveis no acesso às oportunidades de educação, trabalho e renda. Historicamente, a população negra sempre esteve presente nos corredores dos tribunais, encobertos pelas máscaras das classificações legislativas, via de regra, na figura de réus, nas ações de despejo ou nos processos criminais. Neste quadro, a identidade específica e todo contexto histórico que a envolvia, não se constituía matéria relevante para o debate jurídico. A introdução do negro no discurso jurídico expõe a utilização de discursos gerais nas decisões judiciais como argumentos decisórios, ou seja, na exposição da convicção do julgador que, ao negligenciar os aspectos normativos das regras e princípios constitucionais, tornam tais decisões frágeis, à medida que a fundamentação traduz-se em discursos gerais sem caráter jurídico, propriamente ditos. Aqui, não significa afirmar que há distinção quanto à natureza da decisão judicial, se concessiva ou denegatória da pretensão exigida, nem mesmo uma oposição à inclusão das alocuções gerais nas decisões judiciais, porém, demonstrar que a especificidade do discurso jurídico exige uma argumentação normativa, que redefina as realidades empíricas em realidades normativas constitucionalmente válidas. Um exame *prima facie* das decisões judiciais aponta para necessidade de uma argumentação com base nas nor-

tivos que restariam normalmente inalcançados caso a estratégia de combate à discriminação se limitasse à adoção, no campo normativo, de regras meramente proibitivas de discriminação. Numa palavra, não basta proibir: é preciso também promover, tornando rotineira a observância dos princípios da densidade e do pluralismo, de sorte que se opere uma transformação no comportamento e na mentalidade coletiva, que são, como se sabe, moldados pela tradição, pelos costumes, em suma, pela história. Assim, além do ideal de concretização da igualdade de oportunidades, figuraria entre os objetivos almejados com as políticas afirmativas o de induzir uma transformação de ordem cultural, pedagógica e psicológica, apta a subtrair do imaginário coletivo a ideia de supremacia e de subordinação de uma raça em relação à outra, do homem em relação à mulher. O elemento propulsor dessas transformações seria, assim, o caráter de exemplaridade de que se revestem certas modalidades de ação afirmativa, cuja eficácia como agente de transformação social poucos até hoje ousaram negar. Ou seja, de um lado essas políticas simbolizariam o reconhecimento oficial da persistência e da perenidade das práticas discriminatórias e da necessidade de sua eliminação. De outro, elas teriam também por meta atingir objetivos de natureza cultural, uma vez que delas inevitavelmente resultam a trivialização, a banalização na pólis, da necessidade e da utilidade de políticas públicas voltadas à implantação do pluralismo e da diversidade. Por outro lado, a ação afirmativa tem como objetivo não apenas coibir a discriminação do presente, mas sobretudo eliminar os 'efeitos persistentes' (psicológicos, culturais e comportamentais) da discriminação do passado, que tendem a se perpetuar. Esses efeitos se revelam na chamada 'discriminação estrutural', espelhada nas abismais desigualdades sociais entre grupos dominantes e grupos marginalizados"[603].

E continua em seu aporte:

"Figura também como meta das ações afirmativas a implantação de uma certa 'diversidade' e de uma maior 'representatividade' dos grupos minoritários nos mais diversos domínios da atividade pública e privada. Partindo da premissa de que tais grupos normalmente não são representados seja em posição de mando e prestígio no mercado de trabalho e nas atividades estatais, seja nas instituições de formação que abrem as portas ao sucesso e às realizações individuais, as políticas afirmativas cumprem o importante papel de cobrir essas lacunas, fazendo com que a ocupação das posições do Estado e do mercado de trabalho se faça, na medida do

---

mas constitucionais e ordinárias, como uma forma honesta e justa de enfrentar as demandas trazidas pelos grupos minoritários ou vulneráveis, e expor, de forma clara, a convicção do julgador sobre a matéria apreciada".

603 Idem, p. 136.

possível, em mais harmonia com o caráter plúrimo da sociedade. Nesse sentido, o efeito mais visível dessas políticas, além do estabelecimento da diversidade e representatividade propriamente ditas, é o de eliminar as 'barreiras artificiais e invisíveis' que emperram o avanço de negros e mulheres, independentemente da existência ou não de política oficial tendente a subalternizá-los. Argumenta-se igualmente que o pluralismo que se instaura em decorrência das ações afirmativas traria inegáveis benefícios para os próprios países que se definem como multirraciais e que assistem, a cada dia, ao incremento do fenômeno do multiculturalismo. Para esses países, constituiria um erro estratégico inadmissível deixar de oferecer oportunidades efetivas de educação e de trabalho a certos segmentos da população, pois isso pode revelar-se, em médio prazo, altamente prejudicial à competitividade e à produtividade econômica do país. Portanto, agir 'afirmativamente' seria também uma forma de zelar pela pujança econômica do país. Por fim, as ações afirmativas cumpririam o objetivo de criar as chamadas personalidades emblemáticas. Noutras palavras, além das metas acima mencionadas, elas constituíram um mecanismo institucional de criação de exemplos vivos de mobilização social ascendente. Vale dizer, os representantes de minorias que, por terem alcançado posições de prestígio e poder, serviriam de exemplo às gerações mais jovens, que veriam em suas carreiras e realizações pessoais a simbolização de que não haveria, chegada a sua vez, obstáculos instransponíveis à realização de seus sonhos e à concretização de seus projetos de vida. Em suma, com essa constatação as ações afirmativas atuariam como mecanismo de incentivo à educação e ao aprimoramento de jovens integrantes de grupos minoritários, que invariavelmente assistem ao bloqueio de seu potencial de inventividade, de criação e de motivação ao aprimoramento e ao crescimento individual, vítimas das sutilezas de um sistema jurídico, político, econômico e social concebido para mantê-los em situação de excluídos"[604].

    Com efeito, as ações afirmativas estão intimamente ligadas ao desenvolvimento de políticas públicas (e privadas) voltadas à concretização do princípio constitucional da igualdade material e à neutralização dos efeitos da discriminação racial, de gênero, de idade, de origem nacional e de compleição física.

    Impende assinalar que, em termos de desenvolvimento de políticas públicas nesta matéria, foi criada pela Medida Provisória n. 111, de 21 de março de 2003, posteriormente, convertida na Lei n. 10.678, a Secretaria

---

[604] Ibidem, p. 136-137.

de Políticas de Promoção da Igualdade Racial, fruto de antiga reivindicação do Movimento Negro brasileiro. Não por acaso, foi escolhida a emblemática data – o Dia Internacional pela Eliminação da Discriminação Racial, instituído pela Organização das Nações Unidas (ONU), em memória do Massacre de Shaperville[605].

Atualmente, a Secretaria Nacional de Políticas de Promoção da Igualdade Racial (Seppir)[606] integra o Ministério da Mulher, da Família e dos Direitos Humanos por força da Lei n. 13.844, de 18 de junho de 2019. A Seppir utiliza como referência política o Estatuto da Igualdade Racial (Lei n. 12.288/2010), que orientou a elaboração do Plano Plurianual (PPA 2012-2015), resultando na criação de um programa específico intitulado "Enfrentamento ao Racismo e Promoção da Igualdade Racial. Resultou também na incorporação desses temas em 25 outros programas, totalizando 121 metas, 87 iniciativas e 19 ações orçamentárias, em diferentes áreas da ação governamental[607].

---

605   Em 21 de março de 1960, 20.000 negros protestavam contra a lei do passe, que os obrigava a portar cartões de identificação, especificando os locais por onde eles podiam circular. Isso aconteceu na cidade de Joanesburgo, na África do Sul. Mesmo sendo uma manifestação pacífica, o exército atirou sobre a multidão e o saldo da violência foram 69 mortos e 186 feridos.

606   A Seppir possui as seguintes finalidades: formulação, coordenação e articulação de políticas e diretrizes para a promoção da igualdade racial; formulação, coordenação e avaliação das políticas públicas afirmativas de promoção da igualdade e da proteção dos direitos de indivíduos e grupos étnicos, com ênfase na população negra, afetados por discriminação racial e demais formas de intolerância; articulação, promoção e acompanhamento da execução dos programas de cooperação com organismos nacionais e internacionais, públicos e privados, voltados à implementação da promoção da igualdade racial; coordenação e acompanhamento das políticas transversais de governo para a promoção da igualdade racial; planejamento, coordenação da execução e avaliação do Programa Nacional de Ações Afirmativas; acompanhamento da implementação de legislação de ação afirmativa e definição de ações públicas que visem o cumprimento de acordos, convenções e outros instrumentos congêneres assinados pelo Brasil, nos aspectos relativos à promoção da igualdade e combate à discriminação racial ou étnica.

607   Conforme informação do Ministério de Direitos Humanos, instituído pela Lei n. 12.288/2010 (Estatuto da Igualdade Racial) e regulamentado pelo Decreto n. 8.136/2013, o SINAPIR constitui forma de organização e de articulação voltadas à implementação do conjunto de políticas e serviços destinados a superar as desigualdades raciais no Brasil, com o propósito de garantir à população negra a efetivação da igualdade de oportunidades, a defesa de direitos e o combate à discriminação e as demais formas de intolerância. Disponível em: http://www.mdh.gov.br/navegue-por-temas/igualdade-racial/institucional/institucional. Acesso em: 15 mar. 2019.

4. CRIANÇA

No ano de 1989, após "longa gestação", as Nações Unidas deram mais um passo significativo em relação à proteção dos direitos humanos ao conceber a Convenção sobre os Direitos da Criança. Essa Convenção foi proposta nas celebrações do Ano Internacional da Criança, em 1979, tendo-se aguardado, portanto, dez anos até que seu texto fosse produzido. Vários foram os fatores para a demora: questões econômicas, sociais, políticas, culturais, religiosas no que corresponde ao papel da criança na sociedade, o papel da família, a idade etc.

Felizmente, depois de dilatada espera, veio o texto, segundo o qual os Estados se comprometem a proteger as crianças de todas as formas de discriminação e a assegurar-lhes assistência apropriada. Afirma ainda que as crianças devem crescer em ambiente familiar, em clima de felicidade, amor e compreensão para que possam ter um desenvolvimento harmonioso e pleno de sua personalidade.

A Convenção estabelece que criança é todo ser humano menor de 18 anos de idade, salvo se, em conformidade com a lei aplicável à criança, a maioridade seja alcançada antes. Afirma que para que os objetivos previstos na Convenção possam ser alcançados é importante os Estados respeitarem os direitos declarados no documento internacional, assegurando a todas as crianças sujeitas à jurisdição do Estado, em especial: a) o direito à vida; b) o direito a ter uma nacionalidade; c) o direito à educação; d) o direito à segurança; e) o direito à livre circulação; f) o direito à liberdade de pensamento e consciência; g) o direito a ter uma religião; h) o direito à saúde; i) a proteção de interesses em caso de adoção; j) a proteção ante a separação dos pais; l) a proteção contra abuso e exploração sexual; m) a proteção contra o envolvimento com uso e tráfico de drogas; n) a proteção contra a exploração econômica.

A Convenção consagra uma estrutura que tem por finalidade examinar os progressos realizados no cumprimento das obrigações contraídas pelos Estados-partes, constituída pelo Comitê para os Direitos da Criança.

Vale ressaltar que a Convenção, embora concebida com data posterior à legislação brasileira de proteção à criança e ao adolescente, foi muito importante para sua elaboração. Isso porque em 1979 foi comemorado o Ano Internacional da Criança, ocasião em que foram iniciados os trabalhos para a elaboração de uma norma internacional que contemplasse a matéria.

O sistema contemplado no plano onusiano em relação à proteção integral da criança está centrado em questões que a identificam como sujeito de direitos e responsabilidades e, portanto, pessoas em processo de desenvolvimento humano, político e social. A partir desse entendimento, evidencia-se uma grande mudança legislativa e política acerca da questão da criança, ou seja, o assunto deixa de ter conotação "secundária", em que praticamente eram concebidas normas direcionadas para crianças em situação irregular, para uma visão mais abrangente, que contempla efetivamente a condição humana[608].

Impende assinalar que a ordem jurídica brasileira está plenamente de acordo com o pactuado no plano internacional. A partir da Constituição brasileira de 1988 e dos documentos internacionais de proteção à criança foram desenvolvidas legislações de proteção no plano infraconstitucional.

No plano constitucional, o art. 227 da Constituição Federal estabelece que "é dever da família, da sociedade e do Estado assegurar à criança e ao adolescente, com absoluta prioridade, o direito à vida, à saúde, à alimentação, à educação[609], ao lazer, à profissionalização, à cultura, à dignidade, ao

---

[608] Interessante a abordagem de VELASQUEZ, Miguel Granato, do Ministério Público do Rio Grande do Sul: "A expressão 'direitos humanos de crianças e adolescentes' não significa, apenas, a indicação de um grupo etário específico dentre os sujeitos titulares desses direitos. Ela significa, também, o reconhecimento de um *status* especial atribuído aos direitos fundamentais que possuam por titulares crianças e adolescentes, eleitos como sendo merecedores de distinta proteção, eis que mais vulneráveis que os adultos. De fato, às crianças e adolescentes são conferidos, além de todos os direitos fundamentais consagrados a qualquer pessoa humana, ainda outros direitos, igualmente fundamentais, que lhes são específicos, tais como o direito à inimputabilidade penal e o direito à convivência familiar e comunitária. Além disso, todos os direitos fundamentais de que gozam as crianças e adolescentes são alcançados pelo princípio da prioridade, segundo o qual sua proteção e satisfação devem ser buscadas (e asseguradas pelo Estado) antes de quaisquer outros. Ou seja, dentre os direitos fundamentais reconhecidos a todos os indivíduos, expressão de sua intrínseca dignidade, aqueles relativos a crianças e adolescentes hão de vir em primeiro lugar. Essa salvaguarda especial atribuída aos direitos humanos de crianças e adolescentes encontra-se consagrada em diversos diplomas internacionais, como a Declaração Universal dos Direitos das Crianças, de 1959, e a Convenção das Nações Unidas sobre os Direitos da Criança, de 1989". Disponível em: http://www.mp.rs.gov.br/infancia/doutrina/id455.htm. Acesso em: 13 jul. 2012.

[609] *Vide* a propósito o RE 410.715 AgR/SP – São Paulo. Ag. Reg. no Recurso Extraordinário. Relator(a): Min. Celso de Mello. Julgamento: 22-11-2005. Órgão Julgador: Segunda Turma. Ementa: "Recurso Extraordinário – Criança de até seis anos de idade – Atendimento em creche e em pré-escola – Educação infantil – Direito assegurado pelo próprio Texto Constitucional (CF, art. 208, IV) – Compreensão global do direito

respeito, à liberdade e à convivência familiar e comunitária, além de colocá-los a salvo de toda forma de negligência, discriminação, exploração, violência, crueldade e opressão".

Referido artigo apresenta a ideia de que deve haver integração efetiva entre a família e o Estado para que haja o desenvolvimento pleno da criança. Nesse sentido, Silva procura esmiuçar ainda mais a ideia apresentada sobre o dispositivo constitucional:

> "Inicialmente, merece destaque neste dispositivo, o princípio de cooperação estabelecido pelo legislador no que se refere à integração da família, da sociedade e do Estado na busca da cidadania da criança e do adolescente,

---

constitucional à educação – Dever jurídico cuja execução se impõe ao Poder Público, notadamente ao Município (CF, art. 211, § 2º) – Recurso improvido. – A educação infantil representa prerrogativa constitucional indisponível, que, deferida às crianças, a estas assegura, para efeito de seu desenvolvimento integral, e como primeira etapa do processo de educação básica, o atendimento em creche e o acesso à pré-escola (CF, art. 208, IV). – Essa prerrogativa jurídica, em consequência, impõe, ao Estado, por efeito da alta significação social de que se reveste a educação infantil, a obrigação constitucional de criar condições objetivas que possibilitem, de maneira concreta, em favor das 'crianças de zero a seis anos de idade' (CF, art. 208, IV), o efetivo acesso e atendimento em creches e unidades de pré-escola, sob pena de configurar-se inaceitável omissão governamental, apta a frustrar, injustamente, por inércia, o integral adimplemento, pelo Poder Público, de prestação estatal que lhe impôs o próprio texto da Constituição Federal. – A educação infantil, por qualificar-se como direito fundamental de toda criança, não se expõe, em seu processo de concretização, a avaliações meramente discricionárias da Administração Pública, nem se subordina a razões de puro pragmatismo governamental. – Os Municípios – que atuarão, prioritariamente, no ensino fundamental e na educação infantil (CF, art. 211, § 2º) – não poderão demitir-se do mandato constitucional, juridicamente vinculante, que lhes foi outorgado pelo art. 208, IV, da Lei Fundamental da República, e que representa fator de limitação da discricionariedade político-administrativa dos entes municipais, cujas opções, tratando-se do atendimento das crianças em creche (CF, art. 208, IV), não podem ser exercidas de modo a comprometer, com apoio em juízo de simples conveniência ou de mera oportunidade, a eficácia desse direito básico de índole social. – Embora resida, primariamente, nos Poderes Legislativo e Executivo, a prerrogativa de formular e executar políticas públicas, revela-se possível, no entanto, ao Poder Judiciário, determinar, ainda que em bases excepcionais, especialmente nas hipóteses de políticas públicas definidas pela própria Constituição, sejam estas implementadas pelos órgãos estatais inadimplentes, cuja omissão – por importar em descumprimento dos encargos político-jurídicos que sobre eles incidem em caráter mandatório – mostra-se apta a comprometer a eficácia e a integridade de direitos sociais e culturais impregnados de estatura constitucional. A questão pertinente à 'reserva do possível'. Doutrina. Decisão. A Turma, por votação unânime, negou provimento ao recurso de agravo, nos termos do voto do Relator. 22.11.2005".

inclusive aqueles autores de ato infracional. Trata-se de uma nova dimensão política quanto à responsabilidade pública de proteção à criança e ao adolescente. A questão passa a ser de interesse de todas as representações do Estado (aqui no sentido amplo) que, através de uma cooperação, estabelecerão formas de garantir a condição de cidadãos dos infanto-juvenis, com absoluta prioridade frente aos demais interesses públicos. Por outro lado, o citado dispositivo menciona um conjunto de direitos fundamentais, civis e sociais que, sob a orientação da indivisibilidade e da interdependência, assegurarão a dignidade das crianças e dos adolescentes. Ainda, no mesmo dispositivo, encontramos a orientação de que todos os esforços devem ser empregados no escopo de neutralizar toda e qualquer forma de ameaça ou violação aos direitos humanos das crianças e dos adolescentes, inclusive aqueles autores de ato infracional"[610].

O Brasil ratificou a Convenção sobre os Direitos da Criança em 1º de novembro de 1990, logo após a criação da Lei n. 8.069, de 13 de julho do mesmo ano. O Estatuto da Criança e do Adolescente reproduz a preocupação que veio expressa no texto constitucional ao apresentar, em seus arts. 4º e 5º, que:

> "Art. 4º É dever da família, da comunidade, da sociedade em geral e do poder público assegurar, com absoluta prioridade, a efetivação dos direitos referentes à vida, à saúde, à alimentação, à educação, ao esporte, ao lazer, à profissionalização, à cultura, à dignidade, ao respeito, à liberdade e à convivência familiar e comunitária.
> Parágrafo único. A garantia de prioridade compreende:
> a) primazia de receber proteção e socorro em quaisquer circunstâncias;
> b) precedência de atendimento nos serviços públicos ou de relevância pública;
> c) preferência na formulação e na execução das políticas sociais públicas;
> d) destinação privilegiada de recursos públicos nas áreas relacionadas com a proteção à infância e à juventude.
> Art. 5º Nenhuma criança ou adolescente será objeto de qualquer forma de negligência, discriminação, exploração, violência, crueldade e opressão, punido na forma da lei qualquer atentado, por ação ou omissão, aos seus direitos fundamentais".

---

610 SILVA, Carlos N. O controle social e os direitos humanos dos adolescentes autores de ato infracional. In: GUERRA, Sidney (Coord.). *Direitos humanos: uma abordagem interdisciplinar*. Rio de Janeiro: Freitas Bastos, 2007. v. 3.

Ao analisar a legislação brasileira e a norma internacional sobre a matéria, são evidenciadas "felizes coincidências", como a ideia central que consagra a proteção integral à criança. No campo jurisprudencial, vale destacar o RE 482.611/SC – Santa Catarina, que teve como Relator o Ministro Celso de Mello, cujo julgamento ocorreu em 23 de março de 2010: "Crianças e adolescentes vítimas de abuso e/ou exploração sexual. Dever de proteção integral à infância e à juventude. Obrigação constitucional que se impõe ao Poder Público. Programa Sentinela – Projeto Acorde. Inexecução, pelo Município de Florianópolis/SC, de referido programa de ação social cujo adimplemento traduz exigência de ordem constitucional. Configuração, no caso, de típica hipótese de omissão inconstitucional imputável ao Município. Desrespeito à Constituição provocado por inércia estatal (*RTJ* 183/818-819). Comportamento que transgride a autoridade da Lei Fundamental (*RTJ* 185/794-796). Impossibilidade de invocação, pelo Poder Público, da cláusula da reserva do possível sempre que puder resultar, de sua aplicação, comprometimento do núcleo básico que qualifica o mínimo existencial (*RTJ* 200/191-197). Caráter cogente e vinculante das normas constitucionais, inclusive daquelas de conteúdo programático, que veiculam diretrizes de políticas públicas. Plena legitimidade jurídica do controle das omissões estatais pelo Poder Judiciário. A colmatação de omissões inconstitucionais como necessidade institucional fundada em comportamento afirmativo dos juízes e tribunais e de que resulta uma positiva criação jurisprudencial do direito. Precedentes do Supremo Tribunal Federal em tema de implementação de políticas públicas delineadas na Constituição da República (*RTJ* 174/687 – *RTJ* 175/1212-1213 – *RTJ* 199/1219-1220). Recurso Extraordinário do Ministério Público Estadual conhecido e provido"[611].

---

611 "Decisão: O presente recurso extraordinário foi interposto contra acórdão, que, proferido pelo E. Tribunal de Justiça do Estado de Santa Catarina, está assim ementado (fls. 348): 'Apelação cível. Ação civil pública. Programa Sentinela – Projeto Acorde. Atendimento de criança. Determinação judicial. Impossibilidade. Princípio da separação dos Poderes. Política social derivada de norma programática. Recurso provido. À Administração Pública, calcada no seu poder discricionário, compete estabelecer as políticas sociais derivadas de normas programáticas, vedado ao Poder Judiciário interferir nos critérios de conveniência e oportunidade que norteiam as prioridades traçadas pelo Executivo'. O Ministério Público do Estado de Santa Catarina, parte recorrente, sustenta que o acórdão ora impugnado teria transgredido o art. 227 da Constituição da República. O exame desta causa – considerada a jurisprudência que o Supremo Tribunal Federal firmou na matéria em análise (AI 583.136/SC, Rel. Min. Cármen Lúcia – RE 503.658/SC, Rel. Min. Eros Grau, v.g.) – convence-me da inteira correção

dos fundamentos, que, invocados pelo Ministério Público do Estado de Santa Catarina, informam e dão consistência ao presente recurso extraordinário. É preciso assinalar, neste ponto, por relevante, que a proteção aos direitos da criança e do adolescente (CF, art. 227, 'caput') – qualifica-se como um dos direitos sociais mais expressivos, subsumindo-se à noção dos direitos de segunda geração (*RTJ* 164/158-161), cujo adimplemento impõe, ao Poder Público, a satisfação de um dever de prestação positiva, consistente num 'facere', pois o Estado dele só se desincumbirá criando condições objetivas que viabilizem, em favor dessas mesmas crianças e adolescentes, '(...) com absoluta prioridade, o direito à vida, à saúde, à alimentação, à educação, ao lazer, à profissionalização, à cultura, à dignidade, ao respeito, à liberdade e à convivência familiar e comunitária, além de colocá-los a salvo de toda forma de negligência, discriminação, exploração, violência, crueldade e opressão' (CF, art. 227, 'caput'). Para Bernardo Leôncio Moura Coelho ('O Bloco de Constitucionalidade e a Proteção à Criança', 'in' *Revista de Informação Legislativa* n. 123/259-266, 263/264, 1994, Senado Federal), a proteção integral da criança e do adolescente, tal como objetivada pelo Programa Sentinela–Acorde, exprime, de um lado, no plano do sistema jurídico-normativo, a exigência de solidariedade social, e pressupõe, de outro, a asserção de que a dignidade humana, enquanto valor impregnado de centralidade em nosso ordenamento político, só se afirmará com a expansão das liberdades públicas, quaisquer que sejam as dimensões em que estas se projetem: 'Neste ponto é que entra a função do Estado, que, conceituando a proteção à criança como um direito social e colocando como um de seus princípios a justiça social, deve impedir que estas pessoas, na correta colocação de Dallari, sejam oprimidas por outras. É necessário que seja abolida esta discriminação e que todo 'menor' seja tratado como criança – sujeito de direitos que deve gozar da proteção especial estatuída na Constituição Federal e também nas Constituições Estaduais'. O alto significado social e o irrecusável valor constitucional de que se reveste o direito à proteção da criança e do adolescente – ainda mais se considerado em face do dever que incumbe, ao Poder Público, de torná-lo real, mediante concreta efetivação da garantia de atendimento socioeducativo às crianças vítimas de exploração ou violência (CF, art. 227, 'caput') – não podem ser menosprezados pelo Estado, sob pena de grave e injusta frustração de um inafastável compromisso constitucional, que tem, no aparelho estatal, um de seus precípuos destinatários. O objetivo perseguido pelo legislador constituinte, em tema de proteção ao direito da criança e do adolescente, traduz meta cuja não realização qualificar-se-á como uma censurável situação de inconstitucionalidade por omissão imputável ao Poder Público, ainda mais se se tiver presente que a Lei Fundamental da República delineou, nessa matéria, um nítido programa a ser (necessariamente) implementado mediante adoção de políticas públicas consequentes e responsáveis. Ao julgar a ADPF 45/DF, Rel. Min. Celso de Mello, proferi decisão assim ementada (*Informativo/STF* n. 345/2004): 'Arguição de Descumprimento de Preceito Fundamental. A questão da legitimidade constitucional do controle e da intervenção do Poder Judiciário em tema de implementação de políticas públicas, quando configurada hipótese de abusividade governamental. Dimensão política da jurisdição constitucional atribuída ao Supremo Tribunal Federal. Inoponibilidade do arbítrio estatal à efetivação dos direitos sociais, econômicos e culturais. Caráter relativo da liberdade de conformação do legislador. Considerações em torno da cláusula da 'reserva do possível'. Necessidade de preservação, em favor dos indivíduos, da integridade e da intangibilidade do núcleo consubstanciador do 'mínimo existencial'. Viabilidade instrumental da arguição de descumprimento no processo de concretização das liberdades positivas (direitos constitucionais de segunda geração)'.

Salientei, então, em tal decisão, que o Supremo Tribunal Federal, considerada a dimensão política da jurisdição constitucional outorgada a esta Corte, não pode demitir-se do gravíssimo encargo de tornar efetivos os direitos econômicos, sociais e culturais, que se identificam – enquanto direitos de segunda geração – com as liberdades positivas, reais ou concretas (*RTJ* 164/158-161, Rel. Min. Celso de Mello). É que, se assim não for, restarão comprometidas a integridade e a eficácia da própria Constituição, por efeito de violação negativa do estatuto constitucional motivada por inaceitável inércia governamental no adimplemento de prestações positivas impostas ao Poder Público, consoante já advertiu, em tema de inconstitucionalidade por omissão, por mais de uma vez (*RTJ* 175/1212-1213, Rel. Min. Celso de Mello), o Supremo Tribunal Federal: 'Desrespeito à Constituição – Modalidades de comportamentos inconstitucionais do Poder Público. – O desrespeito à Constituição tanto pode ocorrer mediante ação estatal quanto mediante inércia governamental. A situação de inconstitucionalidade pode derivar de um comportamento ativo do Poder Público, que age ou edita normas em desacordo com o que dispõe a Constituição, ofendendo-lhe, assim, os preceitos e os princípios que nela se acham consignados. Essa conduta estatal, que importa em um 'facere' (atuação positiva), gera a inconstitucionalidade por ação.

– Se o Estado deixar de adotar as medidas necessárias à realização concreta dos preceitos da Constituição, em ordem a torná-los efetivos, operantes e exequíveis, abstendo-se, em consequência, de cumprir o dever de prestação que a Constituição lhe impôs, incidirá em violação negativa do texto constitucional. Desse 'non facere' ou 'non praestare', resultará a inconstitucionalidade por omissão, que pode ser total, quando é nenhuma a providência adotada, ou parcial, quando é insuficiente a medida efetivada pelo Poder Público. (...)

– A omissão do Estado – que deixa de cumprir, em maior ou em menor extensão, a imposição ditada pelo texto constitucional – qualifica-se como comportamento revestido da maior gravidade político-jurídica, eis que, mediante inércia, o Poder Público também desrespeita a Constituição, também ofende direitos que nela se fundam e também impede, por ausência de medidas concretizadoras, a própria aplicabilidade dos postulados e princípios da Lei Fundamental' (*RTJ* 185/794-796, Rel. Min. Celso de Mello, Pleno).

É certo – tal como observei no exame da ADPF 45/DF, Rel. Min. Celso de Mello (*Informativo/STF* n. 345/2004) – que não se inclui, ordinariamente, no âmbito das funções institucionais do Poder Judiciário – e nas desta Suprema Corte, em especial – a atribuição de formular e de implementar políticas públicas (José Carlos Vieira de Andrade, 'Os Direitos Fundamentais na Constituição Portuguesa de 1976', p. 207, item n. 05, 1987, Almedina, Coimbra), pois, nesse domínio, o encargo reside, primariamente, nos Poderes Legislativo e Executivo. Impende assinalar, no entanto, que a incumbência de fazer implementar políticas públicas fundadas na Constituição poderá atribuir-se, ainda que excepcionalmente, ao Judiciário, se e quando os órgãos estatais competentes, por descumprirem os encargos político-jurídicos que sobre eles incidem em caráter mandatório, vierem a comprometer, com tal comportamento, a eficácia e a integridade de direitos individuais e/ou coletivos impregnados de estatura constitucional, como sucede na espécie ora em exame. Não deixo de conferir, no entanto, assentadas tais premissas, significativo relevo ao tema pertinente à 'reserva do possível' (Stephen Holmes/Cass R. Sunstein, 'The Cost of Rights', 1999, Norton, New York; Ana Paula de Barcellos, 'A Eficácia Jurídica dos Princípios Constitucionais', p. 245/246, 2002, Renovar), notadamente em sede de efetivação e implementação (sempre onerosas) dos direitos de segunda geração (direitos econômicos, sociais e culturais), cujo adimplemento, pelo Poder Público, impõe e exige, deste, prestações estatais positivas concretizadoras de tais prerrogativas individuais e/ou coletivas. Não se ignora que a realização dos direitos econômicos, sociais e culturais – além de caracterizar-se pela gradualidade de seu processo de concretização – depende, em grande medida, de um inescapável vínculo financeiro subordinado às possibilidades orçamentárias do Estado, de tal modo que, comprovada, objetivamente, a alegação de incapacidade econômico-financeira da pessoa estatal, desta não se poderá razoavelmente exigir, então, considerada a limitação material referida, a imediata efetivação do comando fundado no texto da Carta Política.

Não se mostrará lícito, contudo, ao Poder Público, em tal hipótese, criar obstáculo artificial que revele – a partir de indevida manipulação de sua atividade financeira e/ou político-administrativa – o ilegítimo, arbitrário e censurável propósito de fraudar, de frustrar e de inviabilizar o estabelecimento e a preservação, em favor da pessoa e dos cidadãos, de condições materiais mínimas de existência (ADPF 45/DF, Rel. Min. Celso de Mello, *Informativo/STF* n. 345/2004).

Cumpre advertir, desse modo, que a cláusula da 'reserva do possível' – ressalvada a ocorrência de justo motivo objetivamente aferível – não pode ser invocada, pelo Estado, com a finalidade de exonerar-se, dolosamente, do cumprimento de suas obrigações constitucionais, notadamente quando, dessa conduta governamental negativa, puder resultar nulificação ou, até mesmo, aniquilação de direitos constitucionais impregnados de um sentido de essencial fundamentalidade. Tratando-se de típico direito de prestação positiva, que se subsume ao conceito de liberdade real ou concreta, a proteção à criança e ao adolescente – que compreende todas as prerrogativas, individuais ou coletivas, referidas na Constituição da República (notadamente em seu art. 227) – tem por fundamento regra constitucional cuja densidade normativa não permite que, em torno da efetiva realização de tal comando, o Poder Público, especialmente o Município, disponha de um amplo espaço de discricionariedade que lhe enseje maior grau de liberdade de conformação, e de cujo exercício possa resultar, paradoxalmente, com base em simples alegação de mera conveniência e/ou oportunidade, a nulificação mesma dessa prerrogativa essencial, tal como já advertiu o Supremo Tribunal Federal: 'Recurso Extraordinário – Criança de até seis anos de idade – Atendimento em creche e em pré-escola – Educação infantil – Direito assegurado pelo próprio Texto Constitucional (CF, art. 208, IV) – Compreensão global do direito constitucional à educação – Dever jurídico cuja execução se impõe ao Poder Público, notadamente ao Município (CF, art. 211, § 2º) – Recurso improvido.

– A educação infantil representa prerrogativa constitucional indisponível, que, deferida às crianças, a estas assegura, para efeito de seu desenvolvimento integral, e como primeira etapa do processo de educação básica, o atendimento em creche e o acesso à pré-escola (CF, art. 208, IV).

– Essa prerrogativa jurídica, em consequência, impõe, ao Estado, por efeito da alta significação social de que se reveste a educação infantil, a obrigação constitucional de criar condições objetivas que possibilitem, de maneira concreta, em favor das 'crianças de zero a seis anos de idade' (CF, art. 208, IV), o efetivo acesso e atendimento em creches e unidades de pré-escola, sob pena de configurar-se inaceitável omissão governamental, apta a frustrar, injustamente, por inércia, o integral adimplemento, pelo Poder Público, de prestação estatal que lhe impôs o próprio texto da Constituição Federal.

– A educação infantil, por qualificar-se como direito fundamental de toda criança, não se expõe, em seu processo de concretização, a avaliações meramente discricionárias da Administração Pública, nem se subordina a razões de puro pragmatismo governamental.

– Os Municípios – que atuarão, prioritariamente, no ensino fundamental e na educação infantil (CF, art. 211, § 2º) – não poderão demitir-se do mandato constitucional, juridicamente vinculante, que lhes foi outorgado pelo art. 208, IV, da Lei Fundamental da República, e que representa fator de limitação da discricionariedade político-administrativa dos entes municipais, cujas opções, tratando-se do atendimento das crianças em creche (CF, art. 208, IV), não podem ser exercidas de modo a comprometer, com apoio em juízo de simples conveniência ou de mera oportunidade, a eficácia desse direito básico de índole social.

– Embora resida, primariamente, nos Poderes Legislativo e Executivo, a prerrogativa de formular e executar políticas públicas, revela-se possível, no entanto, ao Poder Judiciário, determinar, ainda que em bases excepcionais, especialmente nas hipóteses de políticas públicas definidas pela própria Constituição, sejam estas implementadas pelos órgãos estatais inadimplentes, cuja omissão – por importar em descumprimento dos encargos político-jurídicos que sobre eles incidem em caráter mandatório – mostra-se apta a comprometer a eficácia e a integridade de direitos sociais e culturais impregnados de estatura constitucional. A questão pertinente à 'reserva do possível'. Doutrina' (RTJ 199/1219-1220, Rel. Min. Celso de Mello).

Cabe referir, ainda, neste ponto, ante a extrema pertinência de suas observações, a advertência de Luiza Cristina Fonseca Frischeisen, ilustre Procuradora Regional da República ('Políticas públicas – a responsabilidade do administrador e o Ministério Público', p. 59, 95 e 97, 2000, Max Limonad), cujo magistério, a propósito da limitada discricionariedade governamental em tema de concretização das políticas públicas constitucionais, corretamente assinala: 'Nesse contexto constitucional, que implica também na renovação das práticas políticas, o administrador está vinculado às políticas públicas estabelecidas na Constituição Federal; a sua omissão é passível de responsabilização e a sua margem de discricionariedade é mínima, não contemplando o não fazer. (...) Como demonstrado no item anterior, o administrador público está vinculado à Constituição e às normas infraconstitucionais para a implementação das políticas públicas relativas à ordem social constitucional, ou seja, própria à finalidade da mesma: o bem-estar e a justiça social. (...) Conclui-se, portanto, que o administrador não tem discricionariedade para deliberar sobre a oportunidade e conveniência de implementação de políticas públicas discriminadas na ordem social constitucional, pois tal restou deliberado pelo Constituinte e pelo legislador que elaborou as normas de integração. (...) As dúvidas sobre essa margem de discricionariedade devem ser dirimidas pelo Judiciário, cabendo ao Juiz dar sentido concreto à norma e controlar a legitimidade do ato administrativo (omissivo ou comissivo), verificando se o mesmo não contraria sua finalidade constitucional, no caso, a concretização da ordem social constitucional'. Tenho para mim, desse modo, presente tal contexto, que os Municípios (à semelhança das demais entidades políticas) não poderão demitir-se do mandato constitucional, juridicamente vinculante, que lhes foi outorgado pelo art. 227, 'caput', da Constituição, e que representa fator de limitação da discricionariedade político-administrativa do Poder Público, cujas opções, tratando-se de proteção à criança e ao adolescente, não podem ser exercidas de modo a comprometer, com apoio em juízo de simples conveniência ou de mera oportunidade, a eficácia desse direito básico de índole social. Entendo, por isso mesmo, que se revela acolhível a pretensão recursal deduzida pelo Ministério Público do Estado de Santa Catarina, notadamente em face da jurisprudência que se formou, no Supremo Tribunal Federal, sobre a questão ora em exame. Nem se atribua, indevidamente, ao Judiciário, no contexto ora em exame, uma (inexistente) intrusão em esfera reservada aos demais Poderes da República. É que, dentre as inúmeras causas que justificam esse comportamento afirmativo do Poder Judiciário (de que resulta uma positiva criação jurisprudencial do direito), inclui-se a necessidade de fazer prevalecer a primazia da Constituição da República, muitas vezes transgredida e desrespeitada por pura, simples e conveniente omissão dos poderes públicos. Na realidade, o Supremo Tribunal Federal, ao suprir as omissões inconstitucionais dos órgãos estatais e ao adotar medidas que objetivem restaurar a Constituição violada pela inércia dos Poderes do Estado, nada mais faz senão cumprir a sua missão institucional e demonstrar, com esse gesto, o respeito incondicional que tem pela autoridade da Lei Fundamental da República. A colmatação de omissões inconstitucionais, realizada em sede jurisdicional, notadamente quando emanada desta Corte Suprema, torna-se uma necessidade institucional, quando os órgãos do Poder Público se omitem ou retardam, excessivamente, o cumprimento de obrigações a que estão sujeitos por expressa determinação do próprio estatuto constitucional, ainda mais se se tiver presente que o Poder Judiciário, tratando-se de comportamentos estatais ofensivos à Constituição, não pode se reduzir a uma posição de pura passividade. As situações configuradoras de omissão inconstitucional – ainda que se cuide de omissão parcial derivada da insuficiente concretização, pelo Poder Público, do conteúdo material da norma impositiva fundada na Carta Política – refletem comportamento estatal que deve ser repelido, pois a inércia do Estado qualifica-se como uma das causas geradoras dos processos informais de mudança da Constituição, tal como o revela autorizado magistério doutrinário (Anna Cândida da Cunha Ferraz, 'Processos Informais de Mudança da Constituição', p. 230/232, item n. 5, 1986, Max Limonad; Jorge Miranda, 'Manual de Direito Constitucional', tomo II/406 e 409, 2ª ed., 1988, Coimbra Editora; J. J. Gomes Canotilho e Vital Moreira, 'Fundamentos da Constituição', p. 46, item n. 2.3.4, 1991, Coimbra Editora). O fato inquestionável é um só: a inércia estatal em tornar efetivas as imposições constitucionais traduz inaceitável gesto de desprezo pela Constituição e configura comportamento que revela um incompreensível sentimento de desapreço pela autoridade, pelo valor e pelo alto significado de que se reveste a Constituição da República. Nada mais nocivo, perigoso e ilegítimo do que elaborar uma Constituição, sem a vontade de fazê--la cumprir integralmente, ou, então, de apenas executá-la com o propósito subalterno de torná-la aplicável somente nos pontos que se mostrarem convenientes aos desígnios dos governantes, em detrimento dos interesses maiores dos cidadãos. A percepção da

gravidade e das consequências lesivas derivadas do gesto infiel do Poder Público que transgride, por omissão ou por insatisfatória concretização, os encargos de que se tornou depositário, por efeito de expressa determinação constitucional, foi revelada, entre nós, já no período monárquico, em lúcido magistério, por Pimenta Bueno ('Direito Público Brasileiro e Análise da Constituição do Império', p. 45, reedição do Ministério da Justiça, 1958) e reafirmada por eminentes autores contemporâneos em lições que acentuam o desvalor jurídico do comportamento estatal omissivo (José Afonso da Silva, 'Aplicabilidade das Normas Constitucionais', p. 226, item n. 4, 3ª ed., 1998, Malheiros; Anna Cândida da Cunha Ferraz, 'Processos Informais de Mudança da Constituição', p. 217/218, 1986, Max Limonad; Pontes de Miranda, 'Comentários à Constituição de 1967 com a Emenda n. 1, de 1969', tomo I/15-16, 2ª ed., 1970, RT, v.g.). O desprestígio da Constituição – por inércia de órgãos meramente constituídos – representa um dos mais graves aspectos da patologia constitucional, pois reflete inaceitável desprezo, por parte das instituições governamentais, da autoridade suprema da Lei Fundamental do Estado. Essa constatação, feita por Karl Loewenstein ('Teoría de la Constitución', p. 222, 1983, Ariel, Barcelona), coloca em pauta o fenômeno da erosão da consciência constitucional, motivado pela instauração, no âmbito do Estado, de um preocupante processo de desvalorização funcional da Constituição escrita, como já ressaltado, pelo Supremo Tribunal Federal, em diversos julgamentos, como resulta da seguinte decisão, consubstanciada em acórdão assim ementado: '(...) Descumprimento de imposição constitucional legiferante e desvalorização funcional da Constituição escrita.
– O Poder Público – quando se abstém de cumprir, total ou parcialmente, o dever de legislar, imposto em cláusula constitucional, de caráter mandatório – infringe, com esse comportamento negativo, a própria integridade da Lei Fundamental, estimulando, no âmbito do Estado, o preocupante fenômeno da erosão da consciência constitucional (ADI 1.484-DF, Rel. Min. Celso de Mello).
– A inércia estatal em adimplir as imposições constitucionais traduz inaceitável gesto de desprezo pela autoridade da Constituição e configura, por isso mesmo, comportamento que deve ser evitado. É que nada se revela mais nocivo, perigoso e ilegítimo do que elaborar uma Constituição, sem a vontade de fazê-la cumprir integralmente, ou, então, de apenas executá-la com o propósito subalterno de torná-la aplicável somente nos pontos que se mostrarem ajustados à conveniência e aos desígnios dos governantes, em detrimento dos interesses maiores dos cidadãos. Direito subjetivo à legislação e dever constitucional de legislar: a necessária existência do pertinente nexo de causalidade.
– O direito à legislação só pode ser invocado pelo interessado, quando também existir – simultaneamente imposta pelo próprio texto constitucional – a previsão do dever estatal de emanar normas legais. Isso significa que o direito individual à atividade legislativa do Estado apenas se evidenciará naquelas estritas hipóteses em que o desempenho da função de legislar refletir, por efeito de exclusiva determinação constitucional, uma obrigação jurídica indeclinável imposta ao Poder Público. (...).' (*RTJ* 183/818-819, Rel. Min. Celso de Mello, Pleno). Em tema de implementação de políticas governamentais, previstas e determinadas no texto constitucional, notadamente nas áreas de educação infantil (*RTJ* 199/1219-1220) e de saúde pública (*RTJ* 174/687

– *RTJ* 175/1212-1213), a Corte Suprema brasileira tem proferido decisões que neutralizam os efeitos nocivos, lesivos e perversos resultantes da inatividade governamental, em situações nas quais a omissão do Poder Público representava um inaceitável insulto a direitos básicos assegurados pela própria Constituição da República, mas cujo exercício estava sendo inviabilizado por contumaz (e irresponsável) inércia do aparelho estatal. O Supremo Tribunal Federal, em referidos julgamentos, colmatou a omissão governamental e conferiu real efetividade a direitos essenciais, dando-lhes concreção e, desse modo, viabilizando o acesso das pessoas à plena fruição de direitos fundamentais, cuja realização prática lhes estava sendo negada, injustamente, por arbitrária abstenção do Poder Público. O fato que tenho por relevante consiste no reconhecimento de que a interpretação da norma programática não pode transformá-la em promessa constitucional inconsequente. O caráter programático da regra inscrita no art. 227 da Carta Política – que tem por destinatários todos os entes políticos que compõem, no plano institucional, a organização federativa do Estado brasileiro – impõe o reconhecimento de que as normas constitucionais veiculadoras de um programa de ação revestem-se de eficácia jurídica e dispõem de caráter cogente. Ao contrário do que se afirmou no v. acórdão recorrido, as normas programáticas vinculam e obrigam os seus destinatários, sob pena de o Poder Público, fraudando justas expectativas nele depositadas pela coletividade, substituir, de maneira ilegítima, o cumprimento de seu impostergável dever, por um gesto irresponsável de infidelidade governamental ao que determina a própria Lei Fundamental do Estado. Impende destacar, neste ponto, por oportuno, ante a inquestionável procedência de suas observações, a decisão proferida pela eminente Ministra Cármen Lúcia (AI 583.136/SC), em tudo aplicável, por identidade de situação, ao caso em análise: 'Ao contrário do que decidido pelo Tribunal 'a quo', no sentido de que a manutenção da sentença provocaria ingerência de um em outro poder, a norma do art. 227 da Constituição da República impõe aos órgãos estatais competentes – no caso integrantes da estrutura do Poder Executivo – a implementação de medidas que lhes foram legalmente atribuídas. Na espécie em pauta, compete ao Estado, por meio daqueles órgãos, o atendimento social às crianças e aos adolescentes vítimas de violência ou exploração sexual. Tanto configura dever legal do Estado e direito das vítimas de receber tal atendimento. (...) É competência do Poder Judiciário, vale dizer, dever que lhe cumpre honrar, julgar as causas que lhe sejam submetidas, determinando as providências necessárias à efetividade dos direitos inscritos na Constituição e em normas legais. (...) Exatamente na esteira daquela jurisprudência consolidada é que cumpre reconhecer o dever do Estado de implementar as medidas necessárias para que as crianças e os adolescentes fiquem protegidos de situações que os coloquem em risco, seja sob a forma de negligência, de discriminação, de exploração, de violência, de crueldade ou a de opressão, situações que confiscam o mínimo existencial sem o qual a dignidade da pessoa humana é mera utopia. E não se há de admitir ser esse princípio despojado de efetividade constitucional, sobre o que não mais pende discussão, sendo o seu cumprimento incontornável.

Reitere-se que a proteção contra aquelas situações compõe o mínimo existencial, de atendimento obrigatório pelo Poder Público, dele não podendo se eximir qualquer das entidades que exercem as funções estatais, posto que tais condutas ilícitas afrontam o direito universal à vida com dignidade, à liberdade e à segurança.'

Impende assinalar a importante conquista no Brasil em relação à proteção das crianças e adolescentes, qual seja o direito de serem educados e cuidados sem o uso de castigos físicos ou de tratamento cruel ou degradante com a Lei n. 13.010, de 26 de junho de 2014, mais conhecida como Lei Menino Bernardo[612]. A lei, que alterou o Estatuto da Criança e do Adolescente e a Lei n. 9.394/1996, marcou um importante avanço na promoção dos direitos de crianças e adolescentes ao reconhecer que o uso de castigo físico ou de tratamento cruel ou degradante não são formas de correção, disciplina e educação de meninas e meninos, pretextos muitas vezes utilizados tanto pelos pais quanto pelos integrantes da família ampliada, responsáveis, agentes públicos executores de medidas socioeducativas e por qualquer pessoa encarregada de cuidar deles, tratá-los, educá-los ou protegê-los. A referida lei tem natureza educativa e não punitiva. Seu principal objetivo é romper com a aceitação e banalização do uso dos castigos físicos e humilhantes contra crianças e adolescentes pela sociedade.

Isso significa, portanto, que a ineficiência administrativa, o descaso governamental com direitos básicos da pessoa, a incapacidade de gerir os recursos públicos, a falta de visão política na justa percepção, pelo administrador, do enorme significado social de que se reveste a proteção à criança e ao adolescente, a inoperância funcional dos gestores públicos na concretização das imposições constitucionais não podem nem devem representar obstáculos à execução, pelo Poder Público, da norma inscrita no art. 227, 'caput', da Constituição da República, que traduz e impõe, ao Estado, um dever inafastável, sob pena de a ilegitimidade dessa inaceitável omissão governamental importar em grave vulneração a um direito fundamental e que é, no contexto ora examinado, a proteção integral da criança e do adolescente. Sendo assim, em face das razões expostas e considerando, ainda, anterior decisão que proferi sobre o mesmo tema (AI 583.264/SC, Rel. Min. Celso de Mello), conheço do presente recurso extraordinário interposto pelo Ministério Público do Estado de Santa Catarina, para dar-lhe provimento (CPC, art. 557, § 1º-A), em ordem a restabelecer a sentença proferida pelo magistrado local de primeira instância. Publique-se. Brasília, 23 de março de 2010. Ministro Celso de Mello. Relator". Disponível em: http://www.stf.jus.br/portal/jurisprudencia/listarJurisprudencia.asp?s1=RE.SCLA.+E+482611.NUME.+E+20100323. JULG.&base=baseMonocraticas. Acesso em: 28 jul. 2012.

612 Quando foi sancionada, a Lei n. 13.010, de 26 de junho de 2014, recebeu o nome de Lei Menino Bernardo, em substituição à expressão "Lei da Palmada" atribuída ao projeto durante sua tramitação no legislativo. A mudança foi uma homenagem a Bernardo Boldrini, menino de 11 anos que foi assassinado em Três Passos, no Rio Grande do Sul, em um crime com a participação do pai e da madrasta. O caso chocou a opinião pública, principalmente quando vídeos do acervo pessoal da família mostraram Bernardo sendo maltratado dentro de casa, o que levantou o debate sobre a prevenção da violência contra crianças e adolescentes no seio familiar.

Ademais, não se pode olvidar a Política Nacional dos Direitos Humanos de Crianças e Adolescentes, que deve orientar-se a partir de princípios, entendidos como valores universais e permanentes, valorizados e incorporados pela sociedade. Os princípios conformam a base da Política e são inegociáveis, uma vez que refletem as premissas da Convenção sobre os Direitos da Criança e de outros acordos internacionais das Nações Unidas na área, da Carta Constitucional brasileira e do Estatuto da Criança e do Adolescente[613].

---

613 Cf. Política Nacional dos Direitos Humanos de Crianças e Adolescentes: "Os oito princípios da Política Nacional são apresentados a seguir. Os dois primeiros correspondem aos princípios universais dos direitos humanos, e eles estão claramente afirmados no Título I da nossa Constituição. Os três seguintes correspondem aos direitos humanos exclusivos de crianças e adolescentes, e compõe a base da doutrina da proteção integral, presente na Constituição, na Convenção e no ECA. Ao lado destes cinco princípios substantivos, são apresentados outros três princípios, voltados para a organização da política de garantia dos direitos de crianças e adolescentes. 1 – Universalidade dos direitos com equidade e justiça social: todos os seres humanos são portadores da mesma condição de humanidade; sua igualdade é a base da universalidade dos direitos. Associar à noção de universalidade as de equidade e justiça social significa reconhecer que a universalização de direitos em um contexto de desigualdades sociais e regionais implica foco especial nos grupos mais vulneráveis. 2 – Igualdade e direito à diversidade: todo ser humano tem direito a ser respeitado e valorizado, sem sofrer discriminação de qualquer espécie. Associar a igualdade ao direito à diversidade significa reconhecer e afirmar a heterogeneidade cultural, religiosa, de gênero e orientação sexual, físico-individual, étnico-racial e de nacionalidade, entre outras. 3 – Proteção integral para a criança e o adolescente: a proteção integral compreende o conjunto de direitos assegurados exclusivamente a crianças e adolescentes, em função de sua condição peculiar de pessoas em desenvolvimento. São direitos específicos que visam assegurar a esses grupos etários plenas condições para o seu desenvolvimento integral. 4 – Prioridade absoluta para a criança e o adolescente: a garantia de prioridade absoluta assegurada a crianças e adolescentes implica a sua primazia em receber socorro, proteção e cuidados, bem como a sua precedência no atendimento e preferência na formulação e execução de políticas e ainda na destinação de recursos públicos. 5 – Reconhecimento de crianças e adolescentes como sujeitos de direitos: o reconhecimento de crianças e adolescentes como sujeitos de direitos significa compreendê-los como detentores de todos os direitos da pessoa humana, embora o exercício de alguns seja postergado. A titularidade desses direitos é plenamente compatível com a proteção integral, esta sim devida apenas a eles. 6 – Descentralização político-administrativa: a Constituição Federal de 1988 elevou os municípios à condição de entes federados e estabeleceu novo pacto federativo, com base na descentralização político-administrativa e na corresponsabilidade entre as três esferas de governo para a gestão e o financiamento das ações. 7 – Participação e controle social: a participação popular organizada na formulação e no controle das políticas públicas de promoção, proteção e defesa dos direitos da criança e do adolescente está prevista na Constituição Federal e no Estatuto da Criança e do Adolescente; seus espaços preferenciais de atuação são os conselhos dos direitos e o processo de conferências. 8 – Intersetorialidade e trabalho em rede: a

Digno de registro nesta matéria, a criação da Lei n. 13.431, de 4 de abril de 2017, que criou o sistema de garantia de direitos da criança e do adolescente vítima ou testemunha de violência, alterando o disposto na Lei n. 8.069, de 13 de junho de 1990. Esta lei normatiza e organiza o sistema de garantia de direitos da criança e do adolescente vítima ou testemunha de violência, cria mecanismos para prevenir e coibir a violência, nos termos do art. 227 da Constituição Federal, da Convenção sobre os Direitos da Criança e seus protocolos adicionais, da Resolução n. 20/2005 do Conselho Econômico e Social das Nações Unidas e de outros diplomas internacionais, e estabelece medidas de assistência e proteção à criança e ao adolescente em situação de violência. Assevera que a criança e o adolescente gozam dos direitos fundamentais inerentes à pessoa humana, sendo-lhes asseguradas a proteção integral e as oportunidades e facilidades para viver sem violência e preservar sua saúde física e mental e seu desenvolvimento moral, intelectual e social, e gozam de direitos específicos à sua condição de vítima ou testemunha, e que a União, os Estados, o Distrito Federal e os Municípios desenvolverão políticas integradas e coordenadas que visem a garantir os direitos humanos da criança e do adolescente no âmbito das relações domésticas, familiares e sociais, para resguardá-los de toda forma de negligência, discriminação, exploração, violência, abuso, crueldade e opressão.

Por fim, a Lei n. 14.344, de 24 de maio de 2022, que cria mecanismos para a prevenção e o enfrentamento da violência doméstica e familiar contra a criança e o adolescente, nos termos do § 8º do art. 226 e do § 4º do art. 227 da Constituição Federal e das disposições específicas previstas em tratados, convenções ou acordos internacionais de que o Brasil seja parte[614];

---

organização das políticas públicas por setores ou segmentos impõe a adoção da ótica intersetorial e de trabalho em rede para compreensão e atuação sobre os problemas, o que está previsto no ECA ao estabelecer que a política será implementada por meio de um conjunto articulado de ações governamentais e não governamentais no âmbito da União, dos Estados, Distrito Federal e Municípios". Disponível em: http://portal.mj.gov.br/sedh/conanda/Politica%20e%20Plano%20Decenal%20consulta%20publica%2013%20de%20outubro.pdf. Acesso em: 13 jul. 2012.

614 No sistema interamericano, do qual o Brasil faz parte, ganha relevo a matéria ao ser disposta da seguinte forma: "En materia de derechos de niños, niñas y adolescentes, la Corte IDH ha tratado de forma pormenorizada los alcances del artículo 19 de la CADH. Esta norma constituye una obligación estatal que se suma a las generales de respeto y garantía sin discriminación, en aquellos casos en que la persona titular de derechos es menor de 18 años. A partir de este análisis general la Corte IDH ha tratado,

altera o Decreto-lei n. 2.848, de 7 de dezembro de 1940 (Código Penal), e as Leis n. 7.210, de 11 de julho de 1984 (Lei de Execução Penal), 8.069, de 13 de julho de 1990 (Estatuto da Criança e do Adolescente), 8.072, de 25 de julho de 1990 (Lei de Crimes Hediondos), e 13.431, de 4 de abril de 2017, que estabelece o sistema de garantia de direitos da criança e do adolescente vítima ou testemunha de violência, e dá outras providências. A norma ficou conhecida como Lei Henry Borel, em referência ao menino de quatro anos morto, no ano de 2021, após espancamento no apartamento em que morava com a mãe e o padrasto, no Rio de Janeiro. Ao se tornar hediondo, o crime passa a ser inafiançável e insuscetível de anistia, graça e indulto. Além disso, o condenado fica sujeito a regime inicial fechado, entre outras consequências.

No plano federal brasileiro, a incumbência para o desenvolvimento de políticas públicas voltadas para as crianças e adolescentes foi conferida à Secretaria Nacional dos Direitos da Criança e do Adolescente – SNDCA para a condução da política nacional de promoção, proteção e defesa dos direitos das crianças e adolescentes, vinculada ao Ministério da Mulher, da Família e dos Direitos Humanos e possui a função de apoiar ações intersetoriais, interinstitucionais e interfederativas, promovendo a articulação de diversos órgãos e sociedade civil. Entre as políticas que coordena estão o fortalecimento do sistema de garantia de direitos de crianças e adolescentes; a política nacional de convivência familiar e comunitária; o Sistema Nacional de Atendimento Socioeducativo – Sinase; o Programa de Proteção de Adolescentes Ameaçados de Morte e as ações de prevenção e de enfrentamento do abuso e da exploração sexual. Também deve propor e incentivar a realização de campanhas de conscientização pública relacionadas aos direitos da criança e do adolescente. Coordena ainda a produção, a sistematização e a difusão das informações relativas à criança e ao adolescente, gerenciando os sistemas de informações sob sua responsabilidade.

---

además, el tema de los sujetos de protección (definición del sujeto protegido, desarrollo progresivo y situación de vulnerabilidad); el corpus iuris internacional sobre la protección de los derechos de los niños, niñas y adolescentes; los alcances del interés superior de éstos aplicado al sistema de derecho convencional interamericano y, finalmente, ha esbozado algunas referencias particulares sobre la prohibición de discriminación". Para maiores informações, recomenda-se a leitura de Cuadernillo de Jurisprudencia de la Corte Interamericana de Derechos Humanos n. 5: Niños, niñas y adolescentes/Corte Interamericana de Derechos Humanos. San José, C. R.: Corte IDH, 2021. Disponível em: https://www.corteidh.or.cr/sitios/libros/todos/docs/cuadernillo5_2021.pdf. Acesso em: 19 jul. 2022.

5. PESSOAS IDOSAS[615]

A proteção dos direitos das pessoas idosas pode ser evidenciada na elaboração de normas jurídicas, bem como de políticas públicas, que são indispensáveis para que tais indivíduos, que ao longo dos anos contribuíram para o desenvolvimento do País e de suas famílias, possam gozar de maneira plena dessa nova etapa da vida. Para tanto, o primeiro passo na formulação desse entendimento corresponde à identificação de quem é pessoa idosa[616].

Gisela Bester[617] enfatiza que a "periodização da velhice e o estabelecimento de um limite etário para o seu início no mundo contemporâneo ficam bastante comprometidos se não forem levados em conta aspectos que indicam variabilidade individual (como o respeito às modificações naturais trazidas pelo tempo[618] e pela própria individualidade psicológica de cada ser humano) e social (como o grau de desenvolvimento cultural de uma dada socie-

---

615　A Lei n. 14.423, de 22 de julho de 2022, altera a Lei n. 10.741, de 1º de outubro de 2003, para substituir, em toda a lei, as expressões "idoso" e "idosos" pelas expressões "pessoa idosa" e "pessoas idosas", respectivamente.

616　Em interessante estudo sobre as pessoas idosas, ROCHA, Sheila Marta Carregosa. *Pessoas idosas no mercado de trabalho: garantia de sua dignidade*. Salvador: Geala, 2017, p. 25, apresenta inicialmente a ideia estampada na legislação brasileira para a pessoa idosa, mas se vale de outros aspectos para tratar da matéria e disserta sobre o "envelhecimento biológico, o envelhecimento psicológico e o envelhecimento social".

617　BESTER, Gisela. Principiologia constitucional e ações afirmativas em prol da inclusão das pessoas idosas no Brasil. In: GUERRA, Sidney; EMERIQUE, Lilian. *Direitos das minorias e grupos vulneráveis*. Ijuí: Ed. Unijuí, 2008, p. 190.

618　Idem. Neste ponto serve-se da professora de psicologia e pesquisadora Maria Ângela Feitosa, para quem, "entre pessoas idosas incapacitadas e socialmente isoladas, há um conjunto de condições de saúde preditoras de morbidade e mortalidade. Dentre elas, estão incluídas deficiências sensoriais não diagnosticadas, notadamente visuais e auditivas, mesmo para condições de fácil diagnóstico e pronta intervenção, como erros de refração e elevação de limiar audiométrico. Todas as modalidades sensoriais sofrem algum tipo de declínio de funcionamento com a idade. Chama atenção a falta de homogeneidade das curvas de declínio sensorial em função de idade, com ampla variação em tempo para início do declínio e em magnitude total do declínio, mesmo dentro de uma mesma modalidade, sugerindo que o declínio sensorial é um fenômeno complexo e multideterminado. Chama também atenção o fato de que, para vários fenômenos sensoriais estudados, a variabilidade entre as pessoas cresce com a idade, sugerindo que diferentes pessoas podem estar expostas a número e graus diferentes de variáveis de origem ambiental".

dade[619] e de participação de um autêntico Estado Social e Democrático de Direito). Por isso é que conceituar 'pessoa idosa' é a um só tempo um desafio difícil de ser concretizado com precisão e sujeito a críticas. Neste sentido, Anita Liberalesso Neri e Sueli Aparecida Freire muito adequadamente ponderam que o processo de envelhecimento ocorre diferentemente para as pessoas, dependendo de seu ritmo e da época de sua vida, pois, a velhice não é um período caracterizado só por perdas e limitações. Embora aumente a probabilidade de doenças e limitações biológicas, é possível manter e aprimorar a funcionalidade nas áreas física, cognitiva e afetiva. Mesmo pessoas comuns podem alcançar alto nível de especialização em domínios selecionados da inteligência como, por exemplo, a memória e a solução de problemas. Esse fato dificulta estabelecer com precisão um limite etário ou periodização da velhice, pois, existe grande variabilidade individual e social"[620].

---

619 Ibidem. Aqui também se serve da pesquisadora Maria Ângela Feitosa, ao apontar que há variáveis que pesam mais do que a idade. Veja-se: "A pesquisa disponível chama atenção para a importância que as variáveis operantes no âmbito da sociedade (escolaridade, natureza das atividades de trabalho e lazer, características do ambiente físico e social, valores culturalmente assimilados) exercem como preditoras do grau de sucesso no processo de amadurecimento e envelhecimento. Essas variáveis podem ser mais poderosas que a idade cronológica e podem se configurar diferentemente em distintos países, regiões e grupos sociais, exigindo que cada país tenha conhecimento específico sobre como, e em que grau, tais variáveis estão operando em seu contexto, de forma a viabilizar programas apropriados de intervenção".

620 Ibidem, p. 191 continua em seu aporte: "Apesar destas observações contidas no texto das autoras citadas, Altair Macedo Lahud Loureiro enfatiza que é o ângulo fisiológico do envelhecimento aquele que vem sendo mais estudado, com consideração maior para a saúde, em detrimento do estudo dos outros aspectos, lembrando, no entanto, a lição de Simone de Beauvoir de que a 'velhice só pode ser compreendida em sua totalidade; não representa somente um fato biológico, é também um fato cultural'. A autora brasileira, apesar da busca, nos escritos e pesquisas sobre o tema, não encontrou bem precisado o conceito de velhice, voltando a socorrer-se de Simone de Beauvoir, para quem a velhice é como 'um fenômeno biológico com reflexos profundos na *psique* do homem, perceptíveis pelas atitudes típicas da idade não mais jovem nem adulta, da idade avançada', de Marilena Chauí, que afirma que ser velho 'é lutar para continuar sendo homem', e ainda de Ecléa Bosi, para quem ser velho é 'sobreviver', referindo-se à sociedade capitalista. Loureiro traz também outra questão discutida e não consensual, no fenômeno velhice, que é a da determinação de seu início. Com a interrogante 'quando a pessoa se torna velha?', a autora então analisa um outro sentido que pode demarcar o início do fenômeno da senectude, distinto do cronológico, segundo o qual a velhice é um

O ordenamento jurídico[621] brasileiro assegura rol significativo de direitos para pessoas idosas[622], em especial no que tange aos direitos sociais. Nesse sentido, Bester, valendo-se da legislação aplicável, enumera, de maneira didática, o direito à saúde, ao lazer, à segurança, à previdência social e à assistência social dos desamparados, reabilitação (art. 203, IV, da CF/88) e facilidade de locomoção e acesso (arts. 227, § 2º, e 244), devendo necessariamente adequar-se e revelar-se eficientes em relação às suas carências particulares. Segundo Bester, há "alguns direitos específicos das pessoas idosas no complexo normativo brasileiro, quais sejam: no

---

período de vida, visto por Simone de Beauvoir como 'uma fase da existência diferente da juventude e da maturidade, mas dotada de um equilíbrio próprio, deixando aberta ao indivíduo uma ampla gama de possibilidades.' Assim, é 'apenas uma fase diferente de vida, quem sabe a última, mas ainda vida'. Chama a atenção ainda para a crise de identidade que acomete as pessoas nesta etapa da vida, contexto em que cada pessoa tem momentos diferentes para se considerar ou até mesmo para se aceitar como 'velha'. Para ela, 'a consciência ou a aceitação do ingresso na etapa da vida considerada como velhice não é algo natural e espontâneo, a pessoa custa a se aceitar como idosa'".

621 De acordo com a Lei n. 14.423/2022: "Art. 2º A pessoa idosa goza de todos os direitos fundamentais inerentes à pessoa humana, sem prejuízo da proteção integral de que trata esta Lei, assegurando-se-lhe, por lei ou por outros meios, todas as oportunidades e facilidades, para preservação de sua saúde física e mental e seu aperfeiçoamento moral, intelectual, espiritual e social, em condições de liberdade e dignidade. Art. 3º É obrigação da família, da comunidade, da sociedade e do poder público assegurar à pessoa idosa, com absoluta prioridade, a efetivação do direito à vida, à saúde, à alimentação, à educação, à cultura, ao esporte, ao lazer, ao trabalho, à cidadania, à liberdade, à dignidade, ao respeito e à convivência familiar e comunitária. § 1º (...). III – destinação privilegiada de recursos públicos nas áreas relacionadas com a proteção à pessoa idosa; IV – viabilização de formas alternativas de participação, ocupação e convívio da pessoa idosa com as demais gerações; V – priorização do atendimento da pessoa idosa por sua própria família, em detrimento do atendimento asilar, exceto dos que não a possuam ou careçam de condições de manutenção da própria sobrevivência; VI – capacitação e reciclagem dos recursos humanos nas áreas de geriatria e gerontologia e na prestação de serviços às pessoas idosas.

622 Esse entendimento também tem se manifestado na jurisprudência, como se pode observar no SL 504 AgR/DF – Distrito Federal. Ag. Reg. na Suspensão de Liminar. Relator(a): Min. Cezar Peluso (Presidente). Julgamento: 22-6-2011. Órgão Julgador: Tribunal Pleno, onde se colhe a ementa: "Execução. Fazenda Pública. Precatório. EC n. 62/2009. Pagamento preferencial a pessoa idosa e portadores de doenças graves. Alegação de grave lesão. Não ocorrência. Questões de fundo da causa. Sucedâneo recursal. Inadmissibilidade. Pedido de suspensão de liminar rejeitado. Precedente. Agravo regimental improvido. Rejeita-se pedido de suspensão que não demonstra grave lesão aos interesses públicos tutelados, mas apresenta nítido caráter de recurso".

âmbito da Assistência Social a garantia de um salário mínimo às pessoas idosas que não consigam de per si manter a sua subsistência (art. 203, V e VI, da CF/88 e Lei n. 8.742/93); admissão a cargos e empregos públicos sem limite de idade (art. 37, II, c/c o art. 3º, IV, e art. 7º, XXX, da CF/88), com a ressalva da aposentadoria expulsória, aos 70 anos (art. 40, § 1º, II, da CF/88); ensino fundamental obrigatório e gratuito, visando a afastá-los da síndrome da marginalidade educacional (o art. 208, I, da CF/88 frisa ser tal direito assegurado a todos os que a ele não tiveram acesso 'na idade própria'); a individualização da pena de acordo com a idade do condenado, conforme preceitua o art. 5º, XLVIII, afirmando que: 'a pena será cumprida em estabelecimentos distintos, de acordo com a natureza do delito, *a idade* e o sexo do apenado'; nos arts. 127, *caput,* e 129, III, da CF/88 reserva ao Ministério Público a defesa dos direitos sociais e coletivos da sociedade, incluindo-se aí a pessoa idosa. Assim também o *caput* do art. 134 prevê que os necessitados, dentre eles podendo ser inclusa a pessoa idosa, devem ser representados pela Defensoria Pública; há a previsão de proteção constitucional a pessoa idosa sob forma de sua integração ao ambiente familiar (o art. 226 da CF/88 dispõe, em seu *caput,* que: 'a família, base da sociedade, tem especial proteção do Estado', sendo que a pessoa idosa integra a família como seu membro incondicional)"[623].

Houve alteração no estatuto da pessoa idosa (Lei n. 10.741/2003), por força da Lei n. 14.181/2021, também conhecida como "Lei do Superendividamento", editada com o objetivo de aperfeiçoar a disciplina do crédito ao consumidor e dispor sobre a prevenção e o tratamento do superendividamento, incluindo a previsão de uma causa excludente de tipicidade no crime previsto no art. 96, que trata da tipificação de condutas que configuram atos de discriminação contra a pessoa idosa. De acordo com o texto do novo parágrafo "§ 3º Não constitui crime a negativa de crédito motivada por superendividamento da pessoa idosa".

Importante previsão que também se encontra estampada no texto constitucional é aquela do art. 230, ao estabelecer que "a família[624], a sociedade e

---

623 Idem, p. 188.
624 ROCHA, Sheila Marta Carregosa, op. cit., p. 62 alerta para o comportamento que vem sendo observado pelas famílias em relação às pessoas idosas e enfatiza: "as pessoas idosas na contemporaneidade não podem mais contar com uma família tão

o Estado têm o dever de amparar as pessoas idosas, assegurando sua participação na comunidade, defendendo sua dignidade e bem-estar e garantindo-lhes o direito à vida. Os programas de amparo às pessoas idosas serão executados preferencialmente em seus lares. (§ 1º) Aos maiores de sessenta e cinco anos é garantida a gratuidade de transportes coletivos urbanos. (§ 2º)"[625].

Por fim, a Lei n. 10.741/2003[626] (o Estatuto da Pessoa Idosa) é considerada um grande avanço na proteção aos direitos dessas pessoas, uma vez que a pessoa idosa[627] goza de todos os direitos fundamentais inerentes à pessoa humana, sem prejuízo da proteção integral de que trata a lei. A ele são asseguradas, pela legislação ou por outros meios, todas as oportunida-

---

extensa para a garantia de seu bem-estar; eles resolvem os seus problemas sozinhos, viajam e frequentam grupos de terceira idade, dentre outros afazeres bem peculiares; quanto aos mais idosos, a necessidade de cuidador é premente para garantir os cuidados mínimos existências de forma digna. A nomenclatura 'contextos familiares' sugere a inclusão das novas modalidades de composições familiares, portanto mais adequada para lidar com novos formatos familiares".

625 Vide a propósito decisão proferida pelo Supremo Tribunal Federal, na ADI 2.435 MC/RJ – Rio de Janeiro. Medida Cautelar na Ação Direta de Inconstitucionalidade. Relatora: Ministra Ellen Gracie. Julgamento: 13-3-2002. Órgão Julgador: Tribunal Pleno, onde se colhe a ementa: "Ação direta de inconstitucionalidade. Lei n. 3.542/2001, do Estado do Rio de Janeiro, que obrigou farmácias e drogarias a conceder descontos às pessoas idosas na compra de medicamentos. Ausência do *periculum in mora*, tendo em vista que a irreparabilidade dos danos decorrentes da suspensão ou não dos efeitos da lei se dá, de forma irremediável, em prejuízo da pessoa idosa, da sua saúde e da sua própria vida. *Periculum in mora* inverso. Relevância, ademais, do disposto no art. 230, *caput* da CF, que atribui à família, à sociedade e ao Estado o dever de amparar as pessoas idosas, defendendo sua dignidade e bem-estar e garantindo-lhes o direito à vida. Precedentes: ADI n. 2.163/RJ e ADI n. 107-8/AM. Ausência de plausibilidade jurídica na alegação de ofensa ao § 7º do art. 150 da Constituição Federal, tendo em vista que esse dispositivo estabelece mecanismo de restituição do tributo eventualmente pago a maior, em decorrência da concessão do desconto ao consumidor final. Precedente: ADI n. 1.851/AL. Matéria relativa à intervenção de Estado-membro no domínio econômico relegada ao exame do mérito da ação. Medida liminar indeferida".

626 BRASIL. Lei n. 10.741, de 1º de outubro de 2003. Disponível em: http://www.planalto.gov.br/. Acesso em: 2 jul. 2012.

627 ROCHA, Sheila Marta Carregosa, op. cit, p. 80 destaca que: "as diretrizes traçadas pela Política Nacional da Pessoa idosa privilegiam o convívio, o atendimento, a participação da pessoa idosa nas discussões das políticas públicas, a qualificação pessoal para a área de saúde voltada para o atendimento à pessoa idosa, a informação desses programas e pesquisa sobre o envelhecimento".

des e facilidades para a preservação de sua saúde[628] física e mental e seu aperfeiçoamento moral, intelectual, espiritual e social, em condições de liberdade e dignidade[629].

---

628 Digno de nota na Lei n. 14.423/2022 os artigos a seguir relativos à saúde: "Art. 15. É assegurada a atenção integral à saúde da pessoa idosa, por intermédio do Sistema Único de Saúde (SUS), garantindo-lhe o acesso universal e igualitário, em conjunto articulado e contínuo das ações e serviços, para a prevenção, promoção, proteção e recuperação da saúde, incluindo a atenção especial às doenças que afetam preferencialmente as pessoas idosas. § 1º A prevenção e a manutenção da saúde da pessoa idosa serão efetivadas por meio de: (...) IV – atendimento domiciliar, incluindo a internação, para a população que dele necessitar e esteja impossibilitada de se locomover, inclusive para as pessoas idosas abrigadas e acolhidas por instituições públicas, filantrópicas ou sem fins lucrativos e eventualmente conveniadas com o poder público, nos meios urbano e rural; (...) § 2º Incumbe ao poder público fornecer às pessoas idosas, gratuitamente, medicamentos, especialmente os de uso continuado, assim como próteses, órteses e outros recursos relativos ao tratamento, habilitação ou reabilitação. § 3º É vedada a discriminação da pessoa idosa nos planos de saúde pela cobrança de valores diferenciados em razão da idade. § 4º As pessoas idosas com deficiência ou com limitação incapacitante terão atendimento especializado, nos termos da lei. § 5º É vedado exigir o comparecimento da pessoa idosa enferma perante os órgãos públicos, hipótese na qual será admitido o seguinte procedimento: I - quando de interesse do poder público, o agente promoverá o contato necessário com a pessoa idosa em sua residência; ou II - quando de interesse da própria pessoa idosa, esta se fará representar por procurador legalmente constituído. § 6º É assegurado à pessoa idosa enferma o atendimento domiciliar pela perícia médica do Instituto Nacional do Seguro Social (INSS), pelo serviço público de saúde ou pelo serviço privado de saúde, contratado ou conveniado, que integre o SUS, para expedição do laudo de saúde necessário ao exercício de seus direitos sociais e de isenção tributária. § 7º Em todo atendimento de saúde, os maiores de 80 (oitenta) anos terão preferência especial sobre as demais pessoas idosas, exceto em caso de emergência. Art. 16. À pessoa idosa internada ou em observação é assegurado o direito a acompanhante, devendo o órgão de saúde proporcionar as condições adequadas para a sua permanência em tempo integral, segundo o critério médico. Parágrafo único. Caberá ao profissional de saúde responsável pelo tratamento conceder autorização para o acompanhamento da pessoa idosa ou, no caso de impossibilidade, justificá-la por escrito. Art. 17. À pessoa idosa que esteja no domínio de suas faculdades mentais é assegurado o direito de optar pelo tratamento de saúde que lhe for reputado mais favorável. Parágrafo único. Não estando a pessoa idosa em condições de proceder à opção, esta será feita: I – pelo curador, quando a pessoa idosa for interditada; II – pelos familiares, quando a pessoa idosa não tiver curador ou este não puder ser contactado em tempo hábil. Art. 18. As instituições de saúde devem atender aos critérios mínimos para o atendimento às necessidades da pessoa idosa, promovendo o treinamento e a capacitação dos profissionais, assim como orientação a cuidadores familiares e grupos de autoajuda".

629 O art. 3º estabelece que "É obrigação da família, da comunidade, da sociedade e do Poder Público assegurar à pessoa idosa, com absoluta prioridade, a efetivação do

6. POVOS INDÍGENAS

Os povos indígenas, após longos anos de injustiças, discriminação, vilipêndio de direitos, enfrentamentos para a manutenção de suas culturas, tradições, língua, crenças, espiritualidade, obtiveram o reconhecimento, por parte das Nações Unidas, da Declaração sobre Direitos dos Povos Indígenas[630].

---

direito à vida, à saúde, à alimentação, à educação, à cultura, ao esporte, ao lazer, ao trabalho, à cidadania, à liberdade, à dignidade, ao respeito e à convivência familiar e comunitária. Parágrafo único. A garantia de prioridade compreende: I – atendimento preferencial imediato e individualizado junto aos órgãos públicos e privados prestadores de serviços à população; II – preferência na formulação e na execução de políticas sociais públicas específicas; III – destinação privilegiada de recursos públicos nas áreas relacionadas com a proteção à pessoa idosa; IV – viabilização de formas alternativas de participação, ocupação e convívio da pessoa idosa com as demais gerações; V – priorização do atendimento da pessoa idosa por sua própria família, em detrimento do atendimento asilar, exceto dos que não a possuam ou careçam de condições de manutenção da própria sobrevivência; VI – capacitação e reciclagem dos recursos humanos nas áreas de geriatria e gerontologia e na prestação de serviços às pessoas idosas; VII – estabelecimento de mecanismos que favoreçam a divulgação de informações de caráter educativo sobre os aspectos biopsicossociais de envelhecimento; VIII – garantia de acesso à rede de serviços de saúde e de assistência social locais; IX – prioridade no recebimento da restituição do Imposto de Renda".

630 "A Assembleia Geral, Tomando nota da recomendação que figura na resolução n. 1/2 do Conselho dos Direitos Humanos, de 29 de junho de 2006, na qual o Conselho aprovou o texto da Declaração das Nações Unidas sobre os Direitos dos Povos Indígenas, Recordando sua resolução n. 61/178, de 20 de dezembro de 2006, em que decidiu adiar o exame e a adoção de medidas sobre a Declaração a fim de dispor de mais tempo para seguir realizando consultas a respeito, e decidiu também concluir o exame da Declaração antes de que terminasse o sexagésimo primeiro período de sessões, Aprova a Declaração das Nações Unidas sobre os Direitos dos Povos Indígenas que figura no anexo da presente resolução. 107ª Sessão Plenária, em 13 de setembro de 2007. (...) 'A Assembleia Geral, guiada pelos propósitos e princípios da Carta das Nações Unidas e pela boa-fé no cumprimento das obrigações assumidas pelos Estados de acordo com a Carta. Afirmando que os povos indígenas são iguais a todos os demais povos e reconhecendo ao mesmo tempo o direito de todos os povos a serem diferentes, a se considerarem diferentes e a serem respeitados como tais. Afirmando também que todos os povos contribuem para a diversidade e a riqueza das civilizações e culturas, que constituem patrimônio comum da humanidade. Afirmando ainda que todas as doutrinas, políticas e práticas baseadas na superioridade de determinados povos ou indivíduos, ou que a defendem alegando razões de origem nacional ou diferenças raciais, religiosas, étnicas ou culturais, são racistas, cientificamente falsas, juridicamente inválidas, moralmente condenáveis e socialmente injustas. Reafirmando que, no exercício de seus direitos, os povos indígenas devem ser livres de toda forma de discrimi-

nação. Preocupada com o fato de os povos indígenas terem sofrido injustiças históricas como resultado, entre outras coisas, da colonização e da subtração de suas terras, territórios e recursos, o que lhes tem impedido de exercer, em especial, seu direito ao desenvolvimento, em conformidade com suas próprias necessidades e interesses. Reconhecendo a necessidade urgente de respeitar e promover os direitos intrínsecos dos povos indígenas, que derivam de suas estruturas políticas, econômicas e sociais e de suas culturas, de suas tradições espirituais, de sua história e de sua concepção da vida, especialmente os direitos às suas terras, territórios e recursos. Reconhecendo também a necessidade urgente de respeitar e promover os direitos dos povos indígenas afirmados em tratados, acordos e outros arranjos construtivos com os Estados. Celebrando o fato de os povos indígenas estarem organizando-se para promover seu desenvolvimento político, econômico, social e cultural, e para pôr fim a todas as formas de discriminação e de opressão, onde quer que ocorram. Convencida de que o controle, pelos povos indígenas, dos acontecimentos que os afetam e as suas terras, territórios e recursos lhes permitirá manter e reforçar suas instituições, culturas e tradições e promover seu desenvolvimento de acordo com suas aspirações e necessidades. Reconhecendo que o respeito aos conhecimentos, às culturas e às práticas tradicionais indígenas contribui para o desenvolvimento sustentável e equitativo e para a gestão adequada do meio ambiente. Enfatizando a contribuição da desmilitarização das terras e territórios dos povos indígenas para a paz, o progresso e o desenvolvimento econômico e social, a compreensão e as relações de amizade entre as nações e os povos do mundo. Reconhecendo, em particular, o direito das famílias e comunidades indígenas a continuarem compartilhando a responsabilidade pela formação, a educação e o bem-estar dos seus filhos, em conformidade com os direitos da criança. Considerando que os direitos afirmados nos tratados, acordos e outros arranjos construtivos entre os Estados e os povos indígenas são, em algumas situações, assuntos de preocupação, interesse e responsabilidade internacional, e têm caráter internacional. Considerando também que os tratados, acordos e demais arranjos construtivos, e as relações que estes representam, servem de base para o fortalecimento da associação entre os povos indígenas e os Estados. Reconhecendo que a Carta das Nações Unidas, o Pacto Internacional de Direitos Econômicos, Sociais e Culturais e o Pacto Internacional de Direitos Civis e Políticos, assim como a Declaração e o Programa de Ação de Viena afirmam a importância fundamental do direito de todos os povos à autodeterminação, em virtude do qual estes determinam livremente sua condição política e buscam livremente seu desenvolvimento econômico, social e cultural. Tendo em mente que nada do disposto na presente Declaração poderá ser utilizado para negar a povo algum seu direito à autodeterminação, exercido em conformidade com o direito internacional. Convencida de que o reconhecimento dos direitos dos povos indígenas na presente Declaração fomentará relações harmoniosas e de cooperação entre os Estados e os povos indígenas, baseadas nos princípios da justiça, da democracia, do respeito aos direitos humanos, da não discriminação e da boa-fé. Incentivando os Estados a cumprirem e aplicarem eficazmente todas as suas obrigações para com os povos indígenas resultantes dos instrumentos internacionais, em particular as relativas aos direitos humanos, em consulta e cooperação com os povos interessados. Enfatizando que corresponde às Nações Unidas desempenhar um papel importante e contínuo de promoção e proteção dos direitos dos povos indígenas.

Esse documento internacional, observando naturalmente as limitações impostas por sua natureza jurídica, demonstra a mudança de comportamento dos Estados em relação a essa temática. Há muitos séculos os povos indígenas vêm sendo desrespeitados em seus direitos. Érika Peixoto, em estudo sobre a matéria, afirma: "desde os tempos da colonização, são comuns os relatos de exploração, desrespeito e crueldade com a população indígena. Em especial na América Latina, os processos colonizatórios afrontaram consideravelmente os costumes e as tradições indígenas, e acrescenta Letícia Borges sobre o período: quando da época das conquistas, foram covardemente retirados de suas terras, ou através da matança pelo confronto direto com os colonizadores, ou pela fuga de seus territórios originais para escaparem das armas de fogo. Certamente que a luta era desigual. Sem alternativas, foram se dispersando e, ao adentrarem outras terras, conflitos com diferentes tribos ocorriam, provocando ainda mais perdas do contingente indígena"[631].

No curso do século XX, com o desenvolvimento da proteção internacional dos direitos humanos, organizações indígenas intensificaram as reivindicações com relação aos direitos dos povos indígenas, culminando com a elaboração do citado documento internacional.

Em publicação[632] sobre o tema, a Corte Interamericana de Direitos Humanos[633] reiterou que o direito ao reconhecimento da personalidade

---

Considerando que a presente Declaração constitui um novo passo importante para o reconhecimento, a promoção e a proteção dos direitos e das liberdades dos povos indígenas e para o desenvolvimento de atividades pertinentes ao sistema das Nações Unidas nessa área. Reconhecendo e reafirmando que os indivíduos indígenas têm direito, sem discriminação, a todos os direitos humanos reconhecidos no direito internacional, e que os povos indígenas possuem direitos coletivos que são indispensáveis para sua existência, bem-estar e desenvolvimento integral como povos. Reconhecendo também que a situação dos povos indígenas varia conforme as regiões e os países e que se deve levar em conta o significado das particularidades nacionais e regionais e das diversas tradições históricas e culturais. Proclama solenemente a Declaração das Nações Unidas sobre os Direitos dos Povos Indígenas, cujo texto figura à continuação, como ideal comum que deve ser perseguido em um espírito de solidariedade e de respeito mútuo'".
631   PEIXOTO, Érica de Souza Pessanha. Povos indígenas e o direito internacional dos direitos humanos. In: GUERRA, Sidney; EMERIQUE, Lilian. *Direito das minorias e grupos vulneráveis*. Ijuí: Ed. Unijuí, 2008, p. 246.
632   Relatório Anual da Corte Interamericana de Direitos Humanos. Disponível em: http://www.corteidh.or.cr/tablas/informe2015/portugues.pdf. Acesso em: 1º mar. 2016.
633   "A Corte considera oportuno lembrar que, em conformidade com os artigos 24 (Igualdade perante a lei) e 1.1 (Obrigação de respeitar os direitos) da Convenção Ame-

jurídica pelo Estado é uma das medidas especiais que devem ser proporcionadas aos grupos indígenas e tribais, a fim de garantir que possam gozar de seus territórios de acordo com suas tradições. Enfatizou que essa é a consequência natural do reconhecimento do direito dos membros dos grupos indígenas e tribais a gozar de certos direitos de forma comunitária. Assim, a Corte considerou que esse reconhecimento poderia ser alcançado por meio da adoção de medidas legislativas ou de outra natureza que reconhecessem e tomassem em consideração o modo particular como um povo tribal se vê coletivamente capaz de exercer e gozar do direito à propriedade. Por isso, o Estado deveria estabelecer as condições judiciais e administrativas necessárias para garantir a possibilidade de reconhecimento da personalidade jurídica desses grupos, através da realização de consultas, com pleno respeito aos seus costumes e tradições, e com o objetivo de assegurar-lhes o uso e gozo de seu território, de acordo com seu sistema de propriedade comunitária, e do direito de acesso à justiça e igualdade perante a lei.

Ademais, pela primeira vez, a Corte analisou com maior profundidade a compatibilidade entre os direitos dos povos indígenas e a proteção do meio ambiente como parte do interesse geral. Nesse sentido, o Tribunal considerou relevante fazer referência à necessidade de compatibilizar a proteção das áreas protegidas com o uso e gozo adequado dos territórios tradicionais dos povos indígenas. A esse respeito, a Corte considerou que uma área protegida consistia não apenas na dimensão biológica, mas também na dimensão sociocultural e que, portanto, incorporava um enfoque interdisciplinar e participativo. Assim, os povos indígenas, em geral, podem desempenhar um papel relevan-

---

ricana, os Estados devem garantir, em condições de igualdade, o pleno exercício e gozo dos direitos dessas pessoas que estão sujeitas a sua jurisdição. No entanto, há que ressaltar que para garantir efetivamente esses direitos, ao interpretar e aplicar sua legislação interna, os Estados devem levar em consideração as características próprias que diferenciam os membros dos povos indígenas da população em geral e que constituem sua identidade cultural. O mesmo argumento deve aplicar a Corte, como com efeito o fará no presente caso, para avaliar o alcance e o conteúdo dos artigos da Convenção Americana, cuja violação a Comissão e os representantes imputam ao Estado. 63. No que diz respeito a povos indígenas, é indispensável que os Estados ofereçam uma proteção efetiva, que leve em conta suas particularidades, suas características econômicas e sociais, bem como sua situação de especial vulnerabilidade, seu direito consuetudinário, seus valores, usos e costumes (...)" Caderno de Jurisprudência da Corte Interamericana de Direitos Humanos n. 11: povos indígenas e tribais /Corte Interamericana de Direitos Humanos. San José, C.R.: Corte IDH, 2022. Disponível em: https://www.corteidh.or.cr/sitios/libros/todos/docs/cuadernillo11_2022_port.pdf. Acesso em: 18 jul. 2022.

te na conservação da natureza, dado que certos usos tradicionais representam práticas de sustentabilidade e são consideradas fundamentais para a eficácia das estratégias de conservação. Por isso, o respeito dos direitos dos povos indígenas pode redundar positivamente na conservação do meio ambiente. O Tribunal tomou em consideração os instrumentos aplicáveis ao Estado do Suriname nessa matéria e concluiu que, em princípio, existe uma compatibilidade entre as áreas naturais protegidas e o direito dos povos indígenas e tribais na proteção dos recursos naturais sobre seus territórios, destacando que os povos indígenas e tribais, por sua inter-relação com a natureza e suas formas de vida, podem contribuir, de maneira relevante, nessa conservação. Nesse sentido, os critérios de participação efetiva, acesso e uso de seus territórios tradicionais e de percepção dos benefícios dessa conservação – todos eles, sempre e quando sejam compatíveis com a proteção e utilização sustentável – são elementos fundamentais para alcançar essa compatibilidade, a qual deve ser avaliada pelo Estado. Consequentemente, é necessário que o Estado conte com mecanismos adequados para a implementação desses critérios como parte da garantia dos povos indígenas e tribais à sua vida digna e identidade cultural, em relação à proteção dos recursos naturais que se encontrem em seus territórios tradicionais.

No plano interno, a Constituição brasileira de 1988 tratou de consagrar no Capítulo VIII disposições diretamente relacionadas aos direitos dos indígenas:

> "Art. 231. São reconhecidos aos índios sua organização social, costumes, línguas, crenças e tradições e os direitos originários sobre as terras que tradicionalmente ocupam, competindo à União demarcá-las, proteger e fazer respeitar todos os seus bens.
> § 1º São terras tradicionalmente ocupadas pelos índios as por eles habitadas em caráter permanente, as utilizadas para suas atividades produtivas, as imprescindíveis à preservação dos recursos ambientais necessários ao seu bem-estar e as necessárias a sua reprodução física e cultural, segundo seus usos, costumes e tradições.
> § 2º As terras tradicionalmente ocupadas pelos índios destinam-se a sua posse permanente, cabendo-lhes o usufruto exclusivo das riquezas do solo, dos rios, e dos lagos nestas existentes.
> § 3º O aproveitamento dos recursos hídricos, incluídos os potenciais energéticos, a pesquisa e a lavra das riquezas minerais em terras indígenas só podem ser efetivados com autorização do Congresso Nacional, ouvidas as comunidades afetadas, ficando-lhes assegurada a participação nos resultados da lavra, na forma da lei.
> § 4º As terras de que trata este artigo são inalienáveis e indisponíveis, e os direitos sobre elas, imprescritíveis.

§ 5º É vedada a remoção de grupos indígenas de suas terras, salvo *ad referendum* do Congresso Nacional, em caso de catástrofe ou epidemia que ponha em risco sua população, ou no interesse da soberania do País, após deliberação do Congresso Nacional, garantido, em qualquer hipótese, o retorno imediato logo que cesse o risco.

§ 6º São nulos e extintos, não produzindo efeitos jurídicos, os atos que tenham por objeto a ocupação, o domínio e a posse das terras a que se refere este artigo, ou a exploração das riquezas naturais do solo, dos rios e dos lagos nelas existentes, ressalvando relevante interesse público da União, segundo o que dispuser lei complementar, não gerando a nulidade e a extinção do direito a indenização ou a ações contra a União, salvo, na forma da lei, quanto às benfeitorias derivadas da ocupação de boa-fé.

§ 7º Não se aplica às terras indígenas o disposto no art. 174, §§ 3º e 4º.

Art. 232. Os índios, suas comunidades e organizações são partes legítimas para ingressar em juízo em defesa de seus direitos e interesses, intervindo o Ministério Público em todos os atos do processo".

Referida previsão constitucional tornou-se importante em razão dos severos prejuízos impostos aos povos indígenas desde a época do descobrimento do Brasil[634]. Sobre essa questão, importante registrar os dados colhidos na página da FUNAI[635]: "A atual população indígena brasileira, segundo resultados preliminares do Censo Demográfico realizado pelo IBGE em 2010, é de 817.963 indígenas, dos quais 502.783 vivem na zona rural e 315.180 habitam as zonas urbanas brasileiras. Este Censo revelou que em todos os Estados da Federação, inclusive do Distrito Federal, há

---

[634] Vide a propósito os dados que constam no relatório sobre "Os direitos humanos dos povos indígenas no Brasil". Disponível em: http://www.dhnet.org.br/educar/redeedh/bib/oea97.htm. Acesso em: 13 jul. 2012. "Aproximadamente 330.000 cidadãos brasileiros indígenas conformam os 206 povos originários, ancestrais do território da União. Suas organizações, características de vida e gozo dos direitos humanos são variados: há os que mantêm uma cultura selvática autossuficiente, com mínimo contato com o exterior, ao passo que outros, através da agricultura e de outras formas de produção, estabeleceram intensas relações com o mundo não indígena. Os povos indígenas reivindicam direitos legais sobre 11% do território nacional e têm obtido importantes reconhecimentos dos mesmos. Em sua grande maioria, as terras indígenas (aproximadamente 95%) situam-se na Amazônia, ocupando cerca de 18% da região, e nelas vivem pouco menos de 50% dos indígenas brasileiros. Em contraste, outros 50% dos indígenas são habitantes de áreas do sul do Brasil, cuja superfície é inferior a 2% do total dos territórios indígenas".

[635] Disponível em: http://www.funai.gov.br/index.php/indios-no-brasil/quem-sao. Acesso em: 2 mar. 2019.

populações indígenas. A Funai também registra 69 referências de índios ainda não contatados, além de existirem grupos que estão requerendo o reconhecimento de sua condição indígena junto ao órgão federal indigenista. Com relação às 274 línguas faladas, o censo demonstrou que cerca de 17,5% da população indígena não fala a língua portuguesa. Esta população, em sua grande maioria, vem enfrentando uma acelerada e complexa transformação social, necessitando buscar novas respostas para a sua sobrevivência física e cultural e garantir às próximas gerações melhor qualidade de vida. As comunidades indígenas vêm enfrentando problemas concretos, tais como invasões e degradações territoriais e ambientais, exploração sexual, aliciamento e uso de drogas, exploração de trabalho, inclusive infantil, mendicância, êxodo desordenado causando grande concentração de indígenas nas cidades.

Segundo dados do IBGE[636], a população brasileira possui 213.373.222 milhões de pessoas. Ainda segundo o censo, 817.963 mil são indígenas, representando 305 diferentes etnias. Foram registradas no país 274 línguas indígenas. Porém, embora não tenha sido realizado senso posterior ao indicado, o Instituto Brasileiro de Geografia e Estatística (IBGE) estima em 1.108.970 pessoas residentes em localidades indígenas em razão do estudo intitulado "Dimensionamento emergencial de população residente em áreas indígenas e quilombolas para ações de enfrentamento à pandemia provocada pelo novo coronavírus", produzido em caráter de urgência, no ano de 2020, a pedido do Ministério da Saúde, com o objetivo de planejar a imunização de grupos vulneráveis contra a Covid-19. No estudo foram utilizados dados do Censo 2010 com a versão mais atualizada da Base Territorial, que estima o número de domicílios ocupados; o estudo levou em consideração áreas já mapeadas no planejamento do próximo Censo, a ser realizado em 2022[637].

---

636 Disponível em: https://www.ibge.gov.br/apps/populacao/projecao/index.html?utm_source=portal&utm_medium=popclock&utm_campaign=novo_popclock. Acesso em: 23 jul. 2021.
637 POPULAÇÃO residente em área indígena e quilombola supera 2,2 milhões. Disponível em: https://agenciabrasil.ebc.com.br/geral/noticia/2021-10/populacao-residente-em-area-indigena-e-quilombola-supera-22-milhoes#:~:text=O%20Instituto%20Brasileiro%20de%20Geografia,moram%20em%20quilombos%20no%20Brasil. Acesso em: 21-7-2022. "Muito do que foi divulgado só foi possível graças ao planejamento do próximo Censo, com o mapeamento e a criação de uma base territorial que contempla a autodeclaração das comunidades quilombolas. Isso é inédito", disse, em nota, a ana-

Com efeito, muito provavelmente em razão da postura adotada em relação aos povos indígenas ao longo dos anos, o Estado brasileiro tenha influenciado o Pleno do Supremo Tribunal Federal, que adotou emblemática decisão ao julgar a Pet. 3.388, pela demarcação contínua da área de 1,7 milhão de hectares da Reserva Indígena Raposa Serra do Sol, em Roraima, a ser ocupada apenas por grupos indígenas. Diz a ementa:

> "Ação popular. Demarcação da terra indígena Raposa Serra do Sol. Inexistência de vícios no processo administrativo-demarcatório. Observância dos arts. 231 e 232 da Constituição Federal, bem como da Lei n. 6.001/73 e seus decretos regulamentares. Constitucionalidade e legalidade da Portaria n. 534/2005, do Ministro da Justiça, assim como do decreto presidencial homologatório. Reconhecimento da condição indígena da área demarcada, em sua totalidade. Modelo contínuo de demarcação. Constitucionalidade. Revelação do regime constitucional de demarcação das terras indígenas. A Constituição Federal como estatuto jurídico da causa indígena. A demarcação das terras indígenas como capítulo avançado do constitucionalismo fraternal. Inclusão comunitária pela via da entidade étnica. Voto do Relator que faz agregar aos respectivos fundamentos salvaguardas institucionais ditadas pela superlativa importância histórico-cultural da causa. Salvaguardas ampliadas a partir de voto-vista do Ministro Menezes Direito e deslocadas para a parte dispositiva da decisão. 1. Ação não conhecida em parte. Ação não conhecida quanto à pretensão autoral de excluir da área demarcada o que dela já fora excluído: o 6º Pelotão Especial de Fronteira, os núcleos urbanos dos Municípios de Uiramutã e Normandia, os equipamentos e instalações públicos federais e estaduais atualmente existentes, as linhas de transmissão de energia elétrica e os leitos das rodovias federais e estaduais também já existentes. Ausência de interesse jurídico. Pedidos já contemplados na Portaria n. 534/2005 do Ministro da Justiça. Quanto à sede do Município de Pacaraima, cuida-se de território encravado na 'Terra Indígena São Marcos', matéria estranha à presente demanda. Pleito, por igual, não conhecido. 2. Inexistência de vícios processuais na ação popular. 2.1. Nulidade dos atos, ainda que formais, tendo por objeto a ocupação, o domínio e a posse das terras situadas na área indígena Raposa Serra do Sol.

---

lista responsável pelo Projeto de Povos e Comunidades Tradicionais do IBGE, Marta Antunes. Os resultados, na avaliação dos pesquisadores, superam a missão de atender a uma demanda pontual. "Mesmo com limitações, a visibilidade da população quilombola é algo muito importante, que vai além do plano de imunização", disse Marta. Damasco acrescentou que "os resultados já dão indícios do que o Censo Demográfico vai trazer e, com isso, também dão pistas de como atuar para a captação dessas populações no próximo Censo".

Pretensos titulares privados que não são partes na presente ação popular. Ação que se destina à proteção do patrimônio público ou de entidade de que o Estado participe (inciso LXXIII do artigo 5º da Constituição Federal), e não à defesa de interesses particulares. 2.2. Ilegitimidade passiva do Estado de Roraima, que não foi acusado de praticar ato lesivo ao tipo de bem jurídico para cuja proteção se preordena a ação popular. Impossibilidade de ingresso do Estado-membro na condição de autor, tendo em vista que a legitimidade ativa da ação popular é tão somente do cidadão. 2.3. Ingresso do Estado de Roraima e de outros interessados, inclusive de representantes das comunidades indígenas, exclusivamente como assistentes simples. 2.4. Regular atuação do Ministério Público. 3. Inexistência de vícios no processo administrativo demarcatório. 3.1. Processo que observou as regras do Decreto n. 1.775/96, já declaradas constitucionais pelo Supremo Tribunal Federal no Mandado de Segurança n. 24.045, da relatoria do ministro Joaquim Barbosa. Os interessados tiveram a oportunidade de se habilitar no processo administrativo de demarcação das terras indígenas, como de fato assim procederam o Estado de Roraima, o Município de Normandia, os pretensos posseiros e comunidades indígenas, estas por meio de petições, cartas e prestação de informações. Observância das garantias constitucionais do contraditório e da ampla defesa. 3.2. Os dados e peças de caráter antropológico foram revelados e subscritos por profissionais de reconhecida qualificação científica e se dotaram de todos os elementos exigidos pela Constituição e pelo Direito infraconstitucional para a demarcação de terras indígenas, não sendo obrigatória a subscrição do laudo por todos os integrantes do grupo técnico (Decretos ns. 22/91 e 1.775/96). 3.3. A demarcação administrativa, homologada pelo Presidente da República, é 'ato estatal que se reveste da presunção *juris tantum* de legitimidade e de veracidade' (RE 183.188, da relatoria do Ministro Celso de Mello), além de se revestir de natureza declaratória e força autoexecutória. Não comprovação das fraudes alegadas pelo autor popular e seu originário assistente. 4. O significado do substantivo 'índios' na Constituição Federal. O substantivo 'índios' é usado pela Constituição Federal de 1988 por um modo invariavelmente plural, para exprimir a diferenciação dos aborígenes por numerosas etnias. Propósito constitucional de retratar uma diversidade indígena tanto interétnica quanto intraétnica. Índios em processo de aculturação permanecem índios para o fim de proteção constitucional. Proteção constitucional que não se limita aos silvícolas, estes, sim, índios ainda em primitivo estádio de habitantes da selva. 5. As terras indígenas como parte essencial do território brasileiro. 5.1. As 'terras indígenas' versadas pela Constituição Federal de 1988 fazem parte de um território estatal-brasileiro sobre o qual incide, com exclusividade, o Direito nacional. E como tudo o mais que faz parte do domínio de qualquer das pessoas federadas brasileiras, são terras que se submetem unicamente ao primeiro dos princípios regentes das relações internacionais da República Federativa do Brasil: a soberania ou 'independência nacional' (inciso I do art. 1º da CF). 5.2. Todas as 'terras indígenas' são um bem público federal (inciso XI do art. 20 da CF), o que não significa dizer que o ato em si da demarcação extinga ou amesquinhe qualquer unidade federada. Primeiro, porque as unidades federadas pós-Constituição de 1988 já nascem com seu território jungido ao regime constitucional de preexistência dos direitos originários dos índios sobre as terras por eles 'tradicionalmente ocupadas'. Segundo, porque a titularidade de bens não se confunde com o senhorio de um território político. Nenhuma terra indígena se eleva ao patamar de território político, assim como nenhuma etnia ou comunidade indígena se constitui em unidade federada. Cuida-se, cada etnia indígena, de realidade sociocultural, e não de natureza político-territorial. 6. Necessária liderança institucional da União, sempre que os Estados e Municípios atuarem no próprio interior das terras já demarcadas como de afetação indígena. A vontade objetiva da Constituição obriga a efetiva presença de todas as pessoas federadas em terras indígenas, desde que em sintonia com o modelo de ocupação por ela concebido, que é de centralidade da União. Modelo de ocupação que tanto preserva a identidade de cada etnia quanto sua abertura para um relacionamento de mútuo proveito com outras etnias indígenas e grupamentos de não índios. A atuação complementar de Estados e Municípios em terras já demarcadas como indígenas há de se fazer, contudo, em regime de concerto com a União e sob a liderança desta. Papel de centralidade institucional desempenhado pela União, que não pode deixar de ser imediatamente coadjuvado pelos próprios índios, suas comunidades e organizações, além da protagonização de tutela e fiscalização do Ministério Público (inciso V do art. 129 e art. 232, ambos da CF). 7. As terras indígenas como categoria jurídica distinta de territórios indígenas. O desabono constitucional aos vocábulos 'Povo', 'País', 'Território', 'Pátria' ou 'Nação' indígena. Somente o "território" enquanto categoria jurídico-política é que se põe como o preciso âmbito espacial de incidência de uma dada Ordem Jurídica soberana, ou autônoma. O substantivo 'terras' é termo que assume compostura nitidamente sociocultural, e não política. A Constituição teve o cuidado de não falar em territórios indígenas, mas, tão só, em 'terras indígenas'. A traduzir que os 'grupos', 'organizações', 'populações' ou 'comunidades' indígenas não constituem pessoa federada. Não formam circunscrição ou instância espacial que se orne de dimensão política. Daí não se reconhecer a qualquer das organizações sociais indígenas, ao conjunto delas, ou à sua base peculiarmente antropológica a dimensão de instância transnacional. Pelo que nenhuma das comunidades indígenas brasileiras detém estatura normativa para comparecer perante a Ordem Jurídica Internacional como 'Nação', 'País', 'Pátria', 'território nacional' ou 'povo' independente. Sendo de fácil percepção que todas as vezes em que a Constituição de 1988 tratou de 'nacionalidade' e dos demais vocábulos aspeados (País, Pátria, território nacional e povo) foi para se referir ao Brasil por inteiro. 8. A demarcação como competência do Poder Executivo da União. Somente à União, por atos situados na esfera de atuação do Poder Executivo, compete instaurar, sequenciar e concluir formalmente o processo demarcatório das terras indígenas, tanto quanto efetivá-lo materialmente, nada impedindo que o Presidente da República venha a consultar o Conselho de Defesa Nacional (inciso III do § 1º do art. 91 da CF), especialmente se as terras indígenas a demarcar coincidirem com faixa de fronteira. As competências deferidas ao Congresso Nacional, com efeito concreto ou sem densidade normativa, exaurem-se nos fazeres a que se referem o inciso XVI do art. 49 e o § 5º do art. 231, ambos da Constituição Federal. 9. A demarcação de terras indígenas como capítulo avançado do constitucionalismo fraternal. Os arts. 231 e 232 da Constituição Federal são de finalidade nitidamente fraternal ou solidária, própria de uma quadra constitucional que se volta para a efetivação de um novo tipo de igualdade: a igualdade civil-moral de minorias, tendo em vista o proto-valor da integração comunitária. Era constitucional compensatória de desvantagens historicamente acumuladas, a se viabilizar por mecanismos oficiais de ações afirmativas. No caso, os índios a desfrutar de um espaço fundiário que lhes assegure meios dignos de subsistência econômica para mais eficazmente poderem preservar sua identidade somática, linguística e cultural. Processo de uma aculturação que não se dilui no convívio com os não índios, pois a aculturação de que trata a Constituição não é perda de identidade étnica, mas somatório de mundividências. Uma soma, e não uma subtração. Ganho, e não perda. Relações interétnicas de mútuo proveito, a caracterizar ganhos culturais incessantemente cumulativos. Concretização constitucional do valor da inclusão comunitária pela via da identidade étnica. 10. O falso antagonismo entre a questão indígena e o desenvolvimento. Ao Poder Público de todas as dimensões federativas o que incumbe não é subestimar, e muito menos hostilizar comunidades indígenas brasileiras, mas tirar proveito delas para diversificar o potencial econômico-cultural dos seus territórios (dos entes federativos). O desenvolvimento que se fizer sem ou contra os índios, ali onde eles se encontrarem instalados por modo tradicional, à data da Constituição de 1988, desrespeita o objetivo fundamental do inciso II do art. 3º da Constituição Federal, assecuratório de um tipo de 'desenvolvimento nacional' tão ecologicamente equilibrado quanto humanizado e culturalmente diversificado, de modo a incorporar a realidade indígena. 11. O conteúdo positivo do ato de demarcação das terras indígenas. 11.1. O marco temporal de ocupação. A Constituição Federal trabalhou com data certa – a data da promulgação dela própria (5 de outubro de 1988) – como insubstituível referencial para o dado da ocupação de um determinado espaço geográfico por essa ou aquela etnia aborígene; ou seja, para o reconhecimento, aos índios, dos direitos originários sobre as terras que tradicionalmente ocupam. 11.2. O marco da tradicionalidade da ocupação. É preciso que esse estar coletivamente situado em certo espaço fundiário também ostente o caráter da perdurabilidade, no sentido anímico e psíquico de continuidade etnográfica. A tradicionalidade da posse nativa, no entanto, não se perde onde, ao tempo da promulgação da Lei Maior de 1988, a reocupação apenas não ocorreu por efeito de renitente esbulho por parte de não índios. Caso das 'fazendas' situadas na Terra Indígena Raposa Serra do Sol, cuja ocupação não arrefeceu nos índios sua capacidade de resistência e de afirmação da sua peculiar presença em todo o complexo geográfico da 'Raposa Serra do Sol'. 11.3. O marco da concreta abrangência fundiária e da finalidade prática da ocupação tradicional. Áreas indígenas são demarcadas para servir concretamente de habitação permanente dos índios de uma determinada etnia, de par com as terras utilizadas para suas atividades produtivas, mais as 'imprescindíveis à preservação dos recursos ambientais necessários a seu bem-estar' e ainda aquelas que se revelarem 'necessárias à reprodução física e cultural' de cada qual das comunidades étnico-indígenas, 'segundo seus usos, costumes e tradições' (usos, costumes e tradições deles, indígenas, e não usos, costumes e tradições dos não índios). Terra indígena, no imaginário coletivo aborígene, não é um simples objeto de direito, mas ganha a dimensão de verdadeiro ente ou ser que resume em si toda ancestralidade, toda coetaneidade e toda posteridade de uma etnia. Donde a proibição constitucional de se remover os índios das terras por eles tradicionalmente ocupadas, assim como o reconhecimento do direito a uma posse permanente e usufruto exclusivo, de parelha com a regra de que todas essas terras 'são inalienáveis e indisponíveis, e os direitos sobre elas, imprescritíveis' (§ 4º do art. 231 da Constituição Federal). O que termina por fazer desse tipo tradicional de posse um heterodoxo instituto de Direito Constitucional, e não uma ortodoxa figura de Direito Civil. Donde a clara intelecção de que os artigos 231 e 232 da Constituição Federal constituem um completo Estatuto Jurídico da causa indígena. 11.4. O marco do conceito fundiariamente extensivo do chamado 'princípio da proporcionalidade'. A Constituição de 1988 faz dos usos, costumes e tradições indígenas o engate lógico para a compreensão, entre outras, das semânticas da posse, da permanência, da habitação, da produção econômica e da reprodução física e cultural das etnias nativas. O próprio conceito do chamado 'princípio da proporcionalidade', quando aplicado ao tema da demarcação das terras indígenas, ganha um conteúdo peculiarmente extensivo. 12. Direitos 'originários'. Os direitos dos índios sobre as terras que tradicionalmente ocupam foram constitucionalmente 'reconhecidos', e não simplesmente outorgados, com o que o ato de demarcação se orna de natureza declaratória, e não propriamente constitutiva. Ato declaratório de uma situação jurídica ativa preexistente. Essa a razão de a Carta Magna havê-los chamado de 'originários', a traduzir um direito mais antigo do que qualquer outro, de maneira a preponderar sobre pretensos direitos adquiridos, mesmo os materializados em escrituras públicas ou títulos de legitimação de posse em favor de não índios. Atos, estes, que a própria Constituição declarou como 'nulos e extintos' (§ 6º do art. 231 da CF). 13. O modelo peculiarmente contínuo de demarcação das terras indígenas. O modelo de demarcação das terras indígenas é orientado pela ideia de continuidade. Demarcação por fronteiras vivas ou abertas em seu interior, para que se forme um perfil coletivo e se afirme a autossuficiência econômica de toda uma comunidade usufrutuária. Modelo bem mais serviente da ideia cultural e econômica de abertura de horizontes do que de fechamento em 'bolsões', 'ilhas', 'blocos' ou 'clusters', a evitar que se dizime o espírito pela eliminação progressiva dos elementos de uma dada cultura (etnocídio). 14. A conciliação entre terras indígenas e a visita de não índios, tanto quanto com a abertura de vias de comunicação e a montagem de bases físicas para a prestação de serviços públicos ou de relevância pública. A exclusividade de usufruto das riquezas do solo, dos rios e dos lagos nas terras indígenas é conciliável com a eventual presença de não índios, bem assim com a instalação de equipamentos públicos, a abertura de estradas e outras vias de comunicação, a montagem ou construção de bases físicas para a prestação de serviços públicos ou de relevância pública, desde que tudo se processe sob a liderança institucional da União, controle do Ministério Público e atuação coadjuvante de entidades tanto da Administração Federal quanto representativas dos próprios indígenas. O que já impede os próprios índios e suas comunidades, por exemplo, de interditar ou bloquear estradas, cobrar pedágio pelo uso delas e inibir o regular funcionamento das repartições públicas. 15. A relação de pertinência entre terras indígenas e meio ambiente. Há perfeita compatibilidade entre meio ambiente e terras indígenas, ainda que estas envolvam áreas de 'conservação' e 'preservação' ambiental. Essa compatibilidade é que autoriza a dupla afetação, sob a administração do competente órgão de defesa ambiental. 16. A demarcação necessariamente endógena ou intraétnica. Cada etnia autóctone tem para si, com exclusividade, uma porção de terra compatível com sua peculiar forma de organização social. Daí o modelo contínuo de demarcação, que é monoétnico, excluindo-se os intervalados espaços fundiários entre uma etnia e outra. Modelo intraétnico que subsiste mesmo nos casos de etnias lindeiras, salvo se as prolongadas relações amistosas entre etnias aborígenes venham a gerar, como no caso da Raposa Serra do Sol, uma condivisão empírica de espaços que impossibilite uma precisa fixação de fronteiras interétnicas. Sendo assim, se essa mais entranhada aproximação física ocorrer no plano dos fatos, como efetivamente se deu na Terra Indígena Raposa Serra do Sol, não há como falar de demarcação intraétnica, menos ainda de espaços intervalados para legítima ocupação por não índios, caracterização de terras estaduais devolutas, ou implantação de Municípios. 17. Compatibilidade entre faixa de fronteira e terras indígenas. Há compatibilidade entre o usufruto de terras indígenas e faixa de fronteira. Longe de se pôr como um ponto de fragilidade estrutural das faixas de fronteira, a permanente alocação indígena nesses estratégicos espaços em muito facilita e até obriga que as instituições de Estado (Forças Armadas e Polícia Federal, principalmente) se façam também presentes com seus postos de vigilância, equipamentos, batalhões, companhias e agentes. Sem precisar de licença de quem quer que seja para fazê-lo. Mecanismos, esses, a serem aproveitados como oportunidade ímpar para conscientizar ainda mais os nossos indígenas, instruí-los (a partir dos conscritos), alertá-los contra a influência eventualmente malsã de certas organizações não governamentais estrangeiras, mobilizá-los em defesa da soberania nacional e reforçar neles o inato sentimento de brasilidade. Missão favorecida pelo fato de serem os nossos índios as primeiras pessoas a revelar devoção pelo nosso País (eles, os índios, que em toda nossa história contribuíram decisivamente para a defesa e integridade do território nacional) e até hoje dar mostras de conhecerem o seu interior e as suas bordas mais que ninguém. 18. Fundamentos jurídicos e salvaguardas institucionais que se complementam. Voto do relator que faz agregar aos respectivos fundamentos salvaguardas institucionais ditadas pela superlativa importância histórico-cultural da causa. Salvaguardas ampliadas a partir de voto-vista do Ministro Menezes Direito e deslocadas, por iniciativa deste, para a parte dispositiva da decisão. Técnica de decidibilidade que se adota para conferir maior teor de operacionalidade ao acórdão"[638].

7. REFUGIADOS

O fenômeno migratório não é recente. Ao contrário, data desde os primórdios das civilizações. O homem primitivo, quando constatava que a terra que lhe dava os meios necessários para o sustento próprio e dos seus já estava exaurida, procurava em outras regiões novos campos de abastecimento[639].

---

638 Disponível em: http://www.stf.jus.br/portal/jurisprudencia/listarJurisprudencia. asp?s1=%28PET+3388%29&base=baseAcordaos. Acesso em: 14 jul. 2012.
639 *Vide*, a propósito, os estudos produzidos por GUERRA, Sidney; EMERIQUE, Lilian. *Direito das minorias e grupos vulneráveis*. Ijuí: Unijuí, 2008.

De certo modo, é possível afirmar que tal situação permanece ainda nos dias atuais, posto que o movimento migratório manifesta-se de forma intensa, especialmente em direção aos países desenvolvidos. Tal fato tem provocado manifestações contrárias de vários segmentos da sociedade civil[640], sendo certo que isso ocorre de maneira mais acentuada em algumas regiões do planeta, principalmente em razão da eclosão de guerras civis, problemas étnicos ou religiosos, conflitos armados e também por questões ambientais[641].

Com efeito, a migração contínua e maciça de grande número de pessoas[642] tem produzido sérias consequências tanto no local de onde provieram como também para o local de chegada[643]. Todavia, apesar das dificuldades que são observadas, desde a saída, até a chegada ao destino final, o número de refugiados tem aumentado de maneira significativa em

---

640 Nesse sentido, vide JORDAN, Bill. *Irregular migration*: the dilemmas of transnational mobility (Cheltenham: Edward Elgar Publishing Limited, 2002, p. 15), que aponta o significado sobre a migração irregular, especialmente nos chamados países de primeiro mundo, e apresenta a rejeição da sociedade civil diante dessa questão: "Irregular migration – crossing borders without proper authority, or violating conditions for entering another country – has been seen as a threat to the living standards and the cultures of the citizens of rich, predominantly white, First World states. In the 1990s the rise in claims for political asylum by black and Asian migrants to such countries was defined as disguised irregular migration. Public opinion polls conducted in EU member states in 2001 gave 'race relations and immigration' as the fourth most important problem facing both the UK and the other states, well ahead of education, health and poverty".

641 Sobre esse assunto, vide GUERRA, Sidney. Sociedade de risco e o refugiado ambiental. In: *Direito no século XXI*. Curitiba: Juruá, 2008.

642 GIDDENS, Anthony, *Global Europe, social Europe* (Cambridge: Polity Press, 2006, p. 26), assevera que o tema que corresponde à imigração tem-se apresentado como um "tema quente" na Europa: "Immigration has become one of the hottest of hot topics across Europe. The term 'immigrant', of course, covers a multitude of differences. There are immigrants from 150 different countries living in the UK, for example. Great variations can exist among those coming from the same country, depending upon differences in socioeconomic background, ethnicity, culture and others factors".

643 Na mesma direção, MAIA, Rui Leandro Alves. *O sentido das diferenças*: migrantes e naturais. Lisboa: Fundação Calouste Gulbenkian, 2003, p. 41: "Qualquer que seja o sentido que dermos às migrações (internacionais ou internas), permanecem sempre como condicionamentos de explicação os elementos espaço e tempo. As migrações abrangem um número significativo de pessoas que, mudando de um espaço para outro, provocam alterações no tamanho e composição das populações envolvidas: a do espaço da origem e a do espaço do acolhimento".

vários cantos do planeta, posto que as pessoas se deslocam com a esperança de se instalar em determinado Estado, para dar início a uma "nova vida" sem pressões, contratempos, ameaças, enfim, sem os perigos que se manifestavam em seus países de origem.

De fato, conforme alguns autores[644] afirmam, o refúgio não é um instituto jurídico que nasce da vontade de um Estado soberano de ofertar proteção a um cidadão estrangeiro que se encontra em seu território – é tão somente o reconhecimento de um direito pré-existente à demanda formal do indivíduo. Questionamentos ao conceito de refugiado há tempos já são levantados frente à insurgência de novos desafios impostos à comunidade internacional, como indica o número crescente de pessoas deslocadas em decorrência de miséria extrema ou mesmo os migrantes por razões ambientais.

Assim, este tópico tem por finalidade apresentar considerações sobre o instituto do refúgio, contemplando em primeiro instante os antecedentes históricos; logo a seguir, o regramento no plano internacional, com o consequente conceito; e, ao final, apontar desdobramentos na ordem jurídica brasileira.

7.1 Breves antecedentes históricos

O instituto dos refugiados nos dias atuais, como será demonstrado, abarca várias situações relacionadas a perseguições por motivos de raça, religião, nacionalidade, opiniões políticas que contrariem os interesses de grupos à frente de um Estado etc. Mas até que se chegasse a esse nível de proteção, evidencia-se que questões relativas a conflitos foram importantes para o desenvolvimento da matéria.

De fato, o mencionado instituto aparece no contexto de grandes conflitos internacionais produzidos no curso do século XX. Isso porque surgiram problemas logo no início do século passado, em especial em decorrência de disputas territoriais e pela necessidade de serem estabelecidos novos marcos fronteiriços, que propiciaram vários problemas para a sociedade civil.

O ano de 1914 entra para a história com o início da Primeira Guerra Mundial, que promoveu dor, miséria e destruição, transformando verda-

---

644 WALDELY, Aryadne Bittencourt; VIRGENS, Bárbara Gonçalves; ALMEIDA, Carla Miranda Jordão. *Refúgio e realidade: desafios da definição ampliada de refúgio à luz das solicitações no Brasil*. Disponível em: http://www.scielo.br/pdf/remhu/v22n43/v22n43a08.pdf. Acesso em: 15 jan. 2016.

deiramente o século XX na "Era dos extremos". O Império Austro-Húngaro, preocupado com a eclosão de forte nacionalismo nos Bálcãs, declarou guerra à Sérvia, tendo recebido o apoio da Alemanha. Em contrapartida, a Rússia ofereceu apoio aos sérvios por temer o aumento do Império Austro-Húngaro na região. Formou-se a Tríplice Aliança, constituída pelo Império Austro-Húngaro e Alemanha, e para fazer frente a esse grupo, criou-se a Tríplice Entente, constituída por Rússia, Grã-Bretanha e França[645].

Hobsbawn afirma, sobre esse momento delicado do século XX, que a Primeira Guerra Mundial envolveu todas as grandes potências e todos os Estados europeus, com exceção da Espanha, dos Países Baixos, dos três países escandinavos e da Suíça. E mais: tropas ultramar foram, pela primeira vez, enviadas muitas vezes para lutar e operar fora de suas regiões. Canadenses lutaram na França, australianos e neozelandeses forjaram a consciência nacional numa península do Egeu – "Gallipoli" tornou-se seu mito nacional – e, mais importante, os Estados Unidos rejeitaram a advertência de George Washington quanto a "complicações europeias" e mandaram seus soldados para lá, determinando assim a forma da história do século XX. Indianos foram enviados para a Europa e o Oriente Médio, batalhões de trabalhadores chineses vieram para o Ocidente, africanos lutaram no exército francês. Embora a ação militar fora da Europa não fosse muito significativa a não ser no Oriente Médio, a guerra naval foi mais uma vez global: a primeira batalha travou-se em 1914, ao largo das Ilhas Falkland, e as campanhas decisivas entre submarinos alemães e comboios aliados deram-se sobre e sob os mares do Atlântico Norte e Médio[646].

A guerra chegou ao fim com a ação efetiva dos Estados Unidos da América com os Estados que faziam parte da Tríplice Entente, tendo a Alemanha assinado os termos do armistício no dia 11 de novembro de 1918, aceitando todas as condições apresentadas pelos vencedores.

O cenário político que se apresenta no pós-Primeira Guerra Mundial é muito diferente, se comparado ao dos anos que a antecederam. Isso porque novos fatores passam a determinar as relações mundiais: a entrada na cena internacional dos Estados Unidos, com o peso determinante que o seu

---

645 Para maior compreensão do tema, vide GUERRA, Sidney. *Curso de direito internacional público*. 14. ed. São Paulo: Saraiva, 2022, cap. VII.

646 HOBSBAWM, Eric. *Era dos extremos*: o breve século XX. São Paulo: Companhia das Letras, 1998, p. 31.

papel decisivo lhe conferia (especialmente na fase final do conflito); o fim das ilusões sobre as virtualidades da balança de poderes como meio de prevenir conflitos; o trauma causado pela Revolução Russa e a convicção de que o perigo da revolução social constituía uma ameaça real; os mais de vinte milhões de mortos em quatro anos de um conflito no qual ficou demonstrado que as guerras de curta duração, com rápidas operações militares e sacrifícios limitados pertenciam ao passado; o fim da Europa como centro do mundo político internacional[647].

Nesse cenário, e com o fim da Primeira Guerra Mundial, é que foi concebido o projeto de criação da Liga das Nações, uma organização intergovernamental de natureza permanente baseada nos princípios da segurança coletiva e da igualdade entre os Estados.

As atribuições essenciais da referida organização estavam assentadas em três grandes pilares: a segurança internacional; a cooperação econômica, social e humanitária; e a execução do Tratado de Versalhes, que põe termo à Primeira Guerra Mundial.

Sem dúvida, a Liga das Nações estabeleceu alguns pressupostos interessantes para o Direito Internacional, a começar pelo seu preâmbulo, que estabelece que os Estados-membros devem aceitar certas obrigações de não recorrer à guerra; manter abertamente relações internacionais fundadas sobre a justiça e a honra; observar rigorosamente as prescrições do Direito Internacional, reconhecido doravante como norma efetiva de procedimentos de governos; fazer reinar a justiça e respeitar escrupulosamente todas as obrigações dos tratados nas relações mútuas dos povos organizados. Também propôs estratégias para a manutenção da paz e da segurança coletiva, indicando, ainda, os mecanismos para a solução de controvérsias de forma pacífica, em especial a arbitragem, e estabeleceu previsões genéricas relativas aos direitos humanos, destacando-se as voltadas ao *mandate system of the League*, ao sistema das minorias e aos parâmetros internacionais do direito do trabalho – pelo qual os Estados se comprometiam a assegurar as condições justas e dignas de trabalho para homens, mulheres e crianças.

Não se pode olvidar do Alto Comissariado sobre Refugiados, que foi criado com o propósito de fazer frente aos grandes deslocamentos de pessoas

---

647 RIBEIRO, Manuel de Almeida. *A Organização das Nações Unidas*. 2. ed. Coimbra: Almedina, 2004, p. 26.

provocados pela divisão de alguns Estados europeus, como consequência do Tratado de Versalhes, e pela guerra civil produzida na extinta União Soviética, em 1917.

Foi assim que, em 1921, a Liga das Nações nomeou como Alto Comissário para os Refugiados Fridjof Nansen, que posteriormente foi indicado para o Prêmio Nobel da Paz, em 1922, pelo trabalho profícuo e exitoso junto aos assentamentos de armênios, gregos, turcos, assírios, russos etc. Frise-se, por oportuno, que tais ações ocorreram em razão dos desdobramentos do fim da Primeira Guerra Mundial, da Guerra entre Gregos e Turcos (1922) e dos episódios provenientes da Revolução Russa[648].

Mas a problemática dos refugiados passou a ganhar amplitude em decorrência dos acontecimentos decorrentes da Segunda Guerra Mundial, na qual milhares de pessoas foram deslocadas de seus Estados de origem, produzindo um cenário bastante adverso, especialmente na Europa.

Dessa forma, a ação desenvolvida pelos Estados, antes mesmo de iniciarem os trabalhos da ONU, resultou na criação, em 1943, da UNRRA (United Nations Relief and Rehabilitation Administration). Já no ano de 1947, portanto na vigência das Nações Unidas, houve a transferência de atribuições e bens para uma organização internacional constituída com o propósito de cuidar da matéria relativa aos refugiados: a Organização Internacional dos Refugiados.

---

648 Nesse sentido, DINH, Nguyen Quoc; DAILLIER, Patrick; PELLET, Alain. *Direito internacional público*. 2. ed. Lisboa: Fundação Calouste Gulbenkian, 2003, p. 691: "Em 1921, o Alto Comissariado para os Refugiados Russos viu a luz do dia no seio da Sociedade das Nações. Ele tomou a responsabilidade pelos refugiados do Próximo-Oriente em 1928. Nansen, o seu Diretor, inventou o célebre título especial de viagem que devia levar o seu nome (passaporte Nansen) entregue pela Sociedade das Nações e permitindo aos seus detentores circular entre os Estados que reconhecessem a sua validade. A partir de 1933, os refugiados alemães vieram engrossar em massa as filas de protegidos desse organismo. Mesmo antes da Segunda Guerra Mundial, a UNRRA (United Nations Relief and Rehabilitation Administration) foi criada para se ocupar das 'pessoas deslocadas', termo novo designando as gentes que tinham sido deportadas durante as hostilidades. A tarefa principal desse organismo era facilitar o seu repatriamento. Como mais de um milhão de pessoas se recusou a regressar ao seu lar, era necessário ajudá-los a encontrar uma terra de acolhimento onde pudessem se instalar. Face a esse novo problema foi estabelecida uma verdadeira organização internacional: a Organização Internacional dos Refugiados (OIR) ligada à ONU como instituição especializada (Resolução n. 62, de 15 de dezembro de 1946). De 1946 a 1950, ela repatriou com sucesso 70.000 refugiados e instalou no seu país de acolhimento mais de um milhão de outros. Em 1950, a OIR foi substituída pelo Alto Comissariado das Nações Unidas para Refugiados, que continua em funções".

A citada Organização Internacional estava sediada em Genebra e conseguiu lograr resultados exitosos, em que pese a sua curta existência, como no equacionamento do assentamento de aproximadamente um milhão de pessoas e a repatriação de mais de 60 mil pessoas, como nas palavras de Guido Soares:

"Em 15 de dezembro de 1946, a Assembleia Geral da ONU, em votação estreita, a provar que o assunto dos refugiados já era uma questão política na Guerra Fria (30 a favor, 5 contra e 18 abstenções), instituiria a Organização Internacional para os Refugiados, sediada em Genebra, que em sua curta vida teve a participação de apenas 18 Estados do sistema das Nações Unidas e equacionou a questão de assentamentos de um milhão de pessoas, basicamente dos EUA, a repatriação de mais de 63 mil pessoas e conseguiu que 410 mil pessoas permanecessem nos países onde se encontravam refugiadas, tendo deixado um saldo de 410 mil refugiados a cargo da entidade que lhe sucederia[649].

Com efeito, em decorrência da baixa adesão pelos Estados integrantes da ONU, decidiu-se que deveria ser constituído um novo organismo que cuidasse do problema dos refugiados. Assim, em 3 de dezembro de 1949, foi criado o Alto Comissariado das Nações Unidas para os Refugiados (ACNUR), cujo estatuto foi aprovado em 14 de dezembro de 1950, com o propósito de encontrar soluções duradouras para a questão dos refugiados.

A função básica do ACNUR, cuja sede é em Genebra, é a de dar proteção aos refugiados, isto é, para as pessoas que não podem gozar de proteção em seus países de origem. Assim, o ACNUR trabalha no sentido de garantir a permanência dos indivíduos em determinado Estado (proibição da repatriação forçada) com a obtenção de um *status* favorável no país em que foram recebidos, bem como procura assistir os refugiados em termos materiais até que possam ter condições de mantença no Estado que os abrigou.

7.2 O conceito de refugiado à luz do direito internacional

Preliminarmente, cumpre acentuar, valendo-me aqui das palavras de Guido, que a Convenção de 1951, que trata do Estatuto dos Refugiados, teria surgido com grandes dificuldades: "havia a necessidade de se reconhecer a situação das pessoas que tinham se beneficiado das normas votadas

---

649 SOARES, Guido. *Curso de direito internacional público*. São Paulo: Atlas, 2004, p. 394.

pela Sociedade das Nações; havia, igualmente, necessidade de precisar a situação daquelas pessoas a quem não fora possível aplicar as normas da Organização Internacional dos Refugiados (essas, por sua vez, sucessoras das normas do UNRRA), mas cujos direitos a refúgio não estavam excluídos; as necessidades de regular-se a situação dos refugiados antes da constituição do ACNUR, ou seja, "acontecimentos anteriores a 1951"[650].

A tais condicionamentos de ordem temporal, que passaram a ser denominados "reserva temporal", havia ainda a questão de definir-se qual a extensão geográfica dos acontecimentos que deram origem à situação de refugiados, ou seja, se acontecimentos ocorridos unicamente na Europa, ou ocorridos na Europa ou alhures. Tais dificuldades, ademais, eram acentuadas pelo posicionamento político dos países do bloco socialista naquele momento histórico em que as questões dos direitos humanos, particularmente dos refugiados, apresentavam-se como um dos motivos para a oposição Leste-Oeste, dada a inflexibilidade de não se arredarem do conceito de que o tema constituía domínio reservado dos Estados.

Em decorrência desses aspectos, a Convenção relativa ao estatuto dos refugiados de 1951 define refugiado como qualquer pessoa que: "foi considerada refugiada nos termos dos ajustes de 12 de maio de 1926 e de 30 de junho de 1928, ou das Convenções de 28 de outubro de 1933 e de 10 de fevereiro de 1938, além do Protocolo de 14 de setembro de 1939, ou ainda da Constituição da Organização Internacional dos Refugiados; as decisões de inabilitação tomadas pela Organização Internacional dos Refugiados durante o período do seu mandato não constituem obstáculo a que a qualidade de refugiados seja reconhecida a pessoas que preencham as condições previstas no "§ 2º da presente seção"; em consequência dos acontecimentos ocorridos antes de 1º de janeiro de 1951 e temendo ser perseguida por motivos de raça, religião, nacionalidade, grupo social ou opiniões políticas, encontra-se fora do país de sua nacionalidade e que não pode ou, em virtude desse temor, não quer valer-se da proteção desse país, ou que, se não tem nacionalidade e se encontra fora do país no qual tinha sua residência habitual em consequência de tais acontecimentos, não pode ou, devido ao referido temor, não quer voltar a ele; no caso de uma pessoa que tem mais de uma nacionalidade, a expressão "do país de sua nacionalidade" refere-se a cada um dos países dos quais ela é nacional. Uma pessoa que, sem razão válida fundada sobre um temor justificado, não se houver

---

650 Idem, p. 396.

valido da proteção de um dos países de que é nacional, não será considerada privada da proteção do país de sua nacionalidade.

É importante registrar que o conceito estabelecido para refugiado, conforme preconiza a Convenção de 1951, tem sido alargado em vários momentos, contemplando situações novas e não agasalhadas pela referida norma internacional, como se depreende da leitura do Protocolo sobre o Estatuto dos Refugiados, de 1966[651].

Corroborando este entendimento é que alguns autores alertam para o alargamento e magnitude de tal fato, não podendo, por isso mesmo, adotar um conceito estático para o instituto do refúgio, ao afirmarem que: "É notório que esta definição não se adapta facilmente à magnitude, escala e natureza de muitos dos atuais conflitos ou situações de violência e dos movimentos dos refugiados, evidenciando que o conceito de refugiado não é e não pode ser considerado um conceito estático, tal qual nenhuma norma ou conceito jurídico o é. O Direito é, pois, uma expressão constante da experiência social de modo que as normas refletem comportamentos e fatos sociais e não o contrário, sob risco de ficarem caducas e ineficazes. Assim, é preciso ter atenção aos casos empíricos que evidenciam que há muitas outras pessoas deslocadas que não estão incluídas nas atuais definições de refugiado, todavia também não estão excluídas. Cite-se aquelas pessoas que deixaram seus países de origem em razão de situações terríveis como miséria econômica generalizada, fragilidade democrática e tantas outras formas de violação ou restrição a direitos fundamentais, mas que não são consideradas oficialmente refugiadas, vez que estas situações não são vislumbradas no regime atual"[652].

---

651 O Protocolo sobre o Estatuto dos Refugiados, de 1966, alargou o conceito ao dispor em seu artigo I, 2 e 3 que: "o termo 'refugiados', salvo no que diz respeito à aplicação do parágrafo 3 do presente artigo, significa qualquer pessoa que se enquadre na definição dada no artigo primeiro da Convenção, como se as palavras 'em decorrência dos acontecimentos ocorridos antes de 1º de janeiro de 1951 e...' e as palavras '... como consequência de tais acontecimentos' não figurassem do parágrafo 2 da seção A do artigo primeiro. O presente Protocolo será aplicado pelos Estados-partes sem nenhuma limitação geográfica; entretanto, as declarações já feitas em virtude da alínea *a* do parágrafo 1 da seção B do artigo primeiro da Convenção aplicar-se-ão, também, no regime do presente Protocolo, a menos que as obrigações do Estado declarante tenham sido ampliadas de conformidade com o parágrafo 2 da seção B do artigo primeiro da Convenção".

652 WALDELY, Aryadne Bittencourt; VIRGENS, Bárbara Gonçalves; ALMEIDA, Carla Miranda Jordão. *Refúgio e realidade: desafios da definição ampliada de refúgio à luz das solicitações no Brasil*. Disponível em: http://www.scielo.br/pdf/remhu/v22n43/v22n43a08.pdf. Acesso em: 15 jan. 2016.

O Comitê Executivo do ACNUR reconheceu aos Estados, no exercício de sua soberania, a possibilidade de considerar que as mulheres se apresentem como "um determinado grupo social", sendo contempladas na Convenção de 1951. Do mesmo modo a Convenção Africana, que expande a condição de refugiado para os casos de agressão, dominação estrangeira e acontecimentos que perturbem gravemente a ordem pública do país.

A definição ampliada e a clássica não devem ser consideradas como excludentes e incompatíveis, mas sim como complementares. Nesse sentido, vale destacar o estudo realizado por Talavera e Moyano:

> "El concepto de refugiado tal como es definido en la Convención y el Protocolo constituye una base legal apropiada para la protección de los refugiados a través del mundo. Esto no impide la aplicación de un concepto de refugiado más amplio. Ambos conceptos de refugiados no deberán ser considerados como mutuamente excluyentes. El concepto ampliado deberá ser más bien considerado como un instrumento técnico efectivo para facilitar su amplia humanitaria aplicación en situaciones de flujos masivos de refugiados"[653].

O conceito de refugiado pode ser apresentado como todo indivíduo que, em decorrência de fundados temores de perseguição, seja relacionada a sua raça, religião, nacionalidade, associação a determinado grupo social ou opinião política e também por fenômenos ambientais, encontra-se fora de seu país de origem e que, por causa dos ditos temores, não pode ou não quer regressar a ele[654].

De fato, o refúgio é um instituto que persiste ao longo dos anos em razão dos vários problemas que afligem indivíduos, que acabam tendo a necessidade de promover a troca de ambientes para manter a esperança de continuarem vivos.

Segundo dados fornecidos pelo Alto Comissariado das Nações Unidas para os Refugiados, entre os anos de 1975 e 1997, o número de refugiados no mundo cresceu dez vezes, passando de 2.400.000 a 27 milhões. Essas pessoas fugiram de guerras, perseguições etc., sendo que

---

653 TALAVERA, Fabian Novak; MOYANO, Luis Garcia Corrochano. *Derecho internacional público*. Lima: Fondo Editorial de la PUC, 2002, p. 317.

654 Para o ACNUR, refugiado é toda pessoa que se encontra fora de seu país de nacionalidade devido a um temor provocado por perseguição por razões de raça, religião ou nacionalidade; por pertencer a determinado grupo social ou por ter determinada opinião política.

a proporção é de um refugiado entre 115 pessoas da população mundial. Mais da metade dessa cifra é de crianças, adolescentes e mulheres que, em alguns casos como Ruanda e Bósnia, representam até 75% da população afetada[655].

No ano de 2020, apesar da pandemia da Covid-19, o número de pessoas que fugiram de guerras, violência, perseguições e violações de direitos humanos subiu para quase 82,4 milhões, de acordo com a última edição do relatório anual do ACNUR, "Tendências Globais"[656]. A nova cifra é 4% maior que os 79,5 milhões registrados ao final de 2019 – maior número verificado até então.

O relatório mostra que ao final de 2020 havia 20,7 milhões de refugiados sob o mandato do ACNUR, 5,7 milhões de refugiados palestinos (sob o mandato da agência UNRWA) e 3,9 milhões de venezuelanos deslocados fora do seu país. Outras 48 milhões de pessoas foram categorizadas como deslocadas internas – ou seja, dentro dos seus próprios países. Adicionalmente, 4,1 milhões de pessoas estavam sob a categoria de solicitantes do reconhecimento da condição de refugiado. Estes números indicam que apesar da pandemia e dos pedidos de cessar-fogo, conflitos continuam a expulsar pessoas de suas casas.

Ao final de 2021, o número de pessoas deslocadas por guerras, violência, perseguições e abusos de direitos humanos chegou a 89,3 milhões (um crescimento de 8% em relação ao ano anterior e bem mais que o dobro verificado há 10 anos), de acordo com o relatório "Tendências Globais", uma publicação estatística anual do ACNUR[657].

Desde então, a invasão da Ucrânia pela Rússia – que causou a mais veloz e uma das maiores crises de deslocamento forçado de pessoas desde a Segunda Guerra Mundial – e outras emergências humanitárias,

---

[655] Disponível em: <www.unb/fd/nep/historicoacnurnep.htm>. Acesso em: 22 maio 2006.
[656] Disponível em: https://www.acnur.org/portugues/2021/06/18/acnur-lideres-mundiais-devem-agir-para-rever-a-tendencia-crescente-de-deslocamento/. Acesso em: 23 jul. 2021.
[657] ACNUR: deslocamento global atinge novo recorde e reforça tendência de crescimento da última década. Disponível em: https://www.acnur.org/portugues/2022/06/15/acnur-deslocamento-global-atinge-novo-recorde-e-reforca-tendencia-de-crescimento-da-ultima-decada/. Acesso em: 23 jul. 2022.

da África ao Afeganistão e além, elevaram este número para a marca dramática de 100 milhões[658].

Em 2021, o número de pessoas refugiadas cresceu para 27,1 milhões. Chegadas aumentaram significativamente em Uganda, Chade e Sudão – entre outros países. A maioria destas pessoas, uma vez mais, é acolhida por países vizinhos com poucos recursos. O número de solicitantes do reconhecimento da condição de refugiado chegou a 4,6 milhões (um crescimento de 11%).

O ano anterior também verificou o 15º crescimento anual consecutivo no número de pessoas deslocadas dentro de seus próprios países, que chegou a 53,2 milhões. O aumento foi motivado por violência crescente ou conflitos em diferentes lugares, como Mianmar. O conflito em Tigray e em outras regiões da Etiópia levou a um deslocamento de milhões de pessoas dentro do país. Insurgentes no Sahel causaram novas ondas de deslocamento forçado, particularmente em Burquina Faso e no Chade.

Com efeito, enquanto pessoas continuam sendo forçadas a fugir cruzando fronteiras internacionais, muitos milhões delas encontravam-se deslocadas dentro de seus próprios países. Devido a crises principalmente na Etiópia, Sudão, países do Sahel, Moçambique, Iêmen, Afeganistão e Colômbia, o número de deslocados internos cresceu em mais de 2,3 milhões de pessoas. Ao longo de 2020, cerca de 3,2 milhões de deslocados internos e apenas 251 mil refugiados retornaram para seus lares – uma queda de 40% e 21% respectivamente, se comparada com 2019. Outros 33.800 refugiados foram naturalizados por seus países de acolhida. O reassentamento de refugiados

---

658 ACNUR: deslocamento global atinge novo recorde e reforça tendência de crescimento da última década. Disponível em: https://www.acnur.org/portugues/2022/06/15/acnur-deslocamento-global-atinge-novo-recorde-e-reforca-tendencia-de-crescimento-da-ultima-decada/: "Os números subiram em todos os anos da última década", disse o Alto Comissário da ONU para Refugiados, Filippo Grandi. "Ou a comunidade internacional se une para enfrentar esta tragédia humana, resolver conflitos e encontrar soluções duráveis, ou esta tendência terrível continuará", completou. O último ano foi notável em relação ao número de conflitos que se intensificaram e outros que surgiram: 23 países, com uma população combinada de 850 milhões de pessoas, enfrentaram conflitos de intensidade média ou alta, de acordo com o Banco Mundial. Enquanto isso, a escassez de comida, a inflação e a crise climática estão aumentando a privação das pessoas e exigindo uma maior resposta humanitária no momento em que as projeções de financiamento para muitas dessas situações se apresentam sombrias.

registrou uma queda drástica: apenas 34.400 refugiados foram reassentados no ano passado, o menor nível em 20 anos – uma consequência da redução de vagas para reassentamento causada pela Covid-19.

Abaixo são apresentados alguns dados interessantes que foram publicizados no Relatório do ACNUR "Tendências Globais 2021"[659]:

a) Por volta de maio de 2022, mais de 100 milhões de pessoas estavam deslocadas forçosamente em todo o mundo devido a perseguições, conflitos, violências, violações dos direitos humanos ou eventos que perturbaram a ordem pública.

b) Ao final de 2021, o número de 89,3 milhões de pessoas incluía: 27,1 milhões de refugiados, sendo 21,3 milhões de pessoas refugiadas sob o mandato do ACNUR e 5,8 milhões de pessoas refugiadas da Palestina sob o mandato da UNRWA.

c) 53,2 milhões de pessoas deslocadas internamente.

d) 4,6 milhões de solicitantes do reconhecimento da condição de refugiado.

e) 4,4 milhões de pessoas da Venezuela deslocadas fora do seu país.

f) Entre as pessoas refugiadas e da Venezuela deslocadas fora do seu país ao final de 2021: países de renda baixa ou média acolheram 83% desta população e países menos desenvolvidos ofereceram asilo para 27% deste total.

g) 72% das pessoas viviam em países vizinhos aos seus países de origem.

h) A Turquia abrigava 3,8 milhões de pessoas refugiadas (a maior população em todo o mundo), seguido por Uganda (1,5 milhão), Paquistão (1,5 milhão) e Alemanha (1,3 milhão). A Colômbia acolhia 1,8 milhão de pessoas venezuelanas deslocadas fora do seu país.

i) O Líbano abrigava a maior população de pessoas refugiadas per capita (em relação aos habitantes do país): 1 pessoa refugiada para cada 8 habitantes. Em seguida, vem a Jordânia (1 para cada 14) e a Turquia (1 para cada 23).

---

659 ACNUR: deslocamento global atinge novo recorde e reforça tendência de crescimento da última década. Disponível em: https://www.acnur.org/portugues/2022/06/15/acnur-deslocamento-global-atinge-novo-recorde-e-reforca-tendencia-de-crescimento-da-ultima-decada/. Acesso em: 23 jul. 2022.

j) Em relação à população nacional, a ilha de Aruba abrigava o maior número de pessoas da Venezuela deslocadas fora do seu país (1 para cada 6), seguido por Curaçao (1 para cada 10).

k) Mais de dois terços (69%) das pessoas refugiadas vieram de apenas 5 países: Síria (6,8 milhões), Venezuela (4,6 milhões), Afeganistão (2,7 milhões), Sudão do Sul (2,4 milhões) e Mianmar (1,2 milhão).

l) Globalmente, havia 6,1 milhões de pessoas refugiadas, solicitantes do reconhecimento da condição de refugiado e migrantes da Venezuela em 2021 (de acordo com a Plataforma Regional de Coordenação Interagencial R4V – Response for Venezuelans).

m) Solicitantes do reconhecimento da condição de refugiado apresentaram 1,4 milhão de novos pedidos. Os Estados Unidos foi o maior recipiente, a nível mundial, de novas solicitações (188,9 mil), seguido pela Alemanha (148,2 mil), México (132,7 mil), Costa Rica (108,5 mil) e França (90,2 mil).

n) Quatro dos 10 países de origem com maior número de solicitantes de asilo estão na América Latina e no Caribe: Nicarágua (2º lugar), Venezuela (4º), Haiti (5º) e Honduras (6º). Ao final de 2021, havia mais de 1,1 milhão de pessoas refugiadas e solicitantes de asilo de El Salvador, Honduras e Guatemala em todo o mundo. As solicitações de reconhecimento da condição de refugiado apresentadas por pessoas da Nicarágua em 2021 foram cinco vezes maiores que no ano anterior.

A situação do refugiado no plano internacional repercutiu na ordem jurídica brasileira, haja vista uma série de compromissos internacionais assumidos pela República em matéria de direitos humanos, especialmente depois de ter ganhado assento na Carta Magna de 1988[660].

7.3 O refugiado na ordem jurídica brasileira

O Brasil experimentou nos últimos anos um processo de grande transformação em vários assuntos: social, político, econômico etc. Essa mudança também pode ser sentida em matéria de direitos humanos, em que se

---

[660] O artigo 4º, II, dispõe: "A República Federativa do Brasil rege-se nas suas relações internacionais pelos seguintes princípios: (...); II – prevalência dos direitos humanos; (...)".

verifica uma grande influência dos espetaculares acontecimentos processados ao longo do *breve século XX*[661].

Após período conturbado da história brasileira, em que várias liberdades foram cerceadas, a Constituição de 1988 decreta o fim de uma longa era sob regime militar, tendo a Lei Maior sido muito pródiga na outorga de novos direitos e liberdades, bem como na ampliação do conceito de clássicas garantias constitucionais.

Na virada de um regime restritivo para a plenitude democrática e sensível aos ventos da moderna sociedade, prodigalizou concessões e eliminou limitações, com o propósito declarado de valorizar a cidadania, a dignidade da pessoa humana e os valores sociais do trabalho e da livre iniciativa, colocando, entre seus objetivos fundamentais, a construção de uma sociedade livre, justa e solidária[662].

Esse processo de internacionalização dos direitos humanos influenciou sobremaneira o legislador constituinte, ao consagrar um rol significativo de direitos fundamentais, elevando a dignidade da pessoa humana a *status* privilegiado na ordem constitucional brasileira[663].

Evidencia-se, pois, uma grande preocupação do Brasil em relação aos direitos humanos, tanto de seus nacionais, como dos estrangeiros. Pelo fato de se considerar um país de imigração aberta, o Brasil acolheu milhares de estrangeiros ao longo de sua existência[664].

Nesse sentido, é importante assinalar que, dentre as várias iniciativas desenvolvidas em prol da valorização dos direitos humanos daqueles que migram para o país, verifica-se que o Brasil torna-se membro fundador do comitê executivo do Alto Comissariado das Nações Unidas para Refugiados,

---

661 Valendo-me aqui da expressão consagrada na obra já citada de HOBSBAWN.

662 TÁCITO, Caio. *Temas de direito público*: estudos e pareceres. Rio de Janeiro: Renovar, 1997. v. 1. p. 409.

663 GUERRA, Sidney. *Direitos humanos na ordem jurídica internacional e reflexos para ordem constitucional brasileira*. 2. ed. São Paulo: Atlas, 2014, p. 287.

664 Em seu estudo, JORDAN, Bill, op. cit., p. 87 apresenta como se deu o processo de transferência de muitos estrangeiros a partir do "milagre econômico brasileiro": "Brazil is a enormous country, whose population grew from 50.000 [50 milhões] in 1950 to 144.000 [144 milhões] in 1989, and which emerged in the final quarter of the twentieth century as a regional power, and the world's eighth largest economy. This process, which began in the late 1950s, was hailed as a Brazilian economic miracle, and sustained rates of growth comparable to those of Japan, Mexico and the newly industrialising countries of South-east Asia".

tendo ratificado em 1960 a Convenção relativa ao Estatuto dos Refugiados de 1951[665].

No plano doméstico, a matéria está devidamente regrada na Lei n. 9.474, de 22 de julho de 1997, que criou o Comitê Nacional para os Refugiados – Conare, órgão colegiado vinculado ao Ministério da Justiça que reúne segmentos representativos da área governamental, da sociedade civil e das Nações Unidas.

A referida lei estabelece em seu artigo 1º que é reconhecido como refugiado todo indivíduo que: "devido a fundados temores de perseguição por motivos de raça, religião, nacionalidade, grupo social ou opiniões políticas encontre-se fora de seu país de nacionalidade e não possa ou não queira acolher-se à proteção de tal país; não tendo nacionalidade e estando fora do país onde antes teve sua residência habitual, não possa ou não queira regressar a ele em função das circunstâncias descritas no inciso anterior; devido a grave e generalizada violação de direitos humanos, é obrigado a deixar seu país de nacionalidade para buscar refúgio em outro país".

Outro aspecto interessante na legislação indicada anteriormente vem expresso no artigo 3º, que estabelece que não se beneficiarão da condição de refugiado os indivíduos que: "a) já desfrutem de proteção ou assistência por parte de organismos ou instituição das Nações Unidas que não o Alto Comissariado das Nações Unidas para os Refugiados – ACNUR; b) sejam residentes no território nacional e tenham direitos e obrigações relacionados com a condição de nacional brasileiro; c) tenham cometido crime contra a paz, crime de guerra, crime contra a humanidade, crime hediondo, participado de atos terroristas ou tráfico de dro-

---

[665] De acordo com o Alto Comissariado das Nações Unidas para os Refugiados, "O Brasil sempre teve um papel pioneiro e de liderança na proteção internacional dos refugiados. Foi o primeiro país do Cone Sul a ratificar a *Convenção relativa ao Estatuto dos Refugiados de 1951*, no ano de 1960. Foi ainda um dos primeiros países integrantes do *Comitê Executivo do ACNUR*, responsável pela aprovação dos programas e orçamentos anuais da agência. O trabalho do ACNUR no Brasil é pautado pelos mesmos princípios e funções que em qualquer outro país: proteger os refugiados e promover soluções duradouras para seus problemas. O refugiado dispõe da proteção do governo brasileiro e pode, portanto, obter documentos, trabalhar, estudar e exercer os mesmos direitos que qualquer cidadão estrangeiro legalizado no Brasil que possui uma das legislações mais modernas sobre o tema (Lei n. 9.474/97). Disponível em: http://www.acnur.org/t3/portugues/informacao-geral/o-acnur-no-brasil/. Acesso em: 12 jul. 2012.

gas; d) sejam considerados culpados de atos contrários aos fins e princípios das Nações Unidas".

Com efeito, o Comitê Nacional para os Refugiados, cuja sede funciona em Brasília, é composto de representantes dos seguintes órgãos: Ministério da Justiça, que o preside; Ministério das Relações Exteriores, que exerce a vice-presidência; Ministério do Trabalho e do Emprego; Ministério da Saúde; Ministério da Educação e do Desporto; Departamento da Polícia Federal; Organização não governamental, que se dedica à atividade de assistência e de proteção aos refugiados no País (Cáritas Arquidiocesana de São Paulo e Rio de Janeiro); Alto Comissariado das Nações Unidas para os Refugiados – ACNUR, com direito a voz, sem voto[666].

---

666 *Vide,* a propósito, a decisão do Supremo Tribunal Federal na Ext 1170/República Argentina Extradição, cuja Relatora foi a Ministra Ellen Gracie, Julgamento em 18-3-2010, Órgão Julgador: Tribunal Pleno, onde se colhe a ementa: "Extradição. Documento de refugiado expedido pelo Alto Comissariado da ONU (ACNUR). CONARES. Reconhecimento da condição de refugiado pelo Ministro da Justiça. Princípio do *non refoulement.* Indeferimento. 1. Pedido de extradição formulado pelo Governo da Argentina em desfavor do nacional argentino Gustavo Francisco Bueno pela suposta prática dos crimes de privação ilegítima da liberdade agravada e ameaças. 2. No momento da efetivação da referida prisão cautelar, apreendeu-se, em posse do extraditando, documento expedido pelo Alto Comissariado da ONU para Refugiados – ACNUR dando conta de sua possível condição de refugiado. 3. O Presidente do Comitê Nacional para os Refugiados – CONARE atesta que o extraditando é um refugiado reconhecido pelo Governo Brasileiro, conforme o documento n. 326, datado de 12.06.1989. 4. O fundamento jurídico para a concessão ou não do refúgio, anteriormente à Lei n. 9.474/97, eram as recomendações do ACNUR e, portanto, o cotejo era formulado com base no amoldamento da situação concreta às referidas recomendações, resultando daí o deferimento ou não do pedido de refúgio. 5. O extraditando está acobertado pela sua condição de refugiado, devidamente comprovado pelo órgão competente – CONARE –, e seu caso não se enquadra no rol das exceções autorizadoras da extradição de agente refugiado. 6. Parecer da Procuradoria-Geral da República pela extinção do feito sem resolução de mérito e pela imediata concessão de liberdade ao extraditando. 7. Extradição indeferida. 8. Prisão preventiva revogada. Decisão. O Tribunal, por unanimidade e nos termos do voto da Relatora, declarou extinto o processo sem resolução de mérito e determinou a imediata expedição de alvará de soltura do extraditando, se por outro motivo não estiver preso. Ausentes, justificadamente, neste julgamento, os Senhores Ministros Gilmar Mendes (Presidente) e Marco Aurélio. Presidiu o julgamento o Senhor Ministro Cezar Peluso (Vice-Presidente). Plenário, 18.03.2010".

Cumpre ressaltar que o Comitê Nacional para os Refugiados tem por finalidade analisar o pedido sobre o reconhecimento da condição de refugiado; deliberar quanto à cessação *ex officio* ou mediante requerimento das autoridades competentes da condição de refugiado; declarar a perda da condição de refugiado; orientar e coordenar as ações necessárias à eficácia da proteção, assistência, integração local e apoio jurídico aos refugiados, com a participação dos Ministérios e instituições que compõem o Conare; aprovar instruções normativas que possibilitem a execução da Lei n. 9.474/97.

Segundo dados divulgados pelo Comitê Nacional para os Refugiados (Conare) na 6ª edição do relatório "Refúgio em Números", ao final de 2020 havia 57.099 pessoas refugiadas reconhecidas pelo Brasil[667]. Esse número foi modificado, no ano de 2021, tendo o Brasil recebido 29.107 solicitações de reconhecimento da condição de refugiado que, somadas àquelas registradas a partir do ano de 2011 (268.605), totalizaram 297.712 solicitações exaradas desde o início da última década[668].

Com efeito, ao longo do último ano, houve um acréscimo de 208 solicitações se comparado ao ano anterior, quando foram apresentadas 28.899 solicitações de reconhecimento da condição de refugiado.

Em publicação específica da matéria[669], evidencia-se que se trata de dado relevante para a compreensão da dinâmica brasileira do refúgio no contexto da pandemia da Covid-19, visto que não há como dissociar a estabilidade observada entre os anos de 2020 e 2021 do cenário de maiores limitações à circulação de pessoas e controle de fronteiras, a partir do mês de março de 2020, quando medidas de restrições à entrada de imigrantes no país foram tomadas em razão da pandemia. Entretanto, é importante observar que, mesmo diante de um contexto adverso à mobilidade humana internacional, o ano de 2021, a exemplo do ano de 2020, registrou uma variação positiva de 1.887%, se comparado ao ano de 2011,

---

667 Disponível em: https://www.acnur.org/portugues/dados-sobre-refugio/dados-sobre-refugio-no-brasil/. Acesso em: 23 jul. 2021.

668 https://portaldeimigracao.mj.gov.br/images/Obmigra_2020/OBMigra_2022/REF%C3%9AGIO_EM_N%C3%9AMEROS/Refu%CC%81gio_em_Nu%CC%81meros_-_27-06.pdf. Acesso em: 23 jul. 2022.

669 https://portaldeimigracao.mj.gov.br/images/Obmigra_2020/OBMigra_2022/REF%C3%9AGIO_EM_N%C3%9AMEROS/Refu%CC%81gio_em_Nu%CC%81meros_-_27-06.pdf.

quando o país recebeu 1.465 solicitações de reconhecimento da condição de refugiado.

Ainda de acordo com o estudo[670], é possível observar que a maior parte das pessoas que solicitou reconhecimento da condição de refugiado no Brasil, em 2021, possuía a nacionalidade venezuelana, ou tinha na Venezuela o seu país de residência habitual. Foram 22.856 solicitações de reconhecimento da condição de refugiado, que corresponderam a 78,5% dos pedidos recebidos pelo Brasil naquele ano. Logo em seguida, destaca-se, também, o número significativo de pessoas de nacionalidade angolana, ou que tinham em Angola o seu país de residência habitual: 1.952 solicitantes de reconhecimento da condição de refugiado, que representaram 6,7% do total de solicitações em 2021.

O estudo ainda demonstra, por meio de gráficos, o número de solicitantes de reconhecimento da condição de refugiado, segundo principais países de nacionalidade ou residência habitual no Brasil em 2021. São eles: Venezuela – 22.856; Angola – 1.952; Haiti – 794; Cuba – 529; China – 345; Gana – 307; Bangladesh – 257; Nigéria – 246; Índia – 139; Colômbia – 138; Peru – 128; Líbano – 90; Guiné – 84; Senegal – 79; Síria – 71; Camarões – 57; Marrocos – 57; Nepal – 55; Paquistão – 41; Guiné-Bissau – 39; Outros Países – 843; número total é de 29.107[671].

Com efeito, dentre as ações prioritárias desenvolvidas pelo ACNUR no Brasil, apresentam-se os casos de refugiados vítimas de violência e/ou tortura, pois necessitam de acompanhamento clínico especial, sendo ainda a concessão do reassentamento no Brasil sujeita à disponibilidade de tais serviços; mulheres em situação de perigo, que não gozam da proteção tradicional de suas famílias ou comunidades e que enfrentam sérias ameaças físicas e/ou psicológicas; refugiados sem perspectivas de integração no país do primeiro refúgio, posto que, em algumas circunstâncias, os refugiados não conseguem integrar-se no país onde se encontram por motivos culturais, sociais e religiosos, dentre outros; pessoas com necessidades especiais, po-

---

670 https://portaldeimigracao.mj.gov.br/images/Obmigra_2020/OBMigra_2022/REF%C3%9AGIO_EM_N%C3%9AMEROS/Refu%CC%81gio_em_Nu%CC%81meros_-_27-06.pdf.

671 https://portaldeimigracao.mj.gov.br/images/Obmigra_2020/OBMigra_2022/REF%C3%9AGIO_EM_N%C3%9AMEROS/Refu%CC%81gio_em_Nu%CC%81meros_-_27-06.pdf.

dendo ser consideradas como tal aquelas que têm vínculos com refugiados no Brasil, menores desacompanhados ou maiores que necessitem de cuidados especiais.

É indubitável que, embora estejam sendo desenvolvidas várias ações em prol dos refugiados, como as que atualmente são concebidas por alguns Estados, a exemplo do Brasil, a realidade, muitas vezes, é completamente diversa quanto à aplicação do referido instituto.

Isso porque pode haver uma pessoa que tema por sua segurança em razão de suas opiniões, de pertencer a uma raça, nação, grupo ou etnia e que não pode ou não quer voltar para seu país e, portanto, incidir na condição de refúgio.

Por outro lado, os Estados podem ignorar por completo as situações acima descritas, não sendo obrigados a acolher essa pessoa em seu território.

Com efeito, no atual estágio da proteção dos direitos humanos, seja no plano interno ou no internacional, não pode mais haver dúvidas quanto à aplicação do instituto do refúgio, que possui características próprias, podendo ser apresentadas as seguintes:

"a) os Estados-partes naqueles instrumentos internacionais não têm discricionariedade de conceder ou não o refúgio; dadas as condições objetivas para sua concessão, eles terão o dever de proceder afirmativamente;

b) o controle de aplicação das normas convencionais sobre refúgio depende de órgãos internacionais, ficando, portanto, a responsabilidade dos Estados por inadimplência de seus deveres, no regime de violação de normas específicas, sob controle de órgãos internacionais multilaterais;

c) os motivos para a concessão de refúgio não são as simples perseguições por motivos políticos, mas ainda outras, por motivos de raça, grupo social, religião e, sobretudo, situação econômica de grande penúria;

d) há deveres precisos de os Estados-partes concederem aos refugiados documentos de identidade e de viagem e, no caso brasileiro, proibições expressas de deportação aos postulantes, e de casos particulares de proibições de expulsão e de extradição aos refugiados;

e) por tratar-se de instituto regulamentado sob a égide da ONU, as normas que regem o refúgio têm salvaguardas de denegação de refúgio a pessoas que tenham cometido um crime contra a paz, um crime de guerra ou um crime contra a humanidade, no sentido de os instrumentos internacionais elaborados para prever tais crimes, bem como proibições de conceder refúgio a pessoas culpadas de atos contrários aos fins e princípios das Nações Unidas"[672].

De fato, o instituto do refúgio precisa ser valorizado nos dias atuais, posto que os refugiados necessitam deslocar-se para salvar suas vidas ou preservar sua liberdade.

Na grande maioria das vezes, essas pessoas não possuem proteção de seu próprio Estado, sendo que, em muitos casos, é seu próprio governo que ameaça persegui-los. Se porventura não houver o devido acolhimento em outros Estados, poderão estar fadados à morte.

Por isso mesmo é que a determinação da condição de refugiado realiza-se de maneira individualizada, devendo ser estabelecido o nexo de causalidade entre os acontecimentos produzidos e a saída do indivíduo.

Definitivamente, o instituto jurídico do refúgio precisa ser visto na perspectiva e enfoque que contemple os direitos humanos. Qualquer outra visão demonstra o lado obscuro da matéria.

8. LGBTQIA+

Levando-se em consideração, num plano geral das garantias políticas das minorias, a questão de orientação sexual no Brasil, no que tange a proteção de homossexuais, trata-se de um elemento relativamente novo quanto ao desenvolvimento de políticas públicas antidiscriminatórias.

Inicialmente quando se estabeleceu a necessidade de fomentar proteção a esses protagonistas, a ideia alcançava os gays, as lésbicas e os simpatizantes sendo, por isso mesmo, apresentados como pessoas pertencentes ao grupo GLS.

Não se tratava de nenhum tipo de exagero ou modismo estabelecer mecanismos próprios de proteção aos aludidos indivíduos, haja vista que eram (e ainda são) vítimas de preconceitos, violências físicas e morais[673].

---

672 SOARES, Guido, op. cit., p. 404-405.
673 O desenvolvimento de ações em favor desse grupo ganhou relevo na Europa, como se depreende do estudo de BORILLO, Daniel. La protection juridique de la minorité gay et lesbienne dans l'Union Européenne et en France. In: GUERRA, Sidney; EMERIQUE, Lilian. *Direitos das minorias e grupos vulneráveis*. Ijuí: Unijuí, 2008: "Depuis la première requête auprès de la Commission des droits de l'homme en 1955, jusqu'à l'élaboration de l'article 13 du Traité de Rome (modifié en 1997 par le Traité d'Amsterdam) et de la directive communautaire relative à l'égalité d'orientations se-

Direitos humanos das minorias e grupos vulneráveis   389

   Com o passar do tempo e consequente fortalecimento da categoria de indivíduos, o grupo passou a abarcar outros que igualmente são vítimas de segregação: os bissexuais, os travestis, os transexuais, os transgêneros e, atualmente, alcança todas as orientações sexuais minoritárias e manifestações de identidade de gênero divergentes do sexo designado pelo nascimento.[674] Atualmente o movimento político e social que defende a diversidade e

---

xuelles en matière d'emploi (2000), plusieurs protagonistes politiques – acteurs publics, organisations non-gouvernamentales, plaignants, consommateurs, intellectuels, etc. – ont fait de la 'question homosexuelle' un véritable enjeu public dans la construction de l'Europe des citoyens. C'est après le traitement des problèmes plus classiques tels que le racisme, l'antisémitisme ou la xénophobie que les discriminations fondées sur le sexe, et plus tard celles fondées sur l'orientation sexuelle, deviennent un problème susceptible d'être traité par les instruments juridiques traditionnels de protection des droits de l'homme et des libertés fondamentales. A une première étape d'action judiciaire – organisée principalement à partir des requêtes individuelles auprès des organes d'application de la Convention européenne des droits de l'homme – succède une phase déclarative, caractérisée par l'énonciation de principes provenant d'autorités politiques telles que le Conseil de l'Europe et le Parlement européen. Ce n'est que récemment qu'un véritable programme d'action politique, s'inscrivant pleinement dans l'agenda de la Commission européenne, a succédé aux déclarations de principes. De l'émergence du problème jusqu'à la prise en compte par les politiques institutionnelles, en passant par sa rationalisation juridique (effectuée tout au long d'un processus d'interaction individuelle, associative et judiciaire), la construction socio-politique de la notion d'orientation sexuelle apparaît comme un révélateur des transformations profondes de matrices paradigmatiques relatives à la liberté individuelle. Considérée comme une infraction par l'ensemble des codes pénaux européens jusqu'aux années 1980 (allant de la contravention au crime), l'homosexualité est aujourd'hui non seulement tolérée mais, en tant que manifestation du pluralisme sexuel, elle est progressivement protégée contre toute intervention discriminatoire de la part des États et/ou des individus. Ce profond bouleversement ainsi que les conséquences politiques qu'il a entraîné dessinent les perspectives des actions publiques européennes contre les discriminations envers les lesbiennes, les bisexuel/les et les gays".

674   L'orientation sexuelle est définie comme le désir affectif et sexuel, l'attirance érotique qui peut porter sur les personnes du même sexe (orientation sexuelle homosexuelle); sur les personnes de l'autre sexe (orientation sexuelle hétérosexuelle) ou indistinctement sur l'un ou l'autre sexe (orientation sexuelle bisexuelle). Je n'aborde pas ici la question transsexuelle ou celle du travestisme. Ces phénomènes relèvent d'une autre problématique liée au sexe apparent ou aux codes vestimentaires et non pas de l'orientation sexuelle à proprement parler. De même l'orientation sexuelle ne recouvre pas des situations telles que la pédophilie, l'inceste ou la prostitution, ces phénomènes se réfèrent à la question plus générale de la liberté et de la violence sexuelle. L'orientation

busca mais representatividade e direitos para essa população passou a utilizar a sigla LGBTQIA+. O seu nome demonstra a sua luta por mais igualdade e respeito à diversidade. Cada letra representa um grupo de pessoas[675].

O significado da sigla LGBTQIA+: L = Lésbicas – são mulheres que sentem atração afetiva/sexual pelo mesmo gênero, ou seja, outras mulheres. G = *Gays* – são homens que sentem atração afetiva/sexual pelo mesmo gênero, ou seja, outros homens. B = Bissexuais – diz respeito aos homens e mulheres que sentem atração afetivo/sexual pelos gêneros masculino e feminino. Ainda segundo o manifesto, a bissexualidade não tem relação direta com poligamia, promiscuidade, infidelidade ou comportamento sexual inseguro. Esses comportamentos podem ser tidos por quaisquer pessoas, de quaisquer orientações sexuais. T = Transgênero – diferentemente das letras anteriores, o T não se refere a uma orientação sexual, mas a identidades de gênero. Também chamadas de "pessoas trans", elas podem ser transgênero (homem ou mulher), travesti (identidade feminina) ou pessoa não binária, que se compreende além da divisão "homem e mulher". Q = *Queer* – pessoas com o gênero *queer* são aquelas que transitam entre as noções de gênero, como é o caso das *drag queens*. A teoria *queer* defende que a orientação sexual e identidade de gênero não são resultado da funcionalidade biológica, mas de uma construção social. I = Intersexo – a pessoa intersexo está entre o feminino e o masculino. As suas combinações biológicas e desenvolvimento corporal – cromossomos, genitais, hormônios etc. – não se enquadram na norma binária (masculino ou feminino). A = Assexual – não sentem atração sexual por outras pessoas, independentemente do gênero. Existem diferentes níveis de assexualidade e é comum essas pessoas não verem as relações sexuais humanas como prioridade. Por fim, o símbolo de "mais" no final da sigla aparece para incluir outras identidades de gênero e orientações sexuais que não se encaixam no padrão cis-hetero-

---

sexuelle peut être aussi bien le comportement sexuel et ou affectif que l'identité sexuelle servant à définir subjectivement la personnalité. L'orientation sexuelle peut être considérée comme une conduite choisie (apparentée à la liberté religieuse) ou un statut prédéterminé (apparenté à la race). Ainsi qu'elle soit une pratique, une attitude, une attraction, un statut ou une identité réelle ou supposée, l'orientation sexuelle doit être protégée avec la même vigueur dans tous les cas de figure.

675 Disponível em: https://www.fundobrasil.org.br/blog/o-que-significa-a-sigla-lgbtqia/. Acesso em: 23 jul. 2021.

normativo, mas que não aparecem em destaque antes do símbolo[676].

Gloria Perez[677] alerta que a luta pelo respeito aos direitos das pessoas LGBT no mundo já tem uma história e que a orientação sexual foi reconhecida teoricamente como uma componente fundamental da vida privada de cada indivíduo, que deve ser livre de interferências arbitrárias e abusivas por parte de autoridades públicas.

No Brasil, a matéria ganha força a partir da Primeira Conferência Nacional de Lésbicas, Gays, Travestis e Transexuais, realizada em Brasília entre 5 e 8 de junho de 2008. Naquela oportunidade foi produzido o relatório que serviu de espeque para o desenvolvimento de diversas políticas públicas em favor da categoria sendo, por isso mesmo, considerado um grande marco na luta pela Cidadania e pelos Direitos Humanos da população LGBT. A Conferência teve como tema "Direitos Humanos e Políticas Públicas: o caminho para garantir a cidadania de Gays, Lésbicas, Bissexuais, Travestis e Transexuais", sendo precedida de conferências estaduais em todas as unidades da federação e incontáveis reuniões preparatórias de âmbito municipal ou regional.

O referido evento contou com grande participação popular e integrou a agenda desenvolvida no Brasil para comemorar à época os 60 anos da Declaração Universal dos Direitos Humanos. A proposta era de que todos os conteúdos debatidos fossem transformados em subsídios no processo de revisão e atualização do Programa Nacional de Direitos Humanos, cujos temas discutidos e aprofundados nos grupos de trabalho da Conferência LGBT resultaram nas deliberações e moções que se encontram no relatório.

Não se pode olvidar que o conteúdo do relatório reflete o esforço do governo e da sociedade civil na busca de políticas públicas que consigam responder às necessidades, potencialidades e direitos da população envolvida, a partir da implementação do Plano Nacional de Promoção da Cidadania e Direitos Humanos de Lésbicas, Gays, Bissexuais, Travestis e Transexuais.

O Plano Nacional de Promoção da Cidadania e Direitos Humanos de

---

676   Disponível em: https://www.fundobrasil.org.br/blog/o-que-significa-a-sigla-lgbtqia/. Acesso em: 23 jul. 2021. Além dessas letras, que são as mais comuns, atualmente, há algumas correntes que indicam para uma sigla completa. É composta por: LGBTQQICAAP-F2K+ (Lésbicas, *Gays*, Bissexuais, Transgêneros, *Queer*, Questionando, Intersexuais, Curioso, Assexuais, Aliados, Pansexuais, Polissexuais, Familiares, 2-espíritos e *Kink*).
677   PEREZ, Gloria Careaga. A proteção dos direitos LGBTI, um panorama incerto. *Revista internacional de Direitos Humanos SUR*, v. 1, n.1, 2004, p. 147.

Lésbicas, Gays, Bissexuais, Travestis e Transexuais, aprovado em 2009, tem como base as diretrizes e preceitos éticos e políticos que visam à garantia dos direitos e do exercício pleno da cidadania. Nesse sentido é importante ressaltar que a garantia de gênero, orientação sexual, raça/etnia, origem social, procedência, nacionalidade, atuação profissional, religião, faixa etária, situação migratória, especificidades regionais, particularidades da pessoa com deficiência, é uma preocupação que perpassa todo o Plano e será levada em conta na implementação de todas as suas ações. O Plano contempla, numa perspectiva integrada, a avaliação qualitativa e quantitativa das propostas aprovadas na Conferência Nacional LGBT, considerando ainda a concepção e implementação de políticas públicas.

Dentre os objetivos a serem alcançados destacam-se: orientar a construção de políticas públicas de inclusão social e de combate às desigualdades para a população LGBT, primando pela intersetorialidade e transversalidade na proposição e implementação dessas políticas; promover os direitos fundamentais da população LGBT brasileira de inviolabilidade do direito à vida, à liberdade, à igualdade, à segurança e à propriedade, dispostos no art. 5º da Constituição Federal; promover os direitos sociais da população LGBT brasileira, especialmente das pessoas em situação de risco social e exposição à violência; combater o estigma e a discriminação por orientação sexual e identidade de gênero[678].

---

678 O Supremo Tribunal Federal na AÇÃO DIRETA DE INCONSTITUCIONALIDADE 4.277 – DISTRITO FEDERAL, que teve como Relator o Ministro Ayres Britto, teve a oportunidade de estabelecer seu entendimento nas questões que envolvem a matéria, em que se colhe a Ementa: 1. ARGUIÇÃO DE DESCUMPRIMENTO DE PRECEITO FUNDAMENTAL (ADPF). PERDA PARCIAL DE OBJETO. RECEBIMENTO, NA PARTE REMANESCENTE, COMO AÇÃO DIRETA DE INCONSTITUCIONALIDADE. UNIÃO HOMOAFETIVA E SEU RECONHECIMENTO COMO INSTITUTO JURÍDICO. CONVERGÊNCIA DE OBJETOS ENTRE AÇÕES DE NATUREZA ABSTRATA. JULGAMENTO CONJUNTO. Encampação dos fundamentos da ADPF n. 132-RJ pela ADI n. 4.277-DF, com a finalidade de conferir "interpretação conforme à Constituição" ao art. 1.723 do Código Civil. Atendimento das condições da ação. **2. PROIBIÇÃO DE DISCRIMINAÇÃO DAS PESSOAS EM RAZÃO DO SEXO, SEJA NO PLANO DA DICOTOMIA HOMEM/MULHER (GÊNERO), SEJA NO PLANO DA ORIENTAÇÃO SEXUAL DE CADA QUAL DELES. A PROIBIÇÃO DO PRECONCEITO COMO CAPÍTULO DO CONSTITUCIONALISMO FRATERNAL. HOMENAGEM AO PLURALISMO COMO VALOR SOCIOPOLÍTICO-CULTURAL. LIBERDADE PARA DISPOR DA PRÓPRIA SEXUALIDADE, INSERIDA NA CATEGORIA DOS DIREITOS FUNDAMENTAIS DO INDIVÍDUO, EXPRESSÃO QUE É DA AUTONOMIA DE VONTADE. DIREITO À INTIMIDADE E À VIDA PRIVADA. CLÁUSULA PÉTREA.** O sexo das

pessoas, salvo disposição constitucional expressa ou implícita em sentido contrário, não se presta como fator de desigualação jurídica. Proibição de preconceito, à luz do inciso IV do art. 3º da Constituição Federal, por colidir frontalmente com o objetivo constitucional de "promover o bem de todos". Silêncio normativo da Carta Magna a respeito do concreto uso do sexo dos indivíduos como saque da kelseniana "norma geral negativa", segundo a qual "o que não estiver juridicamente proibido, ou obrigado, está juridicamente permitido". Reconhecimento do direito à preferência sexual como direta emanação do princípio da "dignidade da pessoa humana": direito à autoestima no mais elevado ponto da consciência do indivíduo. Direito à busca da felicidade. Salto normativo da proibição do preconceito para a proclamação do direito à liberdade sexual. O concreto uso da sexualidade faz parte da autonomia da vontade das pessoas naturais. Empírico uso da sexualidade nos planos da intimidade e da privacidade constitucionalmente tuteladas. Autonomia da vontade. Cláusula pétrea.
3. TRATAMENTO CONSTITUCIONAL DA INSTITUIÇÃO DA FAMÍLIA. RECONHECIMENTO DE QUE A CONSTITUIÇÃO FEDERAL NÃO EMPRESTA AO SUBSTANTIVO "FAMÍLIA" NENHUM SIGNIFICADO ORTODOXO OU DA PRÓPRIA TÉCNICA JURÍDICA. A FAMÍLIA COMO CATEGORIA SOCIOCULTURAL E PRINCÍPIO ESPIRITUAL. DIREITO SUBJETIVO DE CONSTITUIR FAMÍLIA. INTERPRETAÇÃO NÃO REDUCIONISTA. O *caput* do art. 226 confere à família, base da sociedade, especial proteção do Estado. Ênfase constitucional à instituição da família. Família em seu coloquial ou proverbial significado de núcleo doméstico, pouco importando se formal ou informalmente constituída, ou se integrada por casais heteroafetivos ou por pares homoafetivos. A Constituição de 1988, ao utilizar-se da expressão "família", não limita sua formação a casais heteroafetivos nem a formalidade cartorária, celebração civil ou liturgia religiosa. Família como instituição privada que, voluntariamente constituída entre pessoas adultas, mantém com o Estado e a sociedade civil uma necessária relação tricotômica. Núcleo familiar que é o principal lócus institucional de concreção dos direitos fundamentais que a própria Constituição designa por "intimidade e vida privada" (inciso X do art. 5º). Isonomia entre casais heteroafetivos e pares homoafetivos que somente ganha plenitude de sentido se desembocar no igual direito subjetivo à formação de uma autonomizada família. Família como figura central ou continente, de que tudo o mais é conteúdo. Imperiosidade da interpretação não reducionista do conceito de família como instituição que também se forma por vias distintas do casamento civil. Avanço da Constituição Federal de 1988 no plano dos costumes. Caminhada na direção do pluralismo como categoria sociopolítico-cultural. Competência do Supremo Tribunal Federal para manter, interpretativamente, o Texto Magno na posse do seu fundamental atributo da coerência, o que passa pela eliminação de preconceito quanto à orientação sexual das pessoas. 4. UNIÃO ESTÁVEL. NORMAÇÃO CONSTITUCIONAL REFERIDA A HOMEM E MULHER, MAS APENAS PARA ESPECIAL PROTEÇÃO DESTA ÚLTIMA. FOCADO PROPÓSITO CONSTITUCIONAL DE ESTABELECER RELAÇÕES JURÍDICAS HORIZONTAIS OU SEM HIERARQUIA ENTRE AS DUAS TIPOLOGIAS DO GÊNERO HUMANO. IDENTIDADE CONSTITUCIONAL DOS CONCEITOS DE "ENTIDADE FAMILIAR" E "FAMÍLIA". A referência constitucional à dualidade básica homem/mulher, no § 3º do seu art. 226, deve-se ao centrado intuito de não se perder a menor oportunidade para favorecer relações jurídicas

As diretrizes que estão consagradas no Plano Nacional de Promoção da Cidadania e Direitos Humanos de Lésbicas, Gays, Bissexuais, Travestis e Transexuais estão alicerçadas essencialmente na efetivação da cidadania, fundamentadas em:

1) adoção de abordagem pluralista que reconheça e garanta a universalidade e a indivisibilidade e também a interdependência de todos os aspectos da pessoa humana, incluindo a orientação sexual e a identidade de

---

horizontais ou sem hierarquia no âmbito das sociedades domésticas. Reforço normativo a um mais eficiente combate à renitência patriarcal dos costumes brasileiros. Impossibilidade de uso da letra da Constituição para ressuscitar o art. 175 da Carta de 1967/1969. Não há como fazer rolar a cabeça do art. 226 no patíbulo do seu parágrafo terceiro. Dispositivo que, ao utilizar da terminologia "entidade familiar", não pretendeu diferenciá-la da "família". Inexistência de hierarquia ou diferença de qualidade jurídica entre as duas formas de constituição de um novo e autonomizado núcleo doméstico. Emprego do fraseado "entidade familiar" como sinônimo perfeito de família. A Constituição não interdita a formação de família por pessoas do mesmo sexo. Consagração do juízo de que não se proíbe nada a ninguém senão em face de um direito ou de proteção de um legítimo interesse de outrem, ou de toda a sociedade, o que não se dá na hipótese *sub judice*. Inexistência do direito dos indivíduos heteroafetivos à sua não equiparação jurídica com os indivíduos homoafetivos. Aplicabilidade do § 2º do art. 5º da Constituição Federal, a evidenciar que outros direitos e garantias, não expressamente listados na Constituição, emergem "do regime e dos princípios por ela adotados", *verbis*: "Os direitos e garantias expressos nesta Constituição não excluem outros decorrentes do regime e dos princípios por ela adotados, ou dos tratados internacionais em que a República Federativa do Brasil seja parte". 5. DIVERGÊNCIAS LATERAIS QUANTO À FUNDAMENTAÇÃO DO ACÓRDÃO. Anotação de que os Ministros Ricardo Lewandowski, Gilmar Mendes e Cezar Peluso convergiram no particular entendimento da impossibilidade de ortodoxo enquadramento da união homoafetiva nas espécies de família constitucionalmente estabelecidas. Sem embargo, reconheceram a união entre parceiros do mesmo sexo como uma nova forma de entidade familiar. Matéria aberta à conformação legislativa, sem prejuízo do reconhecimento da imediata autoaplicabilidade da Constituição. 6. INTERPRETAÇÃO DO ART. 1.723 DO CÓDIGO CIVIL EM CONFORMIDADE COM A CONSTITUIÇÃO FEDERAL (TÉCNICA DA "INTERPRETAÇÃO CONFORME"). RECONHECIMENTO DA UNIÃO HOMOAFETIVA COMO FAMÍLIA. PROCEDÊNCIA DAS AÇÕES. Ante a possibilidade de interpretação em sentido preconceituoso ou discriminatório do art. 1.723 do Código Civil, não resolúvel à luz dele próprio, faz-se necessária a utilização da técnica de "interpretação conforme à Constituição". Isso para excluir do dispositivo em causa qualquer significado que impeça o reconhecimento da união contínua, pública e duradoura entre pessoas do mesmo sexo como família. Reconhecimento que é de ser feito segundo as mesmas regras e com as mesmas consequências da união estável heteroafetiva. (grifei)

gênero, pessoas com deficiência, raça e etnia nos espaços de pactuação com os demais setores de governo e da sociedade civil;

2) combate à discriminação por orientação sexual, identidade de gênero e raça no serviço público;

3) diferenciação dos conceitos de homofobia, lesbofobia e transfobia;

4) promoção da denúncia de toda e qualquer atitude de discriminação à população LGBT;

5) combate à violência doméstica e familiar contra gays, lésbicas, mulheres bissexuais, travestis e transexuais;

6) combate à homofobia institucional;

7) prevenção e enfrentamento da vulnerabilidade social de crianças e jovens em razão da orientação sexual e identidade de gênero;

8) ampliação dos conceitos de família, de modo a contemplar os arranjos familiares LGBT e assegurar a inclusão do recorte de orientação sexual e identidade de gênero, observando a questão étnico-racial, nos programas sociais do Governo Federal;

9) combate à intolerância religiosa em relação à diversidade de orientação sexual e identidade de gênero;

10) promoção da inclusão social da(o) cidadã(o) LGBT com prioridade aos grupos em situação de risco social;

11) adoção de estratégias diferenciadas para grupos em situação de risco social e para grupos com histórico de estigma social: recorte étnico-racial da política LGBT;

12) garantia de acessibilidade do cidadão LGBT a todos os ambientes, inclusive os que prestam serviços públicos e privados;

13) inserção da temática LGBT no sistema de educação básica e superior, sob abordagem que promova o respeito e o reconhecimento da diversidade da orientação sexual e identidade de gênero;

14) inserção do tema direitos humanos, com ênfase nos direitos e na cidadania de LGBT, nos concursos públicos do Governo Federal;

15) garantia, a estudantes LGBT, do acesso e da permanência em todos os níveis e modalidades de ensino, sem qualquer discriminação por motivos de orientação sexual e identidade de gênero;

16) legalização do direito de adoção dos casais que vivem em parceria homoafetiva;

17) reconhecimento do companheiro ou companheira do mesmo sexo

de servidores militares como dependentes, com direitos iguais aos dos militares heterossexuais;

18) implementação de uma política de enfrentamento à homofobia em todas as unidades de custódia (casas de custódia e penitenciárias), assegurando aos custodiados o direito de optarem por celas distintas ou serem encaminhados para unidades condizentes com seu gênero social;

19) garantia ao profissional de segurança LGBT de pleno desenvolvimento na carreira, independentemente de sua orientação sexual;

20) proteção da universalidade, integralidade e acessibilidade na atenção básica à pessoa idosa LGBT;

21) ampliação da cobertura dos planos de previdência públicos e privados aos companheiros/as homoafetivos/as de travestis e transexuais;

22) adoção de medidas que promovam o Brasil como um destino acolhedor para turistas LGBT e difusão de informações que promovam o respeito à diversidade cultural, orientação sexual e identidade de gênero;

23) intersetorialidade e transversalidade na proposição e implementação das políticas públicas: o combate à homofobia requer ações integradas entre as áreas da educação, saúde e segurança, entre outras;

24) integração das ações nas dimensões política, legislativa, administrativa, organizacional e social;

25) atuação sistêmica: articulação e integração das ações em todas as esferas de governo, nos três Poderes e entre Poder Público, setor privado e sociedade civil organizada;

26) proposição de alterações legislativas e normativas que garantam os direitos fundamentais e sociais da(o)s cidadã(o)s LGBT;

27) produção de conhecimento sobre o tema LGBT: gerar e sistematizar informações sobre a situação de vida da população LGBT a fim de subsidiar a implementação de políticas públicas em defesa de seus direitos sociais;

28) levantamento de dados e organização da informação por grupos focais;

29) educação e informação da sociedade para o respeito e a defesa da diversidade de orientação sexual e identidade de gênero;

30) utilização de peças educativas e informativas atraentes, criativas e com linguagem adequada aos vários públicos aos quais serão dirigidas;

31) inserção do enfrentamento à homofobia e à discriminação de gê-

nero nos programas educativos desenvolvidos pelos órgãos municipais, estaduais e distrital de assistência social;

32) formação e capacitação contínua de atores públicos e sociais na temática da diversidade de orientação sexual e identidade de gênero;

33) formação e capacitação de lideranças LGBT;

34) inserção da temática LGBT nos meios e veículos de comunicação pública para promover a visibilidade dos direitos humanos e da cultura da(o)s cidadã(o)s LGBT, com uso de uma linguagem sem cunho discriminatório, que respeite as identidades de gênero, orientação sexual, raça e etnia, religião, ideologia, jovens, adolescentes, pessoas idosas e pessoas com deficiência;

35) participação social no processo de formulação, implementação e monitoramento das políticas públicas para LGBT;

36) fomento a projetos e atividades de entidades privadas e da sociedade civil sobre o tema da diversidade de orientação sexual e identidade de gênero;

37) formação de redes de proteção social à população LGBT;

38) criação de incentivos às instituições públicas e privadas para adesão à política LGBT;

39) institucionalização da política e do plano de proteção e defesa dos direitos humanos de cidadãos e cidadãs LGBT;

40) efetivação do Estado Laico como pressuposto para a implementação do SUS, garantindo os Direitos Sexuais e Direitos Reprodutivos, bem como o atendimento de qualidade e não discriminatório por orientação sexual e identidade de gênero, raça e etnia;

41) cumprimento das orientações do Repertório de Recomendações Práticas da OIT sobre HIV/Aids e não discriminação por orientação sexual e identidade de gênero no mundo do trabalho;

42) aprovação da Política Nacional de Saúde Integral de Lésbicas, Gays, Bissexuais, Travestis e Transexuais nas instâncias do SUS;

43) implantação da Política Nacional de Saúde Integral de Lésbicas, Gays, Bissexuais, Travestis e Transexuais;

44) qualificação da atenção no que concerne aos direitos sexuais e direitos reprodutivos em todas as fases de vida para Lésbicas, Gays, Bissexuais, Travestis e Transexuais no âmbito do SUS;

45) promoção da humanização da atenção à saúde de Lésbicas, Gays, Bissexuais, Travestis e Transexuais em situação carcerária, conforme diretrizes do Plano Nacional de Saúde no Sistema Penitenciário;

46) desenvolvimento de ações e práticas de educação em saúde nos serviços do SUS e de educação em saúde nas escolas com ênfase na orientação sexual e identidade de gênero;

47) extensão do direito à saúde suplementar ao cônjuge dependente para casais de Lésbicas, Gays, Bissexuais, Travestis e Transexuais;

48) disponibilização do acesso universal e integral de reprodução humana assistida às Lésbicas, Gays, Bissexuais, Travestis e Transexuais em idade reprodutiva;

49) implementação de ações de vigilância, prevenção e atenção a violência contra Lésbicas, Gays, Bissexuais, Travestis e Transexuais;

50) fortalecimento da articulação em defesa dos direitos humanos da população LGBT no Mercosul, na OEA e na ONU;

51) apoio do governo brasileiro, nos fóruns internacionais, a iniciativas de defesa dos direitos humanos que denunciem as práticas de prisão, tortura ou pena de morte contra a população LGBT em vários países, com vistas a promover esforços comuns para a proteção dessa população.

Com efeito, o desenvolvimento e sucesso desse plano nacional está sob a égide, em termos de desenvolvimento das políticas públicas no âmbito federal, do Ministério da Mulher, da família e dos Direitos Humanos, cuja missão é desenvolver políticas públicas voltadas ao preconceito e à discriminação contra Lésbicas, Gays, Bissexuais, Travestis e Transexuais (LGBT)[679].

Na atual composição do Ministério há uma Diretoria de Promoção dos Direitos de Lésbicas, Gays, Bissexuais, Travestis e Transexuais vinculada a um dos órgãos específicos singulares da Secretaria Nacional de Proteção Global[680], competente para o desenvolvimento de políticas públicas para este

---

679 Disponível em: <http://www.sdh.gov.br/assuntos/lgbt>.
680 O Decreto n. 9.673, de 2 de janeiro de 2019, estabelece as competências da Diretoria no artigo 26: "À Diretoria de Promoção dos Direitos de Lésbicas, Gays, Bissexuais, Travestis e Transexuais compete: I – coordenar as ações governamentais e as medidas referentes à promoção e defesa dos direitos de lésbicas, gays, bissexuais, travestis e transexuais – LGBT; e II – exercer a função de Secretaria-Executiva do Conselho Nacional de Combate à Discriminação e Promoção dos Direitos de Lésbicas, Gays, Bissexuais, Travestis, Transexuais."

grupo de pessoas[681]. Vale destacar que o Governo Federal, em iniciativa pioneira na América Latina, lançou pela primeira vez dados oficiais sistematizados sobre violência homofóbica no Brasil. Estes dados são importantes para que se estabeleça o enfrentamento à homofobia e às demais formas de preconceito no país, possibilitando a quantificação e visibilização da realidade de violações de direitos humanos vivida pela população LGBT[682].

A Coordenação Geral de Promoção dos Direitos LGBT[683] tem a responsabilidade de coordenar a elaboração e implementação dos planos, programas

---

[681] Em interessante abordagem sobre o tema, KNIGHT, Kyle. *Derechos en transición: hacer del reconocimiento legal de las personas transgenero una prioridad global*. Disponível em: https://www.hrw.org/es/world-report/2016/country-chapters/285053, afirma que "el proceso es tan habitual como la vida misma: cuando un bebé nace, el médico, el padre o el asistente del parto anuncia la llegada de "una niña" o de "un niño". Esa asignación de una fracción de segundo dicta múltiples aspectos de nuestra vida. También es algo que la mayoría de nosotros nunca cuestionamos. Pero algunas personas lo hacen. Su género evoluciona de forma diferente a su asignación de niño/niña en el nacimiento y puede que no encaje en las rígidas nociones tradicionales de femenino o masculino. El desarrollo del género no debería influir en que alguien pueda disfrutar de sus derechos fundamentales, como la posibilidad de ser reconocido por su gobierno o tener acceso a atención sanitaria, educación o empleo. Pero para las personas transgénero sí influye, en un grado humillante, violento y, a veces, hasta letal".

[682] Disponível em: <http://www.mdh.gov.br/navegue-por-temas/lgbt/biblioteca/relatorios-de-violencia-lgbtfobica>. Acesso em: 30 jun. 2018.

[683] KNIGHT, Kyle, op. cit., destaca também em seu estudo a questão relativa à violência que envolve esta categoria de indivíduos e, baseado em estatísitca elaborada pelo Observatório de Pessoas Transexuais que foram assassinadas, afirma que se chega ao relevante número de 1.731 assassinatos no curto período de 2007 a 2014 e complementa: "Muchos eran de una naturaleza sorprendentemente brutal, a veces incluyendo la tortura y la mutilación. La violencia no es la única amenaza que afrontan las personas transgénero. Tienen hasta 50 veces más probabilidades de contraer VIH que la población en su conjunto, en parte porque el estigma y la discriminación crean barreras para acceder a los servicios de salud. Estudios realizados en Estados Unidos, Canadá y Europa han encontrado altas tasas de intentos de suicidio entre las personas transgénero, en respuesta a la marginación y la humillación sistemática. Varios países, entre ellos Malasia, Kuwait y Nigeria, tienen leyes que prohíben "hacerse pasar" por el sexo opuesto, ilegalizando la existencia misma de las personas transgénero. En muchos otros países, las personas transgénero son arrestadas bajo leyes que penalizan la conducta homosexual. Estos datos dan una idea de las horribles variantes de violencia y discriminación a las que se enfrentan las personas transgénero. Ante la ausencia de reconocimiento legal del género con el que se identifican, los derechos y protecciones asociados, cada momento de la vida cotidiana en que deben mostrar sus documentos de identidad o se analiza su apariencia viene cargado de una potencial violencia y hu-

e projetos relacionados aos direitos de Lésbicas, Gays, Bissexuais, Travestis e Transexuais em âmbito nacional. É também competência da Coordenação a articulação de ações pró-LGBT junto aos demais órgãos da Administração Pública federal. Já a Coordenação Geral do Conselho Nacional de Combate à Discriminação e Promoção dos Direitos LGBT presta apoio logístico e institucional à atuação desse órgão colegiado. Acompanhe nessa área as ações referentes ao tema da Secretaria, cujas atribuições incluem, entre outras:

a) coordenar os assuntos, as ações governamentais e as medidas referentes à promoção e defesa dos direitos da população LGBT;

b) coordenar as ações de implementação, monitoramento e aperfeiçoamento dos centros de referência em direitos humanos da população LGBT;

c) coordenar a produção, a sistematização e a difusão das informações relativas à população LGBT; e

d) propor e incentivar a realização de campanhas de conscientização pública, visando à inclusão social da população LGBT[684].

De fato, a partir do momento em que se garante amplo acesso aos direitos civis da população LGBT, promovendo a conscientização dos gestores públicos e fortalecendo os exercícios de controle social, é que serão implementadas políticas públicas de maior equidade e mais condizentes com o imperativo de eliminar discriminações, combater preconceitos e edificar uma consistente cultura de paz, buscando erradicar todos os tipos de violência[685].

9. PESSOAS COM DEFICIÊNCIA

millación, obligando a muchas personas transgénero a vivir entre las sombras. La demanda del reconocimiento legal del género provoca pánico moral en muchos gobiernos. Pero es una lucha crucial que se tiene que emprender. Si las comunidades transgénero van a progresar, y si los derechos a la intimidad, la libertad de expresión y la dignidad han de ser respetados para todos, el movimiento de derechos humanos tiene que dar prioridad a la eliminación de procedimientos abusivos y discriminatorios que impiden arbitrariamente el derecho al reconocimiento. Los gobiernos deben reconocer que el Estado ya no debería estar en situación de negar o restringir injustamente el derecho fundamental de las personas a su identidad de género.

684 Disponível em: <http://www.sdh.gov.br/assuntos/lgbt/programas>. Acesso em: 10 maio 2016.

685 Da 3ª Conferência Nacional de políticas públicas de direitos humanos de lésbicas, gays, bissexuais, travestis e transexuais, realizada em Brasília no ano de 2016, resultou um importante relatório em que foram apresentadas algumas propostas em quatro eixos temáticos: Eixo I – políticas intersetoriais, pacto federativo, participação social e sistema nacional de promoção da cidadania e enfrentamento da violência contra a população LGBT; Eixo II – educação, cultura e comunicação em direitos humanos; Eixo III – segurança pública e sistema de justiça na promoção e defesa dos direitos

Até alguns anos atrás, a sociedade brasileira enxergava a pessoa com deficiência como sendo incapaz de realizar várias atividades, estando afastada não apenas do mercado de trabalho, mas da vida cotidiana como um todo. Os problemas eram muitos (falta de transporte público adequado; prestação de serviços públicos de má qualidade; limitações ao mercado de trabalho; dificuldades relativas à acessibilidade; inexistência de informação compatível com a deficiência etc.). Apesar de ainda se apresentarem (os problemas) em grande intensidade, existe hoje vasta legislação a respeito, bem como políticas públicas com o claro intuito de minimizar tais fatos.

Tsutsui[686], em estudo sobre o tema, lembra que em razão dos princípios da universalidade e da solidariedade, o Estado deve propiciar condições mínimas para que as pessoas com deficiência sejam de fato inseridas na sociedade, com plena e efetiva participação, e possam estudar, trabalhar, praticar esportes, viver com independência e dignidade humana e, assim, desenvolver a própria personalidade, sendo incorreto conceituar pessoa com deficiência como pessoa incapaz para o trabalho e para a vida independente.

Freire[687] acentua que a Convenção sobre Direitos das Pessoas com Deficiência (CDPD), de 30 de março de 2007, que está em vigência internacional desde 2008, é considerada um dos instrumentos mais importantes na proteção de pessoas com deficiência, no âmbito das Nações Unidas, uma vez que inovou ao "reconhecer que a deficiência é um conceito em evolução e que resulta da interação dessas pessoas e as barreiras, devido às atitudes e ao ambiente que impedem a sua plena e efetiva participação na sociedade em igualdade de oportunidades". Além disso, a referida Convenção da ONU também inova por ser instrumento vinculante aos Estados, sendo

---

humanos da população LGBT; e Eixo IV – marcos jurídicos e normativos para o enfrentamento à violência contra a população LGBT. Ademais, a 3ª Conferência Nacional LGBT produziu resultados concretos para a ampliação e efetivação de direitos da população de lésbicas, gays, bissexuais, travestis e transexuais – LGBT, pois no dia 28 de abril de 2016 foi assinado o Decreto n. 8.727, que dispõe sobre o uso do nome social e o reconhecimento da identidade de gênero de pessoas travestis e transexuais no âmbito da administração pública federal direta, autárquica e fundacional.

686 TSUTSUI, Priscila Fialho. *O novo conceito de pessoa com deficiência*. Disponível em: http://www.conteudojuridico.com.br/artigo,o-novo-conceito-de-pessoa-com-deficiencia,47458.html. Acesso em: 1º fev. 2016.

687 FREIRE, Andréa da Silva. Direito da criança e do adolescente com transtorno do espectro autista: diversidade funcional e dignidade. In: GUERRA, Sidney; GUERRA, Caio Grande. *Direitos humanos*: uma abordagem interdisciplinar. Curitiba: Instituto Memória, 2021, v. V, p. 100.

certo que, no Brasil, esta Convenção, junto com seu Protocolo Facultativo, foi aprovada com equivalência de emenda constitucional (conforme art. 5º, § 3º, da Constituição da República), o que significa que esta irá prevalecer sobre a legislação pátria no que for mais favorável às pessoas com deficiência, definidas nos termos do artigo 1º da Convenção, como "aquelas que têm impedimentos de natureza física, intelectual ou sensorial, os quais, em interação com diversas barreiras, podem obstruir sua participação plena e efetiva na sociedade com as demais pessoas". O objetivo da Convenção da ONU para Pessoas com Deficiências é promover, proteger e assegurar a fruição plena e equitativa de todos os direitos e liberdades fundamentais conferidos às pessoas com deficiência, tendo como base a promoção e o respeito pela sua dignidade.

Sem embargo, como já acentuado neste estudo, a dignidade da pessoa humana se apresenta como núcleo fundamentador da ordem jurídica brasileira e baliza as ações que devem ser deflagradas pelo Estado (executivo, legislativo e judiciário[688]). Assim, para que haja não apenas o reconhecimen-

---

[688] Interessante a decisão proferida no RMS 32732 AgR/DF – DISTRITO FEDERAL, AG.REG. NO RECURSO ORD. EM MANDADO DE SEGURANÇA, que teve como Relator o Ministro CELSO DE MELLO (Julgamento realizado em 3-6-2014 – Órgão Julgador: Segunda Turma), onde se colhe a Ementa: CONCURSO PÚBLICO – PESSOA PORTADORA DE DEFICIÊNCIA – RESERVA PERCENTUAL DE CARGOS E EMPREGOS PÚBLICOS (CF, ART. 37, VIII) – OCORRÊNCIA, NA ESPÉCIE, DOS REQUISITOS NECESSÁRIOS AO RECONHECIMENTO DO DIREITO VINDICADO PELA PESSOA PORTADORA DE DEFICIÊNCIA – ATENDIMENTO, NO CASO, DA EXIGÊNCIA DE COMPATIBILIDADE ENTRE O ESTADO DE DEFICIÊNCIA E O CONTEÚDO OCUPACIONAL OU FUNCIONAL DO CARGO PÚBLICO DISPUTADO, INDEPENDENTEMENTE DE A DEFICIÊNCIA PRODUZIR DIFICULDADE PARA O EXERCÍCIO DA ATIVIDADE FUNCIONAL – INADMISSIBILIDADE DA EXIGÊNCIA ADICIONAL DE A SITUAÇÃO DE DEFICIÊNCIA TAMBÉM PRODUZIR "DIFICULDADES PARA O DESEMPENHO DAS FUNÇÕES DO CARGO" – PARECER FAVORÁVEL DA PROCURADORIA-GERAL DA REPÚBLICA – RECURSO DE AGRAVO IMPROVIDO. PROTEÇÃO JURÍDICO-CONSTITUCIONAL E INTERNACIONAL ÀS PESSOAS VULNERÁVEIS. LEGITIMIDADE DOS MECANISMOS COMPENSATÓRIOS QUE, INSPIRADOS PELO PRINCÍPIO FUNDAMENTAL DA DIGNIDADE PESSOAL (CF, ART. 1º, III), RECOMPÕEM, PELO RESPEITO À ALTERIDADE, À DIVERSIDADE HUMANA E À IGUALDADE DE OPORTUNIDADES, O PRÓPRIO SENTIDO DE ISONOMIA INERENTE ÀS INSTITUIÇÕES REPUBLICANAS. – O tratamento diferenciado em favor de pessoas portadoras de deficiência, tratando-se, especificamente, de acesso ao serviço público, tem suporte legitimador no próprio texto constitucional (CF, art. 37, VIII), cuja razão de ser, nesse tema, objetiva compensar, mediante ações de conteúdo afirmativo, os desníveis e as dificuldades que afetam os indivíduos

to, mas, sobretudo, a inserção da pessoa com deficiência no país, foram editadas várias normas que buscam dar maior efetividade aos direitos dessa categoria de indivíduos. Destacam-se, dentre outras: DECRETO LEGISLATIVO N. 186, DE 9 DE JULHO DE 2008 – Aprova o texto da Convenção sobre os Direitos das Pessoas com Deficiência e de seu Protocolo Facultativo, assinados em Nova Iorque, em 30 de março de 2007; DECRETO N. 6.949, DE 25 DE AGOSTO DE 2009 – Promulga a Convenção Internacional sobre os Direitos das Pessoas com Deficiência e seu Protocolo Facultativo, assinados em Nova York, em 30 de março de 2007; LEI N. 4.169, DE 4 DE DEZEMBRO DE 1962 – Oficializa as convenções Braille para uso na escrita e leitura dos cegos e o Código de Contrações e Abreviaturas Braille; LEI N. 7.070, DE 20 DE DEZEMBRO DE 1982 – Dispõe sobre pensão especial para os deficientes físicos que especifica e dá outras providências; LEI N. 7.405, DE 12 NOVEMBRO DE 1985 – Torna obrigatória a colocação do símbolo internacional de acesso em todos os locais e serviços que permitam sua utilização por pessoas portadoras de deficiências e dá outras providências;

---

que compõem esse grupo vulnerável. Doutrina. – A vigente Constituição da República, ao proclamar e assegurar a reserva de vagas em concursos públicos para os portadores de deficiência, consagrou cláusula de proteção viabilizadora de ações afirmativas em favor de tais pessoas, o que veio a ser concretizado com a edição de atos legislativos, como as Leis n. 7.853/89 e n. 8.112/90 (art. 5º, § 2º), e com a celebração da Convenção Internacional das Nações Unidas sobre os Direitos das Pessoas com Deficiência (2007), já formalmente incorporada, com força, hierarquia e eficácia constitucionais (CF, art. 5º, § 3º), ao plano do ordenamento positivo interno do Estado brasileiro. – Essa Convenção das Nações Unidas, que atribui maior densidade normativa à cláusula fundada no inciso VIII do art. 37 da Constituição da República, legitima a instituição e a implementação, pelo Poder Público, de mecanismos compensatórios destinados a corrigir as profundas desvantagens sociais que afetam as pessoas vulneráveis, em ordem a propiciar-lhes maior grau de inclusão e a viabilizar a sua efetiva participação, em condições equânimes e mais justas, na vida econômica, social e cultural do País. HERMENÊUTICA E DIREITOS HUMANOS: O PRINCÍPIO DA NORMA MAIS FAVORÁVEL COMO CRITÉRIO QUE DEVE REGER A INTERPRETAÇÃO DO PODER JUDICIÁRIO. – O Poder Judiciário, no exercício de sua atividade interpretativa, deve prestigiar, nesse processo hermenêutico, o critério da norma mais favorável (que tanto pode ser aquela prevista no tratado internacional de direitos humanos como a que se acha positivada no próprio direito interno do Estado), extraindo, em função desse postulado básico, a máxima eficácia das declarações internacionais e das proclamações constitucionais de direitos, como forma de viabilizar o acesso dos indivíduos e dos grupos sociais, notadamente os mais vulneráveis, a sistemas institucionalizados de proteção aos direitos fundamentais da pessoa humana. Precedentes: HC 93.280/SC, Rel. Min. CELSO DE MELLO.

LEI N. 7.853, DE 24 DE OUTUBRO DE 1989 – Dispõe sobre o apoio às pessoas portadoras de deficiência, sua integração social, sobre a Coordenadoria Nacional para Integração da Pessoa Portadora de Deficiência – CORDE, institui a tutela jurisdicional de interesses coletivos ou difusos dessas pessoas, disciplina a atuação do Ministério Público, define crimes, e dá outras providências; LEI N. 8.160, DE 8 DE JANEIRO DE 1991 – Dispõe sobre a caracterização de símbolo que permita a identificação de pessoas portadoras de deficiência auditiva; LEI N. 8.899, DE 29 DE JUNHO DE 1994 – Concede passe livre às pessoas portadoras de deficiência no sistema de transporte coletivo interestadual; LEI N. 8.989, DE 24 DE FEVEREIRO DE 1995 – Dispõe sobre a Isenção do Imposto sobre Produtos Industrializados – IPI, na aquisição de automóveis para utilização no transporte autônomo de passageiros, bem como por pessoas portadoras de deficiência física, e dá outras providências (Redação dada pela Lei n. 10.754, de 31-10-2003); LEI N. 9.777, DE 29 DE DEZEMBRO DE 1998 – Altera os arts. 132, 203 e 207 do Decreto-Lei n. 2.848, de 7 de dezembro de 1940 – Código Penal; LEI N. 10.048, DE 8 DE NOVEMBRO DE 2000 – Dá prioridade de atendimento às pessoas que especifica, e dá outras providências; LEI N. 10.098, DE 19 DE DEZEMBRO DE 2000 – Estabelece normas gerais e critérios básicos para a promoção da acessibilidade das pessoas portadoras de deficiência ou com mobilidade reduzida, e dá outras providências; LEI N. 10.226, DE 15 DE MAIO DE 2001 – Acrescenta parágrafos ao art. 135 da Lei n. 4.737, de 15 de julho de 1965, que institui o Código Eleitoral, determinando a expedição de instruções sobre a escolha dos locais de votação de mais fácil acesso para o eleitor deficiente físico; LEI N. 10.436, DE 24 DE ABRIL DE 2002 – Dispõe sobre a Língua Brasileira de Sinais – Libras e dá outras providências; LEI N. 10.708, DE 31 DE JULHO DE 2003 – Institui o auxílio-reabilitação psicossocial para pacientes acometidos de transtornos mentais egressos de internações; LEI N. 10.754, DE 31 DE OUTUBRO DE 2003 – Altera a Lei n. 8.989, de 24 de fevereiro de 1995 que "dispõe sobre a isenção do Imposto Sobre Produtos Industrializados – IPI, na aquisição de automóveis para utilização no transporte autônomo de passageiros, bem como por pessoas portadoras de deficiência física e aos destinados ao transporte escolar, e dá outras providências" e dá outras providências; LEI N. 10.845, DE 5 DE MARÇO DE 2004 – Institui o Programa de Complementação ao Atendimento Educacional Especializado às Pessoas Portadoras de Deficiência, e dá outras providências; LEI N. 11.126, DE 27 DE JUNHO DE 2005 – Dispõe sobre o direito do portador de deficiência visual de ingressar e permanecer em ambientes de uso coletivo acompanhado de cão-guia; LEI N. 11.133, DE 14 DE JULHO DE 2005 – Institui o Dia Nacional de Luta da Pessoa Portadora de Deficiência; LEI N. 11.307, DE 19 DE MAIO DE 2006 – Conversão da MPv n. 275, de 2005 – Altera as Leis ns. 9.317, de 5 de dezembro de 1996, que institui o Sistema Integrado de Pagamento de Impostos e Contribuições das Microempresas e das Empresas de Pequeno Porte – SIMPLES, em função da alteração promovida pelo art. 33 da Lei n. 11.196, de 21 de novembro de 2005; 8.989, de 24 de fevereiro de 1995, dispondo que o prazo a que se refere o seu art. 2º para reutilização do benefício da isenção do Imposto sobre Produtos Industrializados – IPI, na aquisição de automóveis para utilização no transporte autônomo de passageiros, bem como por pessoas portadoras de deficiência física, aplica-se inclusive às aquisições realizadas antes de 22 de novembro de 2005; 10.637, de 30 de dezembro de 2002; e 10.833, de 29 de dezembro de 2003; e revoga dispositivo da Medida Provisória n. 2.189-49, de 23 de agosto de 2001; LEI N. 11.982, DE 16 DE JULHO DE 2009 – Acrescenta parágrafo único ao art. 4º da LEI N. 10.098, de 19 de dezembro de 2000, para determinar a adaptação de parte dos brinquedos e equipamentos dos parques de diversões às necessidades das pessoas com deficiência ou com mobilidade reduzida; LEI N. 12.190, DE 13 DE JANEIRO DE 2010 – Concede indenização por dano moral às pessoas com deficiência física decorrente do uso da talidomida, altera a Lei n. 7.070, de 20 de dezembro de 1982, e dá outras providências; LEI N. 12.319, DE 1º DE SETEMBRO DE 2010 – Regulamenta a profissão de Tradutor e Intérprete da Língua Brasileira de Sinais – LIBRAS; LEI N. 12.470, DE 31 DE AGOSTO DE 2011 – Altera os arts. 21 e 24 da Lei n. 8.212, de 24 de julho de 1991, que dispõe sobre o Plano de Custeio da Previdência Social, para estabelecer alíquota diferenciada de contribuição para o microempreendedor individual e do segurado facultativo sem renda própria que se dedique exclusivamente ao trabalho doméstico no âmbito de sua residência, desde que pertencente a família de baixa renda; altera os arts. 16, 72 e 77 da Lei n. 8.213, de 24 de julho de 1991, que dispõe sobre o Plano de Benefícios da Previdência Social, para incluir o filho ou o irmão que tenha deficiência intelectual ou mental como dependente e determinar o pagamento do salário-maternidade devido à empregada do microempreendedor individual diretamente pela Previdência Social; altera os arts. 20 e 21 e acrescenta o art. 21-A à Lei n. 8.742, de 7 de dezembro de 1993 – Lei Orgânica de Assistência Social, para alterar regras do benefício de prestação continuada da pessoa com deficiência; e acrescenta os §§ 4º e 5º ao art. 968

da Lei n. 10.406, de 10 de janeiro de 2002 – Código Civil, para estabelecer trâmite especial e simplificado para o processo de abertura, registro, alteração e baixa do microempreendedor individual; LEI N. 12.622, DE 8 DE MAIO DE 2012 – Institui o Dia Nacional do Atleta Paraolímpico e dá outras providências; LEI N. 13.146, de 6 de JULHO de 2015, que institui a Lei Brasileira de inclusão da pessoa com deficiência (Estatuto da Pessoa com Deficiência); DECRETO N. 8.594, de 10 de janeiro de 2017 – Institui o Comitê do Cadastro Nacional de Inclusão da Pessoa com Deficiência e da Avaliação Unificada da Deficiência e dá outras providências.

Evidencia-se que a legislação interna atende, desta forma, portanto, o comando da Convenção da ONU, a qual prevê, conforme mencionado anteriormente, "que as pessoas com deficiência têm capacidade legal em igualdade de condições com as demais pessoas em todos os aspectos da vida". Desta forma, ao assegurar-lhes liberdade, autonomia e igualdade, parece lícito afirmar que a positivação de seus direitos traz o reconhecimento, ainda que tardio, da cidadania das pessoas com deficiência. Ademais, conforme Freire[689], o reconhecimento da capacidade plena das pessoas com deficiência, de certa forma, parece superar a ideia de compreensão de "deficiência" como uma "falha ou carência". Inclusive essa terminologia é considerada a mais adequada, uma vez que foi a expressão utilizada pela Convenção da ONU, em detrimento da expressão "pessoas portadoras de deficiência", utilizada em dispositivos de lei nacional e em normas internacionais, conforme será tratado adiante neste trabalho, ocasião em que também será mencionado o termo "pessoas com necessidades especiais", explicitando os motivos pelos quais tais conceitos não são mais utilizados: Frise-se que o Senado Federal brasileiro, em investigação realizada sobre tais aspectos conceituais, também concluiu que a melhor expressão a ser empregada é "pessoas com deficiência", tal como veiculada em normas internacionais de proteção, em especial na Convenção da ONU sobre direitos das Pessoas com Deficiência de 2007. Para o Senado, alguns motivos levaram grupos de inclusão social a terem chegado à expressão referida, entre eles: não esconder ou camuflar a deficiência, mostrar com dignidade a realidade e valorizar as diferenças e necessidades decorrentes da deficiência. Percebe-

---

[689] FREIRE, Andréa da Silva. Direito da criança e do adolescente com transtorno do espectro autista: diversidade funcional e dignidade. In: GUERRA, Sidney; GUERRA, Caio Grande. *Direitos humanos:* uma abordagem interdisciplinar. Curitiba: Instituto Memória, 2021, v. V, p. 101.

-se, portanto, que a alteração na legislação, trazendo plena capacidade das pessoas com deficiência, com foco em sua autonomia proporciona a compreensão da diversidade, o reconhecimento da dignidade humana e, ainda, aponta para o exercício de sua cidadania.

De fato, as normas anteriormente listadas visam, de certo modo, inserir pessoas com deficiência nas múltiplas atividades que são concebidas no Estado brasileiro, mas, indubitavelmente, o Estatuto da pessoa com deficiência apresenta-se como importante marco, posto que se destina a assegurar e a promover, em condições de igualdade, o exercício dos direitos e das liberdades fundamentais por pessoa com deficiência, visando à sua inclusão social e cidadania, plenamente em consonância com as normas internacionais que regem a matéria.

A referida lei consagra, em seu artigo 2º, que pessoa com deficiência é aquela que tem impedimento de longo prazo de natureza física, mental, intelectual ou sensorial, o qual, em interação com uma ou mais barreiras, pode obstruir sua participação plena e efetiva na sociedade em igualdade de condições com as demais pessoas e ainda assevera que toda pessoa com deficiência tem direito à igualdade de oportunidades com as demais pessoas e não sofrerá nenhuma espécie de discriminação (art. 4º). Adverte, ainda, que se considera discriminação em razão da deficiência toda forma de distinção, restrição ou exclusão, por ação ou omissão, que tenha o propósito ou o efeito de prejudicar, impedir ou anular o reconhecimento ou o exercício dos direitos e das liberdades fundamentais de pessoa com deficiência, incluindo a recusa de adaptações razoáveis e de fornecimento de tecnologias assistivas, e que é dever do Estado, da sociedade e da família assegurar à pessoa com deficiência, com prioridade, a efetivação dos direitos referentes à vida, à saúde, à sexualidade, à paternidade e à maternidade, à alimentação, à habitação, à educação, à profissionalização, ao trabalho, à previdência social, à habilitação e à reabilitação, ao transporte, à acessibilidade, à cultura, ao desporto, ao turismo, ao lazer, à informação, à comunicação, aos avanços científicos e tecnológicos, à dignidade, ao respeito, à liberdade, à convivência familiar e comunitária, entre outros decorrentes da Constituição Federal, da Convenção sobre os Direitos das Pessoas com Deficiência e seu Protocolo Facultativo e das leis e de outras normas que garantam seu bem--estar pessoal, social e econômico (art. 8º).

Com 127 artigos, a Lei n. 13.146/2015 trata de aspectos relevantes para pessoas com deficiência e abarca questões relativas ao exercício dos direitos fundamentais (direito à vida; direito à habilitação e à reabilitação; direito à saúde; direito à moradia; direito ao trabalho; direito à assistência social; direito à previdência social; direito à cultura, ao esporte, ao turismo e ao lazer; direito ao transporte e à mobilidade); da acessibilidade; do acesso à informação e à comunicação; da tecnologia assistiva; do direito à participação na vida pública e política; da ciência e tecnologia; do acesso à justiça; do reconhecimento igual perante a lei etc.

Não se pode olvidar que, de acordo com o Censo realizado pelo Instituto Brasileiro de Geografia e Estatística, no ano de 2010, 45,6 milhões de brasileiros (23,9% da população) declararam possuir algum tipo de deficiência, sendo que a deficiência visual, que atingia 35,8 milhões de pessoas em 2010, era a que mais acometia tanto homens (16,0%) quanto mulheres (21,4%), seguida da deficiência motora (13,3 milhões, 5,3% para homens e 8,5% para mulheres), auditiva (9,7 milhões, 5,3% para homens e 4,9% para mulheres) e mental ou intelectual (2,6 milhões, 1,5% para homens e 1,2% para mulheres).

Por fim, registra-se no âmbito do Poder Executivo federal a existência de um órgão que integra o Ministério da Mulher, da Família e dos Direitos Humanos criado para articular e coordenar políticas públicas voltadas para as pessoas com deficiência: a Secretaria Nacional de Promoção dos Direitos da Pessoa com Deficiência (SNPD)[690], cujas competências incluem: exercer a coordenação superior dos assuntos, das ações governamentais e das medidas referentes à pessoa com deficiência; coordenar ações de prevenção e eliminação de todas as formas de discriminação contra a pessoa com deficiência e propiciar sua plena inclusão à sociedade; coordenar, orientar e acompanhar as medidas de promoção, garantia e defesa dos ditames da Convenção sobre os Direitos das Pessoas com Deficiência, mediante o desenvolvimento de políticas públicas de inclusão da pessoa com deficiência; estimular que todas as políticas públicas e os programas contemplem a promoção, a proteção e a defesa dos direitos da pessoa com deficiência; coordenar e supervisionar o Programa Nacional de Acessibilidade e o Programa de Promoção e Defesa dos Direitos das Pessoas com Deficiência, bem como propor as providências necessárias à sua completa implantação e ao seu adequado desenvolvimento; fomentar a adoção de medidas para a pro-

---

690 Para maiores informações, recomenda-se a leitura dos dados disponíveis em: <https://www.mdh.gov.br/navegue-por-temas/pessoa-com-deficiencia/a-secretaria/asecretaria>. Acesso em: 3 mar. 2019.

teção da integridade física e mental da pessoa com deficiência; entre outras.

CAPÍTULO VIII

TEMAS EMERGENTES DOS DIREITOS HUMANOS

1. UNIVERSALISMO X RELATIVISMO

A abordagem do tema do universalismo e relativismo é imperiosa, haja vista que, em 10 de dezembro de 1948, foi aprovada, mediante a Resolução n. 217 da Assembleia Geral das Nações Unidas, a Declaração Universal de Direitos Humanos. A Declaração contou com a manifestação favorável de 48 Estados e 8 abstenções (África do Sul, Arábia Saudita, Bielorrússia, Checoslováquia, Iugoslávia, Polônia, Ucrânia e URSS).

A manifestação unânime dos Estados, sem que houvesse nenhuma reprovação ou reservas, defere uma condição importante à Declaração, transformando-a em verdadeiro "Código Internacional dos Direitos Humanos", a ser seguido por todos os povos.

Com a Declaração de 1948 passou-se a vincular aos direitos humanos fundamentais o que Cançado Trindade[691] chama de *bem comum*, tendo em mente a emancipação do ser humano de todo tipo de servidão. O plano da proteção passou a ser universal, isto é, inerente a todo ser humano.

A respeito da universalidade dos direitos humanos, Bobbio, que aponta três fases na formação das declarações de direitos, indica como última a da sua universalidade:

> "As declarações nascem como teorias filosóficas. Sua primeira fase deve ser buscada na obra dos filósofos. (...) a ideia de que o homem enquanto tal tem

---

[691] Nesse sentido, CANÇADO TRINDADE, op. cit., p. 19.

direitos, por natureza, que ninguém (nem mesmo o Estado) lhe pode subtrair, e que ele mesmo pode alienar (mesmo que, em caso de necessidade, ele os aliene, a transferência não é válida). (...) Enquanto teorias filosóficas, as primeiras afirmações dos direitos do homem são pura e simplesmente a expressão de um pensamento individual: são universais em relação ao conteúdo, na medida em que se dirigem a um homem racional fora do espaço e do tempo, mas são extremamente limitadas em relação à sua eficácia, na medida em que são (na melhor das hipóteses) propostas para um futuro legislador.

O segundo momento da história da Declaração dos Direitos do Homem consiste na passagem da teoria à prática, do direito somente pensado para o direito realizado. Nessa passagem, a afirmação dos direitos do homem ganha em concreticidade, mas perde em universalidade. Os direitos doravante protegidos (ou seja, são autênticos direitos positivos), mas valem somente no âmbito do Estado que os reconhece. (...)

Com a Declaração de 1948, tem início uma terceira e última fase, na qual a afirmação dos direitos é, ao mesmo tempo, universal e positiva: universal[692] no sentido de que os destinatários dos princípios nela contidos não são mais apenas os cidadãos deste ou daquele Estado, mas todos os homens; positiva no sentido de que põe em movimento um processo em cujo final os direitos do homem deverão ser não mais apenas proclamados ou apenas idealmente reconhecidos, porém efetivamente protegidos até mesmo contra o próprio Estado que os tenha violado"[693].

Mesmo com a inegável importância da Declaração de 1948 na universalização dos direitos humanos, houve quem afirmasse[694] que os direitos humanos não poderiam ser concebidos de maneira universal.

Como já assentado em outra oportunidade[695], muitos autores têm discutido a natureza jurídica da Declaração de 1948 podendo ser apresentados,

---

692 PÉREZ, José Luis Rey, op. cit., p. 131: "La universalidad se formula desde la vocación moral única de todos los hombres, que deben tener unas condicones de vida social que les permita libremente elegir sus planes de vida. Los derechos humanos tratan de hacer universal este ideal. La universalidad deriva de la propia Idea de dignidad humana que obliga a tratar todos como fines y no como médios. Desde esta visión, lo universal es la moralidad básica de los derechos, más que los mismos".

693 BOBBIO, Norberto. *A era dos direitos*. Rio de Janeiro: Campus, 1992, p. 29 e 30.

694 SANTOS, Boaventura de Sousa. *A gramática do tempo: para uma nova cultura política*. São Paulo: Cortez, 2006, p. 442: "É sabido que os direitos humanos não são universais na sua aplicação. Actualmente são consensualmente identificados quatro regimes internacionais de aplicação de direitos humanos: o europeu, o interamericano, o africano e o asiático".

695 GUERRA, Sidney. *Direito internacional dos direitos humanos*. 3. ed. Rio de Janeiro: Lumen Juris, 2020.

além dos argumentos anteriormente tratados[696], outros: a incorporação das previsões da Declaração atinentes aos direitos humanos pelas Constituições nacionais; as frequentes referências feitas pelas resoluções das Nações Unidas à obrigação legal de todos os Estados de observar a Declaração Universal e decisões proferidas pelas Cortes nacionais que se referem à Declaração Universal como fonte do direito[697].

Piovesan complementa o asserto e adverte que a Declaração Universal de 1948, ainda que não assuma a forma de um tratado internacional, apresenta força jurídica obrigatória e vinculante, na medida em que constitui a interpretação autorizada da expressão "direitos humanos" constante nos artigos 1 (3) e 55 da Carta das Nações Unidas[698].

Talvez o grande problema recaia no ponto relativo ao número limitado de Estados que participaram na redação do texto da Declaração. 48 Estados votaram a favor e 8 se abstiveram na votação. Ademais, o número de Estados existentes no plano internacional era limitado, em razão do excessivo número de colônias, que, por óbvio, não contemplava a visão de todos os povos.

Assim, podem ser suscitados alguns questionamentos para reflexão futura: os direitos humanos concebidos em 1948 eram de fato universais? De que maneira os direitos humanos podem ser considerados universais se foram concebidos de acordo com o pensamento ocidental? Como ficariam os povos da África e Ásia (especialmente) que estavam alijados das relações internacionais por não terem o reconhecimento de sua personalidade jurídica internacional? Poderia ser argumentada, em favor desses povos, a questão da cultura e, portanto, relativizados os direitos humanos?[699]

---

696 A propósito, vide nesta obra o capítulo II, item 3, para melhor esclarecimento.
697 PIOVESAN, Flávia, op. cit., p. 165.
698 Idem.
699 Sobre essa discussão, vide a contribuição de FAVOREU, Louis, op. cit., p. 53, nesta passagem: "Il s'agit là d'une question d'importance. Si l'universalité des droits de l'homme peut être mise en cause, c'est un point essentiel de la théorie qui se trouve contestée, fragilisant à la fois la définition et l'ambition des droits de l'homme. Or, il existe un courant d'appreciation critique et de remise en cause des droits de l'homme, qui seraient un produit marqué de la culture occidentale classique et l'un des vecteurs de l'impérialisme culturel et politique des démocraties libérales développées. (...) Des travaux comparatifs de l'anthropologie politique et de l'ethnologie ont notamment montré à quel point l'individualisme paraît spécifique de monde occidental moderne. Effective-

Uma das razões para esse entendimento reside na não obrigatoriedade do mencionado documento internacional, e também pelo número limitado de Estados que participaram de sua redação (56 Estados), que não configuravam verdadeiramente todos os povos do planeta. A questão apresentada possibilita, de algum modo, o florescimento de outra teoria, a do relativismo cultural.

Partindo sempre de um ponto de vista particular, que envolve a comunidade, a doutrina relativista concebe uma série de críticas à concepção universalista dos direitos humanos, por exemplo, que a noção de direitos humanos contrapõe-se à noção de deveres proclamados por muitos povos; o conceito de direitos humanos leva em consideração uma visão antropocêntrica do mundo, que não é compartilhada por todas as culturas; o caráter ocidental da visão dos direitos humanos, que pretende ser geral e imperialista; a falta de adesão formal por parte de muitos Estados aos tratados de direitos humanos ou a falta de políticas comprometidas com tais direitos, o que seria indicativo da impossibilidade do universalismo.

Michael Walzer, na obra intitulada *Da tolerância,* apresenta uma teoria que consagra a coexistência pacífica de grupos de pessoas com histórias, culturas e identidades diferentes, que é o que a tolerância possibilita. No capítulo que contempla a tolerância na sociedade internacional, Walzer inicia seu discurso afirmando que a sociedade internacional é uma anomalia, que a tolerância é uma característica essencial da soberania e uma causa importante de sua atração:

> "A soberania garante que ninguém daquele lado da fronteira pode interferir nas atividades deste lado. As pessoas de lá podem ser resignadas, indiferentes, estoicas, curiosas ou entusiastas com referência às práticas daqui, e por isso, talvez não se sintam propensas a interferir"[700].

Prossegue em seu raciocínio, alertando que diplomatas e estadistas adotam em geral atitudes espúrias e condenáveis que aceitam a lógica da soberania, sendo capazes de negociar com tiranos e assassinos, e que "preci-

---

ment, les données culturelles et religieuses apparaissent parfois comme des obstacles à la récepcion normale de droits de l'homme et, en toute hypothèse, comme une justification des adaptations dont ils font l'objet. Ainsi, a-t-on avancé que la culture africaine traditionnelle était incompatible avec l'idée de droits individuels contre la société et le pouvoir politique en tant qu'elle absorbe l'individu dans un réseau dense de liens familiaux et sociaux, y compris dans le paseé, dont le totem serait l'archétype".
700 WALZER, Michael. *Da tolerância.* São Paulo: Martins Fontes, 1999, p. 28.

sam acomodar os interesses dos países cuja cultura ou religião dominante perdoa, por exemplo, a crueldade, a opressão, a misoginia, o racismo, a escravidão e a tortura. Quando os diplomatas apertam as mãos de tiranos ou com eles se sentam à mesa, estão, por assim dizer, usando luvas. As ações não têm importância moral. Mas os acordos firmados têm: *são atos de tolerância*. Em nome da paz ou porque acreditam que a reforma cultural ou religiosa deve vir de dentro, deve resultar de trabalho local, eles reconhecem o outro país como membro soberano da sociedade internacional"[701] (grifos).

Para os defensores do relativismo cultural, os direitos humanos devem ser analisados em um contexto histórico, político, econômico, moral e, por óbvio, cultural, isto é, os direitos humanos devem ser concebidos de acordo com os valores existentes em determinado Estado e não podem ser definidos em escala global[702].

Fernandez Garcia afirma que o multiculturalismo "hace referencia a la convivencia en un mismo país o región de tradiciones culturales distintas y indica mezcla de culturas y por tanto de visiones sobre la vida y los valores, diferentes y opuestos entre sí. (...) El multiculturalismo en lo que tiene de diálogo entre culturas, de convivencia en paz y libertad, de comparación y contrastación crítica entre culturas es un fenómeno claramente positivo. Sin embargo, hay que tener en cuenta que si va acompañado de una postura relativista (es decir, que da el mismo valor a toda cultura, tanto las pluralistas como las no pluralistas), entonces resulta incompatible, con la defensa de valores universales, que son las que requiere una fundamentación racional de los derechos humanos"[703].

Boaventura de Sousa Santos afirma que os direitos humanos não são universais em sua aplicação, e que um dos debates mais acesos sobre os

---

[701] Idem, p. 29.
[702] A propósito, PÉREZ, José Luis Rey, op. cit., p. 132, enfatiza que: "En el mundo actual se ha tomado conciencia de la diversidad de culturas existentes, porque debido a los fenómenos migratorios en un mismo espacio conviven personas que pertenecen a diversas tradiciones culturales. Esto plantea la cuestión de si es posible conciliar la pretensión de universalidad que presentan los derechos con la diversidad cultural. El relativismo cultural ha criticado esta idea señalando que los derechos humanos son un producto de la cultura occidental que se trata de exportar a otras culturas ajenas a la tradición europea".
[703] GARCIA, Eusebio Fernandez. *Dignidad humana y ciudadanía cosmopolita*. Madrid: Dickynson, 2001, p. 67.

direitos humanos gira à volta da questão de saber se os direitos humanos são universais ou, pelo contrário, um conceito culturalmente ocidental e, concomitantemente, à volta da questão dos limites de sua validade. Complementa Boaventura:

> "Mas serão os direitos humanos universais enquanto artefato cultural, um tipo de invariante cultural ou transcultural, ou seja, parte de uma cultura global? A minha resposta é não. Em minha opinião, o único fato transcultural é a relatividade de todas as culturas. A relatividade cultural (não o relativismo) exprime também a incompletude e a diversidade cultural. Significa que todas as culturas tendem a definir como universal os valores que consideram fundamentais. O que é mais elevado ou importante é também o mais abrangentemente válido. Deste modo, a questão específica sobre as condições de universalidade dos direitos humanos é uma questão cultural do ocidente. Logo, os direitos humanos são universais apenas quando olhados num ponto de vista ocidental. Por isso mesmo, a questão da universalidade dos direitos humanos trai a universalidade do que questiona ao questioná-lo"[704].

O argumento cultural de relativização à universalidade dos direitos humanos, afirma o autor[705], somente pode ser aceito como cláusula de salvaguarda àqueles que assim desejarem exercer seus direitos de escolha, mas nunca para coagir outros a se submeter a determinados comportamentos apenas por se tratar de prática tradicional.

Certamente que a ideia do multiculturalismo relativista comporta um grande desafio para a concepção dos direitos humanos na perspectiva de serem direitos universais. No mesmo diapasão o magistério de De Lucas:

> "El desafío de los derechos proviene, hoy, por decirlo brevemente, de las posiciones que, invocando no y a la existencia de diferentes culturas, ideologías y visiones del mundo, sino tan sólo la realidad multicultural de las sociedades hacia las que nos encaminamos, reivindican un relativismo cultural que, forzosamente, debería ser también ético y jurídico. En lo que aquí nos interesa de forma inmediata esto significa que, frente a una concepción de los derechos que sería sobre todo el resultado de un punto de vista y una tradición occidentales, habría de referirse (y acoger) a otras tradiciones y puntos de vista que desembocan en otros derechos, o en otras prioridades o jerarquías entre los mismos. El precio de todo ello sería la universalidad

---

704 SANTOS, Boaventura Sousa, op. cit., p. 442.
705 Idem.

de los derechos, que habría que abandonar o, cuando menos, relativizar, para hacerlos compatibles con esa nueva realidad"[706].

Sem embargo, os direitos humanos não podem ser vistos como verdadeiros "arranjos de tolerância". Ao contrário, devem ser envidados esforços para evitar a prática de ações que aviltam a dignidade da pessoa humana.

Boaventura de Sousa Santos, mais uma vez, tentando dar sua contribuição a esse espinhoso tema, apresenta sua *hermenêutica diatópica*[707], em que se identifica, num diálogo intercultural, a troca que ocorre em diferentes saberes e que se reflete em diferentes culturas, apresentando algumas

---

[706] DE LUCAS, Javier. *El desafío de las fronteras. Derechos humanos y xenofobia frente a una sociedad plural*. Madrid: Temas de Hoy, 1994, p. 33.

[707] Sobre a hermenêutica diatópica, as palavras de SANTOS, Boaventura de Sousa. *La globalización del derecho*. Bogotá: Instituto Latinoamericano de Servicios Legales Alternativos, 1999, p 200: "La hermenéutica diatópica está basada en la idea de que los topoi de una cultura individual, sin importar qué tan fuertes sean, son tan incompletos como la cultura misma. Tal incompletud no es visible desde el interior de la misma cultura, debido a que la aspiración a lo universal induce a tomar *pars pro toto*. La incompletud en una cultura universal dada debe ser estimada desde los topoi de otra cultura. Más que una respuesta inadecuada a cierto problema, la incompletud cultural se manifiesta como una formulación inadecuada del problema mismo. El objetivo de la hermenéutica diatópica no es, por lo tanto, lograr la completud – lo que es considerado como un fin inalcanzable – sino, por el contrario, suscitar la conciencia de la incompletud recíproca tanto como sea posible, mediante la participación en el diálogo de la manera que se haría si se tuviera un pie en una cultura y otro en otra. De aquí su carácter diatópico. Por ejemplo: se puede llevar a cabo una hermenéutica diatópica entre el topos de los derechos humanos en la cultura ocidental y el topos de dharma en la cultura hindú. Vistos desde el topos del drama, los derechos humanos son incompletos, en cuanto no logran establecer el vínculo entre la parte (el individuo) y el todo (la realidad) o, lo que es aún fuerte, en cuanto se concentran en lo es meramente derivado, en los derechos, antes que el imperativo primordial, el deber de los individuos de encontrar su lugar en el orden de la sociedad entera y del cosmo entero. Vistos desde el topos de los derechos humanos, el drama es también incompleto, debido a su fuerte prejuicio no dialéctico a favor de la armonía, lo que eventualmente oculta injusticia e ignora por completo el valor del conflicto como vía hacia una armonía más rica. Además, el drama no se ocupa de los principios del orden democrático, de la libertad y la autonomía, e ignora el hecho de que sin derechos primordiales el individuo es una entidad demasiado frágil para evitar ser superado por cualquier cosa que lo transcienda. (...) La hermenéutica diatópica construye sobre la identificación local de la incompletud y la debilidad, y sobe su inteligibilidad translocal. Pero, por qué las culturas deberían estar interesadas en un diálogo intercultural? La hermenéutica diatópica no ocurre en un vacío social; mas bién, como un tipo específico de nueva retórica, comparte con ésta un prejuicio político a favor de la emancipación".

premissas para a transformação dos direitos humanos num projeto cosmopolita insurgente:

> "A primeira premissa é a de superação do debate sobre o universalismo e relativismo cultural. Trata-se de um debate intrinsecamente falso, cujos conceitos polares são igualmente prejudiciais para uma concepção emancipatória de direitos humanos. Todas as culturas são relativas, mas o relativismo cultural, enquanto posição filosófica, é incorreto. (...)
> A segunda premissa é que todas as culturas possuem concepções de dignidade humana, mas nem todas elas a concebem em termos de direitos humanos. (...)
> A terceira premissa é que todas as culturas são incompletas e problemáticas nas suas concepções de dignidade humana. (...)
> A quarta premissa é que nenhuma cultura é monolítica. Todas as culturas comportam versões diferentes de dignidade humana, algumas mais amplas do que outras, algumas com um círculo de reciprocidade mais largo do que outras, algumas mais abertas a outras culturas do que outras. (...)
> Por último, a quinta premissa é que todas as culturas tendem a distribuir as pessoas e grupos sociais entre dois princípios competitivos de pertença hierárquica. (...)"[708].

Com essas premissas de um diálogo intercultural de direitos humanos, Boaventura procura identificar o que chama de "concepção mestiça de direitos humanos", isto é, a necessidade de fomentar o debate acerca da matéria levando em consideração os diversos sentidos locais, e não apenas um "falso universalismo"[709].

De fato, o problema do relativismo se manifesta principalmente quando há posicionamentos antagônicos acerca de conceitos que envolvam liberdade, individualidade, sexualidade, e, claro, direitos humanos, nos quais não se pode adotar um posicionamento neutro, nem se trata apenas de uma situação de "mera preferência".

O relativismo, afirma Garcia, deve ser objeto de revisão crítica. Portanto, é necessário diferenciar relativismo, diversidade e pluralismo:

> "La diversidad y el pluralismo morales son, en muy buena medida, rasgos notables de nuestro tiempo en países que pueden llamarse, de veras, modernos, por otro lado, sería arriesgado, sin embargo, no contemplar la

---

708 SANTOS, Boaventura de Sousa, op. cit., p. 445-447.
709 Idem, p. 447.

posibilidad de que las sociedades relativamente liberales, democráticas y secularizadas de hoy posean, a pesar de todo, algún género de constitución moral. Una constitución moral común a todas ellas, aunque tal vez poco consolidada y en algunos casos sólo en ciernes. Lo sería, sobre todo, si no tomáramos en serio el supuesto sociológico clásico de que, sin tal constitución, no es posible un orden social duradero y fructífero, ni éticamente aceptable"[710].

Mas persiste ainda a pergunta: como os povos do Oriente podem ter a mesma visão dos povos do Ocidente em matéria de direitos humanos?

A visão dos direitos humanos, argumentam os relativistas, corresponde à percepção do Ocidente. Se se levar em conta que a Declaração de Direitos de 1948 não contemplou essa realidade, poder-se-ia supor o fim da diversidade cultural.

Ramos, invocando Tharoor, considera que a aceitação de justificativas "culturais" para condutas violatórias a direitos humanos carrega forte acento totalitário, na medida em que pode significar a coerção daqueles que, embora membros da comunidade, não mais se identificam com seus valores. Sempre é bom lembrar que o relativismo cultural da temática dos direitos humanos pode, à custa da liberdade, restringir os indivíduos a papéis preestabelecidos, o que nos mostra o caráter libertário e de ruptura da temática dos direitos humanos[711].

É bem verdade, em um primeiro momento, que os países africanos e asiáticos poderiam ter razões para objetar à Declaração de Direitos de 1948, pelos motivos já indicados acima. Entretanto, como bem observa Lindgren Alves[712], deixaram de ter razão aos poucos, à medida que os direitos consagrados pelo documento foram entrando gradativamente nas consciências de seus nacionais, auxiliando-os, inclusive, nas lutas de descolonização.

Prosseguindo em seu raciocínio, enfatiza que são mais prudentes e mais construtivas as várias tentativas de compatibilizar o particularismo das diversas culturas e o que há de efetiva universalização dos direitos:

"Essa tarefa intelectual e complexa na medida em que a própria noção de direitos, assim como a do indivíduo, é oriunda do Ocidente. As culturas

---

710 GARCIA, Eusebio Fernandez, op. cit., p. 71.
711 RAMOS, André de Carvalho, op. cit., p. 194.
712 ALVES, José Augusto Lindgren. *Os direitos humanos na pós-modernidade*. São Paulo: Perspectiva, 2005, p. 24.

não ocidentais sempre acentuaram os deveres, privilegiando o coletivo sobre o pessoal, fosse em prol da 'harmonia' social, fosse em defesa da ordem e da autoridade, religiosa ou secular, não importando sua arbitrariedade ou o grau de sofrimento exigido na vida de cada um"[713].

Ubiratan Borges de Macedo, para demonstrar a razão de Estados não ocidentais terem ratificado os documentos internacionais de direitos humanos (mesmo sendo uma criação típica do mundo ocidental) e criado um sistema regional próprio, faz menção à estrutura ontológica da pessoa humana:

> "As sociedades não podem viver sem moral. Ela faz parte da estrutura ontológica do homem. Por isso, a razão pública, em continuado debate nas sociedades democráticas, consegue ir chegando a um acordo sobre alguns pontos mínimos da moral, com independência de sua fundamentação religiosa, costumeira ou em alguma doutrina ético-política particular, formando o consenso indispensável para a vida em comum. Os direitos humanos são exatamente esse mínimo moral – a moral consensual de nossa sociedade[714].
>
> O que explica a adesão de outras culturas à nossa ao assinarem e ratificarem as solenes declarações de direitos humanos que se sucedem desde 1948. Por considerarem os direitos humanos uma conquista da humanidade, as nações não ocidentais assinaram as cartas de direitos humanos e providenciaram versões regionais das mesmas. Os direitos humanos constituem hoje uma instância moral transcultural e permitem a coexistência entre as diferentes civilizações. São, como é óbvio, ocidentais por sua origem, mas válidos para todo o mundo, e hoje constituem-se um problema de responsabilidade interna de cada país, e, só esgotadas as instâncias internas, caberá uma atuação de órgãos internacionais"[715].

E complementa seu aporte com Rawls, que apontou três principais funções para os direitos humanos: "São condições necessárias da legitimidade de um regime e da decência de sua ordem legal; sendo respeitados, são condição suficiente para excluir a intervenção quer pela força por outros

---

713   Idem, p. 34.
714   Na mesma linha, GARCIA, Eusebio Fernandez, op. cit., p. 69-70: "La Declaración Universal de Derechos Humanos de 1948 puede cumplir ese papel de configurar una constitución moral comum, aunque siempre teniendo en cuenta que un código de derechos humanos es una de las partes de um código ético".
715   MACEDO, Ubiratan Borges de. Direitos humanos e sua teoria. In: *Arquivos de direitos humanos*. Rio de Janeiro: Renovar, 1999, p. 141.

povos através de sanções econômicas, quer pela força militar; colocam um limite no pluralismo dos povos. Os direitos humanos, como direitos morais, constituem a legitimidade axiológica de origem para o ordenamento jurídico; legítimo sempre que conforme e em prol dos direitos humanos"[716].

Pérez Luño, refutando as ideias contrárias à universalização dos direitos humanos e invocando a obra de Popper, adverte para a existência da "universalidade dos direitos humanos e seus inimigos":

> "No es sólo en el plano de los movimientos políticos donde se producen estos ataques contra el universalismo, también en el plano de las ideas han aparecido tesis y doctrinas que coinciden en erosionar la idea de la universalidad de los derechos. Tomando en préstamo el célebre título de una obra de Karl Popper (la sociedad abierta y sus enemigos, 1967) podríamos hablar aquí de la 'universalidad de los derechos y sus enemigos', para hacer referencia a las críticas que en el plano filosófico y jurídico se avanzan hoy contra la universalidad de los derechos humanos"[717].

Com efeito, os direitos humanos dão decência ao ordenamento jurídico, e sua universalidade foi proclamada com a Declaração Universal de Direitos Humanos de 1948, ganhando inequívoca força a partir das duas Conferências Mundiais de Direitos Humanos, a de Teerã de 1968 e a de Viena de 1993.

A Conferência Mundial sobre Direitos Humanos de Teerã, em 1968, foi, sem dúvida, um marco no processo de internacionalização dos direitos humanos e na afirmação de sua universalidade.

Com a participação de 84 Estados, além de representantes de organismos internacionais e organizações não governamentais, a Conferência de Teerã objetivou examinar os progressos alcançados nos 20 anos transcorridos desde a aprovação da Declaração Universal de Direitos Humanos e preparar um programa para o futuro, abordando importantes questões. Nesse sentido, o magistério de Cançado Trindade:

> "A Proclamação de Teerã sobre Direitos Humanos, adotada pelo plenário da I Conferência Mundial de Direitos Humanos em 13 de maio de 1968, a que melhor expressão deu a esta nova visão da matéria, constituindo-se

---

716   Idem.
717   LUÑO, Antonio Enrique Pérez. La universalidad de la Declaración de las Naciones Unidas. In: *50 aniversario de la Declaración Universal de Derechos Humanos*. Sevilla: Fundación El Monte, 1998, p. 86-87.

em um relevante marco na evolução doutrinária da proteção internacional dos direitos humanos.

A referida Proclamação de Teerã, ao voltar-se a todos os pontos debatidos na Conferência e consignados nas resoluções adotadas, advertiu, por exemplo, para as 'denegações maciças aos direitos humanos', que colocavam em risco os 'fundamentos da liberdade, justiça e paz no mundo' (par. 11), assim como para a 'brecha crescente' entre os países economicamente desenvolvidos e os países em desenvolvimento, que impedia a realização dos direitos humanos na comunidade internacional (par. 12)"[718].

A Conferência Mundial de Teerã tratou ainda de instar os Estados a aderir aos dois Pactos e a outros instrumentos internacionais de direitos humanos, de modo a assegurar vigência ao princípio da "universalidade dos direitos humanos" (Resolução XXII), bem como propor a adoção de "regras-modelo de procedimentos bem definidas" (Resolução X), de modo a assegurar a necessária coordenação e eficiência dos órgãos de supervisão dos tratados de direitos humanos das Nações Unidas.

De fato, a mencionada Conferência apresenta avanços importantes: a afirmação do respeito aos direitos humanos para todos (caráter universal); a indivisibilidade dos direitos humanos e o combate à discriminação da mulher em diversas partes do mundo, como se depreende nos artigos abaixo indicados:

> "1. É indispensável que a comunidade internacional cumpra sua obrigação solene de fomentar e incentivar o respeito aos direitos humanos e as liberdades fundamentais para todos, sem distinção nenhuma por motivos de raça, cor, sexo, idioma ou opiniões políticas ou de qualquer outra espécie;
> 2. A Declaração Universal de Direitos Humanos enuncia uma concepção comum a todos os povos de direitos iguais e inalienáveis de todos os membros da família humana e a declara obrigatória para a comunidade internacional;
> 13. Como os direitos humanos e as liberdades fundamentais são indivisíveis, a realização dos direitos civis e políticos sem o gozo dos direitos econômicos, sociais e culturais resulta impossível. A realização de um progresso duradouro na aplicação dos direitos humanos depende de boas e eficientes políticas internacionais de desenvolvimento econômico e social;
> 15. A discriminação da qual a mulher ainda segue sendo vítima em distintas regiões do mundo deve ser eliminada. O feito de que a mulher não goze dos mesmos direitos que o homem é contrário à Carta das Nações Unidas e às disposições da Declaração Universal de Direitos Humanos. A aplicação cabal da Declaração sobre a eliminação da discriminação contra a mulher é uma necessidade para o progresso da humanidade".

---

718 TRINDADE, Antônio Augusto Cançado, op. cit., p. 55-56.

Trindade, prosseguindo em seu raciocínio, afirma que essa nova visão global e integrada de todos os direitos humanos constitui a grande contribuição da I Conferência Mundial de Direitos Humanos para os desenvolvimentos subsequentes da matéria, estando, a partir de então, o campo efetivamente aberto para a consagração da tese da inter-relação ou indivisibilidade dos direitos humanos[719].

A partir da "terra fértil" que foi devidamente preparada quando da Conferência de Teerã, foi realizada a Conferência de Viena, no período de 14 a 25 de junho de 1993.

A Conferência Mundial sobre Direitos Humanos de Viena[720] igualmente estabeleceu importantes pressupostos programáticos indispensáveis à universalização dos direitos humanos: a inter-relação entre desenvolvimento, direitos humanos e democracia; a legitimidade do monitoramento in-

---

719 Idem, p. 57.
720 QUINTANA, Fernando. A declaração mundial de direitos humanos de 1993 da ONU: universalismo e particularismo in GUERRA, Sidney. *Temas emergentes de direitos humanos*. Rio de Janeiro: FDC, 2007, v. II, p. 295: "A Conferência de Viena de 1993 ocorreu no final do 'breve século XX' depois de extinta a ex-União Soviética, e no contexto de um 'novo século' em que os direitos humanos passam a ter importância decisiva a fim de determinar em que medida a defesa deles pode ser assegurada pelo uso da força militar. Ademais, com o fim da Guerra Fria, na opinião dos mais otimistas, teria se alcançado um momento nunca visto na história da humanidade: pela primeira vez formou-se um cenário favorável à construção de um novo acordo mundial tendo como alicerce os direitos humanos, a democracia e o desenvolvimento. Assim, no entendimento do mesmo autor, o período de pós-Guerra Fria, em que se deu a Conferência de Viena, teria contribuído para a afirmação dos direitos humanos como 'tema global'. Porém, esse otimismo do pós-Guerra Fria não era compartilhado por todos: Tudo indica que estamos sendo convidados a repensar o paradigma contemporâneo da teoria e práxis dos direitos humanos, e mesmo o horizonte mais amplo no qual se insere (VACHON). De fato, ele parece cada vez menos capaz de responder aos desafios do pragmatismo e do pluralismo cultural que enfrentamos atualmente [...] sua universalidade abstrata é cada vez mais colocada em xeque [...]. Na esfera puramente legal – que constitui apenas a ponta do *iceberg* nessas reflexões – a Declaração Mundial de Viena sobre os Direitos Humanos de 1993 ofereceu um bom exemplo dessa tendência (EBERHARD, 2004:160). Ou, ainda, como susteve o autor da tese do 'choque de civilizações', as divergências quanto aos direitos humanos ficaram claramente reveladas na Conferência: de um lado, os países europeus e os EUA, do outro lado um bloco de cerca de 50 Estados não ocidentais (dentre o qual o agrupamento asiático-islâmico). A divisão sobre as principais questões, os direitos humanos, se deu em termos 'civilizacionais': universalismo *versus* relativismo (HUNTINGTON, 1997:244)".

ternacional de suas violações; o direito ao desenvolvimento e a interdependência de todos os direitos fundamentais.

Alves acentua sua importância ao afirmar que a Declaração de Viena, com recomendações programáticas, constitui o documento mais abrangente sobre a matéria na esfera internacional, e com uma característica inédita:

> "Adotada consensualmente por representantes de todos os Estados de um mundo já sem colônias, sua validade não pode ser contestada como fruto do imperialismo, o que era possível dizer-se até então, com alguma lógica, da Declaração Universal de 1948, aprovada pelo voto de 48 países independentes e 8 abstenções, numa época em que a maioria da população extraocidental vivia em colônias do Ocidente sem representação na ONU.
> Envolvendo 171 Estados, cerca de mil organizações não governamentais e um total de mais de dez mil indivíduos, a Conferência Mundial sobre Direitos Humanos teve efeito decisivo para a disseminação em escala planetária dos direitos humanos no discurso contemporâneo"[721].

Certamente, uma das conquistas mais significativas da referida Conferência relaciona-se à universalidade, pois somente ao final sobreveio consenso sobre o caráter universal dos direitos humanos e sobre a realidade de que a diversidade cultural não pode ser invocada para justificar sua violação[722], isto é, ainda que as diversas particularidades históricas, culturais, étnicas e religiosas devam ser levadas em conta, é dever dos Estados promover e proteger os direitos humanos, independentemente dos respectivos sistemas[723].

---

721   ALVES, J. A. Lindgren. Cidadania, direitos humanos e globalização. Cidadania e justiça. *Revista da Associação dos Magistrados Brasileiros*, ano 3, n. 7 – 2º sem. 1999, Rio de Janeiro.
722   PÉREZ, José Luis Rey, op. cit., p. 139, assinala que "los derechos humanos deben dar cabida y acoger las distintas manifestaciones culturales, entendiendo que la cultura es también una necesidad básica, un bien primario sin cual la persona queda castrada. Pero debe hacerlo siempre que tal manifestación cultural respecte los valores fundamentales de la dignidad, la autonomía y la igualdad, que así conjugados más que expresión de la tradición cultural occidental, lo que hacen es establecer las condiciones que aseguran el pluralismo cultural".
723   DE LUCAS, Javier, op. cit., p. 56, sobre a Conferência de Viena, afirma que "apareció un frente de rechazo constituido por un abundante número de países islámicos, China y México, que pusieron en duda el carácter universal de los derechos, argumentando que 'el incremento de la multiculturalidad contribuiría a desvelar cómo, tras la pretendida universalidad, no hay mas que la imposición de la visión occidental (esto es, individualista, liberal, cristiana) de las mismas'. El universalismo es criticado así

Na Conferência de Viena confirmou-se também a ideia de que os direitos humanos extrapolam o domínio reservado dos Estados, invalidando o recurso abusivo ao conceito de soberania para encobrir violações, ou seja, os direitos humanos não são mais matéria exclusiva das jurisdições nacionais.

Pode-se afirmar que o sistema internacional de proteção dos direitos humanos saiu fortalecido da Conferência de Viena, tendo em vista que foram estatuídos princípios fundamentais no caminho da "globalização" dos mecanismos concretos dessa proteção. A "globalização" tem surtido efeitos impressionantes na esfera jurídica, haja vista a necessidade de regulação internacional mais consentânea com as demandas atuais da sociedade internacional.

Apesar da diversidade de interesses dos Estados, a ideia de constitucionalização das regras de conduta da sociedade, no que se refere à proteção dos direitos humanos, é cada vez mais premente.

É nesse sentido que se observa uma grande transformação em determinados conceitos e institutos consagrados no âmbito do Direito Internacional, por exemplo, a soberania dos Estados em matéria de direitos humanos, cuja matéria será tratada no tópico subsequente. Antes, porém, serão também expendidas algumas considerações sobre os discursos do universalismo e do multiculturalismo.

1.1 Os discursos do universalismo e do multiculturalismo são opostos?

Feitas as considerações sobre o universalismo e o relativismo, importante também analisar alguns aspectos do multiculturalismo para, posteriormente, verificar se ambos, enquanto discursos, são compatíveis ou incompatíveis entre si[724].

Por ocasião da elaboração da Declaração Universal dos Direitos Humanos de 1948, documento base do Direito Internacional dos Direitos Humanos[725] e ponto de partida de diversos instrumentos normativos que desde então passaram a reger a matéria, muito se debateu sobre a ideia de universalidade dos direitos humanos e do porquê de sua existência assim considerada.

---

como cobertura ideológica del imperialismo y colonialismo europeo-occidental o, simplesmente, como una pretensión de imposible cumplimiento".

724 Vide GUERRA, Sidney; TONETTO, Fernanda. *O direito internacional e a tutela da universalidade dos direitos humanos e o multiculturalismo*. Salvador: Conpedi, 2018.

725 GUERRA, Sidney. *Direito internacional dos direitos humanos*. 3. ed. Rio de Janeiro: Lumen Juris, 2020.

Pode-se pontuar nesse contexto histórico específico o surgimento do discurso no sentido de que os direitos humanos são universais, mas com a necessidade de o termo "universalismo" ser bem compreendido. Isso porque independentemente do pertencimento de uma pessoa a um determinado Estado-nação, seus direitos, especialmente aqueles relacionados ao exercício de sua dignidade, devem ser preservados por força de sua própria condição humana, sem que tal apresente qualquer espécie de relação com um *status* de cidadania ou da condição de nacional.

Em outras palavras, o universalismo dos direitos humanos diz respeito ao fato de que os direitos elencados nos diversos instrumentos protetivos pertencem a todo ser humano, encontrando-se ele sob as mais diversas situações e independentemente de sua adequação a esta ou aquela cultura.

A necessidade de se alcançar e de se reconhecer a existência de um padrão de direitos mínimos e ao mesmo tempo válidos para toda a humanidade passa a ser latente especialmente após as duas guerras mundiais, período em que o cometimento das mais diversas atrocidades acabou por impulsionar uma construção que remonta ao direito internacional humanitário, surgido justamente com vistas a reduzir os danos decorrentes desses conflitos e que tem como primeiros e principais instrumentos normativos a constituição da Liga das Nações pelo Tratado de Versalhes em 1919 e as quatro Convenções de Genebra e protocolos adicionais, em especial a terceira, sobre proteção dos prisioneiros de guerra, firmada em 1929, e a quarta, assinada em 1949.

Posteriormente, desenvolveu-se o Direito Internacional dos Direitos Humanos, em especial a partir da II Guerra Mundial, tendo como marcos principais a criação da Organização das Nações Unidas, em 1945, e a Declaração Universal dos Direitos do Homem, em 1948, que auxiliaram a cunhar os conceitos de universalidade e indivisibilidade dos direitos humanos, fulcrados em valores universais e mais detidamente desenvolvidos com os diversos tratados internacionais que se seguiram.

A partir de toda essa construção elaborada ao longo do século XX, diversos conceitos que eram até então sacramentados foram rediscutidos, ganhando novos contornos, destacando-se o reconhecimento do indivíduo como sujeito de direito internacional.

Por outro lado, tornou-se evidente também a necessidade de que, em virtude das graves violações havidas contra os direitos humanos, fosse consolidado um ordenamento protetivo válido sem limitação geográfica, por essa razão entendido como um aparato normativo e principiológico dotado de legitimidade global, não condicionado a espaços territoriais demarcados e inclusive oponível aos Estados.

Assim se deu então a cristalização do direito internacional dos direitos humanos, que passaram a ser dotados da característica da universalidade, o que não significou naquele contexto e de fato não significa atualmente, no entanto, desrespeito às diferenças culturais existentes dentro de cada Estado-nação, no sentido de que o atributo da universalidade não autoriza a indesejada uniformidade cultural.

De fato, a Declaração Universal dos Direitos do Homem, de 1948, assim como os demais aparatos normativos subsequentes, possuem denominadores comuns que tocam a toda e qualquer pessoa, independentemente do contexto cultural em que se encontrem, os quais decorrem do conceito de dignidade humana e que não admitem nenhuma espécie de relativização.

São padrões mínimos de um núcleo de direitos dos quais advém a possibilidade de cada ser humano individualmente considerado exigir respeito às garantias asseguradas, e isso frente à ordem mundial considerada de forma ampla. Trata-se, ainda, do reconhecimento de que a humanidade possui alguns valores que são de fato globais, podendo-se, aqui, citar o exemplo dos crimes internacionais, no sentido de que, como afirma Mireille Delmas-Marty, eles exprimem "o reconhecimento de valores comuns, universais, ou pelo menos universalizáveis"[726], sob um ponto de vista jurídico, ético e filosófico.

Porém, esse universalismo não significa que não haja relativização axiológica no que tange ao conteúdo de cada um desses direitos, relativização essa que possui um vetor cultural e que tem como norte os valores de cada comunidade individualmente considerada.

Tal concepção é rechaçada pela denominada corrente universalista, à medida em que entendem que o relativismo pode ser utilizado como subterfúgio às graves violações de direitos humanos, sob o argumento de que determinadas práticas são aceitas em virtude da tradição cultural de um povo.

Assim, ainda que aparentemente difícil a tarefa, imperioso que sejam conjugadas e conciliadas ambas as acepções, conforme afirma Antônio Augusto Cançado Trindade[727], no sentido de se compreender que "a universalidade é enriquecida pela diversidade cultural, a qual jamais pode ser invocada para justificar a denegação ou violação dos direitos humanos".

---

726 DELAS-MARTY, Mireille. *Crimes internacionais e jurisdições internacionais*. Trad. Silvio Antunha. Barueri: Manole, 2004, p. 63.
727 CANÇADO TRINDADE, Antônio Augusto. A proteção internacional dos direitos humanos no limiar do novo século e as perspectivas brasileiras. In: *Temas de política externa brasileira II*. 1994. v. 1, p. 173.

Essa interpretação já vem sendo dada pela Corte Europeia de Direitos Humanos, que reconhece uma margem nacional ou cultural de apreciação dos direitos humanos, sem, contudo, lhe retirar a característica da universalidade, como bem explica Mireille Delmas-Marty[728].

Assim, o respeito às diferenças culturais entre os povos insere-se como um elemento a mais no conceito de direitos humanos, que nem por isso deixa de ser universal, mas que ganha o atributo da não homogeneização cultural e, ao mesmo tempo, da obrigação de ser interpretado com a preservação e o respeito à diversidade, sem que tal seja incompatível com todas aquelas acepções que dizem respeito ao caráter de universalismo dos direitos humanos.

É nesse sentido que o multiculturalismo, enquanto discurso, inclui-se no discurso do universalismo como adminículo novo, sem que com ele seja incompatível, podendo ser entendido como um discurso dentro de outro discurso, o que se pode designar, enfim, como *discurso do mau sujeito*.

1.2 Multiculturalismo: um elemento heterogêneo do universalismo dos direitos humanos

A fim de que alcance a necessária validade e legitimidade, o universalismo das normas que regem o conjunto dos direitos humanos deve ser interpretado em consonância com os diferentes valores ínsitos a cada cultura e, mais ainda, às diversas culturas existentes nos mais diversificados espaços territoriais. Trata-se do universalismo sem homogeneização cultural já falado.

---

728 In: *Le relatif ET l'universel,* p. 65: "S'agissant du droit positif des droits de l'homme, l'universel ne s'oppose pas au relatif. Ainsi la CEDH admet la diversité des droits nationaux chaque fois qu'elle reconnaît une "marge d'appréciation", réservant une sorte de droit à la différence pour chaque État, donc un certain relativisme. Elle y parvient avec plus ou moins de bonheur, mais, si l'on prolonge la métaphore, cela revient à admettre que le même tableau est construit selon des lignes de perspective multiples correspondant à plusieurs observateurs placés en des lieux différents du tableau". Em se tratando do direito positivo dos direitos humanos, o universal não se opõe ao relativo. Assim, a CEDH admite a diversidade dos direitos nacionais cada vez que ela reconhece uma "margem nacional de apreciação", reservando uma espécie de direito à diferença para cada Estado, portanto, um certo relativismo. Esse relativismo é alcançado com maior ou menor êxito ao se prolongar as comparações, o que significa admitir que um mesmo quadro é construído segundo linhas de múltiplas perspectivas, às quais correspondem aos múltiplos observadores colocados em diferentes locais desse quadro. (Tradução livre.)

Daí a necessidade de introduzir-se um elemento novo ao discurso da universalidade dos direitos humanos que é justamente o multiculturalismo, devendo, antes disso, ser bem entendido o conceito de discurso como sendo algo que ocupa um lugar entre o pensamento e a palavra, entre o falar e o pensar, ou um pensamento revestido por signos e tornado visível pelas palavras – tomando por empréstimo o conceito de discurso trazido por Michel Foucault[729], ou então como sendo a ideologia manifestada por meio de palavras, para usar a acepção de Michel Pêcheux[730].

Para se qualificar o multiculturalismo como o discurso do mau sujeito, incluído dentro do discurso da universalidade dos direitos humanos, toma-se por empréstimo as lições de Freda Indursky[731], que propõe analisar a questão da formação discursiva como uma "sucessão de acontecimentos dispersos", sob a ótica de Michel Foucault na obra *Arqueologia do saber*, com o intuito de tecer questionamentos em torno da formação discursiva, contrastando seu entendimento com as formulações de Michel Pêcheux, naquilo em que ambas as formulações divergem, em especial no que diz respeito à questão da inserção da ideologia no discurso.

Para Foulcault, um discurso se forma com certa ordem e mediante algumas regras mais ou menos regulares, as quais determinam uma espécie de homogeneidade à formação discursiva. Essa regularidade significa a existência de uma verdadeira harmonia no aparecimento e na dispersão dos discursos, não sendo, porém, a ideologia um princípio organizador do processo de surgimento e permanência dos discursos[732].

Afirma Indursky que, ao contrário de Foucault, Pêcheux entende existir uma relação entre discurso e ideologia, para quem a formação discursiva possui enunciados que se relacionam com a ideologia em vigor, a qual tem como função determinar o que pode e o que deve ser dito e na qual se insere a ideia de sujeito, pois "é o indivíduo que, interpelado pela ideologia, se

---

729 FOUCAULT, Michel. *A ordem do discurso*. Aula inaugural no Collège de France, pronunciada em 2 de dezembro de 1970.
730 PÊCHEUX, Michel. *O discurso: estrutura ou acontecimento*. Trad. Eni Pulcinelli Orlandi. Campinas: Pontes, 1997.
731 INDURSKY, Freda. Da interpretação à falha no ritual: a trajetória teórica da noção de formação discursiva. In: BARONAS, Roberto Leiser. *Análise do discurso: apontamentos para uma história da noção-conceito de formação discursiva*. São Carlos: Pedro e João Editores, 2011.
732 FOUCAULT, Michel, op. cit., p. 82.

constitui como sujeito, identificando-se com os dizeres da formação discursiva que representa, na linguagem, um recorte da formação ideológica"[733].

Com base nessa afirmação, Pêcheux cunhou o conceito de "tomada de posição", a qual pode ocorrer de três formas diferentes: (1) superposição entre o sujeito do discurso e a forma-sujeito, ou discurso do "bom sujeito", em que o sujeito do discurso identifica-se com a ideologia do discurso; (2) discurso do "mau sujeito", em que o sujeito do discurso se contrapõe aos saberes internos da formação discursiva, gerando uma contraidentificação, pois o sujeito passa a questionar os saberes que pertencem àquela formação discursiva em que ele próprio se encontra inserido, gerando uma formação discursiva heterogênea, ou alteridade, por meio do que denomina "discurso-outro"; e (3) rompimento do sujeito do discurso com a formação discursiva, por meio de uma desidentificação, que desloca o sujeito de uma formação discursiva para outra.

Interessa aqui analisar a classificação trazida por Pêcheux no que diz respeito à segunda modalidade de tomada de posição, pois nessa hipótese ocorre o que chama de relativização da forma-sujeito e da própria formação discursiva, pois nela restam inseridas divergências, exatamente como ocorre na introdução do elemento "multiculturalismo" no seio do discurso relativo à universalidade dos direitos humanos.

Para Freda Indursky, essa inclusão de novos elementos na formação discursiva que a torna heterogênea, e que se denomina contraidentificação, é o que transforma a igualdade dos sentidos e unidade do sujeito em diferença dos sentidos e fragmentação da forma-sujeito, concluindo que se a formação discursiva apresenta-se da maneira assim descrita, também a forma-sujeito é heterogênea, pelo fato de o próprio sujeito do discurso ser portador de diferentes posições ideológicas.

Nessa esteira, tece reflexões sobre a forma-sujeito, demonstrando a existência de algumas quebras no ritual do discurso, o que, para Indursky, ocorre no encontro do sujeito do discurso com a linguagem e a história, entendendo que as falhas no ritual do discurso se dão precisamente com a entrada de novos saberes na formação discursiva (em virtude das fronteiras tênues e porosas da formação discursiva), com a fragmentação da forma-sujeito, ou com o advento do que denomina "acontecimento enunciativo", que advém da introdução de novos saberes na formação discursiva, os quais provocam sua divisão por gerarem uma certa ambiguidade ideológica no seu interior.

---

733 INDURSKY, Freda, op. cit., p. 82.

Aqui mais uma vez se pode inserir perfeitamente o elemento multiculturalismo como sendo uma formação discursiva que propiciou uma certa quebra no ritual discursivo formado especialmente no contexto histórico do fim da II Guerra Mundial atinente à característica da universalidade dos direitos humanos, podendo-se incluir esse discurso do multiculturalismo como verdadeiro acontecimento enunciativo que veio a propiciar de fato um elemento novo e heterogêneo no interior do discurso, sem que contudo pudesse ser identificado como sendo um rompimento do sujeito do discurso com a própria formação discursiva, não havendo nessa nova acepção, portanto, deslocamento de um discurso para outro diametralmente oposto ou diverso.

Isso porque a introdução do discurso do multiculturalismo no âmago do discurso da universalidade dos direitos humanos não acarreta a necessária desidentificação capaz de deslocar o sujeito de uma formação discursiva para outra, pelo simples fato de que ambos os discursos não são incompatíveis entre si, assim como não são incompatíveis entre si os discursos do multiculturalismo e do cosmopolitismo[734].

Trata-se em realidade de uma espécie de "falha" no ritual do discurso, de importância significativa, que permite o seu próprio questionamento, capaz de gerar uma nova formação discursiva, sem, contudo, gerar quebras relativas aos seus elementos de identificação, ou, em outras palavras, sem que a inserção do elemento novo acarrete a desidentificação que teria condão de gerar um novo discurso, mas apenas trazendo maior alteridade para a forma inicial do discurso.

Freda Indursky afirma não ser possível analisar uma formação discursiva como sendo algo fechado e homogêneo, o que para ela não é sequer desejável, já que a ideologia não pode consistir na existência de um discurso para cada um, mas sim como um elemento capaz de dividir e fragmentar as próprias formações discursivas, no sentido de que essas falhas no ritual do discurso são o que permite transformá-lo, possibilitando que o sujeito do discurso se aproprie de outros saberes e os introduza no interior de uma formação discursiva, fazendo com que esta não seja tratada

---

[734] A esse propósito, interessante a reflexão feita por Miguel Carbonell, no prefácio da obra *Cosmopolitismo, Estado-nación y nacionalismo de las minorias,* de Will Kymlicka e Christine Straehle, ao questionar: "Se pueden defender simultáneamente el multiculturalismo y el cosmopolitismo?, ¿son contradictorios los movimientos que defienden las diferencias, que consideran positivo el establecimiento de un estatus jurídico diferenciado por razones étnicas o culturales, y aquellos otros que persiguen la superación de las fronteras y que proponen dejar atrás nociones como las de ciudadanía y soberanía".

como o que a autora denomina "maquinaria discursiva fechada", permitindo que a alteridade e a contradição nela se introduzam, como condição de sua não homogeneidade.

É justamente isso o que ocorre quando a questão do multiculturalismo e da corrente relativista se introduzem no discurso da universalidade dos direitos humanos: o discurso torna-se novamente aberto, com uma contradição mais aparente do que real, capaz de torná-lo, além de heterogêneo, mais consistente.

É por essa razão que o multiculturalismo é tratado aqui como o "discurso do mau sujeito", à medida em que introduz no discurso um elemento novo, sem descaracterizar o discurso originário.

Em outras palavras: resta mantida a característica da universalidade dos direitos humanos mesmo diante da necessidade de não homogeneização cultural que se dá pela via da preservação das variações axiológicas de cada grupo social, servindo a cultura como fonte de interpretação do real significado do conceito de dignidade humana e, em última análise, do bem jurídico tutelado pelas normas que formam o arcabouço protetivo dos direitos humanos que, por se estenderem a todo e qualquer ser humano, por sua simples condição de ser humano, são, por si sós, universais.

2. SOBERANIA E DIREITOS HUMANOS

Como assinalado em outra oportunidade[735], o estudo da soberania, por si só, é um tema tormentoso e complexo, que suscita debates apaixonados, ideológicos e com várias facetas e imprecisões. A obra intitulada *Soberania: antigos e novos paradigmas*[736] demonstra bem essa realidade e os vários aspectos que podem ser abordados quanto a essa matéria. Assuntos pertinentes aos direitos humanos, globalização, integração regional, Direito Internacional, meio ambiente, entre outros, foram encampados pela doutrina, sendo certo que o tema é extremamente espinhoso, haja vista as grandes transformações ocorridas no mundo e no próprio conceito e aplicação da soberania.

Neste passo, cumpre fazer os seguintes questionamentos: como devem ser focados, hodiernamente, os estudos relativos aos direitos humanos no

---

[735] GUERRA, Sidney. *Curso de direito internacional público*. 14. ed. São Paulo: Saraiva, 2022.
[736] GUERRA, Sidney; SILVA, Roberto. *Soberania: antigos e novos paradigmas*. Rio de Janeiro: Freitas Bastos, 2004.

plano internacional, considerando que se reconhece a soberania dos Estados? Esta soberania é absoluta? Seria possível invocar o instituto da intervenção quando estamos diante de uma violação de direitos humanos?

No início de 1993, o "Papa Santo" – João Paulo II[737] – surpreendeu muitas pessoas que não conhecem as normas de Direito Internacional ao solicitar que as Nações Unidas adotassem medidas efetivas em relação ao massacre que estava ocorrendo na Bósnia. O Santo Padre argumentava que deveriam ser observadas as normas de proteção aos direitos humanos, ensejando, dessa forma, uma ação de natureza militar com finalidades humanitárias.

Impende assinalar, desde logo, que o princípio da não intervenção é corolário dos direitos fundamentais dos Estados, especialmente do direito à soberania e do direito à igualdade jurídica. O dever de não intervenção, que teve origem nas normas de Direito Internacional aplicáveis entre os Estados americanos, obteve o reconhecimento como princípio de Direito Internacional observado em todo o planeta a partir da Declaração sobre princípios de Direito Internacional referentes às relações de amizade e cooperação entre os Estados[738].

São identificados três pressupostos básicos, de natureza costumeira, em relação ao princípio da não intervenção: o que proíbe um Estado de interferir nos assuntos domésticos de outro; o que proíbe um Estado de apoiar dentro de seu território atividades prejudiciais a outro; o que veda a um Estado dar apoio a beligerantes e insurgentes, caso esteja havendo um conflito no âmbito de outro.

No âmbito das Nações Unidas, o artigo 2º, alínea 1, da Carta da ONU estabelece que a Organização está ancorada no princípio da igualdade soberana de todos os seus membros, bem como na alínea 7 do mesmo artigo, que estabelece que nenhum dispositivo da Carta autorizará as Nações Unidas a intervir em assuntos que dependam essencialmente da jurisdição interna de qualquer Estado ou obrigará os membros a submeter tais assuntos a uma solução, nos termos da Carta (esse princípio, porém, não prejudicará a aplicação das medidas coercitivas constantes no Capítulo VII).

---

737   Eis a manifestação de João Paulo II, quando da reunião com o corpo diplomático acreditado junto à Santa Sé em 16 de janeiro de 1993: "Constituye sin duda una de las mas significativas del Derecho de Gentes a lo largo del siglo XX. La emergencia del individuo esta en la base de lo que se llama el Derecho Humanitario. Existen intereses que transcienden a los Estados: son los intereses de la persona humana, sus derechos. Hoy, como ayer, el hombre y sus necesidades estan, desgraciadamente, amenazados hasta el punto que un nuevo concepto se ha impuesto en estos últimos meses, el de injerencia humanitaria".

738   Em relação ao instituto, recomenda-se também a leitura de GUERRA, Sidney. *Direito internacional ambiental*. Rio de Janeiro: Freitas Bastos, 2006.

Do mesmo modo, a Resolução n. 2625 da XXV Assembleia Geral das Nações Unidas estabelece que "nenhum Estado ou grupo de Estados tem o direito de intervir direta ou indiretamente, seja qual for o motivo, nos assuntos internos ou externos de qualquer outro Estado. Para tanto, não somente a intervenção armada como também quaisquer outras formas de ingerência ou de ameaça atentatória da personalidade do Estado ou dos elementos políticos, econômicos e culturais que lhes constituem".

Sem embargo, o conceito[739] de intervenção para o Direito Internacional não é dos mais fáceis. A confusão começa em saber se a intervenção consiste apenas em assuntos internos ou se também abrange os problemas de natureza externa.

Poucos autores[740] afirmam que só constitui intervenção a ingerência interna, sendo, portanto, a maioria que defende a intervenção nos planos interno e externo. Araújo assinala que a intervenção pode ser traduzida na intromissão indevida de um Estado nos negócios internos (forçando a mudança da forma de governo) ou externos (impondo a aceitação de certas normas em relação a sua política exterior) de outro membro da sociedade internacional[741].

Tem sido considerado pela doutrina que o ato da intervenção somente se caracteriza quando reúne os seguintes elementos: estado de paz; ingerência nos assuntos internos ou externos; forma compulsória dessa ingerência; finalidade de o autor da intervenção impor sua vontade; ausência de consentimento de quem sofre a intervenção[742].

A intervenção ocorre quando um Estado ou grupo de Estados interfere nos assuntos internos ou externos de determinado Estado, para impor sua vontade ao arrepio das normas internacionais.

Assim, a intervenção é concebida como violação ao Direito Internacional, pois todo Estado tem a obrigação de se abster de qualquer ingerência na vida política de outro, razão pela qual é combatida pelas convenções internacionais.

Há de ressaltar que nenhuma intervenção é válida, exceto aquela realizada sob os auspícios da Organização das Nações Unidas, que é encarada

---

739   ARÉCHAGA, Eduardo Jiménez. *Derecho internacional público*. Montevideo: Fundación de Cultura Universitaria, t. 2, p. 165, afirma que "a intervenção tem sido descrita como uma zona nebulosa de ação, imperfeitamente definida pelo Direito Internacional".
740   MELLO, Celso Albuquerque, op. cit., p. 455.
741   ARAÚJO, Luis Ivani Amorim. *Curso de direito internacional público*. Rio de Janeiro: Forense, 1997, p. 155.
742   MELLO, Celso Albuquerque, op. cit., p. 456.

como ação de polícia internacional visando a manutenção da paz e da segurança internacionais[743]. Ou seja, a intervenção é vedada quando realizada por um único Estado ao arrepio do Direito Internacional. Isso decorre dos princípios da autodeterminação e do domínio reservado dos Estados.

A doutrina e a prática internacionais consagraram a intervenção com diversos fundamentos, ora para a defesa de seu nacional, ora para a defesa da democracia[744]. Entretanto, nenhuma dessas razões justifica uma intervenção nos dias de hoje.

Celso Mello, valendo-se dos ensinamentos dos internacionalistas franceses, distingue intervenção de ingerência considerando que aquela é feita por meio de força armada e que no século XIX a intervenção humanitária era denominada "intervenção da humanidade". Conclui o autor que o direito de ingerência é perigoso para os países do terceiro mundo, uma vez que a defesa dos direitos do homem, além de ser uma noção jurídica, é uma noção eminentemente política[745].

A intervenção humanitária[746] (expressão utilizada pela doutrina anglo-americana), denominada ingerência pela doutrina francesa, estabelece a

---

[743] No mesmo diapasão MELLO, Celso Albuquerque, op. cit., p. 458: "É de se assinalar que a intervenção coletiva compreendida sob os auspícios da ONU não possui a ilicitude de intervenção. Este tipo de intervenção é feito no interesse da sociedade internacional e não no interesse egoístico de um ou vários Estados".

[744] Vide MELLO, Celso Albuquerque, op. cit., p. 459-464.

[745] Idem, p. 466.

[746] SALCEDO, Juan Antonio Carillo. La asistencia humanitaria en derecho internacional contemporáneo. Sevilla: Universidad de Sevilla, 1997, p. 128, apresenta as regras propostas pelo Instituto de Direito Internacional sobre a proteção dos direitos do homem, os princípios da não intervenção dos Estados e os princípios que regem o direito de assistência humanitária: "1. States have a duty to provide humanitarian assistance to victims in their territory or under their control; 2. States, International Governmental Organizations and NGO's have a right to offer humanitarian assistance to other States; 3. States, IGO's and NGO's have a right to provide humanitarian assistance to victims in other States with the consent of these States or – in case of desintegration of governmental authority and of civil war – with the consent of authority and of civil war – with the consent of the relevant local autorities. 4. States have no duty to provide humanitarian assistance to victims in other States but they have a duty to facilitate humanitarian assistance lent by other States, IGO's and NGO's. If measures of coercion are taken against a particular State supplies for essential humanitarian needs have to be exempted from them; 5. The Security Council, by virtue of Chapter VII of the Carter, may determine that the magnitude of a human tragedy constitutes a threat to international peace and security and authorizes States or UN forces to take all measures necessary to bring humanitarian assistance to the victims. 6. States have a duty to admit humanita-

necessidade de promover assistência humanitária em situações emergenciais, causadas por conflitos armados, catástrofes naturais ou promovidas pelo próprio Estado ou governo para diminuir o sofrimento causado à população civil. Na mesma direção, o magistério de Salcedo[747]:

> "La ingerencia en favor de las víctimas de situaciones de extrema urgencia humanitaria aparece ante todo como un imperativo moral y fué introducida para designar una actitud ética, esto es, para referirse a las exigencias de solidariedad que mueven a socorrer a las víctimas de las violaciones masivas de derechos humanos fundamentales producidas a consecuencia de una situación de urgencia humanitaria, culquiera sea su origen, y en especial las que derivan de las situaciones de catástrofes políticas, caracterizadas por la deseintegración de la autoridad política"[748].

Lindgren Alves acentua que a expressão "direito de ingerência" tem prejudicado o trabalho das Nações Unidas em prol dos direitos humanos:

> "Visualizado no contexto do direito humanitário, das vítimas de guerra e outros flagelos, sua origem remonta ao final dos anos 80, quando os 'Médicos sem fronteiras' e outras organizações congêneres encontraram obstáculos governamentais para fornecer auxílio médico e alimentar as populações africanas e asiáticas em áreas conflagradas. O auxílio, naturalmente, positivo, assim como o foi, nesses casos, a atuação da ONU. Negativo é o conceito, usado de forma propagandista por alguns setores em países desenvolvidos, como se estes, com um 'dever' autoatribuído, tivessem o 'direito' discricionário de intervir militarmente em terceiros"[749].

A intervenção humanitária[750] tem como objetivo precípuo cessar graves e repetidas violações aos direitos humanos, de acordo com o previsto na

---

rian assistance to the victims furnished by other States, IGO's or NGO's in accordance with international law. They many not arbitrarily refuse their consent. 7. Individuals have a right against the State under whose control they are receive humanitarian assistance or to permit its distribution according to rules 3, 4 and 6".

747 BETTATI, Mario. *Le droit d'ingérence: mutation de l'ordre international.* Paris: Odile Jacob, 1996.

748 SALCEDO, Juan Antonio Carillo, op. cit., p. 130.

749 ALVES, José Augusto Lindgren, op. cit., p. 39.

750 FAVOREU, Louis, op. cit., p. 46: "L'idée d'un droit d'ingerence dans les affaires internes d'un État de la protection des ressortissants de ce dernier et, plus largement, des droits et libertés, paraît progresser après être longtemps demeurée très marginale et en restant toujours très ambiguë et floue".

Declaração de Direitos do Homem de 1948. Foi com esse objetivo que a França apresentou o projeto sobre assistência humanitária:

> "Quando nos estertores da Guerra Fria, a França, impulsionada pelos Médicos sem fronteiras, submeteu a Assembleia Geral das Nações Unidas, na sessão de 1988, o projeto de resolução sobre assistência humanitária que deu origem à expressão 'direito de ingerência'; sua preocupação explicitada era com as dificuldades interpostas por determinados governos de países conflagrados, como o Afeganistão e o Sudão, a concessão de auxílio médico e alimentar a vítimas integrantes – muitas vezes apenas pela etnia – de movimentos insurrecionais. A Resolução n. 45/131, em que se transformou o projeto francês, após os debates e questionamentos esperados, foi, não obstante, adotada por consenso. Sua *rationale* era, afinal, uma extensão indubitavelmente lógica do Direito Internacional dos direitos humanos, em sua vertente humanitária: o direito elementar de todas as pessoas, vitimadas por cataclismos de origem natural ou humana, de receberem a assistência necessária a sua sobrevivência. Visto por outro ângulo, não o dos titulares individualizados desse direito fundamental, mas o das entidades prestadoras de auxílio, tratava-se do direito das organizações humanitárias, não governamentais e não subordinadas ao Comitê Internacional da Cruz Vermelha, de terem acesso às vítimas de qualquer desastre ou conflito, independentemente de sua posição perante o governo do Estado respectivo, para a prestação de assistência"[751].

Além da Declaração de 1948, cumpre ressaltar que a assistência humanitária, que visa garantir a proteção dos direitos humanos, está em consonância com as Convenções de Genebra de 1949 e de 1970, nas quais os organismos agem de maneira pacífica, em nome do Direito Internacional e das exigências da sociedade internacional, no sentido de garantir a assistência humanitária devida.

Para Rey Pérez, a "intervención humanitaria como el ejercicio de la coacción por un Estado, un conjunto de Estados o una organización de Estados en el territorio de otro Estado sin su consentimiento con el objetivo de proteger los derechos humanos (detener o prevenir una violación masiva de los mismos). Serián, por tanto, un caso de guerras en defensa de los derechos humanos"[752].

Com efeito, apesar da dificuldade que envolve o tema, pode-se afirmar que o direito de ingerência humanitária está consagrado no direito positivo[753].

---

751 ALVES, José Augusto Lindgren, op. cit., p. 146.
752 PÉREZ, José Luis Rey, op. cit., p. 181.
753 Sobre essa matéria, o posicionamento de SUDRE, Frederic, op. cit., p. 119: "Si la

Em 1987, na Cidade de Paris, foi realizada a Primeira Conferência Internacional de Direito e Moral Humanitária, culminando com a Resolução n. 43/131, de 8 de dezembro de 1988, que consagra a assistência humanitária às vítimas de desastres naturais e situações de emergência e similares.

No preâmbulo da referida resolução houve uma manifestação clara da Assembleia Geral das Nações Unidas quanto ao sofrimento das vítimas, à perda de vidas humanas, à destruição de bens materiais e ao deslocamento em massa de populações, bem como à dificuldade que as vítimas podem enfrentar para obter a prestação da assistência humanitária.

A resolução estendeu às organizações não governamentais a possibilidade de prestar assistência humanitária, como também de impor ajuda humanitária ao Estado que tenha dificuldades em atender vítimas de conflitos armados, catástrofes naturais ou políticas.

Impende assinalar que todo o esforço para que houvesse o "reconhecimento" dessa situação jurídica estava ancorado em três grandes questões: a dificuldade de colocar em prática as normas de Direito Internacional humanitário; a consciência de que as normas do Direito Internacional humanitário estavam voltadas para as situações de emergência advindas de conflitos armados e a aspiração a garantir juridicamente o livre acesso das vítimas de catástrofes[754] humanitárias[755].

---

notion de 'devoir d'ingérence', notion a-juridique qui est l'expression d'une indignation morale, peut être ici écartée, l'analyse juridique conduit à constater que la notion de 'droit d'ingérence humanitaire' n'a aucunement été consacrée par le droit positif".

754 Para melhor compreensão do problema relacionado às catástrofes provenientes de conflitos armados, GUERRA, Sidney. *Direito internacional das catástrofes*. Curitiba: Instituto Memória, 2021: "A catástrofe humanitária originada por conflito armado causará efeitos catastróficos considerados permanentes, não na literalidade da palavra, mas efeitos estes que determinarão o colapso da nação em um nível em que a reconstrução das instituições e estruturas, assim como a própria recuperação da população restará deveras improvável. Alguns dos efeitos permanentes de uma catástrofe da referida modalidade serão, por exemplo: o deslocamento forçado para além das fronteiras territoriais, ou seja, o estabelecimento de fluxos de refugiados, o genocídio de etnias, a aniquilação de vertentes religiosas e de culturas minoritárias e a destruição de patrimônio cultural. Os fatores transversais podem ser de natureza histórica, geográfica, política, econômica, socioeconômica, étnica, religiosa, cultural ou ideológica e a sua ocorrência concomitante ao conflito gerará as consequências catastróficas e a resultante crise humanitária inerente. Isto porque, a existência de tais elementos instalarão as vulnerabilidades consideradas temporárias e derivadas e agravarão aquelas já existentes e permanentes.

755 Vale observar, nessa direção, o magistério de SALCEDO, Carillo, op. cit., p. 132: "En el fondo, se trata de extender los principios y normas del Derecho Internacional Humanitario relativos a la ayuda humanitaria a situaciones de emergencia distintas

A Assembleia Geral das Nações Unidas aprovou resolução que consagra os chamados "corredores de urgência humanitária", em que permite, a título provisório, acesso às vítimas de uma catástrofe natural. Essa iniciativa partiu da França e pode ser bem retratada nas palavras de François Mitterrand: "A não ingerência cessa quando há o risco de não assistência".

A ideia produziu grande preocupação em Estados que se apresentam de forma mais fragilizada no âmbito das relações internacionais, porque, invocando a "ingerência", poderiam ser observadas algumas brechas que poderiam suscitar ações militares nos Estados, ferindo frontalmente a soberania estatal.

Alves adverte que, "à luz dos registros históricos de intervenções arbitrárias de potências militares em países mais fracos, a noção de um 'direito de ingerência' assume conotações ameaçadoras. (...) A insistência com que a ideia foi alardeada nos primeiros momentos do período pós-Guerra Fria teve, inclusive, efeitos prejudiciais na preparação e nas deliberações da Conferência Mundial de Direitos Humanos em Viena. Foi preciso um grande esforço diplomático para se chegar ao texto consensualmente adotado na Declaração de Viena"[756].

Sem embargo, a questão dos "corredores humanitários" deve ser analisada com cautela, por envolver matéria cara para os Estados e, por consequência, para o Direito Internacional Público: a soberania.

Corresponde à necessidade de fomentar e reafirmar o princípio de cooperação internacional quando se apresenta a grupos de pessoas sob risco de morte a oportunidade de contar com a assistência necessária para salvaguardar suas respectivas integridades físicas, compatibilizando também a soberania dos Estados.

Frederic Sudre, em interessante abordagem, identifica algumas características em relação ao instituto da assistência humanitária, ressaltando a observância da soberania do Estado, da necessidade de atendimento às vítimas de catástrofes naturais ou conflitos armados e destacando o papel das OIs e ONGs nesse mister:

> "L'assistance humanitaire s'opère dans le respect de la souveraineté de l'État, dont le consentement est requis et l'aide n'intervient qu'à titre subsi-

---

de las de los conflictos armados, internacionales o internos, y que por ello no están expresamente reguladas por el Derecho de Ginebra".

756 ALVES, José Augusto Lindgren, op. cit., p. 39.

diaire, si les moyens matériels de l'État concerné, à qui il incombe au premier chef d'agir, sont défaillants. (...) En second lieu, l'object du droit est strictement limité: fournir de la nourriture, des médicaments ou des soins médicaux aux victimes de situations d'urgence (catastrophes naturalles ou conflits armés). (...) En troisième lieu, c'est um droit de porter secours, dont sont titulaires les organisations internationales et les ONG et (accessoirement) les États, qui est énoncé et non droit des victims à être secourues: il s'agit d'un droit de proposer son assistance a l'État en cause"[757].

De fato, o tema está intimamente ligado ao problema da soberania dos Estados. Podem ser apresentados exemplos que se manifestaram (como também os que não aconteceram ou ocorreram de forma precária) no plano das relações internacionais[758].

Um caso emblemático da ingerência militar humanitária aconteceu no Iraque, por ocasião da Guerra do Golfo de 1991, quando foi oferecida proteção e auxílio aos curdos, envolvendo a contenção bélica das forças militares iraquianas, havendo também o lançamento de alimentos e medicamentos para a população civil. Tal ação foi deflagrada pela Resolução do Conselho de Segurança n. 688, de 5 de abril de 1991.

Na antiga Iugoslávia aconteceram diversas manifestações acerca do livre acesso de organizações internacionais humanitárias, conforme as deliberações do Conselho de Segurança das Nações Unidas por meio das

---

[757] SUDRE, Frederic. *Droit Européen et international des droits de l'homme*. 8. ed. Paris: PUF, 2006, p. 119-120.

[758] SUDRE, Frederic, op. cit., p. 27-28, realiza o seguinte comentário: "Si l'intervention, acte de force perpétré par un État en territoire étranger, est condamnée par le droit international au nom du respect de la souveraineté de l'État, les interventions accomplies pour les motifs humanitaires apparaissent comme une exception coutumière à ce principe: qu'il s'agisse de l'intervention de l'État pour protéger la vie et les biens de ses nationaux dont la sécurité est menacée en territoire étranger ou qu'il s'agisse de l'intervention d'humanité qui a en principe un caractère collectif et a pour objet de protéger non plus les nationaux de l'État intervenant mais les ressortissants de l'État sur le territoire duquel l'intervention a lieu et qui apparaissent victimes d'actes contraires aux 'lois de l'humanité'. (...) La pratique contemporaine au siècle traduit cette dérive politique de l'intervention humanitaire: n'ont lieu, sous cette appellation, que des interventions effectuées au profit des seuls nationaux, le motif humanitaire pouvant être plus ou moins réel – ainsi des interventions americano-belge au Congo (1964), israélienne en Ouganda (1976), française au Zaire dans la province du Shaba (1978; parmi les bénéficiaires de l'intervention figuraient aussi des ressortissants belges), américaine em Iran (1980) – ou franchement très discutable (intervention américaine à Saint-Domingue em 1965 ou à la Grenade en 1980)".

Resoluções ns. 752, 757, 758, 761, 764, 770, 771, 787, 819, 836, 859, 908, 913, 914, 982, 994, 998, 1.005, 1.009, 1.010, 1.019, 1.034, todas do ano de 1992.

Em Ruanda também houve ação patrocinada pelas Nações Unidas, quando um milhão de pessoas foram mortas, no ano de 1994, em decorrência do enfrentamento das etnias tutsis e hutus; tal ação foi possível pela Resolução do Conselho de Segurança n. 929, de 29 de junho de 1994.

É bem verdade que as ações deflagradas pelas Nações Unidas, neste último episódio, manifestaram-se tímidas e demoradas, tamanho o massacre produzido naquele país. Entretanto, como desdobramento da ação perpetrada, observou-se a criação do Tribunal Penal para Ruanda, que também serviu de inspiração para o Tribunal Penal Internacional.

Esses foram alguns casos em que houve ação por parte das Nações Unidas baseada na violação dos direitos humanos, mas não se pode olvidar que, para obter a mobilização no plano das relações internacionais patrocinada pela referida Organização Internacional, e que terá como resultado a denominada ação de "polícia internacional", devem ser observados muitos fatores: os atores envolvidos, o poderio militar, os aspectos econômicos, a situação geopolítica, os recursos naturais e, finalmente, os direitos humanos.

Infelizmente, a prática tem demonstrado que os procedimentos para invocar uma possível atuação das Nações Unidas por violações de direitos humanos não têm sido uniformes. Ao contrário, os fatores acima indicados é que irão pesar para que seja observado ou não o instituto em epígrafe.

Por essa razão é que acontecem violações dos direitos humanos em todo o planeta. Assistimos passivamente, "ao vivo e em cores", à possível manifestação do Conselho de Segurança das Nações Unidas sobre a problemática.

De toda sorte, deve ser enfatizado que a assistência humanitária se apresenta como um direito de assistência e de salvaguarda àqueles que tiveram comprometidos (seja pela ação da natureza, seja pela ação humana) os seus direitos humanos.

3. GLOBALIZAÇÃO E DIREITOS HUMANOS

O tema da desigualdade surge com frequência entre as preocupações de estudo das ciências sociais, suscitando debates calorosos. Ao longo dos anos variaram as correntes, os enfoques e os instrumentos de análise empregados desde a tradição clássica até aos estudos contemporâneos.

Não restam dúvidas de que o assunto é vasto, múltiplo, complexo.

Delimitá-lo ao campo de congruência entre as abordagens do Direito torna-se uma tarefa necessária na atual conjuntura social, permeada pela regulação jurídica e pela presença de operadores jurídicos, cada vez mais requisitados para atuar diante do descumprimento por parte do Estado da obrigação de efetivar os direitos econômicos, sociais e culturais e promover as condições básicas de dignidade para a pessoa humana, como indispensável medida de promoção da inclusão econômica e social.

A interface do estudo da desigualdade nas ciências sociais e no Direito tem sido negligenciada, e o mútuo desconhecimento empobrece as considerações em dois sentidos. Por um lado, a avaliação das decisões judiciais feitas no campo das ciências sociais muitas vezes não passa pelo instrumental adequado de compreensão da argumentação jurídica e da necessidade de decidibilidade e tecnicismo existente na estruturação do sistema de Direito. Por outro lado, a ausência de inserção no debate jurídico de elementos provenientes das análises sobre a desigualdade no campo das ciências sociais corrobora o dogmatismo da razão do Estado nas argumentações e decisões jurídicas formuladas, contribuindo para a transferência do foco da discussão sobre a materialidade ou a substância da desigualdade e a construção mais justa da sociedade para um olhar meramente processual e tecnicista, ou seja, esvazia o conteúdo e privilegia a forma.

Com vistas ao propósito de melhor elucidar as motivações para estreitar o diálogo sobre a inclusão econômica e social entre os dois campos mencionados, pretende-se pontuar alguns aspectos que indicam a premência da aproximação e alguns elementos, entre os quais a interação com um potencial maior de traduzir-se na desconstrução de discursos marcados pelo conservadorismo arraigado e/ou por uma visão parcial da realidade, desconectada da dimensão integradora e plural de saberes sociais[759]. Para tanto, imperiosa a reflexão acerca da globalização, na medida em que muitas lesões produzidas em relação aos direitos humanos decorrem do momento que vive a humanidade, impulsionado, em larga medida, pela globalização[760].

---

[759] Essas reflexões foram contempladas no estudo apresentado por GUERRA, Sidney; BALMANT, Lilian. *A eficácia dos direitos econômicos, sociais e culturais como fator de inclusão social no contexto da globalização*. Rio de Janeiro: UERJ, IFCH, Nucleas, 2010, cujo propósito principal foi o de suscitar a necessidade do debate numa perspectiva que considere a relevância da interface de estudos sociojurídicos, do que propriamente fechar a discussão sobre as questões pertinentes à matéria sob exame.

[760] Em interessante artigo, Eduardo Saldanha, em GUERRA, Sidney. *Globalização: desafios e implicações para o direito internacional contemporâneo*. Ijuí: Unijuí, 2006, p. 207-208, questiona se a globalização se apresenta como fenômeno ou paradigma: "A Globalização, por mais impreciso que seja seu conceito, mostra-se como um processo

Boaventura de Sousa Santos assevera que a revisão dos estudos sobre os processos de globalização mostra que estamos perante um fenômeno multifacetado, com dimensões econômicas, sociais, políticas, culturais, religiosas e jurídicas interligadas de modo complexo. Por essa razão, acrescenta, as explicações monocausais e as interpretações monolíticas parecem inadequadas[761].

---

que vem transformando de maneira fundamental as Relações Internacionais, o qual para muitos não pode ser considerado como um paradigma das ciências sociais, mas sim como mais um fenômeno que deve ser analisado por esta, ao contrário do que afirma André-Jean Arnaud, o qual assevera que atualmente a globalização adquiriu um *status* de paradigma, pois assume o condão de solucionar e encontrar resposta para algumas problemáticas até então sem solução. A escolha por determinar a globalização como fenômeno e não como paradigma, vem de encontro com o objetivo de mostrar que a globalização é um acontecimento modificador da realidade sim, mas não um caleidoscópio modelador da produção de conhecimento científico. Nesse momento, portanto, limita-se a abordar a globalização como fenômeno, como um acontecimento impulsionado em um complexo sistema de instrumentos e mecanismos que fundam e são fundados pela realidade internacional. A revolução tecnológica da informação, assim como a globalização são fenômenos históricos, dinâmicos e incontroláveis. Assim, a globalização mostra-se como um fenômeno que intensifica as relações em escala mundial, que ao mesmo tempo pode ser considerado como amplo e limitado. Amplo, pois cobre transformações políticas, econômicas, culturais, de consumo e muito mais; limitado por não se tratar de um processo completo e terminado, e por não afetar a todos da mesma maneira, e por isso um fenômeno complexo e não um paradigma que possa explicar a realidade, independente da vertente teórica utilizada para sua abordagem. Porém, é incontestável o fato de que a globalização passa a ser objeto de estudo das Relações Internacionais devido, principalmente, à sua constituição complexa que impõe uma visão transdisciplinar na busca de um desvelamento mais preciso de seus fundamentos, mecanismos e efeitos". E finaliza com a seguinte ideia, p. 232-233: "A globalização não pode ser entendida como um paradigma que informa a construção do conhecimento e determina o entendimento da realidade internacional. A globalização é um fenômeno multifacetado, de construção e desenvolvimento histórico que deve ser analisado de forma abrangente e indicado por um método de produção de conhecimento científico. Este fenômeno, devido a sua abrangência e complexidade, deve ser analisado frente às Relações Internacionais sendo respeitada a sua amplitude e limitação concomitantes, ou seja, a sua amplitude deve ser considerada tendo em vista uma obrigatoriedade de análise transdisciplinar, e a sua limitação tendo a partir da sua produção de efeitos diferenciados, pois a globalização como fenômeno afeta cada setor nesta teia de interações de forma bastante diversa e muitas vezes caótica. Portanto, temos na globalização um fenômeno complexo, multifacetado, amplo e limitado, que deve ser analisado a partir de um método científico bem definido".

761 SANTOS, Boaventura de Sousa. *Globalização: fatalidade ou utopia*. 3. ed. Porto: Afrontamento, 2005, p. 32.

Nos dias atuais, culturas, etnias e raças vêm sendo empurradas pela globalização, envolvendo praticamente todos os países, uns como hegemônicos, protagonistas ou dominantes, uns como subordinados, dominados ou coadjuvantes, e outros como apêndices, com sérias consequências para as nações e para os Estados e seus cidadãos.

A globalização vem exigindo a eliminação das fronteiras geográficas nacionais e difundindo contínua modernização, expansão econômica, política, militar e territorial, fundindo e/ou destruindo identidades nacionais pela imposição de governos e modos de produção, enquanto mundializa a cultura.

Diante dessas questões tão distintas e complexas em que se manifesta a globalização, estabelecer um conceito é tarefa difícil, mas vários autores[762] têm procurado conceituá-la. Anthony Giddens, por exemplo, advertiu que a globalização não pode ser entendida apenas como fenômeno econômico, uma vez que a globalização trata efetivamente da transformação do espaço e do tempo, e a define "como ação a distância, e relaciono sua intensificação nos últimos anos ao surgimento da comunicação global instantânea e ao transporte de massa. (...) A globalização não é um processo único, mas uma mistura complexa de processos, que frequentemente atua de maneira contraditória, produzindo conflitos, disjunções e novas formas de estratificação"[763].

A globalização do mundo expressa um novo ciclo de expansão do capitalismo como modo de produção e processo civilizatório de alcance mundial. Um processo de amplas proporções, envolvendo nações e nacionalidades, regimes políticos e projetos nacionais, grupos e classes sociais, economias e sociedades, culturas e civilizações[764].

No plano econômico, assiste-se de forma quase irreversível à consolidação de uma nova forma de relacionamento entre a sociedade, o Estado e os agentes econômicos. Essa nova modalidade é a corporificação de um

---

[762] MITTELMAN, James. *The globalization syndrome*. New Jersey: Princeton, 2000, p. 5: "Although the literature provides many definitions of globalization, there are two mains categories. The first of these is to point to an increase in interconnections, or independence, a rise in transnational flows, and an intensification of process such that the world is, some respects, becoming a single place. Typical of this genre is the following: 'globalization refers to the process of reducing barriers between countries and encouraging closer economic, political and social interaction'. A second cut is more theoretical and emphasizes the compression of time and space".

[763] GIDDENS, Anthony. *Para além da esquerda e da direita*. São Paulo: Editora da Universidade Estadual Paulista, 1997, p. 13.

[764] IANNI, Octavio. *A era do globalismo*. 3. ed. Rio de Janeiro: Civilização Brasileira, 1997, p. 7.

processo continuado de destruição das fronteiras físicas, traçadas no nível jurídico-político pelo imperativo de uma ordem econômica nova, que tornou transnacional o fluxo internacional de capitais[765]. Tal fato, como assevera Castells[766], decorre da interdependência dos mercados financeiro e monetário no mundo, que, operando como um todo em tempo real, estabelece o elo entre as diferentes unidades monetárias nacionais. As transações cambiais envolvendo dólares, ienes e euros fazem com que a coordenação sistêmica entre essas moedas seja a única medida capaz de manter certo grau de estabilidade no mercado monetário, e consequentemente nos investimentos e no comércio globais.

A globalização tem suscitado posicionamentos favoráveis[767] e con-

---

[765] Nesse sentido, vale observar o magistério de SANTOS, Boaventura de Sousa. *Pela mão de Alice.* 5. ed. Porto: Afrontamento, 1996, p. 249: "Mesmo admitindo que existe uma economia-mundo desde o século XVI, é inegável que os processos de globalização se intensificaram enormemente nas últimas décadas. Isto é reconhecido mesmo por aqueles que pensam que a economia internacional não é ainda uma economia global, em virtude da continuada importância dos mecanismos nacionais de gestão macroeconómica e da formação de blocos comerciais. (...) Dos traços desta evolução, sobretudo nas últimas duas décadas, selecciono os mais importantes para a minha tese. O primeiro traço é a deslocação da população mundial para a Ásia consolidando-se esta como uma das grandes regiões do sistema mundial, constituída como todas as outras regiões, por um centro (o Japão), uma semiperiferia (Coreia do Sul, Taiwan, Hong Kong e Singapura) e uma periferia (o resto da Ásia). (...) O segundo traço da globalização da economia é a primazia total das empresas multinacionais, enquanto agentes do mercado global. Concomitantemente com a primazia das multinacionais, dois outros traços de globalização da economia devem ser mencionados pela importância que têm para a polarização da desigualdade entre Norte e o Sul. O primeiro é a erosão da eficácia do estado na gestão macroeconómica e o avanço tecnológico das últimas décadas quer na agricultura com a biotecnologia, quer na indústria com a robótica, a automação e também a biotecnologia".

[766] CASTELLS, Manuel. *O poder da identidade.* São Paulo: Paz e Terra, p. 288.

[767] Vale destacar as palavras de KRUGMAN, Paul. *Globalização e globobagens: verdades e mentiras do pensamento econômico.* 3. ed. Rio de Janeiro: Campus, 1999, p. 92, quando louva empregos ruins e mão de obra barata em detrimento da falta de emprego: "Ainda que os tubarões capitalistas se aproveitem da globalização, os maiores beneficiários são, isto sim, os trabalhadores do Terceiro Mundo. Afinal, a pobreza global não é algo recente, maquinado para a locupletação das corporações multinacionais. (...) Por quê, então, a indignação dos meus missivistas? Por que a imagem de um indonésio costurando tênis por sessenta centavos de dólar a hora evoca sentimentos tão mais compungidos do que a de outro indonésio num minúsculo pedaço de terra ganhando o equivalente a trinta centavos de dólar por hora para alimentar a família – ou a de um filipino cavucando o lixo num vazadouro público? A resposta, suponho, é algum tipo de escrúpulo. Ao contrário do lavrador faminto que luta pela subsistência, as mulheres e crianças

trários, otimistas e pessimistas[768], de amor e de ódio, de esperança e de desespero, como nas palavras de Celso Mello:

> "A globalização é uma grande ameaça aos valores tradicionais e que acabará, possivelmente, por beneficiar alguns Estados de que as matrizes das transnacionais são nacionais. O fenômeno da globalização só produziu a miséria. Todo o capitalismo é selvagem. A grande questão é de saber se é possível parar com a globalização e se voltar a valorizar o homem e não o capital"[769].

O fato é que, em razão da globalização, o Estado deixa de exercer o papel de proporcionar o bem-estar[770] de seus cidadãos, propiciando grandes desigualdades sociais e problemas relacionados ao subemprego, ao desemprego, à xenofobia e ao racismo exacerbado.

Herrera Flores acentua que a nova fase da globalização, denominada por ele "tercera transición del capital", apresenta-se por quatro características articuladas: a proliferação de centros de poder; a intrincada rede de interconexões financeiras; a dependência de uma informação que produz efeitos em tempo real; e o ataque frontal aos direitos sociais e trabalhistas. Tais características estão provocando uma mudança significativa em matéria de direitos humanos:

---

na fábrica de tênis estão trabalhando por salários de escravo para o nosso benefício – e a situação faz com que nos sintamos impuros. E assim surgem as exigências moralistas por normas trabalhistas internacionais: os opositores da globalização insistem em que não deveríamos comprar esses tênis e camisas, a não ser que as pessoas, que labutam na sua fabricação, recebam salários dignos e trabalhem sob condições decentes".

768   PINAUD, João Luis. A globalização pensa a miséria? In: *Globalização, neoliberalismo e direitos sociais*. Rio de Janeiro: Destaque, 1997, p. 114, assinala: "As práticas globalizantes da ordem econômica internacional comprovam a promoção da ruína que a luta política consciente poderia evitar. Não se pode falar em direitos, em direito humano ao desenvolvimento mantendo países da África e América Latina submetidos a uma ordem mutiladora. (...) A mesma luta não poderá aceitar esse novo postulado unipessoal da pilhagem chamado globalização".

769   MELLO, Celso Albuquerque. *Direito internacional da integração*. Rio de Janeiro: Renovar, 1996, p. 35.

770   Nessa perspectiva, AZEVEDO, Plauto Faraco. *Direito, justiça social e neoliberalismo*. São Paulo: Revista dos Tribunais, 1999, p. 112, enfatiza: "Progressivamente liberada de todo o contraste, a entidade providencial do mercado ilimitado, fundada sobre si mesma, mostra a sua face cruel, consagrando a exclusão social, agredindo as conquistas do próprio liberalismo e os direitos sociais advindos do Welfare State. (...) Se o desemprego mostra-se crescente, os neoliberais de plantão asseveram que é conjuntural, o essencial sendo manter a inflação em baixa. Para isto, crescem as medidas restritivas dos direitos sociais, em nome da sacralidade dos planos econômicos".

"A un nivel jurídico, estos hechos han inducido, en primer lugar, a la crisis del derecho nacional de los derechos humanos, ya que las constituciones – sobre todo, las que surgieron en América Latina y en Europa Latina tras las dictaduras del último tercio del siglo XX, y en las que se vertió la última esperanza del Estado democrático de derecho – están perdiendo su carácter normativo y se están acercando peligrosamente a lo que Karl Loewestein denominaba constituciones nominales y semánticas; y en segundo lugar, están suponiendo la reconfiguración del derecho internacional de matriz particularista y soberanista que primó tras la proclamación de la Declaración Universal, en un 'infraderecho' sometido a las reglas y principios de instituciones globales como la Organización Mundial del Comercio. La instauración paulatina de un orden global desigual e injusto esta afectando, no solo a lo que va quedando de Estado de Bienestar – donde este existió – sino, lo que es mas grave, a la capacidad social y coletiva de proponer alternativas baseadas en la justicia social"[771].

Alves, alargando a discussão, aponta alguns efeitos colaterais da globalização: "(...) a busca obsessiva da eficiência faz aumentar continuamente o número dos que por ela são marginalizados, inclusive nos países desenvolvidos; a mecanização da agricultura provocou o êxodo rural, inflando cidades e suas periferias; com a informatização da indústria e dos serviços o trabalho não especializado torna-se supérfluo e o desemprego estrutural; a mão de obra barata, ainda imprescindível na produção, é, muitas vezes, recrutada fora do espaço nacional pelas filiais de grandes corporações instaladas no exterior"[772].

Com isso, evidencia-se uma dilapidação dos direitos humanos em suas diversas dimensões, alcançando inclusive países ricos e países emergentes (a exemplo do Brasil, que empreendeu uma grande reforma previdenciária, alcançando milhares de brasileiros) e aumentando a miséria e a penúria social nos pobres.

Corroborando esse entendimento, Boaventura lembra que os países periféricos e semiperiféricos são os que mais estão sujeitos às imposições do receituário neoliberal, haja vista que são transformados pelas agências financeiras multilaterais em condições para a renegociação da dívida externa através dos programas de ajustamento estrutural[773].

---

771   FLORES, Joaquin Herrera. *Los derechos humanos como productos culturales: crítica del humanismo abstracto.* Madrid: Catarata, 2005, p. 226.
772   ALVES, José Augusto Lindgren. *Os direitos humanos na pós-modernidade.* São Paulo: Perspectiva, 2005, p. 26.
773   SANTOS, Boaventura de Sousa, op. cit., p. 37: "A globalização econômica é sustentada pelo consenso econômico neoliberal cujas três principais inovações institu-

Na feliz manifestação de Alves[774], enquanto para a sociedade de classes da "antiga" modernidade o proletariado precisava ser mantido com um mínimo de condições de subsistência (daí o *Welfare State*), para a sociedade eficientista, da globalização pós-moderna, o pobre é responsabilizado e estigmatizado pela própria pobreza. Longe de produzir sentimentos de solidariedade, é associado ideologicamente ao que há de mais visivelmente negativo nas esferas nacionais, em escala planetária: superpopulação, epidemias, destruição ambiental, vícios, tráfico de drogas, exploração de trabalho infantil, fanatismo, terrorismo, violência urbana e criminalidade.

Sem embargo, os direitos humanos, apesar de estarem na ordem do dia em quase todos os cantos do planeta e serem transformados em lídimo interesse da sociedade internacional, esbarram no entrave da globalização econômica[775], transformando grande parcela da população em "excluídos globalizados"[776].

Os direitos humanos são aviltados de várias formas diferentes em todo o mundo, causando horror, perplexidade e dor diante de fatos que devem ser rechaçados e condenados de maneira contundente.

A fome e a miséria, especialmente na África (mas não apenas), crimes bárbaros, terrorismo, prostituição, desemprego e subemprego são sinais claros do modelo que vem sendo contemplado.

---

cionais são: restrições drásticas a regulação estatal da economia; novos direitos de propriedade internacional para investidores estrangeiros, inventores e criadores de inovações susceptíveis de serem objeto de propriedade intelectual; subordinação dos Estados nacionais às agências multilaterais tais como: o Banco Mundial, o Fundo Monetário Internacional e a Organização Mundial do Comércio".
774   ALVES, José Augusto Lindgren, op. cit., p. 27.
775   Em sentido contrário, FREEMAN, Michael. *Human rights*. Cambridge: Blackweel, 2002, p. 154: "The globalization is a dynamic form of power which is transforming the structure of the world that its taken for granted by international law, including international human rights law. Consequently key concepts of the international human rights regime, such as a state sovereignty and self-determination, are being undermined by forces that sweep across state borders, showing only contempt for the principle of the territorial integrity of states. Nevertheless, on this account, the international human rights regime is itself a form of globalization, and thus we *cannot say that globalization is simply bad for human rights*" (grifamos).
776   Na mesma direção, ALVES, José Augusto Lindgren, op. cit., p. 9: "Filhos legítimos da modernidade e herdeiros presuntivos da Ilustração, os Direitos Humanos vivem situação contraditória nesta fase de pós-modernidade. Adquiriram inusitada força discursiva, mas são ameaçados de todos os lados. Afirmaram-se como baliza da legitimidade institucional, mas sofrem rudes golpes da globalização econômica. Fortaleceram-se na ciência política e são quase que descaracterizados pela filosofia epistemológica".

O capitalismo selvagem, que privilegia a globalização econômica, tem produzido efeitos nocivos aos direitos humanos na ordem global. Nesse sentido é que são evidenciados grandes problemas em relação aos direitos humanos, principalmente no campo dos direitos sociais.

De fato, o fenômeno da globalização[777] engendrou um novo quadro na economia mundial, delineado por uma dominação pelo sistema financeiro e pelo investimento elevado à escala global; processos produtivos flexíveis e multilocalizados; desregulação das economias nacionais; revolução nas tecnologias de informação e comunicação; baixos custos dos meios de transporte; projeção das agências financeiras multilaterais; emergência dos modelos transnacionais de capitalismo americano, japonês e europeu.

O reflexo dessas transformações no sistema mundial varia em grau conforme seja a posição ocupada por um Estado no sistema mundial. Contudo, é inegável a grandeza das consequências para a construção das políticas econômicas nacionais, especialmente nos países periféricos ou semiperiféricos (emergentes), tais como: abertura das economias ao mercado mundial e adequação dos preços domésticos aos parâmetros internacionais; primazia da economia de exportação; orientação econômica voltada para a diminuição da inflação e da dívida pública e para a vigilância sobre a balança de pagamentos; proteção ampla e precisa dos direitos de propriedade privada e respeito às patentes, com o combate à pirataria; privatização do setor empresarial estatal; mobilidade dos recursos, dos investimentos e dos lucros; regulação estatal mínima da economia; redução das políticas sociais no orçamento dos Estados, com o abrandamento do *quantum* destinado às transferências sociais, com a eliminação da sua universalidade e a transmutação em simples medidas compensatórias relativas aos segmentos sociais mais vulneráveis à atuação do mercado.

---

777   O termo "globalização" é polissêmico e muito se discute sobre o conteúdo, características e o impacto mundial que esta produz. Não se pretende aqui avançar nesta celeuma, embora se reconheça a sua importância, e tampouco se ambiciona desprezar o vigoroso debate e as diversas linhas de orientação dele decorrentes. Existe a consciência de que não há como supor a existência de uma ideia homogênea de globalização e nem é o objetivo deste estudo defender a sua inexorabilidade contra a qual não existam instrumentos de contenção. A noção de globalização que por ora será adotada como referência encontra-se exposta por SANTOS, Boaventura de Sousa (Org.). *A globalização e as ciências sociais*. 3. ed. São Paulo: Cortez, 2005, p. 25-102.

Em linhas gerais, tornam-se comuns expressões como "enxugar o Estado", "flexibilização", "neoliberalismo". O Estado fica limitado na capacidade de regulação da economia; surgem novos direitos de propriedade internacional para investidores estrangeiros, inventores e criadores de inovações dimensionados como propriedade intelectual e subordinação dos Estados nacionais às agências multilaterais (FMI, Banco Mundial, OMC).

O processo de globalização econômica tem vínculo direto com a globalização social e a disseminação da desigualdade. Vislumbra-se, para além do sistema de classes tradicional, uma classe capitalista transnacional, cuja forma institucional principal consiste nas empresas multinacionais. Uma aliança tríplice emerge no cenário, composta pelas empresas multinacionais, pela elite capitalista local e pela elite estatal, que acentua a concentração de renda, ainda que exista um assentimento com o teórico princípio de redistribuição de rendimentos pelos membros da elite[778].

Na globalização social, segundo Boaventura de Sousa Santos, forma-se o consenso neoliberal de que o crescimento e a estabilidade econômica implicam a redução dos custos salariais, o que demanda a flexibilização das relações trabalhistas, promovida pela liberalização do mercado de trabalho, pela diminuição dos direitos liberais, pela proibição de indexação de salários aos ganhos de produtividade e pelos ajustes do custo de vida e eliminação progressiva da legislação sobre salário mínimo e direitos sociais dos trabalhadores, sob a alegação de limitar o impacto inflacionário dos aumentos salariais. Como contrapartida da retração do poder de compra interna decorrente dessa política, surge a busca do mercado externo. Com isso, o cidadão converte-se no consumidor e o crédito se torna o meio de inclusão em detrimento do direito. As políticas públicas voltam-se apenas para medidas compensatórias que aliviam, mas não atacam, a raiz do problema da exclusão.

Enfim, a pobreza resultante da globalização não é tanto produto da escassez material ou de recursos humanos, mas sim do desemprego ou subemprego, do superendividamento das famílias, da diminuição dos salários, do desmantelamento das economias de subsistência.

No Brasil, pesquisas empíricas revelam uma estabilidade inaceitável da concentração de renda devido à sistemática opção equivocada das polí-

---

[778] REIS, Elisa P. Percepções da elite sobre pobreza e desigualdade. *Revista Brasileira de Ciências Sociais*, v. 15, n. 42, fev. 2000, p. 143-152.

ticas governamentais conduzidas para a estratégia de crescimento econômico, cujo impacto é extremamente restrito na diminuição da pobreza e na distribuição de renda, o que acaba por perpetuar a posição vergonhosa como um dos países mais injustos e desiguais do mundo, muito embora não exatamente pobre[779].

A globalização econômica introduz um potencial elevado de conflitividade e fragmentação: quanto mais aceleradamente se expande, tanto mais causa exclusão social, com efeitos diferenciados em termos locais, regionais, nacionais e mundiais. À medida que amplia o nível de especialização flexível da produção (pós-fordismo) e o controle e manipulação da tecnologia e da informação, acirra o desemprego, a desocupação estrutural, a degradação dos salários diretos e indiretos, a desestruturação da seguridade social, a "precarização" das condições de trabalho e o progressivo uso em massa da mão de obra desprovida de direitos elementares ou mínimos. Esses fatores contribuem para o aumento das mulheres nas estatísticas de emprego, para o trabalho infantil doméstico, o trabalho terceirizado ou por empreitada, o trabalho escravo ou semiescravo (geralmente imigrantes clandestinos), além de favorecer as práticas de acumulação voltadas mais para exploração do que para otimização dos recursos humanos[780].

A globalização produz um processo de ruptura das redes de solidariedade e de desagregação nos planos social e nacional. Para José Eduardo Faria, no plano social, com a substituição da "sociedade de homens" pela "sociedade de organizações", quem não participa formal ou informalmente de uma delas não possui cidadania corporacional, e numa situação-limite não tomaria parte da sociedade. O espaço de produção expande-se sobre os demais, e quem não está inserido nos processos de apropriação econômica estaria na condição de excluído da vida social. Tal exclusão não implica, contudo, a liberação dos deveres e obrigações impostos pelo ordenamento jurídico, especialmente no campo do direito penal[781].

---

779 BARROS, Ricardo Paes; HENRIQUES, Ricardo; MENDONÇA, Rosane. Desigualdade e pobreza no Brasil: retrato de uma estabilidade inaceitável. *Revista Brasileira de Ciências Sociais*, v. 15, n. 42, fev. 2000, p. 123-142.
780 FARIA, José Eduardo. *O direito na economia globalizada*. São Paulo: Malheiros, 1999, p. 246.
781 Idem, p. 247.

Nesse contexto de desigualdade e exclusão, que não se circunscreve tão somente ao âmbito dos países periféricos e semiperiféricos, mas também atinge, embora em menor proporção, os países considerados de economia forte, desponta ainda mais a necessidade de repensar as estratégias de realização integral dos direitos humanos, especialmente os direitos econômicos, sociais e culturais. Contudo, nesse intento logo surgem inquietações relativas aos mecanismos cabíveis para a promoção dos referidos direitos.

O aumento dos poderes das organizações interestatais e de agências multilaterais, assim como todos os componentes do processo de globalização acima referido, contribui para a crise de soberania dos Estados nacionais e alimenta, inclusive, as vertentes que vislumbram a superação do Estado-nação.

Tais mudanças colocam em pauta, num primeiro momento, a dúvida sobre qual a instância responsável pela concretização dos direitos sociais, econômicos e culturais, que até então eram contemplados por políticas públicas internas dos Estados. Por sua vez, os Estados nacionais, nestes tempos de transição, passam por uma remodelação das diretrizes econômicas, muitas vezes consubstanciadas nos documentos constitucionais, e alegam escassez de recursos para a implementação das prestações estatais indispensáveis para a eficácia dos direitos econômicos, sociais e culturais. Dentro desse contexto negativo é que são apresentados grandes desafios[782] para os direitos humanos na ordem jurídica internacional[783].

A esta altura cabe indagar se o Direito serve para algo em face da realidade da globalização econômica. Qual seria o seu papel e os limites endógenos e exógenos na regulação desse processo?

---

[782] PIOVESAN, Flávia. Globalização e direitos humanos: desafios contemporâneos. In: GUERRA, Sidney (Org.). *Globalização: desafios e implicações para o direito internacional contemporâneo*. Ijuí: Unijuí, 2006, p. 369-396, apresenta sete grandes desafios: a) universalismo x relativismo; b) laicidade estatal x fundamentalismo religioso; c) direito ao desenvolvimento x assimetrias globais; d) proteção dos direitos econômicos, sociais e culturais x desafios da globalização econômica; e) respeito à diversidade x intolerância; f) combate ao terror x preservação das liberdades públicas e, por último; g) unilateralismo x multilateralismo.

[783] Vide a propósito GUERRA, Sidney. *Os direitos humanos na ordem jurídica internacional e reflexos na ordem constitucional brasileira*. 2. ed. São Paulo: Atlas, 2004, que apresenta o tema relativo ao "direito ao desenvolvimento, assimetrias globais e direitos humanos".

A Constituição, Lei Fundamental de um Estado, não pode ser encarada como instrumento suficiente para enfrentar a pobreza, porque esta é um fenômeno que transcende as fronteiras estatais na maior parte dos casos e requer solução transnacional. Muito embora seja pertinente ressalvar o caso brasileiro, uma vez que a pobreza, tal como mencionado anteriormente, carrega consigo muito mais as motivações relacionadas à ausência de distribuição de renda do que a escassez em si mesma. Daí um paradoxo constitucional complexo de resolver, pois entre os objetivos preceituados na Constituição de 1988 encontram-se a erradicação da pobreza e da marginalização e a redução das desigualdades sociais e regionais (art. 3º, III), quando se sabe que a realização desse objetivo depende de condições que a própria realidade constitucional não dispõe de meios para solucionar.

Diante da moldura apresentada, de pronto fica a constatação de que postulados centrais do constitucionalismo merecem reflexão mais profunda, pois os marcos teóricos basilares do direito relacionados ao exercício da jurisdição como ação soberana do Estado, a autossuficiência normativa para a decisão, a supremacia da norma constitucional escorada no positivismo de Hans Kelsen, dentre outros elementos, carecem de revisão e reformulação.

O Direito, com o intuito de instrumentalizar as competências do Estado para ao menos minimizar os riscos desagregadores provocados pela marginalidade econômica e exclusão social originadas pela globalização, muda os conteúdos normativos, sua estrutura e seus procedimentos, bem como suas estratégias hermenêuticas, entendendo a questão da justiça não em termos de princípios últimos ou recomendações moralizantes, mas segundo aspectos mais pragmáticos e sociológicos, mesmo que essa conversão ocorra lentamente. Tais mecanismos jurídico-institucionais com propósitos sociais assumem a forma de pautas decisórias e de regras com caráter corretivo e compensatório, com vistas a: a) estimular diferentes segmentos sociais e econômicos à negociação; b) forçá-los a fazer mútuas concessões; c) viabilizar a socialização dos riscos, a determinação redimensionada dos custos e a distribuição das perdas.

Segundo José Eduardo Faria, em razão dos objetivos compensatórios, redistributivos, integracionistas e niveladores, para evitar os riscos de explosão de conflitos da sociedade hodierna, as leis sociais exigem uma inversão do raciocínio jurídico dogmático-formalista, tendendo a ver o direito como instrumento de consecução de equilíbrios e de mudanças sociais, como estratégia para viabilizar a realização política de certos objetivos e valores, como condição necessária, embora não suficiente, de legitimação do Estado. Tais leis buscam não apenas seguir as regras do jogo, mas modificar o resultado desse jogo. As características desse tipo de normatividade são: a) não possuem dimensão exclusivamente normativa, mas também exigem a implementação e a execução de políticas públicas; b) alteram o aspecto temporal do Poder Judiciário, pois não se aplicam aos fatos anteriormente ocorridos entre partes iguais em termos formais perante a lei; requerem uma visão projetiva dos casos. Trata-se de julgar como uma conduta será realizada; de induzir uma das partes a tomar uma iniciativa em face de sua hipersuficiência econômica ou de suas obrigações sociais; de assegurar as condições de realização de certas pretensões da parte materialmente mais vulnerável; c) possuem titularidade, reivindicação e exequibilidade coletivas, dirigindo-se a entidades privadas e ao Estado, e demandam postura ativa dos poderes públicos, exigindo medidas de maior responsabilidade do Executivo e Judiciário para enfrentar problemas de redistribuição de recursos sociais e de redução das desigualdades de riqueza, de poder de consumo e de oportunidades[784].

A defesa da cidadania social deve ir além da configuração prevista nos Estados nacionais. Assegurar os direitos econômicos, sociais e culturais já não pode ser produto de uma fórmula constitucional; antes é preciso promover uma reflexão que contemple modelos capazes de dar conta de todas as pessoas residentes em determinado território, independentemente de sua nacionalidade, e que possam ao menos buscar alternativas mais plausíveis para a solução da pobreza e desigualdade num esforço transnacional, numa perspectiva realizadora da dignidade da pessoa humana como valor fundamental expresso numa dimensão emancipatória associada aos direitos humanos.

Com efeito, não bastasse o quadro decorrente da globalização econômica e social e seu impacto sobre a estrutura do Estado, a fomentar a acentuação das desigualdades, as mazelas históricas da trajetória da cidadania social brasileira[785], há outro aspecto desfavorável a uma ótica reali-

---

784 FARIA, José Eduardo, op. cit., p. 274-276.
785 Nesse sentido, GUERRA, Sidney. *Direitos humanos e cidadania*. São Paulo: Atlas, 2012: "No processo de constituição histórica da cidadania brasileira os direitos políticos precederam os direitos civis, ou seja, antes mesmo que o povo tivesse lutado, e por

zadora dos direitos econômicos, sociais e culturais.

Nesse contexto, urge aprofundar o debate sobre a construção de uma cidadania social pautada em teorias de igualdade distributivas, que procurem ao menos introduzir uma análise mais consistente e coerente quanto à efetivação dos direitos humanos fundamentais de cunho econômico, social e cultural. Neste ponto revela-se a complexa rede tecida em torno das avaliações da desigualdade no âmbito das ciências sociais e a intercessão do debate no âmbito do direito, no que tange à realização da justiça distributiva como instrumento de combate à desigualdade, pela efetivação dos direitos econômicos, sociais e culturais, numa postura emancipatória focada nos direitos humanos.

---

vontade própria, buscado os direitos civis, estes foram 'outorgados'. Ocorreu a Independência em 1822 e as decisões de maior peso da República foram tomadas pelas elites a partir de 1889, cuja proclamação moveu-se por articulações das cúpulas, entre militares e liberais, sem a participação efetiva do povo. A cidadania foi arquitetada de cima para baixo, com o Estado paternalista aquinhoando direitos políticos às pessoas sem que houvesse uma real reivindicação e conquista desses mesmos direitos, o que prejudicou a consolidação da consciência cidadã no Brasil, em função da falta de sentimento constitucional. A herança colonial deixou marcas no campo dos direitos civis, pois a escravidão, os latifúndios e o Estado patrimonialista comprometido com interesses privados, foram transpostos para o novo país e perduraram por um período longo ou, ainda mantém seu vigor, o que dificultou a solidificação dos direitos civis. Como recorda Osvaldo Agripino de Castro Júnior, durante o governo de Getúlio Vargas, com a criação do Ministério do Trabalho e da Consolidação das Leis do Trabalho, o povo teve a concessão de direitos sociais nas legislações constitucional e infraconstitucional para, finalmente, ter os direitos civis. Daí, conclui que o modelo de Marshall não foi seguido na construção histórica da cidadania brasileira, pois a mesma teve início com os direitos políticos, no século XIX, na Constituição Imperial outorgada e, posteriormente, foram conferidos os direitos sociais e civis, de modo que a cidadania brasileira padece para seu fortalecimento, por causa dos males de origem da atípica formação histórica, tais como a omissão das elites, a falta de compromisso com a educação que incorpore o sentimento constitucional, o formalismo excessivo de origem ibérica, uma cultura jurídico-política que não prestigia a cidadania, tudo corroborado pela pequena atuação da sociedade civil no processo. A trajetória sucintamente descrita revela que o modelo tradicionalmente propalado de cidadania definido por Marshall não foi seguido no Brasil, onde os direitos políticos foram 'outorgados' por uma elite dominante. Todo o quadro gerou um déficit ou uma 'deformação' no rumo da cidadania, principalmente em relação à eficácia dos direitos fundamentais no Brasil, vistos como uma 'generosidade' das elites e uma possibilidade remota de compromisso por parte do Estado brasileiro, que perpetua e legitima a concentração de renda e a desigualdade social".

4. EDUCAÇÃO EM DIREITOS HUMANOS

O conceito contemporâneo de cidadania, que compreende a indivisibilidade e a interdependência entre os direitos humanos, caminha em constante tensão com as ideias de liberdade, de justiça política, social e econômica, de igualdade de chances e de resultados, e de solidariedade, a que se vinculam[786].

Herkenhoff[787] conceitua cidadania como a qualidade ou *status* de cidadão e ressalta que o conteúdo de cidadania ampliou-se historicamente, ultrapassando o conteúdo civil e político de sua formulação original. Em sua opinião, além da dimensão civil e política, a cidadania possui outras quatro dimensões: social, econômica, educacional e existencial. A cidadania apresenta-se como *status* e, ao mesmo tempo, como objeto de direito fundamental das pessoas. Isso porque, num mundo no qual Estados ocupam lugar central, manter vínculos e participar em determinado Estado corresponde à participação na vida jurídica e política que ele propicia e se beneficiar da defesa e da promoção dos direitos que ele abarca em sua estruturação, tanto internamente como nas relações com outros Estados.

A cidadania como *status* do sujeito, o direito a ter direitos, é indispensável para a concretização da democracia. Ela é um corolário do princípio democrático, pois reforça a dimensão do poder emanado pelo povo e nele fundamentado, como fonte de sua legitimação. A estrutura política e social ergue-se através da cidadania e dela não pode prescindir se, de fato, pretender manter-se fiel ao modelo de Estado Democrático de Direito.

Por isso mesmo é que se estabelece uma inter-relação entre cidadania e direitos humanos[788]. Não porque, originalmente, os conceitos se identificassem, mas, com o passar dos tempos, a aproximação ficou cada vez mais evidente, a ponto de chegarem a ser inseparáveis, de tal maneira que atualmente a evolução de um acarreta a implementação do outro.

É correto, portanto, tratar de uma dimensão política, civil e social da cidadania. Ser cidadão implica a efetiva atribuição de direitos nas três

---

786 TORRES, Ricardo Lobo. A cidadania multidimensional da Era dos Direitos. In: *Teoria dos direitos fundamentais*. Rio de Janeiro: Renovar, 2001, p. 256.
787 HERKENHOFF, João Baptista. *Como funciona a cidadania*. 2. ed. Manaus: Valer, 2001, p. 19-20.
788 *Vide* a propósito GUERRA, Sidney. *Direitos humanos e cidadania*. São Paulo: Atlas, 2012.

esferas mencionadas, porque careceria de sentido participar do governo sem condições de fazer valer a própria autonomia, bem como sem dispor de instrumentos asseguradores das prestações devidas, pelo Estado, em nome da igualdade de todos. Ser cidadão implica a titularidade de direitos nas três esferas apontadas, vale dizer, de um poder de vontade não subjetivo a limitações e controles que o anulem ou o inviabilizem. E mais: a exclusão de quaisquer das esferas ou sua limitação indevida fragiliza a cidadania. Ser cidadão plenamente significa ter o poder de participação efetiva na vida política, com a preservação do poder de autodeterminação pessoal, seja em termos de impor abstenções ao Estado, seja em termos de lhe exigir prestações.

Em suma, a cidadania não é um dado, mas um construído pelos próprios cidadãos em suas dimensões civil, política, social, jurídica, econômica, cultural, entre outras. Enfim, os cidadãos são os reivindicantes e portadores do poder estatal, exercido pelos representantes por eles escolhidos, conforme os parâmetros instituídos em lei.

De outra banda, pode-se afirmar que a condição cidadã forjada pela ordem contemporânea exige, como mola propulsora, motivações viscerais das pessoas por responsabilizar-se pelo destino da comunidade a que elas pertencem, seja no nível micro, meso ou macro[789]. A liberdade, a igualdade, o respeito, a solidariedade e o diálogo necessitam passar pelo caminho da ressignificação para que surja em conjunto uma noção de cidadania transmutada em atitudes cotidianas, "assumindo o destino humano em suas antinomias e plenitude"[790].

A dinâmica que rege a sociedade caminha no sentido oposto ao da anticidadania, do enfraquecimento da responsabilidade pelo destino do

---

789 Também BERNARDES, Márcia Nina. Educação em direitos humanos e a consolidação de uma cultura democrática. In: BITTAR, Eduardo; TOSI, Giuseppe. *Democracia e educação em direitos humanos numa época de insegurança*. Brasília: Secretaria Especial de Direitos Humanos, 2008, p. 207: "É na participação e na mobilização que se cria um novo repertório de ações condizente com os ideais e com as instituições da democracia, que se toma consciência das injustiças, e que se vocalizam as necessidades de grupos antes reprimidos. Realmente, a ideia de construção de uma cultura de direitos também pode ser traduzida na ideia de inclusão política e social e de empoderamento dos indivíduos pertencentes a grupos sociais que tradicionalmente foram afastados pela maior parte da nossa história".

790 MORIN, Edgar. *Os sete saberes necessários a uma educação do futuro*. São Paulo: Cortez, 2000, p. 106.

outro, da ausência de vínculo entre as pessoas e entre os grupos. Nas palavras de Morin[791], o enfraquecimento da percepção do global conduz ao enfraquecimento da responsabilidade (cada um tende a ser responsável apenas por sua tarefa especializada), assim como ao enfraquecimento da solidariedade (cada um não mais sente os vínculos com seus concidadãos). Como impor uma moralidade positivada na ausência essencial de uma moralidade crítica por parte das pessoas e das instituições que regem a sociedade? Como promover direitos humanos sem a intervenção consciente dos dirigentes públicos, tanto na elaboração de políticas públicas inclusivas como em sua consequente aplicação e acompanhamento dos resultados a longo prazo?

Nessa linha de pensamento se inserem a necessária ética pública[792] e a educação em direitos humanos[793], condições elementares para uma transformação paulatina, porém segura, do contexto social em que estamos inseridos.

Sem embargo, como consequência lógica da ressignificação do conteúdo da cidadania e dos elementos humanísticos que devem acompanhar sua prática cotidiana rumo à construção de autonomias, surge um Estado que deve fornecer as condições básicas de recriação de um espaço público, no qual os homens possam exercer sua liberdade e autonomia.

Não se pode olvidar que valores preciosos devem nortear as ações do poder público, quais sejam, a liberdade, a igualdade, a solidariedade e a segurança. Dentre eles, ressalta com imensa importância a ideia de solida-

---

791 Idem, p. 117.
792 PECES-BARBA, Gregorio. *Ética, poder y derecho*. Madrid: Centro de Estudios Constitucionales, 1995, p. 15-17, faz a distinção entre o que chama de ética pública e ética privada no âmbito das atribuições do Estado, e das condições criadas por este ente público para a satisfação adequada das necessidades primárias dos homens no espaço público.
793 A Educação em Direitos Humanos é compreendida como um processo sistemático e multidimensional que orienta a formação do sujeito de direitos, articulando as seguintes dimensões: a) apreensão de conhecimentos historicamente construídos sobre direitos humanos e sua relação com os contextos internacional, nacional e local; b) afirmação de valores, atitudes e práticas sociais que expressem a cultura dos direitos humanos em todos os espaços da sociedade; c) formação de uma consciência cidadã capaz de se fazer presente nos níveis cognitivo, social, ético e político; d) desenvolvimento de processos metodológicos participativos e de construção coletiva, utilizando linguagens e materiais didáticos orientados à mudança de mentalidades e de práticas individuais e coletivas que possam gerar ações e instrumentos em favor da defesa, da promoção e ampliação dos direitos humanos. Disponível em: http://www.sdh.gov.br/clientes/sedh/sedh/promocaodh/edh. Acesso em: 16 jun. 2012.

riedade, que modernamente significa a união e o bom relacionamento entre os membros de uma comunidade, adesão às causas alheias. Sua ausência constitui o grande vício dos movimentos liberais modernos. O fato é que as sociedades modernas têm dado ênfase quase exclusiva nos direitos, esquecendo-se dos deveres, fenômeno a que Peces-Barba dá o nome de "patologia dos direitos ilimitados".

Existem deveres a serem cumpridos perante a grande massa de despossuídos, tanto de bens materiais quanto de bens morais, e, nesse sentido, a conscientização pública forçosamente refaz o caminho individualista para reconstruir uma estrada ideológica oposta. Uma estrada que conduz inexoravelmente a pesos iguais entre direitos e deveres próprios do "animal social" numa sociedade complexa ou não.

Diante dos espaços degradantes gerados pela pobreza e carência das nossas sociedades excludentes, cada vez mais a palavra "solidariedade" faz parte da nossa linguagem cotidiana. Indubitavelmente, as manifestações de solidariedade são extremamente importantes para a convivência social no plano internacional e interno e, por certo, do desenvolvimento de uma consciência em prol dos direitos humanos.

Não se pode olvidar que é na seara da educação e ressignificação de conceitos básicos que deixaremos, aos poucos, de caminhar em terreno pantanoso. Nesse sentido, o governo brasileiro concebeu o Plano Nacional de Educação em Direitos Humanos (PNEDH)[794] e o apresenta como "fruto

---

[794] Disponível em: https://www.politize.com.br/programa-nacional-de-direitos-humanos/. Acesso em: 24 jul. 2021: Programa Nacional de Direitos Humanos (PNDH) 1 – Esse plano adveio por intermédio do Decreto n. 1.904/96. O plano possuía como um de seus objetivos realizar o levantamento sobre os direitos humanos no Brasil – ou seja, verificar se esses direitos estavam sendo respeitados adequadamente, avaliar situações de descumprimento, e desenvolver medidas para aprimorar a legislação brasileira sobre o tema e circunstâncias correlatas. Os direitos em foco sob a perspectiva do PNDH 1 eram referentes aos direitos civis – como o direito de ir, vir e permanecer, direito de propriedade e direito à liberdade de expressão – e a questão da violência policial.
O Programa Nacional de Direitos Humanos (PNDH) 2 – Esse plano adveio por intermédio do Decreto n. 4.229/2002. Ao contrário do Programa anterior, a edição de 2002 teve ênfase nos chamados direitos sociais, sem negligenciar, contudo, os direitos civis.
O Programa Nacional de Direitos Humanos (PNDH) 3
Esse plano adveio por intermédio do Decreto n. 7.037/2009 e tratou-se de um Plano estruturado em Eixos Orientadores, sendo seis no total: interação democrática entre Estado e Sociedade Civil; desenvolvimento e direitos humanos; universalizar direitos em um contexto de desigualdade; segurança pública, acesso à justiça e combate à vio-

do compromisso do Estado com a concretização dos direitos humanos e de uma construção histórica da sociedade civil organizada. Ao mesmo tempo em que aprofunda questões do Programa Nacional de Direitos Humanos, o PNEDH incorpora aspectos dos principais documentos internacionais de direitos humanos dos quais o Brasil é signatário, agregando demandas antigas e contemporâneas de nossa sociedade pela efetivação da democracia, do desenvolvimento, da justiça social e pela construção de uma cultura de paz. Assim, como todas as ações na área de direitos humanos, o PNEDH resulta de uma articulação institucional envolvendo os três poderes da República, especialmente o Poder Executivo (governos federal, estaduais, municipais e do Distrito Federal), organismos internacionais, instituições de educação superior e a sociedade civil organizada. O governo brasileiro tem o compromisso maior de promover uma educação de qualidade para todos, entendida como direito humano essencial. Assim, a universalização do ensino fundamental, a ampliação da educação infantil, do ensino médio, da educação superior e a melhoria da qualidade em todos esses níveis e nas diversas modalidades de ensino são tarefas prioritárias[795].

O Plano Nacional de Educação em Direitos Humanos (PNEDH)[796] é uma política pública que consolida um projeto de sociedade baseado nos

---

lência; educação e cultura em direitos humanos; direito à memória e à verdade.
No momento de publicação do conteúdo, não há uma quarta edição do Programa Nacional de Direitos Humanos em vigência. Contudo, o governo federal, por intermédio do Ministério da Mulher, da Família e dos Direitos Humanos, formou comissão para que seja elaborado um novo Programa (Portaria n. 457/2021).

795 BERNARDES, Márcia Nina, op. cit., p. 208, coloca como grande "desafio para as instituições de ensino brasileiras as dimensões de inclusão política. Por um lado, é necessário tematizar e desnaturalizar a desigualdade e a dominação; por outro lado, é preciso desenvolver estratégias capazes de envolver nossos alunos na luta política por inclusão".

796 O processo de elaboração do PNEDH teve início em 2003, com a criação do Comitê Nacional de Educação em Direitos Humanos (CNEDH) e seu engajamento no trabalho de criação do Plano. Entre 2004 e 2005, o PNEDH foi amplamente divulgado e debatido com a sociedade. Em 2006, como resultado dessa participação, foi publicada a versão definitiva do PNEDH, em parceria entre a então Secretaria Especial de Direitos Humanos, o Ministério da Educação e o Ministério da Justiça. A estrutura do documento estabelece concepções, princípios, objetivos, diretrizes e linhas de ação, contemplando cinco grandes eixos de atuação: Educação Básica; Educação Superior; Educação Não-Formal; Educação dos Profissionais dos Sistemas de Justiça e Segurança Pública; Educação e Mídia. Cf. Plano Nacional de Educação em Direitos Humanos. Disponível em: https://www.gov.br/mdh/pt-br/navegue-por-temas/educacao-em-direitos-humanos/plano-nacional-de-educacao-em-direitos-humanos. Acesso em: 24 jul. 2022.

princípios da democracia, da cidadania e da justiça social, por meio de um instrumento de construção de uma cultura de direitos humanos que visa o exercício da solidariedade e do respeito às diversidades. A definição considerada para a Educação em Direitos Humanos é de um processo sistemático e multidimensional que orienta a formação do sujeito de direitos, articulando as seguintes dimensões: apreensão de conhecimentos historicamente construídos sobre direitos humanos e a sua relação com os contextos internacional, nacional e local; afirmação de valores, atitudes e práticas sociais que expressem a cultura dos direitos humanos em todos os espaços da sociedade; formação de uma consciência cidadã capaz de se fazer presente em níveis cognitivo, social, ético e político; desenvolvimento de processos metodológicos participativos e de construção coletiva, utilizando linguagens e materiais didáticos contextualizados; fortalecimento de práticas individuais e sociais que gerem ações e instrumentos em favor da promoção, da proteção e da defesa dos direitos humanos, bem como da reparação das violações[797].

Ademais, é dever dos governos democráticos garantir a educação de pessoas com necessidades especiais, a profissionalização de jovens e adultos, a erradicação do analfabetismo e a valorização dos(as) educadores(as), da educação, da qualidade da formação inicial e continuada, tendo como eixos estruturantes o conhecimento e a consolidação dos direitos humanos"[798].

O estudo da Educação em Direitos Humanos pode levar em consideração três pontos essenciais, consoante o magistério de Benevides: "Primeiro, é uma educação de natureza permanente, continuada e global; segundo, é uma educação necessariamente voltada para a mudança, e terceiro, é uma inculcação de valores, para atingir corações e mentes e não apenas instrução, meramente transmissora de conhecimentos. Acrescente-se, ainda, e não menos importante, que ou esta educação é compartilhada por aqueles que estão envolvidos no processo educacional – os educadores e os educandos – ou ela não será educação e muito menos educação em direitos humanos. Tais pontos são premissas: a educação continuada, a educação para a mudança e a educação compreensiva, no sentido de ser compartilhada e de

---

[797] PLANO Nacional de Educação em Direitos Humanos. Disponível em: https://www.gov.br/mdh/pt-br/navegue-por-temas/educacao-em-direitos-humanos/plano-nacional-de-educacao-em-direitos-humanos. Acesso em: 24 jul. 2022.

[798] Plano Nacional de Educação em Direitos Humanos. Disponível em: http://portal.mj.gov.br/sedh/edh/pnedhpor.pdf. Acesso em: 16 jun. 2012.

atingir tanto a razão quanto a emoção. O que significa dizer que queremos trabalhar com Educação em Direitos Humanos? A Educação em Direitos Humanos é essencialmente a formação de uma cultura de respeito à dignidade humana através da promoção e da vivência dos valores da liberdade, da justiça, da igualdade, da solidariedade, da cooperação, da tolerância e da paz. Portanto, a formação desta cultura significa criar, influenciar, compartilhar e consolidar mentalidades, costumes, atitudes, hábitos e comportamentos que decorrem, todos, daqueles valores essenciais citados – os quais devem se transformar em práticas"[799].

Com efeito, o Ministério da Educação, por meio da Resolução n. 1, de 30 de maio de 2012, estabeleceu as diretrizes nacionais para a Educação em Direitos Humanos que devem ser observadas pelos sistemas de ensino e suas instituições. Para tanto, contemplou a educação em direitos humanos como um dos eixos fundamentais do direito à educação, referindo-se ao uso de concepções e práticas educativas fundadas nos Direitos Humanos e em seus processos de promoção, proteção, defesa e aplicação na vida cotidiana e cidadã de sujeitos de direitos e de responsabilidades individuais e coletivas.

Referida espécie normativa identificou os direitos humanos, internacionalmente reconhecidos como um conjunto de direitos civis, políticos, sociais, econômicos, culturais e ambientais, sejam eles individuais, coletivos, transindividuais ou difusos, bem como se referem à necessidade de igualdade e de defesa da dignidade humana. Impôs aos sistemas de ensino e suas instituições a incumbência da efetivação da Educação em Direitos Humanos, implicando a adoção sistemática das diretrizes por todos(as) os(as) envolvidos(as) nos processos educacionais.

Não se pode olvidar que a Educação em Direitos Humanos, cuja finalidade é promover a educação para a mudança e a transformação social, tem como objetivo central a formação para a vida e para a convivência, no exercício cotidiano dos direitos humanos como forma de vida e de organização social, política, econômica e cultural nos níveis regionais, nacionais e planetário, fundando-se nos seguintes princípios: dignidade humana; igualdade de direitos; reconhecimento e valorização das diferenças e das diversidades; laicidade do Estado; democracia na educação; transversalidade[800], vivência e globalidade; e sustentabilidade socioambiental.

---

799 BENEVIDES, Maria Victoria. Educação em direitos humanos: de que se trata?. Disponível em: http://www.hottopos.com/convenit6/victoria.htm. Acesso em: 16 jun. 2012.
800 Cf. art. 6º da Res. 1, de 30-6-2012: "A Educação em Direitos Humanos, de

Com efeito, a Educação em Direitos Humanos como processo sistemático e multidimensional, orientador da formação integral dos sujeitos de direitos, articula-se com as seguintes dimensões: apreensão de conhecimentos historicamente construídos sobre direitos humanos e sua relação com os contextos internacional, nacional e local; afirmação de valores, atitudes e práticas sociais que expressem a cultura dos direitos humanos em todos os espaços da sociedade; formação de uma consciência cidadã capaz de se fazer presente nos níveis cognitivo, social, cultural e político; desenvolvimento de processos metodológicos participativos e de construção coletiva, utilizando linguagens e materiais didáticos contextualizados; fortalecimento de práticas individuais e sociais que gerem ações e instrumentos em favor da promoção, da proteção e da defesa dos direitos humanos, bem como da reparação das diferentes formas de violação de direitos[801].

Indubitavelmente, por intermédio da educação em direitos humanos o indivíduo e a coletividade construirão valores sociais, conhecimentos, habilidades, atitudes e competências voltadas para a valorização da dignidade humana e, por consequência, para a sociedade como um todo.

5. MEIO AMBIENTE E DIREITOS HUMANOS

Até poucos anos atrás os estudos relativos ao meio ambiente não recebiam muita atenção. Esse cenário se alterou, e a mudança decorre, especialmente, dos graves sinais da crise ecológica que se apresentam para a humanidade.

Para compreender a mudança de paradigma, necessário levar em consideração dois processos concomitantes e interligados: o desenvolvimento

---

modo transversal, deverá ser considerada na construção dos Projetos Político-Pedagógicos (PPP); dos Regimentos Escolares; dos Planos de Desenvolvimento Institucionais (PDI); dos Programas Pedagógicos de Curso (PPC) das Instituições de Educação Superior; dos materiais didáticos e pedagógicos; do modelo de ensino, pesquisa e extensão; de gestão, bem como dos diferentes processos de avaliação".

801 Art. 7º da Res. 1, de 30-6-2012: "A inserção dos conhecimentos concernentes à Educação em Direitos Humanos na organização dos currículos da Educação Básica e da Educação Superior poderá ocorrer das seguintes formas: pela transversalidade, por meio de temas relacionados aos Direitos Humanos e tratados interdisciplinarmente; como um conteúdo específico de uma das disciplinas já existentes no currículo escolar; de maneira mista, ou seja, combinando transversalidade e disciplinaridade. Parágrafo único. Outras formas de inserção da Educação em Direitos Humanos poderão ainda ser admitidas na organização curricular das instituições educativas desde que observadas as especificidades dos níveis e modalidades da Educação Nacional".

de uma consciência ambiental globalmente difundida e a necessidade premente de formulação de políticas públicas de proteção ao ambiente.

No mesmo ritmo em que a preocupação com questões ambientais se tornou prioridade para setores sociais cada dia mais amplos, o ativismo verde deixou o campo exclusivo das organizações não governamentais e ingressou no debate econômico e político, com desdobramentos no campo jurídico.

A preocupação ambiental se espraia no mundo, exigindo maior engajamento de todos na busca de instrumentos para impedir ou diminuir a degradação ambiental e os consequentes problemas que emergem no âmago da sociedade de risco.

Infelizmente, apesar da mobilização dos vários atores, os resultados ainda não podem ser comemorados. Ficam evidentes sérios prejuízos relacionados à destruição da natureza, do patrimônio ambiental, dos bens paisagísticos etc.

A crise ecológica permite evidenciar que nas sociedades contemporâneas ocorre a emergência de novas feições de racionalidade social reveladas pela forma distinta pela qual o risco é assimilado e interpretado nessas sociedades. Esse dado diferencia essencialmente tais riscos e os relaciona intimamente aos novos problemas ambientais:

> "As sociedades contemporâneas protagonizam o cenário de uma segunda revolução na dinâmica social e política, que se desenvolve no interior de um complexo processo de globalização de conteúdo plural, que marca o desenvolvimento de uma sociedade global do risco.
>
> O atributo que diferencia a sociedade mundial do risco é a necessidade de concretização de uma variada relação de objetivos ecológicos, econômicos, financeiros, sociais, políticos e culturais, que são contextualizados de forma transnacional e sob a abordagem de um modelo político de governança global, de gestão de novas ameaças comunitárias"[802].

Com efeito, a crise ecológica passou a ser reconhecida a partir do momento em que a degradação ambiental atingiu índices alarmantes. Tomou-se consciência de que a preservação de um ambiente sadio está intimamente

---

802 LEITE, José Rubens Morato; AYALA, Patrick de Araújo. *Direito ambiental na sociedade de risco*. Rio de Janeiro: Forense Universitária, 2004, p. 26-27.

ligada à preservação da própria espécie humana. Matérias relativas ao efeito estufa, à destruição da camada de ozônio, à redução da biodiversidade, à poluição do solo, da água e do ar, ao tratamento inadequado do lixo, já não estampam apenas as páginas catastróficas de autores de ficção científica, mas as páginas dos jornais e as agendas de qualquer governo[803].

A crise não se apresenta como mera disputa política ou ideológica. O debate ambiental também está perpassado por disputas científicas. Diferentemente dos anos 1960, em que uma parte expressiva dos cientistas desconfiava da existência da crise ecológica, hoje a ciência não apenas a admite como também vem se empenhando em atendê-la, apontando suas causas, características, profundidades e consequências. O envolvimento dos cientistas nesse debate e o gradativo surgimento das ciências ambientais vêm contribuindo para revelar a crise ecológica em seus diferentes ângulos. Em virtude disso, ignorar a crise ficou difícil, podendo o preço de subestimá-la ser elevado demais[804].

A partir dos sinais de crise é que houve uma resposta coordenada no plano internacional para minimizar seus efeitos e desdobramentos. Assim, no final da década de 60 do século passado começou a conscientização por parte de alguns Estados europeus (Alemanha, Países Nórdicos, Inglaterra) em relação à problemática ambiental, na medida em que começam a florescer sinais de esgotamento dos recursos naturais planetários.

A partir da "onda verde" que ocorre em alguns países europeus (conscientização a favor do meio ambiente) é que começou a ser concebida em suas respectivas estruturas político-administrativas internas a criação de Ministérios de Meio Ambiente. Esse é um fato de grande relevância (a criação dos Ministérios), haja vista que são desenvolvidas políticas públicas, a partir daquele momento no âmbito dos já mencionados Estados, em matéria ambiental.

---

803 SHAW, Malcolm. *International Law*. 6. ed. Cambridge: Cambridge University Press, 2011, p. 844: "Recent years have seen an appreciable growth in the level of understanding of the dangers facing the international environment and an extensive range of environmental problems is now the subject of serious international concern. These include atmospheric pollution, marine pollution, global warming and ozone depletion, the dangers of nuclear and other extra-hazardous substances and threatened wildlife species".

804 TREVISAL, Joviles Vitório. *A educação ambiental em uma sociedade de risco*. Joaçaba: Ed. Unoesc, 2003, p. 22.

Além desse quadro que se desenhou no velho continente e que alcançou inicialmente apenas alguns Estados, o Conselho Europeu consagrou duas Declarações no ano de 1968, que trouxeram importantes progressos na regulamentação internacional para a proteção do meio ambiente: a Declaração sobre a preservação dos recursos de águas doces (a Carta Europeia da Água) e a Declaração sobre princípios da luta contra a poluição do ar.

Logo após, como resposta a um grande acidente ambiental – naufrágio do petroleiro *Torrey Canyon*[805] –, foram concebidas as Convenções de Bruxelas, de 1969, sobre a intervenção em alto-mar contra navios estrangeiros em caso de acidente de poluição de hidrocarbonetos e outra sobre a responsabilidade civil pelos prejuízos causados por hidrocarbonetos, complementada *a posteriori* pela Convenção de 18 de dezembro de 1971, que criou o fundo de indenização pelos prejuízos devidos à poluição de hidrocarbonetos.

A inquietude produzida nos principais centros de poder, ancorada ainda com escritos de renomados pesquisadores da época, fez com que houvesse grande mobilização, transformando a discussão sobre o ambiente, que até aquele determinado momento se apresentava em grupos pequenos e limitados, em assunto de interesse global.

É bem verdade que no passado existiam normas protetivas do meio ambiente no plano internacional, por exemplo, a Convenção para a regulamentação da pesca da baleia, de 1931, a Convenção Internacional da pesca da baleia, de 1946, a Convenção Internacional para a proteção dos vegetais, de 1951, o Tratado da Antártida, de 1959 etc., mas os interesses em celebrar tratados internacionais de proteção do meio ambiente estavam voltados, à época, principalmente para questões de natureza econômica e comercial.

Esse quadro foi modificado a partir da Conferência Internacional sobre Meio Ambiente Humano, de 1972, cuja ideia para a realização da mencionada Conferência deu-se no ano de 1968, no âmbito do Conselho Econômico e Social da Organização das Nações Unidas, com o intuito de propiciar aos países um foro para discussão dos mecanismos de controle de dois

---

805 "O navio tanque *Torrey Canyon* encalhou e terminou por naufragar na costa inglesa da Cornualha, que poluiu com 119.000 toneladas de óleo, ocasionando poluição das praias e acarretando a morte de peixes e aves. Inúmeros problemas jurídicos surgiram neste caso: o proprietário era norte-americano; o afretador era inglês; o navio tinha bandeira da Libéria; a tripulação era italiana etc. Qual seria o responsável pelos danos causados? A própria Convenção de Londres não abrange este caso de naufrágio, porque ela visa unicamente à interdição de desgaseificação ao largo das costas."

grandes problemas que, já naquele momento, traziam inquietude à comunidade internacional: a poluição do ar e a chuva ácida.

Sensível aos problemas ambientais que já naquela época se manifestavam em larga escala, a Assembleia Geral das Nações Unidas convocou aquela que é considerada o "grande divisor de águas" no processo de formação do Direito Internacional ambiental: a Conferência de Estocolmo, na Suécia, no ano de 1972[806].

A Conferência de Estocolmo constituiu etapa histórica para a evolução do tratamento das questões ligadas ao ambiente no plano internacional e também no plano interno de grande número de países. O tema passou a ser discutido cada vez menos do ponto de vista científico e cada vez mais no contexto político e econômico[807]. Diante desse quadro é que emergiu uma nova ordem jurídica internacional ambiental a reger as relações dos Estados na proteção do meio ambiente.

A emergência do Direito Internacional Ambiental está intimamente ligada aos vários problemas que se manifestam no planeta, que podem comprometer a existência da vida humana: desaparecimento de espécies da fauna e da flora; perda de solos férteis pela erosão; desertificação; aquecimento da atmosfera; mudanças climáticas; diminuição da camada de ozônio; chuva ácida; acúmulo crescente de lixo e resíduos industriais; colapso na quantidade e na qualidade da água; aumento excessivo da população mundial; esgotamento dos recursos naturais; acidentes nucleares; tornados, furacões, maremotos, que ocorrem com maior frequência em razão da ação antrópica.

Indubitavelmente que Estocolmo inaugura um novo marco no campo das relações internacionais, na medida em que consegue reunir mais de cem

---

[806] Fato interessante: além da Conferência de Estocolmo, reuniu-se no ano de 1972 um grupo, constituído por empresários, pesquisadores e economistas, para discutir questões relativas à problemática relativa ao ambiente e economia. Esse grupo, que ficou conhecido como Clube de Roma ou Clube do Juízo Final, apresentou resultados catastróficos para a humanidade diante do esgotamento dos recursos naturais e do consequente colapso da economia mundial. O grupo mais radical chegou a propor mudanças que variavam desde a alteração dos padrões de produção e consumo até a noção do crescimento zero.

[807] LAGO, André Aranha Corrêa do. *Estocolmo, Rio, Joanesburgo. O Brasil e as três conferências ambientais das Nações Unidas*. Brasília: Fundação Alexandre de Gusmão, 2007, p. 32.

países e centenas de organizações intergovernamentais e não governamentais interessadas na questão ambiental. Entretanto, no que tange ao número de Chefes de Estado envolvidos diretamente no citado encontro, compareceram apenas Olaf Palme (da Suécia) e Indira Gandhi (da Índia), deixando que o tema ganhasse verdadeiramente o interesse da comunidade internacional na Conferência do Rio de Janeiro, de 1992.

A Conferência de Estocolmo revelou forte divergência entre as percepções ambientais e os interesses econômicos dos países do Hemisfério Norte e os do Hemisfério Sul, separados por níveis totalmente díspares de desenvolvimento e qualidade de vida[808].

A pressão em favor dos limites ambientais pedidos aos países do sul era vista como instrumento utilizado pelo norte para bloquear o desenvolvimento econômico dos países emergentes, atitude refletida nos discursos dos diplomatas do sul, que se opunham à questão ambiental e defendiam o mesmo direito de destruir a natureza de que tinham usufruído os países do norte durante as épocas de maior desenvolvimento econômico[809].

Essas divergências precisavam ser superadas especialmente pelo quadro extremamente negativo que se apresentava (em matéria ambiental) para o final do século XX. Certamente, as decisões dos Estados foram devidamente ponderadas em razão desses aspectos, tendo também grande influência da sociedade civil, das organizações internacionais e das organizações não governamentais, além dos estudos científicos apresentados, que começavam a demonstrar que os problemas eram mais sérios do que imaginados, e, por óbvio, os grandes acidentes que trouxeram enorme destruição para o ambiente.

A Declaração concebida em Estocolmo apresenta particular interesse em razão dos vários princípios jurídicos que consagram a matéria ambiental, por exemplo, o direito soberano de o Estado explorar os próprios recursos de acordo com sua política ambiental, a troca de informações, a cooperação internacional etc.

---

808 CARNEIRO, Ricardo. *Direito ambiental: uma abordagem econômica*. Rio de Janeiro: Forense, 2003, p. 53: "Muitas nações subdesenvolvidas – dentre as quais o Brasil – defenderam que as preocupações com a poluição e a degradação dos ecossistemas naturais constituíam um verdadeiro 'luxo' diante de seus inúmeros problemas econômicos estruturais".
809 VARELLA, Marcelo Dias. *Direito internacional econômico ambiental*. Belo Horizonte: Del Rey, 2004, p. 30.

Os Estados alertaram que era chegado o momento de refletir e de dar atenção às possíveis consequências que poderiam advir para o meio ambiente se continuassem a proceder daquela maneira. E que, talvez por ignorância ou mesmo por indiferença, poderiam ser causados danos imensos e irreparáveis à Terra, que certamente trariam sérios desdobramentos para a vida humana.

Maurice Strong, Secretário-Geral da Conferência, chegou a afirmar na cerimônia de abertura que se "constituía um movimento de libertação, para livrar o homem da ameaça de sua escravidão diante dos perigos que ele próprio criou para o meio ambiente".

De fato, era o momento de tomar uma decisão e coordenar uma grande ação no plano internacional. A Declaração produzida em 1972, embora de natureza recomendatória, abriu novas possibilidades, e a partir dela foram concebidos vários outros documentos internacionais em matéria de direito ambiental.

Os tratados internacionais sobre meio ambiente recebem muitas críticas, seja em razão de não adotarem regras objetivas, seja por não apresentarem estrutura muito clara, sendo considerados *soft law*. Entretanto, o Direito Internacional contemporâneo pode ser caracterizado basicamente pela mudança circunstancial nas formas e mecanismos de aplicação de suas normas e pela influência cada vez maior do Direito Internacional sobre o Direito interno dos Estados, graças ao deslocamento das discussões jurídicas para foros internacionais, e que oferece um campo próprio para documentos de caráter propositivo, o caso da *soft law*. Ela ganha espaço em uma sociedade internacional que procura desenhar seus rumos, estabelecendo uma forma de norma-padrão a ser aceita e aplicada gradativamente pelos Estados, porém sem efeito vinculatório e desregulamentada. A reestruturação da ordem mundial, a partir de instrumentos jurídicos como a *soft law*[810], que tem ampla implicação no Direito, acaba por influenciar a mudança de paradigmas e as próprias fontes normativas da disciplina.

---

810 SOARES, Guido Fernando Silva. *Curso de direito internacional público*. São Paulo: Atlas, 2002, p. 409, acentua que "o campo das normas de *soft law* tem sido sobremaneira enriquecido pelas decisões dos Estados, isoladamente ou em decisões coletivas, em matéria do Direito Internacional do Meio Ambiente, que emergiu uma nova forma de elaboração das normas internacionais escritas: os tratados-quadro, conforme se pode verificar pela denominação mesma da Convenção-Quadro das Nações Unidas sobre a Mudança do Clima, assinada no Rio, em 1992, bem como pela estrutura normativa da Convenção sobre Diversidade Biológica, adotada na mesma cidade e data".

Assim é que o Direito Internacional Ambiental apresenta uma série de instrumentos de natureza bilateral ou multilateral que procuram sistematizar assuntos genéricos e/ou específicos, estabelecendo disposições recomendatórias e também obrigações específicas que devem ser cumpridas pelos Estados signatários, através das chamadas Convenções-Quadro e Protocolos, com o devido regramento[811].

A Conferência de Estocolmo alcançou verdadeiramente objetivos profícuos. Não apenas pelo fato de ter conseguido colocar a discussão ambiental no campo internacional, mas também pela definição das prioridades das futuras negociações sobre meio ambiente, pela criação do Programa das Nações Unidas para o Meio Ambiente (PNUMA), o fortalecimento de organizações não governamentais, a maior participação da sociedade civil nas questões ambientais e o estímulo à criação de órgãos nacionais dedicados à questão do meio ambiente em dezenas de países que ainda não os apresentavam, a exemplo do Brasil.

Frise-se que foi a partir do encontro realizado em Estocolmo que muitos países se "sensibilizaram" para a causa, inclusive o Brasil, com a consequente inserção da matéria no texto constitucional e o posterior reconhecimento como direito fundamental[812].

---

811   GUERRA, Sidney. *Direito internacional ambiental*. Rio de Janeiro: Freitas Bastos, 2006.

812   Veja, nesse sentido, o MS 22.164, no qual como Relator figurou o Ministro Celso de Mello, publicado no *DJ* 17-11-1995: "O direito à integridade do meio ambiente – típico direito de terceira geração – constitui prerrogativa jurídica de titularidade coletiva, refletindo, dentro do processo de afirmação dos direitos humanos, a expressão significativa de um poder atribuído, não ao indivíduo identificado em sua singularidade, mas, num sentido verdadeiramente mais abrangente, a própria coletividade social. Enquanto os direitos de primeira geração (direitos civis e políticos) – que compreendem as liberdades clássicas, negativas ou formais – realçam o princípio da liberdade e os direitos de segunda geração (direitos econômicos, sociais e culturais) – que se identificam com as liberdades positivas, reais ou concretas – acentuam o princípio da igualdade, os direitos de terceira geração, que materializam poderes de titularidade coletiva atribuídos genericamente a todas as formações sociais, consagram o princípio da solidariedade e constituem um momento importante no processo de desenvolvimento, expansão e reconhecimento dos direitos humanos, caracterizados, enquanto valores fundamentais indisponíveis, pela nota de uma essencial inexauribilidade". GUERRA, Sidney. A tutela constitucional do meio ambiente no Brasil. In: *Perspectivas constitucionais contemporâneas*. Rio de Janeiro: Lumen Juris, 2010, p. 366.

Sem embargo, como assinalado acima, a Declaração formulada na cidade de Estocolmo no ano de 1972 foi um marco para o estudo do direito ambiental, pois estabeleceu em seu preâmbulo que o homem é ao mesmo tempo obra e construtor do meio ambiente que o cerca, o qual lhe dá sustento material e lhe oferece oportunidade para desenvolver-se intelectual, moral, social e espiritualmente. E que a larga e tortuosa evolução da raça humana neste planeta chegou a uma etapa em que, graças à rápida aceleração da ciência e da tecnologia, o homem adquiriu o poder de transformar, de inúmeras maneiras e em uma escala sem precedentes, tudo que o cerca. Os dois aspectos do meio ambiente humano, o natural e o artificial, são essenciais para o bem-estar do homem e para o gozo dos direitos humanos fundamentais (n. 1).

A seguir consagra que a proteção e o melhoramento do meio ambiente humano é questão fundamental que afeta o bem-estar dos povos e o desenvolvimento econômico do mundo inteiro, um desejo urgente de todos os povos e um dever dos governos (n. 2).

A preocupação com o bem-estar da pessoa humana, apresentada no preâmbulo, n. 1 e n. 2, pode ser identificada como o objeto do estudo do meio ambiente, associando-se à ideia da proteção da vida e da qualidade de vida das pessoas.

Somadas a essas preocupações, relacionadas ao bem-estar da população, podem ser apontadas outras, tais como o crescimento populacional; a industrialização e o desenvolvimento tecnológico; a utilização predatória dos recursos naturais, culminando com o esgotamento dos referidos recursos; a degradação da qualidade ambiental; a poluição em todos os níveis etc.

Vários problemas assolam a humanidade e precisam ser resolvidos para que haja proteção efetiva do ambiente e, por consequência, dos direitos humanos. Evidencia-se, pois, a inter-relação dos estudos de meio ambiente e direitos humanos[813].

Não há dúvida de que a proteção do meio ambiente está intimamente ligada à proteção da pessoa humana[814], na medida em que não se pode

---

813 Nesse sentido, *vide* o artigo Tutela internacional dos direitos humanos e do meio ambiente: um breve estudo sobre os dois grandes temas da globalidade. In: GUERRA, Sidney; BUZANELLO, José Carlos. *Direitos humanos: uma abordagem interdisciplinar*. Rio de Janeiro: Freitas Bastos, 2007. v. 3.
814 Na mesma direção, SHAW, Malcolm, op. cit., p. 847: "It has been argued that there now exists an international human right to a clean environment. There are, of

imaginar o exercício dos direitos humanos sem que exista um ambiente sadio e que propicie o bem-estar para o desenvolvimento pleno e digno de todos.

Atentos a essa necessidade, os Estados reunidos em Estocolmo consagraram tal preocupação no princípio n. 1:

> "O homem tem o direito fundamental à liberdade, à igualdade e ao desfrute e condições de vida adequadas em um meio ambiente de qualidade tal que lhe permita levar uma vida digna e gozar de bem-estar, tendo a solene obrigação de proteger e melhorar o meio ambiente para as gerações presentes e futuras. A esse respeito, as políticas que promovem ou perpetuam o *apartheid*, a segregação racial, a discriminação, a opressão colonial e outras formas de opressão e de dominação estrangeira são condenadas e devem ser eliminadas.
>
> Em março de 1991, em Genebra, aconteceu a II Reunião do Grupo de Consultores Jurídicos do Programa das Nações Unidas sobre Meio Ambiente e alertaram para importância do reconhecimento do direito a um meio ambiente sadio e do direito ao desenvolvimento como um direito humano para a consideração de problemas de condições de vida como a erradicação da pobreza, as pressões demográficas, a saúde, a educação, a nutrição, a moradia e a urbanização"[815].

Já no ano da Conferência do Rio, no mês de março, aconteceu em Brasília o Seminário Interamericano sobre Direitos Humanos e Meio Ambiente, que contou com a participação de especialistas provenientes de diferentes países e instituições, com vasta trajetória, internacionalmente reconhecida, no campo da proteção internacional dos direitos humanos e do meio ambiente, chegando-se à seguinte conclusão:

> "Existe uma relação íntima entre desenvolvimento e meio ambiente, desenvolvimento e direitos humanos e meio ambiente e direitos humanos. Possíveis vínculos podem ser encontrados, tais como o direito à vida e à saúde na sua maior dimensão que requerem ações negativas e positivas por parte dos Estados. Em realidade, a maioria dos direitos econômicos,

---

course, a range of general human rights provisions that may have a relevance in the field of environmental protection, such as the right to life, right to an adequate standard of living, right to health, right to food and so forth, but specific references to a human right to a clean envioronment have tended to be a few and ambiguous".

815 TRINDADE, Antônio Augusto Cançado. *Direitos humanos e meio ambiente*. Porto Alegre: Sergio Antonio Fabris Editor, 1993, p. 26.

sociais e culturais e os direitos civis e políticos mais básicos demonstram esta íntima relação. Ao final, há um paralelo entre a evolução da proteção dos direitos humanos e da proteção do meio ambiente, tendo ambas passado por um processo de internacionalização e de globalização"[816].

Logo depois a matéria foi retomada na Declaração do Rio de Janeiro, de 1992, que consagrou a preocupação com a pessoa humana:

> "Princípio 1: Os seres humanos estão no centro das preocupações com o desenvolvimento sustentável. Têm o direito a uma vida saudável e produtiva, em harmonia com a natureza".

Sem embargo, o vínculo entre meio ambiente e os direitos humanos está demonstrado pelo fato de que, ocorrendo degradação ambiental, podem ser agravadas violações aos direitos humanos, e, por outro lado, as violações de direitos humanos podem levar à degradação ambiental ou tornar mais difícil a proteção do meio ambiente. Tais situações ressaltam a necessidade de fortalecer o desenvolvimento do direito à alimentação, à água e à saúde[817].

O problema se expande cada vez mais, e hodiernamente há um grande clamor da sociedade para uma proteção efetiva do meio ambiente e, por consequência, da vida humana[818].

Não por acaso, o ano de 2007 foi escolhido como o Ano Internacional do Planeta Terra. Pela primeira vez, o Conselho de Segurança das Nações Unidas se reuniu, no mês de abril, para tratar de problemas ambientais, por se tratar também de assunto delicado e que pode trazer grande desequilíbrio em termos de segurança planetária.

Como visto no Capítulo I deste livro, os direitos de terceira geração surgem como resposta à dominação cultural e como reação ao alarmante grau de exploração não mais da classe trabalhadora dos países industrializados, mas

---

816 Ibidem, p. 35.
817 Ibidem, p. 36.
818 SHAW, Malcolm, op. cit., p. 848, destaca ainda o ano de 1994, como se vê: "In 1994, the final report of Human Rights and the Environment was delivered to the UN Sub-Comission on Prevention of Discrimination and Protection of Minorities. The Report contains a set of Draft Principles of Human Rights and the Environment, which includes the notion that 'human rights, an ecologically sound environment, sustainable development and peace are interdependent and indivisible' and that all persons have the right to be a secure, healthy and ecologically sound environment. This right and other human rights, including civil, cultural, economic, political and social rights, are universal, interdependent and indivisible".

das nações em desenvolvimento e por aquelas já desenvolvidas, bem como pelos quadros de injustiça e opressão no próprio ambiente interno dessas e de outras nações revelados mais agudamente pelas revoluções de descolonização ocorridas após a Segunda Guerra Mundial. Além da afirmação contemporânea de interesses que desconhecem limitações de fronteiras, classe ou posição social e se definem como direitos globais ou de toda a humanidade. Nesse sentido, o meio ambiente equilibrado se apresenta como direito de terceira dimensão[819] e enseja grande preocupação e interesse para a consolidação do exercício dos direitos humanos, como nesta passagem de Trindade:

> "Nenhum cidadão pode estar hoje alheio à temática dos direitos humanos e do meio ambiente, mormente os que vivem em países, como o Brasil, detentores dos mais altos índices de disparidades sociais do mundo, que levam à triste e inelutável convivência, em seu quotidiano, com a insensibilidade e insensatez das classes dominantes, a injustiça institucionalizada e perpetuada, e a continuada dificuldade do meio social em identificar com discernimento e compreender os temas verdadeiramente primordiais que lhe dizem respeito, a requererem reflexão e ação com seriedade. É certo que testemunhamos hoje uma alentadora tomada de consciência mundial quanto à premente necessidade de proteção do ser humano e do meio ambiente"[820].

Não há dúvidas de que a proteção do meio ambiente está intimamente ligada à proteção da pessoa humana, na medida em que não se pode imaginar o exercício dos direitos humanos sem que exista um ambiente sadio e propício ao bem-estar para o desenvolvimento pleno e digno para todos[821].

---

819 FAVOREU, Louis et al. *Droit des libertés fondamentales*. 4. ed. Paris: Dalloz, 2007, p. 49: "Les droits de la troisième génération, invocables par tout homme, sont opposables à la puissance publique. Toutefois, la question de savoir si c'est l'humanité ou chaque individu qui s'en trouve titulaire (en son nom propre, ou au nom et pour le bien de tous), et celle de la puissance publique concernée, étatique ou supra-étatique, demeurent discutées)".
820 TRINDADE, Antônio Augusto Cançado, op. cit., p. 24 e s.
821 Nesse sentido, PESSANHA, Érica. A proteção internacional dos direitos humanos e o direito ambiental internacional, in GUERRA, Sidney. *Temas emergentes de direitos humanos*. Rio de Janeiro, FDC, v. II, 2007, p. 207-208: "A proteção do direito ao meio ambiente ecologicamente equilibrado como um direito humano fundamental objetiva o desenvolvimento de uma sadia qualidade de vida, em todos os seus desdobramentos. A partir da Declaração de Estocolmo em 1972 estabeleceu-se essa perspectiva de proteção internacional do meio ambiente como uma das vertentes dos direitos fundamentais da pessoa humana. Em diversos ordenamentos internos o direito ao

A emergência de uma nova ordem ambiental pressupõe o engajamento da sociedade civil na tomada de decisões para que os efeitos nocivos ao ambiente sejam minimizados. Cada pessoa precisa assumir a condição de "sujeito ativo" em matéria ambiental, ou seja, todos devem participar ativamente nas políticas públicas voltadas ao ambiente.

O desabrochar do movimento ambiental decorre das grandes Conferências Internacionais de Meio Ambiente realizadas sob os auspícios da Organização das Nações Unidas. A partir da realização das referidas conferências internacionais, evidenciou-se também a inter-relação dos estudos do ambiente com os direitos humanos, na medida em que ficou consagrada a ideia do ambiente humano e a necessidade de compatibilizar o desenvolvimento econômico com o ambiente equilibrado. Tal fato pode ser observado no relatório produzido pela ONU que apresentou os objetivos de desenvolvimento do milênio, no qual assumiu, inclusive, compromissos relativos ao ambiente: a) erradicar a pobreza extrema e a fome; reduzir pela metade a percentagem de pessoas com rendimentos inferiores a um dólar

---

meio ambiente ecologicamente equilibrado aparece como direito fundamental, tal como na Constituição de 1988 (Brasil), em seu art. 225, *caput*".

O dispositivo constitucional acima mencionado reafirma o caráter fundamental do direito ao meio ambiente ecologicamente equilibrado, uma vez que, sem esse direito, o ser humano não goza de uma plenitude de qualidade de vida. Desse modo, é possível argumentar que o bem jurídico vida depende, para ser gozado na sua integralidade, entre outros fatores, de diversos mecanismos que promovam o bem-estar e isso inclui a proteção do meio ambiente nos seus diversos âmbitos. A partir de então, é possível afirmar que quando as práticas ambientais corretas não são efetivadas, quando não se investe recursos para o melhoramento do meio ambiente, quando não se implementam políticas de preservação ambiental, quando não se pune por danos ambientais etc., está se abrindo mão de promover a própria qualidade de vida e, consequentemente, desprezando um direito humano fundamental.

O direito a um meio ambiente sadio também é assegurado pelo art. 11 do Protocolo Adicional à Convenção Americana sobre Direitos Humanos em Matéria de Direitos Econômicos, Sociais e Culturais (Protocolo de San Salvador), de 1988, que assim dispõe: "Art. 11. Direito a um meio ambiente sadio. 1. Toda pessoa tem direito de viver em meio ambiente sadio e contar com os serviços públicos básicos. 2. Os Estados-partes promoverão a proteção, preservação e melhoramento do meio ambiente". Além disso, no preâmbulo do Protocolo de San Salvador, afirma-se a importância dos direitos ali apresentados, reconhecendo-se a proteção internacional por se tratarem de direitos essenciais à vida humana. Assim dispõe: "Reconhecendo que os direitos essenciais do homem não derivam do fato de ser ele nacional de determinado Estado, mas sim do fato de ter como fundamento os atributos de pessoa humana, razão por que justificam uma proteção internacional...".

por dia; reduzir pela metade a percentagem de pessoas que passam fome; b) alcançar a universalização do ensino primário e cuidar para que todas as crianças possam terminar o ciclo completo de escolaridade primária; c) promover a igualdade entre homens e mulheres; d) reduzir a mortalidade infantil (limitando em até 2/3 a taxa de mortalidade de crianças com menos de 5 anos); e) melhorar a saúde materna; f) combater o HIV e outras doenças sexualmente transmissíveis; g) garantir a sustentabilidade do meio ambiente; incorporar os princípios do desenvolvimento sustentável nas políticas e programas nacionais; reduzir pela metade a percentagem de pessoas sem acesso à água potável; h) fomentar uma associação mundial para o desenvolvimento, incluindo o compromisso de atingir uma boa gestão dos assuntos públicos e a redução da pobreza em cada Estado e no plano internacional[822]. Tal entendimento foi ratificado na Conferência do Rio de Janeiro – a Rio + 20 –, que ao final apresentou o documento intitulado "El futuro que queremos", ocasião em que os Estados assumiram compromissos comuns[823].

---

822 Conforme Relatório do Desenvolvimento Humano da Organização das Nações Unidas.
823 "Nuestra visión común: 1. Nosotros, los Jefes de Estado y de Gobierno y los representantes de alto nivel, habiéndonos reunido en Río de Janeiro (Brasil) entre el 20 y el 22 de junio de 2012, con la plena participación de la sociedad civil, renovamos nuestro compromiso en pro del desarrollo sostenible y de la promoción de un futuro económico, social y ambientalmente sostenible para nuestro planeta y para las generaciones presentes y futuras. 2. La erradicación de la pobreza es el mayor problema que afronta el mundo en la actualidad y una condición indispensable del desarrollo sostenible. A este respecto estamos empeñados en liberar con urgencia a la humanidad de la pobreza y el hambre. 3. Por consiguiente, reconocemos que es necesario incorporar aun más el desarrollo sostenible en todos los niveles, integrando sus aspectos económicos, sociales y ambientales y reconociendo los vínculos que existen entre ellos, con el fin de lograr el desarrollo sostenible en todas sus dimensiones. 4. Reconocemos que la erradicación de la pobreza, la modificación de las modalidades insostenibles y la promoción de modalidades sostenibles de producción y consumo, y la protección y ordenación de la base de recursos naturales del desarrollo económico y social son objetivos generales y requisitos indispensables del desarrollo sostenible. Reafirmamos también que es necesario lograr el desarrollo sostenible promoviendo un crecimiento sostenido, inclusivo y equitativo, creando mayores oportunidades para todos, reduciendo las desigualdades, mejorando los niveles de vida básicos, fomentando el desarrollo social equitativo y la inclusión, y promoviendo una ordenación integrada y sostenible de los recursos naturales y los ecosistemas que preste apoyo, entre otras cosas, al desarrollo económico, social y humano, y facilite al mismo tiempo la conservación, la regeneración, el restablecimiento y la resiliencia de los ecosistemas frente a los problemas nuevos y emergentes. 5. Reafirmamos nuestro compromiso de hacer todo lo posible para acelerar el logro de los objetivos de desarrollo convenidos internacionalmente, incluidos los Objetivos de Desarrollo del Milenio para 2015. 6. Reconocemos que las

personas constituyen el centro del desarrollo sostenible y a este respecto, nos esforzamos por lograr un mundo que sea justo, equitativo e inclusivo, y nos comprometemos a trabajar de consuno para promover el crecimiento económico sostenido e inclusivo, el desarrollo social y la protección del medio ambiente, lo que redundará en beneficio de todos. 7. Reafirmamos que seguimos guiándonos por los propósitos y principios de la Carta de las Naciones Unidas, con pleno respeto del derecho internacional y sus principios. 8. Reafirmamos también la importancia de la libertad, la paz y la seguridad, el respeto de todos los derechos humanos, entre ellos el derecho al desarrollo y el derecho a un nivel de vida adecuado, incluido el derecho a la alimentación, el estado de derecho, la igualdad entre los géneros, el empoderamiento de las mujeres y el compromiso general de lograr sociedades justas y democráticas para el desarrollo. 9. Reafirmamos la importancia de la Declaración Universal de Derechos Humanos, así como de los demás instrumentos internacionales relativos a los derechos humanos y el derecho internacional. Destacamos la responsabilidad que incumbe a todos los Estados, de conformidad con la Carta de las Naciones Unidas, de respetar, proteger y promover los derechos humanos y las libertades fundamentales de todos, sin distinción alguna por motivos de raza, color, sexo, idioma, religión, opinión política o de otra índole, origen nacional o social, capacidad económica, nacimiento, discapacidad u otra condición. 10. Reconocemos que la democracia, la buena gobernanza y el estado de derecho, en los planos nacional e internacional, así como un entorno propicio, son esenciales para el desarrollo sostenible, incluido el crecimiento económico sostenido e inclusivo, el desarrollo social, la protección del medio ambiente y la erradicación de la pobreza y el hambre. Reafirmamos que para lograr nuestros objetivos de desarrollo sostenible necesitamos instituciones en todos los niveles que sean eficaces, transparentes, responsables y democráticas. 11. Reafirmamos nuestro compromiso de fortalecer la cooperación internacional para hacer frente a los persistentes problemas relacionados con el desarrollo sostenible para todos, en particular en los países en desarrollo. A este respecto, reafirmamos la necesidad de lograr la estabilidad económica, el crecimiento económico sostenido, la promoción de la equidad social, y la protección del medio ambiente, aumentando al mismo tiempo la igualdad entre los géneros, el empoderamiento de las mujeres y la igualdad de oportunidades para todos, y la protección, la supervivencia y el desarrollo de los niños hasta que alcancen su máximo potencial, incluso mediante la educación. 12. Resolvemos adoptar medidas urgentes para lograr el desarrollo sostenible. Por lo tanto, renovamos nuestro compromiso en favor del desarrollo sostenible, evaluando los avances realizados hasta el momento y lo que aun queda por hacer en cuanto a la aplicación de los resultados de las principales cumbres sobre el desarrollo sostenible, y haciendo frente a las dificultades nuevas y emergentes. Expresamos nuestra firme decisión de abordar los temas de la Conferencia de las Naciones Unidas sobre el Desarrollo Sostenible, a saber, la economía verde en el contexto del desarrollo sostenible y la erradicación de la pobreza, y el marco institucional para el desarrollo sostenible. 13. Reconocemos que la oportunidad de que las personas influyan en sus vidas y su futuro, participen en la adopción de decisiones y expresen sus inquietudes es fundamental para el desarrollo sostenible. Subrayamos que el desarrollo sostenible exige medidas concretas y urgentes. Solo se puede lograr forjando una amplia alianza de las personas, los gobiernos, la sociedad civil y el sector privado, trabajando juntos para lograr el futuro que queremos para las generaciones presentes y futuras". Disponível em: http://daccess-dds-ny.un.org/doc/UNDOC/GEN/N12/381/67/PDF/N1238167.pdf?OpenElement. Acesso em: 22 jul. 2012.

Em estudo específico sobre a matéria, Silvia Loureiro[824] enfatiza que no ano de 2018, quando da apresentação do Relatório Final para o Conselho de Direitos Humanos, o Relator Especial, Sr. Jhon Knox, apresenta os dezesseis Princípios Marco sobre direitos humanos e meio ambiente acompanhados de comentários, além de ser examinado o direito humano a um meio ambiente saudável e de ser fornecida uma visão sobre os próximos estágios na evolução da relação entre direitos humanos e meio ambiente e o processo de "ecologização" daqueles[825]. No supracitado relatório, enfatiza Loureiro[826], torna-se interessante destacar o amadurecimento da questão sobre o reconhecimento de um direito humano ao meio ambiente e o fortalecimento das fontes que embasam a defesa deste direito, provenientes tanto do direito interno dos países quanto da prática dos sistemas de direitos humanos, o que resta expressado nas seguintes considerações do informe: "Um aspecto incomum do desenvolvimento de normas de direitos humanos relacionados ao meio ambiente é o fato de que tais normas não se baseiam principalmente no reconhecimento expresso de um direito humano a um meio ambiente seguro, limpo, saudável e sustentável ou, mais simplesmente, a um direito humano a um meio ambiente saudável. Embora esse direito tenha sido reconhecido de várias maneiras em acordos regionais e na maioria das constituições nacionais, não foi adotado no contexto de um acordo de direitos humanos aplicável globalmente e apenas um acordo regional, a saber, a Carta Africana dos Direitos Humanos e dos Povos, prevê a sua interpretação nas decisões adotadas por um órgao de exame".

Em março de 2018, o Conselho de Direitos Humanos prorrogou o mandato do Relator Especial (Resolução n. 37/8) e nomeou o Sr. David R. Boyd por mais três anos. Na transição entre o mandato do Sr. Jhon Knox para o atual mandato de David Boyd foi aprovada a Resolução n. A/73/188, que recomenda que a Assembleia Geral das Nações Unidas reconheça o direito humano a um ambiente seguro, limpo, saudável e sustentável. Com

---

824 LOUREIRO, Sílvia Maria da Silveira. Os desafios da proteção internacional do meio ambiente como um direito humano. In: GUERRA, Sidney; BRAGA, Fernanda Figueira Tonetto. *Direito Internacional Ambiental:* interfaces entre o meio ambiente e os direitos humanos nos sistemas regionais de proteção. Curitiba: Instituto Memória, 2021, p. 55.

825 Os Relatórios Finais podem ser consultados em https://www.ohchr.org/EN/Issues/Environment/SREnvironment/Pages/AnnualReports.aspx, acesso em 14 fev. 2021.

826 LOUREIRO, Sílvia Maria da Silveira. Os desafios da proteção internacional do meio ambiente como um direito humano. In: GUERRA, Sidney; BRAGA, Fernanda Figueira Tonetto. *Direito Internacional Ambiental:* interfaces entre o meio ambiente e os direitos humanos nos sistemas regionais de proteção. Curitiba: Instituto Memória, 2021, p. 56.

base na vasta experiência com respeito a este direito em nível nacional e regional, o Relatório explica por que chegou a hora de as Nações Unidas reconhecê-llo: "Chegou a hora de as Nações Unidas reconhecerem oficialmente o direito humano a um meio ambiente seguro, limpo, saudável e sustentável, ou simplesmente o direito humano a um meio ambiente saudável. É compreensível que os principais instrumentos de direitos humanos das Nações Unidas – a Declaração Universal dos Direitos Humanos, o Pacto Internacional de Direitos Econômicos, Sociais e Culturais e o Pacto Internacional de Direitos Civis e Políticos – não incluam um direito explícito a um meio ambiente saudável, já que foram escritos e aprovados antes que o movimento ambientalista moderno fomentasse a consciência sobre a amplitude e a profundidade das questões ambientais que afrontam a humanidade. Porém, hoje é indiscutível que o ser humano depende totalmente de um ambiente saudável para ter uma vida digna, sadia e satisfatória. Os sistemas ecológicos, a diversidade biológica e as condições do planeta, que são as bases fundamentais da existência humana, estão sob uma tensão sem precedentes. Se a Declaração Universal dos Direitos Humanos fosse redigida hoje, não há dúvida de que o direito a um meio ambiente saudável não seria omitido, pois é um direito essencial para o bem-estar humano e é amplamente reconhecido nas constituições, leis e regulamentos nacionais e os acordos regionais (2018, par. 37)"[827].

Para formalizar esta recomendação, o supracitado relatório sugere três opções principais: primeiramente, o reconhecimento do direito humano ao meio ambiente saudável em um instrumento global, como um novo tratado internacional aprovado sob os auspícios da Assembleia Geral das Nações Unidas. Em seguida, a preparação de um protocolo adicional a um tratado atual de direitos humanos, como, por exemplo, um protocolo facultativo ao Pacto Internacional de Direitos Econômicos, Sociais e Culturais, inclusive com a utilização de seu Comitê para o monitoramento de sua implementação e recebimento de queixas. Enfim, um enfoque que poderia ser mais célere, a aprovação de uma resolução focada no direito a um meio ambiente saudável, a exemplo da resolução na qual a Assembleia Geral reconhece os direitos à água e ao saneamento, que, como o direito a um meio ambiente saudável, não foram expressamente reconhecidos nos tratados de direitos humanos das Nações Unidas (AG, 2018, pars. 46-48).

---

827 LOUREIRO, Sílvia Maria da Silveira. Os desafios da proteção internacional do meio ambiente como um direito humano. In: GUERRA, Sidney; BRAGA, Fernanda Figueira Tonetto. *Direito Internacional Ambiental:* interfaces entre o meio ambiente e os direitos humanos nos sistemas regionais de proteção. Curitiba: Instituto Memória, 2021, p. 56.

Os problemas ambientais trazem prejuízos enormes para o desenvolvimento da pessoa humana, e subjacente às perspectivas da evolução da matéria encontra-se o recurso último à humanidade, na luta por condições de vida digna e pela própria sobrevivência do gênero humano. É preciso envidar esforços em prol da criação da verdadeira cultura da preservação do meio ambiente, com a participação mais efetiva dos múltiplos atores na sociedade global.

5.1. As mudanças climáticas

As mudanças climáticas se apresentam como um dos maiores problemas de cunho ambiental no cenário global. Os países insulares localizados no Oceano Pacífico, por exemplo, enfrentam diversas situações que decorrem do aquecimento global, como a elevação do nível do mar[828], salinização de água potável e fortes tempestades.

Segundo McAdam[829], a região Ásia-Pacífico é uma das mais atingidas pelo desequilíbrio ambiental e mudanças climáticas, o que enseja deslocamento de grande contingente populacional. Não por acaso, esta região foi responsável por concentrar mais de 80% dos deslocamentos no período entre 2008 e 2018, alcançando o relevante número de aproximadamente 187 milhões de pessoas[830].

Ademais, há que se enfatizar o risco de desaparecimento ou de evacuação total da população dos Estados-insulares, em razão da elevação do nível dos oceanos proveniente do aquecimento global. Tal movimentação

---

828 NOBRE, Carlos A.; REID, Julia; VEIGA, Ana Paula Soares. *Fundamentos científicos das mudanças climáticas*. São José dos Campos, SP: Rede Clima/INPE, 2012, p. 9-11: "A temperatura média global à superfície subiu quase 0,8°C nos últimos 120 anos, o nível do mar subiu quase 20 centímetros na média global durante o século XX, a área coberta com neve está diminuindo e as geleiras estão derretendo. É fundamental observar que o oceano está aquecendo. Se o planeta está mais quente, temos que imaginar que o Sistema Terrestre – atmosfera – superfície continental – criosfera – oceano – está num estado mais alto de energia (...). E essa energia está indo para o oceano. Oitenta por cento desse acréscimo de energia – pelo fato de a temperatura média do planeta estar 0,8°C mais quente – vai para o oceano. Os dados oceânicos mostram esse aquecimento.
829 MCADAM, Jane; PRYKE, Jonathan. *Mudança climática, desastres e mobilidade:* um roteiro para a ação australiana, 2020, p. 8. Disponível em: https://www.kaldorcentre.unsw.edu.au/publication/podcast-climate-change-disasters-and-mobility-road-map-australian-action. Acesso em: 10 mar. 2021.
830 MCADAM, Jane; PRYKE, Jonathan. *Mudança climática, desastres e mobilidade:* um roteiro para a ação australiana, 2020, p. 8. Disponível em: https://www.kaldorcentre.unsw.edu.au/publication/podcast-climate-change-disasters-and-mobility-road-map-australian-action. Acesso em: 10 mar. 2021.

já se mostra presente nas Ilhas Maldivas, Ilhas Marshall, Tuvalu e Kiribati[831], casos em que os Estados estudam a possibilidade de transferir a sede do governo e reassentar a população local em outra base territorial[832].

Em interessante estudo realizado pelo Pew Research Center, em 2019, foram apresentados possíveis impactos nocivos decorrentes das mudanças climáticas a curto e longo prazo[833] e enfatiza que elas se apresentam como o principal risco para as mais diferentes nações.

Na metodologia adotada, foram entrevistados 27.612 (vinte e sete mil seiscentos e doze) pessoas que apontaram quais as maiores ameaças que se apresentam no plano global. São elas: mudanças climáticas, ataques terroristas por grupos radicais islâmicos; ataques cibernéticos e a influência da Rússia, conforme imagem a seguir[834]:

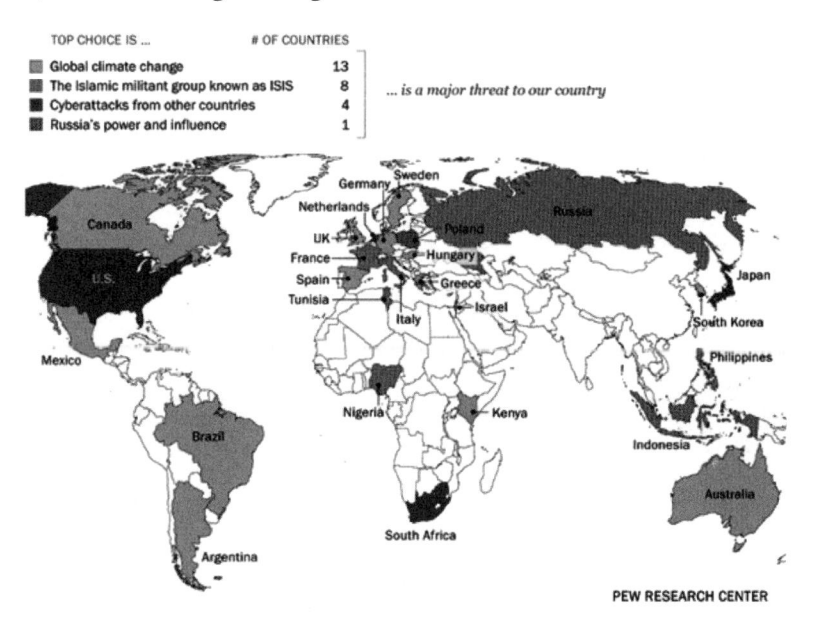

---

831 Recomenda-se a leitura de GUERRA, Sidney et. all. *A luta pelo reconhecimento internacional do refugiado ambiental junto ao Comitê de Direitos Humanos da ONU. O caso de Ioane Teitiota, de Kiribati*. NOMOS. Revista do Programa de Pós-graduação em Direito UFC. v. 41. n. 1, 2021.
832 RAMOS, Érika Pires. *Refugiados ambientais:* em busca de reconhecimento pelo direito internacional. São Paulo: EP Ramos, 2011, p. 61.
833 POUSHTER, Jacob; HUANG, Christine. Climate change still seen as the top global threat, but cyberattacks a rising concern. *Pew Research Center*, v. 10, 2019, p. 2.
834 POUSHTER, Jacob; HUANG, Christine. Climate change still seen as the top global threat, but cyberattacks a rising concern. *Pew Research Center*, v. 10, 2019, p. 4.

Os dados coletados são bastante sugestivos, em termos percentuais, conforme a seguir:

Country	Global climate change	The Islamic militant group known as ISIS	Cyberattacks from other countries	North Korea's nuclear program	The condition of the global economy	U.S. power and influence	Russia's power and influence	China's power and influence
Argentina	73%	53%	58%	50%	67%	57%	33%	39%
Australia	60%	59%	58%	47%	44%	36%	34%	51%
Brazil	72%	53%	61%	59%	66%	53%	43%	43%
Canada	66%	54%	57%	47%	41%	46%	32%	31%
France	83%	87%	67%	55%	46%	49%	40%	40%
Germany	71%	68%	66%	47%	29%	49%	30%	33%
Greece	90%	69%	63%	63%	88%	48%	33%	38%
Hungary	66%	59%	35%	51%	28%	17%	26%	22%
Indonesia	56%	81%	56%	57%	60%	52%	31%	43%
Israel	38%	47%	42%	36%	35%	15%	28%	18%
Italy	71%	80%	45%	56%	50%	22%	20%	33%
Japan	75%	52%	81%	73%	52%	66%	49%	69%
Kenya	71%	64%	65%	56%	58%	41%	37%	34%
Mexico	80%	34%	60%	57%	63%	64%	31%	31%
Netherlands	70%	67%	72%	39%	28%	37%	42%	25%
Nigeria	41%	61%	47%	41%	49%	39%	33%	30%
Philippines	67%	79%	69%	61%	48%	29%	38%	56%
Poland	55%	59%	53%	53%	23%	18%	65%	26%
Russia	43%	62%	36%	30%	40%	43%	*	20%
South Africa	59%	43%	61%	46%	54%	42%	38%	40%
South Korea	86%	63%	81%	67%	74%	67%	44%	82%
Spain	81%	75%	59%	59%	57%	42%	41%	35%
Sweden	69%	61%	55%	41%	27%	34%	40%	22%
Tunisia	61%	81%	65%	41%	66%	61%	30%	27%
U.S.	59%	62%	74%	58%	44%	*	50%	48%
UK	66%	64%	64%	40%	41%	37%	45%	29%

A pesquisa demonstra uma percepção coletiva dos riscos e ameaças decorrentes das mudanças climáticas que têm aumentado com o passar dos anos.

Em 2013, antes de o Acordo de Paris ser assinado, em média, 56% dos indivíduos de 23 países pesquisados disseram que a mudança climática global era a maior ameaça ao seu país. Este índice subiu para 63% em 2017, e em 2018 está em 67%. Desde 2013, preocupações com a ameaça climática aumentaram significativamente em 13 dos países onde os dados são acessíveis. Os maiores aumentos foram na França (até 29 pontos percentuais) e México (até 28 pontos), mas também houve aumentos nos Estados Unidos da América, Reino Unido, Alemanha, Espanha, Quênia, Canadá, África do Sul e Polônia[835].

Sobre o Acordo de Paris, impende destacar que o mesmo passou a ser reconhecido como uma norma fundamental[836] em razão do posicionamen-

---

835   POUSHTER, Jacob; HUANG, Christine. Climate change still seen as the top global threat, but cyberattacks a rising concern. *Pew Research Center*, v. 10, 2019, p. 5.
836   SARLET, Ingo; WEDY, Gabriel Tedesco; FENTERSEIFER, Tiago. A equiparação dos tratados ambientais aos tratados de direitos humanos. Disponível em: https://www.conjur.com.br/2022-jul-15/direitos-fundamentais-equiparacao-tratados-ambientais-aos-direitos-humanos. Acesso em: 24 jul. 2022: "(...) Além disso, a fundamentação da decisão, tanto no voto-relator do ministro Barroso quanto no voto-vogal do ministro Luiz Edson Fachin, consolida e fortalece orientação jurisprudencial já vislumbrada em outros julgados do STF ao se valer de um diálogo com a jurisprudência recente da Corte Interamericana de Direitos Humanos (Corte IDH) em matéria ambiental e atribuir aos tratados internacionais em matéria ambiental o mesmo status e hierarquia normativa especial já reconhecida pelo STF para os tratados internacionais de direitos humanos em geral, ou seja, uma hierarquia supralegal. A respeito do tema, é importante esclarecer que o STF, ao interpretar o artigo 5º, § 2º, da Constituição Federal, no julgamento do Recurso Extraordinário 466.343, em 2008, consolidou o entendimento de que os tratados internacionais de direitos humanos ratificados pelo Brasil — como, por exemplo, a Convenção Americana de Direitos Humanos (1969), o Protocolo de San Salvador (1988) e os tratados do sistema global da ONU — são dotados do status normativo supralegal. De acordo com o ministro Barroso, inclusive pela perspectiva da interdependência dos direitos humanos, os *"tratados sobre direito ambiental constituem espécie do gênero tratados de direitos humanos e desfrutam, por essa razão, de status supranacional"*. O STF, é importante assinalar, já possuía precedente nesse sentido desde 2017. A ministra Rosa Weber, no julgamento da Ação Direta de Inconstitucionalidade n. 4.066, em decisão sobre a constitucionalidade de legislação que proibiu o uso de amianto, atribuiu o status de supralegalidade à Convenção da Basiléia sobre o Controle de Movimentos Transfronteiriços de Resíduos Perigosos e seu Depósito (1989), equiparando-a aos tratados internacionais de direitos humanos. Do ponto de vista da hierarquia normativa, o reconhecimento do "status supralegal" dos tratados internacionais em matéria ambiental ratificados pelo Brasil, como, por exemplo, a Convenção-Quadro sobre Mudança Climática (1992), a Convenção-Quadro sobre Biodiversidade (1992) e o Acordo de Paris (2015), situa tais tratados internacionais acima de toda a legislação infraconstitucional brasileira — como, por exemplo, o Código Civil. Apenas a norma constitucional estaria hierarquicamente acima deles. Na prática, tal entendi-

to firmado pelo Supremo Tribunal Federal na Arguição de Descumprimento de Preceito Fundamental (ADPF 708).

Com 10 votos a favor e um contra o Supremo Tribunal Federal[837], decidiu que existe o dever constitucional de proteção ao clima. A ADPF n. 708, movida em junho de 2020 por quatro partidos políticos, alegava omissão deliberada do governo federal na paralisação e no contingenciamento de recursos do Fundo do Clima. Na oportunidade, o STF determinou à União que "o Poder Executivo tem o dever constitucional de fazer funcionar e alocar anualmente os recursos do Fundo Clima, para fins de mitigação das mudanças climáticas, estando vedado seu contingenciamento, em razão

---

mento permite a juízes e cortes de Justiça nacionais exercerem — inclusive de modo *ex officio*, conforme entendimento jurisprudencial da Corte IDH vinculativo para o Brasil — o denominado "controle de convencionalidade" de leis e atos administrativos infraconstitucionais que estiverem em desacordo com tratados internacionais em matéria ambiental. A respeito do tema, destaca-se a recentíssima Recomendação CNJ n. 123/2022, ao apontar a necessidade de os órgãos do Judiciário observarem os tratados e convenções internacionais de direitos humanos, bem como a jurisprudência da Corte IDH, inclusive no sentido de exercerem o correlato controle de convencionalidade. Isso, por certo, reforça a responsabilidade internacional do Estado brasileiro em relação à proteção da floresta amazônica".

837 ARGUIÇÃO DE DESCUMPRIMENTO DE PRECEITO FUNDAMENTAL (ADPF 708). Origem: DF - DISTRITO FEDERAL. Relator: Min. Roberto Barroso. Relator do último incidente: Min. Roberto Barroso (ADPF-ED). Decisão: O Tribunal, por maioria, julgou procedente a ação para: (i) reconhecer a omissão da União, em razão da não alocação integral dos recursos do Fundo Clima referentes a 2019; (ii) determinar à União que se abstenha de se omitir em fazer funcionar o Fundo Clima ou em destinar seus recursos; e (iii) vedar o contingenciamento das receitas que integram o Fundo, fixando a seguinte tese de julgamento: "O Poder Executivo tem o dever constitucional de fazer funcionar e alocar anualmente os recursos do Fundo Clima, para fins de mitigação das mudanças climáticas, estando vedado seu contingenciamento, em razão do dever constitucional de tutela ao meio ambiente (CF, art. 225), de direitos e compromissos internacionais assumidos pelo Brasil (CF, art. 5º, par. 2º), bem como do princípio constitucional da separação dos poderes (CF, art. 2º c/c art. 9º, par. 2º, LRF)". Tudo nos termos do voto do Relator, vencido o Ministro Nunes Marques. O Ministro Edson Fachin acompanhou o Relator com ressalvas. Falaram: pelo requerente Partido Socialista Brasileiro – PSB, o Dr. Felipe Santos Correa; pelo requerente Partido Socialismo e Liberdade (P-SOL), o Dr. André Maimoni; pelo requerente Partido dos Trabalhadores, Dr. Miguel Novaes; pela requerente Rede Sustentabilidade, o Dr. Rafael Echeverria Lopes; pela interessada, a Dra. Jucelaine Angelim Barbosa, Advogada da União; pelo amicus curiae Observatório do Clima, a Dra. Suely Mara Vaz Guimarães de Araújo; e, pelo amicus curiae Instituto Alana, a Dra. Angela Moura Barbarulo. Plenário, Sessão Virtual de 24.6.2022 a 1.7.2022. Disponível em: https://portal.stf.jus.br/processos/detalhe.asp?incidente=5951856. Acesso em: 24 jul. 2022.

do dever constitucional de tutela ao meio ambiente, de direitos e compromissos internacionais assumidos pelo Brasil, bem como do princípio constitucional da separação dos poderes"[838].

De fato, a expressiva preocupação das diferentes nações com as mudanças climáticas[839] apresenta fundamentos sólidos, sendo certo que o problema

---

[838] "Por maioria, o Plenário do Supremo Tribunal Federal (STF) proibiu o contingenciamento das receitas que integram o Fundo Nacional sobre Mudança do Clima (Fundo Clima) e determinou ao governo federal que adote as providências necessárias ao seu funcionamento, com a consequente destinação de recursos. O STF reconheceu, ainda, a omissão da União devido à não alocação integral das verbas do fundo referentes ao ano de 2019. A decisão se deu, em sessão virtual finalizada em 1º/7, no julgamento da Arguição de Descumprimento de Preceito Fundamental (ADPF) 708, ajuizada pelo Partido dos Trabalhadores (PT), pelo Partido Socialismo e Liberdade (PSOL), pelo Partido Socialista Brasileiro (PSB) e pela Rede Sustentabilidade." Disponível em: https://portal.stf.jus.br/noticias/verNoticiaDetalhe.asp?idConteudo=489997&ori=1. Acesso em: 24 jul. 2022.

[839] "Accelerating and widespread climate change manifests itself in irreversible consequences. The overwhelming weight of scientific analysis points to environmental adjustments and cataclysmic feedback loops that will push ecosystems beyond tipping points. At that moment, decarbonization efforts would be rendered mute. The latest nationally determined contributions (NDCs) to decarbonization made at the 2021 United Nations Climate Change Conference of the Parties (COP26) still fall short of the 1.5°C goal set out in the Paris Climate Agreement (for an extensive summary of COP26 outcomes, see Chapter 1, Box 1.1).3 The current trajectory is expected to steer the world towards a 2.4°C warming,4 with only the most optimistic of scenarios holding it to 1.8°C. Without stronger action, global capacity to mitigate and adapt will be diminished, eventually leading to a "too little, too late" situation and ultimately a "hot house world scenario" with runaway climate change that makes the world all but uninhabitable.5 The world will face high costs if we collectively fail to achieve the net zero goal by 2050.6 Complete climate inaction will lead to losses projected to be between 4% and 18% of global GDP7 with different impacts across regions.8 The transition to net zero — the state in which greenhouse gases (GHG) emitted into the atmosphere are balanced by their removal from the atmosphere — could be as transformative for economies and societies as past industrial revolutions. However, the complexities of the technological, economic and societal changes needed for decarbonization, coupled with the slow and insufficient nature of current commitments, will inevitably lead to varying degrees of disorderliness. As climate change intensifies and some economies recover more quickly than others from COVID-19, a disorderly transition could bifurcate societies and drive countries further apart, and a tooslow transition will only beget damage and disruption across multiple dimensions over the longer term. Within countries, the disruptive potential of the transition could be amplified by disconnects between governments, businesses and households with respect to policy commitments, financial incentives, regulations and immediate needs. A sustained lack of coordination between countries would likely have profound geopolitical implications, with rising friction between strong decarbonization advocates and those who oppose quick

relacionado ao tema pode ser tratado em várias perspectivas, como, por exemplo, no plano científico, tecnológico e religioso, consoante Bodansky[840]. Porém, para efeito deste estudo, ganha relevo os aspectos de cunho ambiental, ético social e econômico[841]. Seguindo esta linha de raciocínio, serão expendidos alguns comentários relativos aos pontos acima indicados.

5.1.1. A questão ambiental

A insustentabilidade dos padrões comportamentais e de consumo humano consolidam-se enquanto ameaças notáveis ao meio ambiente, e por essa razão têm se tornado importante foco de discussão da sociedade internacional. Ailton Krenak[842] enfatiza que a sociedade lida hoje com "(...) a iminência de a Terra não suportar a nossa demanda. (...) É como se tivéssemos várias crianças brincando e, por imaginar essa fantasia da infância, continuassem a brincar por tempo indeterminado. Só que viramos adultos, estamos devastando o planeta, cavando um fosso gigantesco de desigualdade entre povos e sociedades. (...) respondendo a esse pensamento doentio dos humanos com um ataque à forma de vida insustentável que adotamos por livre escolha, essa fantástica liberdade que todos adoram reivindicar, mas ninguém se pergunta qual o seu preço".

Evidencia-se que a ação humana gera como produto um dano imensurável ao meio ambiente, de modo a evidenciar a crise ambiental em voga

---

strong action by using tactics such as stalling climate action or greenwashing — the practice of making people believe that a company or authority is more environmentally friendly than it actually is." The Global Risks Report 2022, 17th Edition, is published by the World Economic Forum. Disponível em: https://www3.weforum.org/docs/WEF_The_Global_Risks_Report_2022.pdf. Acesso em: 24 jul. 2022.

840 BODANSKY, Daniel; BRUNNÉE, Jutta; RAJAMANI, Lavanya. *International climatte change law*. Oxford: Oxford University Press, 2017, p. 4.

841 A propósito, *vide* o Relatório Global sobre Riscos de 2020, p. 11: "Climate change is striking harder and more rapidly than many expected. The last five years are on track to be the warmest on record, natural disasters are becoming more intense and more frequent, and last year witnessed unprecedented extreme weather throughout the world. Alarmingly, global temperatures are on track to increase by at least 3°C towards the end of the century—twice what climate experts have warned is the limit to avoid the most severe economic, social and Executive SummaryThe Global Risks Report 2020 7 environmental consequences. The near term impacts of climate change add up to a planetary emergency that will include loss of life, social and geopolitical tensions and negative economic impacts". Disponível em: https://www.weforum.org/reports/the-global-risks-report-2020. Acesso em: 21 maio 2021.

842 KRENAK, Ailton. *O amanhã não está à venda*. São Paulo: Companhia das Letras, 2020, p. 3-5.

na atualidade. Graças ao "exaurimento dos recursos naturais e incapacidade dos ecossistemas de absorverem as agressões impostas"[843] a sociedade global lida hoje com fenômenos como o aquecimento global, efeito estufa, chuva ácida, mudanças climáticas, perdas de biodiversidade, escassez de recursos hídricos, dentre outros.

Nesse afã, as mudanças climáticas[844] são inequívocas, tendo o Painel Intergovernamental sobre Mudanças Climáticas (IPCC) apontado este evento como um dos problemas emergentes mais comuns na atual sociedade[845]:

Os relatórios historicamente destacam que a concentração de gás carbônico – o mais importante gás do efeito estufa na atmosfera – aumentou de 280 ppm para 379 ppm (ppm = partes por milhão) desde a Revolução Industrial. As razões apontadas para o crescimento dessa concentração são a queima de combustíveis fósseis e as mudanças no uso do solo, como o avanço da agricultura e do desmatamento. Entre 1970 e 2004, houve um aumento de 80% das emissões de gases de efeito estufa, especialmente do gás carbônico. Os relatórios trazem previsões alarmantes, como, por exemplo, o aumento da temperatura média global entre 1,8°C e 4°C até 2100, o derretimento das geleiras e das calotas polares, a elevação do nível dos oceanos acompanhada de tempestades tropicais e de furacões. Para o Brasil, as previsões apontam que, na pior das hipóteses, o aumento de temperatura deve ser de até 4°C no interior do país e de até 3°C na costa. Para o extremo norte do planeta, as previsões são de que a temperatura deve aumentar 7,5°C, no cenário mais dramático. Quanto às chuvas, os relatórios indicam que o hemisfério norte deve ter um aumento de 10% a 20% no volume, ao passo que no hemisfério sul deve ocorrer a diminuição do seu volume, na mesma proporção[846].

---

843 GUERRA, Sidney. A crise ambiental na sociedade de risco. *Lex Humana*, v. 1, n. 2, 2009. Disponível em: http://seer.ucp.br/seer/index.php/LexHumana/article/view/27
844 BODANSKY, Daniel; BRUNNÉE, Jutta; RAJAMANI, Lavanya. *International climatte change law*. Oxford: Oxford University Press, 2017, p. 5: "Perhaps the most obvious perspective on climate change is to see it as na environmental problem. Viewed in this way, the goal of international climate policy is to prevent dangerous anthropogenic climate chaGHC emissions".
845 INTERGOVERNMENTAL PANEL ON CLIMATE CHANGE (Itália) (org.). Food and Agriculture Organization of the United Nations. Roma: Fao, 2017. 25 p. (12).
846 Atentem para esta informação que consta no Relatório Global sobre Riscos de 2020, p. 12: "For the first time in the history of the Global Risks Perception Survey, environmental concerns dominate the top long-term risks by likelihood among members of the World Economic Forum's multistakeholder community; three of the top five risks by impact are also environmental (see Figure I, The Evolving Risks Landsca-

Nesse sentido, se não houver alteração no quadro acima indicado, evidencia-se um caminhar perigoso da humanidade para um cenário de catástrofe cujos efeitos reverberarão por muitos anos. É bem verdade que alguns destes efeitos já são sentidos em termos planetários, como, por exemplo, os fenômenos *la niña* e *el niño*, que se trata de anomalias das temperaturas da superfície terrestre e do oceano, cada vez mais frequentes, cuja incidência pode dobrar em razão das mudanças climáticas[847].

No Brasil, as recentes cheias enfrentadas pelo estado amazonense são um claro exemplo disso. A Região Norte do Brasil enfrenta desde o início de 2021 chuvas acima da média, o que influencia diretamente nas graves inundações ao longo das bacias dos rios Negro e Solimões. Neste sentido, Augusto afirma que os dados do Sistema de Proteção da Amazônia indicam que o final de 2020 teve um déficit de precipitação em grande parte da Bacia Amazônica Ocidental. No princípio de 2021 esse padrão se inverteu e já em fevereiro de 2021, as chuvas foram muito acima do esperado na bacia como um todo, causando inclusive transbordamentos no Acre. "Como está em curso o fenômeno La Niña, de resfriamento das águas, ele altera a formação de nuvens sobre o oceano e elas passam a se concentrar na Oceania. O resultado têm sido chuvas mais concentradas e em maior quantidade do que o normal na Amazônia, o que tende a se agravar"[848].

Outro exemplo são as recorrentes ondas de calor que atingem a Índia. Desde 2010, as elevadas temperaturas da região já causaram a morte de mais de 6 mil habitantes. Em consonância, o crescimento desses episódios se mostra regular: em 2018 o país foi atingido por 19 ondas de calor, em 2019 foram 23[849]. Tal situação é alarmante, ao passo em que o número de

---

pe 2007–2020). "Failure of climate change mitigation and adaption" is the number one risk by impact and number two by likelihood over the next 10 years, according to our survey. Members of the Global Shapers Community – the Forum's younger constituents – show even more concern, ranking environmental issues as the top risks in both the short and long terms." Disponível em: https://www.weforum.org/reports/the-global-risks-report-2020. Acesso em: 21 maio 2021.

847 GLOBO RURAL. (São Paulo) (org.). Aquecimento global torna La Niña frequente, 2015.

848 AUGUSTO, Lukas. Amazonas deve registrar cheias severas em 2021, diz serviço geológico: alerta vale para Manaus, Manacapuru e Itacoatiara. *Agência Brasil*. Brasília, p. 1-1. 5 abr. 2021. Disponível em: https://agenciabrasil.ebc.com.br/geral/noticia/2021-04/amazonas-deve-registrar-cheias-severas-em-2021-diz-servico-geologico. Acesso em: 16 abr. 2021.

849 ORLANDO, Giovanna. Índia: onda de calor de até 50ºC mata pelo menos 36 pessoas: Desde 2010, temperaturas elevadas no país já causaram a morte de 6 mil ha-

mortes associadas ao calor em 2018 sozinho representa 20% das mortes causadas pela Covid-19 até início de dezembro de 2020. Isto indica quão complexo é para a sociedade entrar em contato com os perigos relacionados à crise climática[850].

Neste ano de 2022, chamou atenção o calor severo no continente europeu em especial na cidade de Londres, que alcançou a maior temperatura de sua história[851].

Além disso, 128 países do mundo sofreram um aumento na exposição de sua população a incêndios florestais desde o início dos anos 2000. Ao mesmo tempo, entre 145 e 565 milhões de pessoas estão ameaçadas pelo aumento do nível do mar, o que pode aumentar o deslocamento e a migração[852].

Não obstante as mortes, os reflexos das mudanças climáticas também atingem ramos agroindustriais, ao passo em que o aumento da temperatura global influencia em rápido amadurecimento de safras de plantações, que

---

bitantes. Alertas do governo falharam para avisar e conscientizar cidadãos. R7. Rio de Janeiro, 13-6-2019, p. 1.

850 CAMPETELLA; ROBLES. Mortes por ondas de calor aumentaram 50% em apenas 20 anos: As ondas de calor cada vez mais intensas são uma das faces mais mortais da crise climática. Neste relatório, contamos como nosso modo de vida corre perigo se não agirmos com responsabilidade. Meteored. Brasília, p. 1-3. 16 dez. 2020. Disponível em: https://www.tempo.com/noticias/actualidade/mortes-por-ondas-de-calor-aumentaram-50-mudanca-climatica.html. Acesso em: 16 abr. 2021.

851 A temperatura no Reino Unido passou pela primeira vez dos 40 graus: "Pela primeira vez no Reino Unido foram registadas temperaturas acima dos 40 graus Celsius: 40,2 graus, em Heathrow (Londres), às 12h50, e 40,3 em Conigsby, no Linconlshire (Oeste de Inglaterra), a meio da tarde, anunciou o Met Office (o instituto de meteorologia britânico). Os recordes já tinham sido batidos pela primeira vez esta manhã, quando os termómetros marcaram 39,1 graus em Charlwood, na região de Surrey, no Sul de Inglaterra, tinha anunciado no Twitter o Met Office. A temperatura mais elevada registada no Reino Unido até esta terça-feira tinha sido registada nos Jardins Botânicos da Universidade de Cambridge, em 2019: 38,7 graus. A onda de calor pela qual está a passar o Reino Unido levou a colocar a maior parte da Inglaterra em alerta vermelho (o Centro, Norte e Sudeste do país). Há avisos por causa do calor noutros países mais a Norte na Europa, como França e Bélgica, enquanto o Norte de Espanha chegou aos 43 graus na segunda-feira". Disponível em: https://www.publico.pt/2022/07/19/azul/noticia/temperatura-reino-unido-passou-primeira-40-graus-2014206.

852 CAMPETELLA; ROBLES. Mortes por ondas de calor aumentaram 50% em apenas 20 anos: As ondas de calor cada vez mais intensas são uma das faces mais mortais da crise climática. Neste relatório, contamos como nosso modo de vida corre perigo se não agirmos com responsabilidade. Meteored. Brasília, p. 1-3. 16 dez. 2020. Disponível em: https://www.tempo.com/noticias/actualidade/mortes-por-ondas-de-calor-aumentaram-50-mudanca-climatica.html. Acesso em: 16 abr. 2021.

resultam rendimentos mais baixos[853]. Tais dados comprovam que todos os países são vulneráveis às mudanças climáticas e seus desdobramentos. Neste sentido, oportuno o estudo desenvolvido pelo WRI[854] que destaca no relatório do IPCC o quão maior são os riscos em um mundo que aqueça 2°C. Segundo o relatório, com um aquecimento de 1,5°C, é possível que o planeta tenha um verão completamente sem gelo na superfície do mar uma vez a cada cem anos. Com 2°C, essa frequência aumenta a uma vez por década, conforme ilustração a seguir:

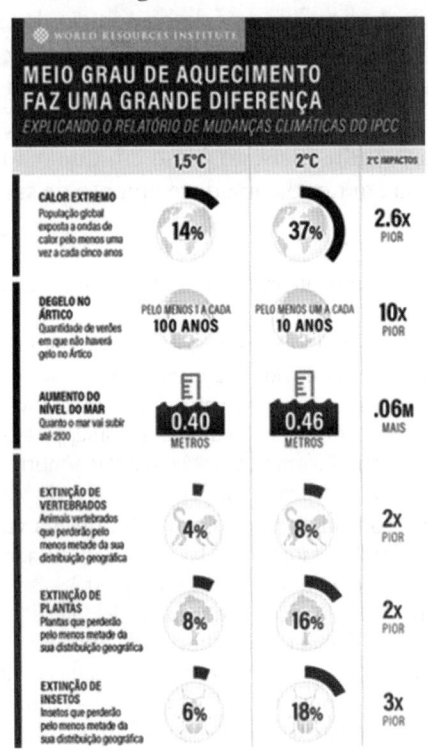

WORLD RESOURCES INSTITUTE

MEIO GRAU DE AQUECIMENTO FAZ UMA GRANDE DIFERENÇA
EXPLICANDO O RELATÓRIO DE MUDANÇAS CLIMÁTICAS DO IPCC

	1,5°C	2°C	2°C IMPACTOS
CALOR EXTREMO População global exposta a ondas de calor pelo menos uma vez a cada cinco anos	14%	37%	2.6x PIOR
DEGELO NO ÁRTICO Quantidade de verões em que não haverá gelo no Ártico	PELO MENOS 1 A CADA 100 ANOS	PELO MENOS UM A CADA 10 ANOS	10x PIOR
AUMENTO DO NÍVEL DO MAR Quanto o mar vai subir até 2100	0.40 METROS	0.46 METROS	.06M MAIS
EXTINÇÃO DE VERTEBRADOS Animais vertebrados que perderão pelo menos metade da sua distribuição geográfica	4%	8%	2x PIOR
EXTINÇÃO DE PLANTAS Plantas que perderão pelo menos metade da sua distribuição geográfica	8%	16%	2x PIOR
EXTINÇÃO DE INSETOS Insetos que perderão pelo menos metade da sua distribuição geográfica	6%	18%	3x PIOR

---

853 CAMPETELLA; ROBLES. Mortes por ondas de calor aumentaram 50% em apenas 20 anos: As ondas de calor cada vez mais intensas são uma das faces mais mortais da crise climática. Neste relatório, contamos como nosso modo de vida corre perigo se não agirmos com responsabilidade. Meteored. Brasília, p. 1-3. 16 dez. 2020. Disponível em: https://www.tempo.com/noticias/actualidade/mortes-por-ondas-de-calor-aumentaram-50-mudanca-climatica.html. Acesso em: 16 abr. 2021.

854 Disponível em: https://wribrasil.org.br/pt/blog/2018/10/oito-coisas-que-voce-precisa-saber-sobre-o-relatorio-de-mudancas-climaticas-do-ipcc?utm_source=google&utm_medium=cpc&utm_campaign=clima&gclid=EAIaIQobChMIvZCM4O_Y8AIV08fICh1DJATgEAAYASAAEgLFTvD_BwE.

5.1.2. A questão ética

A relação que se estabelece entre a pessoa humana e o ambiente não tem se apresentado de maneira satisfatória, pois os recursos naturais são utilizados de maneira predatória para atender os anseios de uma sociedade cada vez mais ávida para o consumo[855].

Em que pesem os riscos fabricados e potencializados pelos séculos de ações danosas contra o meio ambiente, deve-se atentar para seus efeitos catastróficos globais e atemporais. Diante desse contexto, de "universalismo das ameaças"[856] compreende-se que as ações praticadas pelas gerações passadas geraram riscos que hoje se desdobram nos eventos catastróficos presenciados pelas gerações atuais e também pelas futuras, com reflexos sentidos na globalidade como um todo. Nesse sentido, identifica-se a questão social enquanto fator fundamental da crise climática.

Cabe ressaltar que esse modelo de desenvolvimento pautado na exploração desregrada da natureza marca o individualismo característico da sociedade industrial. No entanto, diante da potencialização das catástrofes devido ao modelo de consumo adstrito ao padrão de produção industrial e a emergência das catástrofes vivenciada pela geração atual, deve-se superar essa concepção individualista de progresso em nome da coletividade. Dessa maneira, deve-se atentar à necessidade do afastamento da ética individual preceituada pelo capitalismo a fim de criar formas coletivas de mitigar e conter o cenário catastrófico de mudanças climáticas, sendo estas sempre conexas à questão social.

Nessa perspectiva, as catástrofes alcançam a todos de maneira indiscriminada, inclusive os atores sociais que desencadeiam e lucram com as atividades outrora produtoras de riscos[857]. Há de convir, portanto, que existe a necessidade de repensar urgentemente, o padrão de produção in-

---

[855] BODANSKY, Daniel; BRUNNÉE, Jutta; RAJAMANI, Lavanya. *International climatte change law*. Oxford: Oxford University Press, 2017, p. 7: "Cost benefit analysis simply seeks to maximize aggregate economic value and does not adrress the etical issues raised by climate change. ...The ethical perspective, in contrast, focuses on issues of distributive and corretive justice, including: how do we equitably distribute the burdens of mitigating and adapting to climate change, and who, if anyone, is ethically responsible for the damages caused by climate change".
[856] BECK, Ulrich. *Sociedade de risco*: rumo a uma outra modernidade. São Paulo: Editora 34, 2010, p. 43.
[857] BECK, Ulrich. *Sociedade de risco*: rumo a uma outra modernidade. São Paulo: Editora 34, 2010, p. 44.

dustrial mantido pela sociedade durante anos em busca de uma resposta eficaz para solucionar essa problemática coletiva, ética e social.

Isto posto, é de se considerar a importância de um enfrentamento coletivo a esta problemática social apresentada, prenunciada como uma das principais crises humanitárias do século XXI, considerada sua proporção e seu reflexo em situações, como, por exemplo, a questão dos refugiados ambientais. Nesse afã, torna-se imprescindível a consolidação de uma mentalidade solidária e cooperativa, a fim de proteger o meio ambiente dos riscos evitáveis, bem como mitigar aqueles que já se manifestam.

5.1.3. A questão econômica

O desenvolvimento da atividade econômica[858] está intimamente ligado aos problemas produzidos em relação às mudanças climáticas. Isso porque as atividades que passaram a ser desenvolvidas no mundo, bem como práticas adotadas voltadas ao consumo exacerbado culminaram na construção de um modelo desbalanceado quanto à utilização racional dos recursos naturais.

Beck[859], sobre este ponto, acentua da seguinte forma: em verdade, não se pode voltar para uma economia planificada. Porém de igual importância é a percepção de que, se em algum momento a "soberania do mercado" representou um risco mortal, é agora, com o iminente colapso ecológico e os custos inimagináveis associados a este[860].

Diante dessa realidade, observa-se que o crescimento econômico e progresso tecnológico ocorreram, porém de maneira concentrada do capital e da tecnológica para número reduzido de Estados e indivíduos. Daí, espera-se e propõe-se que aqueles que possam ter uma participação (contribuição), em termos econômicos, mais efetiva, para fazer frente às adversidades

---

858 BODANSKY, Daniel; BRUNNÉE, Jutta; RAJAMANI, Lavanya. *International climatte change law*. Oxford: Oxford University Press, 2017, p. 6: "Climate change can also be seen as an economic problem. From this perspective, the goal of climate policy is to achieve the eficiente outcome – that is, the outcome with the highest net benefits. Accordingly, we should reduce emissions Only sol ong as the benefits of further reductions outweigh the costs. And, to extent adaptation is cheaper than mitigation, then that should be preferred policy".

859 BECK, Ulrich. *World at Risk*. Cambridge: Polity Press, 2009, p. 62-63.

860 No original: "It is true that there is no way back to a planned state economy. But equally important is the realization that, if ever the 'sovereignty of the market' represented a deadly threat, then it is now, with the impending environmental collapse and the unimaginable costs associated with this".

decorrentes das mudanças climáticas, deverão fazê-lo pois, como assinalado neste estudo, o prenúncio de catástrofes é cada vez mais evidente. Nesta esteira, são dignas de registro as palavras de Beck:

O efeito estufa, por exemplo, irá aumentar as temperaturas e o nível do mar em escala global como um resultado do derretimento das calotas polares. O período interglacial irá submergir completamente regiões costeiras, transformará terras agrícolas em desertos, modificará as zonas térmicas de maneiras inesperadas e irá acelerar drasticamente a extinção de diferentes espécies. As populações marginalizadas economicamente serão as mais afetadas[861].

Essa parcela populacional será a menos habilitada para adaptar-se às mudanças ecológicas. Porém, aqueles que são privados da base econômica para sua existência migrarão da zona de miséria. Um êxodo de refugiados ambientais e climáticos[862] irão procurar asilo nos países mais desenvolvidos;

---

861 BECK, Ulrich. *World at Risk*. Cambridge: Polity Press, 2009, p. 37.
862 *Vide* a propósito o Relatório Global sobre Riscos de 2020, p. 34/38: "Climate realities The near-term consequences of climate change add up to a "planetary emergency". Implications are catastrophic, wide-ranging and intersecting. Worse still, the complexity of the climate system means that some impacts are still unknown. Established risks include: 1) Loss of life – More and more species are becoming extinct. Humans, too, will experience loss of life— but potentially unequally. Women and children are 14 times more likely than men to die during natural disasters, which are likely to intensify or become more frequent because of climate change. The elderly and infirm are also at higher risk. Climate change will also lead to increased health spillovers, burdening already stretched health systems, particularly for the poorest and most vulnerable, including in many low- and middle-income countries. 2) Stress on ecosystems – Oceans are getting warmer, stormier and more acidic, impacting the health of sensitive marine ecosystems such as coral reefs. As glaciers and ice sheets melt, low-lying geographies will flood;14 indeed, by 2050, three times more people will be impacted than previously thought. This risk was explored in detail in the 2019 Global Risks Report chapter Fight or Flight, which examined the intersection of rapid urbanization and rising sea levels. Additionally, a scenario in which ice-cap melt creates disruption to the Gulf Stream could cause further ecosystem disorder, as well as major change in the pattern of severe weather perils. Another significant unknown risk relates to the potential thawing of permafrost – frozen soil around the poles that stores nearly twice as much carbon as the atmosphere currently holds. If the soil thaws, this carbon could be released with unprecedented consequences. 3) Food and water crises – Crop yields will likely drop in many regions, undermining the ability to double food production by 2050 to meet rising demand. Because agriculture, livestock and deforestation produce nearly a quarter of global emissions, more efficient use of land is critical; it's also one of the best potential carbon sequestration options. Water scarcity will increase as

as crises nos países então chamados de Terceiro e Quarto Mundo poderão culminar em uma guerra[863].

---

well – it already affects a quarter of the world's population. 4) Increased migration – From 2008 to 2016, over 20 million people a year have been forced from their homes by extreme weather such as floods, storms, wildfires and hotter temperatures. Tropical Cyclone Idai, for example, displaced nearly 150,000 people in March 2019. Rising sea levels will increasingly create refugees as people flee low-lying areas. Indeed, defence and intelligence agencies are now regularly warning that climate change could trigger conflicts severe enough to uproot entire populations. Exacerbation of geopolitical tensions. Countries will face more potential points of contention as climate change reshapes the security of and access to historic common property resources, such as fishing waters. Melting sea ice could enable new shipping routes through the Arctic, as well as opportunities for natura resource extraction, all of which could cause tension between countries already at odds over unresolved maritime and land boundaries (see Chapter 1, Global Risks 2020). According to the UN, water was a major factor in conflict in 45 countries in 2017; disputes between upstream and downstream areas will likely intensify. And as transition to a more decentralized, renewable energy economy changes geopolitical equations and creates new vulnerabilities for certain states and regions, states' relative position in the international system will shift as well. 5) Economic impacts – Worldwide economic stress and damage from natural disasters in 2018 totalled US$165 billion, and 50% of that total was uninsured.26 A report by federal agencies suggests that, in the United States alone, climate-related economic damage could reach 10% of gross domestic product (GDP) by the end of the century. Over 200 of the world's largest firms estimated that climate change would cost them a combined total of nearly US$1 trillion in the case of nonaction. At the same time, there is broad recognition among these same firms that there are significant economic opportunities, provided the right strategies are put in place.28 Countries will also experience losses unequally, with the highest economic costs being felt by large economies, while risk of exposure, death and non-economic costs is higher in smaller, poorer economies. 6) Capital market risks – Central banks increasingly see climate change as a systemic risk to the global capital market and recognize that non-action is not an option.30 More common extreme weather events could make insurance unaffordable or simply unavailable for individuals and businesses: globally, the "catastrophe protection gap"—what should be insured but is not—reached US$280 billion in 2018. The transition to a low-carbon economy also creates potential challenges that will need to be managed. For example, action to reduce emissions could turn approximately 30% of current oil reserves, 50% of gas reserves and 80% of coal reserves into stranded assets for extractive companies and their investors. Pension funds may face catastrophic shortfalls as industries consolidate and transition. Climate risk may also cause disruption to the mortgage market, particularly in vulnerable regions such as Florida where 30-year mortgages could default en masse if homes become uninsurable over time". Disponível em: https://www.weforum.org/reports/the-global-risks-report-2020. Acesso em: 21 maio 2021.

863 No original: "The greenhouse effect, for example, will raise temperatures and sea levels around the world as a result of the melting of the polar ice caps. The inter-

Muitos efeitos colaterais podem ser percebidos pela busca incessante do lucro e do progresso tecnológico, devendo ocorrer uma grande redefinição coletiva dos padrões de comportamento em razão das questões ambientais. Torna-se necessário repensar coletivamente o modelo de crescimento econômico mundial, a fim de implementar um ideal de desenvolvimento sustentável ao adotar tecnologias e padrões de consumo condizentes com o momento atual, bem como promover adequada gestão do risco em matéria ambiental.

6. ÁGUA E DIREITOS HUMANOS

As manchetes a seguir foram extraídas de diversos veículos nacionais e internacionais: "*DF enfrenta racionamento na maior crise hídrica da história*"[864]; "'*Dead Rivers, Closed Beaches*': *a water crisis on Long Island*"[865]; "*L'eau: marchandise ou bien commun?*"[866]; "*Deuda con los chicos: 3 de cada 10 no tienen agua potable en el Gran Buenos Aires*"[867].

Um exame superficial das chamadas jornalísticas talvez permita, mesmo para um leigo, chegar a duas conclusões. Primeiro, o acesso à água se apresenta como um problema cada vez mais relevante. A segunda conclusão, talvez menos provável do que a primeira, é que o problema, a despeito de diferenças regionais e socioeconômicas, afeta ou afetará a todos. Sob o escrutínio do senso comum, a questão hídrica pode ser definida como "falta d'água". No entanto, ela é mais complexa que isso, pois

---

Glacial period will submerge entire coastal regions, turn farmland into deserts, shift climate zones in unpredictable ways and dramatically accelerate the extinction of species. The poorest people in the world will be the hardest hit. They will be the least able to adapt themselves to the changes in the environment. But those who are deprived of the basis of their economic existence will flee the zone of misery. An exodus of eco--refugees and climatic asylum seekers will flood across the wealthy North; crises in the so-called Third and Fourth Worlds could escalate into war".

864   Disponível em: <http://g1.globo.com/jornal-nacional/noticia/2017/02/df-enfrenta-racionamento-na-maior-crise-hidrica-da-historia.html>. Acesso em: 17 abr. 2017.

865   Disponível em: <https://www.nytimes.com/2017/05/08/nyregion/dead-rivers-closed-beaches-an-acute-water-crisis-on-long-island.html?_r=0>. Acesso em: 17 abr. 2017.

866   Disponível em: <http://www.liberation.fr/evenements-libe/2017/01/04/l-eau-marchandise-ou-bien-commun_1537677>. Acesso em: 17 abr. 2017.

867   Disponível em: <https://www.clarin.com/sociedad/deuda-chicos-agua-potable-gba_0_rk-A2CTB.html>. Acesso em: 17 abr. 2017.

possui caráter político e se insere em um contexto de desordem ecológica. O acesso genérico à água doce – em termos quantitativos e qualitativos, para diversos usos, em especial para a realização de necessidades básicas cotidianas – se apresenta, em diversos espaços ao redor do mundo, como algo conflitivo. E isto se explica graças a uma conjuntura de progressiva competição hídrica[868].

Aponta-se, em muitos casos, sob argumentação *neomalthusiana*[869], apenas o aumento genérico do crescimento das demandas pela água, fruto do "desenfreado crescimento populacional", como o cerne da questão, associado a um discurso que naturaliza a *escassez hídrica*[870]. Mas, há que so-

---

[868] Para a leitura completa do estudo sobre a água, *vide* GUERRA, Sidney; MOURA, Vinícius. Água: da lógica de mercado à efetivação como direito humano. Uma leitura a partir do direito internacional dos direitos humanos. *Revista de direitos humanos em perspectiva*, v. 3, n. 1, jan.-jun. 2017. Disponível em: <http://www.indexlaw.org/index.php/direitoshumanos/index>.

[869] A abordagem neomalthusiana do crescimento populacional revisita partes do pensamento de Thomas Malthus (1766-1834). Os neomalthusianos entendem que o crescimento populacional tem efeito no esgotamento dos recursos, com prejuízos sociais e econômicos. Uma vertente mais recente dessa escola, intitulada de *econeomalthusiana*, recomenda políticas de controle de natalidade a fim de evitar os efeitos e pressões sobre o meio ambiente. As duas principais críticas a esse conjunto de pensamentos são: 1 – há uma tendência global em curso de redução do crescimento populacional, inclusive em alguns países periféricos/em desenvolvimento; 2 – o modelo econômico predatório associado ao desenvolvimento de sociedades de consumo, sobretudo em países ricos. Dessa forma, o problema teria componentes mais complexos e próprios do sistema econômico em vigor.

[870] Vale destacar que, na verdade, conforme destaca Porto Gonçalves, op. cit., p. 40: "El nuevo discurso de la escasez nos dice ahora que el planeta tiene 3 de sus 4 partes de agua, 97 por ciento de esa área está cubierta por los océanos y mares y, por ser salada, no está disponible para consumo humano; del 3 por ciento restante, cerca de dos tercios están en estado sólido en los hielos y casquetes polares y por ello, también inaccesibles para consumo humano; de este modo, menos del uno por ciento del agua total del planeta sería potable, en un discurso de escasez elaborado de tal forma que, al final, el lector ya está con sed. Esa estadística, al intentar dar precisión científica al discurso de la escasez, comete errores básicos desde el propio punto de vista científico de donde procura obtener su legitimidad.
Al final, el agua dulce que circula y que está disponible para consumo humano y además permite todas las formas de vida que el planeta conoce, es en gran parte, fruto de la evaporación de los mares y océanos – cerca de 505.000 km³ – o sea, una capa de 1,4 metros de espesor que se evapora anualmente de los océanos y mares y que, aunque sean salados, no transmiten la sal en la evaporación. Se informa, además, que el 80% de esa agua evaporada de los océanos y mares se precipita sobre sus propias superficies. P.H. Gleyck (Gleyck, 1993) evalúa que de los 119.000 km³ de lluvias que caen

brepesar àquela abordagem a ocorrência de profundas assimetrias entre grupos sociais e econômicos no que tange ao acesso à água, mesmo em países com abundância *per capita* do bem e com tendências de redução no crescimento populacional. A crise da água é, em última instância, de natureza sociopolítica. Ela é produto de uma imbricada e complexa conjugação de fatores. Está relacionada a um contexto mais amplo de crise ecológica e do desenvolvimento de uma sociedade de risco. Se no passado havia "uma percepção de que a água era um recurso ilimitado e talvez por essa razão a utilização do referido recurso tenha ocorrido de forma indiscriminada", na atualidade, o agravamento do quadro de crise impõe a urgente correção daquela visão míope.

É evidente que o aumento nas demandas é importante para explicar cenários de crise. Há, por outro lado, aspectos de relevância que sofisticam a argumentação sobre o problema. Podemos apontar, de modo não exaustivo, alguns deles: a) o contexto de mudanças climáticas e as incertezas quanto aos seus efeitos sobre os estoques das águas, sobre o deslocamento das massas de ar e sobre como isso pode e vai afetar a regularidade de chuvas em área de reservatórios e nascentes; b) o crescimento do consumo por alguns grupos sociais em detrimento de outros; c) as perdas e os desperdícios que são resultados tanto de ineficiências dos sistemas técnicos, públicos e privados, quanto de questões comportamentais dos diferentes tipos de usuários; d) a eficácia das políticas públicas de meio ambiente em seu aspecto protetivo de ecossistemas essenciais ao ciclo hidrológico.

Também tem importância na análise do contexto da crise da água o advento e relativa internacionalização – principalmente a partir das décadas de 1980 e 1990 – de um modelo econômico em que o Estado assume papel

---

sobre los continentes, 72.000 km^3 se evaporan de los lagos, de las lagunas, de los ríos, de los suelos y de las plantas (evapotranspiración) y, así, 47.000 km^3 anualmente escurren de las tierras hacia el mar 'de las cuales más de la mitad ocurre en Asia y en América del Sur, y una gran proporción, en un único río, el Amazonas, que lleva más de 6.000 km^3 de agua por año' a los océanos (GEO 3: 150).

Así, el agua disponible para la vida es, por lo menos desde el retroceso de la última glaciación entre 12.000 a 18.000 años atrás, la misma desde entonces hasta nuestros días, con pequeñas variaciones. Si no es mayor la cantidad de agua potable es porque, em verdad, mayor no puede ser, a no ser, como indicamos, por la regresión de los casquetes polares y de los glaciares fruto de los cambios climáticos planetarios producidos por causas complejas y, muy recientemente en términos de la historia del planeta, por la matriz energética fosilista post-revolución industrial".

eminentemente regulador/fiscalizador dos bens e serviços públicos. São criados e se desenvolvem, desde então, modelos de gestão hídrica e de saneamento, bem como um arcabouço regulatório com grande ênfase em instrumentos de mercado que, de acordo com a *ratio* liberal, teriam a capacidade de racionalizar e diminuir as ineficiências anteriores. Exemplos disso são o desenvolvimento dos *mercados de águas*, o *princípio poluidor-pagador*, a *cobrança pelo uso da água*, as *privatizações* no setor de saneamento e outros mecanismos, incluindo alterações normativas, que deslocaram o sentido do termo "água" cada vez mais para a esfera econômica, sendo amplamente compreendido como sinônimo de uma *commodity*.

Este modelo, todavia, se bastante replicado em diversos continentes, gerou, por outro lado, resultados discutíveis acerca da capacidade de promoção e desenvolvimento do acesso à água como direito de todos os seres humanos – sobretudo parcelas mais pobres e socialmente excluídas. Assim, não foi e não é incomum encontrar situações de escassez e grave afronta ao direito à água no cenário internacional[871], mesmo em países ou regiões que, para usar o jargão econômico, "racionalizaram" o setor de águas[872]. E, justamente por esta razão, vem crescendo esforços em diversos setores da sociedade para que a água seja entendida como um elemento socioambiental e não como bem economicamente apreciável. Para além disso, há significativos ânimos e articulações no sentido de que, na esfera internacional, regional e, mesmo na brasileira, se possa buscar a proteção do direito à água nos diplomas internacionais de direitos humanos e também sua constitucionalização no rol dos direitos fundamentais.

---

[871] O UN World Water Development Report, publicação da Agência da Organização das Nações Unidas para o Desenvolvimento dos Recursos Hídricos (UN Water), publicado em março de 2017, prevê que a demanda de água irá aumentar de forma significativa nas próximas décadas. Diz ainda que cerca de 500 milhões de pessoas vivem em zonas onde o consumo supera, em uma proporção de 2 para 1, os recursos hídricos renováveis. E aponta que ao redor de dois terços da população mundial vive em zonas com escassez de água durante pelo menos 1 mês ao ano (Nações Unidas, 2017).

[872] Embora o setor de águas (*water sector*) seja considerado como o que cobre todos os usos das mesmas, incluindo as águas superficiais, subsuperficiais, e fontes recuperadas ou recicladas, o foco principal e corrente no emprego da expressão na literatura especializada vem expressando a *comoditização da água*. Assim, temas como alocação, finanças e gestão dos recursos hídricos são aqueles geralmente associados à expressão *water sector*. (SALETH, R. M.; DINAR, A. Institutional Changes in Global Water Sector: trends, patterns, and implications. *Water Policy*, v. 2, p. 176, 2000.)

A partir das considerações elaboradas até aqui, alguns questionamentos se colocam: a) como evoluiu a compreensão jurídica acerca da água?; b) quais os modelos regulatórios institucionais que foram depreendidos dessa evolução?; c) como vem se transformando, no plano internacional, a perspectiva e proteção jurídicas à água?. De bem sujeito ao controle e dirigismo estatais até os anos 1970, passando pelo estágio de mercantilização das décadas seguintes, a água vem adentrando novo patamar. Passa a ser compreendida, ainda que de modo lento e gradual, como elemento socioambiental essencial à vida digna e à consecução de uma série de direitos inerentes à pessoa humana conexos – saúde, moradia, meio ambiente, por exemplo. O ápice desse processo se deu recentemente, com a Resolução n. 70/169 (2015) da Assembleia Geral das Nações Unidas, que reconheceu o *direito humano à água*.

Com efeito, ao longo das últimas décadas é possível verificar uma mudança em como o Direito enxerga a água. As concepções sobre as águas doces, superficiais e subsuperficiais, passaram por transformações que alteraram as formas de regulação e gestão desse bem[873]. Vale ressaltar aspecto central: durante boa parte do tempo, inclusive atualmente, predomina a visão que instrumentaliza, enfatiza e superdimensiona a água como mero elemento do desenvolvimento econômico e não como direito humano. A consequência disso foi a construção de artifícios jurídico-institucionais para intervenção ora do Estado, ora do mercado sobre o regime das águas. Porém, dadas as limitações dessa concepção economicista acerca da água, há, em curso, uma sensível migração para entendimento da água como elemento que possui ligação imanente com a dignidade da pessoa humana.

De modo resumido, aponta-se três momentos na concepção jurídica e regulatória da água. A primeira fase coincide com o alastramento do proces-

---

873 Uma ideia mais ampla de regulação representa um conjunto de regras e ações estabelecidas pelo Estado ou quaisquer outras formas de autoridade, legítimas ou ilegítimas, públicas ou privadas, visando imprimir algum tipo de organização à sociedade. Isso faz, até certo ponto, uma importante referência à normatividade e cogência jurídicas, contudo, em função de uma perspectiva valorativa da água como recurso escasso e sujeito ao cálculo econômico, a nomenclatura regulação tem sido utilizada, em especial nas ciências econômicas, para expressar um processo de organização de setores das esferas social e econômica que teriam certa propensão à desordem, ou seja, que gerariam resultados sub-ótimos em caso de não regulação ou inobservância dos interesses públicos. (CLARKE, M. *Regulation the social control of business between law and politics*. London: MacMillan Press, 2000.) Pelo que se depreende, tal visão não deixa de se refletir em uma ordem jurídica correspondente, na produção de um sistema normativo.

so de industrialização entre o final do século XIX e vai, em maior ou menor medida, até os anos 1970, quando a profunda crise do sistema capitalista impõe importante inflexão. Até esse momento, as águas eram vistas como bem livre e natural, porém, claramente à disposição de um projeto modernizador de matriz industrial. Logo, seus usos e os desenhos institucionais que incidiam sobre a gestão desse bem privilegiaram modelo centralizador e com forte controle estatal, em que, não raro, eram beneficiados alguns setores econômicos, notadamente o industrial e o energético. Portanto, o controle estratégico da água pelo Estado esteve na base da aplicação da regulação na maioria dos países ocidentais até os anos 1970, predominando o desenho de um modelo de gestão pública que primava pela nacionalização.

As experiências europeia e norte-americana, formaram a base dos modelos mais ou menos replicados em outras partes do mundo. Na Europa, por exemplo, esse processo de nacionalização ganhou força após a II Guerra Mundial, tendo como objetivos alcançar a eficiência no uso e alocação dos recursos – inclusive da água – por meio do controle de preços, da quebra de monopólios privados mediante introdução de concorrentes públicos, da obtenção de economias de escala, da reestruturação e racionalização do setor industrial, e, por fim, de investimentos intensivos em setores de produção de bens ou serviços considerados estratégicos, por exemplo. Além disso, visava a democracia econômica através da distribuição dos recursos, com redução de preços de bens e serviços produzidos e estímulos ao desenvolvimento regional, no sentido de reduzir desigualdades. Dito de outro modo, a regulação europeia era fruto do contexto do pós-guerra, em que objetivos macroeconômicos de recuperação e crescimento moldaram o controle do desenvolvimento em razão da propriedade pública e planificação econômica.

Já nos EUA, apesar dos objetivos serem mais ou menos parecidos no que diz respeito à regulação da economia, entendendo a água também sob a perspectiva de recurso para o desenvolvimento, são estabelecidas estratégias que diferem um pouco das europeias. Foi conferido no modelo norte-americano maior peso à criação de agências regulatórias independentes[874]. A experiência norte-americana por meio de agências reguladoras passou a

---

874 Conhecidas como Regulatory Agencies ou Independent Regulatory Comissions. Estas se multiplicam e adquirem força após o New Deal's National Recovery Act (1933), figurando como mecanismos para intervenção do Estado sobre a economia. (McCraw, T. K. Prophets of Regulation. Massachusetts: Harvard University Press, 1984.)

ter grande importância na década de 1930, na esteira dos desdobramentos da grave crise econômica de fins da década anterior. Todavia, cabe destacar que, a partir dos anos 1960, até mais ou menos os anos 1980, uma abordagem conhecida como *New Social Regulation* passa a ser igualmente relevante. Se, em uma primeira etapa, a concernência era o controle do poder monopolista e da concorrência predatória, no período subsequente as preocupações orbitavam – ao menos no plano teórico – em corrigir problemas de assimetrias e seus efeitos sobre os consumidores, em melhorar os resultados das intervenções regulatórias e, com necessária menção, em proteger o meio ambiente – que passa a figurar de maneira mais enunciada como objeto da regulação econômica e social.

A severa crise econômica do começo dos anos 1970 se alastrou pelo decênio seguinte e teve fortes efeitos sobre aquele quadro. O primeiro deles foi o questionamento sobre o papel do Estado na regulação social e econômica e, portanto, na condução da administração pública. De acordo com a abordagem neoliberal que passa a fazer sucesso àquele instante, as ineficiências das estruturas jurídico-institucionais eram indicadas, sendo exemplos de um malfadado intervencionismo estatal, cujas distorções, desperdício de recursos públicos e pouca transparência eram alguns de seus problemas. A *Escola de Chicago*, principal expoente da ótica neoliberal, propunha a reformulação da regulação, das instituições e, por conseguinte, das correspondentes regras jurídicas na condução a uma ordem econômico--social menos burocrática e com menor presença do Estado. Este, por sua vez, deveria assumir um papel notadamente fiscalizador, contribuindo para um ambiente em que os agentes privados e as forças de mercado alavancariam o desenvolvimento econômico.

O advento dessa visão liberalizante orientou as práticas de gestão pública ao redor do mundo. As privatizações, as políticas de reforma do aparelho estatal e as correspondentes mudanças institucionais e jurídicas dão a tônica desse contexto[875]. Nesse sentido, as águas continuam a ser instru-

---

875 À primeira vista, as mudanças regulatórias nos Estados Unidos e na Europa seguiram dois caminhos: a saída do Estado de atividades produtivas via privatização; a criação de novas instituições e normas regulatórias. Na verdade, como as mudanças naqueles espaços influenciaram as práticas em diversos países, podemos dizer que poucos adotaram apenas uma dessas alternativas. O mais comum, ao se avaliar o panorama internacional, é a filiação às duas tendências (MAJONE, G. (ed). *Deregulation or Reregulation? Regulatory reform in Europe and United States*. London: Pinter Publishers, 1990; MORAN, M.; PROSSER, T. Introduction: politics, privatization and Cons-

mentalizadas como recurso. A diferença, no entanto, é na concepção sobre quais devem ser os instrumentos e políticas de gestão que permitam uma maior eficiência no setor. E também sobre quais agentes terão espaço nos novos modelos institucionais que serão delineados. Mais ainda: apesar de a água ser entendida como recurso natural, ela passa a ser considerada cada vez mais a partir de valores econômicos (*escassez, finitude, preço, alocação, custo de oportunidade*, commodity, *recurso dotado de valor econômico*) que constituem a nova semântica de referência institucional na maioria dos países do mundo. A água, é, cada vez mais, compreendida como recurso econômico e, portanto, apreciável e alienável, e sai da esfera de decisões público-estatais para entrar na órbita do mercado.

Adquire espaço uma concepção normativa da água que é reflexo de sua *economicização*. Assim, vemos uma transformação dupla de ordem prática: 1 – surgem novas regras jurídicas que reformam os desenhos institucionais que regulam as águas e o serviço de saneamento básico; 2 – as novas regras promovem um amplo processo de privatizações e incorporação de estratégias mercantis para racionalização dos usos conforme as leis da oferta e demanda. Um breve exame da experiência internacional na área mostra que a Europa e os EUA também se lançaram primeiro nesse processo de reformas referentes à água. Tanto em um caso como no outro, o crescimento da demanda por água foi o fator decisivo. Houve a permissão legal para a criação de associações de usuários com o objetivo de promoverem a defesa de interesses comuns.

Nos EUA ocorreram diversas regulamentações que acarretaram no surgimento de diversos tipos de agências independentes, federais, interestaduais e também na escala regional ou local. A superposição de competências operou para a aprovação do *Water Quality Act*, em 1965, lei federal para a gestão das águas; já em 1972, foi aprovada o *Clean Water Act* referente ao controle da poluição das águas, mais alterada. Já na Europa, foram criadas leis reformadoras dos sistemas, com previsão de mecanismos de racionali-

---

titutions. In: Moran, M.; Prosser, T. (eds.). *Privatization and regulatory vhange in Europe*. Buckingham: Open University Press, 1994). A despeito das peculiaridades das reformas regulatórias, elas exprimiram, em maior ou menor medida, a liberalização dos mercados, sob argumento da defesa da concorrência. Há que ressalvar, entretanto, que reformas regulatórias podem consentir a legitimação de grandes concentrações econômicas, acarretando mesmo a existência de monopólios que seriam elementos essenciais ao desenvolvimento de setores alguns da economia.

zação econômica – como foi no caso francês. O avanço no processo de integração comunitária levou à aprovação da *Diretiva Europeia para a Água*, em 2000. E, vale salientar ainda, que há grandes grupos econômicos que controlam parcialmente os serviços de saneamento e oferta de água, em níveis variados, tanto nos EUA como na Comunidade Europeia (Barraqué, 2014).

No restante do mundo, as mudanças jurídico-institucionais na regulação da água e do saneamento igualmente conduziram a uma orientação que busca racionalização e mercantilização, apesar de os modelos variarem bastante. Chama atenção o fato de que, na maioria dos países – com algumas poucas exceções, como nos EUA e no Chile – a água é um bem público de uso comum, não suscetível ao direito de propriedade. Como falar então em mercantilização da água? A resposta para essa aparente contradição está no fato de que, a principal forma de acesso à água se dá, especialmente em áreas urbanas, por meio de serviços de abastecimento e saneamento que vem sendo privatizados e controlados por grandes grupos empresariais mediante diferentes modalidades contratuais. Os efeitos dessas políticas e novos marcos regulatórios, no entanto, não foram capazes de garantir a resolução ou minimização dos problemas de acesso e a efetivação de direitos relacionados ao próprio direito à água. Em alguns casos, houve fortes reações populares contra as privatizações, como é o caso da *guerra da água*, na Bolívia. Há ainda, movimentos no sentido de empreender a *remunicipalização* dos serviços de água e saneamento, motivados pelo crescimento brutal de tarifas (*e.g.* de Berlim e Kuala Lumpur), desempenho medíocre das empresas privadas (*e.g.* de Dar es Salaam, Accra, Maputo), sub-investimento (*e.g.* Berlim, Buenos Aires), falta de transparência financeira (*e.g.* Grenoble, Paris, Berlim), deficiente qualidade do serviço (*e.g.* Atlanta, Indianápolis), dentre outros motivos.

As reações ao modelo economicista e privatista acerca da água são frutos de demandas coletivas de diversos grupos da sociedade, sobretudo aqueles que se inserem em contextos de maior vulnerabilidade. Eles buscam, mesmo que de modo inconsciente, o reconhecimento do direito humano à água. A constitucionalização do direito à natureza e à água em algumas Cartas Magnas latino-americanas, a evolução desse direito nos sistemas normativos internacional, interamericano e europeu, e, por fim, a atuação judicial podem, progressivamente, viabilizar o alcance de sua proteção. Isso representa, a nosso ver, o terceiro e novíssimo momento na evolução da concepção jurídica e regulatória da água. Sua valoração como *commodity* passa a ser questionada, bem como os limites dos poderes privados frente a ela, vindo a ser juridicamente direito humano, conforme será abordado mais adiante.

6.1 A água como direito humano

Não é possível nos dedicarmos a essa tarefa sem lembrar que a água é essencial à vida, condição básica para sua manutenção e plenitude, além de elemento essencial para estruturação das atividades humanas que ensejam o desenvolvimento social, cultural e econômico, tais como a agricultura e a indústria, por exemplo.

Do ponto de vista biológico, o direito à água tem relevância essencial. A negligência no acesso a este elemento, materializada em padrões qualitativos e quantitativos inadequados e inaceitáveis, pode exercer fortes impactos sobre a qualidade de vida e mesmo as chances de sobrevivência de um ser humano. A falta ou mesmo a incompletude no saneamento básico, e também de sistemas mais robustos e eficientes para o tratamento das águas, manifestam-se na contaminação e na correspondente prevalência de doenças de veiculação hídrica, cujo impacto é enorme nas estruturas sociais e econômicas de diversos países[876].

O acesso às águas sanas, limpas, em quantidade compatível com as necessidades humanas diárias representa, portanto, um parâmetro do *mínimo existencial* que está na base definidora da *dignidade humana*. A água constitui, sem embargo, um meio do qual não se pode dispor, sob pena de se colocar em risco a própria condição humana. Deveria provir daí um sistema de gestão das águas que tivesse seus alicerces construídos sobre o interesse geral coletivo, com participação ativa das comunidades. Mais além: a água deveria alçar, progressivamente, o *status* de um autêntico direito humano pleno, reconhecido e protegido na ordem jurídica internacional.

A água tem, graças a sua indispensabilidade à vida, uma capacidade transversal que se manifesta em outras categorias de direitos humanos. Isto quer dizer que o direito à água está estritamente ligado a outros direitos,

---

[876] Dados de monitoramento dos Objetivos de Desenvolvimento Sustentável da Organização das Nações Unidas (ODS/ONU) mostram que cerca de 700 milhões de pessoas no mundo não têm acesso a água segura. Cerca de 2,5 bilhões não têm saneamento adequado e quase 1 bilhão de pessoas defecam a céu aberto. O reflexo disso é que cerca de 80% das doenças em países em desenvolvimento são causadas por ingestão de água não potável e saneamento precário, incluindo instalações de saneamento inadequadas. Disponível em: <https://nacoesunidas.org>. Acesso em: 22 abr. 2017.

sendo um componente que os atravessa, lhes conferindo, em maior ou menor medida, consistência e tangibilidade. Dito de outra maneira: o direito (de acesso) à água se constitui necessário para que outros direitos se realizem de forma integral. E é assim como o direito à vida digna, protegido na esfera internacional, em que se obriga o Estado sob o prisma duplo: não ameaçar a dignidade e a vida propriamente dita; buscar a realização de medidas positivas, prestacionais, para incremento da dignidade humana.

Adotando uma perspectiva ampla do direito à vida, o acesso à água é um fator primordial para a diminuição de algumas ameaças àquela, tais como o meio ambiente degradado, condições precárias de moradia e saneamento, epidemias, dentre outros. Fica patente que o direito à água tem reflexos diretos sobre outros direitos, que podem incrementar ou não as expectativas de vida e a própria existência digna de diversos grupos sociais. Há, evidentemente, interdependência e indivisibilidade entre o direito à água e outros direitos humanos que estão estabelecidos no rol normativo – direito à moradia digna, à saúde, à propriedade, ao meio ambiente saudável, à cultura, ao desenvolvimento[877].

O reconhecimento do direito à água enquanto direito humano tem função educativa e informadora. Permite – no plano estatal, pois na maioria dos países as águas são estritamente *res publica* – que se dê maior peso para a definição de políticas de governança da água, que contribuam para diminuição de conflitos de usos, escassez e degradação das condições ambientais. Ao mesmo tempo, a distinção tem função de salvaguardar os direitos de grupos sociais mais vulneráveis das próprias assimetrias geradas pelo Estado ou toleradas por ele[878]. Logo, até em países em que há a figura das *águas particulares* ou privadas, como mencionamos anteriormente, o Estado não se desobriga de limitar o direito de propriedade face aos direitos humanos da pessoa.

O direito natural de acesso à água demanda marcos normativos que garantam "su vigência ya no sólo frente a los poderes públicos tradicionales, sino sobre todo frente a los poderes privados involucrados en la explotación y manejo de este recurso vital"[879]. Representa, portanto, um limite à perspectiva que se tornou dominante que valora a água, *primordialmente* e muitas vezes *estritamente*, como recurso escasso, dotado de economicidade, como antes apontamos.

---

877   GARCÍA, A. *El derecho humano al agua.* Madrid: Editorial Trotta, 2008, p. 25-50.
878   QUIRICO, O.; BOUMGHAR, M. (Ed.). *Climate change and human rights. An international and comparative law perspective.* Nova Iorque: Routledge, 2016, p. 39-50.
879   GARCÍA, A. **El derecho humano al agua.** Madrid: Editorial Trotta, 2008, p. 20.

O fundamento do direito à água como um direito humano advém, então, dos aspectos já mencionados, referentes à indisponibilidade de tal bem à vida digna e seu vínculo com a realização de outros direitos. Tal fundamento está adstrito à escassez, compreendida em sua complexidade como expressão tanto da dinâmica ecológica, quanto das formas de apropriação social. A escassez é resultado dessa conjugação de numerosos elementos, mas os contornos sociais adquirem substancial relevância para explicação do problema, pois, mesmo em regiões geográficas com abundância hídrica, há flagrantes desequilíbrios e assimetrias no acesso à água. A escassez da água é socialmente produzida, variando espacial e temporalmente, mas se dá a partir da constatação de evidente desfavor na acessibilidade ao bem – em quantidade, qualidade ou considerando ambas.

O conteúdo do direito à água tem que levar em consideração a escassez, as limitações de acesso e como isso restringe a efetivação de outros direitos humanos. A noção de *adequabilidade* é importante, mesmo que variem a escassez e, de modo correlato, as condições mínimas de acesso. Isso coloca a questão de como definir o conteúdo material, concreto. De outro modo: qual é a quantidade de água de que um ser humano deve dispor, necessária para consecução de parte substancial do mínimo existencial?[880] Nesse sentido, organizações internacionais como a Organização Mundial de Saúde (OMS) e a ONU propõem entre 100 e 110 litros diários de água como o *standard* mínimo para um ser humano saciar a sede, ter higiene adequada e preparar os alimentos[881].

---

[880] É evidente que o mínimo aceitável também tem relação com parâmetros de qualidade das águas, que são indicados pela OMS em diversas publicações técnicas como OMS (2010; 2011; 2015) (2010). Disponíveis em: <http://www.who.int/water_sanitation_health/publications/en/>. Acesso em: 6 maio 2017. Vale salientar que as normas ambientais internas de cada país definem os parâmetros técnicos qualitativos que são aceitáveis. No Brasil, a Resolução n. 357/2005 do Conselho Nacional de Meio Ambiente estabelece alguns parâmetros no que se refere à qualidade da água para uso doméstico e industrial. A Sabesp, companhia de saneamento de São Paulo, aponta parâmetros que devem ser regularmente monitorados para fins de controle da qualidade, tais como nível de cloro e cloroamoniação, turbidez, cor, pH, coliformes, flúor. Disponível em: <http://site.sabesp.com.br/site/interna/Default.aspx?secaoId=40>. Acesso em: 6 maio 2017.

[881] Algumas comparações: de acordo com a organização não governamental Water Footprint Network, são necessários 10 litros para a produção de uma folha de papel, 300 mil litros são empregados na fabricação de uma tonelada de aço e 109 litros para produzir um copo de vidro; já a fabricação de um automóvel absorve 400 mil litros de água, em média, e uma barra de chocolate consome 1.700 litros; a Fundação das Nações Unidas para Alimentação e Agricultura (FAO) estima sendo necessários de mil a três mil litros de água para a produção de 1 kg de arroz e de 12 mil a 21 mil litros de

Apesar disso, a valoração da água como direito humano é algo relativamente recente e, por isso mesmo, a discussão acerca dos *standards* não está esgotada. Até mesmo porque as necessidades humanas são variáveis no tempo e no espaço, o conteúdo material pode ser mais elastificado e deve levar em conta uma diversidade complexa de dados. No entanto, as obrigações dos Estados na efetivação desse direito e daqueles que lhe são correlatos não podem ter caráter regressivo, sob pena de representar involução e ineficácia social.

A preocupação com a água, sua preservação e sua proteção jurídica como um direito humano aparecem no sistema internacional muito recentemente. Pode-se afirmar que sua origem está inserida em um contexto mais amplo, de crise do sistema capitalista entre as décadas de 1960 e 1970, em que ocorreram mudanças nos mecanismos de regulação às quais já aludimos. Elas se estenderam a diversos campos, introduzindo alguns que não apresentavam um sistema normativo consolidado, como o do meio ambiente. Tal fato revela que a crise foi de ordem produtiva, financeira e energética, mas também entendida pela sociedade como crise ambiental. E é nesse contexto que foi realizada a 1ª Conferência Internacional sobre Meio Ambiente e Desenvolvimento, em 1972, pelas Nações Unidas.

O modelo econômico vigente passa a ser questionado graças aos limites que ele impõe à sustentabilidade ambiental – presente e futura. Também são denunciados os reflexos que a questão ambiental tem sobre o sistema econômico e o desenvolvimento das nações, bem como os impactos sobre a saúde pública e a qualidade de vida dos seres humanos. Mais ainda, a Conferência de 1972 afirma a importância do meio ambiente para ao gozo dos direitos humanos[882]. E, na esteira desse movimento, a sociedade internacional passa a organizar conferências, encontros e fóruns para a discussão temática e detalhada do meio ambiente e de sua proteção. O reflexo disso é a construção de um sistema normativo internacional (tratados, resoluções,

---

água para a produção de 1 kg de carne bovina; por fim, 107 litros de água é o consumo *per capita*/dia na Dinamarca, enquanto a média brasileira é de 166,3 litros *per capita*/dia e a da Grande São Paulo giraria em torno de 175 litros por dia. No estado do Rio de Janeiro, o índice, em 2013, foi de 253,1 litros por dia. Fontes: <http://waterfootprint.org/en/>. Acesso em: 6 maio 2017; <http://www.fao.org>. Acesso em: 6 maio 2017; e <http://www.snis.gov.br/>. Acesso em: 6 maio 2017.

882 GUERRA, Sidney. *Direito internacional ambiental*. Rio de Janeiro: Freitas Bastos, 2006.

convenções) que busca proteger e compatibilizar as necessidades econômicas e a preservação e o próprio direito ao meio ambiente.

É nesse contexto que o *Direito Internacional Ambiental* ganha corpo e vulto como campo instrumental, recomendando e apresentando obrigações aos Estados, permitindo a sensibilização de diversos países para a causa ambiental e culminando na constitucionalização do meio ambiente e na construção de diversos regramentos infraconstitucionais[883].

A água propriamente dita, como tema relativamente autônomo, surge no debate de discussão internacional na Conferência de Mar del Plata, em 1977. A Declaração que resultou do encontro apontou um entendimento da água como bem público de direito a todos os indivíduos: "All peoples, whatever their stage of development and their social and economic conditions, have the right to have access to drinking water in quantities and of a quality equal to their basic needs" (Nações Unidas, 1977, p. 66). Da mesma forma, a Declaração fez um chamamento aos Estados para que eles realizassem avaliações nacionais de suas águas e desenvolvessem planos e políticas para a satisfação das necessidades básicas nesse campo. Por fim, se estabeleceu ainda a década de 1980 como o período em que todas as pessoas deveriam ter acesso à água potável, segura e suficiente (Década Internacional da Água Potável e Saneamento Ambiental).

Já em 1992, em Dublin, foi realizada a Conferência Internacional sobre Água e Meio Ambiente. Em seu âmbito se reconhece a ameaça que representa a escassez e as formas abusivas no uso da água para o alcance do desenvolvimento sustentável, bem como para a proteção ambiental, dos ecossistemas, para o desenvolvimento econômico, segurança alimentar, saúde e bem-estar dos seres humanos (Nações Unidas, 1992). A conferência também resultou em uma declaração final que considerava, ainda que imprecisamente, a necessidade de se aperfeiçoar a gestão das águas e reconhecer o acesso às mesmas como um direito de todo ser humano. Mas ela aponta uma guinada para um enfoque mais econômico da gestão dos recursos hídricos[884].

---

[883] GUERRA, Sidney. *Curso de direito ambiental*. 4. ed. Curitiba: Instituto Memória, 2022.

[884] Os princípios apontados pela Declaração de Dublin para uma nova gestão das águas, que reforçam a concepção da água como recurso econômico, são os seguintes: "Principle n. 1 – Fresh water is a finite and vulnerable resource, essential to sustain life, development and the environment; Principle n. 2 – Water development and management should be based on a participatory approach, involving users, planners and

No mesmo ano de 1992, foi realizada no Rio de Janeiro, a Conferência das Nações Unidas sobre Meio Ambiente e Desenvolvimento, que ficou conhecida como Eco 92 e constituiu um dos principais eventos realizados sobre a matéria. Como resultado dos esforços da sociedade internacional em estabelecer uma aliança para a cooperação estatal para preservar o meio ambiente, o encontro resultou na *Declaração do Rio sobre Meio Ambiente e Desenvolvimento*. Nele são definidos alguns princípios, dentre os quais se destaca: os seres humanos constituem o centro das preocupações relacionadas ao desenvolvimento sustentável e tem direito a uma vida saudável e produtiva, em harmonia com a natureza (Nações Unidas, 1992b). Percebe-se, mais uma vez, o reforço no entendimento do meio ambiente como um direito em si, conectado ao direito à vida.

A Eco 92[885], conhecida também como Cúpula da Terra, resultou ainda em um documento chamado *Agenda 21*. Ela "pode ser definida como um instrumento de planejamento para a construção de sociedades sustentáveis, em diferentes bases geográficas, que concilia métodos de proteção ambiental, justiça social e eficiência econômica"[886]. No que tange à proteção e desenvolvimento sustentável das águas doces, a Agenda 21 reserva um capítulo inteiro – capítulo 18 – em que se destacam diretrizes para o manejo, recomendações para o fortalecimento institucional das políticas públicas estatais que combatam a escassez, dentre outros aspectos. Mas não há apontamentos diretos no documento que indiquem, de modo expresso, a água como direito humano. O que temos apenas é um reconhecimento tímido da água como necessária em todos os aspectos da vida (Nações Unidas, 1992c).

Ainda no plano da mobilização internacional e da progressiva instrumentalização da proteção à água, é necessário fazer menção à *Declaração do Milênio*. Ela foi resultado da Cúpula do Milênio das Nações Unidas realiza-

---

policy-makers at all levels; Principle n. 3 – Women play a central part in the provision, management and safeguarding of water; Principle n. 4 – Water has an economic value in all its competing uses and should be recognized as an economic good".

885   Vale salientar que a Eco 92 também teve como resultado a criação da Comissão de Desenvolvimento Sustentável das Nações Unidas (CDS), que foi estabelecida em 1993 como um elemento da estrutura do Conselho Econômico e Social das Nações Unidas (Ecosoc).

886   Disponível em: <http://www.mma.gov.br/responsabilidade-socioambiental/agenda-21/agenda-21-global>. Acesso em: 8 maio 2017.

da no ano 2000, na cidade de Nova Iorque, em que tivemos o estabelecimento de objetivos de desenvolvimento, conhecidos como Objetivos do Milênio (ODM)[887]. Eles sintetizavam os propósitos a serem alcançados no novo milênio que se iniciava, através da cooperação global. No que concerne às águas, a Declaração assinala a necessidade de por fim à exploração não sustentável das mesmas, bem como de desenvolver estratégias que ordenem o uso dos recursos hídricos em diferentes níveis, promovendo o acesso equitativo e um abastecimento adequado. Já no plano dos ODM tivemos como desdobramento a elaboração de 18 metas. A meta número 10 estabeleceu expressamente o intento de reduzir até a metade, para o ano de 2015, o percentual de pessoas que careciam de acesso à água potável e a serviços de saneamento[888].

Outro documento importante é a declaração final da Conferência das Nações Unidas sobre Desenvolvimento Sustentável – "Rio+20", realizada no Rio de Janeiro em 2012, intitulada *The Future We Want*. Os Estados reconhecem a necessidade de incluir o desenvolvimento sustentável em todos os níveis, integrando aspectos econômicos, sociais e ambientais e reconhecendo as suas interligações, de modo a alcançar um desenvolvimento sustentável em todas as suas dimensões[889]. Além disso, se reafirma o

---

[887] Os ODM são os seguintes: erradicar a pobreza e a fome; atingir o ensino primário universal; promover a igualdade entre os sexos e a autonomia das mulheres; reduzir a mortalidade da infância; melhorar a saúde materna; combater o HIV/Aids, a malária e outras doenças; garantir a sustentabilidade ambiental; estabelecer uma parceria mundial para o desenvolvimento.

[888] Em 2015, a ONU lançou o Relatório dos Objetivos de Desenvolvimento do Milênio 2015, em que assinalou avanços em vários dos objetivos. Sobre as águas vale destacar que o relatório aponta os seguintes dados: "In 2015, 91 per cent of the global population is using an improved drinking water source, compared to 76 per cent in 1990; Of the 2.6 billion people who have gained access to improved drinking water since 1990, 1.9 billion gained access to piped drinking water on premises. Over half of the global population (58 per cent) now enjoys this higher level of service; Globally, 147 countries have met the drinking water target, 95 countries have met the sanitation target and 77 countries have met both; Worldwide, 2.1 billion people have gained access to improved sanitation. The proportion of people practicing open defecation has fallen almost by half since 1990" (Nações Unidas, 2015a, p. 7). No entanto, o relatório aponta a permanência de deficiências e desafios que ainda devem ser enfrentados. Sobre a água diz: "Water scarcity affects 40 per cent of people in the world and is projected to increase" (*Op. cit.*, p. 8).

[889] Assim, foi decidido o estabelecimento de um processo intergovernamental com vistas a avaliar e aperfeiçoar os ODM, culminando com a aprovação documento *Trans-*

compromisso internacional com a busca da universalização do acesso à água e ao saneamento. Mais longe ainda, o documento aponta para o entendimento da água e do saneamento como um direito humano e para a necessidade de os Estados realizarem esforços contínuos no aperfeiçoamento de seus sistemas de gestão.

Na verdade, a orientação do documento final da "Rio+20", foi no sentido de reafirmar o câmbio importante que vinha ocorrendo na valoração da água, que passou a ser admitida expressamente como direito humano nos instrumentos internacionais em 2010 e, depois, de forma mais extensiva, em 2015, conforme veremos adiante. Antes disso, no entanto, a água enquanto direito humano, e em uma perspectiva positiva, não era assim distinguida nos instrumentos internacionais. Nem a Declaração Universal dos Direitos Humanos de 1948 (DUDH), tampouco os Pactos Internacionais sobre Direitos Econômicos, Sociais e Culturais (PIDESC), e sobre Direitos Culturais e Políticos (PIDCP), ambos de 1966, colocaram o direito humano à água de forma explícita em seus textos. É só a partir de um progressivo, mas lento, processo político de perfilhamento da comunidade internacional que a água é estruturada como direito humano.

É curioso que tal processo tenha se acelerado, se assim podemos dizer, a partir dos anos 2000, quando, em maior ou menor medida, é possível perceber ainda a prevalência da visão privatista e economicista acerca da água. Todavia, vale lembrar que é também no começo daquela década, que se iniciam questionamentos e são deflagradas oposições, às vezes com contornos dramáticos[890], sobre a viabilidade dos modelos de gestão privada. Ou seja, a

---

formando Nosso Mundo: A Agenda 2030 para o Desenvolvimento Sustentável. "A Agenda consiste em uma Declaração, 17 Objetivos de Desenvolvimento Sustentável (ODS) e as 169 metas, uma seção sobre meios de implementação e de parcerias globais, e um arcabouço para acompanhamento e revisão. (...) Os ODS aprovados foram construídos sobre as bases estabelecidas pelos Objetivos de Desenvolvimento do Milênio (ODM), de maneira a completar o trabalho deles e responder a novos desafios. São integrados e indivisíveis, e mesclam, de forma equilibrada, as três dimensões do desenvolvimento sustentável: a econômica, a social e a ambiental". Disponível em: <http://www.br.undp.org/content/brazil/pt/home/post-2015.html>. Acesso em: 9 maio 2017.

890   Lembre-se, por exemplo, o caso da "guerra da água da Bolívia" ou "guerra da água de Cochabamba". Este evento foi uma revolta popular que ocorreu naquela cidade boliviana no começo de 2000. O objeto dos protestos era a recusa à privatização do sistema municipal de água e saneamento, já que as tarifas cobradas pela empresa *Aguas del Tunari* (ligada ao grupo empresarial norte-americano Bechtel) haviam dobrado de valor. Após cerca de quatro meses de protestos violentos, o governo cedeu à pressão popular e desistiu da privatização, sendo o serviço retomado pela prefeitura de Cochabamba. (Per-

já mencionada onda de privatizações no setor de abastecimento e saneamento, bem como a proliferação de estruturas de gestão orientadas pelo e para o mercado, mostraram certa ineficácia e incapacidade de resolver o acesso à água e ao saneamento, dificultando a realização plena de direitos conexos.

No começo dos anos 2000, como reflexo deste contexto, o Comitê para os Direitos Econômicos, Sociais e Culturais das Nações Unidas (CDESC), cuja atribuição reside em interpretar o PIDESC, emitiu o Comentário Geral número 15, de 2002. A água e o saneamento básico são então reconhecidos como direitos humanos e abarcam o rol das condições efetivas para o pleno exercício do direito à vida e a uma série de outros direitos correlatos e previstos no PIDESC (arts. 11º e 12º). O Comentário[891] assinala, em sua introdução: "Water is a limited natural resource and a public good fundamental for life and health. The human right to water is indispensable for leading a life in human dignity. It is a prerequisite for the realization of other human rights" (CDESC, 2002, p. 1).

Finalmente, em 2010, a Assembleia das Nações Unidas (AG/ONU) aprovou a Resolução A/RES/64/292, que reconheceu a água limpa e segura e o saneamento como direito humano essencial para o gozo pleno da vida e de todos os outros direitos (Nações Unidas, 2010, p. 2). A AG/ONU ainda instou os Estados a cooperarem no sentido de implementar e aperfeiçoar políticas que melhorem a acessibilidade à água potável e ao saneamento. Pode-se dizer que este foi um avanço, mas ainda tímido, e, por esta razão, em 2015, a AG/ONU aprovou a Resolução A/RES/70/169. Não apenas pelo caráter mais amplo se comparada à anterior, a Resolução A/RES/70/169 representou também um ganho de legitimidade política internacional. Se em 2010 não houve unanimidade na votação da AG/ONU (122 a favor, nenhum contra, 41 abstenções e 29 ausentes), em 2015 o conteúdo foi aprovado de forma unânime, não se configurando nenhuma ressalva pelos Estados-membros.

---

reault, T. From the Guerra Del Agua to the Guerra Del Gas: Resource Governance, Neoliberalism and Popular Protest in Bolivia. *Antipode*, v. 38, p. 150-172, jan. 2006.)

891 Comentários Gerais do CDESC não são caracterizados, nos termos do art. 38 do Estatuto da Corte Internacional de Justiça (ECIJ), como direito vinculante. São compreendidos como *soft law*. Isto significa que as regras tem valor normativo menos constritor do que as normas jurídicas tradicionais. No entanto, do ponto de vista político, tais normas podem ter significativo peso, em razão do reconhecimento da legitimidade política e técnica do órgão que as emite, podendo ser utilizadas subsidiariamente na tarefa interpretativa das normas cogentes. (WINKLER, I. T. *Human right to water: significance, legal status and implications for water allocation*. Oregon: Hart Publishing, 2012, p. 38.)

Outro aspecto relevante a ser lembrado é que a A/RES/70/169 reconheceu o acesso à água e ao saneamento como direitos conectados, no entanto, distintos. Ambos compõem o direito à condição de vida suficiente a que o PIDESC faz alusão. Mas o processo de negociação entre os Estados trouxe à baila tensões e pressões de ordem política e social, que culminaram naquela distinção. A resolução diz: "that the human rights to safe drinking water and sanitation as components of the right to an adequate standard of living are essential for the full enjoyment of the right to life and all human rights" (Nações Unidas, 2015).

E continua: [The General Assembly], *Recognizes* that the human right to safe drinking water entitles everyone, without discrimination, to have access to sufficient, safe, acceptable, physically accessible and affordable water for personal and domestic use, and that the human right to sanitation entitles everyone, without discrimination, to have physical and affordable access to sanitation, in all spheres of life, that is safe, hygienic, secure, socially and culturally acceptable and that provides privacy and ensures dignity, while reaffirming that both rights are components of the right to an adequate standard of living.

Por fim, a resolução ainda aponta para a importância da cooperação internacional entre vários setores da sociedade, no sentido de viabilizar a melhoria no acesso à água e ao saneamento. Afirma que os Estados têm a responsabilidade primária de assegurar a plena realização de todos os direitos humanos e decide prosseguir o exame da questão.

7. CIDADANIA E DIREITOS HUMANOS

A crise da cidadania no Brasil pode ser percebida, quer seja devido à ausência de atenção aos direitos humanos pela maior parte da sociedade civil, quer seja em razão do seu baixo grau de associativismo, expresso nos ainda pouco comuns movimentos sociais, o que acarreta a manutenção da desigualdade social e a omissão do Estado e das autoridades, inclusive do Poder Judiciário, na realização dos propósitos retratados na Constituição democrática de 1988, principalmente no que concerne à concretização dos direitos fundamentais como expressão da dignidade da pessoa humana[892].

---

892 Para melhor compreensão da matéria, *vide* o estudo de GUERRA, Sidney. *Direitos humanos e cidadania*. São Paulo: Atlas, 2012.

Pode-se dizer que esta crise da cidadania passa por uma peculiar forma de desenvolvimento histórico da cidadania no Brasil, que fugiu à trajetória desenhada por Marshall em relação ao modelo da Inglaterra[893], posto que nesse país o processo levou à consolidação dos direitos civis, políticos e sociais, na medida em que, na sequência indicada, o exercício de um conduzia à conquista do outro, operando uma lenta edificação movida pelo próprio povo, sedimentando-se como um sólido valor coletivo.

No processo de constituição histórica da cidadania brasileira os direitos políticos precederam os direitos civis, ou seja, antes mesmo que o povo tivesse lutado e, por vontade própria, buscado os direitos civis, estes foram "outorgados".

Ocorreu a Independência em 1822 e as decisões de maior peso da República foram tomadas pelas elites a partir de 1889, cuja proclamação moveu-se por articulações das cúpulas, entre militares e liberais, sem a participação efetiva do povo.

A cidadania foi arquitetada de cima para baixo, com o Estado paternalista aquinhoando direitos políticos às pessoas sem que houvesse uma real reivindicação e conquista desses mesmos direitos, o que prejudicou a consolidação da consciência cidadã no Brasil, em função da falta de sentimento constitucional[894].

A herança colonial deixou marcas no campo dos direitos civis, pois a escravidão, os latifúndios e o Estado patrimonialista comprometido com interesses privados foram transpostos para o novo país e perduraram por um período longo, ou ainda mantém seu vigor, o que dificultou a solidificação dos direitos civis.

Como recorda Osvaldo Agripino de Castro Júnior, durante o governo de Getúlio Vargas, com a criação do Ministério do Trabalho e da Consolidação das Leis do Trabalho, o povo teve a concessão de direitos sociais nas legislações constitucional e infraconstitucional para, finalmente, ter os direitos civis. Daí, conclui que o modelo de Marshall não foi seguido na construção histórica da cidadania brasileira, pois esta teve início com os direitos políticos, no século XIX, na Constituição Imperial outorgada e, posteriormente, foram conferidos os direitos sociais e civis, de modo que a

---

893 Essa discussão foi apresentada no capítulo I da presente obra.
894 CARVALHO, José Murilo de. *Os bestializados – o Rio de Janeiro e a república que não foi.* São Paulo: Companhia das Letras, 1987. p. 35.

cidadania brasileira padece para seu fortalecimento, por causa dos males de origem da atípica formação histórica, tais como a omissão das elites, da falta de compromisso com a educação que incorpora o sentimento constitucional, do formalismo excessivo de origem ibérica, de uma cultura jurídico-política que não prestigia a cidadania, tudo corroborado pela pequena atuação da sociedade civil no processo[895].

A trajetória sucintamente descrita revela que o modelo tradicionalmente propalado de cidadania definido por Marshall não foi seguido no Brasil, onde os direitos políticos foram "outorgados" por uma elite dominante. Todo o quadro gerou um déficit ou uma "deformação" no rumo da cidadania, principalmente em relação à eficácia dos direitos fundamentais no Brasil, vistos como uma "generosidade" das elites e uma possibilidade remota de compromisso por parte do Estado brasileiro, que perpetua e legitima a concentração de renda e a desigualdade social.

Evidencia-se, pois, que há vários entraves para se organizar a participação popular, bem como para o exercício da cidadania plena no Estado brasileiro. Com efeito, alguns dos problemas para organização dos movimentos sociais no Brasil estão atrelados às peculiaridades que instauram a nossa ordem social, dentre elas podemos citar como exemplo os muitos processos repressivos que integram o diverso e promovem a preponderância do semelhante sobre o diferente. É como se a ordem social dependesse de uma unidade que suplantasse a diversidade.

Wanderley Guilherme dos Santos esclarece que a estabilidade das ordens institucionais contemporâneas parece estar associada à sequência observada na instauração das sociedades industriais de massa, ou seja, a estabilidade é fruto da ordem em que esses tipos de sociedades foram implantadas, posto que as características da ordem industrial contemporânea resultam dos caminhos históricos que marcaram sua instauração no mundo[896].

Com base em tais afirmações, indica como peculiaridades no percurso latino-americano de instituição da ordem, o fato de que as massas foram

---

895 CASTRO JÚNIOR, Osvaldo Agripino de. Considerações sobre o processo histórico de consolidação da cidadania brasileira. In: GUERRA, Sidney (coord.). *Direitos Humanos: uma abordagem interdisciplinar*. V. I. Rio de Janeiro: América Jurídica, 2003. p. 164.
896 SANTOS, Wanderley Guilherme dos. *Razões da desordem*. 2. ed. Rio de Janeiro: Rocco, 1993. p. 28.

incluídas no processo da competição política antes que se conseguisse estabilidade na institucionalização das regras dessa mesma competição. Isso explicaria a origem da instabilidade do sistema, pois os países que seguiram a sequência de primeiro promover a liberalização (refere-se à medida que todos os participantes da disputa política se reconhecem mutuamente e os direitos de criar organizações, de expressão, de voto, de competir por cargos públicos, enfim, de todos os direitos característicos de uma ordem liberal) e, depois, a participação (refere-se à proporção da população a que tais direitos e liberdades são garantidas), são mais estáveis do que aqueles que seguiram a sequência de primeiro promover o alargamento da participação e depois institucionalizar a competição política[897]. Conclui-se que ele defende a ideia de que a cronologia referente à inclusão das massas dentro da esfera competitiva da política em relação à estabilidade institucional das regras de competição repercute e determina o nível de estabilidade de todo o sistema.

Outra peculiaridade designada reporta-se ao papel da política social na instauração e na consolidação da ordem industrial contemporânea. Em todas as democracias modernas, a política social é subsequente à solução do problema de integração nacional e de participação. Somente depois de enfrentar e resolver os problemas de institucionalização da ordem liberal contemporânea e da participação ampliada das massas, nessa mesma ordenação que as dificuldades de natureza redistributivas, é que ingressaram na agenda política. Contudo, na América Latina, a política social não foi posterior à resolução dos dois obstáculos anteriores, mas utilizada como estratégia política para auxiliar na solução do problema de conciliar participação ampliada e a baixa institucionalização. Por esse motivo é que a gênese efetiva da legislação social latino-americana encontra-se atrelada a períodos de intensa agitação política das massas, associada à séria crise das instituições políticas[898]. A inversão na ordem de implantação das referidas políticas na América Latina resulta em um sistema debilitado, no qual elas não são mais que meras ferramentas nas mãos de políticos para atender seus interesses eleitoreiros.

A constituição de identidade coletiva dos principais atores políticos latino-americanos se deu antes da estabilização liberal, o que teve como consequência histórica a emergência do populismo e a transformação da política social em empecilho à estabilização democrática[899]. A convulsão das

---

897   SANTOS, Wanderley Guilherme dos. Op. cit., p. 29.
898   Idem, p. 30.
899   SANTOS, Wanderley Guilherme dos. Op. cit., p. 30. O autor toma como exemplo o caso brasileiro, afirmando que os partidos políticos nacionais são um fenômeno

massas reivindicando transformações da política social, vistas como comprometedoras da ordem e estabilidade do sistema, são tratadas como que exigindo ações enérgicas de forças a favor da ditadura.

Segundo Wanderley dos Santos, será crucial para o futuro do país o modo como o dilema da ação coletiva de grupos de interesse for encarado em termos de solução. Dada a importância que atribui à solução do problema, começa a avaliar quais as motivações que alimentam a ação coletiva na produção do bem público. Opina que não existe uma lógica geral responsável pela sua promoção, mas que a participação nela tem seu custo, pois os conflitos sociais mais relevantes cobram um preço tanto de quem participa quanto de quem não participa deles. Logo, os bens coletivos serão providos sempre que os custos de não os produzir forem superiores aos custos de sua provisão, posto que a regra básica do comportamento humano consiste em evitar o sofrimento.

É interessante considerar brevemente como Hobbes, no *Leviatã*, trabalhou a questão do sofrimento humano, ou melhor, o desejo de evitá-lo. O medo da morte é determinante na mediação racional que submete a sociabilidade ao interesse e a vida comum à ordem política. Esse medo direciona o homem para o contrato, segundo a visão hobbesiana. Sendo assim, "(...) a razão apenas indica o caminho para que o alvo indicado pela paixão seja atingido, é preciso que alguma paixão seja sensibilizada pelo projeto de uma vida coletiva pacífica, de modo que a razão possa buscar os meios de realizá-la. A paixão pela vida, ou seu avesso, cumpre este papel. O contrato surgirá como meio ditado pela razão para que se concretize a finalidade passional. (...) Manter-se vivo, ampliar e aprimorar as condições da

---

de pós-Segunda Guerra Mundial e que os atores já participavam da vida política brasileira nessa época. Portanto, não foram os partidos políticos os responsáveis pela mobilização dos diversos segmentos sociais projetando-os na dinâmica política, mas sim o Estado, por meio da burocracia, das forças armadas e da "inteligência". Dessa forma, a política social e trabalhista tentou domesticar tanto o empresariado quanto as classes trabalhadoras, que passavam a dispensar as estruturas partidárias e institucionais normais como canal para as suas demandas e reivindicações. Como resultado, ocorre o populismo, em que na competição pelos votos apresentam-se propostas irresponsáveis que acirram a disputa entre segmentos do empresariado e das classes trabalhadoras nas arenas burocráticas do Estado. Por um lado, essa competição real entre organizações patronais e trabalhadoras reverbera sobre o processo político formal estimulando ainda mais a escalada populista e, por outro, dos que lhes são contrários.

própria sobrevivência, eis a missão humana, redefinida pela teoria absolutista hobbesiana"[900].

Para Hobbes, o contrato social baseia-se, dentre outros fatores, no medo da morte, ou melhor, da entrega absoluta ao estado de natureza caracterizado pela luta de todos contra todos, o que conduziria ao caos social, à insegurança e até à morte.

Muitas vezes as motivações para a promoção de um bem coletivo são conduzidas pela instabilidade do *status quo*, que pode estar melhorando ou se deteriorando, particularmente, nesta segunda situação, as motivações partem do desejo de evitar o sofrimento. Nesse caso, a inação terá seus custos, piorará o *status quo*. A estratégia de ação adotada para prover um bem coletivo toma como base o cálculo daquilo que é arriscado perder-se caso não seja produzido[901]. A mera possibilidade de mudança para uma condição melhor nem sempre impulsiona a ação coletiva, muitas vezes é necessário que exista o perigo de um futuro desvantajoso caso a inércia seja mantida para que a ação seja conduzida.

A estratégia utilizada para solucionar o problema da ação coletiva produzirá impactos sobre os conflitos distributivos, conforme o magistério de Santos: "O poder diferencial dos grupos de interesse, conforme seu grau de efetiva organização e controle sobre os membros potenciais, produz, quando em conflito distributivo assentado em participação ampliada, consequências distintas, em função do grau de institucionalização da sociedade política: em sociedades baixamente institucionalizadas, o conflito distributivo provoca instabilidade política em primeiro lugar; contrariamente, em sociedades altamente institucionalizadas o conflito distributivo é potencialmente disruptivo da normalidade do processo produtivo. (...) O custo social do conflito distributivo, na ausência de regulação estatal, ou seja, via puro mercado, é extremamente ameaçador: instabilidade política, em um caso, desequilíbrios econômicos de grande porte em outro"[902].

A ação coletiva, não poucas vezes, recai sobre questões provocadas por conflitos distributivos e o impacto provocado pela ação dos grupos de interesse será tanto maior para a estabilidade política do sistema quanto menor for a institucionalização da sociedade.

---

900 SOARES, Luiz Eduardo. *Os dois corpos do presidente e outros ensaios*. Rio de Janeiro: Relume-Dumará, 1993. p. 98.
901 SANTOS, Wanderley Guilherme dos. Op. cit., p. 54.
902 Idem, p. 67.

O custo social do conflito distributivo, s.m.j., também tem grandes consequências, mesmo em sociedades nas quais haja uma regulação estatal, desde que a regulação seja desprovida de efetividade, principalmente quando apenas figura intenções que raramente são concretizadas, servindo como mero paliativo para a problemática. O descrédito das instituições políticas é apenas uma das consequências nessas condições.

Para Santos, nas sociedades industriais modernas e complexas é o modelo predatório a fonte principal de gestação regulatória. Por modelo predatório entende-se aquele modelo em que o investimento dos agentes na busca de apropriar renda nada tem a ver com o processo produtivo, mas tão somente com atividades de *lobbing*, de corrupção ou de aquisição de recursos descartáveis para efeito de, via legislação de algum tipo, e não de produção, obter-se transferência de renda de algum grupo para outro. A expansão da atividade regulatória do Estado se dá preferencialmente por via administrativa, antes que legislativa, preservando esquemas burocráticos do escrutínio da opinião pública[903]. Reduzir o número de normas e regras de comportamento pode ser saudável. Porém é falho supor que a total inexistência de normas e de regulações cederiam lugar ao surgimento de uma sociedade completamente livre. Em questões de políticas sociais é necessária a regulação investida de eficácia.

O paradoxo brasileiro, segundo Giselle Citadino, encontra-se, por um lado, na combinação entre uma estrutura produtiva diferenciada e complexa e, por outro, num sistema político patrimonialista e personalista, bem como no hiato entre elites e camadas populares. Consequentemente, no aspecto político, ocorre, num certo sentido, o predomínio das relações pessoais com as marcas de concessão de vantagens em troca de apoio e do clientelismo, com toda a sua intrincada rede de distribuição de favores e privilégios. Sob outro prisma, ocorre a desorganização, fragmentação e escassa mobilização das camadas populares. No que tange ao estilo político das elites e a baixa mobilização dos setores populares não há contradição, até porque resistir a essa mobilização é o trabalho das elites para manter seu *status quo*[904].

Com efeito, a herança colonial deixou marcas no campo dos direitos civis, pois a escravidão, os latifúndios e o Estado patrimonialista compro-

---

903 SANTOS, Wanderley Guilherme dos. Op. cit., p. 71-72.
904 CITTADINO, Gisele. Privatização do público no Brasil: negação do conflito x paradigma do entendimento. In: "Direito, Estado e sociedade". *Revista do Departamento de Ciências Jurídicas da PUC/RJ*: (6): 65-66, jan.-jul., 1995.

metido com interesses privados foram transpostos para o novo país e perduraram por um período longo, ou ainda vigoram, o que dificulta a solidificação dos direitos civis.

Na ideia de república encontra-se embutida não a "noção de quem manda", mas "para que manda". O poder está a serviço do bem comum, da coisa coletiva ou pública como um bem superior ao particular. Condena-se a tendência de quem está no poder a se apropriar do bem público como se fosse sua propriedade privada. Conquanto seja menos exigente em relação aos cidadãos, posto que aceita que estes sejam movidos, sobretudo, por seus interesses particulares. Bem mais do que um regime específico, a república consiste num modo de exercer o poder voltado à coisa pública e o qual é atribuído pelo povo em eleições periódicas. O maior antagonista da república nos dias de hoje não é tanto a monarquia, mas a usurpação da coisa pública por interesses particulares, ou seja, o patrimonialismo que infelizmente é um traço característico da história "republicana" brasileira[905].

O patrimonialismo significa que o Estado é visto como um bem pessoal, patrimônio que designa a propriedade transmitida por herança de pai para filho. O Estado é dirigido pelo governante como uma empresa pessoal, no quadro do capitalismo mercantil e, como consequência, gera corrupção ao seu redor e neutraliza a iniciativa dos produtores[906]. A corrupção torna-se um dado intrínseco ao sistema como resultado de uma exacerbação do Estado e não uma mera prática pessoal.

Enfim, a marca do patrimonialismo permeia a organização do espaço público brasileiro e dá um contorno ao Estado pouco movido pela busca dos interesses da coletividade. Assim, os grupos menos favorecidos da sociedade sucumbem devido à falta de políticas públicas realmente voltadas para a realização de planos de melhoria da condição de vida de segmentos expressivos de cidadãos, e que geralmente são lembrados como cidadãos apenas nos períodos eleitorais. Tudo isso revela um modelo de sociedade no qual a república foi proclamada, porém muito pouco vivenciada e cujo espírito público pouco influi sobre a construção coletiva e estatal, caracterizando uma cidadania de baixa densidade.

Dentre os diversos analistas que almejam dar respostas à insuficiência de nosso sistema político-institucional, enquanto mecanismo garantidor dos

---

905 RIBEIRO, Renato Janine. *A república*. São Paulo: Publifolha, 2001. p. 18-44.
906 FAORO, Raymundo. *Os donos do poder*. São Paulo: Globo/Publifolha, 2000.

chamados direitos civis e políticos, ao que parece, todos concordam ao apontar o modelo patrimonial como um dos elementos estruturais na manutenção de uma forma antiquada desse sistema, em que o direito, enquanto instrumento racional e nivelador das relações, é muitas vezes inoperante. O patrimonialismo não diz respeito apenas ao trato da coisa pública como se fosse privada, no que se refere aos bens materiais, mas a confusão estende-se para o campo do exercício da autoridade.

Oscar Vilhena Vieira acredita que a modernização econômica não foi capaz de alterar a situação e produzir um Estado de modelo liberal, protetor de direitos. Antes, os padrões de dominação dos períodos anteriores da história foram absorvidos pela elite insurgente que não eliminou a precedente, havendo uma conciliação entre ambas, para que fosse possível a convivência dos dois modelos econômicos sem a necessidade de destruição do antigo padrão de dominação. O caráter conciliatório das elites aponta um importante caminho na compreensão da manutenção do enorme hiato existente entre as classes na esfera econômica ou política e em decorrência entre o direito e a realidade material do poder[907]. Não houve ruptura entre elites no caso brasileiro; antes ocorreu um amalgamento entre elas, mantendo a relação de dominação.

Diante do quadro descrito, surge a inquietação sobre os motivos que levam o povo brasileiro ser considerado tão "pacífico" em termos políticos, muito embora ocorra uma escalada da violência no plano social.

A nossa sociedade é pacífica porque o indivíduo isolado, pobre em laços de congraçamento social, prefere negar o conflito a enfrentá-lo. A poliarquia (elevado grau de institucionalização da competição pelo poder associado à extensa participação política, só limitada pela idade) é restrita a um pequeno traço institucional circunscrita por uma grande cultura de dissimulação, da violência difusa e da reclusão individual e familiar. A extensa ação regulatória do Estado não tem vigência e a institucionalidade é outra. É essa mistura que faz com que o governo governe muito, mas num vazio de controle democrático, vazio de expectativas legítimas, vazio de respeito cívico. O país apresenta soberanias concorrentes e o governo é múltiplo[908].

---

907 VIEIRA, Oscar Vilhena. A violação sistemática dos direitos humanos como limite à consolidação do Estado de Direito no Brasil. In: GIORGI, Beatriz di et. alli (coord.). *Direito, cidadania e justiça – ensaios sobre lógica, interpretação, teoria, sociologia e filosofia jurídica*. São Paulo: Revista dos Tribunais, 1995. p. 194.
908 SANTOS, Wanderley Guilherme dos. Op. cit., p. 80.

Reitera o autor[909], que na ausência de reformas institucionais profundas, e dadas a elevada penetração estatal, a extensão diferenciada do mercado eleitoral e o intenso pluralismo organizacional, o cenário mais provável, no curto prazo brasileiro, é o de um sistema tendente a manter, se não expandir, a corporativização e a rigidez tradicionais, associadas a políticas clientelistas localizadas e à escassa racionalidade econômica e social. Ou seja, o cenário é o da continuidade do que já vem ocorrendo de maneira crescente na face poliárquica do sistema brasileiro: abundante e contínua legislação regulatória dando lugar a todo tipo de ineficiências por via de subsídios, privilégios, credenciamentos, além da criação de barreiras à entrada daqueles que ainda não integram a mencionada ordem.

Um dos possíveis motivos para a negação do conflito no espaço social brasileiro pode ser o fato de que admiti-lo impõe uma decisão sobre o que fazer e isso implica custos, conforme mencionado anteriormente.

Não admitir o confronto é negar que exista a diversidade de interesses e a presença do opositor na política. Não aceitar a presença do outro como adversário é excluí-lo como sujeito portador de direitos e esvaziar a ideia de limite. Como resultado, as funções básicas de uma poliarquia eficaz (provisão de segurança, proteção, previsibilidade e administração da justiça) não alcançam uma extensão considerável no país.

O Estado desperdiça grande quantidade de regulamentos, normas, comandos e diretivas, dos quais enorme contingente populacional nem sequer se preocupa em tomar conhecimento, e ainda menos usar ou usufruir. Transita-se com frequência das instituições poliárquicas para as não poliárquicas como se estivessem coabitando o mesmo universo institucional, o que repercute maleficamente sobre a cultura cívica do país e sobre a possibilidade de sucesso das políticas governamentais[910].

A credibilidade estatal fica comprometida sempre que surgem regulações visando atender aos fins nada altruístas de um grupo de pressão, em geral, "lobbista", sem compromisso com a justiça social.

O aumento na taxa de incerteza do mundo social induz à ansiedade e à insegurança ao nível individual, posto que nada parece assegurar as condições em que cada um encontrar-se-á no dia seguinte. E isso a despeito de qualquer providência que se tome. É perfeitamente possível a

---

909 Idem, p. 93.
910 Ibidem, p. 103.

alguém submeter-se às normas consagradas e receber de volta o contrário do que espera.

Sem embargo, a impotência individual em ajustar-se ao mundo deriva do reconhecimento de que a retribuição da sociedade independe da contribuição do indivíduo. De onde seguem a erosão das normas de convivência social, a tendência ao isolacionismo, o retorno ao estado de natureza descrito por Hobbes, no *Leviatã*, e a anomia. A crescente certeza na ineficácia das normas gerais como determinantes da conduta individual, associada à ignorância sobre os comportamentos possíveis, instauram a dinâmica de uma descrença e desconfiança generalizadas, abarcando, inclusive, pessoas e instituições cuja destinação é a preservação das normas (polícia e Judiciário).

A erosão das normas favorece a desconfiança que em breve se faz acompanhar do temor da convivência social. Os laços de solidariedade diluem-se e os indivíduos voltam-se para si próprios, recusando-se ao convívio social. O público fica desacreditado e com isso o privado sobrepõe-se a este.

Ao defender que a marca do caminho político das elites brasileiras é o desconhecimento do limite que a figura do outro interpõe, pois não passaram pela experiência civilizatória de encarar o outro ator político para estabelecer negociação, Gisele Cittadino expõe como efeito do processo que a elite nacional dispõe de um interlocutor exclusivo: o Estado. Revela, assim, a relação simbiótica entre o setor privado e o público no país. As alianças são reiteradas privatizando a política e desinstitucionalizando o espaço público. A dispersão econômica e burocrática desintegra o público e a ela corresponde um processo de privatização da política pelo fortalecimento dos centros privados em que ocorrem as decisões econômicas[911]. O patrimonialismo e clientelismo marcam a política brasileira.

O desrespeito aos pactos constitucionais firmados deriva da preponderância da ética oligárquica da prevalência do privado sobre o público. A ausência de um pacto eficaz é visível e revela três dimensões críticas, a saber: "(...) em primeiro lugar, a efetividade da lei se estende muito irregularmente sobre o território nacional; em segundo lugar, o conjunto das burocracias que integram o Estado não cumprem suas funções com eficiência razoável; finalmente, os órgãos do Estado nem sempre orientam suas decisões segun-

---

[911] CITTADINO, Gisele. Op. cit., p. 68.

do alguma concepção de bem público. Não há como assegurar uma ética democrática da prevalência do público sobre o privado quando: a) em vários locais do território brasileiro, o acesso à justiça não é assegurado; b) a maior parte da população não consegue obter serviços públicos aos quais tem direito; c) interesses privados informam a implantação de determinadas políticas públicas"[912].

O Estado não cumpre eficientemente seu objetivo e o descrédito das instituições públicas é esperado nessa situação.

Uma democracia com cidadania precária é fruto de Estados que são incompetentes para tornar efetivas suas próprias regulações. Mesmo que os direitos políticos sejam assegurados e respeitados, a cidadania é deficiente, especialmente no que se refere à garantia dos direitos humanos fundamentais às camadas populares e outros setores estigmatizados e excluídos, o que é, aliás, uma prerrogativa indispensável para a perfeita apreciação da condição cidadã.

Até agora, foram tratados dos problemas para a organização dos movimentos sociais no espaço brasileiro, mas existem possíveis soluções que merecem consideração. A resposta, para Cittadino, está no resgate da forma de contrato, enquanto confrontação permanente no meio de uma esfera pública baseada em um padrão de reciprocidade que pode contrapor-se à ética oligárquica da prevalência do privado sobre o público. Assim, propõe o retorno ao início, ou seja, a universalização do Estado de Direito, fundado no ideal republicano e democrático como resposta[913]. Por ideal democrático, a autora[914] entende o reconhecimento da figura do outro, enquanto ser diferente, portador de direitos e deveres e, por ideal republicano, entende a clara delimitação entre esferas do público e do privado expostas nas mediações institucionais entre Estado e sociedade.

Wanderley Guilherme dos Santos visualiza uma situação problemática nos casos em que exista a norma de acumulação irrestrita, a redução de crescimento e a pedagogia autoritária, posto que estará também instalado o impulso para a predação e para a alienação. Difícil é saber se foi o híbrido institucional brasileiro que deu origem à cultura política, se o inverso, ou se houve uma retroalimentação permanente. O que se desco-

---

912 Idem, p. 71.
913 Idem, p. 72.
914 Ibidem.

briu foi a existência de um Estado altamente regulatório, criador de grupos de interesse que não consegue fazer-se chegar, minimamente, à vasta maioria da população. Esta, por seu turno, recusa as instituições centrais das poliarquias – partidos, sindicatos, associações – e até mesmo instituições que justificam a existência do Estado – a justiça e a polícia como garantidoras da lei. A solução que oferece é a de universalizar o Estado mínimo para quem deseja como princípio de política para sua eficácia. Tendo em vista que não haverá governo eficaz enquanto a cidadania não corresponder aos valores embutidos nas políticas públicas, nem enquanto o simples estar dos cidadãos, mais do que o bem-estar, dependerem de sua capacidade privada de haver-se com a máfia descentralizada e com o fenômeno da punição aleatória[915].

Os autores indicados defendem a ideia de que se faz necessária a extensão, em toda a sua amplitude, do Estado Democrático de Direito, cumprindo suas funções básicas na defesa dos direitos dos cidadãos. Tal entendimento é positivo, pois a efetivação desse modelo estatal tem implicações claras na sociedade como um todo.

7.1 O princípio da cidadania

O princípio da cidadania figura como um corolário do princípio democrático. O poder emanado do povo manifesta-se por meio do exercício da cidadania nas suas mais amplas possibilidades. Em qualquer das modalidades democráticas (direta, indireta ou semidireta), a cidadania encontra-se presente e é indispensável para a caracterização do regime.

A ideia de cidadania aparece nos estudos de Celso Lafer, principalmente na abordagem sobre a crise dos direitos humanos. Tal crise tem repercussão direta na condição de total dominação dos indivíduos almejada pelos Estados totalitários, pois em tais estruturas as pessoas muitas vezes são tratadas como supérfluas, sem lugar no mundo[916].

A questão relacionada à descartabilidade das pessoas vincula-se à cidadania, tendo em vista que cabe refletir sobre em que medida existe a possibilidade de asserção aos direitos humanos independentemente do *status civitas*. Os apátridas colocaram na ordem do dia que os direitos hu-

---

915 SANTOS, Wanderley Guilherme dos. Op. cit., p. 114-115.
916 LAFER, Celso. *A reconstrução dos direitos humanos: um diálogo com o pensamento de Hannah Arendt*. São Paulo: Companhia das Letras, 1999. p. 133-134.

manos enquanto tais não são tão úteis, mesmo que juridicamente amparados, pois ditos direitos não impedem o surgimento de massas privadas de cidadania e, por consequência, destituídas do princípio da legalidade e do acesso aos direitos e garantias fundamentais[917].

Para Hannah Arendt, os direitos humanos pressupõem a cidadania como um princípio, pois sua privação repercute na condição humana, posto que o ser humano privado de proteção conferida por um estatuto político esvazia-se da sua substância de ser tratado pelos outros como semelhante, isto é, como igual. Disso, conclui que o primeiro direito humano é o direito a ter direitos, o que só é possível mediante o pertencimento, pelo vínculo da cidadania, a algum tipo de comunidade juridicamente organizada e ser tratado dentro dos parâmetros definidos pelo princípio da legalidade[918].

Os desdobramentos, no direito constitucional, da perspectiva dos direitos humanos como construção da igualdade e da concepção da cidadania como direito a ter direitos, conforme a visão de Hannah Arendt, têm influência sobre o direito norte-americano, principalmente em torno do *Expatriation Act* de 1954 que, no contexto anticomunista da época, permitia a condenação de desnacionalização de indivíduos como pena para a subversão. A questão jurídica suscitada nos tribunais gerou posicionamento reconhecendo a cidadania como um direito básico do homem, que não pode ser utilizado como uma arma pelo governo para expressar descontentamento com a conduta de um cidadão, por mais repreensível que seja, pois destrói o *status* do indivíduo na sociedade organizada, configurando uma modalidade de punição ofensiva aos princípios fundamentais sustentados pela Constituição[919].

Enfim, com base nas lições de Hannah Arendt, é possível concluir que o processo de asserção dos direitos humanos, enquanto invenção para a convivência coletiva, requer um espaço público em que somente se tem acesso por intermédio da cidadania. Por isso, para ela, o primeiro direito humano, do qual derivam todos os demais, é o direito a ter direitos, cuja experiência totalitária demonstrou que só podem ser exigidos por meio do acesso pleno à ordem jurídica oferecida pela cidadania[920].

---

917 Idem, p. 146-147.
918 Ibidem, p. 151-154.
919 Ibidem, p. 161-163.
920 Ibidem, p. 166.

A cidadania ocupa um papel central na construção do Estado Democrático de Direito. A democracia não se resume apenas a um regime político com partidos e eleições livres; é, antes de tudo, uma forma de existência social. Uma sociedade democrática é aberta e permite sempre a criação de novos direitos[921].

O que se nota, apesar das várias direções possíveis de estudo da cidadania, é que a participação, o atuar, o agir para construir o seu próprio destino é inerente à sua ideia. O que muda, ao longo dos tempos, são os graus e as formas de participação e sua abrangência.

A Constituição de 1988 consagra o aspecto político-jurídico da cidadania, instituindo-a como um princípio fundamental do Estado Democrático de Direito (art. 1º, II). Tal princípio encontra-se concretizado em grande medida no Título II (Dos direitos e garantias fundamentais), Capítulo IV (Dos direitos políticos), em que estão incluídos os direitos e obrigações de caráter político dos cidadãos brasileiros (arts. 14 a 16).

O sentido do princípio da cidadania é bem mais amplo do que a titularidade de direitos políticos, pois qualifica os participantes da vida do Estado, reconhecendo os indivíduos como pessoas integradas na sociedade estatal (art. 5º, LXXVII, da Constituiçao de 1988). O funcionamento do Estado estará submetido à vontade popular, o que tem conexão com a ideia de soberania popular (art. 1º, parágrafo único), com os direitos políticos (art. 14) e com o conceito de dignidade da pessoa humana (art. 1º, III), com os objetivos da educação (art. 205), como base e meta primordial do regime democrático[922].

---

921   VIEIRA, Liszt. Op. cit., p. 39.
922   Art. 1º, parágrafo único: "Todo poder emana do povo, que o exerce por meio de representantes eleitos ou diretamente, nos termos desta Constituição".
Art. 14, *caput*: "A soberania popular será exercida pelo sufrágio universal e pelo voto direto e secreto, como valor igual para todos, e, nos termos da lei, mediante: I – plebiscito; II – referendo; III – iniciativa popular".
Art. 1º, III: "A República Federativa do Brasil, formada pela união indissolúvel dos Estados e Municípios e do Distrito Federal, constitui-se em Estado Democrático de Direito e tem como fundamento: III – a dignidade da pessoa humana".
Art. 205: "A educação, direito de todos e dever do Estado e da família, será promovida e incentivada com a colaboração da sociedade, visando ao pleno desenvolvimento da pessoa, seu preparo para o exercício da cidadania e sua qualificação para o trabalho".

A cidadania tem relação direta com a participação no processo de tomada de decisões políticas. O caráter democrático dessa participação decorre principalmente da sua igualdade e liberdade, pois igualdade de participação significa que nas decisões que cabem à cidadania, seus membros contam com igual poder de decisão, o que é expresso pela igualdade de votos (art. 14, *caput*, da Constituição de 1988) – vinculada à escolha de governantes em eleições periódicas, livres e imparciais (arts. 1º, parágrafo único; 14; e 60, § 4º, II) –, pelo igual direito de concorrer a cargos eletivos (art. 14) e pela independência dos representantes eleitos pelos cidadãos (art. 1º, parágrafo único)[923].

A liberdade de participação significa que os cidadãos devem contar com oportunidades iguais para articular, esclarecer e expressar suas opiniões e interesses nos assuntos públicos. Isso se manifesta por meio da liberdade de expressão, que deve incluir a possibilidade de crítica do governo, do regime político, da ordem socioeconômica ou da ideologia prevalecente (art. 5º, IV); da liberdade de informação, inclusive o direito de buscar fontes alternativas de informação, que devem existir e ser protegidas por lei (art. 5º, XIV); e de liberdade de associação, que deve garantir especialmente sua independência em relação ao Estado (art. 5º, XVII)[924].

A cidadania é a manifestação das prerrogativas políticas que um indivíduo tem dentro de um Estado Democrático. O exercício dessas prerrogativas é fundamental, visto que sem a participação política do indivíduo nos negócios do Estado e em questões de interesse público não se pode falar em democracia. No caso da democracia, esta consubstancia-se numa ideia de que todo poder do Estado emana do povo (art. 1º, parágrafo único, da Constituição de 1988). Todo o poder estatal é poder de direito, sendo certo que o Estado não é o seu sujeito ou proprietário, mas o seu âmbito material de responsabilidade e atribuição. O Estado também não é a origem do poder, mas sim o povo, ou seja, o poder estatal não está no povo, mas emana dele, e entende-se este poder como exercido por encargo do povo e em regime de responsabilização realizável perante ele. Esse emanar é normativo, por isso deve desembocar em sanções concretas, tendo na democracia sua variante ativa. Segundo Friedrich Müller, só se pode falar com

---

923 MAUÉS, Antônio Gomes Moreira. *Poder e democracia: o pluralismo político na Constituição Federal de 1988*. Porto Alegre: Síntese, 1999. p. 87.
924 Idem, p. 87.

ênfase de povo ativo quando estão em vigor, praticam-se e são respeitados os direitos fundamentais individuais e políticos[925]. Portanto a ideia de cidadania guarda proximidade e se inter-relaciona com os conceitos de nacionalidade e de povo, embora não comporte igual significado.

Jorge Miranda qualifica como cidadãos os membros do Estado, os destinatários da ordem jurídica estatal, os sujeitos e os súditos do poder. A cidadania é a qualidade do cidadão e significa a participação em um Estado democrático, sendo esse seu conceito difundido após a Revolução Francesa, de 1789. A determinação da cidadania de cada indivíduo equivale à determinação do povo (e, portanto, do Estado) a que se vincula[926].

Nos Estados contemporâneos, a técnica da representação popular é indispensável para a manifestação da vontade coletiva. Contudo, a cidadania não se limita apenas à manifestação periódica, que se dá por meio das eleições para a composição dos cargos eletivos do Poder Executivo e Legislativo, o seu conteúdo vem sendo revisto e tem sofrido reformulação.

Com efeito, a cidadania apresenta uma pluralidade de abordagens e o aspecto político-jurídico é apenas uma das possibilidades de exploração do tema, sendo inadequado qualquer hierarquização entre as dimensões plausíveis de estudo. Na verdade, a pluralidade e a interação dos enfoques promove uma visão mais rica e completa da cidadania.

O cidadão é o agente reivindicante que possibilita o desabrochar de direitos novos. Por isso, a nova ideia de cidadania requer a expansão dos processos de realização democrática, inclusive adoção de técnicas inovadoras de participação direta, como instrumentos novos de acesso do povo à condução do poder público, sem prejuízo dos recursos democráticos tradicionais. Por fim, pode-se afirmar em sentido estrito que cidadania significa a ação política do cidadão contra o Estado ou terceiro para, por meio do Estado, exigir direitos que são inerentes à sua personalidade jurídica. Tais direitos fazem parte do patrimônio do cidadão, denominados direitos da cidadania, que são o conjunto de direitos e obrigações civis, sociais, políticas, econômicas e culturais reconhecidos pelo Estado e que servem como requisito para que o homem possa conviver em sociedade, subordinando os seus interesses aos da comunidade em que vive (sociedade civil).

---

925 MÜLLER, Friedrich. *Quem é o povo? A questão fundamental da democracia*. 2. ed. São Paulo: Max Limonad, 2000. p. 62.
926 MIRANDA, Jorge. Op. cit., p. 205.

8. COVID-19 E A CRISE DE DIREITOS HUMANOS NO BRASIL

O impacto da crise da Covid-19 no Brasil foi agravado na medida em que o país se insere nas Américas, que é considerada a região mais desigual do planeta e que tem sido extremamente afetada pela doença. Assim, evidencia-se que no país o vírus expôs as profundas desigualdades estruturais, bem como o seu impacto desproporcional em populações em situação de vulnerabilidade.

A atuação do governo brasileiro no combate a Covid-19 foi questionada por diversos órgãos de proteção de direitos humanos no Brasil e no mundo, a destacar o Relatório da ONG Human Rights Watch sobre a atuação brasileira no enfrentamento da pandemia[927].

Nesse mesmo sentido, o governo brasileiro também enfrentou inúmeras críticas em relação à vacinação contra a Covid-19. Na contramão da tradição brasileira desde a época da monarquia, o Brasil viu-se em meio a conflitos políticos-ideológicos sobre a vacinação ser obrigatória ou não. A palavra final acabou cabendo ao Supremo Tribunal Federal, que decidiu pela obrigatoriedade da vacinação e que aquele que a descumprisse poderia se submeter a uma sanção.

Por outro lado, apesar da crise de direitos humanos instalada no Brasil com a pandemia, o envolvimento da pasta correspondente foi bastante questionado, pois o Ministério da Mulher, da Família e dos Direitos Humanos executou somente 3% do orçamento destinado para a Covid-19, ou seja, 3% de 127 milhões recebidos pela União. De acordo com a ONG Conectas[928], organização brasileira em defesa dos direitos humanos, em 8 meses de atuação da Covid-19, o Ministério apresentou menos de 10 normativas e nenhuma relativa a populações em situações de vulnerabilidade e a defesa dos direitos humanos.

A disparidade do impacto da Covid-19 por região, raça e escolaridade no Brasil foi analisada no relatório da revista médica britânica *The Lancet*

---

927   HUMAN RIGHTS WATCH (2021). *Relatório mundial 2021*: Nossa Revisão anual dos direitos humanos ao redor do mundo. Disponível em: https://www.hrw.org/pt/world-report/2021. Acesso em: 23 fev. 2021.
928   CONECTAS. Ministério de Damares executa só 3% do orçamento para Covid-19. *Conectas*, 2020. Disponível em: https://www.conectas.org/noticias/ministerio-de-damares-executa-apenas-3-do-orcamento-destinado-ao-enfrentamento-da-pandemia#:~:text=A%20escassez%20de%20normas%20publicadas,apenas%20 3%25%20do%20valor%2C%20segundo. Acesso em: 15 fev. 2021.

Respiratory Medicine, de janeiro de 2021. Segundo o relatório, nas regiões Norte e Nordeste do Brasil, houve uma maior necessidade de hospitalização e os índices de mortalidade foram maiores do que em outras regiões do país. Além disso, essa disparidade acentuou-se nos dados referentes a pacientes que faleceram nas unidades de terapia intensiva, sendo 80% no Norte, 66% no Nordeste, 53% no Sul, 51% no Centro-Oeste e 49% no Sudeste. Em relação à disparidade por raça, o relatório identificou que pretos e pardos (43%) morreram mais, se comparados a outras raças (por exemplo, 36% brancos). Por fim, a disparidade em razão da escolaridade revelou-se espantosa, uma vez que a mortalidade entre brasileiros analfabetos foi de 63%, taxa bastante alta se comparada ao índice de graduados, que girou em torno de 23%[929].

No Brasil, os índices de crescimento de casos de infecção e mortalidade não pararam de crescer[930]. Em março de 2021, o Brasil alcançou cenário alarmante e pela primeira vez, desde o início da pandemia, houve o agravamento simultâneo de diversos indicadores, com o crescimento de número de casos e de óbitos, a manutenção de níveis altos de incidência de SRAG [Síndrome Respiratória Aguda Grave], a alta positividade de testes e a sobrecarga dos hospitais. Na oportunidade, 19 das 27 unidades da Federação apresentaram taxas de ocupações de leitos de UTI acima de 80%[931]. A pandemia também contribuiu para o fato de o Brasil apresentar a maior queda histórica do seu PIB em 2020, o que levou o país a deixar a lista das 10 maiores economias do mundo, segundo a classificação de risco da agência Austin Rating[932].

---

[929] RANZANI, Otavio T. et al. Characterisation of the first 250 000 hospital admissions for Covid-19 in Brazil: a retrospective analysis of nationwide data. *The Lancet Respiratory Medicine*, n. 20, p. 1-12, 2021. Disponível em: https://www.thelancet.com/journals/lanres/article/PIIS2213-2600(20)30560-9/fulltext#articleInformation. Acesso em: 1º fev. 2021.
[930] Vide GUERRA, Sidney. *Direito internacional das catástrofes*. Curitiba: Instituto memória, 2021.
[931] FIOCRUZ. Boletim Extraordinário. *Boletim Observatório Covid-19*. Rio de Janeiro: 2021b. Disponível em: https://agencia.fiocruz.br/sites/agencia.fiocruz.br/files/u35/boletim_extraordinario_2021-marco-03.pdf. Acesso em: 3 mar. 2021.
[932] ALVARENGA, Darlan. Brasil sai de lista das 10 maiores economias do mundo e cai para a 12ª posição, aponta ranking. *G1*, 2021. Disponível em: https://g1.globo.com/economia/noticia/2021/03/03/brasil-sai-de-lista-das-10-maiores-economias-do-mundo-e-cai-para-a-12a-posicao-aponta-ranking.ghtml. Acesso em: 4 mar. 2021.

Com efeito, a catástrofe da Covid-19, agravada pela inércia do Estado e pela crise econômica, colocou em xeque as desigualdades estruturais existentes, ao gerar impacto desproporcional sobre as pessoas em situação de vulnerabilidade no Brasil, culminando com o incrível número de mais de 677 mil óbitos no país e mais de 33,5 milhões de casos registrados[933].

Dentro desse grupo, destacam-se os migrantes, refugiados e solicitantes de refúgio, assim como os povos indígenas e as pessoas em situação de pobreza.

8.1. Migrantes, refugiados e solicitantes de refúgio

O Brasil, país da América Latina com maior número de infectados por coronavírus, também optou pelo fechamento de suas fronteiras, decisão amparada pela Lei n. 13.797, de 6 de fevereiro de 2020. No Diário Oficial da União, a medida foi descrita como "excepcional e temporária", alinhando-se com a tendência global. A portaria previa a repatriação ou deportação daqueles que quisessem entrar no país, seja por via terrestre ou aquaviária, mesmo que fossem solicitantes de refúgio. No cenário brasileiro, a restrição é embasada diante do argumento de dificuldade do Sistema Único de Saúde em suportar o inúmero contingente populacional para tratamento de infectados pelo SARS-Co-V-2.

Entretanto, essa conduta parece estar disfarçada de uma especial preocupação: a migração. Apenas para se citar um exemplo, a migração venezuelana cresceu massivamente a partir de 2015, época em que sua crise econômica e social se agravou sobremaneira. O tratamento discriminatório se evidencia na medida em que a população venezuelana foi o primeiro grupo a ser impedido de entrar no país e os únicos residentes permanentes que foram impedidos de retornar ao Brasil.

Ademais, as medidas de restrição de entrada no país levaram ao crescimento de 9.200% de deportações de estrangeiros pela Polícia Federal brasileira entre abril e julho de 2020, em relação ao mesmo período de 2019. A nacionalidade boliviana foi a mais afetada e representou 70% de todas as deportações. Contudo, os bolivianos que foram deportados haviam entrado no país para buscar tratamento da Covid-19, segundo o Ministério Público Federal[934].

---

933 Dados disponíveis em: https://covid.saude.gov.br/. Acesso em: 24 jul. 2022.
934 PRAZERES, Leandro. *Deportação de estrangeiros pela Polícia Federal dispara du-*

As medidas discriminatórias revelam a violação de obrigações internacionais e de direitos humanos pelo Estado brasileiro. No relatório Mundial de 2021 da ONG Human Rights Watch sobre a atuação do Brasil no enfrentamento a Covid-19 destacou-se que os governos, mesmo em tempos de emergência, não podem impor restrições discriminatórias e, portanto, continuam obrigados a observar o princípio do *non refoulement* diante de ameaças de perseguição, exposição a condições desumanas ou degradantes ou ameaças à vida e à segurança física[935].

Não bastasse, desde o início de 2021, o Brasil tem enfrentado uma nova crise migratória internacional na fronteira com o Peru. A cidade de Assis Brasil, localizada no estado do Acre, além de sofrer com o impacto da pandemia – sendo considerada a cidade com maior taxa de contaminação de Covid-19 –, também tem sido palco de alto fluxo migratório, em razão do fechamento das fronteiras pelo governo peruano. Desde 2010 o Acre passou a ser a porta de entrada para haitianos que migram para o Brasil e, em razão do alto número de migrantes, chegou a ser decretada situação de emergência social.

Em 2016, o Acre passou a servir como ponte para aqueles que queriam sair do Brasil em direção a outros países. Com o início da pandemia em 2020, o fluxo migratório de pessoas em busca de saída do Brasil aumentou, o que levou a cidade de Assis Brasil a decretar emergência e a solicitar intervenção federal. Ao longo do ano de 2020, o número de migrantes diminuiu até a data em que o governo peruano fechou as fronteiras, mas esse fechamento tem levado a uma alta concentração de imigrantes na Ponte da Integração, que liga a cidade de Assis Brasil ao Estado Peruano, somado ao fato que Assis Brasil não possui capacidade financeira para gerir a pandemia e tampouco a crise migratória[936].

---

rante a pandemia. *O Globo*, 2021. Disponível em: https://oglobo.globo.com/brasil/deportacao-de-estrangeiros-pela-policia-federal-dispara-durante-pandemia-24626208. Acesso em: 7 fev. 2021.

935 HUMAN RIGHTS WATCH (2021). *Relatório mundial 2021*: Nossa Revisão anual dos direitos humanos ao redor do mundo. Disponível em: https://www.hrw.org/pt/world-report/2021. Acesso em: 23 fev. 2021.

936 MUNIZ, Tácita. Maior taxa de contaminação de Covid no Acre e crise migratória; entenda o drama de Assis Brasil. *O Globo*, 2021. Disponível em: https://g1.globo.com/ac/acre/noticia/2021/02/17/maior-taxa-de-contaminacao-de-covid-no-acre-e-crise-migratoria-entenda-o-drama-de-assis-brasil.ghtml. Acesso em: 20 fev. 2021.

Da mesma forma, os migrantes, refugiados ou solicitantes de refúgio que permanecem no Brasil foram excluídos da ação do Estado brasileiro no combate da Covid-19, mesmo enfrentando dificuldades de todas as ordens. Ainda que o auxílio emergencial concedido pelo governo federal durante a pandemia tenha contemplado formalmente esse grupo, milhares não tiveram acesso a ele em razão das inúmeras dificuldades de cadastramento ou até mesmo por ausência de documentação referente à regularização da permanência no país. Ademais, ainda que alguns o tenham obtido, seu valor não foi suficiente para uma sobrevivência minimamente digna.

8.2. Povos indígenas

Os povos indígenas inserem-se num contexto de vulnerabilidade histórica desde a colonização brasileira e esse *status quo* se agravou consideravelmente durante a catástrofe da Covid-19. Foram encaminhadas inúmeras denúncias dos povos indígenas para órgãos nacionais e organismos internacionais que alertavam pela falta de ação do Estado brasileiro na proteção da população indígena diante da Covid-19. Essas denúncias ressaltaram que o plano estatal de enfrentamento à pandemia, como por exemplo a barreira sanitária, havia excluído 70% das terras indígenas. Além disso, não houve uma estratégia específica do governo em relação a pelo menos 40% dos povos indígenas que se encontram em áreas urbanas[937].

Em resposta a denúncias dos povos indígenas e de partidos políticos, o Supremo Tribunal Federal determinou várias ações, incluindo a ordem para que o governo federal elaborasse, com a participação das comunidades e do Conselho Nacional de Direitos Humanos, um plano de enfrentamento da Covid-19 para os povos indígenas brasileiros[938].

A Comissão Interamericana de Direitos Humanos também se manifestou diante das denúncias de povos indígenas Yanomami e Ye'kwana, e no mês de julho de 2020 concedeu medida cautelar para prevenir danos irre-

---

[937] GUERRA, Sidney; TONETTO, Fernanda e GUERRA, Raquel. *A pandemia da covid-19 como catástrofe mundial:* crise de direitos humanos e aplicação do princípio da solidariedade.

[938] STF. Barroso determina que governo federal adote medidas para conter avanço da Covid-19 entre indígenas. *Supremo Tribunal Federal*, 2020. Disponível em: https://portal.stf.jus.br/noticias/verNoticiaDetalhe.asp?idConteudo=447103&ori=1. Acesso em: 8 mar. 2021.

paráveis a essas comunidades. Mais especificamente, solicitou que o Brasil adotasse medidas de proteção ao direito à saúde, à vida e à integridade pessoal, com uma perspectiva cultural apropriada para prevenir a disseminação da Covid-19, bem como o fornecimento de atendimento médico adequado[939]. Contudo, a inércia estatal e a ausência de consideração da condição de especial vulnerabilidade desses povos levaram a alta taxa de letalidade pelo vírus nessas populações, que chegou a ser 16% maior que no Brasil como um todo no mês de dezembro de 2020[940].

A condição de vulnerabilidade dos povos indígenas agravou-se durante a pandemia também por outros fatores, tais como a falha do sistema de saúde, a dificuldade de isolamento, a existência de atividades ilegais em terras indígenas. No Brasil, o "acesso insuficiente a cuidados de saúde e a prevalência de doenças respiratórias ou outras doenças crônicas deixaram indígenas particularmente vulneráveis a complicações decorrentes da Covid-19", segundo o Relatório Mundial da Human Rights Watch de 2021.

Em relação às ações empreendidas no enfrentamento à Covid-19, observa-se que o órgão responsável por coordenar e executar políticas indígenas – a FUNAI –, ao restringir a entrada de pessoas em terras indígenas como medida de prevenção, não considerou que nesses territórios já havia a presença de atividades ilegais de garimpeiros e madeireiros, o que auxiliou sobremaneira na disseminação do vírus nessas comunidades.

Ademais, o governo federal não apresentou nenhum plano especial que considerasse a situação de vulnerabilidade indígena na concessão do benefício do auxílio emergencial, o que levou muitos de seus membros a saírem dos seus territórios para a cidade para receber o benefício, e consequentemente levar o vírus de volta para as aldeias. Tampouco a realidade sociocultural dos povos indígenas foi levada em consideração quando determinou-se seu isolamento. Em primeiro lugar, porque não considerou que para esses povos o isolamento é extremamente dificultoso, uma vez que a forma de organização social é coletiva e compartilhada:

---

939 COMISSÃO INTERAMERICANA DE DIREITOS HUMANOS (CIDH). Membros dos Povos Indígenas Yanomami e Ye'kwana em relação ao Brasil, 17 de julho de 2020. Resolução n. 35/2020. Medida Cautelar n. 5623-20. Disponível em: https://www.oas.org/es/cidh/decisiones/pdf/2020/35-20MC563-20-BR-PT.pdf. Acesso em: 20 ago. 2020.
940 LUPION, Bruno. A sucessão de erros que levou à crise de oxigênio em Manaus. DW, 2021. Disponível em: https://www.dw.com/pt-br/a-sucess%C3%A3o-de-erros-que-levou-%C3%A0-crise-de-oxig%C3%AAnio-em-manaus/a-56275139. Acesso em: 3 mar. 2021.

o lugar onde dormem, seus utensílios ou objetos pessoais. Além disso, não houve atuação específica para informar e incluir a participação das comunidades indígenas num plano de enfrentamento da Covid-19. Esses fatores contribuíram para o alto índice de contágio e mortalidade indígena, o que representa um luto não só da perda de cada vida, em especial das pessoas idosas, mas também da memória indígena que se caracteriza pela oralidade e é transmitida por guardiões anciãos. Evidencia-se, pois, que os povos indígenas foram atingidos duplamente, enquanto vítimas da catástrofe da Covid-19 e da ausência de política específica do governo federal no enfrentamento da pandemia.

8.3. Pessoas em situação de pobreza

A pobreza por si só constitui um problema de direitos humanos que se traduz em obstáculos para o gozo e exercício de prerrogativas essenciais, em condições de igualdade real por parte das pessoas, grupos e coletividades que vivem nessa situação. O Brasil insere-se na América Latina, região mais desigual do mundo, cujos dados mais recentes, do ano de 2019, revelam que 24,7% (51,7 milhões) de pessoas viviam em situação de pobreza[941], enquanto 6,5% da população (13,7 milhões) em pobreza extrema[942], sendo sua maioria pretos ou pardos, segundo dados do IBGE.

Com a pandemia, houve aumento da desigualdade social, do desemprego, diminuição dos salários, empobrecimento da população e o crescimento de fome, o que contribuiu para o aumento do número de pessoas em situação de pobreza.

Ainda que o Estado tenha concedido o benefício do auxílio emergencial a um total de 41,0% de domicílios, grande parte das pessoas em situação de vulnerabilidade não foram beneficiadas em razão de ausência de informação, de documentos ou dificuldades do próprio sistema de concessão[943].

---

941 Pessoa em situação de pobreza: pessoas que vivem com US$ 5,50 dólares por dia em termos de Poder de Paridade de Compra – PCC.
942 Pessoa em situação de pobreza extrema: pessoas que vivem com US$ 1,90 dólar por dia em termos de Poder de Paridade de Compra – PCC.
943 IBGE. *Instrumentos de coleta. PNAD Covid-19 [Internet]*. Rio de Janeiro: IBGE, 2020b. Disponível em: https://covid19.ibge.gov.br/pnad-covid/rr. Acesso em: 15 fev. 2021. ACCYOLI, Hildebrando. *Tratado de Direito Internacional Público*. São Paulo/SP: Editora Quartier Latin, 2009, v. 1.

O contexto de empobrecimento agravou-se a partir da redução do valor do auxílio e, em especial, do fim do benefício em dezembro de 2020. Ademais, sem o reaquecimento da economia e sendo o Brasil protagonista de altas taxas de contaminação e letalidade em razão da Covid-19, milhares de famílias ainda deverão ser levadas à situação de pobreza ou de pobreza extrema.

No mundo, mais de 1,8 bilhão de pessoas estão em situação de rua ou em condições inadequadas para o isolamento social e para mais de 2,2 bilhões de pessoas o acesso à água não é uma realidade. Nesta esteira, o ato simples de lavar as mãos com regularidade não é uma opção, segundo dados da ONU[944].

No Brasil, grande parte da população não tem acesso à água e esgoto: mais de 100 milhões de pessoas não têm acesso a serviço de tratamento e coleta de esgoto seguros; 15 milhões de residentes em áreas urbanas não têm acesso a água tratada; 25 milhões de pessoas em áreas rurais têm acesso a um nível básico de água; e 2,3 milhões utilizam-se de água não confiável para o consumo e higiene pessoal[945], o que agrava ainda mais o quadro.

Um ponto em comum de pessoas em situação de pobreza é a maior exposição ao vírus, uma vez que encontram dificuldades de distanciamento social, acesso ao sistema de saúde público, acesso à testagem para Covid-19, bem como não possuem acesso a equipamentos de proteção contra o vírus. Essa exposição agravou-se na medida em que o Estado parece não ter implementado uma ação específica que considerasse a pobreza como uma condição especial de vulnerabilidade para prioridade deste grupo no plano de enfrentamento à pandemia. Além disso, a não priorização dos pobres no plano de vacinação poderá acentuar a desigualdade social[946].

---

944   ONU. UNICEF: 3 bilhões de pessoas no mundo não têm instalações para lavar as mãos em casa. *Nações Unidas Brasil,* 2021. Disponível em: https://brasil.un.org/pt-br/95900-unicef-3-bilhoes-de-pessoas-no-mundo-nao-tem-instalacoes-para-lavar-maos-em-casa. Acesso em: 15 fev. 2021.
945   UNICEF. Saneamento e higiene têm papel fundamental na resposta à Covid-19, defendem UNICEF, Banco Mundial e SIWI. Unicef, 2020. Disponível em: https://www.unicef.org/brazil/comunicados-de-imprensa/saneamento-e-higiene-tem-papel-fundamental-na-resposta-a-covid-19. Acesso em: 3 mar. 2021.
946   AZEVEDO, Ana Lucia. Cientistas criticam ausência de prioridade a pobres e negros na vacinação contra Covid-19. *O Globo,* 2021. Disponível em: https://oglobo.globo.com/sociedade/vacina/cientistas-criticam-ausencia-de-prioridade-pobres-negros-na-vacinacao-contra-covid-19-1-24851931. Acesso em: 2 fev. 2021.

Outro grupo em situação de pobreza que foi especialmente atingido são as pessoas nas periferias, favelas e regiões mais pobres do Brasil. Como já mencionado, o Relatório da revista médica britânica *The Lancet Respiratory Medicine* indicou que a Covid-19 impactou o Brasil de maneira desproporcionada, tanto por região quanto por raça e escolaridade. Evidenciou-se que as regiões mais pobres do Brasil, como Norte e Nordeste, tiveram mais alta de internação e mortalidade.

Mais ainda, identificou-se que pretos e pardos morreram mais, se comparados a outras raças. Por fim, revelou-se que a taxa de mortalidade entre brasileiros analfabetos foi de 63%, muito superior se comparada a graduados de 23%[947].

Diversos estudos do impacto por estado indicaram que a Covid-19 afeta mais as regiões mais pobres no Brasil e é mais letal. Por exemplo, no estado de São Paulo, desde o início da pandemia até dezembro de 2020, as regiões periféricas e a população negra foram mais afetadas e apresentaram número maior que a média de mortalidade, se comparadas a outras regiões. Por outro lado, os bairros onde havia maior poder aquisitivo e menor proporção da população negra apresentaram baixa ou nenhuma mortalidade, segundo dados do Instituto Pólis.

No estado do Rio de Janeiro, a pandemia atingiu de forma mais severa as regiões mais pobres e com pouca infraestrutura, segundo dados da Fiocruz[948]. Além disso, as favelas do município do Rio de Janeiro chegaram a atingir a elevada taxa de letalidade de 10,7% comparada à média geral do país de 3,1%, no mês de agosto de 2020. Até dezembro de 2020, as favelas somavam mais vítimas fatais de Covid-19 que 142 países e estariam em 49º lugar no *ranking* mundial, se representassem um país, segundo dados do Painel Unificador Covid-19 nas Favelas do Rio de Janeiro e da Universidade Johns Hopkins[949].

---

947 RANZANI, Otavio T. et al. Characterisation of the first 250 000 hospital admissions for Covid-19 in Brazil: a retrospective analysis of nationwide data. *The Lancet Respiratory Medicine*, n. 20, p. 1-12, 2021. Disponível em: https://www.thelancet.com/journals/lanres/article/PIIS2213-2600(20)30560-9/fulltext#articleInformation. Acesso em: 1º fev. 2021.

948 FIOCRUZ. Radar Covid-19, Favelas: edição 3. Rio de Janeiro: 2021a. Disponível em: https://portal.fiocruz.br/sites/portal.fiocruz.br/files/documentos/covid19nasfavelas_ed3.pdf. Acesso em: 3 mar. 2021.

949 SALLES, Stéfano. Favelas da Região Metropolitana do RJ têm mais casos de Covid-19 que 142 países. *CNN*, 2021. Disponível em: https://www.cnnbrasil.com.br/

Por outro lado, diante da ausência de políticas públicas estatais, o Brasil testemunhou ações de prevenção individuais e coletivas da própria sociedade que revelaram verdadeira esperança de cooperação e solidariedade que pode servir de exemplo para a sociedade internacional.

Houve diversas iniciativas individuais e de ONGs, dentre elas as ações empreendidas por moradores da favela de Paraisópolis de São Paulo e ações em prol de pessoas em situação de rua. A organização dos moradores de Paraisópolis, uma das maiores favelas do Brasil, garantiu a segurança alimentar e compra de equipamentos necessários para contenção do vírus. A prevenção e monitoramento da Covid-19 foi tão efetiva que, em maio de 2020, Paraisópolis teve melhor controle da pandemia que o município de São Paulo[950].

A partir da deficiência de políticas públicas efetivas, inúmeras outras favelas e comunidades carentes no Brasil atuaram com apoio da iniciativa privada para a aquisição de equipamentos de proteção, assim como para a higienização e a distribuição de produtos de higiene e limpeza. Além disso, as pessoas em situação de rua completamente desamparadas pelo Estado foram acolhidas por diversos setores da inciativa privada, em especial mediante doações de alimentos, roupas, *kits* de higiene e equipamento de proteção contra a Covid-19.

---

saude/2020/12/09/favelas-da-regiao-metropolitana-do-rj-tem-mais-casos-de-covid-19-que-142-paises. Acesso em: 23 fev. 2021.

[950] INSTITUTO PÓLIS. Paraisópolis tem melhor controle da pandemia que o município de São Paulo. *Instituto Pólis*, 2020. Disponível em: https://polis.org.br/noticias/paraisopolis/. Acesso em: 20 fev. 2021.

CAPÍTULO IX

SEGURANÇA PÚBLICA E DIREITOS HUMANOS

1. CONSIDERAÇÕES GERAIS: SEGURANÇA, O FUNDAMENTO DA MODERNIDADE[951]

O modelo de Justiça estatal, o advento do Estado Moderno e a proliferação dos ideais humanistas e iluministas, em conjunto com a gradual mudança das relações de produção, no final do século XVIII, culminaram com os processos revolucionários do qual fazem parte a independência dos Estados Unidos e a Revolução Francesa. Essas transformações significaram a modificação das construções teóricas e das práticas operativas de toda a estrutura ideológica que alicerçava as relações sociais na Europa, o que repercutiu e veio a transformar o controle criminal vigente na época. Por conta da nova concepção, o tratamento ao delinquente foi humanizado, modificando-se também o entendimento sobre a finalidade da pena, que passou a ter como escopo a defesa social, fosse pelo caráter dissuasório, na Escola Clássica, ou pela função de ressocialização e reintegração do infrator ao convívio social.

Esses conceitos se espalharam pelo mundo, inaugurando uma nova era na humanidade, o que foi possível graças à contribuição da expansão das relações comerciais, motivadas pela revolução industrial e pelo imperialismo. O Brasil e a América Latina, de modo geral, receberam as influências da nova corrente filosófica, que condicionaram suas produções legislativas.

---

951 Para melhor compreensão e leitura completa desse estudo, *vide* GUERRA, Sidney; TATAGIBA, Giuliano; EMERIQUE, Lilian. *A participação popular na segurança pública.* Rio de Janeiro: Freitas Bastos, 2008.

No curso histórico do desenvolvimento da sociedade liberal burguesa, a sedimentação e a reprodução do discurso teoricamente consensuado de seus postulados na ficção contratualista, objetivando a coesão intersubjetiva, será instrumentalizada pelo *panótipo*. Compreendido como macrossistema funcionalmente destinado a dar conta dessa programação, foi estruturado a partir de microssistemas de poder exercidos por instituições que, embora possuam fins específicos destinados a atender aos propósitos gerais do modelo global de sociedade (educação, saúde, justiça, economia etc.), também há o exercício das macrofunções de formação, controle, vigilância e correção dos indivíduos.

Tal paradigma estrutura-se com instituições de sequestro que se prestam a formar e transformar os indivíduos em função de determinadas normas, segundo a programação estabelecida, a fim de atender à consecução dos objetivos do modelo político e econômico proposto. Dentre os subsistemas do panótipo, o penal, integrante do sistema jurídico, destinava-se especificamente ao controle, vigilância e correção dos indivíduos quando os demais sistemas falhassem, tanto no propósito geral quanto nos específicos, dentro do modo de produção capitalista. Sua construção teórica foi assentada de forma lógica e racional, legitimada por atender aos postulados teóricos fundamentadores do modelo de sociedade liberal, enquanto modelo político de difícil dissociação da estrutura econômica.

No contexto global da sociedade liberal, a finalidade da ideologia da defesa social, inspiradora do discurso jurídico-penal, residiu na posição de última instância de proteção da ficção do contrato social, pelo qual sua legitimidade funcional deveria originar-se do estrito cumprimento das cláusulas estabelecidas na constituição desse pacto, inspirado pelos princípios da legalidade, da igualdade e da liberdade.

Ao ser conferida ao Estado a função de preservar e manter o pacto social pela ortopedia social estruturada pelo panótipo, passou também a ser o único e legítimo poder capaz de restringir a liberdade daqueles que efetivamente a violaram, por meio de suas instâncias de controle social-penal (legislação, polícia, magistratura, instituições penitenciárias). Legitimidade que lhe atribuiu o poder/dever de reprimir a criminalidade responsável pelos comportamentos individuais desviados da programação social estabelecida, com o fim de reafirmar os valores e as normas sociais a partir da reprovação e condenação das condutas que uma lei previamente estipulada determinou serem consideradas criminosas.

Assim, os conflitos interpessoais que historicamente se resolviam entre as partes envolvidas passaram a ser entregues ao arbítrio do Estado, cuja decisão ficou circunscrita aos parâmetros legais estabelecidos pela nova conformação social implementada, conferindo-lhe, então, o monopólio da legitimidade de poder/dever de punir, o denominado *jus puniendi*.

O mal da proposta ficou situado no fato de que uma concepção teórica inadequada estruturou sistemicamente a realidade social brasileira e determinou uma prática operativa destinada a tal finalidade sustentada apenas pelo discurso jurídico-penal, fundamentado pela ideologia penal da defesa social. Uma vez que a ideologia penal de defesa social ficou alicerçada no discurso de "lei e ordem", coube somente ao sistema de justiça criminal a responsabilidade do controle social, a partir de processos excludentes e discriminatórios destinados à manutenção de uma sociedade extremamente verticalizada.

De pronto se pode observar que o modelo de sistema legal implantado não deveria ser tratado como construção teórica de pretensão universal. Antes, ao contrário, deveria ser visto como reflexo das necessidades, interesses, condições sociais, culturais, políticas e econômicas do transcurso histórico do povo europeu, totalmente diferentes das necessidades, condições culturais, políticas e econômicas do transcurso histórico latino-americano.

De igual modo, não se poderiam negligenciar as funções exercidas pelos continentes dentro do contexto macro das relações internacionais em cada conjuntura histórica. Relações que desde o descobrimento tomaram o contorno político e econômico de centro-periferia, iniciadas pelo formato colonial-teocrático, passando pelo técnico-científico e seguindo para o tipo assentado na dependência.

Assim é que Malaguti[952], recorrendo a Gizlene Neder e Nilo Batista, pontua que o desenvolvimento do direito penal brasileiro não pode ser compreendido sem se situar no marco da história social das ideias jurídico-políticas da passagem dos séculos XVIII e XIX, tanto no Brasil quanto em Portugal, tendo como marco histórico a administração de Pombal (1749), a criação dos cursos jurídicos no Brasil (1827) e a legislação penal após a independência (1830).

---

952 BATISTA, Vera Malaguti. Duas ou três coisas que sabemos (por causa) dele. In: ANDRADE, V. R. P. (Org.). *Verso e reverso do controle penal: (des)aprisionando a sociedade da cultura punitiva*. Florianópolis: Fundação Boiteux, 2002, p. 191.

A expansão religiosa e militarizada portuguesa em relação à colônia se baseou na ideia de "territórios a serem reconquistados pelos infiéis", combinação da razão liberal com a fé católica da Secunda Escolástica própria da visão tomista hierarquizante. Trata-se de uma opção político-ideológica e jurídica do pragmatismo de alguns aspectos da modernidade, mas garantindo a permanência do absolutismo ibérico. Essa foi a conjuntura que marcou a história do direito penal brasileiro, que, a partir da cultura do arbítrio e nas fantasias absolutistas de controle total, fundamentado pelo direito canônico, que determinava as práticas pedagógicas, jurídicas e religiosas que moldaram a visão sobre direitos sob os signos de "disciplina e ordem", utilizou-se da tortura e do sadismo para compor as estratégias de suspeição e culpabilidade.

O modelo implementado a partir da passagem para a modernidade no Brasil e na América Latina não representa uma teoria válida, enquanto a elaboração, a formação e a programação dos padrões de comportamento foram construídas e reproduzidas historicamente pela sociedade europeia através das instituições de formação e reprodução, no qual as "falhas" do processo de socialização foram tratadas por suas instâncias de controle, vigilância e correção, inspiradas pela ideologia penal da defesa social. No Brasil, por seu turno, foi essa a única ideologia responsável pela reprodução, controle e correção dos comportamentos.

Entretanto, esses modelos de comportamento não emergiram historicamente das relações sociais do povo brasileiro: foram impostos por conta da funcionalidade desempenhada pelas regiões periféricas em relação aos países centrais no modo de produção capitalista. A instituição colonial, dentro do panótipo, teve a mesma função da prisão nos países centrais. Justamente por representar uma construção teórica destinada a defender os valores da burguesia europeia constantes no contrato social é que o discurso jurídico-penal fundamentado pela ideologia penal de defesa social dá os primeiros sinais de ilegitimidade para o controle social brasileiro.

Enquanto o contrato social justificou a legitimidade do exercício do poder nos países centrais, na América Latina essa legitimidade foi conferida pelo discurso criminológico lombrosiano, fundamentado no organicismo. Zaffaroni[953] denomina tal ideologia *apartheid* criminológico "natural", atribuindo-lhe a responsabilidade pela sustentação do discurso político das

---

953 ZAFFARONI, Eugenio Raúl. *Em busca das penas perdidas: a perda de legitimidade do sistema penal*. Rio de Janeiro: Revan, 1991, p. 77.

minorias proconsulares da América Latina. A premissa básica do controle social nesse continente se pautou na inferioridade antropológica de seus habitantes, cuja explicação foi dada por duas versões, uma pessimista e outra otimista ou evolucionista. Pela primeira, o povo latino-americano era produto de uma queda; pela segunda, ainda não chegou a se levantar.

Enquanto no centro a prisão se destinava a moldar o indivíduo "relutante", o "inconformado", o "não socializado", o "não civilizado" ao modelo social estabelecido, na periferia, essa era uma função destinada à própria colônia ou ao recém-independente, pois a "relutância", o "inconformismo", a "não socialização", a "não civilidade" não eram características próprias e inerentes de uma minoria, mas sim de sua maioria de "selvagens", o que tornava inconcebível uma prisão para todos os seus habitantes. Assim considerada uma grande prisão, tanto a colônia quanto o país recém-independente deveriam ser estruturados nos moldes da prisão no centro, ou seja, pelo sistema penal. Nesse programa lombrosiano, suas prisões, propriamente ditas, teriam a mesma estrutura e função das celas de castigo ou solitárias da prisão nos países centrais.

Em suma, a estrutura do panótipo, responsável pelo controle social na sociedade liberal burguesa, destinava à prisão a função de sequestro dos corpos dos homens inconformados com a estrutura social estabelecida. Foi essa perspectiva a forma pela qual se concebeu a estrutura dos países periféricos. Por esse motivo é que o sistema penal foi o único responsável pelo controle social na América Latina e, consequentemente, no Brasil. A região periférica ficou submetida à política e à economia central, cujo fundamento se estabeleceu na inferioridade antropológica de seus habitantes, cujo controle ficou a cargo do sistema penal.

Originalmente, a defesa social foi a ideologia que alicerçou o discurso jurídico-penal do sistema penal liberal burguês. Fundamentada na Escola Penal Clássica e reorientada na Escola Criminológica Positiva, pretendeu fechar o círculo do panótipo na arquitetura social da modernidade, a partir das concepções de mundo universalistas. No curso diacrônico do desenvolvimento histórico da sociedade brasileira, o controle social teve sua incumbência atribuída ao saber/poder do sistema penal (legislação, polícia, acusação, judiciário e penitenciário), que se materializou através do discurso jurídico-penal fundamentado nos postulados desenvolvidos pela ideologia penal da defesa social.

Funcionalmente integrada nas relações de poder de ordem mundial, as colônias representaram grandes "instituições de sequestro" para o capitalismo, nos mesmos moldes produzidos no mercantilismo. As colônias foram integradas ao sistema punitivo dos povos ibéricos no empreendimento colonialista como uma grande prisão para ladrões e vagabundos, que passaram a constituir um problema para as cidades europeias, diminuindo apenas com o surgimento de outras necessidades penais de mão de obra, como as galés. "O início da repressão social e econômica que se abateu no Brasil, começou com degredados, náufragos e desertores, que iniciaram a exploração do trabalho indígena e o comércio do pau-brasil"[954].

Com a Revolução Industrial, surgiu o neocolonialismo, imposto pelas novas potências europeias localizadas no norte, que provocou o processo de independência na América Latina, bem como a decadência e a perda da hegemonia dos impérios salvacionistas mercantis diante do pujante contexto imperialista industrial, mas que em nada modificou a estrutura da relação centro/periferia. Apesar de ocorridos em momentos diferentes, o colonialismo e o neocolonialismo se caracterizaram pela crueldade genocida e etnocida, praticada em consequência à incorporação forçada, que implantou um controle social punitivo transculturado e funcional aos objetivos centrais, justificados pela inferioridade em ambos os momentos, seja pelo marco teórico teocrático, por não ter recebido a mensagem cristã, ou pelo científico, por não estar no mesmo patamar civilizatório, ambos fundados na inferioridade biológica dos nativos americanos.

A estrutura social que se estabeleceu na Europa diferenciou-se daquela que se estabeleceria na América Latina por conta mesmo da função que cada continente desempenharia no modelo global do modo de produção capitalista. Disso decorreria ainda o modo com o qual se definiria o processo de configuração e controle dos comportamentos individuais.

A transição para a modernidade na sociedade brasileira não significou as modificações que se operaram nos países centrais, uma vez que a continuidade funcionalmente complementar a sua economia necessitava da manutenção da estrutura social até então existente. O controle social no Brasil, baseado apenas em práticas punitivas, acontecia de fato na própria unidade produção, na fazenda. No início do século XIX, o Rio de Janeiro, por exemplo, possuía uma população de 50 mil habitantes, constituída por 50% de escravos e outro tanto de pessoas livres, mas 80% dos presos julgados eram

---

954 RODRIGUES, José Honório. *História da história do Brasil*. Companhia Editora Nacional, 1979, p. 3.

escravos (entre 1810 e 1821), cujas detenções tinham por causa, em 60%, ofensas à ordem e fuga e 30% o furto de roupas e alimentos[955].

O sistema penal se dirigia ao que era disfuncional ao modo de produção. Enquanto a escravidão mostrou-se funcional ao modo de produção, o sistema de controle social esteve voltado para ela. Ao se tornarem disfuncionais, ganharam impulso os movimentos de libertação com o apoio daqueles que passaram a controlar o sistema econômico e a ditar as novas regras que a partir dali se estabeleceriam.

Ao longo do século XX, não foi diferente. Conforme afirma Neder[956], paralelamente às reformas urbanísticas que se deram logo em seu início na cidade do Rio de Janeiro (mas que também ocorreram nos centros urbanos mais desenvolvidos no Brasil na época), também se projetou uma estratégia de controle social à massa de escravos recém-libertos.

Os planos e reformas urbanísticas da primeira metade do século XX da capital federal, que grande influência exerceram sobre os demais centros urbanos, acompanharam as estratégias de controle social diante do *medo branco* que se manifestava em decorrência da possibilidade do alargamento do espaço político e geográfico dos afrodescendentes. Em face das incertezas sobre como mantê-los sob controle e impedi-los de reivindicar direitos e espaços, a grande imprensa iniciou um debate que conferiu ênfase ao aumento da criminalidade urbana, cuja responsabilidade era atribuída a eles, em face de uma polícia ineficaz, precária e arbitrária.

Em decorrência, houve a segregação no espaço urbano carioca, diferenciando a *cidade europeia*, urbanizada, modelada e embelezada, e a *cidade quilombada*, para onde foram empurrados os trabalhadores pobres, principalmente os negros que não foram alvo de nenhum tipo de política pública. Os reflexos da política sanitarista no tempo tiveram importância fundamental para a compreensão do ambiente psicossocial formado por conta da conformação política e cultural estabelecida. Se por um lado os moradores da *cidade quilombada*, constituída de refugiados pelas reformas urbanas autoritárias, receberam com muita suspeição e até mesmo rejeição as propostas urbanistas nessas áreas, por outro ocorreu um estado de pânico das elites em relação aos primeiros, fomentando ainda mais as reações de "re-

---

955   BATISTA, Vera, op. cit., p. 192-194.
956   NEDER, Gizlene. Cidade, identidade e exclusão social. *Tempo*, Rio de Janeiro, v. 2, n. 3, 1997, p. 106-134.

beldia", como a dos capoeiras, destinatários da intensificação da atuação da polícia no final do século XIX, em nítida reação.

O processo de segregação foi-se acentuando no decorrer do tempo, com as estratégias de controle social penal, culminando com a adoção de zonas de tolerância e zonas de ordem. Entre a *cidade quilombada* e a *cidade europeia*, barreiras foram erguidas a partir de mecanismos de controle social que iam desde a construção de quartéis e presídios nas regiões limítrofes e de passagem obrigatória para os trabalhadores pobres, cuja função era internalizar psicologicamente a repressão, até a disposição do policiamento ostensivo nas áreas de comércio, bancos e moradias de pessoas de "boa família", destinados à manutenção das regras de hierarquia e disciplina rígidas estabelecidas pelas posturas municipais.

Das instituições do panótipo destinadas à conformação individual ao modelo social, no Brasil, utilizou-se apenas o punitivo. Um indicador bastante consistente para essa afirmativa se expressa pelos dados colhidos por Neder[957] nos livros de registro da Casa de Detenção do Rio de Janeiro no período de 1880 a 1930. Por eles se constata que o registro do preso se realizava no momento de sua entrada no estabelecimento, e que a grande maioria ali permanecia por 2 ou 3 dias sem resultar em qualquer procedimento administrativo (inquérito) ou judicial (processo, sentença, cumprimento de pena). Ao se constatar ainda que mais de 60% das detenções tinham como causas comportamentos relacionados à sociabilidade urbana, verifica-se que a ação policial se destinava essencialmente a definir comportamentos e estabelecer e limitar o poder dos grupamentos étnico-culturais e sociais no espaço urbano.

A instituição policial no decorrer da modernidade no Brasil caracterizou-se pelo exercício repressivo a comportamentos públicos, sendo a responsável pelo processo de socialização da grande massa excluída. Todo o sistema de controle social destinado aos pobres sem patrão, ciganos, vadios, mendigos, crianças abandonadas, toda a população negra libertada e de imigrantes rebeldes, resume-se ao controle social penal, inspirado pela ideologia penal da defesa social. Com relação à referência desta última categoria de "clientes" do sistema de controle social penal, que se pode agrupar dentro do que poderia se chamar de crimes políticos,

---

957 NEDER, op. cit., p. 106-134.

deve ter em conta a influência de trabalhadores anarquistas e socialistas, principalmente imigrantes. No final do século XIX, era de 100 mil o nível médio anual[958].

A constatação da prática operativa do sistema penal que se vê consolidar no Brasil confirma a concepção de Zaffaroni segundo a qual a realização da justiça, de forma específica, que se origina do sistema penal, não é algo estático. O que se tem "é uma complexa manifestação do poder social"[959], cujo exercício se instrumentaliza pelo Estado através de um discurso que se considera racionalmente planejado.

Ao destinar apenas o sistema penal à configuração dos comportamentos individuais, sem se importar com a instauração dos demais sistemas da estrutura do panótipo, acaba-se por relegar grande parcela da população à total exclusão social, propiciando um ambiente que sujeita seus indivíduos a toda sorte de mecanismos informais e até mesmo ilegais (conforme a planificação jurídica preestabelecida) para alcançar os objetivos culturalmente estabelecidos de vida digna. A crescente proliferação de comportamentos dessa natureza acaba por relegitimar a ordem estabelecida diante da necessidade, também crescente, de reforçar o poder de reação do sistema. E assim se forma um círculo vicioso que acaba também por não permitir uma reflexão crítica e adequada sobre o próprio sistema em si. O problema detectado (o crime, a violência e a sensação de insegurança) acaba sempre reduzido a uma causa atribuída ao aparente defeito do sistema, que, consertado, tornar-se-á totalmente eficaz. Mas como é que de fato se exerce o poder configurador do sistema penal?

Conforme discorre Zaffaroni[960], para muito além de ser um sistema que reage ao fenômeno criminal que tem no órgão judicial seu mediador, seu pacificador dos conflitos originados nas relações interpessoais, o sistema penal é configurador da conduta humana pelo simples fato de ser mínima a sua atuação nessa seara. O poder do sistema penal não é meramente repressivo, negativo, mas, sobretudo, positivo, configurador. A repressão punitiva nada mais é que um limite ao exercício do poder da instância judicial, mas não dos demais órgãos do sistema. Tal ocorre na medida em que

---

958 BATISTA, Vera, op. cit., p. 194.
959 ZAFFARONI, op. cit., p. 16.
960 ZAFFARONI, op. cit., p. 21-25.

ao discurso jurídico-penal, por conta da ideologia penal da defesa social (principalmente pelo princípio do interesse social e do delito natural), sejam atribuídos os injustos que supostamente seriam mais graves, deixando para as instâncias de controle administrativo (insira-se aqui também a polícia, que até 1988, no Brasil, tinha grande poder de decisão relativo às contravenções) uma gama de situações, como as relativas a menores (especialmente os abandonados), doentes mentais, anciões, prostitutas, contraventores, migrantes ilegais, trabalhadores informais etc.

A ideologia penal da defesa social determina que a própria lei permita o exercício de um largo poder de sequestro e estigmatização, como inspeções, controle e buscas irregulares, à margem da legalidade contemplada pelo discurso jurídico-penal. A renúncia da própria lei aos limites da legalidade faz com que para essa gama de situações não exista a função garantidora dos tipos penais a ser exercida sob o controle do órgão judicial. Por outro lado, essa própria renúncia possibilita o verdadeiro poder do sistema penal, que é o de configurar a vida social mediante o exercício de um controle social militarizado e verticalizado, exteriorizado sobre os setores sociais mais vulneráveis e sobre alguns dissidentes, os diferentes que "incomodam" de forma mais significativa.

O poder aqui não se limita ao exercício próprio das atribuições das agências do sistema penal, mas atua também como órgãos de execução, recrutamento e reforço das outras agências institucionais, que, embora possuam o mesmo poder configurador, não detêm o monopólio do uso legítimo da força.

Esse poder que se exterioriza mediante uma rígida disciplina militarizada, conforme a que se encontra no quartel, mediante a uniformidade do aspecto externo, acatamento superior e, principalmente, a sensação de que toda atividade prazerosa é uma concessão da autoridade, necessita contar com uma repressão capaz de interiorizar psicologicamente essa disciplina.

Para tal concepção, a finalidade do Estado em promover a pacífica convivência social manifesta-se pelo duplo objetivo do Poder Penal, materializado pelo papel configurador da conduta humana, a partir de seus postulados encontrados no sistema jurídico e pelo seu caráter repressor, resultante do exercício realizado pelos órgãos de seus subsistemas. Foi exatamente esse o sistema que conseguiu, em certa medida, manter a cidade "quilombada" sob seu jugo e domínio por quase todo o século XX, embora a mídia desde o início insistisse na maior repressão.

A sustentação teórica para o modelo de controle social que se estabeleceu no Brasil, segundo Vera M. Batista[961], adveio tanto com a criminologia quanto com a antropologia, fundadas na noção de raça e de patologia social que transitavam nas fronteiras entre a medicina legal e a criminologia. Esses são os aspectos desenvolvidos pelo primeiro livro de Nina Rodrigues, *As raças humanas e a responsabilidade penal no Brasil* (1894).

A criminologia que se incorporou no Brasil a partir da República, e que se tornou o trabalho intelectual da política de concentração das atividades culturais nas Faculdades de Direito e Medicina, tem como finalidade desfazer a ilusão da igualdade política invocada pela Constituição republicana, tomando como desafio-chave para a análise a economia étnica da população.

Foi nos sistemas classificatórios dos segmentos sociais inferiores (negros, criminosos, homossexuais) oriundos das práticas de registro da medicina legal que se fundamentaram os estudos criminológicos que inspiraram os juristas. Eles direcionaram os órgãos do sistema penal, e foi dessa forma que o negro deixou de ser máquina de trabalho para se converter em objeto de ciência.

A defasagem do saber, essa contradição entre o discurso legitimante do poder penal (a ideologia penal da defesa social) e a prática operativa de seu exercício, que o deslegitimou nos países periféricos (o discurso antropológico neocolonialista), viria a ser explicada pelo discurso desenvolvimentista na era tecnocientífica. Embora o discurso desenvolvimentista pretendesse sepultar o antropológico-biologista e responder ao questionamento da relação antagônica entre o liberalismo e a democracia que caracterizou os países periféricos no curso da modernidade, na verdade, ao se orientar pela ideologia da segurança nacional, apenas substituiu, de certo modo, a forma de justificar o exercício do Poder conduzido pelas minorias proconsulares dos países centrais. Por esse discurso, a defasagem entre a teoria e a prática do exercício do poder seria o resultado de uma fase preliminar e transitória no desenvolvimento social dos países periféricos, que seria superada com a evolução do povo a partir da transformação conjuntural subdesenvolvida em desenvolvida.

A salvaguarda das almas infiéis no colonialismo, à racionalidade científica de proporcionar aos povos atrasados o bem-estar da modernidade no neocolonialismo, transcendeu uma visão desenvolvimentista na qual o sub-

---

[961] BATISTA, Vera, op. cit., p. 189-196.

desenvolvimento era compreendido como fase preliminar e passageira, que seria superada com a evolução do sistema capitalista na era tecnocientífica. A principal tese difundida pelo poder mundial para justificar tal concepção foi a teoria desenvolvimentista espenceriana, que afirmava o caráter centrífugo do capitalismo central, no qual a generalização da industrialização estenderia o progresso às regiões marginais, conferindo o bem-estar global[962].

A esse paradigma desenvolvimentista vieram submeter-se os países latino-americanos, a partir da segunda metade do século XX, após a Segunda Guerra Mundial, quando não era mais possível justificar a relação de dominação capitalista pelo discurso antropológico, bem como pela ameaça diante da consolidação econômica do regime socialista, que se propagava pela expansão dos meios de comunicação, vindo a gerar a maior conscientização política da classe operária, em particular, e das amplas massas, em geral, que começaram a questionar a prática imperialista do elitismo, das injustiças sociais, da exploração do homem pelo homem, da miséria e das desigualdades. Para não ruir a estrutura capitalista ocidental é que se desenvolveu a estratégia desenvolvimentista, que culminaria no desmedido valor à segurança interna dos Estados, principalmente nos periféricos[963].

Dessa conjuntura se originou a doutrina da segurança nacional, que serviu de base para insuflar uma onda de golpes de Estado, principalmente na América Latina. No Brasil, todo esse contexto culminaria com um golpe de Estado conduzido por um movimento militar que destituiu o governo, atrofiou o Congresso Nacional e iniciou um penoso período, marcado por milhares de prisões e por uma rígida repressão ideológica e política.

A ideologia da segurança nacional, sob o regime do arbítrio e do terror político, voltado para uma violenta repressão às condutas subversivas e contrárias ao Estado, exteriorizou-se por uma legislação baseada em atos institucionais e complementares. Destituiu o poder político civil, reprimiu dirigentes sindicais, líderes estudantis, professores, pessoas ligadas a movimentos sociais. Extinguiu partidos políticos e implementou o bipartidarismo, a Aliança Renovadora Nacional (Arena) e o Movimento Democrático Brasileiro (MDB)[964].

---

962 ZAFFARONI, op. cit., p. 63-66.
963 SOARES, Orlando. *Prevenção e repressão da criminalidade*. Rio de Janeiro: Freitas Bastos, 1983, p. 14-15.
964 DONNICI, Virgílio Luiz. *A criminalidade no Brasil: meio milênio de repressão*. Rio de Janeiro: Forense, 1984, p. 69-78.

Esse período representou a mola propulsora da escalada da criminalidade oficial e tradicional e da impunidade, favorecidas pela suspensão das garantias constitucionais de vitaliciedade, inamovibilidade e estabilidade de cargos e funções, por meio do Ato Institucional n. 2, no qual se enquadravam os juízes, em expressa intimidação ao Poder Judiciário. Em 29 de setembro de 1969 foi editado o Decreto-Lei n. 898, que previa, para as infrações políticas, as penas de morte, prisão perpétua e reclusão de até 3 anos. Em 13 de dezembro de 1968, o Ato Institucional n. 5 consolidou o regime autoritário ao colocar o Congresso Nacional em recesso e a imprimir inúmeras cassações.

Com a revogação dos atos institucionais e complementares que cerceavam as liberdades públicas, com a vigência da Emenda Constitucional n. 11, de 13 de outubro de 1978, que proibiu as penas de morte, de prisão perpétua e de banimento, com uma nova Lei de Segurança Nacional e da Lei da Anistia, iniciou-se o processo de redemocratização do País, que guardou como saldo desse regime, como descreve Donnici[965], 1.200 exilados, 4.582 pessoas cassadas e outras 3.783 aposentadas, sem contar, obviamente por não constarem das estatísticas oficiais, os inúmeros assassinados na luta pela liberdade. O golpe de 1964 e a implementação da ideologia da defesa nacional, orientando uma impiedosa repressão aos contestadores do sistema, deixaram a segurança pública ao abandono. A falta de qualquer estratégia contra o crime e o desinteresse das universidades em estudos sociológicos sobre o crime, a criminalidade e o criminoso contribuíram decisivamente para a explosão da criminalidade, que, segundo ele, caracterizou a década de 1970, vindo a atingir a taxa média de 5 a 6 homicídios dolosos diários no Rio de Janeiro e São Paulo[966] (o que dizer da média diária de 29 homicídios em São Paulo e de 18 no Rio de Janeiro em 2002?)[967].

A terceira revolução tecnológica, denominada por Zaffaroni *tecnocientífica*, encontra-se em pleno curso no século XXI. A industrialização se encon-

---

965   DONNICI, op. cit., p. 78.
966   Se Donnici achava a situação alarmante em 1984, quando a taxa de homicídios na cidade do Rio de Janeiro era de 32 por 100 mil habitantes, o que se pode dizer com a taxa de 49,7 de 2002? Cf. base de dados SIM/DATASUS, divulgados pela SENASP.
967   BRASIL, Ministério da Justiça/Secretaria Nacional de Segurança Pública/Departamento de Pesquisa, Análise da Informação e Formação de Pessoal em Segurança Pública. Brasília, DF. Disponível em: http://www.mj.gov.br/Senasp/estatisticas. Acesso em: 7 jul. 2007.

tra presente em todo mundo, o modelo capitalista ainda comemora o triunfo pós-queda do muro de Berlim e avança vorazmente em sua versão neoliberal globalizada. Segundo Zaffaroni[968], este exercício de Poder configurador da realidade latino-americana não se assenta no propagado paradigma desenvolvimentista, uma vez que os problemas sociais existentes nos países periféricos não são meramente conjunturais, mas, sobretudo, estruturais. Dessa constatação, que tem sido admitida até mesmo por autores que outrora foram entusiastas do modelo neoespenceriano, tem-se originado o paradigma da dependência, que ocorre há tempos no plano econômico geral.

Disso irá decorrer que, diferentemente da forma que a teoria desenvolvimentista postulava, o fenômeno criminal na região marginal não é semelhante ao que ocorreu nos países centrais no iniciar do processo de acumulação do capital, o que também não irá permitir compreender a dinâmica do controle social que lá se estabeleceu para que se adotem os mesmos mecanismos na pretensão de que obtenha o mesmo êxito. A dinâmica da região marginal está condicionada por sua dependência, e o controle social está a ela ligado.

A América Latina, assim como o Brasil, sempre foi alvo de atualização histórica pelas potências centrais, cuja implementação se exerceu pelas minorias proconsulares mediante um controle social instrumentalizado apenas pelo poder configurador do discurso jurídico-penal (caracterizado pela ideologia da defesa social, assimilando postulados das Escolas Clássica e Positivista e desconsiderando os avanços então alcançados pelos estudos criminológicos). Postulada funcionalmente para a sociedade disciplinar central e operacionalizada na região marginal, primeiro na versão neocolonialista, pelo modelo racista-biologista, e posteriormente pela confusão deste com a concepção desenvolvimentista, a ideologia penal da defesa social pressupõe que o Direito Penal, por si, e pelas instituições responsáveis por sua operacionalização, seria capaz de dar conta do fenômeno criminal. Mas não se pode esquecer que tal concepção prescinde da existência de um macrossistema de controle social em que o penal se integra como última instância, e não como a única.

Mas, afinal, por que apenas a partir da década de 1980 é que ocorre a explosão do fenômeno criminal na sociedade brasileira? Se até a década de 1970 o sistema penal, orientado pela ideologia penal da defesa social, mes-

---

968   Idem, p. 65.

mo que ao custo de grande violência e arbitrariedade, conseguiu mostrar-se eficaz, por que a partir dessa época não tem mais conseguido realizar o controle social no Brasil?

As respostas a tais questionamentos, sem dúvida, podem lançar novas luzes que permitam refletir para a adoção de um sistema que realmente ofereça segurança aos cidadãos brasileiros.

2. A DESCONSTRUÇÃO DO MODELO

O crime, a violência e a sensação de insegurança são fenômenos cujas taxas de incidência se encontram em níveis intoleráveis no Brasil contemporâneo do século XXI, cujo crescimento se iniciou na década de 1950 e deu saltos qualitativos a partir da década de 1980. Diante desse quadro alarmante, estampado diariamente nos meios de comunicação e percebido pela realidade circundante, várias têm sido as ações desenvolvidas pelas autoridades, de todos os Poderes, para a solução, ou pelo menos minimização, dessa galopante ascendência. O aparelhamento e reaparelhamento das polícias e o aumento de seus efetivos, a edição de leis mais severas, com o aumento das penas, a redução de benefícios e a consequente elevação em mais de 140% de presos no sistema penitenciário de 1995 a 2005[969]. Entretanto, nada se tem mostrado suficiente ou eficiente para ao menos estabilizar o problema[970].

Diante desse contexto precário, surgem discussões e polêmicas nas searas mais diversas do Direito Penal e seu Processo, em que se vê o surgimento de "salvadores da pátria", bem típicos da cultura nacional, empunhando a bandeira da ética, da moral e da eficiência, assumindo para si a responsabilidade e a ingênua pretensão de solucionar o problema. O que de fato se almeja é descortinar o véu de nebulosidade dessa retórica perspectiva de enfrentamento dos problemas a partir de suas consequências. Mediante os argumentos que adiante irão se seguir, precedidos pelos já apresentados, possibilita-se refletir que o crime, a violência e a sensação de

---

969 NEV/USP. Debate sobre reforma da segurança pública volta à tona. Bia Barbosa. 24-08-2006. Disponível em: http://www.nevusp.org/conteudo/index.php.conteudo_id=469. Acesso em: 13 ago. 2008.
970 Conforme Relatório final de pesquisa, realizada por GUERRA, Sidney (Coord.), sob o financiamento da FAPERJ, intitulada "A participação popular no desenvolvimento de políticas públicas de segurança como estratégia para redução da violência e controle da criminalidade no Estado do Rio de Janeiro", junto ao PPGD/FDC – Dez. 2007.

insegurança não podem ser compreendidos sem considerá-los integrantes de uma órbita cuja dimensão é inegavelmente superior.

Antes de qualquer reflexão sobre tais fenômenos sociais, deve-se partir do princípio de que a responsabilidade pelo controle das interações intersubjetivas na moderna sociedade brasileira foi historicamente atribuída ao sistema penal. Forma bem diferente da que se estabeleceu nos países centrais, em que se viu estruturar uma ortopedia na qual o Direito Penal era integrante de um macrossistema que deveria atuar apenas em uma instância. Disso deriva que tanto o processo legislativo de produção do Direito Penal como seu Processo são produto de uma vontade política determinada pelas contingências de determinado momento histórico, diante da funcionalidade que as figuras estipuladas como criminosas vão possuir na conformação social, cuja negligência em sua análise significa um resultado que apenas demonstrará sua mediocridade. Do mesmo modo, a prática operativa do sistema, para muito além de se fundamentar em soluções técnicas para o controle do fenômeno criminal em si, também se exerce a partir de convicções eminentemente políticas, refletindo a conjuntura ideológica dominante por ocasião da construção do respectivo modelo de Estado[971].

Diante desse contexto, o questionamento que encerra o tópico precedente assume magnitude ainda maior. Por que as reações estatais se apresentam tão inócuas, embora não se possa contestar todo o esforço repressivo que se tem realizado para o controle da criminalidade, cada vez mais ascendente a partir da década de 1980? Esse questionamento, de certo modo, mais uma vez parece demonstrar que até essa época as respostas estatais ao fenômeno criminal eram eficazes. A fim de buscar respondê-lo, poderiam ser oferecidas duas proposições:

a) O controle social realizado pelo discurso jurídico-penal inspirado pela ideologia penal da defesa social é legítimo para a ordenação da sociedade brasileira, em que o processo de gradativo aumento da criminalidade tem por causa a deterioração a que sua prática operativa se submeteu, mas totalmente reversível mediante ações corretivas adequadas.

b) O controle social realizado pelo discurso jurídico-penal inspirado pela ideologia penal da defesa social, embora tenha sido ilegítimo para a

---

971 CHOUKR, Fauzi Hassan. *Garantias constitucionais na investigação criminal*. 2. ed. Rio de Janeiro: Lumen Juris, 2001, p. 12.

ordenação da sociedade brasileira desde sempre, conseguiu produzir resultados satisfatórios para a contenção do fenômeno criminal até a emergência de uma gama de fatores, que produzirão modificações substanciais na estrutura social, em que qualquer tentativa de correção sistêmica, além de não conseguir legitimá-lo, não seria capaz de torná--lo eficaz novamente.

A prática operativa do sistema penal brasileiro, inspirada pela ideologia penal da defesa social, por conta de seus postulados ilegítimos, desenvolveu-se mediante ações eminentemente repressivas, que viabilizaram a emergência de uma prática cujo exercício se materializou a partir de uma concepção ideológica militarizada da segurança pública, criando a ilusão, o mito que vê circundar o senso comum de que segurança é caso de polícia, sem qualquer oposição crítica diante do desinteresse acadêmico pelo tema.

A legitimidade do sistema penal que se justifica pelo Direito Penal, através de seus componentes funcionalmente legitimantes, conformadores e negativos, deve expressar-se por uma racionalidade que compreenda tanto a coerência teórica interna quanto um valor de verdade em relação a sua exteriorização no mundo real. Legítimo é o sistema penal que, além de coerente teoricamente, manifeste-se através de seus órgãos conforme a planificação racional previamente postulada. A legitimidade não se exaure pelo simples fato de o Estado possuir o poder/dever de punir, de dizer o Direito a partir de postulados teóricos normativos estabelecidos racionalmente. De igual modo, a legitimidade não pode assentar-se no conceito estrito de legalidade.

A coerência teórica do discurso jurídico-penal, fundamentado pela ideologia penal da defesa social, por outro lado, também não pode esgotar--se na não contradição ou complexidade lógica, como sustentado pela ciência positiva, requerendo também uma fundamentação antropológica. Por conta de sua consagração no plano internacional, em franca reação à barbárie produzida pelo nazismo, constituindo-se o valor máximo dos ordenamentos jurídicos nacionais e princípio orientador da atuação dos entes estatais, essa fundamentação antropológica deve assentar-se na dignidade humana[972].

---

972 BARCELLOS, Ana Paula de. *A eficácia jurídica dos princípios constitucionais: o princípio da dignidade humana*. Rio de Janeiro: Renovar, 2002, p. 108.

De qualquer modo, a racionalidade do discurso jurídico-penal, fundamentado pela ideologia penal da defesa social, também não se esgota em sua coerência interna, devendo também realizar-se socialmente. Sua projeção social, delimitada legalmente por seus componentes negativos, a partir da planificação tipificada dogmaticamente, deve realizar-se em alguma medida. Para que o discurso jurídico-penal seja socialmente verdadeiro, segundo Zaffaroni, necessita de dois níveis de verdade social: um abstrato e outro concreto.

O abstrato se verifica com a planificação criminalizante adequada à obtenção de determinados fins, a partir do valor que se manifesta da experiência social. O concreto se verifica a partir da realização da programação legal ditada pela diretriz dogmática planificada pelo discurso jurídico penal através dos órgãos do seu sistema. Ou seja, a legitimidade da ideologia penal da defesa social, para fundamentar o discurso jurídico-penal, além de possuir uma adequada fundamentação antropológica e respeitar a regra da não contradição, também deveria tornar possível sua realização social. Além de possuir uma teoria suficientemente elaborada, deve possibilitar sua realização prática na exata dimensão de tal formulação, para não torná-la falsa.

A planificação dogmática do discurso jurídico-penal não materializa o interesse social, e não existe um único delito que expresse o resultado de uma conduta considerada verdadeiramente criminosa e da qual toda a sociedade civilizada se defenda. Na verdade, a criminalidade é um bem social, assim como o é o privilégio, que se distribui seletivamente pela estrutura social. Do mesmo modo, o princípio do fim ou da prevenção foi negado pela constatação de que a pena, além de não prevenir, ainda constitui elemento condicionante do *status* social de criminoso, bem como das carreiras criminosas.

Nesse sentido é que se torna de importância capital demonstrar o processo de desconstrução a que a ideologia penal da defesa social foi submetida, a fim de demonstrar sua ilegitimidade e respectiva inadequação para a promoção dos fins inscritos na nova conformação constitucional do Brasil decorrente da Carta de 1988. Neste mister, serão utilizadas as reflexões de Baratta[973] a respeito da evolução do pensamento criminológico que se desenvolveu a partir da década de 1930, cuja principal característica foi a de superar as teorias patológicas da criminalidade da Escola Positivista,

---

973 Idem, p. 41-48.

fundadas na diferenciação entre indivíduos "criminosos" e "normais" e da negação do livre-arbítrio diante do determinismo naturalístico de dado contexto social.

Para uma perfeita compreensão de todo esse processo, deve-se ter em mente que a criminologia, enquanto saber, enquanto discurso, enquanto disciplina, emerge no contexto do positivismo a partir da pretensa possibilidade de individualizar sinais antropológicos da criminalidade em indivíduos submetidos a zonas circunscritas do universo social, nas chamadas "instituições totais" de Foucault[974] (cárcere e manicômio judiciário). A nova epistemologia desloca seu objeto de pesquisa do delito para o delinquente, enquanto ser diferente, clinicamente observável, para que se possam identificar as causas determinantes desse comportamento e possibilitar sua modificação. Assim se tem a passagem da Escola Penal Clássica do Direito Penal para a Criminologia Positivista.

As teorias desenvolvidas no campo da sociologia criminal a partir da década de 1930, denominadas por Baratta *teorias liberais*, confrontaram criticamente a criminologia positivista, deslocando o objeto de estudo da perspectiva antropológica para a sociológica, tendo como fonte os postulados desenvolvidos no âmbito da Escola Penal Clássica. Embora se apresente a década de 1930 como corte temporal da emergência das escolas sociológicas que intensificavam os estudos sobre o fenômeno criminal, não se pode desprezar que seus postulados foram antecipados por Émile Durkheim em *Les règles de la méthode sociologique* (1895), no auge do predomínio da Escola Positivista. As novas correntes criminológicas até a revolução que se processa com o desenvolvimento do paradigma da reação social (*labeling approach*), inspiradas em parte pela concepção marxista, opuseram-se no interior do pensamento liberal burguês à Escola Positivista mediante uma atitude racionalista, reformista e progressista.

No entanto, a criminalidade, mesmo no desenvolvimento da criminologia liberal, não se distancia do fundamento positivista do estudo sobre suas causas, independentemente do estudo das reações sociais e do direito penal, mesmo ao enfatizar os aspectos relacionados à realidade social. Ainda que desconstruindo postulados da ideologia da defesa social, permanecerão ligadas a uma concepção abstrata, universalista e a-histórica de sociedade.

---

974 FOUCAULT, Michel. In: GUERRA, Sidney; TATAGIBA, Giuliano; EMERIQUE, Lilian, op. cit., p. 101.

Segundo Baratta[975], a análise teórica e uma série inumerável de pesquisas empíricas no curso do desenvolvimento da criminologia liberal desvelaram o mito do discurso jurídico-penal orientado pela ideologia penal da defesa social (considerado enquanto sistema dinâmico de funções, e não como conjunto estático de normas, como muitos asseveram, analisáveis enquanto produtor de normas – criminalização primária –, aplicador de normas e de execução de pena e medidas de segurança) como direito igualitário. Por essa ideologia, o direito penal se estruturaria sistematicamente para proteger todos os cidadãos contra ofensas aos bens essenciais, assim considerados por estes (princípio do interesse social e do delito natural) e a lei penal igualmente aplicada a todos os autores de comportamentos antissociais, disso decorrendo que qualquer indivíduo tem iguais chances de ter suas condutas sujeitas ao processo de criminalização. O mito da igualdade penal foi desvelado pelos estudos que constataram que o direito penal não defende a todos, mas somente os bens que interessam igualmente a todos os cidadãos, e, quando pune ofensas a bens essenciais, o faz com intensidade desigual em relação aos interesses hegemônicos dominantes. Desvela ainda que a lei penal não é igual para todos, uma vez que o *status* de criminoso se distribui de maneira desigual entre os estratos sociais, e que esse *status* é conferido sem relação de dependência com o dano provocado pelo comportamento ou da gravidade da violação, ou seja, a reação criminalizante e sua intensidade não dependem da lesão produzida para o meio social.

Os resultados conferidos pelas pesquisas sobre a criminalidade do colarinho branco permitiram relativizar o valor das estatísticas criminais, bem como a interpretação sobre a distribuição da criminalidade nos vários estratos sociais, e, principalmente, fizeram desmoronar as teorias sobre a criminalidade que por elas se sustentavam. Ao representar a criminalidade identificada e perseguida, as estatísticas criminais oficiais, nas quais a criminalidade de colarinho branco se apresenta de forma ínfima, diante de uma cifra oculta de dimensão extraordinariamente superior às demais formas de desvio, acabam oferecendo um quadro falso de criminalidade, que se concentraria apenas nos estratos sociais inferiores, determinando explicações que ligam o crime a fatores pessoais e sociais relacionados à pobreza, que se manifestam pela enfermidade mental, o desvio psicopático, a desestruturação familiar e a moradia em guetos e favelas.

---

975 BARATTA, Alessandro. *Criminologia crítica e crítica do direito penal.* Rio de Janeiro: Revan, 1997, p. 162.

A segunda crença repousa sob a ideia impregnada pela ideologia penal da defesa social, segundo a qual o comportamento criminoso se restringe a uma minoria dos membros da sociedade. Como enfatiza Baratta[976], a observação da seleção da população criminosa a partir da perspectiva macrossociológica da interação e das relações de poder entre os grupos sociais espelha os mesmos mecanismos de interação e antagonismo que ocorrem na mesma estrutura social e que são responsáveis pela desigual distribuição de bens e de oportunidades.

Tanto a legalidade quanto a igualdade são violadas a partir do momento em que a programação penal estabelecida e positivada no ordenamento jurídico não é cumprida. Nesse aspecto, a ilegitimidade do sistema penal advém da premissa, que de tão ingênua torna-se absurda, de que as agências de seu sistema possuem capacidade para intervir repressivamente em todas as hipóteses do "dever-ser" programadas legislativamente, principalmente em países periféricos como o Brasil, em que tais instituições não possuem um mínimo estrutural para o exercício de suas funções. Se tal proposição fosse realizável, caso as agências do sistema penal conseguissem incriminar todos os abortos, furtos, ameaças, lesões, calúnias, difamações, corrupções, fraudes etc., certamente todos os brasileiros seriam sentenciados diversas vezes[977].

Desse modo, a seletividade necessária, por conta da incapacidade de responder a todas as hipóteses planificadas, faz com que o exercício do poder repressivo do sistema penal, que em tese poderia ser exercido sobre qualquer habitante, operacionalize-se quando e contra quem for conveniente.

A distinção entre cidadãos fiéis e violadores da lei não se origina de uma estrutura social previamente estabelecida, mas sim de uma ordem que se constrói continuamente. Os mecanismos responsáveis por essa produção são os mesmos que se realizam para os processos de recrutamento, conforme reconhecidos pela sociologia dos estratos e das profissões. A importância de tal proposição se encontra no fato de que a criminalidade não é um comportamento, mas sim um "bem". "Bem" de natureza negativa, que se distribui pela estrutura social de modo análogo aos de natureza positiva,

---

976 BARATTA, op. cit., p. 107.
977 D'URSO, Luiz F. Borges, Tribuna da Magistratura, mar. 2001, p. 15, apud GOMES, Luiz Flávio. *Caos normativo-penal: consolidação das leis ou descriminalização?*. In: Universo Jurídico/Doutrinas/Penal/23 de Outubro de 2007. Disponível em: http://www.uj.com.br. Acesso em: 28 ago. 2007.

como a propriedade ou a renda. A criminalidade, portanto, é o exato oposto do privilégio, e se submete a mecanismos de distribuição.

Na contemporaneidade do século XXI, a insegurança ainda é concebida como fenômeno de ocorrência restrita às camadas sociais menos favorecidas, compreendida como o reflexo da incidência de determinadas figuras criminosas, de manifestações da violência cuja autoria tem maior probabilidade de incidência, ou é mais perceptível, uma vez que carrega em si o conteúdo da "civilidade", que nada mais representa que uma reação socialmente organizada à não inserção ao modelo econômico estabelecido, cuja ocorrência nos estratos sociais mais favorecidos é propositadamente "abafada", por não suportarem o signo de "antissocial", ou, quando não é possível, utilizam-se dos inúmeros mecanismos que conferem imunidade ao sistema.

Dessa forma, a violência, o crime, cuja alarmante escalada de incidência efetivamente se torna objeto de preocupação política e acadêmica a partir da década de 1990, e que a cada dia vem "indignando" a sociedade brasileira, possuem como agentes os mesmos "antissociais", ou melhor, os mesmos criminosos que sempre foram selecionados pelo sistema penal. O que se modifica e vem dar visibilidade a esse fenômeno, principalmente pela mídia, que se tem tornado um dos grandes fomentadores da sensação de insegurança, é o lugar de inserção social das novas vítimas, situadas nos estratos sociais mais privilegiados. Mesmo com a restrição de sua funcionalidade aos fenômenos considerados criminais na nova conformação social/política/jurídica, que determina sua realocação em um contexto de atuação limitada a um microssistema social dentro de uma verdadeira estrutura panótipa, torna-se também instrumento ilegítimo, uma vez que funcionalmente pretenderá defender o pacto social, divergindo da função prestacional estatal estabelecida. Não há uma ordem social a ser defendida, mas sim uma estrutura social cujos indivíduos devem possuir a segurança adequada para o desenvolvimento de seus interesses.

Mais rigor não significa necessariamente menos crime, ou, de modo inverso, o incremento da criminalidade não tem correlação direta com a debilidade da pena ou do controle social penal. A crença de que a ação delitiva é resultado único e exclusivo da avaliação de custo-benefício feita pelo criminoso é ingênua. Sua avaliação, via de regra, incide nas consequências próximas e imediatas, como a de ser preso, e não a de uma pena cominada ao respectivo delito.

Dentro desse contexto, exemplificando a cultura brasileira na crença da prevenção oriunda da lei penal, observa-se o excessivo número de leis extravagantes, concorrendo literalmente para uma verdadeira inflação legislativa, muitas vezes com edições de diplomas mal sistematizados, de péssima redação técnica e com graves distorções dogmáticas, principalmente elaborados para a satisfação da opinião pública, por conta de episódios de repercussão nacional, ou com fins eleitoreiros, trazendo sérios prejuízos a toda a sociedade e a todo o sistema.

Maior efetividade do sistema legal, como acreditam os positivistas, só tem relevância preventiva a curto prazo. Do mesmo modo que o rigor da sanção não atua significativamente no movimento criminal, mais e melhores policiais, equipamentos, juízes e prisões também não diminuem a criminalidade, assim como o contrário não necessariamente a eleva. Na realidade, a melhoria do desempenho dos órgãos do sistema criminal apenas aumenta o número de registros, reduzindo a cifra oculta, que representa os delitos que ocorrem e não chegam ao conhecimento da polícia, diminuindo o abismo entre o número real e o oficial. Lembre-se o já mencionado exemplo do Rio de Janeiro, onde se estima que 80% das vítimas de roubo não procuram a polícia, que consegue encaminhar apenas 3% dos homicídios devidamente instruídos à justiça[978].

Melhor desempenho do sistema significaria mais processos, mais condenações e mais encarcerados, ou seja, o que hoje, no Brasil, representaria o colapso do sistema penitenciário. Para se ter uma ideia, no ano de 1999 o País possuía 170 mil presos acomodados em 80 mil vagas, computando um déficit de 90 mil, sem contar os mais de 250 mil mandados de prisão não cumpridos[979]. Em 2005, o número de encarcerados mais que dobrou em apenas 6 anos, já ultrapassando os 361 mil, com um déficit de 145 mil vagas[980], e o crime, a violência e a sensação de insegurança ainda em contínua ascendência. Não há como negar que, nesse período, a Polícia Militar prendeu mais, a Polícia Civil investigou mais, o Ministério Público denunciou mais e a Justiça também sentenciou mais. O resultado disso, por conta do elevado poder seletivo do sistema penal, seu melhor desempenho, apenas aumentou o número de excluídos no sistema penitenciário.

---

978 LENGRUBER, Julita. *Criminalidade, violência, e segurança pública no Brasil: uma discussão sobre a base de dados e questões metodológicas*. Rio de Janeiro: IPEA, 2000. 1 CD. p. 39.
979 D'URSO, Luiz Flávio Borges. *Direito criminal na atualidade*. São Paulo: Atlas, 1999, p. 37.
980 NEV/USP. Debate sobre reforma da segurança pública volta à tona, op. cit.

Tais proposições de forma alguma vislumbram considerar que qualquer investimento nos órgãos do sistema criminal seria em vão, até mesmo porque a realidade demonstra uma ineficácia exacerbada, o que, sem sombra de dúvida, gera um significativo fator criminógeno: a impunidade. Não se trata aqui de otimizar um sistema autoritariamente seletivo e excludente socialmente. De forma alguma se espera reificar o movimento de lei e ordem bem ao estilo dos norte-americanos e ter como meta uma proposta de encarceramento, e obviamente de excluídos, a seus moldes, uma vez que possuem a maior taxa mundial, com mais de 2,2 milhões de homens e mulheres na prisão[981].

As pesquisas que se desenvolvem a partir do enfoque da reação social partem do pressuposto de que não se pode compreender a criminalidade sem considerar a ação do sistema penal, que define e reage contra ela, desde as normas abstratas até as práticas operativas das agências oficiais. Isso se deve ao fato de, mesmo tendo um número incontável de sujeitos que violam a legislação penal, o *status* social de criminoso só é atribuído àqueles que foram assim rotulados pelas instituições oficiais (Polícia, Juízes e Sistema Penitenciário). A partir dessa constatação, a teoria tem-se ocupado das reações das instituições oficiais de controle social e do efeito estigmatizante desses órgãos sobre os sujeitos selecionados por elas. Daí decorre o deslocamento da análise do fenômeno para a função punitiva e para o direito penal, na medida em que um comportamento conformista ou desviado dependerá menos do valor social que possua que da definição legal que em dado momento distingue o que é ou não lícito.

A mudança no horizonte da pesquisa se dá a partir da constatação de que o processo subsuntivo de adequação do fato à norma não ocorre de maneira automática, mas se trata de uma operação problemática. Situação que se diferencia sensivelmente da criminologia positivista e de parte significativa da criminologia liberal, que se desenvolve posteriormente a ela, cujos estudos se iniciam a partir da definição de crime e criminoso conferida pelo direito penal, como se essa qualidade criminal existisse objetivamente, diante da evidência de se tratar de normas e valores sociais imutáveis e compartilhados universalmente, por integrar a subjetividade dos indivíduos e que, por conta

---

981 HUMAN RIGHTS WATCH. Notícias. Brasil: eventos de 2006. hrw.org. Encontrado em: http://www.hrw.org/portuguese/docs/2007/01/11/brazil14997.htm. Acesso em: 17 jun. 2007.

disso, justifica a tutela penal. As pesquisas desenvolvidas pelos autores do *labeling approach* se orientaram em duas direções. Uma se conduziu no sentido de compreender a formação da identidade desviante; outra, sobre o processo de definição e constituição da qualidade de desviante decorrente do poder de definição das agências estatais.

A formulação de um mecanismo destinado a conter o acentuado volume da criminalidade, da violência e da sensação de insegurança que emerge apenas a partir da década de 1980, de certo modo, parece demonstrar que até então, mesmo sendo ilegítimo, era eficaz. A importância de tal consideração reside na preocupação de fugir da armadilha de estar pretensamente criticando um sistema quando, na verdade, o esteja relegitimando. Para tanto, não se pode ignorar que, de fato, a prática operativa do sistema penal foi eficaz para o controle social no Brasil até a segunda metade do século XX.

Advirta-se que, pelo menos neste trabalho, o significado de eficácia não é o mesmo de legitimidade. O controle social realizado pelo discurso jurídico-penal inspirado pela ideologia penal da defesa social, embora tenha sido ilegítimo desde sempre, até dado momento histórico conseguiu produzir resultados satisfatórios para a contenção do fenômeno criminal, em que qualquer tentativa de correção sistêmica não será capaz de legitimá-lo. Mas como um sistema de controle social ilegítimo conseguiu ter eficácia em seus resultados? O que pode explicar esse aparente paradoxo?

Mais uma vez deve ser ressaltado que a transição para a modernidade na sociedade brasileira não significou as modificações que se operaram nos países centrais, uma vez que a continuidade funcionalmente complementar a sua economia necessitava da manutenção da estrutura social até então existente. Não existia uma população que deveria ser disciplinada para a produção industrial, mas sim uma multidão de seres ainda não considerados humanos que deveriam ser mantidos, contidos e forçados a trabalhar em troca da simples sobrevivência. De tal modo, o controle social, baseado apenas em práticas punitivas, que de fato acontecia na própria unidade produção (na fazenda), passou a ser exercido nos espaços públicos, por meio de uma concepção moralizante que se integra ao imaginário popular, que se origina da onipotência e da onipresença da polícia no universo psicológico individual dos excluídos, reforçado pelas incursões ("batidas") aleatórias e contínuas a seus bairros, casas e corpos.

Trata-se, como visto, de um controle social que se exerce pelo sistema penal orientado pela ideologia penal da defesa social, que, para muito além de se exercer de forma repressiva com a mediação do órgão judicial, operacionaliza-se de forma configuradora, principalmente pela ação policial. Esse caráter repressor e configurador do sistema penal foi eficaz para a contenção do fenômeno criminal enquanto perdurou determinada realidade social. Realidade que se configura por fatores de ordem política, econômica, tecnológica e até mesmo de distribuição da população no espaço territorial brasileiro.

A compreensão da eficácia do sistema penal, fundamentado pela ideologia penal da defesa social, que se instrumentalizou pela ação da polícia na transição da modernidade no Brasil, não pode negligenciar alguns aspectos decisivos.

Não há qualquer contestação ao fato de que, até 1940[982], 69% da população brasileira residia no meio rural. Em 1980 essa relação se inverteu: 67% da população passou a se concentrar na zona urbana, chegando a 75% em 1991 e a 78% em 1996. A distribuição da população no meio urbano e rural tem implicação decisiva para compreender a eficácia do sistema penal no Brasil até a segunda metade do século XX, por conta da significativa diferença que existia entre as estruturas sociais. Segundo Habermas, nas sociedades convencionais, nas nações de cultura, os indivíduos se organizam e se integram em torno de valores centrais de suas comunidades éticas e culturais, enquanto no mundo pós-convencional, aquele que se estrutura com a modernidade, cada vez mais seus indivíduos vão deixando de compartilhar valores, e a imagem do outro não é mais a mesma que se refletiria se estivesse diante de um espelho[983].

De fato, a modernidade se estabeleceu por tempo significativo apenas nos centros urbanos. O que motivou o grande fluxo populacional que receberam foi a promessa de felicidade que o projeto moderno trazia consigo. Mas, como é próprio do capitalismo, tudo tem um preço. E este é o de viver em um mundo em que inexistem visões éticas, religiosas ou tradicionais de concepção de mundo que permitam estabelecer um sistema de valores compartilhados que determinem um mínimo de consenso.

---

982 *População jovem no Brasil*/IBGE, Departamento de População e Indicadores Sociais. Rio de Janeiro: IBGE, 1999. 55 p. (Estudos e pesquisas. Informação demográfica e socioeconômica, ISSN 1516-3296; n. 3). http://www.ibge.gov.br/home/estatistica/populacao/populacao_jovem_brasil/populacaojovem.pdf. Acesso em: 13 jul. 2007.
983 CITTADINO, Gisele. *Pluralismo, direito e justiça distributiva: elementos da filosofia constitucional contemporânea*. 3. ed. Rio de Janeiro: Lumen Juris, 2004, p. 170-182.

Além da incerteza do outro e da expectativa de seu comportamento, do estranhamento das concepções individuais, a impessoalidade das relações sociais nos centros urbanos não permite contar com uma rede de solidariedade familiar ou de vizinhança que possibilite orientar os indivíduos quando enfrentam certos tipos de problemas. A organização social faz com que as pessoas cada vez mais tenham dificuldade para dar conta dos problemas que lhes são apresentados, fazendo com que a demanda estatal de serviços e assistência, em substituição às redes de solidariedade, sejam cada vez mais crescentes. Quanto mais carentes forem os indivíduos, mais necessitarão dos serviços e da assistência do Estado. Da mesma forma, quanto mais escassos forem os serviços e a assistência estatal, mais se necessitará da polícia, uma das poucas instituições que se encontram diuturnamente acessíveis ao povo. Tal necessidade acabou por fazer com que a polícia se mantivesse necessária, mesmo atuando de forma extremamente arbitrária e violenta, até que uma nova força começasse a emergir: o poder paralelo do tráfico. Antes, porém, de entrar nesse assunto em específico, ainda se torna necessário analisar outros aspectos.

O crescimento desordenado das grandes cidades, principalmente Rio de Janeiro e São Paulo, com os consequentes conflitos sociais que daí decorreram, e o aumento também da percepção da criminalidade aquisitiva (crimes contra patrimônio, principalmente os furtos), assim como ocorrido no início do século XX, quando a elite se sentia ameaçada pela ralé recém-libertada, a imprensa inicia um processo de intensa campanha de "lei e ordem". Diante de uma polícia que começa a não dar conta da nova demanda que se apresenta, vê-se aumentar ainda mais sua violência e arbítrio. Em resposta, determinados grupos sociais resolvem fazer justiça com as próprias mãos, nascendo oficialmente, em 1958, o Esquadrão da Morte no Rio de Janeiro[984].

Com o Golpe de 1964, as informações sobre a criminalidade ficaram ainda mais obscurecidas diante da censura. Com a ideologia da segurança nacional, todo o sistema penal se volta à repressão político-ideológica com os atos institucionais. A segurança pública foi renegada à violência policial e aos esquadrões da morte.

Em síntese, tem-se então, a partir da década de 1970, a seguinte configuração social:

---

984 DONNICI, op. cit., p. 65.

- Uma política econômica capaz de acentuar as desigualdades sociais no Brasil[985], a ponto de torná-la uma das maiores do mundo, fazendo com que, em 1989, o rendimento médio de 1% mais rico do País fosse 230 vezes maior que o rendimento médio dos 10% mais pobres, chegando em 1992 a uma razão de 32,1 vezes entre a renda dos 10% mais ricos e a dos 40% mais pobres. A indigência será o *status* social de 24 milhões de brasileiros, e a pobreza, de 55 milhões no final do século XX, significando que o quinto da população mais pobre atingirá apenas 3 anos de escolaridade, enquanto o dos mais ricos atingirá 9 anos. Essa situação possuirá um significado fundamental no modelo político e econômico que se instaura com o neoliberalismo, orientado pela globalização dos mercados, pautado em uma sociedade consumista que, ao excluir grande parcela da população de seus planos, impacta de forma contundente na criminalidade desse período.

- O crescimento populacional sem o planejamento urbano adequado e constituído de redes sociais amplas de assistência à saúde, à educação, ao lazer e ao emprego, que renega e marginaliza grande parcela da população, trazendo impactos significativos principalmente aos jovens.

- O acentuado desinteresse pela segurança pública tanto dos poderes constituídos quanto do mundo acadêmico, tendo sido renegado às opiniões sensacionalistas e conservadoras da mídia que sempre pautaram as estratégias emergenciais e pontuais da polícia, a quem foi atribuída exclusivamente essa responsabilidade.

- O distanciamento dos operadores jurídicos dos conflitos sociais que emergem nesse processo de urbanização. Trata-se da consequente concepção jurídica liberal-individualista burguesa, que reduz o direito e a própria noção de justiça a mera faculdade (*facultas agendi*). Refuta-se a ideia de conferir qualquer sentido moral ao Direito, uma vez que este possuía o seu próprio e bastante. O que importa é a existência da norma positivada, e nenhum compromisso há com sua correspondência na realidade fática e a consequente aceitação social ou reprovação.

---

985 KRAJEWSKI, Ângela Correa. *Geografia: pesquisa e ação*. São Paulo: Moderna, 2000, p. 223.

— Ao reservar o "trabalho sujo" rotineiro e cotidiano de repressão à subversão ideológica do regime militar à polícia e ainda como pauta prioritária, vai distanciá-la sensivelmente das camadas carentes da população. Mesmo tendo historicamente recebido um tratamento configurador e repressivo e violento, acabava obtendo a aceitação popular, por conta de sua atuação assistencialista diante das carências estruturais do Estado. Aceitação que às vezes até legitimava sua violência diante de determinados comportamentos considerados repugnantes, por conta da cultura historicamente impregnada pela estrutura social dominante no universo psicológico das pessoas em geral. Para estas, a violência era o tratamento adequado, o que explica em boa medida o clamor por práticas mais repressivas e até violentas que às vezes se originam por esses estratos da população quando, na verdade, contra eles mesmos é que serão destinadas. A execução do "trabalho sujo" por parte das forças policiais militariza cada vez mais sua prática operativa, tanto na repressão à subversão ideológica quanto nas atividades concernentes à disciplina da ordem urbana de concepções moralizantes, que, mesmo relegada a segundo plano, caracterizar-se-á por uma prática cada vez mais seletiva, arbitrária e violenta, que será paulatinamente reduzida às "batidas policiais".

O desinteresse geral pela segurança pública, manifestado pela ausência de estudos acadêmicos relativos aos conflitos sociais que emergem da estrutura social, que se assenta de forma desordenada nos grandes centros urbanos e diante do galopante crescimento populacional, não possibilita outra forma de atuação da polícia que não seja apenas em forma de "batidas". A própria distribuição espacial das residências (barracos) vai-se tornando obstáculo natural para esse tipo de atuação, tornando-as cada vez mais rarefeitas, violentas e sem qualquer controle judicial. Entre outros fatores, esses irão contribuir de forma decisiva para que se instalem nas comunidades carentes, cada vez mais abandonadas pelo poder público, formas alternativas que possibilitem a sobrevivência e o controle social. Se os esquadrões da morte, sob a conivência do Poder Público, originam-se da ineficácia estatal para a contenção dos fenômenos que põem em risco as camadas médias e altas da população, chegando à década de 1970 em seu apogeu, por uma questão até de sobrevivência, os grupos que se tornam clientes tanto da violência da polícia quanto dos esquadrões da morte iniciam um processo de organização que se legitima no interior de suas próprias comunidades.

Para tanto, além de se responsabilizar pela manutenção do controle social e dos comportamentos desviantes, também construiriam as redes de assistência. A eficácia do sistema penal como instrumento de controle social, que, em certa medida, foi capaz de configurar e reprimir comportamentos das classes populares nos centros urbanos em boa parte do século XX, a partir da década de 1970, com a priorização da repressão ideológica e o distanciamento das zonas periféricas, não mais iria permitir-lhes o controle dos comportamentos disfuncionais ao sistema de produção.

Como resultado prático dessa posição alienada aos problemas de base que emergem da urbanização do Brasil, decorrente da opção política e econômica, tem-se como sintoma significativo o aumento da violência, que bem se caracteriza pelo número de homicídios no Rio de Janeiro e em São Paulo na década de 1970 se comparados à década de 1950[986].

ANO	RIO DE JANEIRO			SÃO PAULO		
	População	Homicídio doloso	P/ 100 mil habitantes	População	Homicídio doloso	P/ 100 mil habitantes
1950	4,5 milhões	272	6	9 milhões	516	5,7
1970	4,2 milhões*	664	15	6,3 milhões*	760	12
1977	4,8 milhões*	986	20	7,5 milhões*	1780	23

* somente capital, excluída a região metropolitana.

O modelo de respostas oferecido para o controle social até então, mesmo que ilegítimo e baseado na violência, foi de certa forma eficaz para o propósito de manter estável um modelo de estrutura social verticalizado e excludente, mas que não possui mais qualquer efeito. Apesar dessa revelação, o que a realidade ainda demonstra é a reprodução de métodos e práticas bastante diversos. O sistema de controle social no Brasil, desenvolvido pela ideologia penal da defesa social, sobrevive com o mesmo discurso de reprodução social excludente. Se a ideologia da defesa social é uma construção teórica deslegitimada para o modelo de sociedade a que se destinou tratar, sua ilegitimidade para os países periféricos como o Brasil é muito mais evidente.

---

986 DONNICI, op. cit., p. 151 e 155.

3. ALGUMAS IDEIAS PARA O TERMO "SEGURANÇA"

O termo "segurança" é polissêmico, e pode reportar-se às várias significações que decorrem do contexto em que é empregado. Pode-se falar de segurança política, segurança econômica, segurança jurídica, segurança democrática, segurança espiritual, segurança física, segurança patrimonial, segurança do emprego e no emprego, segurança financeira, segurança familiar, segurança no casamento, segurança no trânsito, segurança nas ruas e até segurança pública. Mas uma coisa é certa: todo ser humano necessita de segurança, uma vez que é indispensável à sua sobrevivência[987].

Uma das primeiras pesquisas que buscaram compreender e classificar as necessidades humanas foi desenvolvida no contexto da Teoria Comportamental da Administração por Abraham Maslow[988], que constatou que a plena realização da satisfação humana com sua autorrealização pessoal dependia da gradativa satisfação de outros níveis de necessidades, situados em planos inferiores. Em seus estudos, Maslow constrói a hierarquia das necessidades humanas baseadas em cinco níveis[989]. Na hierarquia das necessidades proposta por Maslow, a segurança constitui fator primordial para a preservação e o desenvolvimento do indivíduo, perdendo em importância apenas para as necessidades de dimensão fisiológica.

---

987   GUERRA, Sidney; TATAGIBA, Giuliano; EMERIQUE, Lilian, op. cit., p. 133-139.
988   CHIAVENATO, Idalberto. *Introdução à teoria geral da administração*. 6. ed. Rio de Janeiro: Campos, 2000, p. 393-396.
989   A hierarquia de necessidades de Maslow é uma divisão hierárquica de cinco níveis proposta por Abraham Maslow, em que as necessidades de nível mais baixo devem ser satisfeitas antes das necessidades de nível mais alto até atingir a sua autorrealização. As cinco fases de necessidades são: 1ª fisiológicas (básicas – fome, sede e sexo); 2ª segurança (que vão da simples necessidade de estar seguro dentro de uma casa às formas mais elaboradas de segurança, como um emprego, uma religião, a ciência, entre outras); 3ª sociais (amor, afeição e sentimentos de pertença, tais como o afeto e o carinho dos outros); 4ª autoestima (que passam por duas vertentes, o reconhecimento das nossas capacidades pessoais e o reconhecimento dos outros em face da nossa capacidade de adequação às funções que desempenhamos); 5ª autorrealização (em que o indivíduo procura tornar-se aquilo que ele pode ser). Disponível em: http://pt.wikipedia.org/wiki/Hierarquia_de_necessidades_de_Maslow. Acesso em: 3 nov. 2006.

```
                              Autorrealização  ⎧ O indivíduo procura tornar-se
Duas vertentes: o reconhecimento das          ⎨ aquilo que pode ser.
capacidades pessoais e o reconhecimento        ⎩
dos outros em face da capacidade de
adequação às funções desempenhadas.    Autoestima
                                                              ⎧ Amor, afeição e sentimento
                                        Sociais              ⎨ de pertença, tais como
Sobrevivência e preservação:                                  ⎩ o afeto e o carinho dos outros.
da necessidade de estar seguro
em casa à necessidade de ter a
segurança de um emprego, uma          Segurança
religião etc.
                                                              ⎧ Fome, sede
                                       Fisiológicas          ⎨ e sexo.
```

Embora não haja dificuldade em conceituar a segurança como uma situação de estabilidade, conforto, certeza, confiança, firmeza, ao se considerar que todos esses qualificativos se encontram no âmbito da subjetividade do indivíduo se torna difícil dizer se alguém é ou não seguro, ou se alguém está ou não seguro. Trata-se da própria convicção individual de estar ou não seguro. Não se quer dizer com isso que a convicção de estar ou não seguro seja algo produzido subjetivamente pelo indivíduo. Uma coisa é dizer que não há como definir se uma pessoa se sente ou não segura, e outra, bem diferente, seria dizer que não haveria possibilidade de influenciar esse seu estado.

Toda pessoa humana precisa estar segura para desenvolver suas potencialidades. Sendo o ser humano sociável por natureza, a segurança é o pré-requisito necessário para o estabelecimento das relações intersubjetivas que decorrem dessa sua natureza intrínseca. Disso decorre que, para o desenvolvimento das potencialidades humanas, que naturalmente se desenvolvem no meio social em que vive, ele precisa estar seguro para tanto. Disso se depreende que a segurança, para muito além de constituir algo concreto, é um valor, um sentimento, um estado de ânimo, um estado de espírito orientado e influenciado pelas percepções exteriores a seu ser.

O sentir-se seguro está muito próximo de definições como certeza, confiança, estabilidade e conforto, pelos quais o homem influencia e é influenciado, assim se reportando aos aspectos decorrentes da dimensão global da convivência em determinado contexto social, envolvendo aspectos que se relacionam a toda a estrutura social. Esta, por sua vez, é determinada por questões de ordem política, econômica e cultural, responsáveis por estabelecer o conteúdo e o significado de todos esses elementos, inclusive o de segurança. A segurança, então, parece estar associada à estrutura social, ou melhor, deriva das condições oferecidas pelo corpo social aos indivíduos que irá possibilitar-lhes atuar de forma "segura" em suas inter-relações no interior do sistema social.

Entretanto, como preliminarmente argumentado, o ser humano não necessita de vontade individual para se relacionar com outras pessoas, uma vez que a sociabilidade é fator inerente à condição humana, no exemplo, partindo-se do princípio que tanto o aluno quanto o atleta também possuiriam essa condição.

Em relação ao resultado, o êxito na avaliação ou a vitória na disputa não possuem relevância para exemplificar as condições oferecidas pelo corpo social para que o homem possa relacionar-se com outros, uma vez que a segurança é um sentimento prévio e, como se quis ressaltar até aqui, a condição mesma de relacionar-se em sociedade. Nessa segunda consideração reside o ponto nevrálgico de toda a discussão desenvolvida nessa pesquisa: a insegurança.

A devida compreensão de que a segurança é um estado de espírito, de ânimo ou mesmo uma sensação – seja lá como se preferir denominar –, que previamente deve constituir o universo psicológico do homem em suas relações intersubjetivas, pelas condições que são oferecidas pelo corpo social, realmente não tem relação com os resultados alcançados, pelo menos até certo ponto.

A segurança se relaciona à ideia de processo dinâmico. Sentir-se seguro pressupõe condições prévias para que o homem possa interagir em seu meio social, e também possuir condições outras que assegurem transparência, definição e coerência em relação às regras estabelecidas pelo próprio corpo social para o tipo de relação que será realizado, bem como das reações sociais relativas às transgressões de tais regras.

Tal perspectiva lembra um pouco a construção de Merton quando correlaciona fins culturais e meios institucionais disponibilizados pela estrutura social para alcançá-los. No lugar de comportamento desviante, tomar-se-ia a insegurança como resultado da desproporção entre os fins reconhecidos culturalmente como de uma situação considerada "segura" e os meios legítimos disponibilizados pelo corpo social aos indivíduos para alcançá-la. Disso resulta que a segurança não é algo que se tem mediante uma resposta a algo que lhe aflija. As pessoas não se sentem seguras apenas no momento em que lhes é disponibilizada uma reação imediata a um fato que agrida a percepção de "normalidade" em sua vida, na restauração da proporção entre o fim cultural e o meio institucional, mas sim nas condições referentes às concepções culturalmente oferecidas previamente aos indivíduos para o exercício de suas relações sociais, bem como da convicção da existência de meios eficazes para a retomada da "normalidade", quando transgredida. A sensação de estar seguro no meio social depende do reconhecimento pelos indivíduos de duas condições intimamente interligadas:

a) a existência de meios institucionais que possibilitem alcançar os fins culturais estabelecidos pela estrutura social;

b) a existência de meios institucionais que possibilitem restaurar os casos em que tais fins foram negados.

Sentir-se seguro, até bem pouco tempo atrás, consistia em empreender-se na busca de uma vida digna em que o ser humano se fizesse reconhecido pelo valor decorrente de seu esforço para tanto. Na sociedade brasileira pós-moderna não mais se reconhece o valor de uma pessoa pelos meios utilizados para se tornar um cidadão, mas sim pelo fato de estar funcionalmente integrado no mercado como consumidor. A elevação do economicamente correto ao extremo, a valoração desmedida do "vir a ter" em relação ao "vir a ser", impulsionado pelo "jeitinho brasileiro", fazem com que se crie uma órbita psicológica em que não importa como se chegou a ter, mas tão somente que se tenha. E não se fala apenas em relação aos meios ilícitos de alcançar o *status* de consumidor. Trata-se do esforço desmedido a que muitos brasileiros se submetem para poder sempre melhorar seu desempenho no consumo, relegando a planos inferiores uma gama de relações de extrema importância que foram ofuscadas. Relações familiares, tempo para a educação dos filhos, relações de amizade, lazer ou prazer não podem ser resumidos ao *shopping center*.

Essa forma equivocada de conceber que a segurança se presta quando uma pessoa é alvo de alguma figura tipificada na legislação penal, como encerra a ideologia penal da defesa social, perde a subsistência na sociedade pós-moderna pelo simples fato de se imaginar que o sujeito se encontrava em situação segura antes de ser vitimado. Na pós-modernidade, perde totalmente o sentido qualquer lógica que não reconheça que a insegurança é a situação de normalidade. Na pós-modernidade, prestar segurança pressupõe, antes de qualquer coisa, buscar o equilíbrio entre segurança e liberdade. Esse equilíbrio se torna mais urgente e necessário quando a Constituição brasileira de 1988 centraliza todo o contexto político e jurídico na dignidade da pessoa humana, pois esta tem em sua dimensão o sentir-se seguro. Na verdade, o próprio conceito de dignidade se compõe do elemento segurança. O paradoxo fundamental da era pós-moderna situa-se nesse ponto, qual seja, conferir dignidade (constituída do elemento segurança) em um mundo em que impera a incerteza, a desconfiança, a instabilidade, a insegurança. A esse equilíbrio se pretende propor o paradigma da segurança pública.

Uma vez que a prestação da segurança pública envolve uma rede complexa de decisões estatais, positivas e negativas, que vão muito além da dimensão que lhes foi conferida até então, e diante de sua evidente inadequação, não há como reduzir seu estudo, sua compreensão e respectivas propostas teóricas a um único campo do saber, o Direito Penal, principalmente fundado na ideologia penal da defesa social. Do mesmo modo, não se pode imaginar a prestação de uma segurança que promova os direitos fundamentais, no contexto informador da Constituição de 1988, apenas com a readequação da política criminal, mesmo que utilize as considerações renovadas por Delmas-Marty ou Binder, pelo fato de ainda possuírem uma concepção reativa, que se fundamenta nas observações acerca da ocorrência de um desvio de comportamento previamente estabelecido pelo corpo social e das respectivas respostas que o mesmo corpo social a ele impõe. O que aqui se pretende enfatizar é que a segurança é um direito, cuja prestação está além de respostas estatais que se relacionam à definição política e o respectivo sistema de reação ao fenômeno criminal. Em um nível teórico, a mudança de concepção deve residir na modificação do conceito de um sistema destinado à repressão criminal, fundamentado na militarização ideológica da segurança pública, para um que possibilite garantir a circulação e permanência íntegra de pessoas e bens. Como afirma Nazareth Cerqueira, "não se trata de simples trocadilho de palavras. São conceitos doutrinários diferentes que informam estas concepções"[990].

A necessidade de uma resposta jus-humanista, a partir do realismo marginal, conforme preceituado por Zaffaroni, na contemporaneidade do século XXI no Brasil, necessita transpor a própria concepção de um direito penal humanitário da política, conforme este propõe. A isso se deve a nova conformação e importância que o Direito assume na realidade político-social brasileira a partir da Constituição de 1988. Embora ainda alguns pontos relevantes, como o da segurança, por exemplo, precisem transpor a barrei-

---

990 DORNELLES, João Ricardo W. *Conflitos e segurança: entre pombos e falcões.* Rio de Janeiro: Lumen Juris, 2003, p. 87.

ra da positivação formal, não se pode negar que tal aspecto, por si só, é o que possibilita, inclusive, esta discussão.

Ressalte-se ainda que, embora também se reconheça o mérito dos argumentos de Jorge da Silva[991] neste campo de pesquisa, que se arvora em compreender, inclusive utilizando amplamente muitos de seus posicionamentos, não se compartilha a ideia de que seja irrealizável a pretensão estatal de prover segurança a todos os cidadãos indistintamente. Segundo esse estudioso, na sociedade de risco, o Poder Público, para muito além de se colocar como provedor de serviços de segurança, deve reconhecer-se como coordenador dos esforços dos diferentes setores da sociedade para gerenciar a insegurança. Para ele, somente a partir dessa dupla perspectiva de atuação é que se torna possível reconhecer a impossibilidade de reduzir a insegurança com os meios usuais (polícia e demais agências do sistema de justiça criminal) e viabilizar a realização de forma mais racional, em termos objetivos (diminuição dos riscos e perigos reais) e subjetivos (diminuição do medo), mediante a conjugação de outros mecanismos não usuais, mas de que o Estado e a sociedade dispõem. Na verdade, busca inverter o conceito de segurança, concebida como prestação positiva relacionada a uma questão setorial da administração, para a insegurança, enquanto problema de ocorrência negativa para a sociedade. Trata-se de uma mudança de foco, em que o ideal difuso, vago e indeterminável "segurança" dá lugar à insegurança como objeto especificável.

Embora possam parecer também apenas trocadilhos, a não concordância com essa perspectiva reside no ponto de partida tanto do trabalho de Silva quanto deste. Enquanto aquele pretende construir uma teoria que seja capaz de restaurar a segurança perdida nas sociedades de risco neoliberais contemporâneas, concebendo a insegurança como problema societário, aqui se pretende reconhecer que a insegurança é uma característica inerente e própria dessas sociedades, não se constituindo essencialmente como problema, mas sim como elemento funcionalmente necessário para sua própria constituição, o que a torna de tratamento tão irrealizável quanto o de prestar segurança. Sem contar ainda que, diante dos argumentos aqui utilizados, sentir-se seguro ou inseguro é algo que se relaciona à intersubjetividade, à convicção individual determinada por inúmeros fatores do ambiente social em contato com sua constituição psíquica. De forma alguma se pretende negar o avanço extraordinário de sua construção teórica em relação ao que comumente ainda se tem visto por aí. Pelo contrário, acre-

---

991 SILVA, op. cit. p. 1-8.

dita-se ser um meio adequado para conter a curva ascendente da criminalidade e a redução do medo na sociedade brasileira em sua contemporaneidade pós-moderna, assim prestando efetivamente o direito fundamental à segurança. Para tanto, é necessário ter uma perfeita compreensão de seus argumentos, sob pena de cair na armadilha de reificar o que em toda a sua obra pretende refutar, que é a concepção reativa.

A discordância com a perspectiva de inversão de foco apresentada pelo referido autor se encontra no fato de sustentar a prestação estatal mediante políticas voltadas à consequência, ou seja, à insegurança, mesmo tendo em conta que trabalha de forma a atacar suas causas. Sua fórmula de gerenciamento da insegurança enquanto problema societário (diminuição dos riscos reais ou imaginários + bom gerenciamento dos riscos reais + bom gerenciamento do medo = segurança) coloca-se em posição muito próxima das perspectivas etiológicas que caracterizaram a criminologia liberal, já deslegitimada pela criminologia crítica. Assim, a pretensão, neste momento, é demonstrar alguns postulados relativos ao direito fundamental à segurança, partindo de uma perspectiva de garantia dos direitos civis e políticos, e também da prestação dos direitos sociais, econômicos e culturais, isto é, em conformidade com os direitos humanos.

4. DIREITO FUNDAMENTAL À SEGURANÇA PÚBLICA

A segurança, segundo Barroso[992], além de estar positivada no art. 5° da Constituição, ao lado dos direitos à vida, à liberdade, à igualdade e à propriedade, ainda representa o próprio elemento material da contraprestação do Estado no contrato social. Isso ocorre pelo fato de as teorias democráticas que justificam a legitimidade do Estado em bases contratuais assentarem-se na cláusula comutativa de oferecimento de liberdade em troca de segurança. É o que se observa, por exemplo, no preâmbulo da Constituição francesa de 1793: "A segurança consiste na proteção conferida pela sociedade a cada um de seus membros para conservação de sua pessoa, de seus direitos e de suas propriedades".

O direito à segurança não tem sua relevância justificada pela simples positivação no ordenamento constitucional, tendo em vista que os fenômenos responsáveis pela insegurança são produzidos pelas relações intersubjetivas

---

[992] BARROSO, Luís Roberto. Doze anos da Constituição brasileira de 1988: uma breve e acidentada história de sucesso. In: *Temas de direito constitucional*. Rio de Janeiro: Renovar, 2003, t. 2, p. 50.

que operam no meio social e pela própria importância que se tem conferido ao direito, com seus postulados renovados no pós-positivismo, como instrumento capaz de tratar os conflitos decorrentes dessas relações, fatores que conjuntamente lhe conferem legitimidade para tal empreendimento.

No decorrer deste capítulo, verificou-se que o controle social no Brasil foi atribuído ao sistema de justiça criminal, principalmente no âmbito policial, que, em certa medida, foi eficaz até a década de 1970. Doutrinariamente, entende-se o Sistema de Justiça Criminal ou Penal, a partir da compreensão de Donnici[993] e Adorno[994], como um Sistema macro, composto pelos sistemas policiais, Ministério Público, judicial e penitenciário. Entretanto, como adverte Zaffaroni[995], na verdade não existe um sistema de justiça criminal. Aliás, a utilização do termo seria equivocada, apenas se justificando por conta de sua consagração técnica, pelo fato de que se trata de um conjunto heterogêneo de agências compartimentadas, na quais há pouco conhecimento das atividades de umas em relação às outras.

De qualquer modo, como apresentado, a utilização única e exclusiva desse sistema não dá conta de controlar as interações subjetivas na conformação social que emerge na contemporaneidade pós-moderna, pela simples constatação de que não mais existem valores culturais, compromissos morais e éticos compartilhados entre sujeitos possuidores das mesmas concepções de vida digna ou de mundo. O pluralismo das concepções morais e éticas individuais, bem como o pluralismo das identidades sociais, determina que o consenso não se origina de uma dimensão naturalmente pré-constituída do grupamento social, mas sim da heterogeneidade, do conflito, da diferença. Nessa conformação social, apenas o Direito, nos moldes renovados também nesta época pós-moderna, apresenta-se como um dos mecanismos adequados para o controle social. Não se trata de seu ramo penal, mas sim de todo o Direito. Como também não se trata daquele Direito cuja fonte de produção de normas se imaginava surgir apenas do Estado. Trata-se do Direito em que se vê mitigado o caráter absoluto da soberania estatal, enquanto única fonte de produção de normas diante do Direito Internacional ou mesmo em função das práticas sociais reivindicadas extralegal e extrajudicialmente.

---

993 DONNICI, op. cit., p. 6.
994 ADORNO, Sérgio. Crise no sistema de justiça criminal. *Cienc. Cult.*, June/Sept., 2002, v. 54, n. 1, p. 50-51.
995 ZAFFARONI, op. cit., p. 144.

Nessa conformação social pós-moderna, em que o conflito é a regra, a preservação da paz social, e não a pacificação social, antes atribuída ao sistema de justiça criminal, deve ser atribuída ao Sistema de Segurança Pública. E este deve ser concebido como um sistema jurídico cuja implementação política seja capaz de prestar o direito fundamental à segurança. Sistema que não se caracteriza apenas por possuir uma função de garantia, mas também pelo caráter dirigente de ações políticas, que, de forma concorrente com a anterior, possibilitem promover a dignidade da pessoa humana, nos moldes estabelecidos na Constituição de 1988.

Dessa forma, o sistema de segurança pública, diante de seu triplo caráter, deve otimizar as duas dimensões de direitos fundamentais, a partir da efetiva garantia dos direitos relacionados ao princípio da liberdade e da igualdade, sob pena de, em vez de alcançar os objetivos fundamentais do Estado brasileiro, acabar por alimentar todas as ordens de exclusão e discriminação.

A segurança pública enquadra-se na categoria de sistema jurídico de atuação política. Segundo Silva[996], a palavra "pública" toma significado nesse contexto como aquilo que é de interesse coletivo. Em uma visão de Estado, trata-se daquilo que lhe pertence. Tanto no aspecto teórico quanto no prático, a compreensão de seu significado não se dissocia da distinção de seu antônimo, o "privado". Discorre ainda o autor que, não obstante teoricamente tal distinção seja de fácil estabelecimento, na prática não é tão simples, principalmente quando se trata de crime e violência, diante da dificuldade de estabelecer o que se encontra na órbita da ordem pública e o que se encontra fora dela, ou seja, na ordem privada. Tal circunstância, na verdade, é resultado da cultura patrimonialista de tradição ibérica que se estabeleceu no Brasil, na qual o público e o privado refletem uma continuidade. Lembre-se de que até nas práticas penais, ainda no Código de 1830, havia um trânsito entre o espaço do senhor e o do juiz em relação aos escravos.

Pelo direcionamento que se pretende dar a este estudo, que de certa forma leva em conta a dificuldade de distinguir o que se reserva ao domínio público ou privado, deve-se considerar outro fator de complicação, quando adicionado um novo elemento, a "ordem", enquanto resultado de ações político-jurídicas de conformação e de políticas institucionais de implementação. As reflexões nesse universo de investigação devem estabelecer-se nas políticas estatais destinadas aos interesses coletivos, cuja finalidade reside no

---

996 SILVA, Jorge, op. cit., p. 307.

disciplinamento das interações das pessoas e que resultem em consequências para a coletividade. Para tanto, é preciso antes de tudo refutar a concepção de política de segurança pública, ou seja, de política destinada à prestação de segurança aos indivíduos no âmbito das relações que ocorrem no espaço público, por determinada atividade da Administração Pública.

Ao partir da premissa de que a segurança é um direito fundamental garantido enquanto direito individual e coletivo, bem como um direito social, tanto a crítica pela forma como é realizada quanto as reflexões sobre propostas para uma implementação adequada precisam considerar que a segurança pública deve ser prestada por um sistema político-jurídico destinado a prestar o direito fundamental à segurança não só pela polícia, como tradicionalmente se concebe ou mesmo apenas nos espaços considerados públicos.

O paradigma da segurança pública que se pretende lançar tem como pretensão inspirar todas as ações do Poder Público, seja de produção legislativa, de atos do Executivo ou de interpretações e decisões no campo jurídico. Ou seja, pretende-se revestir de postulados teóricos que direcionem as opções políticas a serem desenvolvidas por qualquer dos Poderes e de suas respectivas instituições. Isso se deve ao fato de se entender a política como "o conjunto de atos e de não atos que uma autoridade pública resolve iniciar, a fim de intervir (ou não) numa esfera específica". Também ao fato de se interessar pelo "processo de produção de todas as políticas envolvidas não apenas pelos diversos setores da atividade governamental, mas também por muitos outros atores ligados a essa atividade"[997]. Não se quer dizer que se pretenda um Estado policial, totalitário e interventor dos momentos mais íntimos da vida das pessoas em suas relações privadas.

Contudo, mais uma vez se deve advertir que política pública não é expressão sinônima de direito, embora possuam em comum um conteúdo (medidas ou disposições de ação que devem produzir resultados), um valor normativo, certo grau de coerção, um conjunto de destinatários e uma finalidade. Diferenciam-se pelo fato de que a política se converte em orientações e o direito em ordem expressa; a política pública é elaborada e implementada com ferramentas de gestão, mesmo sofrendo interferências do modo de elaboração e implementação do direito. A política pública se converte em intenções de valores e práticas que podem ser implementadas por diversas formas de regulação, mas, para ter legitimidade jurídica, deve passar pela positivação,

---

[997] ARNAUD, op. cit., p. 242.

pois nem toda política pública é direito, e o direito não é uma política pública em sentido estrito.

A qualidade normativa da política pública se origina da normatividade própria do modo de regulação escolhido para implementação. A legitimidade jurídica é conferida por quem detém o poder de decisão, seja o legislador ou o detentor do poder de regulamentar. A política pública, em relação à natureza do constrangimento, possui uma meta simplesmente distributiva, redistributiva ou constitutiva, o que não é da essência do direito, que, diante das decisões legislativas e judiciárias, tem no uso coercitivo legítimo da força pública estatal o apoio para suas decisões.

Essencialmente, o direito pode até servir como instrumento de política pública (o que acontece com frequência no âmbito econômico, por exemplo), mas não o é. O Estado pode escolher dentre diversos modos de regulação (jurídico, social, econômico, simbólico) para implementar uma política pública. Entretanto, as políticas públicas se encontram inseridas nas matérias de que usualmente trata o jurista, como a propriedade, o trabalho, a família, a criança e o adolescente, a pessoa idosa, o meio ambiente, o consumo, a educação, a segurança. O cientista político também será sempre indispensável para o tratamento desses assuntos. O cientista social, do mesmo modo, será sempre indispensável para explicar a forma pela qual cada um desses assuntos tem-se portado na sociedade. Desse modo, qualquer exame entre políticas públicas e o direito deve realizar-se mediante uma análise interdisciplinar. E uma política de segurança pública destinada a prestar o direito fundamental segurança, conforme prescreve a Constituição de 1988, tem na regulação jurídica sua característica fundamental.

Um ponto que merece esclarecimento a fim de avançarmos no estudo consiste na compreensão da distinção entre segurança pública e segurança privada. A distinção é problemática e decorre da própria dificuldade em estabelecer a diferença entre espaço público e privado. Daí se torna dificultosa a compreensão da atribuição de ordenar, preservar e restaurar a segurança em cada um desses espaços. A legislação e a doutrina não contribuem muito para o deslinde da situação, uma vez que estas ainda não chegaram a um consenso sobre quais sejam os limites entre direito público e direito privado, entre interesses e bens públicos e interesses e bens privados.

A Constituição de 1988 destinou um capítulo exclusivo ao tratamento específico da segurança pública, e no art. 144 estabelece que se trata de um direito de todos os brasileiros, cujo dever de prestação cabe ao Estado, mas em concorrência de responsabilidade entre todas as pessoas. Nele, a segurança pública é atribuída aos órgãos policiais, que devem exercer suas atividades na preservação da ordem pública e da incolumidade das pessoas e do patrimônio. Mas a generalidade dos bens a serem preservados (ordem pública e incolumidade das pessoas e patrimônio) não contribui muito para o entendimento daquilo que realmente estaria dentro de seu campo de atuação.

Para a segurança no âmbito privado, a legislação (Lei n. 7.102/83 e Decreto n. 89.056/83) utilizada pelas autoridades públicas e pelos empresários, segundo Silva[998], confunde mais do que esclarece, uma vez que foi editada com a finalidade específica e restrita de regular a segurança para os estabelecimentos financeiros, a vigilância ostensiva destes e o transporte de valores. De qualquer modo, ainda de acordo com Silva, a segurança do cidadão, considerado tanto individual quanto coletivamente, tem que ver com o somatório da segurança no espaço público, na esfera privada (independentemente do espaço) e também nos espaços intermediários, como os *shopping centers*, as casas de *shows*, os clubes, as boates, os bares etc.[999]

Segundo Monet[1000], segurança pública possui o significado de "um conjunto de objetivos atribuídos pelos textos jurídicos que regulamentam a atividade policial. Mas ela integra também as demandas múltiplas e heteróclitas que o cidadão dirige à polícia". Relaciona-se a um rol de práticas policiais rotineiras que se originam das tradições de cada país e que se legitimam pelo registro. Envolve a vigilância da higiene e da tranquilidade das ruas e dos imóveis, a proteção das pessoas e dos bens contra as ações delinquentes dos vândalos e baderneiros; envolve ainda patrulhas pedestres ou motorizadas, a guarda de estabelecimentos ou de personalidades, a organização do trânsito de veículos, socorros de urgência, escoltas de bens e de detidos, a vigilância de escolas, zonas industriais e portuárias, o controle sobre o uso de bebidas, de publicações destinadas à juventude, da prostituição, do comércio ambulante, do transporte público, das armas, e a lista não termina.

Essa também, de forma geral, é a concepção que se tem no universo do senso comum das autoridades públicas, dos políticos e das pessoas em geral sobre a segurança pública, campo de atuação restrita e exclusiva da polícia. Representa a concepção de que à polícia compete o disciplinamento dos comportamentos individuais nos espaços públicos, em conformidade com os aspectos de ordem ética e moral da classe dominante, que foram,

---

998   SILVA, op. cit., p. 234.
999   Ibidem.
1000 MONET, Jean-Claude. *Polícias e sociedades na Europa*. São Paulo: Universidade de São Paulo, 2001, p. 107.

de certa forma, bastante eficazes até a década de 1970. Mas a sociedade brasileira se modificou substancialmente a partir dessa época, menos a concepção de segurança pública que carrega. De sociedade eminentemente agrária, transforma-se em urbana, industrial e de serviços. Os mercados abertos transformam-se em *shoppings*, bairros residenciais se transformam em condomínios fechados, transformando espaços tradicionalmente públicos em privados.

Sem buscar entendimentos teóricos aprofundados sobre a natureza jurídica dessas novas situações, não há como sustentar que a prestação do direito fundamental à segurança seja limitada somente aos espaços de domínio público e tão somente de atribuição exclusiva dos órgãos policiais e até mesmo do Estado. Daqui deriva, pontualmente, a pretensão deste trabalho, de elevar o conceito de segurança pública de atividade atribuída a um segmento da Administração Pública (polícia) nos espaços de domínio público para um campo amplo, em que convergem responsabilidades compartilhadas por vários segmentos sociais em propiciar segurança às pessoas em qualquer lugar onde estejam. Entretanto, um dos maiores problemas para a prestação da segurança decorre da própria Constituição de 1988, ao considerá-la um direito fundamental que, em decorrência de sua estrutura de interpretação normativa, determina sua implementação política de forma a preservar e promover a dignidade do ser humano. O embaraço é fruto da pouca percepção que os parlamentares constituintes da época possuíam sobre a forma de implementá-la. Tal fato incorreu em uma previsão legal totalmente inadequada para sua implementação no capítulo relacionado à segurança pública, integrante do Título V, que se destina à defesa do Estado e das Instituições Democráticas. Infelizmente, a pouca percepção não foi privilégio apenas dos parlamentares constituintes, mas atingiu a classe política, a acadêmica e até mesmo o senso comum das pessoas mais humildes.

O paradigma da segurança pública que se pretende construir, cuja finalidade reside na prestação do direito fundamental à segurança, decorrente dos postulados que até aqui foram demonstrados, remete à necessidade de uma reconfiguração sistêmica que amplie o controle social de uma concepção estritamente punitiva, realizada pelo sistema de justiça criminal, mediante políticas criminais, inserindo-a em um sistema de dimensão muito maior: o sistema de segurança pública. Nesse sentido, daqui por diante, em meio às construções jurídico-políticas existentes, concorrerão outras, consideradas necessárias, porém não postuladas positivamente.

De forma geral, apenas pelo fato de mudar a perspectiva de reflexão e compreensão da segurança pública, enquanto campo de atuação de diversos saberes e atores sociais, em que a polícia, mesmo se tendo em conta que possui papel de extrema relevância, porém não exclusivo, já representará um grande avanço.

Mas nem mesmo isso será possível se o meio acadêmico não se voltar de corpo e alma para a discussão. Mesmo que tudo o que aqui se escreve seja afastado criticamente, o simples fato de tomá-lo como ponto inicial de reflexão já será o bastante para não considerá-lo um trabalho em vão[1001].

5. OS DIREITOS HUMANOS E A SEGURANÇA PÚBLICA NO BRASIL

O atual cenário brasileiro de segurança pública é verdadeiramente trágico e caótico, não constituindo este fato qualquer novidade, pois que já se apresenta desta forma há décadas.

Segundo dados de 2018 da organização mexicana Segurança, Justiça e Paz, 17 cidades brasileiras estão no *ranking* das 100 cidades mais violentas do mundo, destacando-se a preocupante posição de Natal (RN), que se encontra em quarto lugar na listagem[1002].

O número de mortes violentas intencionais caiu 6,5 % no Brasil, aponta o anuário de Segurança Pública, divulgado no dia 28-6-2022 realizado pelo Fórum Brasileiro de Segurança Pública[1003] relativo ao ano de 2021. As maiores taxas desse tipo de violência foram registradas no Amapá (53,8%), seguido da Bahia (44,9%), Amazonas (39,1%), Ceará (37%) e Roraima (35,5%). O levantamento constatou que 13 das 30 cidades mais violentas do país estão na Amazônia Legal. Dos assassinatos ocorridos no Brasil, 77,9% das vítimas são pessoas negras, 50% da faixa etária de 12 a 29 anos e 91,3% do sexo masculino. O anuário aponta ainda os números de violência sexual: dos 66.020 estupros em 2021, 75,5% eram vulneráveis, incapazes de consentir[1004].

1001 GUERRA, Sidney; TATAGIBA, Giuliano; EMERIQUE, Lilian, op. cit., p. 180.

1002 Disponível em: <https://www.bbc.com/portuguese/brasil-43309946>.

1003 Conforme Fórum Brasileiro de Segurança Pública. Disponível em: https://forumseguranca.org.br/anuario-brasileiro-seguranca-publica/. Acesso em: 24 jul. 2022.

1004 Interessante as informações contidas no ANUÁRIO Brasileiro de Segurança Pública de 2022. Disponível em: https://forumseguranca.org.br/wp-content/uploads/2022/06/anuario-2022.pdf?v=4, p. 28/29. Acesso em: 24 jul. 2022. "O pico de violência letal deu-se em 2017, quando o país registrara 30,9 Mortes Violentas Intencionais – MVI para cada 100 habitantes. A partir de 2018 iniciou-se uma tendência de queda nos índices de mortes. Em 2021, o Brasil registrou 22,3 Mortes Violentas Intencionais – MVI para cada

O resultado de tamanha generalização da violência não poderia ser outro senão o de sua banalização, testemunhada com as tentativas frustradas de contenção dos índices de insegurança por políticas repressivas baseadas na própria imposição violenta da lei pelo poder coercitivo do Estado.

Se por um lado uma série de fatores sociais e econômicos contribui de forma majoritária para o surgimento da violência – tornando-a um problema de natureza estrutural na sociedade brasileira –, por outro, o crescimento e o agravamento contínuos da mesma violência, ocasionados principalmente pela ineficiência do Poder Público em conter tais causas sociais e econômicas, têm como resultado a alienação completa das causas e da violência e sua confusão com seus efeitos, tanto por parte dos estudiosos quanto por parte da sociedade civil.

Contempla-se o lamentável surgimento de discursos que, inflamados pelo senso comum e desprovidos de quaisquer bases científicas sólidas,

---

grupo de 100 mil habitantes, redução de 6,5% na taxa de MVI em relação a 2020. Essa é, sem dúvida, uma notícia a ser comemorada e louvada. Porém, ao contrário das tentativas de explicação simplista e/ou interessadas, muitas das quais feitas no afogadilho da proximidade das Eleições Gerais de 2022, é preciso cautela na identificação dos fatores e causas para este fenômeno. É necessário que façamos algumas contextualizações. Em primeiro lugar, as MVI, que incluem homicídios dolosos, latrocínios (roubos seguidos de morte), lesões corporais seguidas de morte e mortes decorrentes de intervenções policiais, possuem dinâmicas que as caracterizam, por definição, como derivadas de fenômenos multicausais. Não há uma única causa capaz de explicar a tendência das MVI, que é a associação de múltiplas causas e fatores. Assim, podemos falar de fatores preponderantes, mas jamais de causa única. Em segundo lugar, a redução de 6,5% na taxa de MVI em 2021, em relação a 2020, não ocorreu de forma homogênea nas 27 Unidades da Federação, sendo que, inclusive, em 6 delas houve aumento no número de mortes. Fatores locais e/ou regionais são igualmente importantes para a compreensão da tendência da violência letal no país. Em terceiro lugar, por mais que a redução no número de MVI seja inegável e tenha atingido até mesmo as Mortes Decorrentes de Intervenções Policiais, que cresceram, em termos absolutos, 177,8% entre 2013 e 2020 e, em 2021, caíram 4,9%, o Brasil ainda convive com cenários de violência extrema que preocupam muito e revelam a fragilidade dos arranjos institucionais da segurança pública no país. Esta violência extrema, em 2021, também incluiu 65.225 desaparecimentos e 14.353 suicídios, que cresceram, respectivamente, em 3,2% e 7,4% em relação a 2020. Já na mesma tendência de redução das MVI, temos que ter em mente que a violência extrema que marca o Brasil passa ainda por 32.634 tentativas de homicídios e 9.435 mortes a esclarecer, cujas quedas nos registros em relação a 2020 foi de, respectivamente, 5,6% e 16,1%. Mas é na comparação internacional que mais fica patente o quão distante estamos de qualquer referência civilizatória da humanidade e que, por trás da ideia de nação pacífica, vivemos uma profunda e covarde crise de indiferença e de embrutecimento das relações sociais cotidianas".

reproduzem de forma inadequada as justas insatisfações populares, clamando por uma solução insustentável dos problemas apresentados e, inconscientemente, projetando a eternização dos cenários de violência.

Como era de se esperar, os reflexos dessa proliferação de discursos violentos chegam a ecoar sobre os Direitos Humanos. Segundo os dados da pesquisa intitulada *Human Rights in 2018 – Global Advisor,* realizada pelo Instituto Ipsos, seis em cada dez brasileiros tomam por verdadeira a máxima de que os Direitos Humanos defendem *beneficiam quem não merece*[1005]. O quadro gerado pela espiral de violência é preocupante e pensar uma solução para o mesmo requer esforços profundos.

Caminhando em paralelo à violência, não poderia deixar de estar o elevado crescimento do medo entre os brasileiros, que cada vez mais se tornam céticos quanto ao Estado e as políticas de segurança pública.

Segundo pesquisa do Datafolha, a maior parte dos brasileiros sente medo, e não confiança, quanto à polícia[1006]. Em paralelo, há o ameaçador fenômeno insurgente das milícias, que, constituindo grupos de extermínio paramilitares, atuam de forma extraestatal e geram cada vez mais terror entre os brasileiros, principalmente nas grandes metrópoles[1007].

Na prática, estes números indicam a desistência de boa parte da população quanto à credibilidade do poder estatal. Sem o Estado, que incapaz de cumprir suas funções, se reduz a mero expectador do caos social, a população se vê desamparada, largada à própria sorte. O tema é multidisciplinar, devendo-se levar em consideração, no contexto da análise aqui proposta, a questão social e econômica que circunda o cenário apresentado. Por certo, as camadas da população mais atingidas pela violência e, consequentemente, mais entorpecidas pelo medo coincidem com as classes economicamente mais baixas. Os menos favorecidos indubitavelmente sentem com maior peso as mazelas sociais.

Com efeito, o processo de construção das metrópoles modernas, no Brasil e no mundo, se deu de forma planejada, de modo a excluir as camadas mais pobres do centro social das cidades, isolando-as em zonas perifé-

---

1005   Disponível em: <ttps://www.bbc.com/portuguese/brasil-45138048>.
1006   Ver: https://www.redebrasilatual.com.br/cidadania/2019/04/maioria-da-populacao-sente-mais-medo-que-confianca-da-policia/.
1007   Sobre milícias na cidade do Rio de Janeiro, ver: https://www.ucamcesec.com.br/participacao/pesquisa-datafolha-forum-brasileiro-de-seguranca-publica-medo-de--milicia-supera-medo-de-traficante-nas-comunidades-e-na-zona-sul-do-rio/.

ricas, nas quais o poder estatal atua de forma limitada, ao passo que se faz presente nas zonas comercialmente estratégicas, bem como nos territórios nos espaços de domicílios das classes economicamente elevadas.

Em geral, a incursão estatal às zonas periféricas dá-se por meio da força policial, atuando não a partir de uma perspectiva protetiva, porém corretiva. Este caráter disciplinar é detectado por Foucault, que o opõe ao exemplo das antigas sociedades penais[1008]. O autor francês chama este caráter disciplinar das sociedades modernas de *panoptismo*, sendo um regime de normalização, formalização, sistematização e correção de indivíduos através dos aparelhos institucionais, como a escola, a fábrica, a prisão e o manicômio[1009]. É, em suma, a maximização social da ótica produtiva da fábrica, sobre a qual se assentam as sociedades capitalistas.

Cria-se então uma associação entre moralidade e ética que será a base para a criminalização das condutas indóceis, concebidas como afrontosas ou danosas à estrutura social moderna. A questão pode ser bem compreendida pela homilia realizada pelo bispo Watson em 1804 perante a Sociedade para a *Supressão dos Vícios*:

> "As leis são boas, mas infelizmente, são burladas pelas classes mais baixas. As classes mais altas, certamente, não as levam muito em consideração. Mas este fato não teria importância se as classes mais altas não servissem de exemplo para as classes mais baixas [...] Peço-lhes que sigam essas leis que não são feitas para vocês, pois assim ao menos haverá a possibilidade de controle e de vigilância das classes mais pobres"[1010].

A mentalidade capitalista fabril, contudo, mudará radicalmente com o advento da pós-modernidade na guinada do Século XX para o Século XXI. No mesmo período, contempla-se ainda a crescente onda neoliberal, em paralelo ao avassalador progresso tecnológico. A fábrica deixa de ser o centro do modelo capitalista de produção com o advento das tecnologias modernas, do dinheiro eletrônico e da virtualização do trabalho, a qual acompanha um processo de crescente desconstrução de identidade de classe entre os trabalhadores e de precarização.

1008 FOUCAULT, Michel. *Vigiar e punir: nascimento da prisão.* Trad. Raquel Ramalhete. Petrópolis: Vozes, 1987, p. 94.
1009 Idem.
1010 Idem.

Para Bauman, o Estado na sociedade neoliberal não se comprometerá com os custos provenientes das sequelas do capitalismo[1011]. O modelo de sociedade que se apresenta corresponde à tendência desestatizante alicerçada no discurso da liberdade – em sua acepção liberal moderna –, proporcionará a omissão institucional ante as mazelas sociais e cederá espaço ao caos, ainda que virtualizada e alheios à consciência da maior parte dos cidadãos, que se encontram envoltos pelo poder entorpecente das tecnologias, do consumo, da distração e do prazer.

> "A liberdade, no mundo pós-moderno, pretende fundir os metais preciosos da ordem limpa e da limpeza ordeira diretamente a partir do humano, do demasiadamente humano reclamo de prazer, de sempre mais prazer e sempre mais aprazível prazer – um reclamo outrora desacreditado como base e condenado como autodestrutivo"[1012].

Os antigos pilares eugênicos da sociedade capitalista, como a higienização e o embelezamento das cidades, não foram abandonados. Frise-se, porém, transfigurados em um planejamento similar, no qual, contudo, o discurso repressivo e a vigilância institucional dão lugar à apoteose das liberdades e à retração do Estado ante os custos das políticas de segurança.

A antiga ótica repressiva mascarava as mazelas sociais com o verniz da estabilidade, da ordem e do monopólio estatal da força. A vigilância severa garantia uma falsa sensação de segurança, cujo benefício se restringia às camadas da população não afetadas – ou pouco afetadas – pelo desequilíbrio capitalista.

A extrema valorização da liberdade, todavia, oferece uma nova ótica, aparentemente menos repressiva, na qual o Estado se exime da responsabilidade pela vigilância constante. Como consequência, a sensação de estabilidade social dá lugar ao medo e ao caos, além do fato de que a retração do Estado dá lugar ao surgimento de poderes paralelos, como as milícias.

O resultado desse verniz libertário pós-moderno já se faz visível: o surgimento de discursos violentos e reacionários que, na esperança de uma solução imediata para o caos iminente, clamam pelo retorno da ordem vigilante e repressiva do obsoleto regime de segurança disciplinar, eternizan-

---

[1011] BAUMAN, Zygmunt. *O mal-estar da pós-modernidade*. Trad. Mauro Gama e Cláudia Martinelli Gama. Rio de Janeiro: Jorge Zahar, 1998.
[1012] Idem, p. 8.

do um ciclo de violência e medo no qual as classes economicamente desfavorecidas são as mais atingidas.

Com efeito, vive-se nos grandes centros urbanos em um estado de insegurança coletiva generalizada. Para além da violência física, típica dos contextos urbanos e que mais atinge diretamente as classes menos favorecidas, ainda vislumbra-se o crescimento de redes criminosas internacionais conectadas entre si por laços virtuais e inorgânicos, que se aproveitam da falha nos serviços de fiscalização e controle das instituições estatais, tão característicos do mundo globalizado, e erguem mercados ilícitos internacionais, movimentando entre as fronteiras dos Estados drogas, armas, capitais ilícitos, mercadorias contrabandeadas, pessoas vítimas de sequestro e exploração, órgãos humanos, dados confidenciais, entre outros.

A flexibilização dos limites fronteiriços nacionais, que se deu por meio do crescente processo de globalização política e econômica, trouxe consigo nefastos efeitos colaterais. A natureza sistêmica do mundo globalizado permite simultaneamente sua boa utilização por parte de pessoas e instituições cujas intenções estão voltadas para o bem da sociedade e criminosos individuais e em rede interessados no lucro ilícito.

Esse processo trouxe também a confusão entre as questões concernentes à segurança pública e à defesa nacional, vez que consigo proporcionou o advento de casos concretos em que ambos os conceitos se tornam indissociáveis, como, a título de exemplo, quando vislumbra-se a incidência de comércio internacional de entorpecentes já não mais por meio de máfias organicamente estruturadas e assentadas em territórios específicos, mas por meio de redes criminosas transnacionais que em suas transações desafiam o poder de proteção das Forças Armadas dos países em que passam.

Há também aquele que se considera o exemplo máximo dessa globalização da violência, o terrorismo internacional contemporâneo. Desde os atentados de 11 de setembro de 2001, a sociedade internacional contempla uma verdadeira "era do terror", marcada principalmente pela Guerra Global ao Terror posteriormente declarada. Contudo, as características mais marcantes dessa guerra são o anonimato do inimigo e a consequente descontinuidade espacial dos combates, que se desdobram em ausência de zona de conflito e imprevisibilidade de tempo e local do próximo ataque.

Essas características da Guerra ao Terror podem ser resumidas em uma só constatação: medo e insegurança em escala global. Não é possível prever os passos do inimigo simplesmente porque não se sabe nem mesmo quem é o inimigo. Daí que evidencia-se o traslado da realidade inerente à defesa nacional para o âmbito interno dos países mais afetados pelo terrorismo, intensificando-se a confusão de conceitos e contribuindo gradativamente para o esquecimento dos mais básicos direitos do homem, como se pôde contemplar com o *USA Patriot Act*[1013].

Como se percebe, a tendência de estabilização da sensação de medo e mal-estar se dá em escala global. Com o 11 de setembro, vislumbra-se em máxima escala a que ponto pode chegar a organização de indivíduos com fins obscuros, dispondo das modernas tecnologias. Outro exemplo desmunido de tal caráter trágico, cita-se as revoluções da Primavera Árabe, ademais de um amplo rol de manifestações políticas ao redor do planeta, cujas articulações se deram por meios virtuais e ainda assim conseguiram tomar as ruas de grandes capitais, derrubar governos e promover mudanças.

Para o bem ou para o mal, a realidade tecnológica alcançada na virada do século trouxe consigo essa constante instabilidade que põe em igualdade de recursos pessoas e grupos mal ou bem intencionados.

Os recentes casos de disseminação de notícias falsas (*fake news*) revelam, em uma escala muito mais condizente com a realidade brasileira, o poder de proliferação da violência gerado pela má utilização das modernas tecnologias[1014]. O medo e o ódio se espalham numa velocidade muito acima daquela em que vem sendo empregados os esforços em combatê-los. Contudo, a tecnologia faz parte de nossa realidade e seu progresso não parece que cessará tão logo – ou algum dia. Cabe à sociedade criar mecanismos de adequação e regulação, levando em consideração a necessidade de sintonia entre a segurança e os direitos fundamentais.

Como visto nesta obra, os Direitos Humanos passaram a ocupar lugar de destaque na ordem jurídica internacional e dos Estados nacionais. No Brasil, a Constituição da República consagra às Polícias o papel da segurança pública[1015]. Desse modo, pensar a segurança pública desde os Direitos

---

[1013] Decreto americano de outubro de 2001 que, dentre outras permissões, validava a interceptação de ligações telefônicas e e-mails de qualquer pessoa supostamente envolvida com grupos terroristas, sem qualquer prévia autorização judicial, violando a privacidade e a presunção de inocência.

[1014] Notícias falsas aumentam a onda de violência e perseguição no Brasil. Disponível em: <https://www.redebrasilatual.com.br/cidadania/2019/03/noticias-falsas-aumentam-onda-de-violencia-e-perseguicao-no-brasil/>.

[1015] "Art. 144. A segurança pública, dever do Estado, direito e responsabilidade de todos, é exercida para a preservação da ordem pública e da incolumidade das pessoas

Humanos só pode ser possível por meio de um esforço contínuo de se inserir a cultura jurídica dos Direitos Humanos nas instituições policiais. Contudo, tradicionalmente a Polícia é tratada como uma instituição de caráter burocrático[1016], de modo que apenas podem fazer refletir na prática uma dada axiologia institucional.

---

e do patrimônio, através dos seguintes órgãos: I - polícia federal; II - polícia rodoviária federal; III - polícia ferroviária federal; IV - polícias civis; V - polícias militares e corpos de bombeiros militares; e VI - polícias penais federal, estaduais e distrital. § 1º A polícia federal, instituída por lei como órgão permanente, organizado e mantido pela União e estruturado em carreira, destina-se a: I - apurar infrações penais contra a ordem política e social ou em detrimento de bens, serviços e interesses da União ou de suas entidades autárquicas e empresas públicas, assim como outras infrações cuja prática tenha repercussão interestadual ou internacional e exija repressão uniforme, segundo se dispuser em lei; II - prevenir e reprimir o tráfico ilícito de entorpecentes e drogas afins, o contrabando e o descaminho, sem prejuízo da ação fazendária e de outros órgãos públicos nas respectivas áreas de competência; III - exercer as funções de polícia marítima, aeroportuária e de fronteiras; IV - exercer, com exclusividade, as funções de polícia judiciária da União. § 2º A polícia rodoviária federal, órgão permanente, organizado e mantido pela União e estruturado em carreira, destina-se, na forma da lei, ao patrulhamento ostensivo das rodovias federais. § 3º A polícia ferroviária federal, órgão permanente, organizado e mantido pela União e estruturado em carreira, destina-se, na forma da lei, ao patrulhamento ostensivo das ferrovias federais. § 4º Às polícias civis, dirigidas por delegados de polícia de carreira, incumbem, ressalvada a competência da União, as funções de polícia judiciária e a apuração de infrações penais, exceto as militares. § 5º Às polícias militares cabem a polícia ostensiva e a preservação da ordem pública; aos corpos de bombeiros militares, além das atribuições definidas em lei, incumbe a execução de atividades de defesa civil. § 5º-A. Às polícias penais, vinculadas ao órgão administrador do sistema penal da unidade federativa a que pertencem, cabe a segurança dos estabelecimentos penais. § 6º As polícias militares e os corpos de bombeiros militares, forças auxiliares e reserva do Exército subordinam-se, juntamente com as polícias civis e as polícias penais estaduais e distrital, aos Governadores dos Estados, do Distrito Federal e dos Territórios. § 7º A lei disciplinará a organização e o funcionamento dos órgãos responsáveis pela segurança pública, de maneira a garantir a eficiência de suas atividades. § 8º Os Municípios poderão constituir guardas municipais destinadas à proteção de seus bens, serviços e instalações, conforme dispuser a lei. § 9º A remuneração dos servidores policiais integrantes dos órgãos relacionados neste artigo será fixada na forma do § 4º do art. 39. § 10. A segurança viária, exercida para a preservação da ordem pública e da incolumidade das pessoas e do seu patrimônio nas vias públicas: I - compreende a educação, engenharia e fiscalização de trânsito, além de outras atividades previstas em lei, que assegurem ao cidadão o direito à mobilidade urbana eficiente; e II - compete, no âmbito dos Estados, do Distrito Federal e dos Municípios, aos respectivos órgãos ou entidades executivos e seus agentes de trânsito, estruturados em Carreira, na forma da lei."

1016 PERROW, Charles. *Análise organizacional: um enfoque sociológico*. São Paulo: Atlas, 1976.

O Brasil se mostrou receptivo à cultura universal dos Direitos Humanos com o advento da Constituição Federal de 1988, que centralizou em nosso ordenamento o princípio da Dignidade da Pessoa Humana. Logo, o comportamento policial deve, por suposto, refletir essa ideologia estatal, que em seu arcabouço teórico abraça a cultura dos Direitos Humanos e internaliza as convenções internacionais relativas aos mesmos.

Em pesquisa realizada em 2014 e divulgada na *Revista Brasileira de Segurança Pública*, foi revelado que há entre os policiais uma boa recepção dos Direitos Humanos e dos cursos de Direitos Humanos nos currículos das academias de polícia. Contudo, a mesma pesquisa revela que os profissionais da segurança pública não conseguem enxergar uma forma de pôr em prática os conteúdos assimilados em sala de aula, dado que o cotidiano de suas atividades faz "descolar a teoria da prática"[1017].

Verifica-se então a existência de uma lacuna entre o conteúdo teórico-normativo dos Direitos Humanos e o caráter prático do cotidiano dos policiais no exercício de suas funções. Porém, tal contradição não se explica pela simples observância da prática policial, senão que corresponde ao resultado de um problema estrutural na sociedade brasileira. É ainda resultado da pesquisa:

> "A aplicação ou não dos conhecimentos adquiridos sobre direitos humanos mostrou-se condicionada ao comando ou chefia dos profissionais. Dito de outra forma, os policiais argumentam que um comando ou chefe que exige um trabalho mais repressivo, com foco na apreensão de armas e drogas, por exemplo, muitas vezes não se preocupa com os meios utilizados para se atingirem tais resultados, o que abre um leque de oportunidades para que o policial desconsidere os direitos humanos. Em contrapartida, o trabalho preventivo, com a colaboração de outros órgãos, na tentativa de melhorar a qualidade de vida da população amplia as possibilidades de o policial exercer sua autoridade sem ser arbitrário. Verifica-se, assim, que a diretriz do comando ou chefia no que diz respeito à aplicação dos princípios dos direitos humanos tem efeito nas práticas policiais"[1018].

O estabelecimento de metas quantitativas de produção por parte dos comandos policiais têm seus reflexos diretos no descumprimento das normas e princípios de Direitos Humanos na operação da segurança pública.

[1017] SANTOS, Simone Maria; OLIVEIRA, Lívia Henrique. Direitos Humanos e atuação policial: percepções dos policiais em relação a uma prática cidadã. *Revista Brasileira de Segurança Pública*, São Paulo, v. 9, n. 1, p. 140-156, fev./mar., 2015.
[1018] Idem.

Porém, ao se abordar uma questão estrutural, não se pode considerar que estes mesmos comandos partem das autoridades policiais de forma arbitrária e isolada, ainda mais quando se considera a instituição policial como um *organismo burocrático*.

De alguma forma, as situações práticas que se apresentam aos operadores da segurança pública lhes coagem a escolher entre o respeito aos Direitos Humanos e o cumprimento das metas quantitativas estabelecidas. Por outro lado, se não houvesse armas e drogas de grande potencial ofensivo circulando em grandiosas quantidades pela sociedade brasileira, as autoridades policiais não estabeleceriam as metas quantitativas referidas e priorizariam uma solução qualitativa dos problemas relativos à segurança, proporcionando melhores condições ao respeito aos Direitos Humanos por parte dos operadores policiais.

Dessa forma, não resta outra conclusão senão a detecção de um problema estrutural que abarca muitas das questões previamente tratadas. O contexto pós-moderno e seus princípios de desregulamentação e menor intervenção estatal, aplicado ao caso específico do comércio ilícito, contribui para a proliferação desmedida de armas e drogas na sociedade, enquanto todo o quadro social e econômico do Brasil permite que os ciclos de violência sejam perpetuados, em paralelo à perpetuação da pobreza, da educação precária e da ausência de políticas de saneamento.

No último grau dessa estrutura, policiais e cidadãos se confrontam em embates violentos nos grandes centros urbanos, eternizando o medo e o mal-estar na sociedade brasileira e fazendo dos Direitos Humanos um quadro muito distante de nossa realidade.

Quando a luta pela manutenção da ordem por parte dos órgãos de segurança pública adquire este caráter fundamentalmente bélico, o crime se descaracteriza enquanto fato social e inerente à civilização e adquire progressivamente uma dimensão bélica.

A esse fenômeno dá-se o nome de militarização ideológica da segurança pública[1019]. Esta tendência corresponde, sobretudo, à ofuscação da cor-

---

1019 O termo "militarização", aqui, cumpre dizer, corresponde tão somente à tipificação do criminoso enquanto inimigo, não dizendo respeito à estrutura militar das polícias. Sobre o tema, ver: TATAGIBA, GCS. *A insegurança pública e a dignidade da pessoa humana*. In: GUERRA, Sidney (org.). *Temas emergentes de direitos humanos*. Campos dos Goytacazes: Editora da Faculdade de Direito de Campos. v. II, p. 124-132; e MONET, Jean-Claude. *Polícias e sociedades da Europa*. São Paulo: Espaço Jurídico, 2001.

reta visão sobre o crime, que constitui fato social inerente a toda sociedade organizada em leis, correlacionando-o com o inimigo do Estado, em uma visão típica das sociedades em situação de guerra, como se vê:

> "A cultura belicosa e autoritária das Polícias é apoiada por setores da população e da mídia com a crença de que o respeito aos direitos humanos compromete a eficácia do trabalho policial e que esse trabalho se resume em reprimir criminosos de forma truculenta. Passa longe a instituição do conceito de segurança pública como um dos vértices de política social (agregado à saúde, educação, saneamento, etc.)"[1020].

As situações de guerra e conflitos armados[1021] possuem uma regulação jurídica específica, na qual incide o Direito Internacional dos Conflitos Armados – ou Direito Internacional Humanitário, fugindo ao mero escopo da legislação interna ou da vigência dos Direitos Humanos. Contudo, esta não é a realidade que corresponde ao quadro brasileiro. A militarização ideológica não possui respaldos científicos concretos, mas se dá pela generalização de discursos inflados pelo senso comum num dado contexto de violência extrema na sociedade, em que as reações, tanto por parte dos órgãos de segurança quanto por parte da população, correspondem a respostas tão ou mais violentas, que tendem a progressivamente eliminar os Direitos Humanos do debate público sobre a segurança no Brasil[1022].

Sem embargo, se o problema apresentado possui uma natureza estrutural e multidisciplinar, a solução a ser apresentada deve de igual forma ser multidisciplinar e possibilitar uma mudança de estrutura na sociedade brasileira.

A valorização constitucional da pessoa humana enquanto receptividade brasileira da cultura jurídica universal dos Direitos Humanos não parece ser suficiente para transferir essa tendência do Direito para além da esfera abstrata do "dever-ser".

1020   MUSUMECI, Leonarda. *As Múltiplas Faces da Violencia do Brasil*. p. 05 mimeografado. In: AZEVEDO, Guilherme Felipe de. Os custos sociais da violência urbana. Caruaru: *Revista da Faculdade de Direito de Caruaru*.
1021   Há no Direito Internacional uma diferença fundamental entre os conceitos de Guerra e Conflito Armado. Aquele corresponde ao confronto deflagrado entre dois ou mais Estados soberanos, ao passo que este indica a situações de conflitos entre grupos beligerantes não estatais ou entre Estados e grupos não estatais.
1022   *Vide* dados levantados nas pesquisas acima referidas.

A materialidade dos Direitos Humanos no Brasil ainda apresenta-se de maneira distante, cujos fatores impedidores excedem em muito os atuais esforços pela sua efetivação.

Algo fundamental e que resta ser compreendido pela comunidade acadêmica, pelos órgãos do governo e de segurança e acima de tudo pela sociedade civil é que o desprezo pelos Direitos Humanos, mais que uma consequência da violência deflagrada pelo estado caótico da segurança pública no Brasil, é a própria causa desse mesmo cenário.

Isto se diz por simples razão: a Constituição Federal recepciona os Direitos Humanos e os toma como um de seus fundamentos por meio da Dignidade da Pessoa Humana, porém, o Estado, que pela mesma Constituição se faz regido, não é capaz de arcar com tal compromisso contido em sua Carta Magna, permitindo, por meio de suas debilidades, que brasileiros sejam diariamente mortos e feridos na eterna crise de segurança existente.

Como pode uma pessoa viver dignamente sendo constantemente acometida pelo medo, pela insegurança e pelo mal-estar? Demonstra-se aí uma falha por parte do Estado em relação seu próprio e constitucional compromisso com os cidadãos.

Por tal razão, a mudança deve partir de um redirecionamento das diretrizes estatais, que devem se voltar para a efetivação de seus próprios fundamentos constitucionais, que refletem internamente os Direitos Humanos.

Esse redirecionamento implica, antes de tudo, no retorno à ótica racional e jurídica do fenômeno criminal e da figura do criminoso, enterrando definitivamente a visão do criminoso como inimigo e do combate ao crime como uma guerra, bem como na observância de princípios fundamentais, tais como a erradicação da pobreza, a construção de uma sociedade justa e o bem de todos[1023] – compromissos cujo cumprimento se faz necessário para a efetivação de qualquer projeto de pacificação da sociedade brasileira.

Com a cura das mazelas sociais torna-se possível estabelecer bases necessárias à efetivação das políticas de segurança pública. Requer-se assim uma ação sinérgica por parte do Estado, no sentido de reprimir os criminosos já existentes e impedir que outras pessoas ingressem para o crime.

Por fim, à guisa de considerações finais deste tópico, apesar de os Direitos Humanos assumirem papel importante no ordenamento jurídico

---

1023 "Art. 3º Constituem objetivos fundamentais da República Federativa do Brasil: I – construir uma sociedade livre, justa e solidária; II – garantir o desenvolvimento na-

dos regimes democráticos, muitas vezes, como no caso brasileiro, essa centralidade dos Direitos Humanos se vê restrita à formalidade normativa, com limitações práticas e visíveis para a população, como em matéria de segurança pública. Apresenta-se, portanto, como grande desafio, viabilizar políticas públicas que pensem a segurança pública a partir da ótica dos Direitos Humanos.

6. SEGURANÇA PÚBLICA E DIREITOS HUMANOS: CONSIDERAÇÕES FINAIS

A tensão entre violência e direitos humanos assume diversas facetas no mundo contemporâneo. Por isso, formular políticas públicas que encontrem o equilíbrio entre as ações de combate, prevenção da violência, dever de garantia dos direitos humanos e liberdades fundamentais torna-se o grande dilema da atualidade[1024].

Sendo assim, os direitos humanos e a violência são, indubitavelmente, temas que percorrem uma realidade complexa e contraditória, de maneira que o estudo do tema implica, sob pena de ineficácia social, uma tarefa de contínua recolocação e reconceituação do problema.

O processo de modernização acarretou a diminuição do papel dos laços no tecido social, portanto resultou no aumento significativo da importância do indivíduo. Na década de 1970, sociedades industriais avançadas – agora sociedades plurais fragmentadas – passaram a formar-se ao redor de corporações com a criação de grupos sociais que clamavam novamente a importância do tecido social. Raça, gênero, etnia, nação, tribo, linguagem, religião: todos esses grupos definem uma classe de pertencimento que, na maioria das vezes, impossibilita a consideração da vontade geral.

Não há como negar que tanto a impunidade quanto as desigualdades sociais, ou até mesmo a falta ou ineficiência de recursos aos instrumentos repressivos, de fato colaboram, ou talvez não impeçam, o acirramento dos conflitos sociais no Brasil contemporâneo.

---

cional; III – erradicar a pobreza e a marginalização e reduzir as desigualdades sociais e regionais." BRASIL. Constituição (1988). *Constituição da República Federativa do Brasil*. Brasília, DF: Senado Federal: Centro Gráfico, 1988.

1024 Conforme Relatório final de pesquisa, realizada por GUERRA, Sidney (Coord.) sob o financiamento da CAPES, intitulada "Direitos Humanos e violência: governo e governança", junto ao PPGD/FDC – Dez. 2008.

De qualquer modo, a criminalidade comum no Brasil tem-se acentuado a partir da segunda metade do século XX, mas apenas chamou a atenção e despertou o interesse por seu tratamento quando ultrapassou os limites das classes sociais periféricas, a partir da década de 1990. Afinal, estas não possuem carros para blindar, nem podem imaginar morar em condomínios fechados. Moram em barracos e nem sequer necessitam mudar de trajeto de casa para o trabalho, principalmente no mundo globalizado, com um mercado cada vez mais exigente de mão de obra qualificada, mas que não consegue fazer com que milhões de pessoas consigam concluir o ensino fundamental[1025].

1025 Interessante a abordagem de TATAGIBA, Giuliano. A segurança pública no discurso dos direitos humanos no Brasil. In: GUERRA, Sidney. *Reflexões sobre direitos humanos e violência: governo e governança*. Rio de Janeiro: Freitas Bastos, 2008, p. 121: "As principais linhas de pesquisas e os trabalhos daí resultantes que se vê na literatura brasileira e até internacional sobre os direitos humanos, poucos são os interessados pela questão da segurança pública. Pouco ou nenhum interesse se vê pela segurança pública, a não ser nos casos específicos referentes às violações, tortura, maus-tratos, abuso de poder, enfim arbitrariedades comumente relacionadas aos integrantes das agências estatais. Mas esta falta de interesse pela questão da segurança pública não é uma prerrogativa apenas dos movimentos de Direitos Humanos. De uma forma geral, historicamente no Brasil, poucos são os pesquisadores e estudiosos que se arvoram para o tema, que tem como reflexo imediato uma escassa literatura, cuja consistência teórica é no mínimo questionável. Geralmente, os trabalhos desenvolvidos têm como pauta diretiva questões pontuais, como as relacionadas às discriminações e das minorias sociais e as consequentes lutas pela conquista e efetivação destes direitos, ou mesmo pela responsabilização das consequentes violações dos direitos já conquistados. Como a segurança pública possui tradicionalmente o seu tratamento reservado aos órgãos policiais, talvez, umas das explicações mais consistentes a respeito deste desinteresse, derive do regime ditatorial, seja civil ou militar, em que o país se viu imerso em boa parte do século XX, no que ao se destinar as agências policiais ao *front* da repressão política e ideológica, acabou por despertar uma ojeriza no meio acadêmico por ser um de seus alvos mais incisivos e daí, assentando uma relação nada amistosa. Também não se pode desprezar o fato de que, aliado à motivação anterior, a insegurança, até a década de 1980 e meados da década de 1990, era uma realidade apenas para as regiões periféricas dos grandes centros urbanos e que nenhum incômodo mais significativo trazia às classes sociais mais favorecidas. A preocupação com o tema segurança começa a despertar um efetivo interesse a partir do momento em que o crime e a violência transpõem a barreira das favelas e dos bolsões de pobreza, onde seus autores e vítimas se encontravam e começam a vitimar também outros segmentos sociais que, a partir de sua maciça exploração pela mídia, acaba por contribuir de forma significativa na produção de uma sensação de pânico na sociedade brasileira, o medo do crime ou sensação de insegurança, confundindo o real do imaginário, como afirma Zaffaroni, as verdadeiras 'fábricas da realidade'".

Contudo, tais situações devem ser examinadas com cautela, e de forma alguma podem prescindir de uma análise mais acurada das condições reais desses fenômenos, bem como da adequação das respostas a sua incidência, vez que a segurança, como apresentado em tópico precedente, é um direito fundamental, garantido pela Constituição de 1988, que tem como princípio basilar e norteador a dignidade da pessoa humana.

Sem embargo, a condição humana, imersa em sociedades rigidamente hierarquizadas, guiadas pelo império do mercado, e a consequente invalidação do indivíduo geram angústia perene e forte exclusão das massas empobrecidas. O clamor por segurança pessoal e a angústia que se condensou no medo dos estranhos impregnam a totalidade da vida diária, mas esse estado de coisas encontra-se irrefutavelmente atado ao modo como os homens produzem e reproduzem suas formas de existência, a gerar permanentemente meios de exclusão difusos de toda ordem.

Diante de todas as formas de exclusão possíveis e imagináveis, existem possibilidades para soluções individualistas, egoístas e coletivistas, cuja lógica de intervenção insiste em separar sujeitos e objetos, superiores e inferiores, validos e desvalidos, puros e impuros. Somente uma lúcida e sábia solidariedade constitui uma atitude eticamente acertada no sentido de reduzir paulatina e seguramente a injusta exclusão, e fazer partícipes dos bens terrenos, materiais e imateriais, todos os homens, estes que são seus legítimos donos. Portanto, há que proceder à reordenação das políticas públicas, com a adequada e imprescindível participação solidária da sociedade civil na construção da paz, pressuposto necessário à eficaz garantia real dos direitos humanos[1026].

Não se pode olvidar que a responsabilidade solidária, como fato, requer a devida compreensão dos Poderes Públicos de que todos são responsáveis pela construção histórica de violações, exclusões e discriminações humanas, que reproduzem numa constante "anticidadania", ou seja, a existência de um fenômeno redutor da dimensão humana e foco de atos violentos, num ciclo interminável e injusto.

A participação se apresenta como necessidade fundamental do ser humano, e sua ausência cria e recria antagonismos espaciais, degenerando-se em violência tanto na esfera pública quanto na privada, pois são esferas absolutamente imbricadas, que se retroalimentam constantemente, mantendo um *status quo* aparentemente imutável.

1026 GUERRA, Sidney. *Direitos humanos e cidadania*. São Paulo: Atlas, 2012.

Trata-se de uma modalidade de política pública de longo prazo, que tem a pretensão de atingir a raiz da problemática, e não os sintomas ou consequências, e que parte do princípio de que as pessoas precisam compreender o paradigma posto pela "Era dos Direitos Humanos" e sua mensagem normativa humanitária.

Em princípio, pode-se cogitar e debater sobre a possibilidade de instauração de uma cultura dos direitos humanos que requer hodiernamente dos estudiosos e a complexificação do fenômeno da violência em sua multicausalidade, bem como nas implicações difusas advindas para as diversas sociedades e civilizações. Trabalhar eficazmente com políticas públicas na área de direitos humanos exige a correta redefinição de determinados termos centrais e a adequada problematização de questões que envolvem a dimensão relacional na esfera individual e coletiva em seu aspecto interdisciplinar e transdisciplinar.

A violência, portanto, passou a ser fundamental como tema estratégico dentro do cenário contemporâneo, porém, tratada em sentido amplo, e não somente em aspectos determinados, como se costumava apresentar, ou seja, a violência no espaço urbano, no campo, criminal etc. Tais aspectos são expressões contemporâneas oriundas de um contexto determinante em que a realidade da violência perpassa os diferentes espaços sociais, moldando e conformando a cultura da violência. Como se daria, então, essa "irrigação" da violência, expressa em atos violentos nos diferentes espaços sociais?

O modo de vida humano está encravado numa cultura que gera o individualismo, o medo e o autoritarismo, numa perene desconsideração da alteridade do outro como igual. Esse é o espectro que nos acompanha. Os três elementos funcionam como filhos e germes do estado de violência no qual a sociedade mergulhou; estão cristalizados no espaço público e no privado, nas ruas e nas casas e possuem, indubitavelmente, caráter intersubjetivo. A violência destrói a alteridade em sua causa e em seu efeito (cíclico), já que é um fenômeno contextual.

Evidencia-se, portanto, que persiste um hiato entre os atos cotidianos públicos e privados atentatórios à alteridade e dignidade humana, bem como a mensagem humanística contida nos documentos de direitos humanos universalmente reconhecidos.

Diante disso, torna-se imperioso demarcar a diferença importante entre a identidade do indivíduo e a do sujeito. O indivíduo se sujeita flexivelmente aos referenciais externos elaborados pelo modelo social que configura sua identidade e adapta sua prática aos objetivos do sistema. O sujeito, diferentemente, constrói os próprios referenciais para autodefinir-se como pessoa, o que lhe possibilita direcionar sua prática de modo autônomo. O indivíduo assume uma prática cooperante com as estruturas que o modelaram, ao passo que o sujeito cria suas próprias práticas, direcionadas segundo o universo simbólico por ele constituído. O indivíduo é livre para escolher entre uma diversidade de opções postas para ele. O sujeito cria sua opção de ser pessoa e seu modo de entender a sociedade.

Os mecanismos de poder próprios das sociedades contemporâneas procuram modelar atores sociais e evitam criar sujeitos históricos. Sujeitos históricos ou atores sociais? Esse é o dilema da subjetividade contemporânea.

Os espaços antagônicos, excludentes e agressivos que perfazem as metrópoles contemporâneas constituem focos de revoltas e rebeliões, resultado cumulativo de uma insatisfação profunda e perene na esfera da humanidade de cada um e do todo, enquanto massa de empobrecidos. O medo e a ameaça que rondam os citadinos na atual realidade pertencem à lógica ferozmente capitalista que vem excedendo o que o homem pode suportar[1027].

Diante desse cenário asfixiante e vazio de sentido humano, essa mesma sociedade abre espaço para a reflexão acerca do problema ético da responsabilidade pessoal e social, precisamente no terreno da ação, em que o homem se põe à prova como eu pessoal convocado a tomar consciência de si e de seu mundo, na comunicação intersubjetiva numa comunidade, em que os projetos se unem a necessidades reais no esforço de suplantar as alienações que se tecem ao redor[1028].

Uma nova adequação psíquica toma espaço no que tange ao redimensionamento do conceito contemporâneo de cidadania e do que ela, como fundamento do Estado Democrático de Direito, quer comunicar. O valor da solidariedade eleva-se como pré-compreensão para a concreta materialização dos direitos humanos. Portanto, urge promover a cooperação entre todos os segmentos com vistas à procura de soluções para os problemas que são comuns a todos, e, nesse particular, a violência e a sensação de insegurança. Indubitavelmente, o "agir solidário" é fundamental nos dias atuais para a convivência social e para o desenvolvimento da consciência em prol da valorização dos direitos humanos.

1027 MORAES, Regis de. *O que é a violência urbana*. São Paulo: Brasiliense, 1993, p. 12.
1028 NOGUEIRA, João Carlos. Ética e responsabilidade pessoal. In: MORAIS, Regis (Org.). *Filosofia, educação e sociedade*. Campinas: Papirus, 1989, p. 13.

CAPÍTULO X

A LEI DE MIGRAÇÃO BRASILEIRA

1. CONSIDERAÇÕES GERAIS

Os padrões de migração, como acentua Giddens[1029], podem ser vistos como um reflexo dos laços econômicos, políticos e culturais que estão em rápida mudança entre os países. Esse grande movimento migratório[1030]

1029 GIDDENS, Anthony. *Sociologia*. 4. ed. Porto Alegre: Artmed, 2005, p. 215, destaca que "em 1990, a população migrante do mundo foi de mais de 80 milhões de pessoas, 20 milhões das quais eram refugiadas. Esse número parece prestes a aumentar nos primeiros anos do século XXI, induzindo alguns estudiosos a rotularem essa época como a 'era da migração'".

1030 PIERRE, Renouvin; DUROSELLE, Jean Baptiste. *Introducción a la historia de las relaciones internacionales*. México, DF: Fondo de Cultura Económica, 2000, p. 49, apresenta sobre migração os seguintes dados: "El período que se extiende de 1880 a 1914 es el de los grandes movimientos migratorios europeos. Entre 1871 y 1914, 34 millones de hombres salieron de Europa, de los cuales alrededor de 16 lo hicieron durante los 13 primeros años del siglo XX. Si descontamos las repatriaciones (cuya cifra exacta se desconoce, por falta de informaciones estadísticas anteriores a 1886), la emigración internacional neta proveniente de Europa fue, versosimilmente, del orden de 25 millones de individuos que, en su gran mayoría, eran hombres en la flor de la edad. Fuera de Europa, las corrientes migratorias internacionales no tenían nada de comparable con los desplazamientos masivos de las poblaciones europeas. En Japón, por ejemplo, donde la presión demográfica era aún poco importante la media anual de la emigración no pasó de 12000 hombres entre 1910 y 1913.

Después de la primera Guerra Mundial, que paralizó temporalmente las salidas, los movimientos migratorios europeos ya no tuvieron la misma amplitud. La 'recuperación' que se manifiesta en 1920 (820000 salidas) no es sino una llamarada de petate; a partir de 1921, las estadísticas registran una baja casi continua, porque los Estados Unidos, que habían recibido antes de 1914 a 65% de los emigrantes, cerraron sus

ocorre de maneira intensa em algumas regiões, em razão de guerras civis, problemas étnicos ou religiosos, falta de uma perspectiva melhor de vida e de outras situações que se manifestam com frequência[1031].

A mobilidade humana assume contornos complexos na atualidade e alcança o impressionante número de mais de 281 milhões de pessoas que se encontram fora do seu país de origem, ou seja, mais de 3,6% da população mundial, segundo dados da Organização das Nações Unidas (ONU) referentes ao ano de 2022[1032].

Sendo um fenômeno de grande repercussão para o Estado, com desdobramentos nos campos social, político, econômico, cultural e outros, a matéria ganha relevo, com vários aspectos que precisam ser regulados pelo direito.

No Brasil, até a edição da Lei n. 13.445, de 24 de maio de 2017, a matéria relativa à situação jurídica do estrangeiro estava prevista na Lei n. 6.815, de 19 de agosto de 1980, não havendo, até aquele momento, uma lei que tratasse de maneira específica sobre as migrações.

Impende assinalar que a Lei n. 6.815/80 foi concebida no período em que o Estado brasileiro era conduzido por militares e levava em conta as-

---

puertas. En cambio, las migraciones asiáticas cobraron un poco más de importancia, pero quedaron muy lejos de ofrecer el espetáculo de estos éxodos masivos que había experimentado el continente europeo entre 1905 y 1914; la emigración china, que es por mucho más importante apenas rebasa 70000 u 80000 habitantes. Sólo entre 1926 y 1927, en el momento en que la China central se convirtió en el teatro de operaciones de la guerra civil, el número de emigrantes alcanzó excepcionalmente 220000. Pero es de destacar también la existência de una corriente migratoria que, entre 1920 y 1930, llevó a los Estados Unidos año con año unos 100000 canadienses, casi siempre canadienses franceses".

[1031] CASTELS, Stephen; MILLER, Mark apud GIDDENS, Anthony, op. cit., p. 216 identificaram quatro tendências que vão caracterizar os padrões de migração nos próximos anos: "a) aceleração – a migração através de fronteiras está ocorrendo em números maiores do que já ocorreu anteriormente; b) diversificação – atualmente, a maioria dos países recebe imigrantes de muitos tipos diferentes, ao contrário de antigamente, quando predominavam formas específicas de imigração, como a imigração de trabalho ou dos refugiados; c) globalização – a migração tornou-se mais global por natureza, envolvendo um número maior de países como emissores e receptores; d) feminização – um número crescente de migrantes é formado por mulheres, o que faz com que a migração contemporânea seja bem menos dominada pelo sexo masculino do que em épocas anteriores".

[1032] Disponível em: https://worldmigrationreport.iom.int/wmr-2022-interactive/. Acesso em: 23 jul. 2022.

pectos voltados principalmente para a segurança nacional, apresentando-se como discriminatória e contrária aos fundamentos e princípios que norteiam a Carta Magna de 1988.

Após longos debates e estudos sobre a necessidade de conceber na ordem jurídica brasileira uma lei que retratasse a situação atual dos não nacionais, que até então eram vistos como hóspedes (estrangeiro), a matéria passou a ser regrada pela Lei de Migração[1033].

A Lei n. 13.445, de 24 de maio de 2017, foi concebida em conformidade com o sentimento constitucional[1034] de 1988, que atribuiu valor à dignidade da pessoa humana e toda carga correspondente à proteção dos direitos humanos. Ela trata dos direitos e deveres do migrante e do visitante no Brasil, regula a entrada e a permanência de estrangeiros e estabelece normas de proteção ao brasileiro no exterior. A matéria foi devidamente regulamentada pelo Decreto n. 9.199, de 20 de novembro de 2017.

Para melhor compreensão da norma, ainda que de maneira sucinta, importante destacar alguns aspectos que até recentemente eram vigentes no Brasil, no que tange à situação jurídica do estrangeiro, transitando agora para um novo modelo, qual seja, o que consagra o migrante e o visitante.

2. NACIONALIDADE, ESTRANGEIRO E O MIGRANTE

Até a vigência da Lei n. 6.815/80, chegava-se ao entendimento sobre quem era estrangeiro, partindo-se da identificação de quem era nacional, ou seja, o indivíduo que não se encontrava no rol descrito do art. 12 da Constituição de 1988, seja como brasileiro nato ou naturalizado, era considerado estrangeiro e, em situações excepcionais e diversas, apátrida. A matéria sobre nacionalidade vem expressa na Carta Magna de 1988 e a situação jurídica do estrangeiro encontrava-se prevista, como mencionado, na Lei n. 6.815/80, o conhecido Estatuto do Estrangeiro[1035].

1033 O texto analisado pelos senadores foi um substitutivo apresentado pela Câmara dos Deputados ao projeto original do Senado (SCD 7/2016 ao PLS 288/2013).

1034 VERDÚ, Pablo Lucas. *O sentimento constitucional: aproximações ao estudo do sentir constitucional como modo de integração política*. Tradução de Agassiz Almeida Filho. Rio de Janeiro: Forense, 2004: "O sentimento constitucional é expressão de uma cultura política assimilada e sentida pelas pessoas acerca dos principais alicerces jurídico-políticos de convivência, o que envolve realização de direitos fundamentais".

1035 A Lei n. 13.445/2017 sobre migração no Brasil revogou a Lei n. 6.815/80.

O estudo relativo à nacionalidade[1036] é comum para o Direito Constitucional com reflexos para o Direito Internacional posto que a Lei Maior apresenta os casos dos indivíduos que possuem a nacionalidade brasileira e por exclusão os que não se encontram nesse rol se apresentavam como estrangeiros. O art. 12 da Constituição brasileira de 1988, prescreve que, *in verbis*:

> "Art. 12. São brasileiros:
> I – natos:
> *a)* os nascidos na República Federativa do Brasil, ainda que de pais estrangeiros, desde que estes não estejam a serviço de seu país;
> *b)* os nascidos no estrangeiro, de pai brasileiro ou mãe brasileira, desde que qualquer deles esteja a serviço da República Federativa do Brasil;
> *c)* os nascidos no estrangeiro de pai brasileiro ou de mãe brasileira, desde que sejam registrados em repartição brasileira competente ou venham a residir na República Federativa do Brasil e optem, em qualquer tempo, depois de atingida a maioridade, pela nacionalidade brasileira;
> II – naturalizados:
> *a)* os que, na forma da lei, adquiram a nacionalidade brasileira, exigidas aos originários de países de língua portuguesa apenas residência por um ano ininterrupto e idoneidade moral;
> *b)* os estrangeiros de qualquer nacionalidade, residentes na República Federativa do Brasil há mais de quinze anos ininterruptos e sem condenação penal, desde que requeiram a nacionalidade brasileira".

No campo do *direito das gentes*, Verdross[1037] aponta alguns princípios relacionados à matéria: "a) o direito das gentes confia à apreciação de cada Estado determinar como se adquire e se perde a sua nacionalidade; b) nenhum Estado pode determinar as condições de aquisição e perda de uma

---

1036 Para REZEK, José Francisco. *Direito internacional público*: curso elementar. 6. ed. São Paulo: Saraiva, 1996, p. 178, "nacionalidade é um vínculo político entre o Estado soberano e o indivíduo, que faz deste um membro da comunidade constitutiva da dimensão pessoal do Estado. Importante no âmbito do direito das gentes, esse vínculo político recebe, entretanto, uma disciplina jurídica de direito interno: a cada Estado incumbe legislar sobre sua própria nacionalidade, desde que respeitadas, no direito internacional, as regras gerais, assim como regras particulares com que acaso se tenha comprometido".

1037 GUERRA, Sidney. *Curso de direito internacional público*. 14. ed. São Paulo: Saraiva, 2022.

nacionalidade estrangeira; c) a apreciação estatal, na determinação da matéria, acha-se limitada pelo Direito Internacional; d) as limitações resultam dos tratados, do costume e dos princípios gerais de Direito, universalmente reconhecidos; e) uma declaração de nacionalidade feita por um Estado, no exercício de sua competência, tem efeitos jurídicos com relação aos demais Estados; f) não o terá, porém, se a declaração transgredir os limites impostos pelo direito das gentes; g) os Estados só podem conferir sua nacionalidade a pessoas que com eles tenham relação real e estreita, tais como a filiação e o nascimento, no seu território; h) a naturalização de um estrangeiro juridicamente capaz não poderá efetivar-se sem o seu consentimento; i) uma naturalização que não exija o consentimento dos interessados só é possível em caso de cessão territorial, quando os indivíduos tenham seu domicílio ordinário no território cedido, ressalvadas as disposições convencionais em sentido oposto; j) o princípio de que a nacionalidade implica uma relação efetiva e permanente como Estado de que é súdito acarreta, entre outras consequências, a de que as disposições que fazem depender a perda da nacionalidade de uma exclusão formal da agrupação estatal são ineficazes perante o direito das gentes, se a pessoa em questão, estabelecida permanentemente em um país estrangeiro, tiver adquirido a nacionalidade deste sem ter sido excluída da agrupação estatal anterior; k) somente em seu território tem o Estado o direito de baixar normas sobre a matéria, não tendo qualquer valor, perante o direito internacional, as naturalizações levadas a efeito em território ocupado por determinada potência".

O sujeito natural do Estado é o nacional, que em seu conjunto corresponde à ideia de povo. Este não pode ser confundido com população por se tratar de conceito que designa o número de habitantes de um território num determinado momento. Já os estrangeiros, por exclusão, eram identificados como todos aqueles que não se enquadravam na categoria de nacionais.

Todavia, a matéria sofreu profunda mudança a partir do momento que a Lei n. 13.445/2017 entrou em vigência. A lei estabeleceu alterações na nomenclatura do não nacional, substituindo a figura do estrangeiro para a do migrante, como se depreende da leitura do art. 1º, cujos breves comentários serão apresentados a seguir:

> "Art. 1º Esta Lei dispõe sobre os direitos e os deveres do migrante e do visitante, regula a sua entrada e estada no País e estabelece princípios e diretrizes para as políticas públicas para o emigrante.
> § 1º Para os fins desta Lei, considera-se:

I – (vetado);

II – imigrante: pessoa nacional de outro país ou apátrida que trabalha ou reside e se estabelece temporária ou definitivamente no Brasil;

III – emigrante: brasileiro que se estabelece temporária ou definitivamente no exterior;

IV – residente fronteiriço: pessoa nacional de país limítrofe ou apátrida que conserva a sua residência habitual em município fronteiriço de país vizinho;

V – visitante: pessoa nacional de outro país ou apátrida que vem ao Brasil para estadas de curta duração, sem pretensão de se estabelecer temporária ou definitivamente no território nacional;

VI – apátrida: pessoa que não seja considerada como nacional por nenhum Estado, segundo a sua legislação, nos termos da Convenção sobre o Estatuto dos Apátridas, de 1954, promulgada pelo Decreto n. 4.246, de 22 de maio de 2002, ou assim reconhecida pelo Estado brasileiro.

§ 1º **Para os fins desta Lei, considera-se:**
I – (VETADO);
II – imigrante: pessoa nacional de outro país ou apátrida que trabalha ou reside e se estabelece temporária ou definitivamente no Brasil;

Inicialmente é imperioso distinguir migrantes e imigrantes, definições que, embora aparentemente próximas, não se confundem. Por migrante entende-se a pessoa que se transfere de seu lugar habitual, para outro lugar ou país. Logo, migração refere-se ao movimento tanto de entrada quanto de saída de um país, região ou lugar. Incluem-se nessa definição imigrantes, emigrantes e refugiados.

O imigrante é um indivíduo de nacionalidade diversa da brasileira, que pretende se estabelecer no país com *animus* permanente. O movimento de entrada de pessoas de um país para outro ocorre geralmente por iniciativa própria e em busca de melhores condições de vida e de trabalho, mas também pode ocorrer por motivos alheios à vontade do imigrante, como no caso de refugiados. Neste sentido, o imigrante pode ser qualquer indivíduo que não tenha nacionalidade brasileira, inclusive o apátrida, desde que venha a se estabelecer de maneira temporária ou definitiva no território nacional.

Para tanto, os que desejam se estabelecer em caráter temporário ou definitivo no território brasileiro precisarão se reportar às autoridades constituídas para a obtenção da anuência correspondente para o exercício de atividades laborais e/ou acadêmicas que eventualmente venha realizar.

III – emigrante: brasileiro que se estabelece temporária ou definitivamente no exterior;

A lei alcança também a situação jurídica do brasileiro que venha a se estabelecer, de maneira temporária ou definitiva, em território estrangeiro.

Nas últimas décadas o Brasil tem experimentado o movimento de saída de brasileiros para outros países, em busca de melhores padrões de vida. Fatores relacionados à violência, crise política e insegurança econômica criaram um fluxo migratório de brasileiros para outros Estados, com o objetivo de permanecer, realizar atividades e até mesmo para investir.

Estas questões estão ligadas, principalmente, à tutela de um direito fundamental do indivíduo: o direito à nacionalidade. Desta forma, nos casos expressos no texto constitucional em que o brasileiro venha a perder a nacionalidade, seus direitos devem ser salvaguardados em razão da exigência que se estabelece no território alienígena.

Há casos em que a pessoa humana pode vir a perder a nacionalidade. Tal fato ocorre, como visto, em razão da aquisição de outra nacionalidade, como também pode se dar em decorrência do casamento, de modificações territoriais do Estado, pela renúncia, como no caso da Itália (basta uma renúncia expressa feita por um cidadão italiano perante um oficial de registro civil e seguido de transferência de domicílio para outro Estado), e por atos que sejam incompatíveis com a qualidade de nacional.

No Brasil, há de se ressaltar o previsto no art. 12, § 4º, II, *b*, da CF, que dispõe que o brasileiro estabelecido no exterior que venha a se naturalizar perderá sua nacionalidade, exceto no caso de imposição de naturalização, pela norma estrangeira, ao brasileiro residente em Estado estrangeiro, como condição para permanência em seu território ou para o exercício de direitos civis.

De acordo com a presente lei, são garantidos aos brasileiros emigrantes a proteção e prestação de assistência consular por meio das representações do Brasil no exterior, e a atuação diplomática em defesa dos direitos do emigrante brasileiro.

A Lei n. 13.445 prevê também princípios que deverão ser aplicados às políticas públicas para os emigrantes, quais sejam: proteção e prestação de assistência consular por meio das representações do Brasil no exterior; promoção de condições de vida digna, por meio, entre outros, da facilitação do registro consular e da prestação de serviços consulares relativos às áreas de educação, saúde, trabalho, previdência social e cultura; promoção de estudos e pesquisas sobre os emigrantes e as comunidades de brasileiros no exterior, a fim de subsidiar a formulação de políticas públicas; atuação diplomática, nos âmbitos bilateral, regional e multilateral, em defesa dos direitos do emigrante brasileiro, conforme o direito internacional; ação governamental integrada, com a participação de órgãos do governo com atuação nas áreas temáticas mencionadas, visando a assistir as comunidades brasileiras no exterior; e esforço permanente de desburocratização, atualização e modernização do sistema de atendimento, com o objetivo de aprimorar a assistência ao emigrante.

Ademais, permite ao emigrante que decidir retornar ao Brasil com ânimo de residência a introdução no País com isenção de direitos de importação e de taxas aduaneiras sobre os bens novos ou usados que um viajante, em compatibilidade com as circunstâncias de sua viagem, puder destinar para seu uso ou consumo pessoal e profissional, sempre que, por sua quantidade, natureza ou variedade, não permitam presumir importação ou exportação com fins comerciais ou industriais.

IV – residente fronteiriço: pessoa nacional de país limítrofe ou apátrida que conserva a sua residência habitual em município fronteiriço de país vizinho;

O residente fronteiriço diferencia-se do imigrante pelo fato de justamente encontrar-se na fronteira e com frequência exercer atividade profissional no país, comerciar, adquirir propriedade e realizar outros atos da vida civil no território nacional, e, apesar disso, não ter a intenção imigrar e instalar-se definitivamente no Brasil. Atualmente, representam os residentes fronteiriços um importante fluxo migratório, causando, por conseguinte, impactos nas economias locais de áreas de fronteiras.

Para facilitar procedimentos burocráticos envolvendo os países limítrofes com o Estado brasileiro, notadamente dos nacionais dos Estados que vivem em municípios fronteiriços com a República Federativa do Brasil, que se deslocam, muitas vezes, para fazer compras, visitar parentes e amigos ou outras atividades que ensejam o deslocamento de um lado para outro, é que se passou a contemplar, também nesta lei, o regramento específico sobre a matéria. Ao residente fronteiriço poderá ser concedida, mediante requerimento, autorização para a realização de atos da vida civil. Uma vez concedida tal autorização, gozará das garantias e dos direitos assegurados pelo regime geral de migração da Lei n. 13.445, conforme especificado em regulamento. O espaço geográfico de abrangência e de validade da autorização será especificado no documento de residente fronteiriço. Nos termos do art. 25 da Lei n. 13.445/2017, o documento de residente fronteiriço será cancelado, a qualquer tempo, se o titular tiver fraudado documento ou utilizado documento falso para obtê-lo, obtiver outra condição migratória, sofrer condenação penal ou exercer direito fora dos limites previstos na autorização.

Neste sentido, observa-se decisão da Suprema Corte que resguardou a residente fronteiriço o direito a um Defensor Público (art. 1º, IV, da Lei n. 13.345 de 2017). De tal forma, o cidadão estrangeiro foi equiparado a um cidadão nacional para fins de acesso à justiça gratuita, *in verbis*:

> Decisão: Vistos. Trata-se de pedido de Extradição instrutória e executória formulada pela República Oriental do Uruguai, encaminhado por via diplomática ao Ministério das Relações Exteriores, com base no Acordo de Extradição entre os Estados Partes do Mercosul, promulgado pelo Decreto n. 4.975/04, pelo qual se pede a extradição do nacional uruguaio Fernando Trindade Sosa . Em 7/3/18, decretei a prisão preventiva do extraditando. Considerando-se que o mandado de prisão expedido em desfavor do extraditando foi cumprido em 9/3/18, e que ele atualmente se encontra recolhido na Penitenciária Estadual de Santana do Livramento/RS, delego competência ao Juízo da 2ª Vara Federal da Subseção Judiciária de Santa do Livramento/RS para realizar o seu interrogatório (RISTF, art. 211). Expeça-se carta de ordem, a ser instruída com cópia integral dos autos, observando-se que: a) deverá ser nomeado tradutor juramentado no idioma espanhol para o ato; b) o extraditando deverá ser previamente intimado a esclarecer se tem ou não defensor constituído, o qual, em caso afirmativo, deverá ser intimado do interrogatório designado, nomeando-se, na hipótese de seu não comparecimento, defensor *ad hoc*; c) o defensor constituído deverá ser intimado a apresentar defesa escrita no prazo de 10 (dez) dias, a contar do interrogatório (art. 91, § 1º, da Lei n. 13.445/17 e art. 210 do RISTF) e, apresentada ou não a defesa no prazo legal, deverá a carta de ordem retornar, com urgência, à Suprema Corte; d) se o extraditando não tiver defensor constituído, deverá ser nomeado defensor público para o interrogatório, cientificando-se o extraditando de que, oportunamente, a Defensoria Pública da União em Brasília será intimada para prosseguir na sua defesa e apresentar defesa escrita. Dê-se ciência à Procuradoria-Geral da República. Publique-se. (STF – Ext: 1534 DF 0016215-35.2018.1.00.0000, Relator: Min. Dias Toffoli, Data de Julgamento: 13/03/2018)

A fim de fortalecer a integração regional no âmbito do Mercosul, foram implementados instrumentos jurídicos que facilitam a circulação de pessoas, a saber, o "Acordo sobre Residência para Nacionais dos Estados-partes do Mercado Comum do Sul – Mercosul, Bolívia e Chile implementado no Brasil pelo Decreto n. 6.975/2009. Para tanto, aos nacionais dos Estados-partes do Acordo que desejem se estabelecer no território de outro país parte do Acordo, é necessário apresentar a solicitação de ingresso ao país e a documentação exigida junto ao Consulado. Os nacionais dos Estados-partes do Acordo que já se encontram no território de outro Estado-parte devem apresentar a correspondente solicitação e a documentação exigida junto à autoridade migratória do referido Estado. A chamada "residência legal" poderá ser concedida pelo Consulado pelo prazo de dois anos, podendo ser convertida em Residência Permanente se for tramitada no prazo dos 90 dias prévios a seu vencimento junto à autoridade migratória do país de recebimento, apresentando a documentação necessária.

V – visitante: pessoa nacional de outro país ou apátrida que vem ao Brasil para estadas de curta duração, sem pretensão de se estabelecer temporária ou definitivamente no território nacional;

O visitante é um indivíduo nacional de outro país ou apátrida que vem ao Brasil para estadas de curta duração, sem pretensão de se estabelecer temporária ou definitivamente no território nacional. Trata-se de pessoas que não têm o *animus* de permanência no território nacional, mas que estejam em visitas temporárias, como, por exemplo, para a prática de turismo, assim como aqueles que vêm ao Brasil em viagem de negócios, sendo também alcançados pela legislação em comento.

A lei encontra-se em perfeita sintonia com um país que pretende desenvolver sistema de economia global ao reduzir os entraves burocráticos para a circulação de visitantes, o que tende a incrementar o comércio e atrair receitas e investimentos para o país, fomentando a economia nacional. Nesta categoria também enquadram-se os turistas, que geram enormes ganhos e fomentam a economia local.

VI – apátrida: pessoa que não seja considerada como nacional por nenhum Estado, segundo a sua legislação, nos termos da Convenção sobre o Estatuto dos Apátridas, de 1954, promulgada pelo Decreto n. 4.246, de 22 de maio de 2002, ou assim reconhecida pelo Estado brasileiro.

A Declaração Universal dos Direitos Humanos estabelece, em seu artigo XV, que, "Todo homem tem direito a uma nacionalidade" e que "ninguém será arbitrariamente privado de sua nacionalidade, nem de mudar de nacionalidade".

Assim, a situação jurídica do apátrida é considerada uma anormalidade, haja vista a carência de nacionalidade por parte de um indivíduo, como no caso de filho de estrangeiros nascido em um país cuja legislação alberga o *jus sanguinis* enquanto a lei do Estado de seus genitores hospeda o *jus soli*.

Dentre os casos mais frequentes que caracterizam a ausência de nacionalidade, temos: perda coletiva ou individual de uma nacionalidade, sem que haja a aquisição de outra nacionalidade (desaparecimento do Estado); a perda da nacionalidade sem que tenha havido atribuição de outra nacionalidade ao indivíduo, decorrente de uma pena (como no caso brasileiro expresso no art. 12 da CF); ocorrência de vínculos concomitantes provenientes do *jus soli* e do *jus sanguinis* no momento do nascimento de uma pessoa.

3. A LEI DE MIGRAÇÃO BRASILEIRA

O Senado Federal aprovou no dia 18 de abril de 2017[1038], por unanimidade, o projeto Substitutivo da Câmara dos Deputados n. 7/2016, que revogou o Estatuto do Estrangeiro, criado durante o governo militar, e instituiu a Lei de Migração brasileira (Lei n. 13.345/2017).

Indubitavelmente que a lei coloca o Brasil em posição de vanguarda nesta matéria, posto que defere aos imigrantes uma série de prerrogativas que até então eram conferidas apenas para os seus nacionais. Entre as principais mudanças introduzidas pela Lei de Migração, estão a desburocratização do processo de regularização migratória, a institucionalização da política de vistos humanitários, a não criminalização por razões migratórias, além de conferir uma série de direitos aos migrantes que até então não eram garantidos.

Como mencionado anteriormente, a matéria estava regrada na ordem interna pela Lei n. 6.815, de 19 de agosto de 1980, que tratava da situação jurídica do estrangeiro no Brasil. A referida lei já não atendia aos anseios do grande número de pessoas que se instalaram no Brasil, pelos mais diversos motivos, ao longo dos anos. Apenas para demonstrar a assertiva, verifica-se que

---

1038 A Lei de Migração foi proposta pelo senador Aloysio Nunes, em 2013. Aprovado pelo plenário do Senado em agosto de 2015, o PLS 288/2013 seguiu para a Câmara, foi rebatizado de PL 2.516/2015 e tramitou na sob relatoria do deputado Orlando Silva (PCdoB-SP), em uma Comissão Especial. Aprovado pelo plenário da Câmara em dezembro de 2016, o projeto voltou para o Senado. O novo relator designado foi o senador Tasso Jereissati (PSDB-CE), que recomendou a aprovação de um texto muito próximo ao que voltara da Câmara. A lei foi aprovada por 43 dos senadores presentes e teve quatro votos contrários e uma abstenção.

existem aproximadamente 1 milhão de estrangeiros em território brasileiro, sejam eles permanentes ou transitórios, conforme gráfico abaixo:

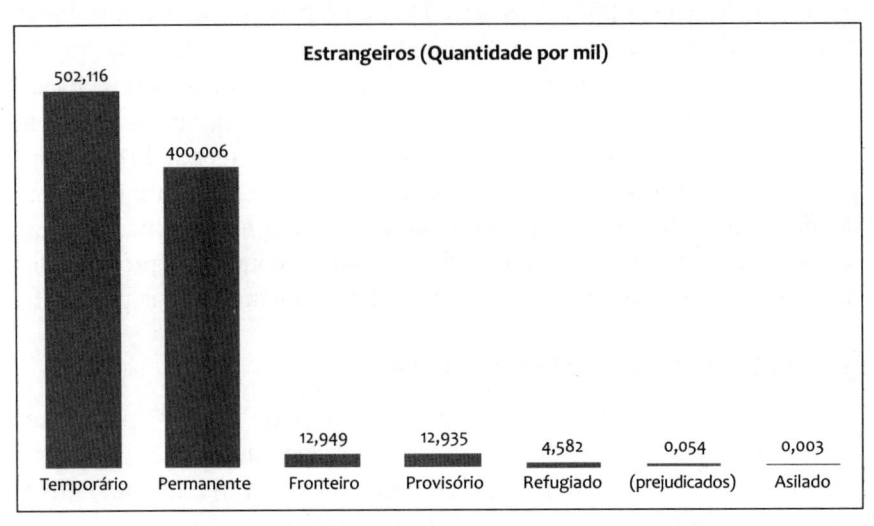

Estrangeiros (Quantidade por mil)

- Temporário: 502,116
- Permanente: 400,006
- Fronteiro: 12,949
- Provisório: 12,935
- Refugiado: 4,582
- (prejudicados): 0,054
- Asilado: 0,003

Fonte: Disponível em: http://www.pf.gov.br/imprensa/estatistica/estrangeiros. Acesso em: 16 maio 2017.

Não se pode olvidar que, à época em que o estatuto foi concebido, a prioridade consagrada na legislação priorizava a segurança nacional, os interesses socioeconômicos do Brasil e o trabalhador nacional. O termo "estrangeiro" adotado pela norma citada, indicava a existência de um indivíduo que "é natural de outro país; que não faz parte de uma família, de um grupo". O gráfico abaixo apresenta o quantitativo de estrangeiros que vieram para o Brasil nos últimos anos, conforme estudo elaborado pela Polícia Federal.

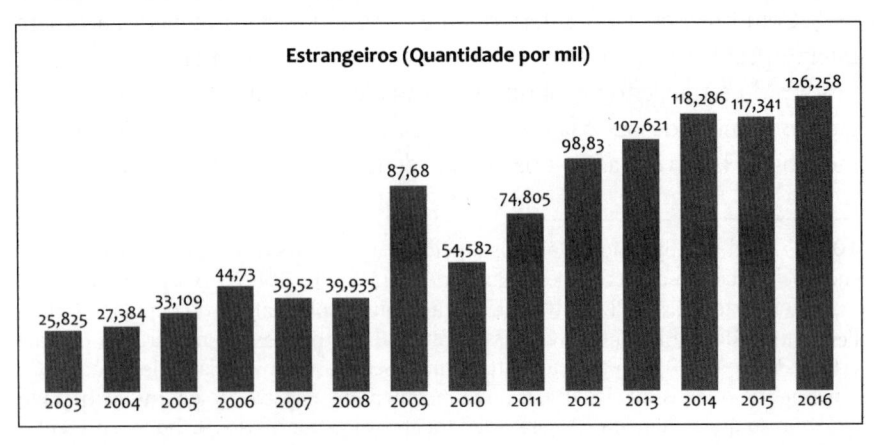

Estrangeiros (Quantidade por mil)

- 2003: 25,825
- 2004: 27,384
- 2005: 33,109
- 2006: 44,73
- 2007: 39,52
- 2008: 39,935
- 2009: 87,68
- 2010: 54,582
- 2011: 74,805
- 2012: 98,83
- 2013: 107,621
- 2014: 118,286
- 2015: 117,341
- 2016: 126,258

Fonte: Disponível em: http://www.pf.gov.br/imprensa/estatistica/estrangeiros. Acesso em: 16 maio 2017.

No caso da lei, o legislador preferiu adotar a figura do migrante e do visitante (art. 1º), em conformidade com a política consagrada na atualidade em prol dos direitos humanos. De certo modo, o termo empregado na nova legislação faz com que o indivíduo, que não seja nacional do Estado, não se sinta estranho e preterido no local em que se encontra, como se um forasteiro fosse. Aliás, o termo "estrangeiro" remete a essa ideia, conforme o entendimento esposado anteriormente[1039].

Existem pessoas de várias nacionalidades distintas instaladas em território brasileiro, sendo certo que o número de bolivianos tem aumentado bastante nos últimos anos e encontram-se em primeiro lugar. O gráfico abaixo apresenta este número com maior incidência de nacionalidades no Brasil:

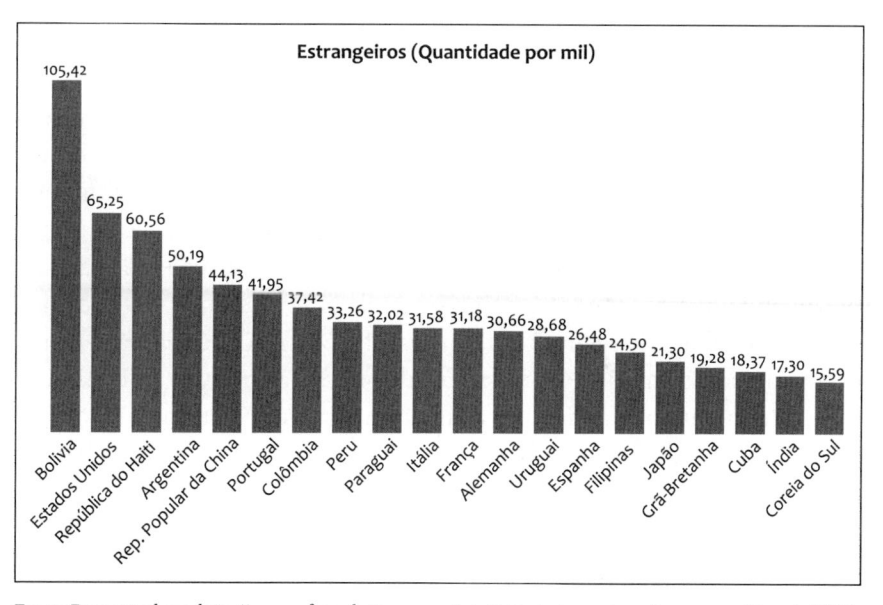

Estrangeiros (Quantidade por mil)

- Bolívia: 105,42
- Estados Unidos: 65,25
- República do Haiti: 60,56
- Argentina: 50,19
- Rep. Popular da China: 44,13
- Portugal: 41,95
- Colômbia: 37,42
- Peru: 33,26
- Paraguai: 32,02
- Itália: 31,58
- França: 31,18
- Alemanha: 30,66
- Uruguai: 28,68
- Espanha: 26,48
- Filipinas: 24,50
- Japão: 21,30
- Grã-Bretanha: 19,28
- Cuba: 18,37
- Índia: 17,30
- Coreia do Sul: 15,59

Fonte: Disponível em: http://www.pf.gov.br/imprensa/estatistica/estrangeiros. Acesso em: 16 maio 2017.

1039 Na mesma direção BERNER, Vanessa. Mulheres Migrantes no Brasil. In: GUERRA, Sidney; SQUEFF, Tatiana. *Novos olhares sobre as migrações internacionais: enfrentamentos locais, regionais e globais.* Curitiba: Instituto Memória, 2019, p. 279: "A Lei de Migração se alinha a uma compreensão de que os direitos humanos devem ser o foco das políticas migratórias, em consonância com os compromissos que o Brasil assumiu internacionalmente. Em seu artigo 3º, a norma estabelece princípios e diretrizes para a política migratória brasileira, estabelecendo, dentre outas diretivas, a acolhida humanitária de imigrantes, refugiados e apátridas; a garantia da reunião familiar;

Diferentemente do Estatuto do Estrangeiro, a Lei de Migração trata o imigrante como um sujeito de direitos e garante em todo o território nacional, em condição de igualdade com os nacionais, uma série de direitos que anteriormente não eram concebidos, a saber: a inviolabilidade do direito à vida, à liberdade, à igualdade, à segurança e à propriedade; direitos e liberdades civis, sociais, culturais e econômicos; direito à liberdade de circulação em território nacional; direito à reunião familiar do imigrante com seu cônjuge ou companheiro e seus filhos, familiares e dependentes; medidas de proteção a vítimas e testemunhas de crimes e de violações de direitos; direito de transferir recursos decorrentes de sua renda e economias pessoais a outro país, observada a legislação aplicável; direito de reunião para fins pacíficos; direito de associação, inclusive sindical, para fins lícitos; acesso a serviços públicos de saúde e de assistência social e à previdência social, nos termos da lei, sem discriminação em razão da nacionalidade e da condição migratória; amplo acesso à justiça e à assistência jurídica integral gratuita aos que comprovarem insuficiência de recursos; direito à educação pública, vedada a discriminação em razão da nacionalidade e da condição migratória; garantia de cumprimento de obrigações legais e contratuais trabalhistas e de aplicação das normas de proteção ao trabalhador, sem discriminação em razão da nacionalidade e da condição migratória; isenção das taxas de que trata esta Lei, mediante declaração de hipossuficiência econômica, na forma de regulamento; direito de acesso à informação e garantia de confidencialidade quanto aos dados pessoais do imigrante, nos termos da Lei n. 12.527, de 18 de novembro de 2011; direito à abertura de conta bancária; direito de sair, de permanecer e de reingressar em território nacional, mesmo enquanto pendente pedido de residência, de prorrogação de es-

---

o repúdio à xenofobia, a igualdade de tratamento e de oportunidade; o acesso igualitário e livre a serviços, programas e benefícios; a inclusão laboral, social e produtiva; a proteção integral para crianças e adolescentes; a 'universalidade, indivisibilidade e interdependência dos direitos humanos'. Uma abordagem inclusiva para a questão migratória. Embora não sejam, no Brasil, por força de dispositivo constitucional, assegurados aos imigrantes os direitos políticos, os direitos sociais e civis são um destaque da nova legislação. Entretanto, as questões de gênero, assim como as de raça, não são colocadas na Lei de forma sistemática, apesar do processo de migração ser profundamente influenciado por esses fatores: acesso à educação, moradia, saúde e trabalho são estruturalmente favorecidos ou dificultados em função do sexo ou da cor da pele, assim como pela classe social em que se insere o imigrante".

tada ou de transformação de visto em residência; e direito do imigrante de ser informado sobre as garantias que lhe são asseguradas para fins de regularização migratória.

Ademais, é permitido ao imigrante exercer cargo, emprego e função pública, conforme definido em edital, excetuados aqueles reservados para brasileiro nato, nos termos da Constituição Federal[1040], não sendo exigível ao migrante prova documental impossível ou descabida que dificulte ou impeça o exercício de seus direitos, inclusive o acesso a cargo, emprego ou função pública.

Essas mudanças[1041] propostas pela lei têm gerado muitas críticas por parte de determinados setores, considerados mais conservadores, sobre as grandes possibilidades e oportunidades que passarão a ser conferidas aos indivíduos que não possuem a nacionalidade brasileira.

Com efeito, a novel legislação procura dar concretude ao que estabelece o texto constitucional brasileiro, *in casu* o art. 5º, que consagra o princípio da igualdade entre os brasileiros e os não brasileiros, pugnando de maneira clara o combate à discriminação, à xenofobia e outras práticas que sejam consideradas atentatórias aos direitos humanos. Todavia, o decreto que regulamentou a matéria (Decreto n. 9.199, de 20 de dezembro de 2018) deixou a desejar em vários aspectos, frustrando expectativas em relação aos efeitos benéficos da Lei n. 13.345/2017. Neste sentido, os integrantes da Comissão de Especialistas constituída pelo Ministério da Justiça, cuja finalidade era elaborar uma proposta de Anteprojeto de Lei

---

1040 Art. 12, § 3º São privativos de brasileiro nato os cargos: I – de Presidente e Vice-Presidente da República; II – de Presidente da Câmara dos Deputados; III – de Presidente do Senado Federal; IV – de Ministro do Supremo Tribunal Federal; V – da carreira diplomática; VI – de oficial das Forças Armadas; VII – de Ministro de Estado da Defesa.

1041 Diferenças básicas entre a Lei n. 6.815/80 e a Lei n. 13.445/2017: a Lei n. 6.815/80 considera o estrangeiro um tema de segurança nacional; é incompatível com a Constituição Federal e os tratados internacionais de direitos humanos; dá ao Estado a possibilidade de decidir ao seu bel-prazer quem pode entrar e permanecer no Brasil; vincula a regularização migratória ao emprego formal; fragmenta atendimento a migrante em órgãos estatais diversos. A Lei n. 13.445/2017 considera os migrantes um tema de direitos humanos; encoraja a regularização migratória; o migrante regular fica menos vulnerável e tem oportunidade de ser incluído socialmente; possibilita a entrada regular de quem busca um emprego no Brasil; estabelece órgão estatal especializado para atendimento dos migrantes.

de Migrações e Promoção dos Direitos dos Migrantes no Brasil (2013-2014), chamaram atenção para alguns aspectos negativos[1042].

1042   OPINIÃO. Regulamento da Lei de Migração é contra *legem* e *praeter legem*. "Antes de mais nada, o emprego do termo vulgar 'clandestino' ao se referir a uma pessoa humana, que figura artigo 172 do Decreto regulamentador, bem revela suas graves limitações técnicas. No mesmo sentido, ignorando o artigo 123 da lei, em virtude do qual 'Ninguém será privado de sua liberdade por razões migratórias, exceto nos casos previstos nesta Lei', o Decreto abre a possibilidade de prisão do deportando. Destacamos, a seguir, uma das mais importantes inovações trazidas pela lei de migração, qual seja a possibilidade de concessão de um visto temporário para os migrantes que vêm ao Brasil em busca de trabalho (artigo 14 e). A entrada regular em território nacional dos principais fluxos migratórios de nosso tempo, vinculados à busca de trabalho e vida digna, traria tripla vantagem ao Estado brasileiro. Primeiro, os migrantes não arriscariam suas vidas e de suas famílias, e não gastariam suas economias em trajetórias perigosas e amiúde degradantes que desaguam em nossas porosas fronteiras, por vezes envolvendo redes criminosas (os chamados 'coiotes' ou 'passadores de pessoas'). Segundo, ao chegar de forma regular e digna no Brasil os migrantes não apenas poderiam dispensar redes de assistência destinadas aos que se encontram em situação de precariedade, como tornar-se-iam menos suscetíveis à ação de redes criminosas que exploram o trabalho dos migrantes, valendo-se odiosamente para tanto de sua situação irregular. Enfim, a segurança do Brasil seria aumentada graças à possibilidade de controle prévio pelo Estado de quem pretende aqui aportar com o intuito de buscar um emprego, facilitando a elaboração de políticas públicas compatíveis com esta demanda. É preciso reconhecer que o texto final da lei promoveu uma mudança negativa na proposta originalmente formulada porque passou a exigir, em virtude do seu artigo 14 §4º, uma 'oferta de trabalho formalizada por pessoa jurídica em atividade no país'. Assim, a lei deixou de proteger um vasto contingente de migrantes, provavelmente os mais vulneráveis, que ainda não possuem oferta de trabalho no Brasil. No entanto, causa espécie que o regulamento agrave sobremaneira o defeito da lei ao afrontar claramente o seu texto, estipulando que 'a oferta de trabalho é caracterizada por meio de contrato individual de trabalho ou de contrato de prestação de serviços' (artigo 38 I da proposta). Ora, um contrato não constitui uma oferta e sim a consumação de uma relação trabalhista ou de prestação de serviços, o que por certo dificultará sobremaneira a obtenção de tal visto pelos migrantes. Ainda mais grave é admitir que os vistos temporários para pesquisa, ensino ou extensão acadêmica; para trabalho; para realização de investimento ou de atividade com relevância econômica, social, científica, tecnológica ou cultural; e para atividades artísticas ou desportivas com contrato por prazo determinado (artigos 34, § 6º; 38, § 9º; 42, § 3º e § 4º; 43, § 3º e § 4º; e 46, § 5º do Decreto em comento) dependam de deferimento, pelo Ministério de Trabalho, de autorização de residência prévia à emissão desses vistos temporários. Ora, a autorização de residência não pode ser condicionante da emissão de visto. Tampouco existe base legal para que o Ministério do Trabalho seja dotado da competência de 'selecionar' migrantes para o ingresso regular no território nacional, o que representaria um retrocesso, não apenas em direção ao regime militar (1964-1985) mas ao próprio Estado Novo. A intenção de

Em interessante abordagem, Asano e Timo[1043] afirmam que nos últimos anos, vários debates em torno das migrações foram impulsionados no Brasil, principalmente pela chegada de migrantes haitianos, o que evidenciou uma série de questões como: ausência de políticas públicas para o acolhimento, obstáculos burocráticos para se obter documentação, discriminação e dificuldades de integração, que culminaram em vários eventos e debates públicos que culminaram ao final com a Lei de Migração que estivesse em conformidade com a política brasileira em prol dos direitos humanos. E, no contraponto das questões contrárias à nova legislação, as autoras[1044] advertem que a adoção de medidas restritivas para o acesso dos migrantes em território nacional não são consideradas adequadas, pois aumentam a insegurança e a adoção de mecanismos criminosos, e, por isso mesmo, a nova legislação migratória precisa observar ao menos cinco propostas: "a) A garantia dos direitos humanos das pessoas migrantes, sem discriminação de nenhum tipo e independente da situação migratória; b) O estabelecimento de procedimentos de regularização migratória rápidos, efetivos e acessíveis como uma obrigação do Estado e um direito do migrante; c) A não criminalização das migrações, incluindo o princípio de não detenção do migrante por razões vinculadas à sua situação migratória; d) O controle judicial e o acesso dos migrantes a recursos efetivos sobre todas as decisões do poder público que possam gerar vulneração de seus direitos; e) A criação de uma instituição nacional autônoma, com um corpo

---

erodir direitos que a lei atribuiu ao migrante fica evidenciada em diversos outros dispositivos do Decreto. É o caso do seu artigo 45 I que, ao regulamentar a concessão de visto temporário para fins de reunião familiar de cônjuge ou companheiro prevista pela lei, acrescenta indevidamente ao texto a expressão 'nos termos da legislação brasileira' – de todo ausente do respectivo texto da lei de migração. Na verdade, em virtude do artigo 37 I da lei, tal concessão deveria ocorrer 'sem discriminação alguma'. Além de pecar por ação, o Decreto em exame peca igualmente por omissão. Um primeiro grave exemplo é a total ausência de menção à Política Nacional sobre Migrações, Refúgio e Apatridia, instituída pelo artigo 120 da Lei de Migração, em que se inscreve a regra de participação da sociedade civil, bem como de outros atores sociais e governamentais". Disponível em: <https://www.conjur.com.br/2017-nov-23/opiniao-regulamento-lei--migracao-praetem-legem>. Acesso em: 28 jun. 2018.
1043   ASANO, Camila Lissa; TIMO, Pétalla Brandão, op. cit.
1044   Idem: "Conforme demonstram diversos exemplos ao redor do mundo, são ineficazes todas as tentativas de contenção dos fluxos migratórios pela via repressiva de endurecimento do controle fronteiriço. Apertar o controle serve apenas para incentivar meios alternativos como os coiotes, que aumentam ainda mais os abusos contra os migrantes e instigam insegurança para a população em geral".

profissional permanente e especializado e mecanismos de supervisão e controle social, responsável pela aplicação da lei".

Quanto aos direitos sociais, tratou da inclusão social, laboral e produtiva do migrante por meio de políticas públicas; acesso igualitário e livre do imigrante a serviços, programas e benefícios sociais, bens públicos, educação, assistência jurídica integral pública, trabalho, moradia, serviço bancário e seguridade social. Neste campo, a nova legislação também adotou entendimento esposado pela Corte Interamericana de Direitos Humanos desde a consulta formulada pelos Estados Unidos Mexicano[1045], em 10 de maio de 2002, que resultou na Opinião Consultiva n. 18 (OC18-03), de 17

[1045] En el marco del principio de igualdad jurídica consagrado en el artículo II de la Declaración Americana, en el artículo 24 de la Convención Americana, en el artículo 7 de la Declaración Universal y en el artículo 26 del Pacto [Internacional de Derechos Civiles y Políticos ...],
1) ¿Puede un Estado americano, en relación con su legislación laboral, establecer un trato perjudicialmente distinto para los trabajadores migratorios indocumentados en cuanto al goce de sus derechos laborales respecto de los residentes legales o los ciudadanos, en el sentido de que dicha condición migratoria de los trabajadores impide per se el goce de tales derechos?
2.1) Los artículos 2, párrafo 1 de la Declaración Universal y II de la Declaración Americana y los artículos 2 y 26 del Pacto [Internacional de Derechos Civiles y Políticos], así como 1 y 24 de la Convención Americana, ¿deben interpretarse en el sentido de que la legal estancia de las personas en el territorio de un Estado americano es condición necesaria para que dicho Estado respete y garantice los derechos y libertades reconocidos en dichas disposiciones a las personas sujetas a su jurisdicción?
2.2) A la luz de las disposiciones citadas en la pregunta anterior[,] ¿puede considerarse que la privación de uno o más derechos laborales, tomando como fundamento de tal privación la condición indocumentada de un trabajador migratorio, es compatible con los deberes de un Estado americano de garantizar la no discriminación y la protección igualitaria y efectiva de la ley que le imponen las disposiciones mencionadas?
3) ¿Cuál sería la validez de la interpretación por parte de un Estado americano en el sentido de subordinar o condicionar de cualquier forma la observancia de los derechos humanos fundamentales, incluyendo el derecho a la igualdad ante la ley y a la igual y efectiva protección de la misma sin discriminación, a la consecución de objetivos de política migratoria contenidos en sus leyes, independientemente de la jerarquía que el derecho interno atribuya a tales leyes, frente a las obligaciones internacionales derivadas del Pacto Internacional de Derechos Civiles y Políticos y de otras obligaciones del derecho internacional de los derechos humanos oponibles *erga omnes*?
Habida cuenta del desarrollo progresivo del derecho internacional de los derechos humanos y su codificación, en especial a través de las disposiciones invocadas de los instrumentos mencionados en la presente solicitud.

de setembro de 2003, cujos resultados podem ser apresentados de maneira resumida da seguinte forma:

> "La Corte establece que el principio de no discriminación se encuentra recogido en diversos instrumentos internacionales y ha sido repetido por diversos órganos internacionales como una piedra angular de la protección de los derechos humanos. Al no poder ser evitado de ninguna manera, se concluye que tiene carácter de *ius cogens*. Dado el carácter de *ius cogens* del principio de no discriminación, ni el estatus de migrante ni tampoco el estatus de migrante indocumentado puede ser justificante para la realización de actos discriminatorios. El Estado tiene el deber de respetar el debido proceso en los procesos penales o administrativos a los que se someta a los migrantes indocumentados y no puede utilizar su estatus para evitar el cumplimiento de este derecho. En las relaciones privadas laborales, el Estado tiene un deber de garantía por el cual debe procurar que, sin importar el estatus migratorio, todo trabajador pueda disfrutar de los derechos laborales que le corresponden. Así, debe evitar que se realicen actos discriminatorios en el contexto de las relaciones laborales."

A lei passou a ser alvo de elogios[1046] e também de ataques[1047] por parte de vários segmentos da sociedade brasileira. Apesar de toda carga de

---

4) ¿Qué carácter tienen hoy el principio de no discriminación y el derecho a la protección igualitaria y efectiva de la ley en la jerarquía normativa que establece el derecho internacional general, y en ese contexto, pueden considerarse como la expresión de normas de *ius cogens*? Si la respuesta a esta segunda pregunta resultase afirmativa, ¿qué efectos jurídicos se derivan para los Estados miembros de la OEA, individual y colectivamente, en el marco de la obligación general de respetar y garantizar, conforme al artículo 2 párrafo 1 del Pacto [Internacional de Derechos Civiles y Políticos], el cumplimiento de los derechos humanos a que se refieren el artículo 3, inciso (I) y el artículo 17 de la Carta de la OEA? Disponível em: http://www.corteidh.or.cr/cf/Jurisprudencia2/index.cfm?lang=es. Acesso em: 15 maio 2017.

[1046] O senador Tasso Jereissati (PSDB-CE) afirmou, em entrevista à Rádio Senado, que o projeto da Lei de Migração tem uma "visão nova" sobre os estrangeiros no Brasil. A ideia, disse ele, é garantir direitos para que o imigrante possa trabalhar e contribuir para o crescimento do País. Segundo o senador, o texto aprovado recentemente pelo Senado depois das alterações feitas pela Câmara dos Deputados (SCD 7/2016) muda a "visão econômica" do Estatuto do Estrangeiro (Lei n. 6.815/80). Disponível em: http://www12.senado.leg.br/noticias/audios/2017/04/tasso-nova-lei-de-migracao-da-ao-estrangeiro-oportunidade-de-contribuir-para-o-brasil. Acesso em: 6 maio 2017.

[1047] No dia 26 de março a direita saiu às ruas em todo o Brasil. Apesar de os protestos terem sido convocados com o intuito de defender a reforma da previdência, apareceu uma miríade de pautas, que iam desde questões econômicas até ques-

"paixão" existente para aqueles que defendem e para os que são contrários à lei, o fato é que a matéria corresponde a um grande avanço neste campo.

Com o intuito de aclarar o assunto e superar as opiniões odiosas e preconceituosas que tem sido colocadas por alguns[1048], serão apresentados aspectos com o propósito de "desconstruir" determinados "mitos" sobre a lei.

4. DESCONSTRUINDO OS MITOS DA LEI DE MIGRAÇÃO

Como mencionado anteriormente, há muitas pessoas que se manifestam de maneira contrária à Lei de Migração e isso faz parte da democracia. Todavia, sem qualquer comprovação científica, chegam a afirmar coisas que geram incerteza, instabilidade e comportamentos xenófobos, como o fato

---

tões de cunho moral. (...) Apesar de o Brasil não estar recebendo um número elevado de imigrantes e refugiados, a narrativa do "estrangeiro" como um perigo começa a ressurgir por aqui, justo quando o país está prestes a modificar sua legislação migratória. (...) Ávidos por encontrar um culpado para as nossas crises, esses grupos conservadores buscam despertar nas pessoas o sentimento de medo. No ato do dia 26 de março, uma liderança desses grupos, falando no carro de som em plena Avenida Paulista, afirmou que a Lei de Migração "escancara nossas fronteiras e coloca para dentro quem quiser entrar". Acrescentou ainda que isso sobrecarregará os serviços públicos – como se fossem os migrantes os responsáveis pela má qualidade dos serviços públicos no Brasil, historicamente negligenciados pelo poder público. Essa liderança disse também que, no período de um ano, entrará no país uma quantidade de "estrangeiros" equivalente à atual população brasileira e que isso poderá até modificar a língua materna – sem apresentar dados que de fato embasem essas afirmações. O elemento novo dessa narrativa – muito comum em discursos xenófobos – é que agora estão dizendo que "os fluxos migratórios ocorrem porque o Partido dos Trabalhadores (PT) teria perdido maioria e que estaria tentando importar pessoas para compor uma nova maioria". Disponível em: http://migramundo.com/nova-lei--de-migracao-e-migrantes-sob-ataque-um-relato-dos-protestos-de-26-de-marco-no--brasil/. Acesso em: 6 maio 2017.

1048   ENÉAS, Paulo. *Ativismo digital contra a nova Lei de Migração*. Disponível em: http://criticanacional.com.br/2017/04/10/ativismo-digital-contra-nova-lei-de-imigracao/. Acesso em: 16 maio 2017: "A lei atenta contra a soberania nacional, coloca em risco a segurança do país em um contexto de agravamento da crise geopolítica internacional, especialmente no Oriente Médio, além de representar uma pressão e uma carga de demandas nas áreas de saúde, educação, segurança pública e previdência social que o país não tem condições de sustentar. A lei também atenta contra a cidadania dos próprios brasileiros, que passarão a se tornar cidadãos de segunda classe em relação aos estrangeiros, no que diz respeito a determinados direitos civis e acesso a serviços públicos".

de que o Estado brasileiro poderá albergar muitos criminosos, terroristas além de diminuir as vagas de emprego para seus nacionais[1049].

A Conectas, uma organização governamental que atua em prol dos direitos humanos, elaborou singelo texto, porém bastante elucidativo, com os chamados mitos sobre a Lei de Migração[1050].

a) **Mito 1: O país será invadido por estrangeiros**

Nada indica que o Brasil se tornará um destino prioritário para migrantes e refugiados. Segundo dados da ONU, existem atualmente mais de 240 milhões de pessoas vivendo fora de seu país de origem – dois terços delas estão na Europa e na Ásia. A mobilidade humana no mundo definitivamente não obedece a legislações migratórias brandas ou rígidas, mas a outros motivos, como as guerras e catástrofes, ou pela busca de melhores condições de vida e de reunificação familiar. Vale lembrar que, de acordo a Polícia Federal, em 2015 o Brasil abrigava cerca de 1,8 milhão de migrantes – menos de 1% de nossa população total.

b) **Mito 2: A entrada de migrantes aumentará a criminalidade**

Não existe qualquer evidência de que os migrantes se envolvam mais em crimes que os brasileiros. Dados do Ministério da Justiça de dezembro de 2014 demonstram que o número de prisões de pessoas de outras nacio-

---

[1049] Nesse sentido, a manifestação da Deputada cearense Silvana Oliveira (PMDB): "Do jeito que Temer é, vai sancionar. Clamo para que ele não sancione. Vai piorar. A coisa vai apertar", opinou a peemedebista. Silvana leu tópicos da lei que, segundo ela, vai facilitar a entrada de criminosos no Brasil. Ela disse que o País não está preparado para receber estrangeiros. "A lei, do jeito que está, abre as portas. O justo é que eles tenham carteira de trabalho igual a nós. É justo abrigar o estrangeiro, mas a saúde está boa? Temos vagas para todo mundo no Hospital Geral de Fortaleza? Temos como tratar o povo com Chikungunya? Podemos chamar mais estrangeiros para cá?". Ela disse que a segurança estaria em situação difícil, e que poderia piorar ainda mais abrindo as fronteiras. "Do jeito que eles querem, vai facilitar para o tráfico de drogas. Os traficantes da Indonésia, onde o tráfico dá pena de morte, o que eu sou contra, mas lá as pessoas não podem traficar. Vai ficar bom para eles virem para o Brasil porque vão se submeter às leis daqui. A lei daqui é fraca. A Polícia prende e a Justiça solta". Disponível em: http://diariodonordeste.verdesmares.com.br/cadernos/politica/parlamentar--faz-criticas-a-nova-lei-de-migracao-1.1752635#email. Acesso em: 16 maio 2017.

[1050] Disponível em: http://www.conectas.org/pt/acoes/politica-externa/noticia/47188-mitos-e-verdades-sobre-a-lei-de-migracao?gclid=CMO9kbWM3NMCFQIGkQodH4lCTA. Acesso em: 6 maio 2017.

nalidades vem caindo nos últimos anos e continua sendo desprezível se comparado com o total de migrantes regulares no país (uma proporção de 0,2%, segundo dados de 2015 da Polícia Federal).

c) **Mito 3: A entrada de mais pessoas vai piorar a crise econômica porque migrantes ocupam postos de trabalho de brasileiros e sobrecarregam os serviços públicos e os programas sociais**

Dados de 2015 da Polícia Federal e do IBGE (Instituto Brasileiro de Geografia e Estatística) revelam que os migrantes representam menos de 1% da população total do país. Também demonstram que o trabalhador migrante contribui significativamente para o desenvolvimento econômico, além de pagar impostos diretos e indiretos através do consumo, como qualquer brasileiro.

d) **Mito 4: A lei vai escancarar as fronteiras do país, inclusive para a entrada de drogas e armas**

A Lei de Migração é equilibrada e robusta em garantir direitos aos migrantes ao mesmo tempo em que resguarda o país. O tema da segurança nacional e de fronteiras foi amplamente debatido durante esse processo e diversos mecanismos de fiscalização foram previstos. Eles permanecem a cargo da polícia de fronteiras, como estabelece a Constituição.

e) **Mito 5: A lei vai deixar o país mais vulnerável ao terrorismo**

A Lei de Migração moderniza o sistema de regularização de migrantes que entram no Brasil e fomenta que as pessoas se apresentem às autoridades públicas para obtenção de documentos (uma atitude que não se esperaria de um potencial terrorista). O terrorismo é um fenômeno transnacional, violento e que se realiza à margem das legislações nacionais e do direito internacional. A escolha de alvos ou campos de preparação de ações terroristas (assim como de qualquer ação criminosa) não depende do registro regular de seus responsáveis em um determinado país. Essas pessoas não precisam de meios de regularização e identificação formal pois a clandestinidade (que é favorecida por regras migratórias ultrapassadas) é usada como escudo. Além disso, é equivocado e xenofóbico pressupor que os migrantes são um risco para a segurança nacional.

f) **Mito 6: Os migrantes não respeitam os nossos costumes e a Lei de Migração sobrepõe a cultura estrangeira à brasileira**

Nenhum dispositivo da Lei de Migração sobrepõe a cultura dos migrantes à brasileira. O texto reforça todas as garantias constitucionais de respeito à igualdade, à diversidade e aos valores essenciais da dignidade humana (como a liberdade religiosa e de expressão).

g) **Mito 7: A Lei de Migração é um instrumento de grupos políticos para aumentar sua base eleitoral**

Apesar da garantia de plenos direitos políticos, como o voto, ser uma bandeira dos movimentos que pedem igualdade no tratamento de migrantes e brasileiros, esse ponto não está contemplado, pois essa demanda só poderia ser atendida através de uma Proposta de Emenda à Constituição.

Em verdade, o que a lei pretende é dar concretude ao texto constitucional brasileiro, *in casu* o art. 5º, que consagra o princípio da igualdade entre os brasileiros e os não brasileiros, pugnando de maneira clara o combate à discriminação, à xenofobia e outras práticas que sejam consideradas atentatórias aos direitos humanos.

A lei sobre a política migratória brasileira caminhou bem ao consagrar os princípios da universalidade, indivisibilidade e interdependência dos direitos humanos; repúdio e prevenção à xenofobia, ao racismo e a quaisquer formas de discriminação; não criminalização da imigração; não discriminação em razão dos critérios ou dos procedimentos pelos quais a pessoa foi admitida em território nacional. Avançou também nos aspectos relativos à promoção de entrada regular e de regularização documental; acolhida humanitária; igualdade de tratamento e de oportunidade ao migrante e a seus familiares etc.

Sem embargo, a partir da desconstrução dos "mitos" da Lei de Migração, importante apresentar alguns pontos relativos a admissão e retirada do migrante do território brasileiro.

5. A ADMISSÃO E A RETIRADA COMPULSÓRIA DO MIGRANTE

O ato de ingresso e permanência do estrangeiro em território nacional relaciona-se à discricionariedade do Estado, podendo este aceitar ou não que uma determinada pessoa permaneça em seu território, como, por exemplo, no caso em que um indivíduo tenha atentado contra a segurança do Estado (como na prática de atos terroristas). Há de ressaltar que o Estado não pode se prender a questões relativas a raça, sexo, idioma ou religião.

É de competência exclusiva de cada Estado legislar sobre a admissão e expulsão de estrangeiros em sua base física. Desse modo, várias são as restrições que os Estados adotam no tocante à admissão de estrangeiros em seus territórios. Uns cobram taxas de admissão, outros fixam quota de imigração e quase todos exigem a apresentação de passaportes.

A Lei n. 13.445/2017 também dispôs sobre essa matéria. Entretanto, diferentemente da lei do estrangeiro, procura apresentar critérios objetivos que garantem, de forma mais satisfatória, proteção jurídica ao não nacional.

Para ser admitido em território brasileiro, o migrante[1051] deverá ter em sua posse um documento que o identifique, sendo que a nova legislação admite como documentos de viagem o passaporte; o *laissez-passer*; a autorização de retorno; o salvo-conduto; a carteira de identidade de marítimo; a carteira de matrícula consular; o documento de identidade civil ou documento estrangeiro equivalente, quando admitidos em convenção ou tratado internacional; o certificado de membro de tripulação de transporte aéreo; e outros que vierem a ser reconhecidos pelo Estado brasileiro em regulamento.

A lei apresenta o visto como o documento que dá a seu portador expectativa de ingresso em território nacional (art. 6º), podendo ser expedido por embaixadas, consulados-gerais, consulados, vice-consulados e, quando habilitado pelo órgão competente do Poder Executivo, por escritórios comerciais e de representação do Brasil no exterior (art. 7º). Assim, serão concedidos pelo Estado brasileiro ao solicitante que pretenda ingressar ou permanecer no território nacional, os seguintes tipos de vistos: visita; temporário; diplomático; oficial; e de cortesia (art. 12), sendo que poderão ser cobrados taxas e emolumentos consulares pelo processamento do visto.

No caso do apátrida, tema que tem sido objeto de reflexões no âmbito do direito internacional[1052], a seção II da Lei n. 13.445/2017 conferiu prote-

---

[1051] Os arts. 10 e 11 versam sobre a não concessão do visto: "Art. 10. Não se concederá visto: I – a quem não preencher os requisitos para o tipo de visto pleiteado; II – a quem comprovadamente ocultar condição impeditiva de concessão de visto ou de ingresso no País; ou III – a menor de 18 (dezoito) anos desacompanhado ou sem autorização de viagem por escrito dos responsáveis legais ou de autoridade competente. Art. 11. Poderá ser denegado visto a quem se enquadrar em pelo menos um dos casos de impedimento definidos nos incisos I, II, III, IV e IX do art. 45. Parágrafo único. A pessoa que tiver visto brasileiro denegado será impedida de ingressar no País enquanto permanecerem as condições que ensejaram a denegação".

[1052] Embora o tema dos refugiados e apátridas, em algumas circunstâncias sejam tratados em conjunto, as situações que versam sobre esses indivíduos é diferenciada. A propósito, esclarecedor o magistério de DAILLIER, Patrick; PELLET, Alain. *Droit international public*. 7. ed. Paris: LGDJ, 2002, p. 677: "Bien que leur étude soit en general effectuée simultanément, la situation des réfugiés et celle des apatrides sont clairement distinctes au point de vue juridique. Les premiers sont des étrangers placés dans une situation spéciale vis a vis de l'Etat d'accueil qui leur acorde as protection du fait des

ção para o apátrida. A matéria foi regulamentada e está disposta no capítulo V do Decreto n. 9.199/2017 que trata "Da proteção do apátrida e da redução da apatridia". Sendo reconhecida a condição de apátrida, poderá o interessado requerer e iniciar o pedido de naturalização. Nesse caso, o processo será iniciado tão logo seja reconhecida a situação de apatridia, sendo certo que durante a tramitação do processo de reconhecimento da condição de apátrida, incidem todas as garantias e mecanismos protetivos e de facilitação da inclusão social relativos à Convenção sobre o Estatuto dos Apátridas de 1954, promulgada pelo Decreto n. 4.246, de 22 de maio de 2002, à Convenção relativa ao Estatuto dos Refugiados, promulgada pelo Decreto n. 50.215, de 28 de janeiro de 1961, e à Lei n. 9.474, de 22 de julho de 1997.

Impende assinalar que são aplicados ao apátrida residente todos os direitos atribuídos ao migrante relacionados no art. 4º da Lei n. 13.445/2017, sendo assegurados os direitos e garantias previstos na Convenção sobre o Estatuto dos Apátridas, de 1954, promulgada pelo Decreto n. 4.246, de 22 de maio de 2002, bem como outros direitos e garantias reconhecidos pelo Brasil.

Com efeito, o processo de reconhecimento da condição de apátrida tem como objetivo verificar se o solicitante é considerado nacional pela legislação de algum Estado e poderá considerar informações, documentos e declarações prestadas pelo próprio solicitante e por órgãos e organismos nacionais e internacionais. Sendo reconhecida a condição de apátrida, nos termos do inciso VI do § 1º do art. 1º, o solicitante será consultado sobre o desejo de adquirir a nacionalidade brasileira, e, caso o apátrida opte pela naturalização, a decisão sobre o reconhecimento será encaminhada ao órgão competente do Poder Executivo para publicação dos atos necessários à efetivação da naturalização no prazo de 30 (trinta) dias. Por fim, vale destacar que o apátrida reconhecido que não opte pela naturalização imediata terá a autorização de residência outorgada em caráter definitivo e apenas deixará de ter a proteção do Estado brasileiro, conferida pela Lei n. 13.445/2017, nos casos de renúncia; prova da falsidade dos fundamentos invocados para o reconhecimento da condição de apátrida; ou a existência de fatos que, se fossem conhecidos por ocasião do reconhecimento, teriam ensejado decisão negativa. Quanto ao asilo, que pode ser territorial ou di-

---

persécutions dont ils sont victimes dans leur propre pays; les seconds sont des personnes qu'aucun État ne considere comme par aplication de la législation".

plomático, a lei também dispôs sobre a matéria como um instrumento protetivo à pessoa humana, não sendo concedido para quem tenha cometido crime de genocídio, crime contra a humanidade, crime de guerra ou crime de agressão, nos termos do Estatuto de Roma do Tribunal Penal Internacional, de 1998[1053].

Uma vez admitido em território nacional, o indivíduo[1054] estará sujeito às leis locais, observando-se situações excepcionais correspondentes às imunidades concebidas nos documentos internacionais. A lei também estabeleceu em que circunstâncias o indivíduo não será aceito no território nacional, conforme preceitua o art. 45: "Poderá ser impedida de ingressar no País, após entrevista individual e mediante ato fundamentado, a pessoa: I – anteriormente expulsa do País, enquanto os efeitos da expulsão vigorarem; II – condenada ou respondendo a processo por ato de terrorismo ou por crime de genocídio, crime contra a humanidade, crime de guerra ou crime de agressão, nos termos definidos pelo Estatuto de Roma do Tribunal Penal Internacional, de 1998, promulgado pelo Decreto n. 4.388, de 25 de setembro de 2002; III – condenada ou respondendo a processo em outro país por crime doloso passível de extradição segundo a lei brasileira; IV – que tenha o nome incluído em lista de restrições por ordem judicial ou por compromisso assumido pelo Brasil perante organismo internacional; V – que apresente documento de viagem que: a) não seja vá-

---

1053 A matéria está no capítulo XIII do livro de GUERRA, Sidney. *Curso de direito internacional público*. 13. ed. São Paulo: Saraiva, 2021.

1054 O art. 30, incisos I e II, apresentam os casos que podem ser autorizados ao imigrante, residente fronteiriço ou visitante: "Art. 30. A residência poderá ser autorizada, mediante registro, ao imigrante, ao residente fronteiriço ou ao visitante que se enquadre em uma das seguintes hipóteses: I – a residência tenha como finalidade: a) pesquisa, ensino ou extensão acadêmica; b) tratamento de saúde; c) acolhida humanitária; d) estudo; e) trabalho; f) férias-trabalho; g) prática de atividade religiosa ou serviço voluntário; h) realização de investimento ou de atividade com relevância econômica, social, científica, tecnológica ou cultural; i) reunião familiar; II – a pessoa: a) seja beneficiária de tratado em matéria de residência e livre circulação; b) seja detentora de oferta de trabalho; c) já tenha possuído a nacionalidade brasileira e não deseje ou não reúna os requisitos para readquiri-la; d) (vetado); e) seja beneficiária de refúgio, de asilo ou de proteção ao apátrida; f) seja menor nacional de outro país ou apátrida, desacompanhado ou abandonado, que se encontre nas fronteiras brasileiras ou em território nacional; g) tenha sido vítima de tráfico de pessoas, de trabalho escravo ou de violação de direito agravada por sua condição migratória; h) esteja em liberdade provisória ou em cumprimento de pena no Brasil.

lido para o Brasil; b) esteja com o prazo de validade vencido; ou c) esteja com rasura ou indício de falsificação; VI – que não apresente documento de viagem ou documento de identidade, quando admitido; VII – cuja razão da viagem não seja condizente com o visto ou com o motivo alegado para a isenção de visto; VIII – que tenha, comprovadamente, fraudado documentação ou prestado informação falsa por ocasião da solicitação de visto; ou IX – que tenha praticado ato contrário aos princípios e objetivos dispostos na Constituição Federal".

Com efeito, da mesma forma que o Estado pode acolher um indivíduo de nacionalidade distinta dos seus, também poderá retirá-lo. A matéria, na nova legislação, vem expressa no capítulo VI, que versa sobre as medidas de retirada compulsória.

A primeira medida que poderá ser adotada pelo Estado é a repatriação, que consiste na devolução de pessoa em situação de impedimento ao país de procedência ou de nacionalidade, sendo certo que tal medida não será aplicada para pessoa em situação de refúgio ou de apatridia, de fato ou de direito; aos menores de dezoito anos desacompanhados ou separados de suas famílias, exceto nos casos em que se demonstrar favorável; para a garantia de seus direitos ou para a reintegração a sua família de origem, ou a quem necessite de acolhimento humanitário; nem, em qualquer caso, de devolução para país ou região que possa apresentar risco à sua vida, integridade pessoal ou liberdade.

Ainda no capítulo VI, nas seções de número III e IV, a legislação contemplou aspectos relativos à deportação e expulsão, respectivamente. Antes, porém, de apresentá-los, importante frisar que a lei, ao consagrar princípios e diretrizes que devem pautar o desenvolvimento da matéria no Brasil, garantiu a não criminalização por razões migratórias, isto é, independentemente do motivo que ela se deu, o indivíduo não estará sujeito à deportação, bem como não poderá ter a sua liberdade cerceada por não estar de posse de sua documentação, diferentemente do que acontecia sob a égide da lei do estrangeiro. Sobre esse ponto, há estudos que indicam que a implementação dessa matéria será um grande desafio, principalmente nos controles realizados em zonas de fronteira e a incidência de deportações arbitrárias, como se vê:

> "Para ilustrar, podemos citar casos recentes ocorridos no Estado de Roraima – localizado na fronteira do Brasil com Venezuela e Guiana –, onde venezuelanos foram deportados pela polícia ao longo do ano de 2016,

mesmo aqueles que solicitaram o refúgio. Uma ação judicial impediu que 450 venezuelanos fossem coletivamente deportados no mês de dezembro de 2016. Há, ademais, casos de repatriação em que migrantes são colocados em um limbo jurídico e mantidos em áreas de fiscalização, a exemplo do chamado "espaço Conector" do Aeroporto Internacional de Guarulhos, São Paulo, arbitrariamente e por tempo indeterminado, sem a assistência necessária e a garantia do devido processo legal, até conseguirem verbalizar um pedido de refúgio ou serem devolvidos para o país de origem. De janeiro de 2015 até abril de 2016, 1.814 migrantes foram mantidos no espaço Conector, dos quais 494 eram solicitantes de refúgio que procuravam proteção no país e foram impedidos de ingressar diretamente em solo brasileiro. Importante que neste ponto, pessoas em situação de refúgio não podem ser devolvidas para o país de origem por conta da sua vida estar em risco, de acordo com o princípio fundamental de *non-refoulement* (não devolução) do Direito Internacional Público e conforme consta na legislação brasileira que trata do refúgio (Lei n. 9.474/1997)"[1055].

A propósito, quanto ao residente fronteiriço, para facilitar sua livre circulação, o Estado poderá conceder autorização para a realização de atos da vida civil, mediante requerimento do interessado. Esta medida foi bastante adequada, principalmente se se levar em conta as longas fronteiras do Estado brasileiro com os países da América do Sul (exceção do Equador e Chile apenas). Assim, o residente fronteiriço detentor da autorização gozará das garantias e dos direitos assegurados pelo regime geral de migração da lei, podendo ser cancelado, a qualquer tempo, se o titular tiver fraudado documento ou utilizado documento falso para obtê-lo; obtiver outra condição migratória; sofrer condenação penal; ou exercer direito fora dos limites previstos na autorização.

No caso da deportação, esta ocorre quando se promove a retirada do imigrante que, ingressando no país ou neste se encontrando irregularmente, não se retirar voluntariamente no prazo que lhe for determinado. Trata-se, portanto, de medida decorrente de procedimento administrativo que consiste na retirada compulsória de indivíduo que se encontre em situação migratória irregular em território nacional. Para tanto, a deportação será precedida de notificação pessoal ao imigrante, da qual constem, expressamente, as irregularidades verificadas e prazo para a regularização não inferior a sessenta dias, podendo ser prorrogado, por igual período, por despa-

---

1055 ASANO, Camila Lissa; TIMO, Pétalla Brandão, op. cit.

cho fundamentado e mediante compromisso de o imigrante manter atualizadas suas informações domiciliares.

Impende assinalar que no caso de incidência da deportação não haverá por parte do indivíduo o cometimento de crime, e sim a não observância de determinados requisitos legais para sua permanência no Estado. A lei inovou ao dispor que, mesmo sendo notificado o indivíduo, não ficará impedido de circular livremente no território nacional, devendo, todavia, o imigrante informar seu domicílio e suas atividades. Apenas com o vencimento do prazo para que o mesmo regularize sua situação com o Estado brasileiro, observando-se o princípio constitucional do contraditório e a ampla defesa, é que a deportação poderá ser executada, não excluindo eventuais direitos adquiridos ao deportado, em relações contratuais ou decorrentes da lei brasileira[1056].

No caso da expulsão, a nova legislação a trata como medida administrativa de retirada compulsória do migrante do território nacional, conjugada com o impedimento de reingresso por prazo determinado, sendo certo que a condenação com sentença transitada em julgado poderá ensejar a expulsão nos seguintes casos: crime de genocídio, crime contra a humanidade, crime de guerra ou crime de agressão, nos termos definidos pelo Estatuto de Roma do Tribunal Penal Internacional, de 1998; crime comum doloso passível de pena privativa de liberdade, consideradas a gravidade e as possibilidades de ressocialização em território nacional.

Por outro lado, são apresentados os casos que não são passíveis de expulsão, a saber: se implicar extradição inadmitida pela lei brasileira; e quando o expulsando tiver filho brasileiro que esteja sob sua guarda ou dependência econômica ou socioafetiva ou tiver pessoa brasileira sob sua tutela; tiver cônjuge ou companheiro residente no Brasil, sem qualquer discriminação, reconhecido judicial ou legalmente; tiver ingressado no Brasil até os doze anos de idade, residindo desde então no País; for pessoa

---

1056 Importante destacar o papel da Defensoria Pública da União em situações que versem a deportação: "Art. 51. Os procedimentos conducentes à deportação devem respeitar o contraditório e a ampla defesa e a garantia de recurso com efeito suspensivo. § 1º A Defensoria Pública da União deverá ser notificada, preferencialmente por meio eletrônico, para prestação de assistência ao deportando em todos os procedimentos administrativos de deportação. § 2º A ausência de manifestação da Defensoria Pública da União, desde que prévia e devidamente notificada, não impedirá a efetivação da medida de deportação".

com mais de setenta anos que resida no País há mais de dez anos, considerados a gravidade e o fundamento da expulsão; ou estiver vivendo no Brasil há mais de quatro anos anteriores ao cometimento do crime[1057].

Ao que parece, a lei[1058] brasileira, inspirada em princípios como o da não indiferença[1059], começa a atribuir o valor e a importância para aqueles que, por motivos diversos, acabaram por deixar os seus países de origem.

6. O PRINCÍPIO DA NÃO INDIFERENÇA E O QUE SE ESPERA A PARTIR DA LEI MIGRATÓRIA BRASILEIRA

A teoria do princípio da não indiferença[1060] foi desenvolvida há quase vinte anos e, à época, a proposta era a de que seus fundamentos pudessem servir de inspiração para a atuação dos diversos atores que atuam na seara do direito internacional ambiental[1061].

1057 Os arts. 58, 59 e 60 também apresentam aspectos importantes sobre a expulsão: "Art. 58. No processo de expulsão serão garantidos o contraditório e a ampla defesa. § 1º A Defensoria Pública da União será notificada da instauração de processo de expulsão, se não houver defensor constituído. § 2º Caberá pedido de reconsideração da decisão sobre a expulsão no prazo de 10 (dez) dias, a contar da notificação pessoal do expulsando. Art. 59. Será considerada regular a situação migratória do expulsando cujo processo esteja pendente de decisão, nas condições previstas no art. 55. Art. 60. A existência de processo de expulsão não impede a saída voluntária do expulsando do País".
1058 A Lei n. 13.445/2017 contempla vários outros aspectos, como, por exemplo, o Capítulo VI, que versa sobre a opção de nacionalidade e da naturalização; o Capítulo VII, que trata do emigrante; o Capítulo VIII, que abarca as medidas de cooperação; o Capítulo IX, que versa sobre as infrações e as penalidades administrativas; além de outras matérias. Todavia, neste tópico do livro, priorizou-se apresentar as questões gerais sobre a lei e, posteriormente, será apresentado estudo específico sobre a Lei de Migração como um todo.
1059 Como na obra de GUERRA, Sidney. *Curso de direito internacional público*. 14. ed. São Paulo: Saraiva, 2022.
1060 GUERRA, Sidney. *Direito internacional ambiental*. Rio de Janeiro: Freitas Bastos, 2006.
1061 Vide o estudo de GOMES, Eduardo Biacchi; BULZICO, Bettina Augusta Amorim. *A efetividade dos direitos dos cidadãos na proteção ao Meio Ambiente: A existência de um direito fundamental*. Disponível em: https://www2.senado.leg.br/bdsf/bitstream/handle/id/194898/000861734.pdf?sequence=3. Acesso em: 17 maio 2017: "O princípio da não indiferença, elaborado por Sidney Guerra (2006, p. 90 e ss.), traduz-se em uma importante medida de tutela de proteção ao meio ambiente. Assim torna-se necessário que, por meio da solidariedade, os povos busquem adotar medidas proativas, com vistas a, efetivamente, proteger o meio ambiente, mediante a realização de condutas que possam superar os meros interesses soberanos dos Estados e romper a sobera-

Logo após, a ideia foi expandida para assuntos relativos aos direitos humanos[1062] e, posteriormente, para as mais distintas relações constituídas na órbita jurídica internacional, com o intuito de promover mudanças nos comportamentos e ações adotados pelos Estados e reduzir os múltiplos problemas existentes no mundo[1063]. Os estudos foram encampados por vários estudiosos[1064], sendo amplamente difundido no meio acadêmico[1065].

A defesa de uma nova postura por parte dos Estados, diante das mais diversas e adversas situações que se manifestam no campo das relações internacionais, passou a ser uma necessidade premente, e o princípio da não indiferença, uma verdadeira bússola a orientar as práticas desses atores internacionais.

Há muitas situações que afetam as relações jurídicas produzidas na arena internacional, como, por exemplo: crises econômicas; catástrofes

---

nia dos Estados, com vistas a que todos fiquem sensibilizados com a questão ambiental e, dessa forma, tenhamos uma sociedade mais justa, harmoniosa e equilibrada. Em uma sociedade internacional, que atualmente é desigual, é claro que referido princípio é uma mera proposta, que, entretanto, deve ser examinada pelos Estados e pelos povos, como elemento do futuro de nossa humanidade".

1062 GUERRA, Sidney. *Os direitos humanos na ordem jurídica internacional e reflexos para ordem constitucional brasileira*. 2. ed. São Paulo: Atlas, 2014.

1063 GUERRA, Sidney. *Curso de direito internacional público*. 14. ed. São Paulo: Saraiva, 2022.

1064 GOMES, Eduardo Biacchi; VILLATORE, Marco Antônio. *A democracia e os direitos fundamentais na União Europeia: o repensar a partir do multiculturalismo entre o pensar local e o agir global*. Disponível em: http://www.ambito-juridico.com.br/site/index.php?artigo_id=3175&n_link=revista_artigos_leitura. Acesso em: 17 maio 2017: "O Princípio da Não Indiferença, construído por Sidney Guerra, é a proposta contemporânea que mais possui aplicabilidade prática para se legitimar a adoção de políticas que valorizem os interesses dos cidadãos no bloco econômico europeu e justifiquem a adoção das políticas comunitárias. Com a aplicação do Princípio da Não Indiferença, resta superada a ideia de suposta violação aos interesses soberanos dos Estados, quando da adoção de políticas que levem em consideração, em última instância, os interesses dos cidadãos comunitários".

1065 A título ilustrativo podem ser apresentados os estudos de ARRAIS, Gerson Santana. *Missões de Paz no Haiti – mera presença militar ou ação humanitária?* São Paulo: Baraúna, 2013; BRUSSI, Antônio José Escobar. *Não indiferença: nova comunidade ideológica de consciência para o Sul Global?* Disponível em: http://www.scielo.br/pdf/rbcpol/n20/2178-4884-rbcpol-20-00287.pdf. Acesso em: 17 maio 2017; AGOSTINI, Andréia Mendonça; FERREIRA, Heline Sivini. Fiscalização cidadã: da construção do conceito de cidadania à efetivação de seu exercício por meio da fiscalização de infrações ambientais. *Veredas do Direito*, Belo Horizonte, v. 12, n. 23, jan./jun. 2015, p. 91-120. Disponível em: file:///C:/Users/Sidney%20Guerra/Downloads/327-2616-1-PB.pdf. Acesso em: 17 maio 2017.

ambientais[1066]; convulsão social; crime organizado; tráfico de drogas; rompimento com o Estado de Direito; fome, miséria e doenças; conflitos armados; e mais recentemente, embora não seja algo novo, as migrações[1067], que ganhou destaque neste estudo.

Muitos autores[1068] acentuam que o agravamento dos problemas que afligem a sociedade tem sido também produzido pela globalização econômica, que gera prejuízos e despreza a condição humana, trazendo grandes sofrimentos para grande parcela da população mundial. Entre nós, Lindgren Alves acentua que a perda da substância dos direitos humanos na situação de globalização sem controle[1069] é especialmente visível no incremento gigantesco de fenômenos que antes se apresentavam menos ameaçadores[1070].

1066 GUERRA, Sidney. Sociedade de risco e o refugiado ambiental. In: *Direito no século XXI*. Curitiba: Juruá, 2008.

1067 GUERRA, Sidney; ACCIOLY, Elizabeth. O instituto jurídico do refúgio à luz do direito internacional e alguns desdobramentos na União Europeia. *Revista Jurídica Unicuritiba*, v. 2, n. 47, 2017: "O número de refugiados e migrantes econômicos tem aumentado significativamente, seja pela esperança de encontrar novas oportunidades e melhores condições de vida, seja por razões de pobreza extrema, de catástrofes naturais, ou o pior de todos os motivos, da guerra. E, tanto os que fogem da miséria, como os que foram desalojados por fatores climáticos extremos, acidentes ambientais ou conflitos bélicos estão, na realidade, a tentar salvar o bem mais precioso: a vida".

1068 GIDDENS, Anthony. *O mundo na era da globalização*. Lisboa: Presença, 2000: "a globalização não está a evoluir de forma imparcial, e as suas consequências não são totalmente benignas. (...) a globalização tende a destruir as culturas locais, a aumentar as desigualdades do mundo e piorar a sorte dos empobrecidos".

1069 BARBOSA, Manuel Pinto, *Globalização, desenvolvimento e equidade*. Lisboa: Publicações Dom Quixote, 2001, p. 378, chama a atenção para a necessidade de se estabelecer mecanismos de controle sobre a globalização para que não se torne uma ideologia impositiva para os países e invoca o direito: "A globalização pode se transformar numa ideologia impositiva de interesses de países ou entidades. O mais forte antídoto contra esta ingerência de interesses particulares é constituído pelas instituições e pelo direito. Sem instituições, sem leis e sem governabilidade, a globalização pode tornar-se refém de grupos especiais de interesses".

1070 ALVES, José Augusto Lindgren. *Os direitos humanos na pós-modernidade*. São Paulo: Perspectiva, 2005, p. 211-212: "a) a imigração incessante e ascendente na Europa Ocidental e nos Estados Unidos, de pessoas procedentes de países pobres; b) o ressurgimento incontrolável do tráfico de pessoas e das formas contemporâneas de escravidão decorrente de dívidas; c) a rotinização da pornografia infantil e da pedofilia, associadas ao turismo sexual no terceiro mundo; d) o recrudescimento do racismo, envolvendo o reaparecimento de grupos nazifascistas e a consolidação de partidos ultranacionais; e) a explosão de conflitos fratricidas de micronacionalismos, como o da ex-Iugoslávia; f) o genocídio de coabitantes de uma mesma região, como ocorreu em Ruan-

De fato, existem muitos problemas que afetam a humanidade e ensejam a tomada de providências a serem coordenadas no plano internacional, com repercussões no direito interno dos Estados nacionais[1071]. A necessidade de reverter o quadro negativo[1072], que afeta sistematicamente a pessoa humana no mundo global, faz com que ganhe eco e força, entre os mais diversos atores sociais, a observância da não indiferença[1073].

---

da e ameaçou ocorrer em toda a área dos grandes lagos africanos; g) o crescimento exponencial do número de refugiados e pessoas deslocadas; h) a busca individual de proteção ou compensação contra as dificuldades vividas em seitas religiosas ou crendices sobrenaturais; i) a expansão do fundamentalismo religioso; j) o crescente recurso dos desesperados por ações violentas criminais ou suicidas; k) o aparecimento de uma nova rede de terrorismo com ações não reivindicadas e objetivos não explicitados pelos autores intelectuais".

[1071] Apresenta-se como exemplo o grande fluxo migratório de venezuelanos para os Estados vizinhos em razão de práticas atentatórias aos direitos humanos, adotadas pelo governo, que produzem instabilidade política na região.

[1072] Crise quintuplica número de imigrantes venezuelanos no Brasil. Desde 2014, mais de 12.000 pessoas cruzaram a fronteira para fugir da crise política, econômica e social no país de Maduro. 18 de abril de 2017. Disponível em http://veja.abril.com.br/mundo/crise-quintuplica-numero-imigrantes-venezuelanos-no-brasil/. Acesso em: 16 maio 2017. De acordo com relatório apresentado pela organização americana *Human Rights Watch*, divulgado nesta terça-feira, o número de venezuelanos que imigraram para o Brasil quintuplicou em 2016, comparado ao mesmo período de 2014. O documento atribui os dados à escassez de alimentos e medicamentos na Venezuela e pede que Caracas tome medidas de alívio para o colapso das instituições e serviços. Desde 2014, mais de 12.000 pessoas fugiram da crise política, econômica e social venezuelana em direção ao Brasil, principalmente no estado fronteiriço de Roraima. Apenas nos primeiros onze meses de 2016, 7.150 entraram no país. De acordo com o diretor das Américas da *Human Rights Watch*, José Miguel Vivanco, houve também um grande crescimento nos pedidos de asilo, de 54 em 2013, para 2.595 em 2016.

[1073] Embora não tenha expressado o princípio da não indiferença, pode-se observar a ideia nos estudos formulados por COMESAÑA, Antón Costas; CÉSPEDES, Gemma Cairó. *Cooperación y desarrollo: hacia una agenda comprehensiva para el desarrollo*. Madrid: Pirámides, 2003, p. 26: "Si pudiésemos conseguir actuar sobre una serie de factores para alcanzar un crecimiento con equidad, una buena gobernabilidad a nivel local, regional y mundial, reducir drásticamente la vulnerabilidad a la que están sometidas tantas personas por catástrofes y conflictos, incrementar la cantidad y la calidad de la ayuda oficial al desarrollo, y condonar la deuda externa para poder invertir en desarrollo humano, el panorama podría ser muy distinto. Esto no es una labor exclusiva de ONG, organismos de Naciones Unidas o gobiernos, sino de todos. Es necesario que todos tengamos una voluntad suficiente para ir mucho más allá de lo que a veces nos parece evidente, pero no siempre es suficiente".

A não indiferença deve estar presente principalmente em momentos de desequilíbrio e grande convulsão social, como se tem apresentado em vários países. No caso dos imigrantes, a situação que se apresenta no mundo atual é dramática e tem produzido uma crise sem precedentes em vários setores, em que, por vezes, coloca-se em dúvida a solidariedade, a compaixão, aspectos morais, o valor que deve ser atribuído ao direito e o papel dos direitos humanos na sociedade hodierna.

Na Europa[1074], por exemplo, o número de refugiados que já se arriscaram pelo mar[1075], apenas no ano de 2017, para aportar em solo europeu pelo caminho italiano, ultrapassou o número de 43 mil pessoas, e isso tem gerado um grande desconforto por parcela significativa dos cidadãos europeus[1076]. Apesar de tudo isso, a grande preocupação que pairava no

---

[1074] Os dados foram divulgados pelo alto-comissário da ONU para Refugiados, Filippo Grandi, que alertou para as mortes e desaparecimentos, registrados desde o início do ano, de mais de 1,1 mil indivíduos durante a travessia. "A rota da região central do mar Mediterrâneo, entre o norte da África e a Itália, um dos caminhos mais usados pelos solicitantes de refúgio e pelos migrantes que vão para a Europa, se provou particularmente fatal." Disponível em: https://nacoesunidas.org/tema/refugiados-migrantes/. Acesso em: 17 maio 2017.

[1075] Segundo o Alto Comissariado das Nações Unidas para Refugiados (ACNUR), a situação atual na Europa (dados de janeiro de 2018) apresenta os seguintes dados: "Un estimado de 362.000 refugiados y migrantes arriesgaron sus vidas cruzando el Mar Mediterráneo en 2016, 181.400 personas llegaron a Italia y 173.450 a Grecia. En la primera mitad de 2017, más de 105.000 refugiados y migrantes ingresaron a Europa. Este movimiento hacia Europa continúa cobrando un alto número de vidas humanas. Se cree que desde el inicio de 2017, más de 2.700 personas han muerto o desaparecido cruzando el Mar Mediterráneo. Estos riesgos no terminan al llegar a Europa. Durante el movimiento secundario irregular se han reportado muchos abusos, incluyendo devoluciones en la frontera. Las operaciones de rescate en el mar deben continuar siendo una prioridad, debido a la cantidad de vidas que se ponen en peligro. A pesar de que se ha logrado un aumento en las vías seguras para ingresar a Europa, estas oportunidades aún son muy reducidas para ofrecer una alternativa viable a los peligrosos viajes que realizan las personas en necesidad de protección. Se necesitan más esfuerzos para aumentar el acceso a las vías legales existentes, incluyendo la reunificación familiar. ACNUR también llamó a los países europeos, así como a otros países, para que ofrezcan 40.000 espacios de reasentamiento, los cuales complementarán los compromisos ya existentes, para que se pongan a disposición de los refugiados ubicados en 15 países prioritarios a lo largo de la Ruta Mediterránea Central". Disponível em: <http://www.acnur.org/emergencia-en-europa.html>. Acesso em: 25 jun. 2018.

[1076] A *Revista Isto É* publica uma pesquisa realizada na Europa que apresenta dados estarrecedores sobre a visão que muitos europeus possuem sobre o fenômeno

velho continente à época, com a possível eleição presidencial de uma candidata da extrema direita e seus desdobramentos, foi superada. Novamente o sentimento das milhares de pessoas que se encontram na situação de não nacionais europeus, mas que almejam um local seguro para passarem suas vidas, é de esperança[1077].

Neste ano de 2022 a Europa foi acometida por um conflito, envolvendo Ucrânia e rússia, com severos desdobramentos. Quanto ao número de refugiados, são contabilizados mais de 5,6 milhões de pessoas procedentes da Ucrânia em território europeu; mais de 8,7 milhões de pessoas que se encontram em movimentos transfronteiriços; e mais de 7,1 milhões de pessoas deslocadas em território Ucraniano. Segundo informações do ACNUR, suas equipes estão no território da Ucrânia empenha-

---

migratório, em especial em relação aos islâmicos. A matéria, em tom sensacionalista, apresenta o título "A Europa contra os imigrantes". Disponível em: http://istoe.com.br/europa-contra-os-imigrantes/. Acesso em: 17 maio 2017. Em recente pesquisa elaborada na União Europeia, em que se pergunta se deveriam ser adotadas medidas de contenção para que não ocorra a migração de maneira tão intensa e se a imigração de nações predominantemente islâmicas deveria ser barrada, verificou-se que mais da metade dos habitantes do velho continente concorda com o veto. Apesar de o sentimento contra refugiados ser mais intenso na Áustria, Bélgica, França, Hungria e Polônia, mesmo os lugares mais tolerantes apresentam índices extremamente altos de xenofobia. Entre os países consultados, a Espanha é o que tem a população mais aberta. Mesmo assim, 41% concordam que a entrada de imigrantes vindos de nações muçulmanas deveria acabar. Em nenhum local, mais de um terço discorda. Os achados também revelam como o anti-islamismo é especialmente intenso entre os mais velhos (60%), os menos educados (59%) e os que vivem no campo (58%). No entanto, os números ainda ficam perto da metade entre os mais novos, mais educados e que vivem nas cidades. "Na maioria dos estados onde a oposição é forte, a direita radical está entranhada como uma força política e busca mobilizar essa angústia contra o Islã nas urnas", afirma o relatório da pesquisa, realizada pelo instituto de relações internacionais Chatam House.

1077 Segundo o ACNUR, "quienes llegan a Europa necesitan condiciones de recepción y asistencia adecuadas, particularmente quienes tienen necesidades especiales, como niños separados o no acompañados y sobrevivientes de violencia sexual y de género, igualmente, requieren acceso a procedimientos de asilo justos y eficientes. Se necesita mayor solidaridad dentro de la Unión Europea para asegurar la protección, incluyendo la reunificación familiar y la reubicación eficientes y rápidas. En general existe una necesidad de un plan de acción más integral que apoye las soluciones a largo plazo para el complejo tema de los flujos migratorios mixtos, así como que ayude a abordar las causas fundamentales, en estrecha cooperación con los países de origen y tránsito, en línea con el derecho internacional". Disponível em: <http://www.acnur.org/emergencia-en-europa.html>. Acesso em: 25 jun. 2018.

das em continuar a operar para prestar ajuda onde e quando as condições de acesso e segurança o permitirem[1078].

Nesse cenário obscuro, preocupante, tenso e indiferente por que passa o mundo, com tantos conflitos e violações aos direitos humanos, o Estado brasileiro, que consagra a dignidade da pessoa humana como fundamento do Estado e princípio fundamental, bem como a prevalência dos direitos humanos, disponibiliza de uma lei de Migração, que encontra-se em consonância com o princípio da não indiferença, que se propõe a servir como axioma para a construção de uma sociedade que seja cada vez mais justa, inclusiva e protetiva dos direitos inerentes à pessoa humana.

1078 Conforme estabelecido pela ACNUR: "La escalada del conflicto en Ucrania ha ocasionado víctimas entre la población civil y provocado la destrucción de infraestructura civil, obligando a la población a abandonar sus hogares en busca de seguridad, protección y asistencia. Millones de personas refugiadas han cruzado las fronteras de Ucrania hacia los países vecinos y muchas más se han visto obligadas a desplazarse dentro de Ucrania. Todas estas personas necesitan ayuda y protección urgente". Disponível em: https://www.acnur.org/emergencia-en-ucrania.html. Acesso em: 23 jul. 2022.

REFERÊNCIAS

ABRÃO, Paulo; TORELLY, Marcelo D. Mutações do conceito de anistia na justiça de transição brasileira: a terceira fase da luta pela anistia. In: *Revista Anistia Política e Justiça de Transição/Ministério da Justiça*, n. 7, jan./jun. 2012. Brasília: Ministério da Justiça, 2012. Disponível em: <http://portal.mj.gov.br/main.asp?Team=%7B67064208-D044-437B-9F24-96E0B26CB372%7D>. Acesso em: 14 maio 2013.

ABRAMOVICH, Victor; COURTIS, Christian. *Los derechos sociales como derechos exigibles*. 2. ed. Madrid: Editorial Trotta, 2004.

ACCIOLY, Elizabeth. Os direitos humanos na União Europeia. In: *Temas emergentes de direitos humanos*. Rio de Janeiro: FDC, 2006.

ACNUR: deslocamento global atinge novo recorde e reforça tendência de crescimento da última década. Disponível em: https://www.acnur.org/portugues/2022/06/15/acnur-deslocamento-global-atinge-novo-recorde-e-reforca-tendencia-de-crescimento-da-ultima-decada/. Acesso em: 23 jul. 2022.

ADORNO, Sérgio. Crise no sistema de justiça criminal. *Cienc. Cult.*, June/Sept., 2002, v. 54, n. 1. ADPF n. 708. Disponível em: https://portal.stf.jus.br/processos/detalhe.asp?incidente=5951856. Acesso em: 24 jul. 2022.

AGOSTINI, Andréia Mendonça; FERREIRA, Heline Sivini. Fiscalização cidadã: da construção do conceito de cidadania à efetivação de seu exercício por meio da fiscalização de infrações ambientais. *Veredas do Direito*, Belo Horizonte, v. 12, n. 23, jan./jun. 2015, p. 91-120. Disponível em: file:///C:/Users/Sidney%20Guerra/Downloads/327-2616-1-PB.pdf. Acesso em: 17 maio 2017.

AL-MIDANI, Mohammed Amin. Introducción a los estatutos árabes en derechos humanos. Disponível em: <https://acihl.org/articles.htm?article_id=15>. Acesso em: 17 ago. 2018.

ALENCAR, Antonio M. Cisneros de. Cooperação internacional entre sistemas global e interamericano de direitos humanos no âmbito do Mecanismo de Revisão Periódica Universal. *Revista Internacional de Direitos Humanos*, SUR, ano 7, n. 13, São Paulo, dez. 2010.

ALEXANDRINO, José de Melo. *Direitos fundamentais: introdução geral*. Estoril: Princípia, 2007.

ALEXY, Robert. *Teoría de los derechos fundamentales*. Madrid: Centro de Estudios Constitucionales, 1997.

_____. *Teoria da argumentação jurídica*. Trad. Zilda Hutchinson Schild Silva. São Paulo: Landy, 2001.

ALVARENGA, Darlan. Brasil sai de lista das 10 maiores economias do mundo e cai para a 12ª posição, aponta *ranking*. *G1, 2021*. Disponível em: https://g1.globo.com/economia/noticia/2021/03/03/brasil-sai-de-lista-das-10--maiores-economias-do-mundo-e-cai-para-a-12a-posicao-aponta-ranking.ghtml. Acesso em: 4 mar. 2021.

ALVES, Cleber Francisco. *O princípio constitucional da dignidade da pessoa humana: o enfoque da doutrina social da igreja*. Rio de Janeiro: Renovar, 2001.

ALVES, Dora Resende; CASTILLOS, Daniela Serra. A evolução dos direitos humanos na Europa: os principais momentos desde a ausência de direitos fundamentais na União Europeia até a atualidade. Disponível em: <http://repositorio.uportu.pt/jspui/bitstream/11328/1461/1/A%20 EVOLU%C3%87%C3%83O%20DOS%20DIREITOS%20HUMANOS%20NA%20 EUROPA.pdf>.

ALVES, José Augusto Lindgren. *Os direitos humanos como tema global*. São Paulo: Perspectiva, 2003.

_____. Cidadania, direitos humanos e globalização. Cidadania e justiça. *Revista da Associação dos Magistrados Brasileiros*, ano 3, n. 7, 2º sem. 1999, Rio de Janeiro.

_____. *Os direitos humanos na pós-modernidade*. São Paulo: Perspectiva, 2005.

ALVIM, Mariana de Sousa. A adesão formal da União Europeia à Convenção Europeia dos Direitos do Homem no Tratado que estabelece uma Constituição para a Europa. *Constitucionalismo europeu em crise?* Lisboa: AAFDL, 2006.

ANDRADE, V. R. P. (Org.). *Verso e reverso do controle penal: (des)aprisionando a sociedade da cultura punitiva*. Florianópolis: Fundação Boiteux, 2002.

ANUÁRIO Brasileiro de Segurança Pública de 2022. Disponível em: https://forumseguranca.org.br/wp-content/uploads/2022/06/anuario-2022.pdf?v=4, p. 28-29. Acesso em: 24 jul. 2022.

ARAÚJO, Luis Ivani Amorim. *Curso de direito internacional público*. Rio de Janeiro: Forense, 1997.

ARAÚJO, Luiz Alberto David; NUNES JÚNIOR, Vidal Serrano. *Curso de direito constitucional*. 3. ed. São Paulo: Saraiva, 1999.

Referências

ARÉCHAGA, Eduardo Jiménez. *Derecho internacional público*. Montevideo: Fundación Cultura Universitaria, 1994.

ARENDT, Hannah. *A condição humana*. 10. ed. Rio de Janeiro: Forense Universitária, 2005.

ARNAUD, André-Jean. *O direito entre modernidade e globalização: lições de filosofia do direito e do Estado*. Rio de Janeiro: Renovar, 1999.

ARONNE, Ricardo. *Por uma nova hermenêutica dos direitos reais limitados*. Rio de Janeiro: Renovar, 2001.

ARRIGHI, Jean Michel. *OEA – Organização dos Estados Americanos*. Barueri: Manole, 2004.

ASANO, Camila Lissa; TIMO, Pétalla Brandão. *A nova Lei de Migração no Brasil e os direitos humanos*. Disponível em: https://br.boell.org/pt-br/2017/04/17/nova-lei-de-migracao-no-brasil-e-os-direitos-humanos. Acesso em: 3 maio 2017.

ATTAL-GALY, Yael. *Droits de l'homme et catégories d'individus*. Paris: LGDJ, 2004.

AUGUSTO, Lukas. Amazonas deve registrar cheias severas em 2021, diz serviço geológico: alerta vale para Manaus, Manacapuru e Itacoatiara. *Agência Brasil*. Brasília, p. 1-1. 5 abr. 2021. Disponível em: https://agenciabrasil.ebc.com.br/geral/noticia/2021-04/amazonas-deve-registrar-cheias-severas-em-2021-diz-servico-geologico. Acesso em: 16 abr. 2021.

ÁVILA, Humberto Bergmann. A distinção entre princípios e regras e a redefinição do dever de proporcionalidade. *Revista de Direito Administrativo*, Rio de Janeiro, v. 215, p. 151-179, jan./mar. 1999.

AZEVEDO, Ana Lucia. Cientistas criticam ausência de prioridade a pobres e negros na vacinação contra Covid-19. *O Globo*, 2021. Disponível em: https://oglobo.globo.com/sociedade/vacina/cientistas-criticam-ausencia-de-prioridade-pobres-negros-na-vacinacao-contra-covid-19-1-248 51931. Acesso em: 2 fev. 2021.

AZEVEDO, Plauto Faraco. *Direito, justiça social e neoliberalismo*. São Paulo: Revista dos Tribunais, 1999.

BARATTA, Alessandro. *Criminologia crítica e crítica do direito penal*. Rio de Janeiro: Revan, 1997.

BARBERA, Salvador. Escasez y derechos fundamentales. In: SAUCA, José Maria. *Problemas actuales de derechos fundamentales*. Madrid: Instituto de Derechos Humanos Bartolomé de las Casas, 1994.

BARBOSA, Manuel Pinto, *Globalização, desenvolvimento e equidade*. Lisboa: Publicações Dom Quixote, 2001.

BARBOZA, Julio. *Derecho internacional público*. 2. ed. Buenos Aires: Zavalía, 2008.

BARCELLOS, Ana Paula de. *A eficácia jurídica dos princípios constitucionais: o princípio da dignidade da pessoa humana*. Rio de Janeiro: Renovar, 2002.

BARLOW, M. y CLARKE, T. *Oro Azul. Las multinacionales y el robo organizado de agua en el mundo*. Barcelona: Paidós Controversias. 2004.

BARRAQUÉ, B. La politique européenne dans le domaine de l'eau: impact, implication, impératifs. *Rev. Française de Géoéconomie*, 1998/4, p. 125-136.

_____. Pour une histoire des services d'eau et d'assainissement en Europe et en Amérique du Nord. *Flux*, n. 97-98, 2014/3, p. 4-15.

BARONAS, Roberto Leiser. *Análise do discurso: apontamentos para uma história da noção-conceito de formação discursiva*. São Carlos: Pedro e João Editores, 2011.

BARROS, Ricardo Paes; HENRIQUES, Ricardo; MENDONÇA, Rosane. Desigualdade e pobreza no Brasil: retrato de uma estabilidade inaceitável. *Revista Brasileira de Ciências Sociais*, v. 15, n. 42, fev. 2000.

BARROSO, Luís Roberto. *O direito constitucional e a efetividade de suas normas*. Rio de Janeiro: Renovar, 2000.

_____. Doze anos da Constituição brasileira de 1988: uma breve e acidentada história de sucesso. In: *Temas de direito constitucional*. Rio de Janeiro: Renovar, 2003. t. 2.

_____. *Interpretação e aplicação da Constituição*. São Paulo: Saraiva, 2000.

BASTOS, Celso Ribeiro. *Curso de teoria do Estado e ciência política*. São Paulo: Saraiva, 1995.

_____. *Curso de direito constitucional*. 20. ed. São Paulo: Saraiva, 1999.

BATISTA, Vera Malaguti. Duas ou três coisas que sabemos (por causa) dele. In: RODRIGUES, José Honório. *Historia da história do Brasil*. Rio de Janeiro: Companhia Editora Nacional, 1979.

BAUMAN, Zygmunt. *O mal-estar da pós-modernidade*. Trad. Mauro Gama e Cláudia Martinelli Gama. Rio de Janeiro: Jorge Zahar, 1998

BÉCET, Jean Marie; COLARD, Daniel. *Les conditions d'existence des libertés*. Paris: La Documentation Française, 1985.

BECK, Ulrich. *World at Risk*. Cambridge: Polity Press, 2009.

BELLO, Emmanuel G. The African Charter of Human and People's Rights: a legal analysis. *Recueil des cours*, v. 194, 1985.

BENEVIDES, Maria Victoria. Educação em direitos humanos: de que se trata?. Disponível em: http://www.hottopos.com/convenit6/victoria.htm. Acesso em: 16 jun. 2012.

BERNARDES, Márcia Nina. Educação em direitos humanos e a consolidação de uma cultura democrática. In: BITTAR, Eduardo; TOSI, Giuseppe. *Democracia e educação em direitos humanos numa época de insegurança*. Brasília: Secretaria Especial de Direitos Humanos, 2008.

BESTER, Gisela. Principiologia constitucional e ações afirmativas em prol da inclusão das pessoas idosas no Brasil. In: GUERRA, Sidney; EMERIQUE, Lilian. *Direitos das minorias e grupos vulneráveis*. Ijuí: Ed. Unijuí, 2008.

BETTATI, Mario. *Le droit d'ingérence: mutation de l'ordre international*. Paris: Odile Jacob, 1996.

BETTATI, Mario. *Droit humanitaire*. Paris, Dalloz, 2012.

BITTAR, Carlos Alberto. *Os direitos da personalidade*. Rio de Janeiro: Forense Universitária, 1995.

BOBBIO, Norberto. *A era dos direitos*. Rio de Janeiro: Campus, 1992.

_____. *Teoria geral da política: a filosofia política e as lições dos clássicos*. Rio de Janeiro: Elsevier, 2000.

BODANSKY, Daniel; BRUNNÉE, Jutta; RAJAMANI, Lavanya. *International climatte change law*. Oxford: Oxford University Press, 2017.

BONAVIDES, Paulo. *Curso de direito constitucional*. 14. ed. São Paulo: Malheiros, 2004.

BORILLO, Daniel. La protection juridique de la minorité gay et lesbienne dans l'Union Européenne et en France. In: GUERRA, Sidney; EMERIQUE, Lilian. *Direitos das minorias e grupos vulneráveis*. Ijuí: Unijuí, 2008.

BRANDÃO, Marco Antonio Diniz; BELLI, Benoni. O sistema interamericano de proteção dos direitos humanos e seu aperfeiçoamento no limiar do século XXI. In: GUIMARÃES, Samuel Pinheiro; PINHEIRO, Paulo Sérgio. *Direitos humanos no século XXI*. Rio de Janeiro: Renovar, 1999.

BRASIL, Ministério da Justiça/Secretaria Nacional de Segurança Pública/ Departamento de Pesquisa, Análise da Informação e Formação de Pessoal em Segurança Pública. Brasília. Disponível em: http://www.mj.gov.br/Senasp/estatisticas. Acesso em: 7 jul. 2007.

BRASIL. Supremo Tribunal Federal. *Arguição de Descumprimento de Preceito Fundamental 153*. Argte.(s) Conselho Federal da Ordem dos Advogados do Brasil – OAB. Argdo.(a/s) Congresso Nacional. Relator: Min. Eros Grau. Brasília, 20 de abril de 2010.

BROWLIE, Ian. *Princípios de direito internacional público*. Lisboa: Fundação Calouste Gulbenkian, 1997.

BRUSSI, Antônio José Escobar. *Não indiferença: nova comunidade ideológica de consciência para o Sul Global?* Disponível em: http://www.scielo.br/pdf/rbcpol/n20/2178-4884-rbcpol-20-00287.pdf. Acesso em: 17 maio 2017.

BULOS, Uadi Lammêgo. *Constituição Federal anotada*. São Paulo: Saraiva, 2002.

BUZANELLO, José Carlos; WINTER, Luís A. Carta; GUERRA, Caio Grande. *Um novo direito. Homenagem aos 25 anos de docência no ensino superior do Prof. Dr. Sidney Guerra*. Curitiba: Instituto Memória, 2019.

CADERNO de Jurisprudência da Corte Interamericana de Direitos Humanos n. 11: povos indígenas e tribais / Corte Interamericana de Direitos Humanos. San José, C. R.: Corte IDH, 2022. Disponível em: https://www.corteidh.or.cr/sitios/libros/todos/docs/cuadernillo11_2022_port.pdf. Acesso em: 18 jul. 2022.

CAMPBELL, Ulisses. Um retrato do colapso hospitalar em Manaus durante a pandemia. *Época*, 2020. Disponível em: https://epoca.globo.com/sociedade/um-retrato-do-colapso-hospitalar-em-manaus-durante-pandemia-1-24390212. Acesso em: 3 mar. 2021.

CAMPOS, Germán J. Bidart. *Teoría general de los derechos humanos*. Buenos Aires: Astrea, 2006.

CAMPOS, Mota. *Manual de direito comunitário*. 4. ed. Lisboa: Calouste Gulbenkian, 2004.

CANARIS, Claus-Wilhelm. *Pensamento sistemático e conceito de sistema na ciência do direito*. 2. ed. Lisboa: Fundação Calouste Gulbenkian, 1996.

CANÇADO TRINDADE, Antônio Augusto. A proteção internacional dos direitos humanos no limiar do novo século e as perspectivas brasileiras. In: *Temas de política externa brasileira II*. 1994, v. 1.

CANOTILHO, José Joaquim Gomes. *Direito constitucional e teoria da Constituição*. 2. ed. Coimbra: Almedina, 1998.

CANOTILHO, José Joaquim Gomes; MOREIRA, Vital. *Fundamentos da Constituição*. Coimbra: Ed. Coimbra, 1991.

CANTOR, Ernesto Rey. Acceso al sistema interamericano de derechos humanos. *Derechos humanos: actualidad y desafíos II*. México, DF: Fontamara, 2012.

_____. *Control de convencionalidad de las leyes y derechos humanos*. México: Porrúa, 2008.

CARBONELL, Miguel. Estudio introductorio Cosmopolitismo y Multiculturalismo. In: KYMLICKA, Will; STRAEHLE, Christine. *Cosmopolitismo, Estado-nación y nacionalismo de las minorías*. Trad. Karla Pérez Portilla e Neus Torbisco. México: Universidad Nacional Autónoma de México, 2001.

CARNEIRO, Ricardo. *Direito ambiental: uma abordagem econômica*. Rio de Janeiro: Forense, 2003.

CARVALHO, José Murilo de. *Os bestializados – o Rio de Janeiro e a república que não foi*. São Paulo: Companhia das Letras, 1987.

CARRERA-FERNANDEZ, J.; GARRIDO, R. J. *Economia dos recursos hídricos*. Salvador: EDUFBA, 2002.

CASANOVAS, Oriol; RODRIGO, Ángel. *Compendio de derecho internacional público*. 6. ed. Madrid: Tecnos, 2017.

CASSESE, Antonio. *Le droit international dans un monde divisé*. Paris: Berger-Levraut, 1986.

CASTELLS, Manuel. *O poder da identidade*. São Paulo: Paz e Terra, 1999.

CASTRO JÚNIOR, Osvaldo Agripino de. Considerações sobre o processo histórico de consolidação da cidadania brasileira. In: GUERRA, Sidney (coord.). *Direitos Humanos: uma abordagem interdisciplinar*. Rio de Janeiro: América Jurídica, 2003. v. I.

CAZETTA, Ubiratan. *Direitos humanos e federalismo: o incidente de deslocamento de competência*. São Paulo: Atlas, 2009.

CHAVES, Denisson Gonçalves; SOUSA, Mônica Teresa Costa. *O controle de convencionalidade e a autoanálise do poder judiciário brasileiro*. Disponível em: https://revistas.ufpr.br/direito/article/view/43787. Acesso em: 29 maio 2018.

CHIAVENATO, Idalberto. *Introdução à teoria geral da administração*. 6. ed. Rio de Janeiro: Campos, 2000.

CHOUKR, Fauzi Hassan. *Garantias constitucionais na investigação criminal*. 2. ed. Rio de Janeiro: Lumen Juris, 2001.

CITTADINO, Gisele. *Pluralismo, direito e justiça distributiva*. Rio de Janeiro: Lumen Juris, 1999.

_____. Privatização do público no Brasil: negação do conflito x paradigma do entendimento. In: *Direito, Estado e sociedade*. Revista do Departamento de Ciências Jurídicas da PUC/RJ: (6): 65-66, jan.-jul., 1995.

CLARKE, M. *Regulation the social control of business between law and politics*. London: MacMillan Press, 2000.

CLÉMENT, Zlata Drnas de. Corte Interamericana de Derechos Humanos. Cuarta Instancia?. In: *Se ha convertido la Corte Interamericana de Derechos Humanos en una cuarta instancia?*. Buenos Aires: La Ley, 2009.

COCKLIN, C.; BLUNDEN, G. Sustainability, Water Resources and Regulation. *Geoforum*, 1998/29 (1): 51-68.

COÊLHO, Sacha Calmon Navarro. *O controle de constitucionalidade das leis e o poder de tributar na Constituição de 1988*. Belo Horizonte: Del Rey, 1992.

COMESAÑA, Antón Costas; CÉSPEDES, Gemma Cairó. *Cooperación y desarrollo: hacia una agenda comprehensiva para el desarrollo*. Madrid: Pirámides, 2003.

COMISSÃO INTERAMERICANA DE DIREITOS HUMANOS (CIDH). Membros dos Povos Indígenas Yanomami e Ye'kwana em relação ao Brasil, 17 de julho de 2020. Resolução n. 35/2020. Medida Cautelar n. 5623-20. Disponível em: https://www.oas.org/es/cidh/decisiones/pdf/2020/35-20MC563-20-BR-PT.pdf. Acesso em: 20 ago. 2020.

COMISSÃO Interamericana de Direitos Humanos. Relatório n. 33/01. Caso n. 11.552. *Guerrilha do Araguaia. Julia Gomes Lund e outros versus Brasil*. 6 de março de 2001. Disponível em: <http://www.cidh.org/annual rep/2000port/11552.htm>.

COMISSÃO Interamericana de Direitos Humanos. Relatório de Mérito n. 91/08. *Demanda perante a Corte Interamericana de Direitos Humanos*. Caso 11.552. Julia Gomes Lund e outros (Guerrilha do Araguaia) contra a República Federativa do Brasil. 26 de março de 2009. Disponível em: <http://www.cidh.org/demandas/11.552%20Guerrilha%20do%20Araguaia%20Brasil%2026mar09%20PORT.pdf>.

COMISSÃO Nacional da Verdade. *Relatório Final*. Disponível em: <http://www.cnv.gov.br/>. Acesso em: 10 maio 2017.

COMMISSION on the Responsibility of the Authors of the War and on Enforcement of Penalities. *The American Journal of International Law*, v. 14, n. 1/2, jan.-apr., 1920.

COMPARATO, Fábio Konder. *A afirmação histórica dos direitos humanos*. São Paulo: Saraiva, 1999.

CONCEIÇÃO, Selma Regina de Souza Aragão. *Direitos humanos: do mundo antigo ao Brasil*. Rio de Janeiro: Forense, 1990.

CONECTAS. Ministério de Damares executa só 3% do orçamento para Covid-19. *Conectas*, 2020. Disponível em: https://www.conectas.org/noticias/ministerio-de-damares-executa-apenas-3-do-orcamento-destinado-ao-enfrentamento-da-pandemia#:~:text=A%20escassez%20de%20normas%20publicadas,apenas%203%25%20do%20valor%2C%20segundo. Acesso em: 15 fev. 2021.

CORREIA, Theresa Rachel Couto. *Corte Interamericana de Direitos Humanos*. Curitiba: Juruá, 2008.

CORTE Interamericana de Direitos Humanos. *Caso Gomes Lund e Outros vs. Brasil ("Guerrilha do Araguaia") vs Brasil*. Sentença de 24 de novembro de 2010. Série C n. 219. p. 3. Disponível em: <http://www.corteidh.or.cr/docs/casos/articulos/seriec_219_por.pdf>.

CORTE Interamericana de Direitos Humanos. *Caso Herzog e outros vs. Brasil*. Sentença de 15 de março de 2018. Disponível em: <http://www.corteidh.or.cr/docs/casos/articulos/seriec_353_por.pdf>.

Referências

COSTA, Regina Helena. *Princípio da capacidade contributiva*. 2. ed. São Paulo: Malheiros, 1996.

COUR EUROPEENE DES DROITS DE L'HOMME. Affaire Fadeïeva c. Russie. 9 juin 2005. Disponível em: https://hudoc.echr.coe.int/eng#{%22languageisocode%22:[%22FRE%22],%22appno%22:[%2255723/00%22],%22documentcollectionid2%22:[%22CHAMBER%22],%22itemid%22:[%22001-69316%22]} Acesso: 17 fev 2021.

COUR EUROPEENE DES DROITS DE L'HOMME. Affaire López Ostra c. Espagne. 9 décembre 1994. Disponível em: https://hudoc.echr.coe.int/FRE#{%22itemid%22:[%22001-62468%22]}. Acesso: 17 fev 2021.

COUR EUROPEENE DES DROITS DE L'HOMME. Affaire Guerra et autres c. Italie. 19 février 1998. Disponível em: https://hudoc.echr.coe.int/eng#{%22fulltext%22:[%22guerra%20et%20autres%20c%20italie%22],%22documentcollectionid2%22:[%22GRANDCHAMBER%22,%22CHAMBER%22],%22itemid%22:[%22001-62696%22]}. Acesso: 17 fev 2021.

COUR EUROPEENE DES DROITS DE L'HOMME. Affaire Kyrtatos c. Grèce. 22 mai 2003. Disponível em: https://hudoc.echr.coe.int/fre#{%22itemid%22:[%22001-65657%22]}. Acesso: 17 fev 2021.

COUR EUROPEENE DES DROITS DE L'HOMME. Affaire Di Sarno c. Italie. 10 janvier 2012. Disponível em: https://hudoc.echr.coe.int/fre#{%22itemid%22:[%22001-108476%22]}. Acesso: 17 fev 2021.

CUADERNILLO de Jurisprudencia de la Corte Interamericana de Derechos Humanos n. 4 : Derechos Humanos de las Mujeres / Corte Interamericana de Derechos Humanos. San José, C. R.: Corte IDH, 2021.

CUADERNILLO de Jurisprudencia de la Corte Interamericana de Derechos Humanos n. 5: Niños, niñas y adolescentes / Corte Interamericana de Derechos Humanos. – San José, C. R.: Corte IDH, 2021. Disponível em: https://www.corteidh.or.cr/sitios/libros/todos/docs/cuadernillo5_2021.pdf. Acesso em: 19 jul. 2022.

CUADERNILLO de Jurisprudencia de la Corte Interamericana de Derechos Humanos n. 14: Igualdad y no discriminación / Corte Interamericana de Derechos Humanos. – San José, C. R.: Corte IDH, 2021. Disponível em: https://www.corteidh.or.cr/sitios/libros/todos/docs/cuadernillo14_2021.pdf.

DAILLIER, Patrick; PELLET, Alain. *Droit international public*. 7. ed. Paris: LGDJ, 2002.

DELMAS-MARTY, Mireille; CASSESE, Antonio (Orgs). *Crimes internacionais e jurisdições internacionais*. Trad. Silvio Antunha. Barueri: Manole, 2004.

DE LUCAS, Javier. *El desafío de las fronteras. Derechos humanos y xenofobia frente a una sociedad plural*. Madrid: Temas de Hoy, 1994.

DINH, Nguyen Quoc; DAILLIER, Patrick; PELLET, Alain. *Direito internacional público*. 2. ed. Lisboa: Fundação Calouste Gulbenkian, 2003.

DONNICI, Virgílio Luiz. *A criminalidade no Brasil: meio milênio de repressão*. Rio de Janeiro: Forense, 1984.

DORNELLES, João Ricardo W. *Conflitos e segurança: entre pombos e falcões*. Rio de Janeiro: Lumen Juris, 2003.

DOUZINAS, Costa. *O fim dos direitos humanos*. trad. Luzia Araújo. São Leopoldo: Unisinos, 2009.

DUARTE, Maria Luísa. *União Europeia e direitos fundamentais*. Lisboa: AAFDL, 2006.

DURÁN, Carlos Villán; PÉREZ, Carmelo Faleh. *El sistema universal de protección de los derechos humanos. Su aplicación em España*. Madrid: Tecnos, 2017.

D'URSO, Luiz Flávio Borges. *Direito criminal na atualidade*. São Paulo: Atlas, 1999.

DWORKIN, Ronald. *Uma questão de princípio*. São Paulo: Martins Fontes, 2000.

_____. *Levando os direitos a sério*. Trad. Nelson Boeira. São Paulo: Martins Fontes, 2002.

_____. *O império do direito*. São Paulo: Martins Fontes, 1999.

EMERIQUE, Lilian. *Direito fundamental como oposição política*. Curitiba: Juruá, 2006.

_____. Apontamentos sobre o regime jurídico dos direitos humanos fundamentais em Portugal, na Espanha e no Brasil. In: GUERRA, Sidney (Coord.). *Direitos humanos: uma abordagem interdisciplinar*. Rio de Janeiro: Freitas Bastos, 2007. v. 3.

ENÉAS, Paulo. *Ativismo digital contra a nova Lei de Migração*. Disponível em: http://criticanacional.com.br/2017/04/10/ativismo-digital-contra-nova-lei-de-imigracao/. Acesso em: 16 maio 2017.

ESPIELL, Hector Gros. La Convention américaine et la Convention européenne des droits de l'Homme: analyse comparative. *Recueil des cours*, t. 218, 1989.

ESPIELL, Hector Gros. Le système interaméricain comme régime régional de protection internationale des droits de l'homme. *Recueil des cours*, t. 145, 1975.

FAORO, Raymundo. *Os donos do poder*. São Paulo: Globo, 2000.

FARIA, José Eduardo. *O direito na economia globalizada*. São Paulo: Malheiros, 1999.

FAVOREU, Louis et al. *Droit des libertés fondamentales*. 4. ed. Paris: Dalloz, 2007.

FERNANDEZ, Montserrat Altamirano. *Carta Árabe De Derechos Humanos 2004*. Disponível em: https://acihl.org/res/documents/CARTA-%C3%81RABE-DE-DERECHOS-HUMANOS.2004.pdf. Acesso em: 22 jul. 2022.

FERRAJOLI, Luigi. *Los fundamentos de los derechos fundamentales*. 2. ed. Madrid: Trota, 2005.

FERREIRA, Pinto. *Comentários à Constituição brasileira*. São Paulo: Saraiva, 1989.

FERREIRA FILHO, Manoel Gonçalves. *Direitos humanos fundamentais*. São Paulo: Saraiva, 1999.

_____. *Curso de direito constitucional*. 24. ed. rev. São Paulo: Saraiva, 1997.

FERREIRA, Siddharta Legale. *A Corte Interamericana de Direitos Humanos como tribunal constitucional transnacional*. Tese de Doutorado, Rio de Janeiro: UERJ, 2017.

FIOCRUZ. Boletim Extraordinário. *Boletim Observatório Covid-19*. Rio de Janeiro: 2021b. Disponível em: https://agencia.fiocruz.br/sites/agencia.fiocruz.br/files/u35/boletim_extraordinario_2021-marco-03.pdf. Acesso em: 3 mar. 2021.

FIX-ZAMUDIO, Hector. *Protección jurídica de los derechos humanos*. México: Comisión Nacional de Derechos Humanos, 1991.

FLORES, Joaquin Herrera. *Los derechos humanos como productos culturales: crítica del humanismo abstracto*. Madrid: Catarata, 2005.

FOUCAULT, Michel. *A ordem do discurso* – aula inaugural no Collège de France, pronunciada em 2 de dezembro de 1970.

FOUCAULT, Michel. *Vigiar e punir: nascimento da prisão*. Trad. Raquel Ramalhete. Petrópolis: Vozes, 1987.

FREEMAN, Michael. *Human rights*. Cambridge: Blackweel, 2002.

FREIRE, Andréa da Silva. Direito da criança e do adolescente com transtorno do espectro autista: diversidade funcional e dignidade. In: GUERRA, Sidney; GUERRA, Caio Grande. *Direitos humanos*: uma abordagem interdisciplinar. Curitiba: Instituto Memória, 2021. v. V.

FREIRE, Antonio Manuel Peña. *La garantía en el Estado constitucional de derecho*. Madrid: Editorial Trotta, 1997.

FROUVILLE, Olivier de. *Droit international pénal. Sources, incriminations, responsabilité*. Paris: Pedone, 2012.

FROUVILLE. Olivier de. *L'intangibilité des droits de l'homme en droit international*. Paris: Pédone, 2004.

GALLI, Maria Beatriz; DULITZKY, Ariel. A Comissão Interamericana de Direitos Humanos e o seu papel central no Sistema Interamericano de Proteção dos Direitos Humanos. In: GARCIA, Eusebio Fernandez. *Dignidad humana y ciudadanía cosmopolita*. Madrid: Dickynson, 2001.

GARABIAN, Sevane. O recurso ao direito internacional para a repressão dos crimes do passado – uma visão perspectiva sobre os casos Touvier (França) e Simón (Argentina). *Revista Anistia Política e Justiça de Transição/Ministério da Justiça*. n. 6. jul./dez. 2011. Brasília: Ministério da Justiça, 2012. Disponível em: http://portal.mj.gov.br/main.asp?Team=%7B67064208-D044-437B9F2496E0B26CB372%7D Acesso em: 14 maio 2013.

GARCÍA, A. *El derecho humano al agua*. Madrid: Editorial Trotta, 2008.

GARCIA, Maria. *Desobediência civil, direito fundamental*. São Paulo: Revista dos Tribunais, 1994.

GARCIA-MECKLED, Saladin. The human rights ideal and international human rights law. In: *The legalization of human rights*. London: MPG, 2006.

GIDDENS, Anthony. *Global Europe, social Europe*. Cambridge: Polity Press, 2006.

_____. *O mundo na era da globalização*. Lisboa: Presença, 2000.

_____. *Para além da esquerda e da direita*. São Paulo: Editora da Universidade Estadual Paulista, 1997.

_____. *Sociologia*. 4. ed. Porto Alegre: Artmed, 2005.

GILISSEN, John. *Introdução histórica ao direito*. Lisboa: Fundação Calouste Gulbenkian, 1995.

GOMES, Eduardo Biacchi; BULZICO, Bettina Augusta Amorim. *A efetividade dos direitos dos cidadãos na proteção ao Meio Ambiente: A existência de um direito fundamental*. Disponível em: https://www2.senado.leg.br/bdsf/bitstream/handle/id/194898/000861734.pdf?sequence=3. Acesso em: 17 maio 2017.

_____. VILLATORE, Marco Antônio. *A democracia e os direitos fundamentais na União Europeia: o repensar a partir do multiculturalismo entre o pensar local e o agir global*. Disponível em: http://www.ambito-juridico.com.br/site/index.php?artigo_id=3175&n_link=revista_artigos_leitura. Acesso em: 17 maio 2017.

GOMES, Joaquim B. Barbosa. A recepção da ação afirmativa no direito constitucional brasileiro. *Revista de Informação Legislativa*, Brasília: Senado Federal, ano 38, n. 151, jul./set. 2001.

GOMES, Luiz Flávio. *Caos normativo-penal: consolidação das leis ou descriminalização?*. In: Universo Jurídico/Doutrinas/Penal/23 de Outubro de 2007. Disponível em: http://www.uj.com.br. Acesso em: 28 ago. 2007.

GOMES, Luiz Flávio; PIOVESAN, Flávia. *O Sistema Interamericano de Proteção dos Direitos Humanos*. São Paulo: Revista dos Tribunais, 2000.

GOUVÊA, Marcos Maselli. *O controle judicial das omissões administrativas*. Rio de Janeiro: Forense, 2003.

GRECO, Leonardo. Garantias fundamentais do processo: o processo justo. *Estudos de direito processual*. Campos dos Goytacazes: Faculdade de Direito de Campos, 2005.

GRECO FILHO, Vicente. *Tutela constitucional das liberdades*. São Paulo: Saraiva, 1989.

GRINOVER, Ada Pellegrini. *Liberdades públicas e processo penal*. 2. ed. São Paulo: Revista dos Tribunais, 1982.

GUERRA, Sidney. *A liberdade de imprensa e o direito à imagem*. 2. ed. Rio de Janeiro: Renovar, 2004.

_____. *Curso de direito internacional público*. 14. ed. São Paulo: Saraiva, 2022.

_____. *Direito internacional ambiental*. Rio de Janeiro: Freitas Bastos, 2006.

_____. *Direito internacional dos direitos humanos*. 3. ed. Rio de Janeiro: Lumen Juris, 2020.

_____. *Direitos humanos e cidadania*. São Paulo: Atlas, 2012.

_____. *Direitos humanos na ordem jurídica internacional e reflexos na ordem constitucional brasileira*. 2. ed. São Paulo: Atlas, 2014.

_____. *Globalização: desafios e implicações para o direito internacional contemporâneo*. Ijuí: Unijuí, 2006.

_____. *Hermenêutica, ponderação e colisão de direitos fundamentais*. Rio de Janeiro: Lumen Juris, 2007.

_____. *O direito à privacidade na Internet*: uma discussão da esfera privada no mundo globalizado. Rio de Janeiro: América Jurídica, 2004.

_____. *O sistema interamericano de proteção dos direitos humanos e o controle de convencionalidade*. 3. ed. Curitiba: Instituto Memória, 2020.

_____. *Os direitos humanos na ordem jurídica internacional e reflexos para ordem constitucional brasileira*. Rio de Janeiro: Lumen Juris, 2008.

_____. *Reflexões sobre direitos humanos e violência: governo e governança*. Rio de Janeiro: Freitas Bastos, 2008.

_____. Sociedade de risco e o refugiado ambiental. In: *Direito no século XXI*. Curitiba: Juruá, 2008.

_____. *Tratado de direito internacional*. Rio de Janeiro: Freitas Bastos, 2008.

_____. *Estado e direitos humanos em tempos de crise*. 2. ed. Curitiba: Instituto Memória, 2019.

GUERRA, Sidney. *Direito internacional das catástrofes*. Curitiba: Instituto Memória, 2021.

GUERRA, Sidney. *Curso de direito ambiental*. 4. ed. Curitiba: Instituto Memória, 2022.

GUERRA, Sidney et. all. *A luta pelo reconhecimento internacional do refugiado ambiental junto ao Comitê De Direitos Humanos da ONU. O caso de Ioane Teitiota, de Kiribati*. NOMOS. Revista do Programa de Pós-graduação em Direito UFC. v. 41. n. 1, 2021.

GUERRA, Sidney (Coord.). *Comentários à Convenção Americana sobre Direitos Humanos*. Curitiba: Instituto Memória, 2019.

GUERRA, Sidney; BRAGA, Fernanda. Os Sistemas Regionais de proteção aos Direitos Humanos e a Salvaguarda Do Meio Ambiente. *Direito Internacional Ambiental: Interfaces entre o Meio Ambiente e os Direitos Humanos nos Sistemas Regionais de Proteção*. Curitiba: Instituto Memória, 2021.

GUERRA, Sidney; TONETTO, Fernanda. *Do direito internacional clássico para um direito internacional cosmopolita: uma possibilidade a partir da proteção dos direitos humanos*. Direito internacional [Recurso eletrônico on-line] organização CONPEDI/ UMinho Coordenadores: Lucas Gonçalves da Silva – Florianópolis: CONPEDI, 2017.

GUERRA, Sidney; GUERRA, Caio Grande (Coord.). *Direitos humanos: uma abordagem interdisciplinar*. Curitiba: Instituto Memória, 2021. v. 5

GUERRA, Sidney (Coord.). *Direitos humanos: uma abordagem interdisciplinar*. Rio de Janeiro: Freitas Bastos, 2008. v. 4.

GUERRA, Sidney (Coord.). *Direitos humanos: uma abordagem interdisciplinar*. Rio de Janeiro: Freitas Bastos, 2007. v. 3.

GUERRA, Sidney (Coord.). *Direitos humanos: uma abordagem interdisciplinar*. Rio de Janeiro: Freitas Bastos, 2006. v. 2.

GUERRA, Sidney (Coord.). *A participação popular no desenvolvimento de políticas públicas de segurança como estratégia para redução da violência e controle da criminalidade no Estado do Rio de Janeiro*. Relatório final de pesquisa – FAPERJ. Dez. 2007.

GUERRA, Sidney (Coord.). *Direitos humanos e violência: governo e governança*. Relatório final de pesquisa – CAPES. Dez. 2008.

GUERRA, Sidney; ACCIOLY, Elizabeth. O instituto jurídico do refúgio à luz do direito internacional e alguns desdobramentos na União Europeia. *Revista Jurídica Unicuritiba*, v. 2, n. 47, 2017.

GUERRA, Sidney; BALMANT, Lilian. *A eficácia dos direitos econômicos, sociais e culturais como fator de inclusão social no contexto da globalização.* Rio de Janeiro: UERJ, IFCH, Nucleas, 2010.

GUERRA, Sidney; BALMANT, Lilian. *Perspectivas constitucionais contemporâneas.* Rio de Janeiro: Lumen Juris, 2010.

GUERRA, Sidney; EMERIQUE, Lilian. *Direitos das minorias e grupos vulneráveis.* Ijuí: Ed. Unijuí, 2008.

GUERRA, Sidney; EMERIQUE, Lilian. Hermenêutica dos direitos fundamentais. *Revista da Faculdade de Direito de Campos,* Campos dos Goitacazes, ano VI, n. 7, dez. 2005.

GUERRA, Sidney; EMERIQUE, Lilian. Dignidade da pessoa humana e o direito ao mínimo vital. *Revista da Faculdade de Direito de Campos,* Campos dos Goitacazes, ano VII, n. 9, jul./dez. 2006.

GUERRA, Sidney; EMERIQUE, Lilian. A Emenda Constitucional n. 45/2004 e a constitucionalização dos tratados internacionais de direitos humanos no Brasil. *Relatório final apresentado ao* Ministério da Justiça – Secretaria de Assuntos Legislativos/PNUD Projeto Bra/07/004, 2007.

GUERRA, Sidney; MOREIRA, Thiago. *Contornos atuais do controle de convencionalidade doméstico. Los desafíos jurídicos a la gobernanza global: una perspectiva para los próximos siglos.* Brasília: Advocacia-Geral da União, 2017.

GUERRA, Sidney; OLIVEIRA, Joaquim Humberto. O diálogo da teoria da justiça de Rawls com neoliberais e comunitaristas. *Revista de Direito da Unigranrio,* v. 3, n. 1, 2010.

GUERRA, Sidney; SILVA, Roberto. *Soberania: antigos e novos paradigmas.* Rio de Janeiro: Freitas Bastos, 2004.

GUERRA, Sidney; TATAGIBA, Giuliano; EMERIQUE, Lilian. *A participação popular na segurança pública.* Rio de Janeiro: Freitas Bastos, 2008.

GUERRA, Sidney; TONETTO, Fernanda. *O direito internacional e a tutela da universalidade dos direitos humanos e o multiculturalismo.* Salvador: Conpedi, 2018.

GUERRA, Sidney; TONETTO, Fernanda. O direito de ação como instrumento de tutela dos direitos humanos. In: *Humanismo e as novas perspectivas do direito.* Curitiba: Instituto Memória, 2018.

GUERRA, Sidney; BRAGA, Fernanda. *Direito internacional ambiental: interfaces entre o meio ambiente e os direitos humanos nos sistemas regionais de proteção.* Curitiba: Memória, 2021.

GUERRA, Sidney; SQUEFF, Tatiana. *Novos olhares sobre as migrações internacionais: enfrentamentos locais, regionais e globais.* Curitiba: Instituto Memória, 2019.

GUERRA, Sidney; FONTOURA, Millena. O dever do Estado de investigar e punir as violações aos direitos humanos praticadas durante a ditadura: algumas discussões sobre Justiça de Transição no Brasil. *Revista de Direito da Unigranrio,* vol. 10, n. 2, 2020. Disponível em: http://publicacoes.unigranrio.edu.br/index.php/rdugr/article/view/6602

GUERRA FILHO, Willis Santiago. *Processo constitucional e direitos fundamentais.* 2. ed. São Paulo: Celso Bastos Editor, 2001.

GUSMÃO, Paulo Dourado de. *Introdução ao estudo do direito.* Rio de Janeiro: Forense, 1998.

HENDERSON, Sarah B. (2020) The Covid-19 Pandemic and Wildfire Smoke: Potentially Concomitant Disasters. *American Public Health Association.* Disponível em: https://ajph.aphapublications.org/doi/full/10.2105/AJPH.2020.305744. Acesso em: 1º mar. 2021.

HERKENHOFF, João Baptista. *Como funciona a cidadania.* 2. ed. Manaus: Valer, 2001.

HESSE, Konrad. *Elementos de direito constitucional da República Federal da Alemanha.* Porto Alegre: Sergio Antonio Fabris Editor, 1998.

HITTERS, Juan Carlos; FAPPIANO, Oscar L. *Derecho internacional de los derechos humanos.* 2. ed. Buenos Aires: Ediar, 2007.

HOBBS, G. J. Historical Perspective on Western Land and Water Law. *Paper presented at the Colorado River Compact Symposium,* Santa Fe, New Mexico, Processed, 1997.

HOBSBAWM, Eric. *Era dos extremos*: o breve século XX. São Paulo: Companhia das Letras, 1998.

HUMAN RIGHTS WATCH. Notícias. Brasil: eventos de 2006. hrw.org. Encontrado em: http://www.hrw.org/portuguese/docs/2007/01/11/brazil14997.htm. Acesso em: 17 jun. 2007.

HUMAN RIGHTS WATCH. *Relatório mundial 2021: Nossa Revisão anual dos direitos humanos ao redor do mundo.* Disponível em: https://www.hrw.org/pt/world-report/2021. Acesso em: 23 fev. 2021.

IANNI, Octavio. *A era do globalismo.* 3. ed. Rio de Janeiro: Civilização Brasileira, 1997.

IBGE/*População jovem no Brasil*, Departamento de População e Indicadores Sociais – Rio de Janeiro: IBGE, 1999. Estudos e pesquisas. Informação demográfica e socioeconômica, n. 3. Disponível em: http://www.ibge.gov.br/

home/estatistica/populacao/populacao_jovem_brasil/populacaojovem.pdf. Acesso em: 13 jul. 2007.

INDURSKY, Freda. Da interpretação à falha no ritual: a trajetória teórica da noção de formação discursiva. In: BARONAS, Roberto Leiser. *Análise do discurso: apontamentos para uma história da noção-conceito de formação discursiva.* São Carlos: Pedro e João Editores, 2011.

JORDAN, Bill. *Irregular migration: the dilemmas of transnational mobility.* Cheltenham, UK: Edward Elgar Publishing Limited, 2002.

JUNGER, Gustavo; CAVALCANTI, Leonardo; OLIVEIRA, Tadeu de; SILVA, Bianca G. Refúgio em Números (7ª Edição). Série Migrações. Observatório das Migrações Internacionais; Ministério da Justiça e Segurança Pública/ Conselho Nacional de Imigração e Coordenação Geral de Imigração Laboral. Brasília, DF: OBMigra, 2022, https://portaldeimigracao.mj.gov.br/images/Obmigra_2020/OBMigra_2022/REF%C3%9AGIO_EM_N%C3%9AMEROS/Refu%CC%81gio_em_Nu%CC%81meros_-_27-06.pdf. Acesso em: 23 jul. 2022.

KLINGEN, Germán Doig. *Direitos humanos e ensinamento social.* São Paulo: Loyola, 1994.

KNIGHT, Kyle. *Derechos en transición: hacer del reconocimiento legal de las personas transgenero una prioridad global.* Disponível em: https://www.hrw.org/es/world-report/2016/country-chapters/285053. Acesso em: 1º fev. 2016.

KRAJEWSKI, Ângela Correa. *Geografia: pesquisa e ação.* São Paulo: Moderna, 2000.

KRENAK, Ailton. *O amanhã não está à venda.* São Paulo: Companhia das Letras, 2020.

KRUGMAN, Paul. *Globalização e globobagens: verdades e mentiras do pensamento econômico.* 3. ed. Rio de Janeiro: Campus, 1999.

LAFER, Celso. *A reconstrução dos direitos humanos: um diálogo com o pensamento de Hannah Arendt.* São Paulo: Companhia das Letras, 1999.

LAGO, André Aranha Corrêa do. *Estocolmo, Rio, Joanesburgo. O Brasil e as três conferências ambientais das Nações Unidas.* Brasília: Fundação Alexandre de Gusmão, 2007.

LAMY, Marcelo. A universalização dos direitos humanos e a especialidade do pensamento islâmico. Disponível em: <http://www.dhnet.org.br/direitos/sip/ligaarabe/dh_pensamento_islamico.htm>. Acesso em: 2 fev. 2009.

LARENZ, Karl. *Metodologia na ciência do direito.* Trad. José Lamego. 3. ed. Lisboa: Fundação Calouste Gulbenkian, 1989.

LASSALE, Ferdinand. *A essência da Constituição*. 5. ed. Rio de Janeiro: Lumen Juris, 2000.

LE BRIS, Catherine. *L'humanité saisie par le droit international public*. Paris: LGDJ, 2012.

LEGALE, Siddharta. Controle de convencionalidade consultivo? Um estudo em homenagem ao Professor Sidney Guerra. In: *Um novo direito. Homenagem aos 25 anos de docência no ensino superior do Prof. Dr. Sidney Guerra*. Curitiba: Instituto Memória, 2019.

LEGALE, Siddharta; VAL, Eduardo Manuel. A Dignidade da Pessoa Humana e a jurisprudência da Corte Interamericana de Direitos Humanos. *Direitos Fundamentais & Justiça*, v. 1.

LEITE, José Rubens Morato; AYALA, Patrick de Araújo. *Direito ambiental na sociedade de risco*. Rio de Janeiro: Forense Universitária, 2004.

LENGRUBER, Julita. *Criminalidade, violência e segurança pública no Brasil: uma discussão sobre a base de dados e questões metodológicas*. Rio de Janeiro: IPEA, 2000.

LORENTZ, Adriane. *O Tratado de Lisboa*. Ijuí: Unijuí, 2008.

LOUREIRO, Sílvia Maria da Silveira. Os desafios da proteção internacional do meio ambiente como um direito humano. In: GUERRA, Sidney; BRAGA, Fernanda Figueira Tonetto. *Direito Internacional Ambiental:* Interfaces entre o meio ambiente e os direitos humanos nos sistemas regionais de proteção. Curitiba: Instituto Memória, 2021.

LUÑO, Antonio-Enrique Pérez. *Los derechos fundamentales*. 7. ed. Madrid: Tecnos, 1998.

_____. *Derechos humanos, Estado de Derecho y Constitución*. 5. ed. Madrid: Tecnos, 1995.

_____. La universalidad de la Declaración de las Naciones Unidas. *50 aniversario de la Declaración Universal de Derechos Humanos*. Sevilla: Fundación El Monte, 1998.

LUPION, Bruno. A sucessão de erros que levou à crise de oxigênio em Manaus. *DW*, 2021. Disponível em: https://www.dw.com/pt-br/a-sucess%C3%A3o-de-erros-que-levou-%C3%A0-crise-de-oxig%C3%AAnio-em-manaus/a-56275139. Acesso em: 3 mar. 2021.

MACEDO, Ubiratan Borges de. *Liberalismo e justiça social*. São Paulo: IBRASA, 1995.

_____. A crítica de Michael Walzer a Rawls. *Filosofia*, São João del Rei, n. 4, p. 187-199, jul. 1997.

_____. Direitos humanos e sua teoria. *Arquivos de direitos humanos*. Rio de Janeiro: Renovar, 1999.

MACHADO, Jónatas E. M. *Direito internacional: do paradigma clássico ao pós-11 de setembro.* 3. ed. Coimbra: Ed. Coimbra, 2006.

MAIA, Rui Leandro Alves. *O sentido das diferenças: migrantes e naturais.* Lisboa: Fundação Calouste Gulbenkian, 2003.

MAJONE, G. (ed). *Deregulation or Reregulation? Regulatory reform in Europe and United States.* London: Pinter Publishers, 1990.

MATTOS, P. T. L. Regulação econômica e democracia: contexto e perspectivas na compreensão das agências de regulação no Brasil. In: FARIA, J. E. *Regulação, direito e democracia.* São Paulo: Fundação Perseu Abramo, 2002.

MARSHALL, T. H. *Classe social, "status" e cidadania.* Rio de Janeiro: Zahar, 1967.

MARTÍN-RETORTILLO, Lorenzo Baquer; OTTO Y PARDO, Ignacio de. *Derechos fundamentales y Constitución.* Madrid: Civitas, 1988.

MARTINS, Ana Maria Guerra. *Direito internacional dos direitos humanos.* Coimbra: Almedina, 2006.

MARTINS, Sérgio. O negro no discurso judicial. In: GUERRA, Sidney; EMERIQUE, Lilian. *Direitos das minorias e grupos vulneráveis.* Ijuí: Ed. Unijuí, 2008.

MCADAM, Jane; PRYKE, Jonathan. *Mudança climática, desastres e mobilidade: um roteiro para a ação australiana,* 2020. Disponível em: https://www.kaldorcentre.unsw.edu.au/publication/podcast-climate-change-disasters-and-mobility-roadmap-australian-action. Acesso em: 10 mar. 2021.

MCCRAW, T. K. *Prophets of Regulation.* Massachusetts: Harvard University Press, 1984.

MELLO, Celso Albuquerque. *Direito internacional da integração.* Rio de Janeiro: Renovar, 1996.

_____. *Curso de direito internacional público.* 11. ed. Rio de Janeiro: Renovar, 1997.

MELLO, Celso Antônio Bandeira de. *Elementos de direito administrativo.* São Paulo: Revista dos Tribunais, 1986.

_____. *O conteúdo jurídico do princípio da igualdade.* São Paulo: Malheiros, 2000.

MELLO, Leonel Itaussu A. & COSTA, Luis César Amad. *História moderna e contemporânea.* São Paulo: Scipione, 1993.

MENDEZ, Juan. A proteção internacional dos direitos humanos. In: GUIMARÃES, Samuel Pinheiro; PINHEIRO, Paulo Sérgio. *Direitos humanos no século XXI.* Rio de Janeiro: Renovar, 1999.

MILESI, Rosita. *Refugiados e pessoas sob o amparo do ACNUR:* dados mundiais e do Brasil. Disponível em: <www.migrante.org.br>.

MIRANDA, Jorge. *Manual de direito constitucional*. 3. ed. Coimbra: Ed. Coimbra, 2000. t. 4.

MITTELMAN, James. *The globalization syndrome*. New Jersey: Princeton, 2000.

MONET, Jean-Claude. *Polícias e sociedades na Europa*. São Paulo: USP, 2001.

MORAN, M.; PROSSER, T. Introduction: politics, privatization and Constitutions. In: MORAN, M.; PROSSER, T. (eds.). *Privatization and regulatory vhange in Europe*. Buckingham: Open University Press, 1994.

MORIN, Edgar. *Os sete saberes necessários a uma educação do futuro*. São Paulo: Cortez, 2000.

MORAES, Alexandre de. *Direitos humanos fundamentais*. São Paulo: Atlas, 1997.

MORAES, Regis de. *O que é a violência urbana*. São Paulo: Brasiliense, 1993.

MOURA, Laércio Dias de. *A dignidade da pessoa e os direitos humanos*. Rio de Janeiro: PUC, 2002.

MOURA, V. P. Gestão de Recursos Hídricos na Bacia do rio Paraíba do Sul: experiências e desafios da cobrança pelo uso da água. Dissertação de Mestrado (Mestrado em Geografia). Programa de Pós-graduação em Geografia da Universidade Federal do Rio de Janeiro (PPGG/UFRJ). Depto. de Geografia – Instituto de Geociências/UFRJ. 2006. 178p.

MPF reabre investigações do caso Vladimir Herzog após Brasil ser responsabilizado pela OEA. *G1*. São Paulo. Disponível em: <https://g1.globo.com/sp/sao-paulo/noticia/2018/07/30/mpf-reabre-investigacoes-do-caso-vladimir-herzog-apos-brasil-ser-responsabilizado-pela-oea.ghtml>. Acesso em: 31 jul. 2018.

MÜLLER, Friedrich. *Métodos de trabalho do direito constitucional*. 2. ed. São Paulo: Max Limonad, 2000.

MUNIZ, Tácita. Maior taxa de contaminação de Covid no Acre e crise migratória; entenda o drama de Assis Brasil. *O Globo*, 2021. Disponível em: https://g1.globo.com/ac/acre/noticia/2021/02/17/maior-taxa-de-contaminacao-de-covid-no-acre-e-crise-migratoria

MUSUMECI, Leonarda. As Múltiplas Faces da Violência do Brasil. In: AZEVEDO, Guilherme Felipe de. Os custos sociais da violência urbana. Caruaru: *Revista da Faculdade de Direito de Caruaru*, v. 28, n. 1, 1997.

NA'IM, Abdullahi Ahmed. *Human Rights under African Constitutions*. Philadelphia: Pennsylvania Press, 2003.

NEDER, Gizlene. *Cidade, identidade e exclusão social*. Tempo, Rio de Janeiro, v. 2, n. 3, 1997.

NEV/USP. Debate sobre reforma da segurança pública volta à tona. Bia Barbosa. 24-08-2006. Disponível em: http://www.nevusp.org/conteudo/index.php.conteudo_id=469. Acesso em: 13 ago. 2008.

NOBRE, Carlos A.; REID, Julia; VEIGA, Ana Paula Soares. *Fundamentos científicos das mudanças climáticas*. São José dos Campos, SP: Rede Clima/INPE, 2012.

NOGUEIRA, Alberto. *A reconstrução dos direitos humanos da tributação*. Rio de Janeiro: Renovar, 1997.

NOVAIS, Jorge Reis. *Direitos fundamentais: trunfos contra a maioria*. Coimbra: Ed. Coimbra, 2006.

NOZICK, Robert. *Anarquía. Estado e utopía*. Buenos Aires: Fondo de Cultura Económica, 1988.

ONU. *ABC de las Naciones Unidas*. New York: Publicación de las Naciones Unidas, 2004.

ORGANIZAÇÃO das Nações Unidas em https://digitallibrary.un.org/record/551368. Acesso em: 22 jul. 2022.

ORGANIZAÇÃO DOS ESTADOS AMERICANOS. Protocolo Adicional à Convenção Americana Sobre Direitos Humanos em Matéria de Direitos Econômicos, Sociais e Culturais. Disponível em: http://www.oas.org/juridico/portuguese/treaties/a-52.htm. Acesso em: 18 fev. 2021.

ORGANIZAÇÃO DOS ESTADOS AMERICANOS. Carta Democrática Interamericana. Disponível em: constituição http://www.oas.org/OASpage/port/Documents/Democractic_Charter.htm. Acesso em: 18 fev. 2021.

ORLANDO, Giovanna. Índia: onda de calor de até 50°C mata pelo menos 36 pessoas: Desde 2010, temperaturas elevadas no país já causaram a morte de 6 mil habitantes. Alertas do governo falharam para avisar e conscientizar cidadãos. R7. Rio de Janeiro, 13-6-2019.

PARDO, David Wilson de Abreu. *Os direitos fundamentais e a aplicação judicial do Direito*. Rio de Janeiro: Lumen Juris, 2003.

PECES-BARBA, Gregorio. *Curso de derechos fundamentales*. Madrid: Eudema, 1991.

_____. *Ética, poder y derecho*. Madrid: Centro de Estudios Constitucionales, 1995.

_____. *Lecciones de derechos fundamentales*. Madrid: Dikynson, 2004.

PÊCHEUX, Michel. *O discurso: estrutura ou acontecimento*. Trad. Eni Pulcinelli Orlandi. Campinas: Pontes, 1997.

PEIXOTO, Érica de Souza Pessanha. Povos indígenas e o direito internacional dos direitos humanos. In: Guerra, Sidney; EMERIQUE, Lilian. *Direito das minorias e grupos vulneráveis*. Ijuí: Ed. Unijuí, 2008.

PEREIRA, André Gonçalves; QUADROS, Fausto. *Manual de direito internacional público*. 3. ed. Lisboa: Almedina, 2002.

PEREIRA, Antônio Celso Alves. Apontamentos sobre a Corte Interamericana de Direitos Humanos. In: GUERRA, Sidney. *Temas emergentes de direitos humanos*. Rio de Janeiro: FDC, 2006.

PEREZ, Gloria Careaga. A proteção dos direitos LGBTI, um panorama incerto. *Revista Internacional de Direitos Humanos SUR*. São Paulo, v. 1, n. 1, 2004.

PÉREZ, José Luiz Rey. *El discurso de los derechos: una introducción a los derechos humanos*. Madrid: Universidad Comillas, 2011.

PERREAULT, T. From the Guerra Del Agua to the Guerra Del Gas: Resource Governance, Neoliberalism and Popular Protest in Bolivia. *Antipode*, v. 38, p. 150-172, jan. 2006.

PERROW, Charles. *Análise organizacional: um enfoque sociológico*. São Paulo: Atlas, 1976.

PESSANHA, Érica. A proteção internacional dos direitos humanos e o direito ambiental internacional. In: GUERRA, Sidney. *Temas emergentes de direitos humanos*. Rio de Janeiro: FDC, 2007. v. II.

PIERRE, Renouvin; DUROSELLE, Jean Baptiste. *Introducción a la historia de las relaciones internacionales*. México, DF: Fondo de Cultura Económica, 2000.

PINAUD, João Luis. A globalização pensa a miséria?. In: *Globalização, neoliberalismo e direitos sociais*. Rio de Janeiro: Destaque, 1997.

PIOVESAN, Flávia. *Direitos humanos e o direito constitucional internacional*. 7. ed. São Paulo: Saraiva, 2006.

_____. *Temas de direitos humanos*. 3. ed. São Paulo: Saraiva, 2009.

PLANO Nacional de Educação em Direitos Humanos. Disponível em: http://portal.mj.gov.br/sedh/edh/pnedhpor.pdf. Acesso em: 16 jun. 2012.

PLANO Nacional de Educação em Direitos Humanos. Disponível em: https://www.gov.br/mdh/pt-br/navegue-por-temas/educacao-em-direitos-humanos/plano-nacional-de-educacao-em-direitos-humanos. Acesso em: 24 jul. 2022.

PORTO-GONÇALVES, C. W. El agua no se niega a nadie – la necesidad de escuchar otras voces. *Polis*, Santiago, v. 5, p. 39-69, 2006.

POSENATO, Naiara. Diálogo judicial e direitos humanos – o novo Protocolo 16 à Convenção Europeia Dos Direitos Do Homem. *Espaço Jurídico Journal of Law [EJJL]*. Disponível em: https://portalperiodicos.unoesc.edu.br/espacojuridico/article/view/4961. Acesso em: 21 jul. 2022.

POPULAÇÃO residente em área indígena e quilombola supera 2,2 milhões. Disponível em: https://agenciabrasil.ebc.com.br/geral/noticia/2021-10/populacao-residente-em-area-indigena-e-quilombola-supera-22--milhoes#:~:text=O%20Instituto%20Brasileiro%20de%20 Geografia,moram%20em%20quilombos%20no%20Brasil. Acesso em: 21 jul. 2022.

POUSHTER, Jacob; HUANG, Christine. Climate change still seen as the top global threat, but cyberattacks a rising concern. *Pew Research Center*, v. 10, 2019.

PRAZERES, Leandro. Deportação de estrangeiros pela Polícia Federal dispara durante a pandemia. *O Globo*, 2021. Disponível em: https://oglobo.globo.com/brasil/deportacao-de-estrangeiros-pela-policia-federal-dispara-durante-pandemia-24626208. Acesso em: 7 fev. 2021.

QUADROS, Fausto de. *Direito da União Europeia*. Coimbra: Almedina, 2004.

QUEIROZ, Cristina M. M. *Direitos fundamentais: teoria geral*. Coimbra: Ed. Coimbra, 2002.

QUINTANA, Fernando. A declaração mundial de direitos humanos de 1993 da ONU: universalismo e particularismo. In: GUERRA, Sidney. *Temas emergentes de direitos humanos*. Rio de Janeiro: FDC, 2007. v. II.

_____. In: GUERRA, Sidney (Coord.). *Direitos humanos: uma abordagem interdisciplinar*. Rio de Janeiro: Freitas Bastos, 2006. v. 2.

_____. Declaração de Independência de 1776 dos Estados Unidos da América: o republicanismo. In: GUERRA, Sidney. *Direitos humanos: uma abordagem interdisciplinar*. Rio de Janeiro: Freitas Bastos, 2007. v. 3.

_____. A Declaração dos Direitos do Homem e do Cidadão de 1789 e de 1793 da França: liberalismo e democratismo. In: GUERRA, Sidney (Coord.). *Direitos humanos: uma abordagem interdisciplinar*. Rio de Janeiro: Freitas Bastos, 2008. v. 4.

QUIRICO, O.; BOUMGHAR, M. (Ed.). *Climate change and human rights. An international and comparative law perspective*. Nova Iorque: Routledge, 2016.

RAMOS, André de Carvalho. *Teoria geral dos direitos humanos na ordem internacional*. Rio de Janeiro: Renovar, 2005.

_____. *Processo internacional de direitos humanos*. Rio de Janeiro: Renovar, 2002.

_____. Responsabilidade internacional do Estado por violações aos direitos humanos. *R. CEJ*, Brasília, n. 29, p. 53-63, abr./jun. 2005. Disponível em: http://www2.cjf.jus.br/ojs2/index.php/cej/article/viewFile/663/843. Acesso em: 12 mar. 2011.

RAMOS, Érika Pires. *Refugiados ambientais*: em busca de reconhecimento pelo direito internacional. São Paulo: EP Ramos, 2011.

RANZANI, Otavio T. et al. Characterisation of the first 250 000 hospital admissions for Covid-19 in Brazil: a retrospective analysis of nationwide data. *The Lancet Respiratory Medicine*, n. 20, p. 1-12, 2021. Disponível em: https://www.thelancet.com/journals/lanres/article/PIIS2213-2600(20)30560-9/fulltext#articleInformation. Acesso em: 1º fev. 2021.

RAWLS, John. *Uma teoria da justiça*. São Paulo: Martins Fontes, 1997.

_____. Justiça como equidade: uma concepção política, não metafísica. *Lua Nova,* Rio de Janeiro, n. 25, 1992.

_____. *Political liberalism*. New York: Columbia University Press, 1993.

_____. Ideas fundamentales del liberalismo político. *Agora Cuaderno de Estudios Políticos,* Buenos Aires, ano I, n. I, 1994.

_____. *O direito dos povos*. São Paulo: Martins Fontes, 2004.

REBUT, Didier. *Droit pénal international*. Paris: Dalloz, 2012.

REIS, Elisa P. Percepções da elite sobre pobreza e desigualdade. *Revista Brasileira de Ciências Sociais,* v. 15, n. 42, fev. 2000.

RESOLUÇÃO da Corte Interamericana de Direitos Humanos de 17 de outubro de 2014, que trata da supervisão de cumprimento da Sentença. Disponível em: http://www.corteidh.or.cr/cf/Jurisprudencia2/index.cfm?lang=es. Acesso em: 17 jul. 2017.

REZEK, José Francisco. *Direito internacional público*: curso elementar. 6. ed. São Paulo: Saraiva, 1996.

RIBEIRO, Manuel de Almeida. *A Organização das Nações Unidas*. 2. ed. Coimbra: Almedina, 2004.

RIBEIRO, Renato Janine. *A república*. São Paulo: Publifolha, 2001.

RIBEIRO, W. C. *Geografia política da água*. São Paulo: Annablume, 2008.

RICCI, André. Os desafios do Sistema Árabe de Direitos Humanos: uma análise da estruturação da proteção até a salvaguarda do meio ambiente. In: GUERRA, Sidney; BRAGA, Fernanda. *Direito internacional ambiental*: interfaces entre o meio ambiente e os direitos humanos nos sistemas regionais de proteção. Curitiba: Memória, 2021.

RIDRUEJO, José A. Pastor. *Curso de derecho internacional público y organizaciones internacionales*. 10. ed. Madri: Tecnos, 2006.

ROCHA, Cármen Lúcia Antunes. Ação afirmativa: o conteúdo democrático do princípio da igualdade jurídica. *Revista Trimestral de Direito Público,* São Paulo: Malheiros, 1996.

ROCHA, Júlio Cesar de Sá da; BACIO, Domingos Nhamboca Hale. O sistema africano de proteção de direitos humanos: uma análise crítica. *INTER. Revista de Direito Internacional e Direitos Humanos da UFRJ.* v. 3, n. 1 (2020).

ROCHA, Sheila Marta Carregosa. *Pessoas idosas no mercado de trabalho: garantia de sua dignidade*. Salvador: Geala, 2017.

ROCHE, Jean; POUILLE, André. *Libertés publiques*. 12. ed. Paris: Dalloz, 1997.

RORTY, Richard. *Pragmatismo e política*. São Paulo: Martins, 2005.

SALCEDO, Juan Antonio Carillo. *Curso de derecho internacional público*. Madrid: Tecnos, 1991.

_____. *La asistencia humanitaria en el derecho internacional contemporáneo*. Sevilla: Universidad de Sevilla, 1997.

SALDANHA, Jânia Maria Lopes. O dever do STF de controlar a convencionalidade. Disponível em: http://justificando.cartacapital.com.br/2016/02/29/o-dever-do-stf-de-controlar-a-convencionalidade/ Acesso em: 28 maio 2018.

SALLES, Stéfano. Favelas da Região Metropolitana do RJ têm mais casos de Covid-19 que 142 países. *CNN*, 2021. Disponível em: https://www.cnnbrasil.com.br/saude/2020/12/09/favelas-da-regiao-metropolitana-do-rj-tem-mais-casos-de-covid-19-que-142-paises. Acesso em: 23 fev. 2021.

SALETH, R. M.; DINAR, A. Institutional Changes in Global Water Sector: trends, patterns, and implications. *Water Policy*, v. 2, p. 175-199, 2000.

SAMPAIO, Fabrício. Direitos humanos e meio ambiente no continente africano: uma evolução institucional. In: GUERRA, Sidney; BRAGA, Fernanda. *Direito internacional ambiental*: interfaces entre o meio ambiente e os direitos humanos nos sistemas regionais de proteção. Curitiba: Memória, 2021.

SAMPAIO, José Adércio Leite. *Direitos fundamentais*. Belo Horizonte: Del Rey, 2004.

SANCHIS, Luis Prieto. *Justicia constitucional y derechos fundamentales*. Madrid: Trota, 2003.

SANDEL, Michael. *Liberalism and the limits of justice*. Cambridge: Cambridge University Press, 1982.

SANTAGATI, Claudio Jesús. *Manual de derechos humanos*. 2. ed. Buenos Aires: Ediciones Jurídicas, 2009.

SANTIAGO, Jaime Ruiz de. *O direito internacional dos refugiados em sua relação com os direitos humanos e em sua revolução histórica*. Disponível em: http://www.dhnet.org.br/direitos/sip/dih/di_refugiados.html.

SANTOS, Boaventura de Sousa. *A gramática do tempo: para uma nova cultura política*. São Paulo: Cortez, 2006.

_____. *Globalização: fatalidade ou utopia*. 3. ed. Porto: Afrontamento, 2005.

_____. *La globalización del derecho*. Bogotá: Instituto Latinoamericano de Servicios Legales Alternativos, 1999.

_____. *Pela mão de Alice*. 5. ed. Porto: Afrontamento, 1996.

_____. *A eficácia dos direitos fundamentais*. 4. ed. Porto Alegre: Livraria do Advogado, 2004.

_____. *Dimensões da dignidade*. Porto Alegre: Livraria do Advogado, 2005.

_____. *Dignidade da pessoa humana e direitos fundamentais*. Porto Alegre: Livraria do Advogado, 2001.

_____. *Dimensões da dignidade: ensaios de filosofia do direito e direito constitucional*. Porto Alegre: Livraria do Advogado, 2005.

SANTOS, Boaventura de Sousa (Org.). *A globalização e as ciências sociais*. 3. ed. São Paulo: Cortez, 2005.

SANTOS, Simone Maria; OLIVEIRA, Lívia Henrique. Direitos humanos e atuação policial: percepções dos policiais em relação a uma prática cidadã. *Revista Brasileira de Segurança Pública*. São Paulo, v. 9, n. 1, p. 140-156, fev.-mar., 2015.

SANTOS, Wanderley Guilherme dos. *Razões da desordem*. 2. ed., Rio de Janeiro: Rocco, 1993.

SARKIN, Jeremy. Prisões na África: uma avaliação da perspectiva dos direitos humanos. *Revista internacional de direitos humanos*, ano 5, v. 9, p. 36, dez. 2008.

SARLET, Ingo; WEDY, Gabriel Tedesco; FENTERSEIFER, Tiago. A equiparação dos tratados ambientais aos tratados de direitos humanos. Disponível em: https://www.conjur.com.br/2022-jul-15/direitos-fundamentais-equiparacao-tratados-ambientais-aos-direitos-humanos. Acesso em: 24 jul. 2022.

SARMENTO, Daniel. *A ponderação de interesses na Constituição Federal*. Rio de Janeiro: Lumen Juris, 2003.

SCHNEIDER, Hans Peter. *Democracía y Constitución*. Madrid: Centro de Estudios Constitucionales, 1991.

SHAW, Malcolm. *International Law*. 6. ed. (5. impressão). Cambridge: Cambridge University Press, 2011.

SHIVA, V. *La Guerre de L'eau: Privatisation, Pollution et Profit*. Paris: Parangon, 2003.

SHORT, Katherine. Da Comissão ao Conselho: a Organização das Nações Unidas conseguiu ou não criar um organismo de direitos humanos confiável?. *Revista Internacional de Direitos Humanos*, v. 9, São Paulo: Rede Sur, 2008.

SILVA, Carlos N. O controle social e os direitos humanos dos adolescentes autores de ato infracional. In: GUERRA, Sidney (Coord.). *Direitos humanos: uma abordagem interdisciplinar*. Rio de Janeiro: Freitas Bastos, 2007. v. 3.

SILVA, Jorge. *Segurança pública e polícia*. Rio de Janeiro: Forense, 2003.

SILVA, José Afonso da. *Curso de direito constitucional positivo.* 11. ed. São Paulo: Malheiros, 1996.

SIMPSON, L. W.; RINGSKOG, K. *Water Markets in the Americas. Directions in Development.* World Bank, Washington D. C., 1997.

SOARES, Guido Fernando Silva. *Curso de direito internacional público.* São Paulo: Atlas, 2002.

SOARES, Luiz Eduardo. *O rigor da indisciplina.* Rio de Janeiro: Relume--Dumará, 1994.

_____. *Os dois corpos do presidente e outros ensaios.* Rio de Janeiro: Relume--Dumará, 1993.

SOARES, Orlando. *Prevenção e repressão da criminalidade.* Rio de Janeiro: Freitas Bastos, 1983.

SUDRE, Frederic. *Droit Européen et International des droits de l'homme.* 8. ed. Paris: PUF, 2006.

SWENSSON JUNIOR, Lauro Joppert. Punição para os crimes da ditadura militar: contornos do debate. In: DIMOULIS, Dimitri; MARTINS, Antonio; SWENSSON JUNIOR, Lauro Joppert (Org.). *Justiça de transição no Brasil:* direito, responsabilidade e verdade. São Paulo: Saraiva, 2010 (Direito em Debate – Direito Desenvolvimento Justiça). p. 23-60.

TALAVERA, Fabián Novak; MOYANO, Luis Garcia. *Derecho internacional público.* Peru: Fondo Editorial de la PUC, 2002. t. 2. v. 2.

TATAGIBA, Giuliano. A segurança pública no discurso dos direitos humanos no Brasil. In: GUERRA, Sidney. *Reflexões sobre direitos humanos e violência: governo e governança.* Rio de Janeiro: Freitas Bastos, 2008.

TERLINGEN, Yvonne. *The Human Rights Council: A New Era in UN Human Rights Work?.* Disponível em www.cceia.org/resources/journal/21_2/essay/001.html/_res/id=sa_File1/EIA_21_2_Terlingen.pdf.

THE Global Risks Report 2022, 17th Edition, is published by the World Economic Forum. Disponível em: https://www3.weforum.org/docs/WEF_The_Global_Risks_Report_2022.pdf. Acesso em: 24 jul. 2022.

TOURME-JOUANNET, Emmanuelle. *Le droit international.* Paris: Presses Universitaires de France, 2013.

TORRES, Ricardo Lobo. *Os direitos humanos e a tributação.* Rio de Janeiro: Renovar, 1995.

_____. *Teoria dos direitos fundamentais.* Rio de Janeiro: Renovar, 1999.

_____. *Os direitos humanos e a tributação: imunidades e isonomia.* Rio de Janeiro: Renovar, 1998.

_____. A cidadania multidimensional da Era dos Direitos. In: *Teoria dos direitos fundamentais*. Rio de Janeiro: Renovar, 2001.

_____. Metamorfose dos direitos sociais em mínimo existencial. In: SARLET, Ingo Wolfgang. *Direitos fundamentais sociais: estudos de direito constitucional, internacional e comparado*. Rio de Janeiro: Renovar, 2003.

TORRES, Ricardo Lobo (Org.). *Teoria dos direitos fundamentais*. Rio de Janeiro: Renovar, 2002.

TRAVIESO, Juan Antonio. *Derechos humanos y derecho internacional*. 2. ed. Buenos Aires: Heliasta, 1996.

TREVISAL, Joviles Vitório. *A educação ambiental em uma sociedade de risco*. Joaçaba: Ed. Unoesc, 2003.

TRINDADE, Antônio Augusto Cançado. *Tratado de direito internacional dos direitos humanos*. Porto Alegre: Sergio Antonio Fabris Editor, 1997.

_____. La protección internacional de los derechos económicos, sociales y culturales en el final del siglo. In: *El derecho internacional en un mundo en transformación*. Montevideo: Fundación de Cultura Universitaria, 1994.

_____. O sistema interamericano de direitos humanos no limiar do novo século: recomendações para o fortalecimento de seu mecanismo de proteção. *O sistema interamericano de proteção dos direitos humanos e o direito brasileiro*. São Paulo: RT, 2000.

_____. *Direitos humanos e meio ambiente*. Porto Alegre: Sergio Antonio Fabris Editor, 1993.

_____. Las cláusulas pétreas de la protección internacional del ser humano. Disponível em: <https://archivos.juridicas.unam.mx/www/bjv/libros/5/2454/4.pdf>.

TSUTSUI, Priscila Fialho. *O novo conceito de pessoa com deficiência*. Disponível em: http://www.conteudojuridico.com.br/artigo,o-novo-conceito-de-pessoa-com-deficiencia,47458.html. Acesso em: 1º fev. 2016.

VARELLA, Marcelo Dias. *Direito internacional econômico ambiental*. Belo Horizonte: Del Rey, 2004.

VASAK, Karel. Le droit international des droits de l'homme. *Recueil des cours*, 140, 1974.

VAN ZYL, Paul. Promovendo a justiça transicional em sociedades pós-conflito. In: *Revista Anistia. Justiça e política de transição*, n. 1, jan.-jun., 2009. Brasília: Ministério da Justiça, 2009. Disponível em: http://portal.mj.gov.br/anistia/data/Pages Acesso em: 16 nov. 2010.

VASCONCELOS, Eneas Romero de. Do conflito entre direito nacional e internacional: a jurisprudência da Corte Interamericana de Direitos Humanos (Caso Araguaia) vs. a jurisprudência do Supremo Tribunal Federal (ADPF 153). *Revista Anistia Política e Justiça de Transição/Ministério da Justiça*, n. 7, jan./jun. 2012. Brasília: Ministério da Justiça, 2012. Disponível em: <http://portal.mj.gov.br/main.asp?Team=%7B67064208-D044-437B-9F24-96E0B26CB372%7D> Acesso em: 14 maio 2013.

VELASCO, Manuel Diez de. *Instituciones de derecho internacional público*. Madrid: Tecnos, 1996.

VERDÚ, Pablo Lucas. *O sentimento constitucional: aproximações ao estudo do sentir constitucional como modo de integração política*. Rio de Janeiro: Forense, 2004.

VIEIRA, Oscar Vilhena. A violação sistemática dos direitos humanos como limite à consolidação do Estado de Direito no Brasil. In: GIORGI, Beatriz di et. alli (coord.). *Direito, cidadania e justiça – ensaios sobre lógica, interpretação, teoria, sociologia e filosofia jurídica*. São Paulo: Revista dos Tribunais, 1995.

VIOLÊNCIA contra mulheres em 2021. Fórum Brasileiro de Segurança Pública. Disponível em: https://forumseguranca.org.br/wp-content/uploads/2022/03/violencia-contra-mulher-2021-v5.pdf. Acesso em: 23 jul. 2022.

VIPAJUR, Abdulrahim. The Universal Declaration of Human Rights – a cornerstore of modern human rights regime. In: *Perspectives on human rights*. New Delhi: Manak Publications, 1999.

WALDELY, Aryadne Bittencourt; VIRGENS, Bárbara Gonçalves; ALMEIDA, Carla Miranda Jordão. *Refúgio e realidade: desafios da definição ampliada de refúgio à luz das solicitações no Brasil*. Disponível em: http://www.scielo.br/pdf/remhu/v22n43/v22n43a08.pdf. Acesso em: 15 jan. 2016.

WALZER, Michael. *Las esferas de la justicia*. México: Fondo de Cultura Económica, 1993.

_____. *Da tolerância*. São Paulo: Martins Fontes, 1999.

WEIS, Carlos. *Direitos humanos contemporâneos*. São Paulo: Malheiros, 1999.

WINKLER, I. T. *Human right to water: significance, legal status and implications for water allocation*. Oregon: Hart Publishing, 2012.

ZAFFARONI, Eugenio Raúl. *Em busca das penas perdidas: a perda de legitimidade do sistema penal*. Rio de Janeiro: Revan, 1991.